중국과 일본의 역사가들

W.G. 비슬리 · E.G. 풀리블랭크 엮음
이윤화 · 최자영 옮김

중국과 일본의 역사가들

▨ 2007년 4월 25일 초판1쇄 발행
▨ 2007년 8월 30일 초판2쇄 발행

▨ 편 자 ■ W.G. 비슬리 · E.G. 풀리블랭크
▨ 역 자 ■ 이윤화 / 최자영
▨ 펴낸이 ■ 임성렬
▨ 펴낸곳 ■ 도서출판 신서원
   서울시 종로구 교남동 47-2 협신빌딩 209호
   전 화 : (02)739-0222·3 팩스 : (02)739-0224
   mail : sinseowon@korea.com
   등 록 : 제1-1805(1994. 11. 9)

▨ ISBN ■ 978-89-7940-054-0

The original edition had been published by Oxford University Press for the School of Oriental and African Studies, and the permission for the korean translation was granted by the School of Oriental and African Studies, University of London.

신서원은 부모의 서가에서 자녀의 책꽂이로
'대물림'할 수 있기를 바라며 책을 만들고 있습니다.
잘못된 책은 연락주세요.

중국과 일본의 역사가들

W.G. 비슬리 · E.G. 풀리블랭크 엮음

이윤화 · 최자영 옮김

머리말

1956년에서 1958년 사이에 런던대학의 오리엔트-아프리카학대학은 아시아민족의 역사서술 과정 및 성격을 조사 평가하는 일련의 학회를 개최하였다. 주제가 방대하므로 다루기 쉬운 부분들로 나누기 위해 지역별 분석법을 취하여 남아시아-동남아시아-근동-중동-극동 순으로 검토되었다. 역사적 깊이 면에서 각 지역의 조사는 초기 제국 및 문헌의 시기에서부터 서구에 의한 지배 및 해방운동시대를 거쳐 현재까지를 다루고 있다. 서구와 아시아 양쪽 문헌에 기록된 내용이 모두 분석된다.

이번 학회는 아시아와 서구에서 이 분야 연구에 탁월한 인사들을 한 자리에 모았으며, 이들로 하여금 과거 저술가들의 기본적인 가설 · 기호 · 편견뿐 아니라 역사가로서 그들 자신의 관점에 관해서도 더 면밀하게 알게 하는 효과를 거두었다. 현재도 진행중인 이 같은 연구는 역사가들이 아시아 역사를 다시 서술하려 하고, 아시아인과 서구인이 상호관계를 조정하려고 하는 시점에서 이루어짐으로써 한층 더 가치를 지닌다.

각 학회의 준비는 같은 방법으로 이루어졌다. 세미나 군##은 아시아와 서구 측 나라들의 중견학자들과 훈련중인 청년학자들이 고르게 참여한 가운데, 이번 학회의 통찰력 있는 성원들이 동의한 포괄적인 계획에 따라 마련된 논문을 상세하게 분석하기 위해 구성되었다. 따라서 학회의 관심사는 그냥 논문을 읽는 것이 아니라 세미나에서 제시된 문제들을 해결하려는 데에 있었다.

우리는 오리엔트-아프리카학대학이 극동사람들의 역사서술에 관한 학회개최를 위해 자금을 대준 데 대해 깊은 감사를 드린다.

이번 학회에 제출된 논문들이 본질적이면서도 비교적인 가치를 지닌다는 사실 때문에 오리엔트-아프리카학대학이 충분하게 그 발간을 위한 자금을 제공했다. 이 논문들은 편집진들에 의해 적절하게 편집 소개되었는데, 이들은 비슬리(W.G. Beasley) 교수 및 풀리블랭크(E.G. Pulleyblank) 교수(중국과 일본), 홀(D.G.E. Hall) 교수(동남아시아), 루이스(B. Lewis) 교수 및 홀트(P.M. Holt) 박사(근동과 중동), 필립스(C.H. Philips) 교수(인도·파키스탄·실론) 등이다.

오리엔트-아프리카학대학

필립스(C.H. Philips)

차 례

머리말 • 5

1. 서론 • 13
   ▌E.G. 풀리블랭크 · W.G. 비슬리
   1) 중국의 역사서술 ··· 14
   2) 일본의 역사서술 ··· 25
   3) 중국과 일본에 관한 서양의 역사서술 ··············· 38

2. 고대 중국연대기와 역사개념의 성장 • 45
   ▌P. 반 데어 룬

3. 한대漢代 역사기록에 관한 일고찰 • 57
   ▌A.F.P. 헐시베

4. 중국 관찬사학의 구조
   —당唐에서 명明왕조에 걸친 정사편찬의 원칙과 방법 • 77
   ▌양연승
   1) 원 칙 ··· 80
   2) 방 법 ··· 91
   3) 맺음말 ··· 96

5. 명대의 실록 • 101
   ▌볼프강 프랑케
   1) 실록의 원사료 ··· 101
   2) 실록에 대한 후대사가들의 비판과 실록 편찬과정 ······ 108
   3) 실록의 현존사본의 전승 ··································· 117
   참고문헌 ··· 121

6. 관료 실무지침서로서의 역사 —지志 · 백과전서 · 법령집 • 125
   ▌E. 발라즈
   1) 머리말 ··· 125

2) 지志 ·· 131
　　3) 백과전서 ·· 140
　　4) 문서집록과 법령총서 ··· 145
7. 중국의 전기傳記 · 149
　▌D.C. 트위체트
8. 13·14세기 중국의 개인적 역사서술의 몇 가지 특징 · 175
　▌허버트 프랑케
　　1) 사서 ·· 178
　　2) 잡다한 성격의 작품 ··· 190
　　3) 불교사서 ·· 196
9. 중국인의 역사비평 – 유지기와 사마광 · 203
　▌E.G. 풀리블랭크
　　1) 사통史通 ··· 205
　　2) 사마광과 자치통감 ·· 226
　　3) 그 후의 발전 ·· 236
　　부록 ·· 238
10. 장학성과 그의 역사학 · 247
　▌P. 드미에빌
11. 20세기 중국의 역사서술 – 배경과 발전에 관한 일고 · 275
　▌J. 그래이
12. 초기 일본의 연대기 – 육국사 · 313
　▌G.W. 로빈슨
13. 11세기에서 14세기까지 일본의 역사서술 · 337
　▌G.W. 로빈슨·W.G. 비슬리
　　1) 역사적 설화[歷史物語] ··· 337
　　2) 봉건시대 초기 역사서술 ······································ 351
14. 도쿠가와시대(1603~1868) 일본의 역사서술 · 361
　▌W.G. 비슬리·C. 블래커
　　1) 개 관 ·· 361
　　2) 아라이 하쿠세키 ··· 373
　　3) 라이 산요 ·· 381

15. 시게노 야스츠구와 역사서술의 근대 도쿄전통 · 389
    ▌ 누마타 지로
    1) 서문 ··· 389
    2) 메이지정부 보조에 의한 역사서술 ································ 390
    3) 시게노 야스츠구와 역사연구 ······································ 394
    4) 서구 역사방법론에 대한 시게노의 관심의 성장 ················ 400
    5) 고증학과 서구 역사방법론 사이의 접합 ························· 406
    6) 새로운 방법론이 역사편찬사업에 미친 영향 ···················· 411
    7) 맺음말 ··· 416

16. 근대 일본의 경제사가들 · 421
    ▌ H. 보턴
    1) 도쿠가와시대의 경제사 저술 ······································ 424
    2) 초기 경제사가들 ·· 426
    3) 다양한 경제사가들 집단 ·· 429
    4) 혼조 에이지로 휘하의 교토집단 ·································· 432
    5) 경제사 잡지와 연구보조 ·· 438
    6) 일본경제사 연구소 ·· 439
    7) 연구소의 해체와 전후의 연구 ····································· 444

17. 1500~1800년간 극동에 대한 서방 역사서술의 몇 가지 특징 · 447
    ▌ C.R. 복서

18. 영국의 일본역사 서술 · 471
    ▌ G.F. 허드슨

19. 몽골 유목생활의 사회사 · 481
    ▌ O. 라티모어

역자후기 · 505

중국과
일본의
역사가들

1.
서 론

풀리블랭크(E.G. Pulleyblank) · 비슬리(W.G. Beasley)

    이 책에 수록된 글들은 원래 중국과 일본의 사서史書에 관한 학회토론을 위한 기초자료일 뿐으로 완결된 논문들이 아니다. 학회가 끝난 뒤 기존 논문목록 외에 드미에빌(P. Demiéville) 교수와 그레이(J. Gray) 씨의 것들을 보충하게 되었다. 편집진은 이 두 분의 협조에 대해 깊은 감사를 드린다. 동시에 다른 필자들의 논문들도 1956년 7월 런던에서 열린 학회토론을 참고하여 수정을 거치게 되었다.
    대충 이런 상황이므로 그 때의 토론내용에 관해 부언할 필요가 없을 듯하다. 그보다는 오히려 편집진은 이 서론을 씀에 자신이 다루는 주제에 관한 필자들의 사견을 솔직하게 밝히고 싶다. 물론 그것은 발표문의 내용이나 토론장에서-발표자들뿐 아니라 학회에 참석했던 많은 다른 학자들 사이에-있었던 이야기들에 근거한 것이다. 다만 여기에 쓰인 진술이나 의견이 학회에서 합의된 '결론'인 것으로 생각되어서는 결코 안될 것이다. 편집진들은 각각 자신의 분야에 준하여[1] 이 책의 다른 곳

---

[1] 서론의 중국관련 부분은 풀리블랭크 교수, 일본과 서양관련 부분은 비슬리 교수가 맡았다. 오리엔트·아프리카학대학의 프레이저(A. Fraser) 씨는 교정에 많은 도움을 주었다.

에서와 같이 이 서론에서도 제각기 같은 몫으로 책임을 진다.

1) 중국의 역사서술

역사라 불리는 과거에 대한 기록행위가 주요 지적 활동으로서 독자적으로 전개된 것은 세 번 정도에 불과하다. 먼저 유럽의 역사전통은 그리스와 로마로 거슬러 올라간다. 다음에는 이슬람의 역사인데, 이는 철학과는 달리 그리스 형식의 영향을 받지 않았음이 분명하다. 마지막으로 중국에서는 역사문학이 발달되었는데, 이것은 나름의 특징과 한계를 가진 독특한 것으로 작품의 양은 물론 기록의 기간과 연속성에 특색이 있다. 역사기록에 관한 문제점이나 인류문화 발달에 미친 그 영향을 바르게 이해하려면 이런 세 가지 전통을 다 고려해야 하지만, 그런 폭넓은 안목을 가지는 데는 상당한 장벽이 있다. 서구의 역사기록은 19세기 동안 변형되면서, 서구문명의 다른 요소들과 함께 '근대화'의 일환이 되어 세계 곳곳으로 퍼져나갔고, 대개 통속화된 '역사주의자' 노선의 -마르크스주의자이건 아니건- 형태이긴 하지만 서구식의 역사개념이 확산되었다. 반면에 중국의 전통은(물론 여기서는 이슬람 전통을 다루지 않는다) 동결된 문화로 머물러 있다. 전통의 중국문화는, 사멸한 것은 절대 아니지만, 전반적으로 서구의 충격에 밀려 잠식되거나 왜곡된 상황이므로, 서구역사가들이 중국 역사서술의 지난날 업적을 높이 평가하거나 또는 자신의 것과 비교하여 아주 다른 그 전통이 갖는 타당성을 찾아내기에는 역부족이다.

설사 그런 능력이 있다손 치고, 또 서구역사가들이 극동의 역사기록에 대해 이해하기를 원한다 하더라도 굉장한 어려움이 따른다. 아무것도 번역되어 있지 않기 때문이다. 더구나 중국의 사서史書는 바로 전통 유교문화의 일부이며 그 사회 특성과 직결되어 있기 때문에 사서를 접하기에 앞서 먼저 중국의 문화와 사회를 깊이있게 알아야 하는 것이다. 그 같은 사서를 번역하려는 사람은 두 가지 면에서 상당한 조예를 함께 갖추어야 한다. 중국학에 완전히 정통한 전문가임과 동시에 서구역사가들의 관심과 사고방식을 잘 알아서 자신이 발견한 것을 예상 독자들이 이해할 수 있는 방식으로 풀어내야 하는 것이다. 이 같은 허점을 메우려는 시도가 몇 번 있었으나 숙제는 대부분 그대로 남아 있다. 이 책에 수록된 중국의 사서에 대한 논문의 저자들은 이 같은 문제점들을 해결한 것이라기보다는 그 같은 목적에 일조한 것뿐이다.

중국문화는 민간전설의 전언처럼 그렇게 오랜 기원을 갖는 것은 정말 아니다. 실제로 문헌 전통의 시작은 시기적으로 그리스의 경우와 거의 일치한다. 반 데어 룬(P. van der Loon) 씨는 논문의 서론에서 기원전 221년까지 분열된 채 있었던 군소국가 내 점쟁이나 제사장들의 기록으로부터 최초의 연대기가 발달하였음을 논하고 있다. 사실이든 아니든 공자가 자신의 고향 노나라 연대기의 편찬과 관련된 사실은 중국사서가 엄숙한 도덕적 기능, 즉 포폄褒貶의 의무를 갖게 하였고, 이 같은 기능은 그 후 발전과정에 그대로 남아 종종 사서를 훼손하였다. 통일제국 성립 이전 이미 역사의 발전에 기여한 또다른 형태의 기록이 나타나기 시작했는데, 귀족가문의 족보가 그 한 예이다. 그보다 더 후기에는 군소 봉건국가들로부터 전해지는 간결하지만 참으로 생생한 역사 및 전설의 모음집이 훗날 『춘추春秋』의 주석으로 재정리되었고, 『좌전左傳』으로 불리게 되면서 후대에 많은 중국의 위대한 역사가들에게 영감을 주었다. 이미 통일제국 성립 이전에도 철학논쟁에서 역사사실을 인용하는 경향이 있었는데, 이는 두 말할 나위없이 역사적 인물과 사건에 관한 일화모음집을 발달시키는 동인이 되었다. 마침내 통일제국 성립 초 하나의 분수령으로서 사마천司馬遷(145경~85경 BC)이 나타나 과거의 전승을 함께 수집·요약하였으며, 당대當代까지 서술한 중국의 위대한 사서 『사기史記』를 통하여 그 이후 20세기까지 면면히 이어져온 정사正史의 불후의 모범을 남겼다.

헐시베(A.F.P. Hulsewé) 교수는 사마천의 역사방법론을 논하면서 『사기』를 두번째 정사인 반고班固의 『한서漢書』(또는 『전한서前漢書』)와 비교했다. 『한서』가 『사기』와 다른 점 가운데 특히 대상을 멸망한 한 왕조에 국한한 점, 몇몇 장章들의 명칭이나 그밖에 세부사항 등을 그 뒤의 정사들이 모방하였다. 더구나 『한서』는 사적인 동기의 개인작품 또는 한 역사가 집안의 공동 작품으로 시작되었지만 정부의 후원으로 완성됨으로써 후대 관찬사의 전형이 되었다.

기원후 2세기 말 후한의 붕괴 이후 수세기 동안 거의 중국은 둘 혹은 그 이상으로 분열되어 있었다. 이 때 사서가 많이 쓰였는데, 그 가운데 원본이 전하는 것은 극소수이다. 이 시대의 역사방법론과 개념은 이 책에서 다루지 않았다. 그러나 여기에는 몇 가지 중요한 발전이 있었다. 이 때 처음으로 역사가 독자적인 연구주제로 인식된 것이다. 여러 문학형태에 대한 관심이 증가하면서 그 가운데 역사가 한 형식으로 여겨졌다. 역사서술은 후한 때와 같이 여전히 사적 동기와 공적 후원의 복합으로 이어졌다.

7세기 초에 중국이 재통일되고 당唐왕조가 섰다. 제국이 부활되면서 사서 편찬을 위한 국가의 지원이 쇄도하였다. 이는 먼저 바로 앞 수세기에 대한 결정적인 '정사正史'의 편찬을 위한 것, 그 다음엔 당왕조 자체의 '국가사'를 위한 자료수집과 그 정기적 작업을 최종형태로 정리하기 위한 것이었다. 이후 '왕조의 정사' 편찬은 단 한번의 예외를 제외하고는 모두 개인이 아니라 정부 공식기관인 '사관史館'에 근무하는 역사가 집단의 소산이었다. 당왕조부터 명明왕조까지 이 같은 작업에 이용된 원칙과 방법론은 양연승楊聯陞 교수의 논문에서 다루어지고 있다. 그는 먼저 형식을 갖춘 다양한 형태의 공문서, 그리고 또 거기에 근거하며 왕조사의 원사료原史料가 되는 예비적인 '활동과 휴식일기[起居注]'·'행정문서[時政記]'·'일력[日曆]'·'실록' 등을 논한다. 분명히 당왕조 때는 '실록'이나 계속적인 국가사의 편찬이 대중을 위한 자산이었으나 후대에는 양연승 교수가 논하듯이 대체로 몇몇 관계자들만 접할 수 있는 정부 기밀문서가 되었다.

양 교수에 따르면 중국관찬사官撰史의 편찬 목적은 〔왕조간〕 연속성의 유지 및 정치가들에게 교훈이 될 유용한 참고자료를 제공하는 것이었다. 중국사서의 전통에서 가장 놀라운 것은 어떻게 여러 왕조가 잔존 사료를 바탕으로 그 전대 왕조사를 저술하는 것을 의무로 여겼고, 또 어떻게 자신이 속한 시대에 대한 최종적인 역사서술이 다음 세대의 할 일이라고 생각했는가 하는 점이다. 역사편찬에서는 어느 정도 영속적이면서 가끔은 모순되는 개념이 있는데, '적당한 은폐'가 아니라 '진실의 기록', 또 가치중립의 객관적 진술이 아니라 '포폄'을 위한 평가 등이 그것이다. 양 교수는 이런 원칙들이 실제 '정사'편찬에서 어떻게 지켜지는지 또는 무시되는지 하는 것을 보여준다. 송대宋代에는 고도의 비판적 시각과 역사감각이 구현되었다. 그러다가 그 다음 원元·명明 이후가 되면 더 경화되고 진부한 주석註釋으로 전락하게 되는데 이것은 그 당시에 팽배했던 현학적 기풍 탓이다. 그러면서도 관찬사 서술의 실제기법은 더 정교하게 세련되어 갔다.

볼프강 프랑케(W. Franke) 교수는 논문「명대明代(1368~1644)의 실록」에서 이런 후대 관찬사의 경우를 다루고 있다. 그 전대의 경우 '사관史館'에서 작성한 사료는 거의 전해지지 않으며, 단지 뒷날 그 사료들을 편집하여 '정사'의 형태를 갖춘 것들이 전할 뿐이다. 그러나 명대에는 황제 개개인의 실록이 남아 전하므로 만주족에 의해 편찬된 사서에 대한 의존도가 훨씬 적다. '실록'에 적용된 세심한 규칙이나 절차들, 다른 한편으로는 '실록'의 작성과정에서 또 그것이 공식결재를 거쳐 봉인되어 원칙상 아무도 범할 수 없도록 보관되고 난 다음에도 영향을 미치는 정치적 압력들에 대한 프랑케 교수의 주도면밀한 논의는, 중국관찬사의 이론과 실제 모두를 드러내준다.

황제들의 기본연대기〔本紀〕외에, 사마천이 창안하여 후대에 그 형식이 답습된 것으로 '정사'에 속하는 참으로 중요한 두 부분이 있는데, 역법·천문·경제·인문지리 등의 개별주제를 다룬 특수연구서나 논문들〔書 혹은 志〕그리고 개인전기가 주를 이루는 열전〔列傳〕이 그것이다. 이 두 부분은 각기 변화를 거쳐 '정사'형식을 벗어난 역사서술의 형태로 분리 발전되었다. 발라즈(E. Balazs) 박사와 트위체트(D.C. Twitchett) 박사는 이 두 가지 역사서술 형태에 대해 각각 다루고 있다.

발라즈 박사에 따르면, 중국의 역사는 관료를 위해 관료에 의해 쓰인 것이다. 그 목적은 관료들에게 통치술을 가르치기 위한 필수의 정보와 전례前例의 집록을 만드는 것이었다. 이 같은 목적이 가장 잘 드러나는 곳은 관료제도를 다루는 '정사' 안의 특수연구서〔志〕, 그리고 사전류와 일람표〔表〕형식의 저술이다. '정사'의 특수연구서〔志〕는 관료들의 주요 활동분야를 다루므로 발라즈 박사가 논하듯이 최초의 '정사'에서 가장 최근의 것에 이르기까지 '지志' 안에 보이는 강조점의 변화를 통해 같은 시대 관료들의 주요 관심사가 어떻게 변했는지 추적할 수 있다. 한대漢代에 성행했던 제사·천문·예언에 대한 관심은 후대에 감소하며, 공무원 조직·형정刑政·수세收稅·통화通貨 등의 행정실무로 중점이 옮아간다.

왕조사의 '지志'가 관찬사를 온통 좀먹은 판에 박은 듯 진부한 타성에 빠지고, 또 분석이나 종합의 어떤 노력도 없이 단지 공문서를 기초로 연대순으로 늘어놓은 발췌문이나 요약문으로만 그칠 때, 두우杜佑나 마단림馬端臨 등 몇몇 천재들은 제도사를 한층 더 깊이있는 역사연구의 수단으로 삼아 거기다 사견을 피력하였다. 불행히도 이 같은 성과에 따른 업보는 국가의 후원하에 이루어진 모방이었으며, 두우의 『통전通典』이나 마단림의 『문헌통고文獻通考』 같은 제도사의 후속편들은, 방대한 사료수집으로서의 의미가 있다 해도, 다른 형태의 관찬사와 마찬가지로 쓸모나 생기가 없는 것이었다.

중국 전기傳記의 기원은 분명하지 않다. 『춘추』에 딸린 '전傳'의 형식 이후 사마천이 황제 '본기本紀'에 덧붙인 '전傳'과 같은 전기적 서술의 출처나 선례는 알려져 있지 않다. 트위체트 박사에 따르면 『사기』의 전기 형식과 현존하는 가장 오래된(AD 1c) 비문 사이에 아주 닮은 점이 있으며, 이 같은 사실은 당시 이런 형식의 글이 존재했음을 의미한다. 박사는 후대에 사관史館에서 전기의 자료가 수집－선별－저술되는 과정을 자세히 설명하고, 또 이런 형태의 공식기록과 가문의 전기 및 비문 같은 개인적 효심에 의한 작품 사이에도 긴밀한 관계가 있음을 밝힌다. 중국의 전기는 서양과는 다른 개념으로 쓰였다. 개인은 사회적 관계의 그물로 얽혀 있으며 그의 생애에 대한 조명은 반드시 이런 관계에서 생기는 역할, 그 중에서도 특히 나라를 위한 역할에 얼마나 충실했는지를 보여주는 것이다. 서구적 전기개념을 만드는 데 막대한 영향을 미친 영웅적인 시와 비극이 중국에는 없었다. '생애'를 조명하는 형식은 중국소설같이 단편적·일화적이며, 그런 가운데서도 도덕적 세계와 그에 매인 인간의 운명이란 하나의 시각에 부합하는 것이다.

관찬사가 중국사서의 이해에 핵심을 이루지만, 이것이 개인적 저술이 없다는 의미는 아니다. 이미 말했듯이 관찬사의 주된 양식은 최초의 정사인 사마천의 『사기』같이 정말로 개인적 동기로부터 출발하였다. 그러나 대개의 경우 사찬私撰역사서라 할 때는 더 소박한 범주의 작품을 의미한다. 말하자면 단기적인 한 사건의 서술・비망록・일화 모음집 등이다. 중국 제국 2천 년 동안에 나타난 이런 다양한 저술을 한 논문으로 모두 다루는 것은 물론 불가능하다. 그러나 허버트 프랑케(H. Franke) 교수는 한정된 시기, 즉 13·14세기 몽골족 지배기의 개인적 역사서술을 다루었다. 그 때의 시대상황이 그런 개인작품들이 쓰이는 데 일조하였던 것이다. 이민족 통치자들은 어떤 면에서는 강압적이었지만 한족왕조 아래에서와 같은 정도로 문학작품을 통제할 수는 없었다. 송宋에 대한 충성심을 노골적으로 담은 작품이 적지 않게 쓰였다. 프랑케 교수는 역사적 정보를 담은 이 시기의 많은 개인저술들을 열거하고 설명했다. 그는 '사찬'사서의 저자들도 지식계급으로서 예비 또는 현직관료였으므로 '사찬' 저술과 중국관찬사 사이에는 외관상 닮은 점이 아주 많다고 논한다. 개인저술가들은 사관들을 옭아매는 구속으로부터 훨씬 자유로웠을 것인데도 말이다. 이런 점에서 불교계 사서가 큰 관심을 끈다. 그것만이 유교의 독단에서 벗어나 있기 때문이다. 프랑케 교수가 특히 이에 관심을 기울인 것도 그 때문이다.

주요 역사서술 형식에 관한 이상의 소략하면서도 압축적인 소개를 마치고, 중국의 역사가들이 자신의 활동과 비판적 방법을 어떤 시각에서 이해했는지 알아보고자 한다. 역사서술에 관한 자각은 앞에서 말했듯이, 남북조(4-6c)시대에 증대하고 당대(7-9c)에는 사관이 설립됨과 동시에 절정에 이르렀다. 유지기劉知幾가 『사통史通』을 쓰면서 역사는 어떻게 쓰여야 하는가를 밝히고, 전대 사가들이 이런 원칙에 부합하는지 않는지를 비판한 것도 이 시대다. 아주 흥미로운 이 작품은 중국 역사서술에 깔려 있는 개념을 보여주고, 또 위대한 중국역사가가 작품을 빚어간 비판적 자세와 역사적 감각을 이해하게 해준다.

유지기는 가장 성역화된 고전에 대해서도 인습타파적 비판의 시각을 지녔던 인물로 유명했는데, 뒷날 송대(960~1279)의 학문과 철학에서 절정에 달했던 비판적이고 철학적인 사고경향의 선구자였다. 한편으로 전수된 전통에 대해, 다른 한편으로 사변적 철학에 대한 합리적 비판은 이 당시 수세기 동안 고조되었다. 역사학의 몇몇 가장 성숙한 작품이 이 때 나오게 된 것은 우연이 아니다. 아마도 그 가운데 최고봉은 사마광司馬光의 『자치통감資治通鑑』일 것이다. 이것은 기원전 403년에서 기원후 959년에 걸친 편년체 형식의 중국역사서이다. 다행히 이 책의 편집에 대한 상당한 양의 정보를 얻을 수 있어 사료의 선별과 비교에 적용된 고도의 비판 기준을 알 수 있다. '가위와 풀'에 의한 역사서술의 관행을 타파한다는 것은 사마광에게서도 불가능한 것이었으며, 『자치통감』은 아마도 그런 한계 안에서 이루어질 수 있는 최대치를 보여주는 것이다.

명대(1368~1644)에는 역사도 다른 지적 활동의 형태와 같은 수준의 것에 머물러 있었다. 그러나 명조의 붕괴와 만주족의 침입은 형이상학적 이론에 대한 반동을 낳았다. 고염무顧炎武의 지도 아래에서 17세기에 발달한 고증학은 바로 학문을 실용적 목적으로 바꾸고 부국강병을 이루려는 염원에서 일어났다. 송대 정통의 신유학에 대한 반동으로 이들 고증학파는 한대의 훈고학파로 선회하는 것처럼 보였고 결국 '한학漢學'으로 불리게 되었지만, 사실 알맹이는 송대 문헌학자들의 작업을 계승한 것이었다. 다만 이들의 비판은 고전학과 역사 두 분야에서 새로운 엄정성과 객관성을 더했고, 그레이 씨가 말하듯이, 치밀한 학문의 기초를 놓음으로써 중국의 과거를 연구하는 모든 학도들에게 지금도 영향을 미치고 있다. 나아가 조익趙翼(1727~1814)에게는 개개의 사실을 넘어서서, 근대사가들이 추구했던 것같이 사회사와 제도사에 보이는 흐름을 귀납적으로 일반화하려는 경향까지 있었다.

그러나 대체로 청대 역사연구는 미세한 부분에 대한 비판에서는 강하지만 종합에는 약했던 것이 사실이다. 뒷날 신유학자 장학성章學誠(1738~1801)에 이르러서야 이런 경향에 반동하고, 유지기 이래로 처음 나타난 역사논고를 통하여 역사의 성격과 의미에 관한 일반개념을 정리하게 된다. 이로써 처음으로 전통의 틀에서 벗어나 우리가 가지고 있는 근대적 역사개념에 다가가게 된 것이다. 드미에빌 교수는 런던학회에 초대되었으나 사정이 있어 참석하지 못하였다. 그러나 오랫동안 아주 큰 관심을 기울여온 장학성에 관한 논문을 보내왔다. 장학성의 사상은 생전에는 거의 주목을 받거나 알려지지 않았으며 사후에도 잊혔다가 20세기에 들어서야 관심을 끌게 되었다. 그는 생동적인 인물로 깊이있고 창조적인 사상가였다. 드미에빌 교수는 그를 비코(G. Vico; 1668~1744)에 비긴다. 아깝게도 그는 원래 계획했던 통합적인 송대사를 쓰지 못하였으므로 그의 생각이 실제에 어떻게 응용될 뻔했는지는 알 수가 없다.

아편전쟁 이후 서양이 중국에 준 영향은 만주족이 침입했을 때보다 훨씬 더 컸으나, 중국학자들 스스로에 의해 중국전통을 재평가하기 시작한 것은 그 세기 말에 이르러서였다. 그리고 그에 이은 반세기 동안 역사적 사고와 역사학은 아직 조야粗野한 시론의 수준에 있었으며, 그것은 중국이 겪어온 정치와 사회의 변동 못지않게 사고와 생활방식의 변혁과도 밀접한 연관이 있었다. 아무튼 이 시기를 빼놓고 지나친다는 것은 중국역사학의 전통이 18세기 말에 멈추어버린 것 같은 그릇된 인상을 줄 수가 있다. 그레이 씨는 학회에 참석은 하지 않았지만 이 문제에 대한 논문을 내도록 청탁을 받아 중국의 역사서술에 대한 논의를 마무리지었다.

그레이 씨는 20세기 중국의 고유한 학문적 전통의 역동성과 지속성을 강조한다. 청대 의고학疑古學은 중국이 더 이상 전세계의 중심이 아니라는 확대된 세계관을 통하여 더욱 철저하게 사고방식을 수정하는 확실한 발판이 되었다. 20세기 학자들은 새로 접하고 새로 수용한 원사료를 가지고 연구하면서 유럽으로부터 문헌학적 기술을 흠뻑 배워들였다. 그밖에도 정치적 혁명과 그와 함께 바깥에서 들어온 새로운 사고는 마침내 근본적으로 새로운 관점에서 중국의 과거를 조명하도록 하였으며 학자들 사이에 격렬한 논쟁을 불러일으켰다. 1898년 개혁운동(변법자강)의 기수였던 강유위康有爲는 '신학新學'을 부활하면서 두 마리 토끼를 모두 잡으려 하였다. 그는 유교를 진흥하면서 그것이야말로 19세기 유럽의 진보적 사고에 발맞춘, 진실로 혁명적인 노선임을 보이려 하였다. 이 운동이 실패한 뒤 그의 젊은 동지 양계초梁啓超는 일본에 망명해 있으면서 훨씬 더 중국전통의 때를 벗고 서구사상에 접근하였다. 그는 이렇게 20세기 초반 약 20년 동안 중국근대화를 역설한 지도적인 정치가였으나 결국에는 그 자신도 '물질주의'를 배격하면서 중국의 정신적 유산이 우월하다고 믿게 되었다. 그리고 정치에서 학문연구로 선회하면서 수준 높은 역사저작을 남겼다.

중국의 실질적인 정치적 개화는 제1차 세계대전 이후에 와서야 이루어진다. 호적胡適이 이끈 자유주의와 진보주의는 마르크스주의와 소모전을 치렀으며, 1930년대는 마르크스주의자들의 표현인 이른바 중국사회의 성격과 그 전통에 대한 해석을 둘러싼 논쟁이 격렬하였다. 그런 가운데 안양安陽에서 나온 갑골문 같은 새로운 자료들, 북서부 변경의 목간木簡, 돈황과 중앙아시아 등지에서 나온 종이에 쓰인 필사본, 제국이 붕괴한 뒤 궁정문서고의 개방, 민속문학과 예술의 중요성 인식 등 이 모든 것들이 역사학의 시야를 크게 넓혔다. 20세기 중엽의 중화인민공화국 내부와 그 외부, 그 두 곳의 연구와 사고의 경향에 대해서는 다루지 않은 채, 이상으로 중국 자체의 역사기술에 관한 이야기를 끝맺고자 한다.

　이 책에 실린 논문이 중국 역사서술의 모든 것을 포괄하는 것은 물론 아니다. 다만 중요한 주제라면 겉핥기식이라 하더라도 모두 언급된 것이 아닌가 하는 생각이다. 다만 역사지리, 지역의 지명사전이나 기타 지역적 성격의 저술들, 고고학 등의 몇 분야가 포함되지 않은 것이 유감이다. 그러나 이 책의 필자들은 포괄성의 부족함보다는 유럽 역사가들에게 줄 전체 인상을 더 중시한 듯하다. 중국인의 역사에 대한 개념과 그들 문화에서 역사가 차지한 역할이 어떠했던가를 올바르게 전하는 데 성공했을까? 필자는 물론 대답을 할 수가 없으나, 어느 정도의 의미전달이 가능하기를 희망할 뿐이다.

　런던학회에서 있었던 토론을 떠올리면서, 그리고 지금 여기 이 논문들을 다시 보면서 필자는 개인적으로 몇 가지 덧붙이고 싶은 것이 있다. 그것은 전체적 시각으로 볼 때는 어쩌면 부적절하고 편협한 것일 수도 있는 말이다. 예를 들어 중국인이 그들 역사에 대해 가졌던 애착을 독자에게 충분히 전달했는가 하는 점이다. 역사적 전례를 인용하고 지난 일에서 교훈을 얻는 것은 단순히 형식적인 과제가 아니다. 왕조가 바르게 계승되었는가(正統) 하는 논쟁을 보더라도 이 점은 강조되어야 한다. 또 왕부지王夫之(1619~1692)의 『독통감론讀通鑑論』과 『송론宋論』에서 정치사상이 어떻게 역사적 사건에 대한 비판의 형식으로 표현되는가를 예로 삼을 수도 있다. 중국인들에게 역사는 신화를 대신하며, 야담가·소설가·극작가가 소재를 얻어내는 한없는 일화의 보고이다. 바싹 마른 먼지같이 '객관적'인 관찬사官撰史의 기록에서 건지기 힘드는 역사적 상상력이 고삐를 풀고, 중국인들이 어떻게 그들의 옛 이야기에 애착을 갖게 되었는가를 이해할 수 있게 된다. 이 책에서도 역사와 허구 사이의 관계가 한

두 학자들에 의해 언급된다. 이 문제는 앞으로 더 깊이 다루어져야 될 것이다.

이런 모든 것들이 다른 사람이나 다음 기회로 남게 되는 과제이다.

2) 일본의 역사서술

역사시대의 대부분 일본문화는 중국에서 생기고 그 곳에 중심을 둔 문화의 한 주변이었다. 역사서술도 마찬가지였다. 이 책에서 중국보다 일본에 더 적은 지면을 할애한 것도 이 때문이다. 또 바로 이 같은 이유 때문에 일본사서史書를 논할 때에는 줄곧 중국의 것과 비교하고 중국의 원형과 비슷하거나 차이가 나는 정도에 따라 평가하게 되었다. 중국이 과거와 같은 정도로 문화적 구심점이 되지 못한 근대에 들어와서도 중·일 양국의 서양문화에 대한 반응은 그 같은 비교와 대조 방식의 근거를 제공한다. 이 논문들이 탄생한 학회토론의 상당부분이 이 문제에 관한 것이었다. 실제로 다음 의견들의 상당수가 또한 그러하다.

19세기 중엽이 끝날 무렵 일본사서 연구자들은 편의상 어떤 언어로 쓰였는가에 따라 사서를 분류할 수 있었다. 즉 중국어와 일본어로 쓰인 것을 따로 다룬다는 말이다. 일본에서 중국어로 쓰인 저술이 그렇지 않은 것보다 중국의 영향을 더 많이 반영하는 것은 당연하다고 하겠다. 그런 것 가운데 최초의 것은 『육국사六國史』이다. 로빈슨(G.W. Robinson) 씨가 쓴 첫번째 논문의 주제인 이 역사서는 8·9세기 일본에서 중국의 문물들을 의식적으로 모방하던 시대의 산물이며, 정말로 편찬자들은 중국관찬사 노선을 가능한 한 가까이 따랐다. 연대기 형식을 본떴지만 중국정사에 보이는 포괄적인 전기[列傳]나 특수 연구서[志]가 없는 것은 처음에 자료가 부족했기 때문인 듯하다. 또다른 차이점들은 정치적 구조에 영향을 받은 것이다. 일련의 저술작업을 처음 시작한 사람들은 까마득한 신화로부터 출발하여 그 후 편리한 어느 시점까지 서술할 수 있었다. 그런데 그 다음 세대 저술가들은 이야기를 이어가면서 연구에 적합한 시기설정이 필요하다는 점을 깨달았다. 중국에서는 왕조를 기준으로 아주 간결하고 쉽게 구분이 가능하다. 그런데 일본에는 전체역사를 통틀어 왕조가 하나뿐이다. 그래서 역사가들은 다른 기준을 잡아 대개 황제 개개인이나 아니면 통치자 몇 명을 인위적 단위로 끊기도 했다. 이 때문에 2차 및 그 후속작품으로『육국사』가 나타났는데, 이것은 '정사'라기보다는 '실록' 또는 '국사國史'에 더 가깝다.

정치적 발전의 괴리도 두 나라 사이에 또다른 차이점을 더한다. 중국에서는 사관史官의 저술이 국가기능의 고유한 부분으로 행정과 밀접한 철학의 틀을 반영하며, 사관 자신도 실권을 가진 관료 신분이었다. 일본에서는『육국사』가 다루는 시대 동안 친親중국정책을 썼음에도 불구하고 상황이 달랐다. 일본의 사관은 중국의 사관과 같은 지위나 기능을 가졌던 것이 아니다. 나아가 제도가 변화하여 비중국적인 효율적 행정체계가 나타났을 때 사관의 활동은 중지되었다. 후지와라藤原 지배기, 그리고 그 다음 봉건시기에는 더욱더 중국의 정치형태는 일본에 수용되지 못했다. 그 후로부터 17세기까지 중국어로 쓰인 사서는 드물게 보일 뿐이다.

도쿠가와德川시대에 이르러 중국관행이 부활되는데 이것은 역사문헌에만 한한 것이 아니었다. 또한 완전히 우연한 현상이 아니었다. 수세기 동안 상잔相殘의 내란을 겪은 후의 법과 질서의 부활, 강력한 중앙집권의 존재, 그럼에도 대 봉건영주 아래 고도로 독립된 지방 행정의 병존,

군사적인 것에서 관료적 엘리트로 급속하게 선회하는 지배계층 사무라이의 성격까지, 이 모든 것들이 합하여 그 전 어느 때보다 더 중국에 가까운 사회를 이루었다. 일본에는 출생과 세습 지위에 대한 인식이 강하게 존속하였지만 말이다. 유교는 지배적인 철학이 되어 공적으로 장려되고 지지되었다. 사무라이 유교학자는 중앙과 지방정부에 공히 흔한 존재였다. 그들은 보통 중국어로 글을 쓰고, 중국에서 사상을 배웠고, 자꾸만 그러다 보니 많은 이들에게 '역사'는 일본이 아니라 중국의 것을 의미하는 것이 되어버렸다. 결국에는 범위・형식・바탕, 나아가서는 글의 수준까지도 중국왕조에 필적할 역사문헌이 나타났다는 것은 놀랄 일이 아니다. 미토한水戶藩의 학자들이 만든 『대일본사』는 이른바 사마천의 『사기』의 여러가지 장점과 결점을 함께 가진다. 바쿠후幕府의 『본조통감本朝通鑑』은 관찬사의 부활을 뜻하며 이것은 이 시대에 줄곧 계속되었다. 다른 한편으로는 더 규모가 적은 작품들도 무더기로 나타났다. 그것은 '정사'에 버금가는 것을 편집하려는 개인의 시도로부터 연대기 형식의 국가사 개요, 전기의 모음집 또는 일정한 주제나 개별사건의 서술 등까지 다양하다. 문서 연구에 관한 중국인의 기법까지도 도입하여 적용하였다. 사실 이런 중국화의 두번째 단계는 『육국사』시대에 달성된 다른 어떤 것보다 더 광범하고 완전한 것이었다.

    다른 한편 도쿠가와 학자들은―그들 스스로는 그것을 도외시하기도 했지만―다른 전통 하나도 물려받았다. 그것은 일본어로 쓰인 문헌이다. 이것은 8세기 초 『고사기古事記』에서 시작된다고 할 수 있다. 그러나 이 작품의 언어는 잡종이며 그 직접적 영향은 보잘것없었다. 더 괄목할 만한 출발은 이른바 '역사이야기(歷史物語)'가 나타난 11세기인데, 로빈슨 씨가 그 두번째 논문에서 이를 다룬다. 이런 것들은 엄격한 중국정전正典으로부터 수준은 더 낮으나 토착적인 것으로 넘어가는 한 광범한 움직임의 일부임이 분명하다. 토착적인 것을 들자면, 정치제도 면에서는 후지와라 지배권과 봉건적 차지다. 종교에서는 '민중적인' 불교(淨土宗)인데 이것은 약자(略字) 표기의 발달을 가져왔다. 문학에서는 방언 산문인데, 그 유명한 예가 '원씨물어(源氏物語)'이다. '역사이야기'들은 실제로 소설의 기법을 어느 정도 이용하였으나 아직은 그러나 이것들은 중국적인 의미의 역사소설은 아니다. 대화와 일화를 쓸 수도 있었지만 그것은 더 이상 존재하지 않는 관찬사의 대체물일 뿐, 좀더 공식적인 작품을 대중화한 것이 아니었다. 그 가운데 가장 유명한 『대경(大鏡)』은 '정사'의 연대기적 전기형식을 갖추고 있었다.

'역사이야기'보다 더 지속적인 영향을 미친 것으로 또다른 종류의 작품이 있는데, 이것은 봉건지배의 출현과 관계가 있다. 이에 관한 것은 이 책에서 일본을 다루는 부분의 두번째와 세번째 글이다. 초기 예들은 『우관초(愚管抄)』와 『신황정통기(神皇正統記)』로 각각 13·14세기의 것이다. 형식적으로 이것들은 사마광이나 주희(朱熹)의 중국역사와 유사하다. 그것들은 중국의 역사개념을 일본식으로 수정하긴 했지만, 폭넓게 받아들였다. 그것들의 가장 큰 특징은 본질적으로 일본적인 문제에 대한 관심이다. 그것은 통치하지 않는 황제와 통치자였던 세습 관료들, 즉 칸파쿠(關白) 또는 쇼군(將軍) 사이의 관계였다. 이런 형태의 저술은 도쿠가와시대에 전성기를 이루었다. 아라이 하쿠세키(新井白石)의 『독사여론(讀史餘論)』이 그러한 것인데, 이것은 정치적 권력의 성격과 위상변화에 근거하여 일본사의 시대구분을 시작함으로써 많은 근대사가들이 그를 따랐고, 사료를 제시하는 데 원인과 결과를 중시하는 방향으로 길을 텄다. 결국 어느 정도 연대기 원래의 모습이 남아 있기는 하지만 인과적 서술로 접근하게 되었다.

라이 산요(賴山陽)에 관한 블래커(C. Blacker) 박사의 논문은 동일한 전통의 다른 면을 그리고 있다. 라이 산요의 『일본외사日本外史』는 역사적 기법에서는 전대의 작품과 비교가 안되지만 문학적 가치나 대중호소력에서 탁월하다. 실로 그것은 19세기 중엽에 그랬던 것처럼 황제의 지위가 다시 당면한 문제가 되자 동시대 정치에 의해 영향받기도 하고 또 역으로 영향을 주기도 하였다. 이 시기의 논쟁으로 인해 유사한 외관의 그 전시대 저술들, 즉 키타바타케 치카우사北畠親房의 『신황정통기神皇正統紀』・『수호일본사水戶日本史』 등도 주목을 받게 되었다.

이 같은 흥미로운 발전이 있었지만 전체적으로 전통의 일본사서는 중국 같은 정도로 연속적이거나 인상적이지는 못하였다. 대부분 같은 표현형식을 사용하고 그렇지 않은 곳에서조차도 중국적 사고에 깊이 뿌리를 박고 있었다. 다만 완전히 새롭거나 다른 것을 만들어내지는 못했다 하더라도, 서술 주제가 다름으로 자체의 다양성이 충분히 개진되는 독창적인 면이 있다. 이러한 융통성은 맹목적인 모방을 벗어나서 뒷날 일본사가들이 서구사상에 적응할 수 있는 발판이 되기도 했다. 말하자면 일본사서가 중국의 것과 갖는 차이점은 일본문화가 중국적 원형에 다가서거나 또는 멀어지는 정도와 거의 일치한다. 이런 연구를 하다 보면 어느 정도 획기적인 발전이 있었던 시기에 초점을 맞추게 된다. 첫번째 시기가 11세기와 12세기인데, 이 때는 중국의 영향에서 벗어나는 경향이 있었다. 적어도 그 때까지는 문학・종교・정치제도 등 여러 분야에서 중국적인 것이 일본에 수용되고 있었다는 말이다. 이런 과정에서 상이한 분야들 사이의 관계는 지금까지보다 더 많은 연구가 필요하다. 구체적으로 문학에서는 '역사이야기'와 소설이나 일기 사이의 관계가 정확하게 어떤지는 분명치 않다. 17세기를 보아도 같은 문제가 나온다. 봉건구조의 변화, 쇄국주의 강화, 국가의 지적知的 생활에서 중국영향의 부활은 모두 다소간에 상호 관련된 동시대의 발전이다.

근대로 접어들면서 일본의 상황은 중국의 것과 크게 달라졌다. 서구 문명에 접촉하는 속도와 능률면에서 그러했다. 일본은 변화에 대해 비교적 수용적이었는데 그것은 지극히 당연하다. 결국 일본에서 변화된 것은 본질적으로 중국문화였던 것이다. 일본은 중국문화에 완전히 녹아든 적이 없었으며, 그런 것은 도쿠가와 아래에서도 마찬가지였다. 그러나 이런 개괄적인 말만으로는 설명이 충분하지 않다. 이런 문제를 여기서 완전히 개진한다는 것은 일정한 범위의 역사서술에 관한 것이라 하더라도 불가능하다. 그러나 누마타 지로沼田二郎와 보턴(H. Borton) 씨의 두 논문이 그에 관한 논의의 기초를 놓고 있다. 누마타 씨는 근대 일본관찬사의 발달을 살피는데 이것은 서구적인 역사연구방법론과 관련이 있고, 이 두 가지 모두 처음에는 도쿄東京대학에서 시작된다. 보턴 씨는 20세기적인 주제이며, 대부분 교토京都대학 학자들에 의해 이루어진 경제사 서술에 더 관심을 가졌다. 이것은 서구적 방법과 시각이 거의 전적으로 수용되는 막바지 단계의 예이다. 여기서 다른 측면의 근대 일본사서, 특히 메이지시대의 것을 다룬 논문이 있었더라면 더 포괄적인 것이 될 수 있었을 텐데 아쉽게도 그러지 못했다. 다음에 쓰는 간단한 소개는 앞으로 이루어졌으면 하는 더 깊이있는 연구에 대한 방향을 제시한 것이다.

다른 분야와 같이 메이지시대는 역사서술에서도 과거와 결별했다. 거의 중국학문의 방법과 시각에 기반을 둔 전통으로부터 서구식의 이른바 '과학적' 역사 쪽으로 점차 쏠리게 된 것이다. 이에 역사가들의 관심도 확대되어 문화적·사회적·경제적 주제를 포함하게 되었다. 그러나 이런 변화는 직접적이거나 완전한 것은 아니었다. 1893년경까지 처음 25년 동안에는 옛것이 주류를 이루는 가운데 새 것을 도입하려는 최초의 시도가 있었을 뿐이다. 그런 가운데 그 전 역사서술의 몇몇 요소들이 20세기까지 계속 중요한 영향을 미치게 된다.

이런 초기단계에는 일반사가 연대기 형식으로 많이 쓰였으며, 이것은 중국에서도 마찬가지였다. 더구나 도쿠가와시대에 나온 책들 가운데 몇몇은 계속 널리 읽혀졌으며, 특히 라이 산요의 『일본외사』가 그렇다. 1876년에서 1884년 사이만 해도 증보판이 다섯 번 발간되었으며, 그밖에 많은 주석과 요약본도 있었다. 도쿠가와 말기의 전대역사에 관한 관심은 계속되었고 때마침 동시대 정치에 의해 강화되었다. 1868년 이후 새로운 구조의 정부가 나타났기 때문이다. 그것은 내용상 혁신적이었지만, 이론상으로는 봉건제도가 나타나기 이전의 정치적 관계를 부활시킨다는 것이었다. 따라서 이런 것이 고대사 연구에 새로운 촉진제가 되었다. 또 이와 유사할 뿐더러 더 강한 동기에 의해 바로 앞의 과거에 대한 관심도 일었다. 서술의 주제가 된 도쿠가와의 몰락과 새 정부의 탄생은 주로 그 사건에 직접 연루된 사람들이나 그들의 자식들이나 추종자들의 관심을 끌었다. 그러다 보니 처음에는 반反도쿠가와운동에 강세가 주어졌다. 그러다 시간이 흐를수록 바쿠후 아니면 적어도 그 몇몇 지도자들을 옹호하는 견해도 나타나게 된다. 1893년의 후쿠치 겐이치로福地源一郎의 『바쿠후 몰락에 관한 일고』와 그보다 3년 뒤의 가쓰 아와勝海舟의 『바쿠후이야기』는 뛰어난 예이다.

대체로 그 전까지 봉건시대 역사는 수많은 도쿠가와 연구기들의 주의를 끌었지만 그 즈음 들어서는 사실상 무시되었다. 이것은 하나도 놀랄 일이 아니다. 당시에 이미 봉건제의 붕괴가 진행되고 있었지만 그 흥기와 발달이 학문연구의 주제가 된 것은 20세기에 들어와서이다. [그리고 어쩌면 지금까지도, 1945년 이래 연구의 진척에도 불구하고 가장 뒤진 분야일 것이다] 메이지시대 초기 일본은 광범한 근대화 계획 입문단계에서 서구의 역사적 경험에 대해 아주 큰 관심을 가지고 있었다. 역사서술의 새로운 발전은 대개 이런 상황에다 그 뿌리를 둔다.

서구적인 것에 대한 일반적 관심의 일환으로 서구사서의 번역본이 일본에 많이 나타났다. 처음에는 그 내용을 보려고 번역되었으나, 그것들 가운데 몇몇은 중국·일본의 전통과는 아주 다른 역사서술의 형태에 대한 예가 되어, 곧바로 자국역사를 다루는 일본학자들의 방법론에 영향을 미쳤다. 최초의 그리고 아주 강한 영향을 준 것 가운데는 기조(F. Guizot; 1872년 1차 번역)와 버클(H.T. Buckle; 1875년 번역)의 작품들이 있다. 이들이 유럽사와 영국사를 각각 다룬 것은 인과적 서술의 모범이 되었을 뿐 아니라, 몇몇 일본사람들로 하여금, 1875년에 후쿠자와 유키치福澤諭吉가 말했듯이 그 전 역사가들은 일본역사가 아니라 일본정부의 역사를 쓴 것에 불과하다는 사실을 깨닫도록 하였다.

'문명사' 즉 문화 또는 계몽의 역사를 쓴 초기 메이지학파의 특색은 '왕과 전쟁'의 역사를 넘어서 다른 주제로 역사의 범위를 넓힌 것이다. 후쿠자와 유키치는 그 주도적 인물로 서양의 역사발전과 그 정치적 변화의 관점에서 일본을 반半개화 상태로 정의했다. 이런 관점에서 처음으로 일본사를 서술한 것은 다쿠치 유키치田口卯吉였다. 그의 『일본개화소사日本開化小史』는 여섯 권으로 1877년에서 1882년 사이에 발간된 것인데, 부정확한 점이나 자의적인 해석이 많지만 일본역사학의 이정표가 된다. 주제와 논지의 전체흐름이 장의 명칭에서 나타난다. 예를 들어 1장에서는 신도神道의 기원부터 불교의 전파까지, 2장은 중국사상의 도입으로부터 교토의 쇠퇴까지, 3장은 지방 봉건주의의 발달부터 가마쿠라 바쿠후鎌倉幕府까지를 다루는 등이다. 시기설정과 일반적 골격은 아라이 하쿠세키의 『독사여론』과 비슷하지만 나열된 주제는 기조와 버클의 영향을 보여준다. 말하자면 아라이 하쿠세키가 정치적 사건에 골몰하였다면 다쿠치 유키치는 세계적인 [즉 서양적인] 척도의 잣대에 비추어 일본의 문화적 발전을 조명하기 위해 예술·종교·민족 관습 등에 주안점을 두었다.

그 당시에 거의 15년 동안 문명사 서술이 유행하였다. 많은 작품들이 고대의 연대기와 또다른 기록들에서 정치사가 아닌 문화사에 관련된 정보를 단순히 취합한 수준이었지만 말이다. 그런 많은 책들은 특정주제에 관한 연대기 이상의 수준이 아니었다. 그런 가운데 인과적 서술이 유행하여 후쿠자와福澤와 다쿠치田口의 견해를 수용하지 않는 사람들에게까지도 영향을 주었다. 동시에 역사가 정치나 군사에 국한되어서는 안된다는 인식도 마찬가지로 퍼져나갔다. 그래서 19세기 말경에 이르면 사람마다 다 차이가 있지만 독자대중이 보통 생각하는 역사는 전통의 것이 아니라 새 형태의 것에 더 가까웠다.

더구나 이 때가 되면 다른 차원에서 새로운 영향이 나타난다. 초기의 변화는 역사서술의 형식에 관한 것일 뿐이었다. 그런데 유럽사의 방법론, 특히 랑케 이후 독일의 전통에 관한 지식이 늘어나면서, 일본학자들은 사료의 수집과 검토에 관한 새로운 기법을 터득하게 되었다. 1890년경 이런 방법들이 도쿄제국대학에 소개되어 환영받았고, 특히 그 전부터 고증학이라 하여 문헌에 대한 비판과 분석을 고집하던 사람들이 앞장을 섰다. 이것은 정확성과 원사료의 사용을 중시함으로써 '객관적' 또는 '과학적' 역사서술의 이상과 맞물리게 되었다. 이러한 것에 관하여 누마타沼田 씨가 상당히 자세하게 다루고 있다.

서양의 방법론이 일본학계에 침투한 정도는 1898년에서 1899년에 걸친 역사철학 논쟁에서 볼 수 있다. 이 논쟁은 1889년 창간된 도쿄제국대학의 역사학 월간지 『사학잡지史學雜誌』(X·XI권)에 실린 일련의 논문들에 의해 이루어졌다. 이 논문들을 통하여 역사의 성격과 기능에 관한 견해들이 분분하였음을 알 수 있다. 이런 견해들은 모두 서양의 유사한 논쟁과 병행하는 것으로, 역사가의 일차적 사명은 정확한 사료의 수집이라는 천진한 주장으로부터 이런 작업은 역사변화를 총체적으로 관장하는 법칙, 즉 모든 시대와 모든 지역에 적용되는 법칙을 발견하기 위한 것이라는 철학적 논쟁으로까지 이어진다. 예를 들면 이노우에 데츠지로井上哲次郎는 1898년 10월에 간행된 논문에서 후자의 견해를 지지하였다. 그 이듬해 우치다 긴조內田銀藏는 위의 두 가지 원칙이 다 중요하며 이들은 서로 연관 발전되어야 한다고 주장하였다. 이와는 대조적으로 시게노 야스츠구重野安繹를 포함하는 도쿄의 편집인 일단은 참으로 천진무구한 연구법을 장려했다. 그들은 역사가는 사실 사이에 인과적 관계를 수립해야 한다는 것까지는 [그것도 마지못해] 인정하더라도 그 이상은 역사가 아니라 철학의 영역이라는 견해였다.

이 논쟁에서 우리의 관심은 특정한 견해들에 있지 않다. 오히려 이 견해들이 총체적으로 그보다 약 50년 전체일본에서 유행했던 것과는 아주 다른 역사서술 입장을 반영한다는 사실이다. 분명한 것은 다른 분야와 같이 역사학에서도 서양문화는 한 가지가 아니라 다양하게 일본으로 수용되었다는 점이다. 변화를 학계에서만 찾아서는 안되며, 역사서술의 역사에만 한정해서는 더욱 곤란하다. 변화의 양상을 충분히 이해하기 위해서는 일본의 서양화 [혹은 근대화] 과정을 전체적으로 조명해야 한다. 역사학은 더 큰 전체의 부분에 불과하기 때문이다. 그러나 그런 것 외에도 연관되는 것처럼 보이는 많은 부수적인 요인들을 들 수도 있다. 예컨대 사실 메이지정부의 정책은 일본역사학의 발달에 크게 기여했다. 근대 교육제도 설립으로 역사가가 직업인 그리고 전문가가 되도록 제도의 틀이 마련되었고, 역사가에게도 [과학과 기술뿐만 아니라 법과 지리를 포함하는] 응용학문을 중시하는 새 교과과정이 주로 서양에서 유래한 학계환경과 함께 주어졌다. 서양의 역사방법론이 다른 문화와 함께 들어 왔다는 것은 자연스럽다. 동시에 정부정책으로 일본역사학은 새로운 교육과정에서 기반을 굳히게 되었다. 민족통합 의식을 고취하는 과정에서 역사는 윤리[修身]와 신도神道 의식과 함께 일조했으며, 특히 1890년 이후 그 이전 10년 동안의 서양사상과 관습의 무비판적인 수용에 대한 반동이 나타났을 때 그러했다. 국가정책으로 전통을 강제하면서 새로운 대학들에게 역사학을 주요 학문활동으로 삼도록 했다. 그러나 이런 보호정책은 호된 대가를 치렀다. 한편으로 역사학이 정치 논쟁에 연루된 것이다. 말하자면 후쿠자와福澤와 다쿠치田口의 문명사는 그 자체가 반정부적인 것이었다. 다른 한편으로 어떤 주제들은 그 자체로 금기시되었다. 특히 황가皇家의 역사적 역할에 관한 사실적인 연구 같은 것이 그러했다. 사실 정부정책은 일반적으로 역사연구를 촉진하여 간접적으로 방법상의 개선을 가져왔지만, 또 그만큼 해석상의 수준을 제한하는 경향도 있었다.

    또 출판계의 발전도 어느 모로 보나 중요한 것이다. 활판인쇄의 광범한 보급은 그 때까지만 해도 소수만이 접할 수 있었던 사료의 간행을 가능하게 하였다. 또 더 많은 독자대중을 확보하게 되면서-이것은 의무교육에서 파생한 결과지만-사료제시의 형태에서 변화를 초래하였다. 후기 메이지시대에는 마침내 일본어가 일반적으로 역사서술에 쓰이던 중국어를 대체하게 되었다. 연대기 대신 서술과 묘사형식이 발달하였다.

    1890년에서 1912년 사이의 메이지시대 후반부에는 정치·산업·외교 등 많은 다른 분야와 같이 역사서술에서도 이미 그 전에 시작된 변화가 처음으로 정말 중요한 결과를 낳았다. [중국어와 연대기식으로] 관찬사를 쓰려는 시도는 마침내 폐기되었다. 그 대신 정부 관할조직은 사료발간으로 관심을 돌렸으며 그 후 20세기까지 계속되었고 민간단체 또는 개인에게로 확대되었다. 1890년 도쿄에서 시게노 야스츠구重野安繹와 그

두 동료[久米邦武와 星野恒]가 '고본국사안稿本國史眼'이라는 제목으로 7권의 개설서를 냈다. 그로부터 몇 년 뒤 후쿠치 겐이치로福地源一郎 · 요시다 도고吉田東伍 · 가쓰 아와勝海舟 등이 도쿠가와의 역사를 썼다. 1896년에는 다케코시 요사부로竹越與三郎가 『이천오백년사』를 썼다. 이런 책들은 사료의 제시에서 어느 정도 서구의 영향을 보여주지만, 머콜리(Macauley)를 추종하는 다케고시는 사료를 과학적으로 취급함과 동시에 문명사학파와 같이 더 포괄적 주제-정치는 물론 사회 · 경제 · 종교 · 문화 등-를 함께 추구하였다.

약 10년 후 1907년에서 1908년 사이에 와세다 대학에서 『일본시대사』가 출간되면서 또 하나의 새 전기를 맞았다. 이 저술은 시대별로 나누어진 10권의 책으로 되어 있는데, 각 권은 그 시대의 전문가가 집필하였으며 정확하고 세부적인 연구를 목적으로 했다. 이러한 작업은 개인의 능력으로는 어려운 것으로 집단적으로 이루어졌다. 이런 식의 작업이 일본에 퍼졌는데, 최근 들어서는 여러 권의 책보다는 논문을 묶어 한 권의 책을 내는 것으로 바뀌었다. 1908년에는 또 구로이타 가쓰미黑板勝美의 『일본사연구』가 나왔다. 구로이타는 그 전 사서에 대해서도 세밀하게 언급하면서 일본문화 발달을 평가하였을 뿐만 아니라, 역사문학과 문헌학 · 역사지리 · 족보학 · 연대기 등의 주제를 총체적으로 다루었다. 사실 이 책은 일본사이자 연구를 위한 참고서이다.

시기와 역사적 진문성의 특화는 역사서술의 과학적 접근을 중시한 데에서 많은 득을 보았다. 같은 시기에 또다른 형태의 전문화가 윤곽을 드러내기 시작했다. 그래서 다쿠치田口와 다케코시竹越 같은 사람들의 저술에도 불구하고 역사가의 주요관심은 일본의 정치적 발전이었다. 사회적 또는 경제적 흐름에 대한 설명은 전체사의 한 부분이 될 수는 있지만, 그로부터 분리되어 독자적인 분야와 방법을 가진 개별 연구주제를 이루는 것은 아니었다. 물론 이것은 그 당시 유럽에서도 마찬가지였을 것이다. 유럽과 일본 모두 이 새로운 분야에 대한 집중적 관심은 20세기에 이루어진 것이다. 보턴 씨가 지적하고 있듯이 우치다 긴조內田銀藏·혼조 에이지로本庄榮治郎·쓰치야 다카오土屋喬雄 같은 학자들을 선두로 하여 경제사를 중시하면서 역사학을 새로운 차원으로 발전시킨 것은 1920년경이었다. 새로운 질문이 제기되고 그에 관련된 새로운 사료가 발굴되었다. 그러다보니 전체사 형식 안에 상이한 요소들 사이의 대비가 현저해졌다.

 이런 것은 좋은 현상이었지만 동전의 이면이 있게 마련이다. 일본의 과거사는 점점 더 조각이 났다. 시대구분뿐만 아니라 주제의 유형에서도 그랬다. 더구나 많은 역사가들이 경제결정론을 수용하면서 정치사를 고집하는 사람들을 경시하였고 거꾸로 그들의 비판을 받기도 하였다. 특히 마르크스주의자 가운데 몇몇은 결정론에 치중한 나머지 경험적 사실을 배제하였다. 다른 이들, 이른바 '학구'파는 그 응용 가능성에 대해서는 거의 또는 전혀 관심없이 사실적 지식의 축적에만 골몰하였다. 서로 다른 집단 사이 또는 집단 내부의 논쟁은 대학에 대한 충성심에 의해 조장되고, 학생과 교수 사이를 잇는 강한 유대에 의해 유지되었다. 그래서 아주 격렬한 몇몇 논쟁은 4반세기 이상 계속되있다. 서구사상을 도입한 최초의 결과는 기존의 일본사 윤곽을 수정한 것이 아니라 일련의 다른-그리고 분리된-저술들을 만들어낸 것이다.

 서양에 대한 일본의 반응은 다른 면에서도 이런 식이었다. 노력의 확고함과 산만함의 인상을 동시에 주는 혼동과 시험의 시기는 역사서술에만 한정된 것이 아니었다. 그런 과도기는 어쩌면 당연한 것이다. 서양과 같은 상이한 문화를 소화하려는 시도가 완전히 통제되고 단선적으로 이루어졌다면, 절대로 성과를 거두지 못했을 것이다. 그 과정이, 역사가들에게는 학문연구의 한 주제로서 더욱 매력적인 것이 되었지만, 복잡한 것이었으며 아직도 완전히 이해되지 못하고 있다. 이런 전체의 작지만 흥미로운 한 부분으로서, 최근 1백 년 동안의 일본사서는 이 책에서 다루어진 것 이상의 더 세밀한 연구를 아직도 필요로 한다.

3) 중국과 일본에 관한 서양의 역사서술

서구의 역사서술은 중국과 일본역사에 관한 우리의 총체적 지식에는 기여한 바가 비교적 미미하므로-기여한 바가 있다 해도 몇몇 특수분야에 한정된 것이다-여기서는 그에 관한 주제를 포괄적으로 다루려는 시도가 없었다. 이런 주제에 관한 논문들은, 이 책의 다른 논문들처럼, 토론의 실마리가 되는 몇 개의 예를 제시하는 정도이다. 그 중 두 논문이 특정시기 역사가들을 다루고 있다. 복서(C.R. Boxer) 교수는 16~18세기 유럽인의 역사서술(포르투갈·스페인·프랑스·네덜란드)을, 그리고 허드슨(G.F. Hudson) 씨는 19세기 후반과 20세기 영국의 역사서술을 다룬다. 라티모어(O. Lattimore) 교수의 논문은 색다르게 한 가지 주제, 몽골유목민의 사회사에 대한 문헌을 기번(E. Gibbon)시대로부터 오늘날에 걸쳐 비판적으로 검토한 것이다. 거기에는 러시아 역사서술의 일면에 대한 것도 간략하게 다루었다. 이 책에서 이 부분을 더 늘릴 수만 있었더라면 중국과 일본에 관한 독일·프랑스·미국의 저작은 물론 러시아 측의 사서를 더 폭넓게 다루는 것이 좋을 뻔하였다. 다양한 전통에 관한 논문이거나 아니면 특정주제의 사서에 관한 논문 형태로 말이다. 그렇지만 여기에 실린 논문은 초안을 바탕으로 학회에서 이루어진 토론과 함께 일반적 시론의 기초가 된다. 다음의 내용은 그 가운데 약간을 필자가 생각나는 대로 간략하게 소개한 것이다.

바로 최근까지만 해도 서양 말로 쓰인 것은 대부분 중국과 일본에 관한 고도의 전문서적 가운데 극동에 살면서 일했던 사람들이 만든 것이었다. 복서 교수가 다룬 16·17·18세기에는 제수이트 선교사들이 주류를 이루었다. 19세기와 20세기 초기에 예수회를 이어 다른 사람들이 나타났다. 개신교 선교사들·외교관들·언론인들, 또 학교와 대학에서 가르치는 사람들이었다. 이들에겐 모두 한 가지 공통점이 있었는데 그 지역에 대한 관심과 살아 있는 지식으로 책을 썼다는 것이다. 이런 사실은 중요한 결과를 낳았다. 예를 들면 그것은 그들 작업이 학문적 의미에서 배타적으로 역사만인 것은 아님을 의미한다. 역사는 그저 한 부분일 뿐 행정·법률·경제학·지리학·문학·예술 같은 것도 함께 포함되어 전체가 된다. 일부에서는 역사를 언어와 철학에 대한 한 초보적 관심의 부산물로 간주한다. 사실 연구주제는 한 나라 혹은 그 문화이지, 그 역사만 유일하게 적거나 특수화한 것이 아니다. '중국학'이란 여전히 이 같은 개념의 잔재로 남아 있다.

개인의 경험도 연구주제의 성격에 영향을 미친다. 중국의 '태평천국의 난'이나 일본의 '사츠마薩摩 반란' 같은 동시대 또는 비교적 동시대의 사건과는 달리, 많은 역사서술이 저자가 생존했던 시대를 설명하기 위한, 아니면 저자가 알고 있는 사건의 직접적 배경을 밝히기 위한 것이었다. 같은 이유로 그 지역과 서구와의 관계사가 강조되었다. 실제로 그런 주제가 어떤 때는 개설서 같은 데서도 다른 모든 요소를 압도했다. 다른 한편 양국의 초기역사를 다루는 책들이 많이 나타났다. 중국의 경우 적어도 부분적으로는 이런 것이 철학연구의 역사적 배경을 마련하려는 데서 이루어졌다. 일본에서는 대개 언어나 정치제도에 대한 관심에서 비롯했다.

어떤 면에서 서양인의 이런 역사서술은 서양 자체의 사서보다 중국과 일본의 것에 더 가까웠다. 특히 주제의 해석과 선택에서 그러했다. 그 이유는 쉽게 짐작이 간다. 저자들은 극동에 살면서 중국과 일본의 동시대인들과 같은 영향을 받고 있었으며 같은 연구주제를 택했기 때문이다. 예를 들어 그들은 공통적으로 중간시대를 비교적 무시하고 고대사와 근대사를 강조하였다. 서양의 역사가들이 연구대상 국가 또는 국가의 학자들의 연구결과에 의존한 데에서도 설명이 가능하다. 때때로 중국인 또는 일본인 동료나 조수와 협업하기도 하였다. 그런 것이 없는 경우라도 언어장벽 때문에 광막한 원사료2)보다 중국이나 일본의 근대사서에 의존하게 된다. 그 결과 의식적이든 아니든 실제로 얻는 정보와 함께 그 지역역사가들의 견해까지 수용하게 된 것이다. 이런 현상은 호전적인 '서양적' 색깔을 띤 기발한 논평으로 호평받는 머도크(J. Murdoch)의 경우도 마찬가지다.

이러한 말은 극동에 관한 서양인의 역사서술이 모두 무가치하다는 뜻은 아니다. 그 중 많은 것이 쓸모가 있고 어떤 것은 정말로 가치가 있다. 그러나 대부분은 서양의 독자들에게 주제를 소개하는 정도이지 엄밀한 의미에서 '지식에 대한 새로운 기여'가 아니다. 더구나 새로운 역사연구 방법을 중국과 일본에 전달하는 통로가 된 것도 아니었다. 이런 것은 대개는 코르디에(H. Cordier)나 머도크보다는 랑케·버클·기조 등 서양인들이 자신의 역사에 관해 쓴 작품으로부터 직접 전달되었다.

20세기로 접어들면서 서양의 역사서술에 변화가 시작되는데, 이는 중국·일본 등과 서양 사이의 정치적 관계의 변화와 연관된다. 극동을 방

---

2) 초기역사가 갖는 매력 중의 하나는 원사료의 분량이 한정되어 있으므로 강독이 더디어서 불리한 서구학자들이 더 용이하게 다룰 수가 있다는 점이다. 그러나 이 같은 이점도 원문 자체가 더 어렵다는 점 때문에 상쇄된다.

문한 최초의 유럽인들은 직접 경험을 통해 많은 감명을 받았다. 복서 교수에 따르면 예수회는 특히 중국제도에 대한 큰 경외감을 가지고 서술하였으며 이 사실은 그들 보고서를 인용한 많은 책들 속에 나타나 있다. 그러나 19세기에는 서양열강들의 경제적·정치적 패권, 그리고 중국과 일본사회의 몰락의 징후로 인해 입장이 달라졌다. 이 시대의 유행어는 '이교도 중국인'과 '순환하는 옛 중국〔Cathay〕'3)*이었으며, 여기에는 정체적 또는 몰락하는 문화, 아니면 적어도 유럽이 가진 것 같은 뻗어가는 활력이 결여된 문화에 대한 경멸을 담고 있다. 이런 편견으로 극동의 역사는 진지한 관심의 대상이 못되었다. 그래서 그 곳으로 간 사람들에게 맡겨지게 되었으며, 이들은 〔직접 본토풍물에 접하게 되면서〕 그에 만족하거나 적극 후원하는 입장을 피하지 못하였다. 이런 것을 국제관계에서처럼 역사서술에서도 '제국주의' 현상이라고 한다.

19세기 말 무렵에는 새로운 접근법을 예고하는 두 가지 진전이 있었다. 하나는 중국과 일본의 예술에 대한 유럽의 발견-아마 재발견-인데, 그에 관한 역사연구의 동력과 관심을 불러일으켰다. 두번째는 일본이 국제적 중요성과 권위를 갖는 위치로 급속하게 부상한 사실이다. 그 후 50년 동안 비상한 일본제국의 탄생과 몰락이 있었다. 한편 중국에서는 혁명이 일어나고 내란과 새로운 혁명이 연이었으며, 서양을 위협했던 강력한 정권이 일본에서 그랬던 것처럼 확실히 붕괴하였다. 극동은 갑자기 비중을 갖게 되었으며 정체로부터 벗어났다. 결국 서양 여러 나라, 따라서 자연스레 서양의 대학들은 점차 극동에 대해 관심을 갖게 되었다. 1930년 이후 유럽과 미국의 대학에는 역사학을 포함해서 중국학·

---

3)* 'Cathay'는 중세 유럽에 알려진 '중국'의 이름으로 타타르 말에서 유래한다. 참고로, 영국의 시인 테니슨(A. Tennyson, 1809~1892)의 시 가운데 '유럽의 50년이 중국의 한 시대보다 낫다(better fifty years of Europe than a cycle of Cathay)'라는 구절이 있다.-역주

일본학을 전공하는 교수들의 수가 급속히 늘어났으며, 1945년 이후에는 더 많은 숫자로 늘어났다.

최근에 나타난 저술들은 여러가지 면에서 그 전 것과는 다르다. 저자들은 대개 연구를 위해 대상 지역을 방문하기는 하지만, 그 곳에서 직접 살거나 일하는 사람들이 아니다. 또 '학문적'인 면, 초연함에서 얻는 [객관성의] 이점에 대해 그 전 사람들보다 더 잘 알고 있다. 그런 자질은 인간의 [직접]경험을 통해 얻게 되는 편견을 잘 보완할 수 있다. 연구대상 시대는 큰 변화가 없다. 대개는 여전히 먼 옛날과 최근에 편중된다. 그러나 점차 중간의 시대도 더 세밀하게 연구할 필요가 있다는 것을 깨닫게 되었다. 중국과 일본학자들에 대한 의존도 여전하다. 그러나 그것은 개인적이기보다 집단적이다. 말하자면 교수 개인보다는 대학에, 책보다는 도서관에 의존하는 것이다. 이것이 다른 무엇보다 가장 분명한 변화를 반영한다. 즉 훈련·기술·연구·전문적 지식 등 특수연구논문이 관심을 끌게 되었다. 세밀하고 비판적이고 한정된 주제에 관한 것 말이다. 사실 처음으로 서양학자들은 언어장벽과 사료접근 문제 등에서 가능한 범위 안에서, 자신의 역사를 연구해 오던 것과 같은 수준으로 중국과 일본의 역사를 연구하게 되었다.

이것은 분명히 큰 발전이다. 동시에 약간의 위험성을 지닌 것이기도 하다. 고립된 특수연구서-그 수도 상대적으로 적을 수밖에 없다-는 기존의 중국과 일본문헌에 대한 지식을 갖추었을 때만 그 정확한 목적과 의미를 완전히 이해할 수 있기 때문에, 전문가들만을 대상으로 하고 있다는 점이다. 용어와 서술 방법이 더 전문적이 될수록 문제는 더 심각하다. 그래서 특수논문은 좀더 일반적인 연구에 의해 보충되어야 한다. 특정시기 혹은 주제를 알맞은 길이로 제한함으로써만 한 극단의 특수논문과 다른 극단의 개설서 사이의 틈을 메우게 된다. 이런 책은 역사가 자신의 참고서로도 필요할 뿐 아니라 더 광범한 중요성을 갖는다. 그런 것이 없다면 초기 서구작가들이 극동사에 관해 이룬 2차 작업, 즉 서구 독자들을 위한 본문의 해석작업도 없이 '새로운 지식'의 탐구를 추구해야 하는 부담을 안게 될 것이기 때문이다.

2.
고대 중국연대기와 역사개념의 성장

반 데어 룬(P. van der Loon)
[캠브리지대학 극동사 강사]

　최근까지 적어도 서양에서는 기원전 1천 년 동안의 중국사는 그 다음 1천8백 년 동안보다 더 많은 관심을 끌었다. 따라서 중국의 사서는, 한 왕조나 한 왕조의 일부를 다루는 더 후기의 저술보다는, 가장 옛날의 기록들 혹은 더 후기의 포괄적인 통사通史에 의해 평가되어 왔다. 역사기록이 정확성이나 비판력에서 상당한 수준에 이르러 전반적으로 중국사서의 질을 높이게 된 것은 송대다. 그에 비해 주周나 한대의 저술은 매우 졸렬한 것이었다. 기원전 221년 제국성립 이전의 중국역사는 분명하지 않으며, 사료도 드물고 보존상태도 좋지 못하다. 그러나 그 뒤의 사가들은, 아마도 사료의 제시에서는 아니라 하더라도, 그 취사선택에 있어서 여전히 예로부터의 전례를 존중하면서도 고대 연대기와 이른바 '정사正史'를 훨씬 능가하였다.
　그럼에도 분명한 것은 중국 역사서술의 끊이지 않는 전통이 고대에 확립된 목적과 이상에 기초하고 있다는 사실이다. 그래서 이 이상이 어떻게 변천해 왔는가에 대한 연구가 필요하다. 이 글에서는 고대의 연대기적 사서에 관한 상세한 언급은 피할 것이다. 그러나 시대의 흐름에 따라 어떻게 새로운 요소가 과거에 관한 기록에 더해졌는가 하는 점을 논하려 한다. 이 논문의 주제를 이 점에 한정하면서 사료의 기원에 관한 일반론은 생략한다. 사료출현의 기원은 기원전 1300년경까지로 거슬러 올라간다. 갑골문과 청동기 명문으로 이루어진 최초의 사료들과 연대기적 기록들 사이에 서로 연관이 있는 것처럼 보이기도 하지만 분명하게 증명되지는 않는다.

중국 최초의 포괄적 역사(通史)인 기원전 100년경에 쓰인 『사기』의 「진본기秦本紀」에는 다음과 같은 글이 있다.

> 진문공秦文公 13년(753 BC)에 처음으로 사史(즉 史官)를 임명하여 사건을 기록하게 하였다. 사람들 가운데는 감화를 받은 이들이 많았다.

이로부터 『사기』의 원사료 중에는 진나라 연대기가 포함되어 있었고 이 기록도 바로 거기서 따온 것임을 짐작할 수 있다. 기원전 753년은 진이 건립된 지 얼마 되지 않았을 때이니 사史의 임명은 국가 수립 이후 곧 있었다는 말이다. 그렇다면 다른 오래된 나라들에서도 그런 사관은 훨씬 이전부터 분명히 있었을 것이다. 이런 관리들의 임무를 정확하게 알 수는 없다. 그러나 점술·궁중 사건의 기록 및 문서의 보관 등을 관장했을 것이다. 그들이 관장한 문서 가운데 '연대기[紀]'와 '족보[氏譜]'가 가장 두드러진다. 주대에도 이 두 가지 사료에 관한 언급이 잦았다. 어떤 것은 『사기』가 집필되던 시기에도 남아 있어서 사료로 이용되었다. 오늘날에는 다만 노나라의 연대기로 기원전 722년에서 기원전 481년까지를 다룬 『춘추』와 고대부터 기원전 298년까지를 다룬 위魏의 연대기, 즉 『죽서기년竹書紀年』의 일부만 남아 있을 뿐이다. 이들 연대기의 형식이 언제나 같았던 것은 물론 아니다. 위와 진의 것은 우리가 직접 알고 있듯이 연도를 기준으로 하여 사건을 기록하였다. 반면 노나라의 것은 계절과 달, 어떤 때는 정확한 날짜까지 적는다. 그러나 이 두 가지 모두 내용이 아주 소략하며, 궁중사건·군사원정·일식日蝕 등을 각각 한 문장으로 적는다는 점에서 같다.

중국의 역사서술을 연속된 발전이라는 시각에서 보면, 처음에 나타난 연대기들도 윤리적 목적, 즉 권선징악을 위한 것이었는가 하는 문제가 있다. 위에서 인용한 구절 가운데 "사람들 가운데는 감화를 받은 이들이 많았다"는 말이 바로 이를 증명하는 것 같다. 그러나 잘 생각해 보면 다른 해답을 얻을 수도 있다. 이 문장은 분명히 후대 사관들의 생각을 반영하는 것이다. 자신의 일이 유용할 것이라는 진나라 최초사관들의 희망이라기보다는, 기원전 753년 이래 연대기를 보관한 것이 유용한 것이었다는 후세 사관들의 생각 말이다. 이런 말이 뒷날 원래 서문에 첨가되었다는 사실은 같은 연대기[本紀]에 보이는 다른 예에서도 알 수 있다. 『사기』의 「진본기秦本紀」에 "무공武公 20년(BC 678), 무공이 죽었다. 그는 옹雍의 평양平陽에 묻혔다. 처음으로 산 사람이 죽은 사람을 따라 죽으니, 함께 순장殉葬된 사람이 66명이었다"는 기록이 있다. 우리는 고고학적 발굴을 통해 사람을 제물로 바친 것은 이것이 처음이 아니라는 것을 알며, 또 그 후 곧 그런 관례가 드물어진다는 것도 안다. 후세의 학자들은 이런 관습을 야만의 잔재가 아니라 야만의 시작으로 보며 예외적인 사실로 설명했다. 그러나 연대기를 처음부터 윤리적 목적을 가진 것으로 본다면, 『시경詩經』[1]에 볼 수 있듯이 그 본래의 기능을 은폐하는 것이다. 연대기를 기록한 사관의 임무는 아마도 의례적인 성격을 지닌

---

1) Arthur Waley, *The Book of Songs*, pp.335~337 참조.

것이었으며, 역사서술은 지배계층의 운명에 대한 관심과 밀접하게 연관되어 있었다. 그들의 번성은 일력에 기록될 선조를 모신 사당의 의식과 계절의 규칙적 변화에 달려 있다고 생각했다. 최초의 연대기적인 사서의 저술가들이 사서편찬에 미친 유일한 공로는 편년적인 서술의 틀을 사용했다는 것이다.

연대기와 함께 구전口傳이 아울러 나타나고 있는데, 이 구전에서 나온 전설·설화·비사秘史들을 언제 누가 처음으로 글로 옮겼는지는 모른다. 이런 일을 맡은 사람들을 고대인들이 뭐라고 불렀는지는 모르지만, 사관이 자신의 직무와 관련하여 이런 일을 했을 리는 없을 것 같다. 주대의 역사와 민담의 정보를 담은 최대의 보고로 현존하는 것은 이른바 『춘추좌전春秋左傳』이다. 이 책의 친숙한 내용은 중국적 이야기의 특징이 갖는 선명한 영감을 불러일으키는 재치를 한껏 담고 있다. 그러나 이런 책이 만들어져 전승하게 된 복잡한 과정을 설명한다는 것은 쉬운 일이 아니다. 한번 예를 들어보자. 거기에 보이는 많은 이름과 구체적 사실은 부분적으로는 기원전 8세기에서 기원전 5세기 사이 분립해 있던 여러 나라들의 연대기에서 따왔을 것이다. 따라서 자칫 소실될 뻔한 연대기의 내용을 보존하게 되었다. 또 '좌전'의 형식으로 다듬어지기 전 본래의 형태를 추출해낼 수도 있다. 만일 그렇게 한다면 그 이야기가 특정한 나라들에 대해서는 더 호의적 편견을 가지고 있으며 정치적 목적을 아울러 갖고 있음도 밝혀진다. 더욱이 이런 이야기들은 단순한 윤리로부터 자연관에 걸친 여러가지 철학적 사고와 결부되어 있다. 이런 점에서 이 연대기는 분명히 기원전 300년 이전에 만들어진 것이 아니다. 따라서 이 저술 안에 보이는 역사적 개념이 언제 나타났는지를 추정하기는 어렵지만, 문자기록에서 나온 정확한 사실과 구전에 기초한 이야기를 결합하는 그 특성은 역사서술의 발전에 분명한 전기를 이룬다.

현존하는 유일한 중요연대기가 오랜 배태기를 거친 뒤에 나타났다는 것은 중국 역사서술의 이념형성에 결정적으로 중요한 시대가 있었음을 뜻한다. 필자는 이것을 공자와 그 제자들의 시대로 본다. 공자가 고향 노나라 연대기인 『춘추』의 편찬에 어느 정도 - 뒷날 학자들은 그것이 어떤 형식이었는지에 관해 견해가 다르다 - 영향을 주었다는 생각은 맹자의 저술에서 이미 나타나고 있으며, 따라서 기원전 4세기에는 널리 받아들여졌다. 이 『춘추』는 평가를 위한 것으로 보이며, 개개 역사사건에 연루된 사람들에게 '칭찬과 비난[褒貶]'이 내린다. 이런 윤리적 판단은 노골적인 것은 아니지만 사용되는 언어의 차이에 의해 표현되고 있다. 한 가지 예만 들어보자. 한 군주가 살해되었을 때 만일 살해된 군주가 나쁜 사람이었던 경우에는 그 개인의 이름(말하자면 공식칭호가 아니라)이 기록된다. 그러나 만일 살해자의 행위가 부당한 경우에는 '그(살해자)'의 이름이 기재되는 것이다. 여기에 도덕적 판단이 내포되어 있을 뿐 아니라, 『춘추』 전체를 관통하여 사용된 용어 이면에는 하나의 목적이 있었다. 이렇게 정치적 윤리의 교과서가 나타나게 되었고, 그 같은 판단을 이해하기 위해서는 많은 해석이 필요하였다. 그러나 공자는 제자들에게 구두로 설명하였고 이것을 후에 기록한 것들은 '전(傳)'으로 불리게 되었으며, 그 정통성의 정도에 차이가 있다. 이 같은 '전'에는 세 가지가 있는데 그 가운데 두 가지는 거의 전적으로 본문의 어휘 해석에만 관련한다. 『좌전』으로 알려진 세번째의 '전'은 일부러 역사적 작품 혹은 그 전에 언급된 작품들과 연결되어 '좌전'으로 알려져 있다. 그 결과 나타난 책은 인위적으로 노나라 『춘추』와 같은 형식에 맞춘 역사기록의 편찬물로 구성된 것이라 할 수 있다.

공자가 편찬한 것으로 보이는 모든 저술은 뒷날 경전이 되고, 수세기에 걸친 준(準)신학적 논쟁에 의해 진위여부가 은폐되었다. 그러나 중국사상사에서의 중요성은 차치하고, 우리가 직면한 문제와 관련하여, '전(傳)'의 기원 또는 공자가 역사학에서 차지하는 정확한 위치 같은 것이 핵심적인 문제는 아니라는 생각이다. 오히려『춘추』와 그에 따른 주석(傳)들을 그것이 작성된 시대의 사상적 풍토를 배경으로 조감하고, 또 거꾸로 사회변화에 비추어 그 이념을 이해하는 것이 더 효과적인 방법이 될 것이다.

역사서술 분야에서 어떻게 분위기의 변화가 일어났을까? 왜 원래 사서가 갖던 의례적 성격 대신에 윤리적이거나, 또다른 합리적 해석이 나타났을까? 상투적 해답은 문화의 수준이 낮은 야만족(夷狄)이 쳐들어옴에 따라 중국인들이 그들 자신의 전통을 평가할 필요가 생겼다는 것이다. 아니면 현저하게 의례적인 기능을 지닌 주왕실의 권위가 무너지고 여러 영토국가들이 주변국가를 병합하면서 두각을 나타냈기 때문이라고 말할 수도 있다. 여러 국가의 흥기와 멸망을 설명하려는 시도는 뚜렷한 결과를 낳았다. 공자는 하급귀족 출신이다. 국가규모가 더 커지던 당시에 이들 계층은 영향력을 상실하였다. 교사로서 그는 과거에서 이상을 찾았고 옛 성인들을 받들었다. 그에 따르면 이미 성인의 시대부터 타락이 시작되었다고 했다. 그는 진실한 군자(君子), 즉 학문이나 사회적 감각으로 자신과 환경을 개선하는 사람에 대하여 이야기하였다. 이 때 학문이란 노래(詩)·의식(禮)·음악(樂)·옛 문헌(書) 등의 예(藝)를 통한 도덕적 교훈의 중단없는 탐구를 뜻한다.

도덕적 역사학의 발달에 관한 이 같은 설명은 그럴듯해 보이긴 하지만 일면적인 것에 불과하다. 먼저 맹자가 공자를『춘추』의 저자로 언급한 것은 공자 이후 3·4세기가 지나고 난 다음이기 때문이다. 그리고 맹자가 언급한 것이 우리가 지금 가지고 있는 바로 그『춘추』인지도 분명하지가 않다. 둘째로 용어의 올바른 사용에 대한 관심은 거의 확실하게 공자 이후에 나타난 것으로, 아마도 기원전 4세기 소피스트들의 열띤 논쟁의 주제였던 언어와 실재의 관계에 대한 논쟁과 같은 상황 속에서 대두하게 된 것이다. 공자의 고유한 말씀으로 전해지는 많은 것이 다른 사상 학파에서도 공통적으로 나타난다. 예를 들어 요堯임금의 전설과 같은 고대 신화의 대규모 미화가 있었으며, 가끔은 명백한 이상향의 색깔을 띤다. 묵가에 따르면 요임금은 제국을 순舜에게 선양하였는데, 이는 순이 요임금 자신의 아들보다 더 유능했기 때문이다. 정치적 이념 또는 개혁을 고대 성인의 것으로 돌리는 것은 실상 새로운 정책을 펴기 위하여 여러 사상 학파들이 즐겨 이용한 방편이었다. 역사에서 선례를 끌어오는 것은 면면히 이어져 중국적 사고의 한 특성으로, 이 시대에 처음 시작되지는 않았지만 더욱 일반화되었다. 이를 테면 역사적인 개념의 발전은 전적으로 어느 특정학파에만 결부시킬 수 없는 보다 일반적인 과정이다. 어떤 다른 예가 더 필요하다면 분류의 사고방식을 들 수 있는데, 이것은 바로 역사적인 사고를 포함하여 중국인의 온갖 구분논리의 형식 및 경향 속에 들어 있다.

 여기서는 그저 기원전 6세기경 이후 중국사회에 일어난 약간의 변화를 지적하는 정도로 그칠 것이다. 필자는 앞에서 지역국가들의 영토팽창에 대해 이미 언급한 바 있다. 이것은 새로운 군사기술의 발전으로, 뒤에는 기마궁술의 도입에 의해 촉진되었다. 특기할 것은 중국문화권 주변부의 여러 국가들이 '이적夷狄'의 영토로 외연을 확대하게 된 것이다. 예전의 국가에서 주로 귀족을 통해서 행사되던 간접적 지배와는 달리 이런 변경지방의 정복지에서는 어느 정도의 관료제를 동반한 직접적인 행정이 시행되었다. 철의 사용이 늘어나고, 관개는 농업 생산성을 증대시켰다. 또 엄밀한 영토구획이 이루어졌는데, 이것은 국방뿐만 아니라 효과적인 지세 부과를 위한 것이기도 하였고, 세금은 점차 생산량에 따라 부과되었다. 마지막으로 개인적 소작제의 출현과 상업비중의 증가를 더한다면 기원전 6세기에서 기원전 4세기 사이에 이루어진 변화가 얼마나 획기적이었는지가 분명해진다.

저 유명한 제자백가가 나타나 번창한 것이 바로 이 시기였다. 그들 논쟁의 대부분은 정치적 또는 경제적인 현실문제를 해결하기 위한 것이었다. 그들 모두가 자신이 처한 상황을 동시대의 다른 사회가 아니라 '과거'의 실재 또는 가공의 상황과 비교했다는 것은, 중국사회가 서로 분립되어 있었다는 사실로써 부분적인 설명이 가능하다. 공자는 의례적인 사고로부터 이성적인 사고로 전화(轉化)하는 과정의 시초에 있을 뿐이며, 맹자조차도 예를 들어 지배계급이 가지는 세습적인 봉록을 지지했다는 점에서 보수적이었음을 기억해야 한다. 그러나 여기서는 어느 개인의 역사적 사고의 변화를 추적하는 것이 아니라 기원전 400년경 이후 역사 서술에 의식적으로 적용된 사회적·윤리적 규범을 전반적으로 논하는 것이 중요하다. 사실은 이제 더 이상 연대순으로 분리되어 서술되는 것이 아니라, 어떤 인과관계와 가상적 역사법칙에 따른 도덕체계 속에〔흔히 억지로〕 엮여지게 되었다.

『춘추』의 본문과 주석은 언제나 엄하게 구분되어 왔으며 이런 체계는 후대 역사서술에 지대한 영향을 미쳤다. 역사가의 개인적 견해가 객관적 사실과 뒤섞여서는 안된다는 생각이었다. 그래서 '칭찬과 비난(襃貶)'은 늘 말미에 적혔다. 그렇지만 도덕적 판단이 흔히 노골적인 비평으로만 이루어지는 것은 아니다. 사실로 하여금 스스로 말하게 하라는 원칙에도 불구하고, 도덕적 판단은 이미 사료의 선택을 통해 표현되고 있음은 물론이다. 불가피하게 치우친 사료의 취사선택은 물론 중국사서에서만 나타나는 것은 아니지만, 흔히 이루어지는 단정적인 판단이나 혹은 의혹의 여지가 있을 때 모순되는 사료를 배제하는 경우보다 더 많았다.

여기서는 군주와 신하들 사이의 가공적 대화의 채록으로 이루어진 역사적 자료들은 논외로 하고, 또한 기원전 2세기에 동중서董仲舒가 개진한 흥미로운 이론들도 다루지 않을 것이다. 그것은 역사서술보다는 역사철학에 관한 것이기 때문이다. 그러나 중국이 중앙집권적 관료제국으로 바뀐 다음 역사기록에 도입된 새로운 요소에 대해서는 알아두어야 할 것이 있다. 이 새로운 요소란 국가 통치기술의 경험을 전할 수 있는 체계적인 역사서술이었다. 사마담司馬談과 그의 아들 사마천은 최초의 중국통사인 『사기』를 썼다.2) 이 저작의 형식을 보면 그들은 대개 기존의 사료제시 방법을 이용하였다. 그래서 첫 부분은 본기本紀로 이루어졌다. 즉 먼 과거까지 거슬러 올라가, 있었던 사실 그대로 일련의 구체적인 궁정의 사건을 기록하고 있다. 더 이전시대에 대해서는 옛날 책에서 긴 인용문을 그대로 베껴 쓰는 정도였다. 저자 자신들이 살던 당시의 왕조는 더욱 세밀히 다루었다. 이 부분에서는 문서고에 있는 날짜가 정확히 기록된 많은 문서를 그대로 인용하였다. 예컨대 황제의 칙서〔上諭〕나 신하들이 황제에게 제출한 상주上奏 같은 것들이 그것이다. 『사기』의 둘째 부분은 '열전列傳'이라 불리는 것으로 대부분이 정치가・학자, 그밖에 다른 중요한 사람들의 생애를 다루고 있다. 이 부분은 편의상 '전기傳記'로 불릴 수 있지만, 그 내용을 비판적으로 검토해 보면 일화逸話 또는 전기소설傳奇小說 같은 성격 때문에 종종 구전설화에 바탕한 사료로 구성되었음을 알 수 있다.

『사기』의 셋째 부분인 서書는 그 이전의 사서와 아무런 유사성도 없다. 이 부분에는 음악〔樂〕・책력〔曆〕에서부터 수로측량〔河渠〕 및 경제〔平準〕분야에 이르는 어느 정도 전문적인 주제에 관한 여덟 편의 글이 들어 있

---

2) 『사기』에 관한 더 자세한 논의는 이 책에 수록된, 헐시베, 「漢代 역사기록에 관한 일고찰」, 61~66쪽 참조.

다. 이 모든 주제들은 제국 통치를 위해 극히 중요한 기능을 갖는 것들이다.

전체적으로 이 책을 평가한다면, 가끔 저자의 의견이 드러나면서 때때로 유익한 회의적 견해가 나타나지만, 대개는 사료에 있는 원래 내용을 그대로 베끼는 데 그치고 그 내막을 따져보려고 하지 않았다고 할 수 있다. 전한의 멸망 이후『한서』의 저자가 사마천의 선례를 따라 이른바 '정사'3)의 뼈대를 갖추어 썼으며, 이는 그 후 모든 정사에 의해 계승되었다. 그 세 가지 주요 구성부분은 예나 다름없이 본기·열전·서로 이루어진다. 그러나 점차 기록된, 그것도 공식적인 사료에 더 강하게 집착하는 것이 미덕이 되었다. 구전과 같은 확인 불가능한 것들은 폐기되었으며, 그 결과물은 '가위와 풀'로 편집된 것이지만 간추려지거나 해석되지 않은 객관적 기록, 정부의 백서 같은 것이 되었다.

그러나 이런 모든 논의들은 마지막 한 가지 문제에 이를 수밖에 없다. 중국 역사서술이 어떻게 하여 이런 편집물을 연구하는 학자들이 경배할 정도의 그런 풍부함과 정확성을 띠게 되었을까 하는 점이다. 비록 객관적 진리는 아닐지라도 진실에 입각한 것이라 주장하는 유교이념 때문만일까? 아니면 이것이 우리가 강조해야 하는 역사기록에서의 관료적 기능 때문인가? 그리고 제도·전례前例, 기록된 문서에 대한 흔들리지 않는 충실함 이외의 다른 것을 관료들로부터 기대하는 것이 가능한 일인가? 원문의 확실성에 대한 엄격한 기준을 발달·유지시켜 온 수많은 학자들도 또한 이런 이념에 일조한 것이 아닐까?

중국사서에 관한 모든 일반화는, 이 글에 있는 내용까지 포함하여

---

3) 정사(正史) 또는 왕조사의 발달에 관하여는 이 책의 다음에 이어지는 논문들 속에서 어느 정도 상세히 다루어진다. 특히 헐시베,「漢代 역사기록에 관한 일고찰」과 楊聯陞,「중국 관찬사학의 구조」참조.

심각한 의문의 소지를 안고 있다. 서양학자들은 더 초기의 것보다는 19·20세기에 쓰인 유럽의 역사와 비교하려고 하는 경향이 너무 강한 듯하다. 그들은 중국 역사서술이 개개 사실 사이의 상호 관련을 짓지 못하고 있다고 비판한다. 그러나 그들은 역사적 전망이 담긴 수많은 평론이나 상주 같은 것을 간과하고 있다. 더구나 특정저술 또는 일군의 저술들의 경향성을 비판할 때는, 그런 결점이-특히 개인사서의 경우-사료의 풍부함에 의해 대개 상쇄된다는 점을 염두에 두어야 한다. 결국 '칭찬과 비난[襃貶]'의 평가와 객관적 사실 사이의 긴장은 중국에만 한정된 것이 아니다. 그런 점은 우리 서양도 마찬가지다.

3.
한대漢代 역사기록에 관한 일고찰

헐시베(A.F.P. Hulsewé)
[라이엔(Leiacn)대학교 중국어문학 교수]

　중국인의 역사를 통틀어 볼 때, 기원전 221년 관료조직을 갖춘 통일제국의 성립은 하나의 첨예한 분기점이다. 그것은 점진적인 중앙집권화 긴 역사과정에서 절정을 이룬다. 수많은 도시국가가 여러 개의 지역국가로 편성되고 그것이 소수 영토국가로, 거기서 다시 하나의 통일제국으로 변하였다. 이와 함께 사회적 변화도 일어났다. 세습적인 귀족과 그들의 노예 또는 농노로 엄격하게 구분되던 사회에서 모두가 황제에 예속되는 여러 종류의 사람들로 구성된 더 복잡한 공동체로 변한 것이다. 지주 계층과 긴밀하게 연관되어 날이 갈수록 특권화하는 관료와 수많은 농민들 간에는 예전 같은 사회계층의 구분이 있었지만 이제는 그 경계선이 더 모호해졌다. 농민은 더 이상 지주의 손끝에 놀아나지 않고 국세 부담, 그리고 요역徭役과 군역軍役 등 국법에 규정된 부역 의무를 진다. 이러한 새로운 사회에서는 아직 영향력이 현저하지는 않지만, 상인들이 제자리를 잡게 된다.
　중앙집권은 당시의 질서이다. 새롭게 하나로 통합된 나라에서는 제국의 중앙정부에 의해 임명된 관료가 행정을 맡는다. 수천 또는 수만 명의 징병을 결정하는 것은 중앙의 명령이었다. 북서부 변방에 대한 이민족들의 압력이 아주 거세지면 대규모 군대가 황제의 명령으로 동원된다. 이들 군대는 중국사회의 경계 저 너머에 있는 광활한 영역을 정복한다.

제국이 창립된 시기는 기원전 221년 고대국가 진秦의 왕이 통일을 방해하던 국가들을 모두 제거하였을 때였다. 기원전 211년에 그가 죽자 유약한 그의 아들은 아버지의 강력한 정부를 이어갈 수가 없었다. 곧 반란과 내란으로 중국의 통일권력은 붕괴하였다. 계속된 혼란 속에 농민의 지도자 유방劉邦은 한동안 그저 한漢왕으로만 머물렀으나, 기원전 2세기 초 마침내 승리를 거두고 중국땅을 재통일하여 한제국의 지배자로 영광된 모습을 드러낸다.

새로운 '부르주아' 사회는 새 정치조직 아래에서 무엇보다 새로운 역사서술 방법을 창안하였다. 여러 면에서 중요한 사건을 편년으로만 기록했던 그 전의 방법과는 매우 달랐다.

다음은 한대漢代(206 BC~AD 221)의 사서에 관한 간략한 소개 같은 것이다. 전한왕조와 관련된 『사기』와 『한서漢書또는 前漢書』 두 저술을 중심으로 하지만 특히 후자를 위주로 한다. 『사기』에 대해서는 샤반(E. Chavannes)[1]이 상세하게 서술하고 있으며, 『후한서』는 빌런스타인(H. Bielenstein)[2]이 포괄적으로 다루고 있다. 그들의 이론 가운데 많은 부분이 잘 응용한다면 『한서』에도 그대로 적용된다. 『한서』의 역사서술은 로첸잉(Lo Tchenying) 양이 박사논문[3]에서도 다루었지만, 위 두 학자가 보여주는 통찰력 같은

---

1) E. Chavannes, *Les mémoires historiques de Se-ma Ts'ien*(사마천의 『사기』) I, Paris, 1898. 이 논문이 나오고 또 최종수정을 거친 뒤에 사마천과 『사기』에 관한 상세한 연구서로 B. Watson, *Ssu-ma Ch'ien, Grand Historian of China*, N.Y. : Columbia U.P., 1958가 나왔다.
2) H. Bielenstein, *The Restoration of the Han dynasty*, Stockholm, 1953.
3) Lo Tchen-ying, *Une famille d'historiens et son oeuvre; les formes et les méthodes historiques*

것이 없이 진부하다. 여기다 덥스(H.H. Dubs) 교수는 '원문에 관한 토론'을 실은 『소개서(Introductory Volume)』4)를 곧 펴낼 예정이어서 관련 역사학 이론에 대한 고명한 학자로서 그의 견해가 기대된다.

중국 측에서는 한왕조 역사에 엄청난 주의를 기울여 왔다. 그러나 중국학자들 대부분은 수세대에 걸쳐 원문비판·용어설명, 호고적好古的 해설에 주로 관심을 기울여 왔으므로, 기원후 2세기 이래 지금까지 이런 원문에 관심을 기울여 온 수많은 주석가들의 전철을 밟았다. 간혹 다른 사람들, 예를 들어『사통史通』에서 처음으로 사서의 일반적인 문제들에 주의를 기울인 저 유명한 유지기劉知幾(661~721)5) 등은 더 일반적인 문제를 다루기도 하였다. 그러나 지금까지 한대사漢代史의 이 같은 더 일반적이고 전문적인 문제에 대해 한층 더 포괄적으로 글을 쓴 극소수 가운데 한 사람이었던 조익趙翼은『이십이사차기二十二史箚記』6)의 첫머리 세 장에서 이 문제를 다루고 있다.

원문의 문제가 아니라 전한사에 관한 일반적 문제를 다룬 근대의 연구 중에서7) 내가 알고 있는 것은 정학성鄭鶴聲의『사한연구史漢研究』8)뿐

---

en Chine(한 역사가 집안과 그 저술 : 중국역사의 형식과 방법), Lyon, 1931.
4) H.H. Dubs, *The History of the Former Han Dynasty*, i, p.ix.[『한서』의 번역본으로 1938~1955년 사이에 모두 3권으로 출간되었다]
5) 이 책에 수록된 풀리블랭크(E.G. Pulleyblank), 「중국인의 역사비평-유지기와 사마광」, 205~225쪽 참조. 高柄翊의 "Zur Werttheorie in der chinesischen Historiographie auf Grund des Shih-t'ung des Liu Chih-chi(661~721)(유지기[661~721]의『사통』을 중심으로 중국역사 편찬의 가치론에 대하여)", *Oriens Extremus*(극동지), 1957, pp.5ff., 125ff.
6)『二十二史箚記』(1799); A. Hummel, *Eminent Chinese of the Ch'ing period*, Washington, 1943, p.75 참조.
7) 문헌비판 수준에서 가장 기본적인 저서는 말할 것도 없이 王先謙의『漢書補注』(1900)이다. 가끔 그가 인용하고 있는 원전이 유용한 경우도 있지만 말이다. 왕선겸의 대작(大作)은 여러가지 면에서 다음의 저작들을 통해 보충되었다. 가노 나오요시(狩野直禎)가 잡지『동방학보』의 교토시리즈에 낸 일련의 논문과 최근에 나온 楊樹達의 굉장한 부피(662면이나!)의『漢書窺管』(北京, 1955), 그리고 施之勉,『漢書補注辨證』,『新亞學報』제1권 2기~2권 1기(香港, 1956) 참조.

이다. 이것은 장황하고 크게 요령도 없으나 중국사서 중 몇 개 역사에서 보이는 이들 원문에 대해서는 오히려 간명하다.9)

『한서』10)의 서지학 부분[「藝文志」]을 통해 볼 때 -『후한서』에는 이런 부분이 없다- 그리고 나아가, 아깝게도 지금은 전하지 않지만, 이 두 한 왕조 때 만들어져 요진종姚振宗11)의 상세한 서지학 목록에 열거된 많은 역사저술들을 생각하면, 그저 한대에는 역사기록에서 굉장한 발전이 있었다고 말할 수밖에 없다. 전해 오는 저술들을 통해 볼 때 양적으로 뿐만 아니라 질적인 발전이 있었다. 한편으로 봉건국가 노나라의『춘추』12)와 위나라의『죽서기년』13)같은 초기형태의 일관성없는 연대기, 다른 한 편으로는 이른바 [『춘추』에 부속된]『좌전』14)·『국어國語』·『전국책戰國策』같은 잡동사니 일화모음집15) 등 이 모든 것들이 정돈된 체제로 크게 개선되거나 대체되었다. 더구나 새로운 형태는 한대에만 발달한 것 같다. 다른 많은 면에서처럼 새로운 통일제국 한은 역사학에도 새로운 방법을

---

8) 『史漢硏究』(中國史學叢書, 上海: 商務印書館, 1933), 170면. 이 책은 이 두 저작에 대해 일가견을 제시하는 많은 일류 학자들에 의해 인용되고 있다.
9) 魏應麒, 『中國史學史』(上海 : 商務印書館, 1941·1947[재판]), 80~82면 : 李宗侗, 『中國史學史』(臺北, 1955), 23~35면.
10) 『漢書』 권30.
11) 『二十五史補編』 권2, pp.1457·1564·2348.
12) James Legge, *The Chinese Classics*, vol.v, pts.1 and 2. 여기서 언급되는 그 전시대의 저술에 관해서는 이 책, 반 데어 룬(P. van der Loon)의 「고대 중국연대기와 역사개념의 성장」 참조.
13) 이 기묘한 명칭은 기원후 280년경 이것이 도굴된 한 무덤에서 발견되었을 때 붙여진 것이다. E. Chavannes, *op.cit.* i, p.clxxxviii 이하, 그리고 神田喜一郎, 『東洋學說林』(弘文堂, 1948), 1039면을 보라. 레게(James Legge)가『서경』을 번역한 *Book of Documents* (Chinese Classics, vol.iii, pt. I, p.105) 서문에 실려 있는 현재 원문은 탈자와 오자투성이다. 王國維가 부분적으로 옛 문헌의 고증을 통하여 고대 원문을 재구성하였다. 그의 논문 모음집『古本竹書紀年輯校』참조. 왕국유의 저서는 다시 范祥雍의『古本竹書紀年輯校訂補』(上海, 1957)에 의해 수정 보완되었다.
14) J. Legge, trans., *op.cit.*, vol.v, pts. 1 and 2.
15) 『국어』도『전국책』도 적절하게 번역되지 못하였다.

발달시켰으며, 그 방법론과 형식은 그 후 2천 년 동안 규범적 틀이 되었다.

그러나 한대에 있었던 것으로 알려진 역사서 가운데 남아 전하는 것은 소수이며, 오늘날 우리가 참고할 수 있는 것들은 가치나 완성도에서 서로 다르다. 『사기』·『한서』·『한기漢紀』·『동관한기東觀漢紀』 등이 그것이다. 이 가운데 『한기』는 『한서』를 발췌한 것으로 알려져 있으며, 『동관한기』는 아주 양이 많았으나 일부만이 전한다.16) 그래서 가끔 『한기』는 『한서』의 내용을 검토하는 유용한 방편이 되기도 하지만, 한대사 다시 말해 전한의 역사에 대하여 제일 유용한 사료는 『한서』이다. 후한의 역사는 주로 『후한서』에 의존하며, 이것은-주로 『동관한기』에 기초한 것이지만-몇 세기 뒤에 만들어진 것으로서 이 글의 주제의 범위를 벗어난다. 더구나 이 책은 그 역사서술 방법론을 다룬 빌런스타인의 멋진 글들에서 포괄적으로 분석되고 있다. 그것은 앞에서 소개된 것으로 그 내용은 재론할 필요가 없을 것이다.

『사기』와 『한서』는 관계가 아주 가깝지만 아직 풀리지 않은 문제가 있다. 그 문제는 다음과 같다. 『한서』는 『사기』 중의 한대사 관련부분을 많이 따온 것 같고, 현재 이 두 저서는 어떤 부분에서는 다소간에 완전히 일치한다. 그러나 『한서』가 완성되고 또 『사기』가 세상에 많이 유포될 리 없었던 시절에, 황제의 명에 따라 『사기』의 내용이 삭제, 수정되었던 것으로 알려져 있다. 그래서 『사기』의 한대부분이-또는 적어도 그런 부분 가운데 일부가-뒷날 『한서』에 의해 거꾸로 재구성되었을 수도 있다. 이것이 사실이라면 『사기』는 한의 역사에 관한 독자적인 정보의 원천으로서 가치를 크게 잃게 된다.

그러나 이것은 주객이 뒤바뀌는 것이며 이런 부정적 측면이 한대 역

---

16) H. Bielenstein, *op. cit.*, p.10 참조.

사서술에서 가장 중요한 점도 아니다. 괄목할 만한 사실은 한대에 쓰인 상당량의 두 개 역사저술이 전한다는 것인데,17) 그것은 준완성의 형태로 전해내려 왔다. 그래서 우리는 그것이 기여한 것이 무엇이며, 그 전의 작품들과 어떻게 다르며, 어느 정도로 그 후대 역사서술의 기준으로 작용했는가 하는 점에 유의해야 한다.

'역사가들의 기록' 즉 '사기'란 이름은 기원후 2세기 말에 와서 그 전에 '위대한 점성가의 기록' 즉 '태사공서太史公書'라고 부르던 책에 붙인 것이다. 이 책은 상고부터 저자의 생존시대 즉 기원전 1세기 초까지의 역사로서 모두 130권으로 구성되었다. 저술이 완성되고 저자가 죽자 곧 가필이나 삽입이 행해져, 초본이 언제 완성되었는지 지금 정확하게 규정할 수가 없으며 또 앞으로도 그럴 것이다. 그것은 특히 저자의 사망연대가 불명확하기 때문이기도 하다. 이 난제를 해결하기 위해 많은 연구가 있었지만 명쾌한 결과가 없었다. 당분간 '기원전 1세기 90년대'가 최근사치의 시론試論이 될 것이다.18)

최초로 이 역사를 기록하게끔 동기를 부여한 인물은 궁정 점성가로서 종국에 '대점성관(太史)'의 자리에 올랐으며 기원전 110년에 죽었던 사마담司馬談이었다. 그러나 실제 작업은 그의 아들 사마천에 의해 이루어진 것으로 그는 바로 부친의 직위도 계승하였고, 기원전 104년 일력日曆의 개조에도 실제로 참가한 것으로 알려져 있다.

또 다행한 일은 『후한서』의 경우처럼 고명한 서구의 대석학이 『사

---

17) 顧頡剛이 주석없이 구두점을 단 『사기』 판본(1936)은 대형 8절판 세 권으로 모두 2153면이다. 만일 『사기』가 50만 단어 이상이며 『한서』가 80만 단어 이상이라는 옛 계산이 옳다면, 『한서』는 3천5백 면 내지는 다섯 권 정도가 될 것이다.
18) 원문의 변천과 그 연대에 관한 연구사의 요약, 특히 王國維에 의한 것은 F. Jäger, "Der heutige Stand der Shi-ki-Forschung(사기연구의 현재상황)", *Asia Major*, 1933, ix, pp.21~37을 보라.

기』의 발생에 관한 문제에 관심을 기울여 왔다는 점이다. 『사기』의 앞부분 47편의 프랑스어 번역본의 서문에서 샤반은 사마천의 목적과 방법에 대해 폭넓게 다루고 있다.19)

먼저 주의할 점은 사마천이-아마 그 아버지도 역시-야인신분으로 역사를 편집하였을 것이라는 점이다. 물론 궁정 점성가였으므로 공무로서 그 통치자의 활동과 자연현상, 특히 천문에 관한 것을 기록·정리하였을 수도 있다. 그런 일이 고대 '점성가-사史'의 작업이었다는 것은 초기의 연대기 저술들을 통해 엿볼 수 있다.20) 사마천이 사회와 자연세계 사이의 상호관계와 상호작용에 관한 당시의 과학적·종교적 통념과 다른 관점을 가지고 있었다는 말은 아니다. 그의 연대적인 글들이나 천문과 제사의례에 관한 독특한 '서書'에 보이는 내용들은 오히려 그 반대였음을 보여준다. 그러나 역사의 교훈성에 대한 암묵적 믿음은 예외로 하고 그는 자신의 시대를 칭송하고 싶어 하였다.21) 그렇다고 해서 그가 비판의식이 없었던 것은 아니다. 그가 모시고 있던 통치자 무제武帝(140~87 BC)에 대한 불만의 태도는 그 후계자들의 비난을 샀다.

『사기』는 130권이며 다섯 분야로 나뉘어져 있다. 즉 ①「본기本紀」, ②「연표年表」, ③「서書」, ④ 통일 전(pre-dynastic) 지방을 지배한 전통 귀족가문을 다룬 「세기世家」, ⑤ 대개 전기로 구성된 「열전列傳」 등이다. 이 가운데 「본기」와 「세가」의 서술은 대개 같은 구조로 둘 다 사건을 연대기[編年]적으로 다루고 있다. 이 두 분야는 새로운 것이 아니고 연대기적 저술은 그 전부터 있었다. 다만 사마천은 정보내용이나 범위에서 그것

---

19) E. Chavannes, *op. cit.*, i, pp. xlvii-lxi, cxxxvi~cxcvi.
20) 이 문제에 대하여 간결하고 아주 설득력있는 연구는 앞의 李宗侗,『中國史學史』, 1~10면 ; 또 H.O.H. Stange, "Die älteste chinesische Literatur(가장 오래된 중국문학)", *Asia Major*, Neue Folge I, 1944, p.125.
21) E. Chavannes, *op. cit.*, i, p.lix 참조.

을 크게 확대하였다. 특히 더 뒷부분의 「본기」에서 그러하며 여기서는 사건의 생생한 묘사가 삽입된다. 다만 그 '대화의 편린'들 가운데 많은 것이 빌런스타인의 연구에 따르면 『후한서』와 비슷한 문구이므로 그 진가에 의심이 갈 수도 있다.[22]

「연표」는 일면 그 전부터 있었던 형태로서 한대 족보자료를 체계화한 것이라고 하겠다. 그러나 다른 면에서는 새로운 점이 있는데, 특히 그 이전 지역통치자들의 역사와 한왕조의 건립으로 이어지는 기원전 206년에서 기원전 202년 사이의 복잡한 사건들을 동시대화 하려한 점에서 그러하다. 또한 그의 연대기가 주요 재상들이 관직에 있던 시기를 표시하고 있다는 것은 완전히 새로운 것이다.

「서」는 전적으로 하나의 발명품인 듯하다. 일력(「曆書」)·관개(「河渠書」)·경제적 발전(「平準書」)·의식(「禮書」)·음악(「樂書」)·천문(「天官書」)·제사(「封禪書」) 등과 같은 주요한 주제들을 다루고 있다. 이것은 국가의 올바른 통치를 위해 통치자에게 가장 중요하다고 생각되는 제도들을 체계적으로 서술하고 가능한 한 편년으로 정리한 것이다. 그것은 나름대로 '역사의 교훈'에 대한 중국식 관점을 보여준다. 그러나 이런 말을 하면서도 한 가지 명심할 것이 있으며 이것은 전체 작품에 관련되는 것인데, 『사기』가 당당한 '왕조사(正史)' 시리즈에서 최초의 것으로 간주될 때 너무나 자주 간과되는 것이다. 그것은 바로 '왕조사' 시리즈는 모두 해당왕조가 사라진 뒤에 기록되지만 『사기』는 한의 전성기에 적혀진 것이며 반 이상이 한대에 관한 서술이라는 점이다.

마지막으로 '체계화된 전기'인 「열전」도 역사서술의 새로운 출발을 기한다. 「열전」에서 몇몇 중요한 사람들의 행적에 대한 소설류의 이야

---

22) Bielenstein, *op. cit.*, pp. 50~60·73.

기는 분명히 그 전에는 없었다.23) 그런데 여기서 저명한 개인들에 대한 전기가 함께 체계적으로 서술된다. 특히 여기서 샤반의 말을 들어보자.

> 사마천의 비판은 어떤 분명한 방법을 통해 이루어지는 것이 절대 아니다. 그가 다루는 사료의 가치를 평가하지 않는다.… 신빙성이 있다고 믿는 증거는 인용하고, 믿지 않는 것은 침묵 속에 묻어둔다.24)

「열전」에는 저자 생존당시 대개 중국과 가까웠던 외국인에 대한 내용도 있다. 이런 내용은 겉보기에 일관성없이 삽입되어 있으나, 딱 하나 유명한 이광李廣장군 열전 뒤에 나오는 흉노족에 대한 것은 그렇지 않다.25)

이상을 종합해 보면 사마천은 옛날부터 자신의 생존 당시까지의 중국역사를 적으면서 부분적으로는 상당히 수정된 것이지만 전통적 편년체 형식으로, 또 부분적으로는 완전히 새로운 형태로서 제도(「書」)나 사람(「列傳」)을 중심으로 사료를 정리하였다.

옛것이나 새것이나 이런 형식들을 반고가 이어받아 1세기 반여 만에 『한서』를 적었다. 이는 기원전 3세기 후반 '신성한 한'의 건립과 기원후 23년에 찬탈자 왕망王莽의 축출 이후 '유劉'황실의 자손에 의해 왕조가 부활될 때까지 2백 년 동안의 역사이다.

『한서』는 여러 면에서 『사기』를 따랐다. 체세도 그렇고 내용도 그러하다. 하지만 분명하게 다른 점은 반고가 한나라 역사만 다루었으므로 고대사를 무시하였다는 점이다. [한 가지 재미있는 예외는 「고금인표古今人表」인데, 여기에는 '최근(今)'에 관한 내용이 전혀 없어서 초기 중국학

---

23) 앙리 마스페로(Henri Maspero)의 유명한 연구 "Le roman de Sou ts'in(蘇秦의 소설)", *Etudes asiatiques*(아시아연구), 1925, ii, pp.127~141 참조; 또 J.B. Hightower, *Topics in Chinese literature*, Cambridge, Mass., 1950, p.16 각각 참조.
24) E. Chavannes, *op.cit.*, i, p.clxxxii.
25) 李廣列傳은 권109에 있고, 흉노에 관한 기록은 권110에 있다.

자들은 작품 전체의 취지에 대해 심한 비판을 해왔다. 그런 가운데서도 두 작품 사이에는 차이점도 없지 않아서 이를 논하기 위해 먼저『한서』의 유래부터 살펴보아야 한다.

『한서』에 있는 반고의 자서전적 기술용, 특히『후한서』에 있는 그와 그 아버지에 대한 전기에는[26] 반표班彪와 그 아들 반고가 이 책을 저술하게 된 동기를 적고 있다. 이와 관련된 내용은 아주 간단하다.

> 한나라 6대 무제 때에 [점성가] 태사太史, 즉 사마천이 황제들의 공적과 미덕을 기려서 개인적으로 그 연대기를 작성하였으며 그것을 '백왕百王'의 끝 편에 달고는 경솔하게도 진秦과 항우項羽-즉 무너진 이전왕조와 한나라 창업자의 크나큰 원수-와 같이 배열하였다. 태초太初연간(104~101 BC) 이후는 공백으로 아무 기록이 없다. 그래서 [나는] 전대의 기록들을 뒤져 모으고 들은 것들을 함께 묶어『한서』라 이름하였다. 그것은 고조(206~195 BC)에서 시작하여 평제平帝(AD 1~6)와 왕망의 처형(AD 23)으로 끝난다.[27]

이 전기 장의 앞부분에서[28] 그의 아버지 반표를 다룰 때 그는 반표가 한왕조사를 전부 완성했다는 말은 하지 않는다! 이에 관한 것은『후한서』에 반표가 역사와 역사기록을 하는데 관심이 있었다고 적혀 있는데서 알 수 있을 뿐이다.[29] 반표는『사기』에 속해 있었던 것에 대한 후대의 설명들이 무례하고 부적절한데 불만을 가졌다고 한다. 그는 전대 역사가들에 의해 무시되어서 주변에서 다른 내용으로 엮어진 사건들을 끈기있게 모아서 수십 권의『후전後傳』을 만들었다.[30] 그 원문은 다음과

---

26) 『漢書』 권100 下, p.Ia, 『後漢書』 권40 上, pp.2a~4a, p.7b.
27) 『漢書』 권100 下, p.Ia.
28) 『漢書』 권100 上, p.IIb.
29) 『後漢書』 권40, p.2a.
30) 劉知幾는 그의『史通』에서 이 저술이 65편으로 이루어져 있다고 했다.[『史通』 권12, 「古今正史」 제2]

같은 말 다음에 바로 이어진다.

이런 관점에서 그는 전대 역사를 생각하고 그 장단점을 비판하고 보완하였다. 그는「결론」에 말하기를….

그 다음에 주대周代와 전한前漢 역사가들에 대한 약간의 논평이 있은 다음에 사마천과『사기』에 대한 날카로운 공격이 길게 나온다. 그리고 이『후전』에서 그는 이 같은 점들을 주의 깊게 다루게 될 것이라는 말로 끝을 맺는다.31) 기원후 54년 아버지 반표가 죽자 '반고는 [반]표가 했던 그 전 사서를 잇는 작업이 그다지 상세하지 못하다고 생각하였다. 때문에 그는 자신의 저술을 완성하려고 모든 힘과 주의를 기울였다.' 그 다음에는 잘 알려진 이야기가 나오는데, 반고가 '국사國史를 마음대로 재구성'한 데 대해 벌을 받았는데,32) 명제明帝는 반고 형제의 부탁으로 그를 감옥에서 풀어주게 된다. 이것은 또한 지방관이 몰수하여 황제에게 올린 그 저술을 보고 황제가 감명을 받았기 때문이기도 하였다. 반고는 풀려난 뒤 임명을 받고 후한 창업의 역사를 쓰게 되었다. 그 때 "황제는 다시 그에게 그 전부터 써오던 책을 완성하도록 명하였다." 그 다음에 이어지는 내용은『한서』의 자서전에서 통째로 베낀 것이다. 이 두 원문 내용 중 어느 것도 반고가『사기』를 베꼈다는 절대적인 믿음을 정당화하는 것은 아니다. 그럴 가능성이 물론 있지만 사실은 오히려 반고가 검토했다고 말하는 '전대의 기록'들 가운데『사기』도 들어 있었을 가능성이 있다. 하지만 이 두 문구 자체만으로서는 이런 가정에 대한 확실한 증거가 되는 것은 아니다.33) 반표의 노력에 대해 반고는 충분히 그럴 만한

---

31)『後漢書』권40 上, p.4a; Chavannes, *op.cit.*, i, pp.ccxixff.
32)『後漢書』권40 上, p.7b.
33) 현존『사기』의 진위성에 대한 커다란 공격은 崔適의『史記探源』(1918) 참조.

것으로 우리가 기대하는 곳, 그러니까 바로 자서전적 기술에서 아무런 언급을 하지 않는다. 그러나 중국인 학자들이 말하듯이, 『한서』의 내용은 분명히 반표의 것으로 보이는 글귀들을 싣고 있다.34) 2세기의 응소應劭까지도 - 기원전 48년과 기원전 8년 사이의 - 원제元帝와 성제成帝의 본기는 전부 반표의 것이라 믿었다.35)

이러한 시각에서, 사마천의 『사기』와 반표의 『후전』이 반고에 미친 정도를 가려낼 수는 없다 해도, 우리는 약간의 장章들은 그가 적은 것이 아니라는 점, 그러니까 적어도 그 전부를 그가 적은 것은 아님을 알게 된다. 『후한서』에 대한 것으로, 반고의 교양있는 누이 반소班昭의 열전에는36) 기원후 92년 반고가 죽었을 때 "그 [『한서』의] 8개 「연표」와 「천문지天文志」가 미완성이었으므로" 반소가 화제和帝에 의해 황제 문서고에서 "그 오라버니의 뒤를 이어 그것을 완성하도록 명을 받았다." 그녀는 얼마 뒤에 마속馬續의 도움을 받았다. 그는 유명한 유가요, 고전주석가인 마융馬融의 형이었다.37) 여러 학자들이 인정하듯이38) 『한서』의 편집에 거의 80년이 걸렸다. 이것은 기원후 36년 조금 뒤 반표가 처음 시작했을 때부터 110년에서 121년 사이에 반소가 죽을 때까지를 계산한 것이다.39)

『사기』와 달리 『전한서』는 크게 증보된 것은 아닌 듯하다. 뒷날 불길한 일식이 고조高祖의 연대기에 삽입되었을 가능성에 대한 덥스(Dubs) 교수의 말이 우리의 주의를 끌기도 하지만 말이다.40) 다른 한편 알아두

---

34) 『漢書』 권9·10의 元帝와 成帝 본기와 권73·84·98에 붙어 있는 贊.
35) 應劭의 이 의견은 권9 원제본기 「贊曰」의 注에 인용되어 있다.
36) 『後漢書』 권84, 「烈女傳」, p.3b.
37) 『後漢書』 권84, 「烈女傳」, p.3b와 袁宏(329~376)의 『後漢紀』 권19.
38) 최근의 李宗侗, 앞의 책, 32면.
39) N.L. Swann, *Pan Chao, foremost woman scholar of China*, p.50 참조.
40) H.H. Dubs, *op.cit.*, i, 166.

어야 할 것은, 순열荀悅(148~209)의 『한기漢紀』[한왕조의 연대기)는 『한서』를 유별나게 그대로 모방한 것으로 알려져 있지만, 현재의 『한서』에도 없을 뿐만 아니라 11세기에 사마광이 이용한 이 책의 판본에도 없는 약간의 내용들을 포함하고 있다는 사실이다.[41] 여기서 적어도 『한서』가 필사하여 전승되는 과정에서 이들 내용이 누락되었을 가능성이 있다. 몇 군데 『한서』의 원문이 완연히 허술한데, 예를 들면 원제元帝의 「본기」 같은 것이 그렇다.[42]

사마천이 개인적으로 『사기』를 편찬했으며, 반표도 『후전』을 쓸 때 그랬다는 말에 대해 필자는 일리가 있다고 생각한다. 또 반고가 아버지의 작업을 수정하고 확장할 때도 개인적으로 했다. 그렇지 않았다면 그가 '개인적으로 [혹은 몰래] 국사를 재구성한' 죄로 처벌받는 일은 없었을 것이다. 그러나 그 후 그는 명제의 명을 받들어 이 분야에서 작업을 계속하게 되었다. 그래서 다른 사람들과 함께 궁정문서고에 공식적으로 출입하면서 후한창업자의 연대기, 그리고 기원후 1세기 20년과 30년대에 그의 승리로 끝난 투쟁에 가담했던 또다른 인물들에 관한 전기를 다른 사람들과 함께 집필하였다. 말하자면 반고가 『한서』 또는 『[전]한왕조사』를 쓸 때 공식허가를 받고 있었던 것이다. 그렇다면 그가 과거에 자신이 비난받았을 때 쓰였던 '사私[사적으로, 몰래]'라는 말을 어떻게 사마천의 역사기술 활동에 대해 쓰고 있는가 하는 점은 아무리 생각해도 흥미롭다.[43] 필자는 반표의 저술 속 몇 구절에서 '신臣'이란 말이 쓰이며 이것이 개인적으로 후자[반표]를 지칭하고 있는 사실에 대한 이유를 알 수

---

41) 李宗侗, 앞의 책, 34면. 馬端臨, 『文獻通考』 권193, 「經籍考」 20 : 『漢紀』(臺灣 : 新興書局, 1963), p.1631.
42) 『漢書』 권9, p.7b; Dubs, op. cit., ii, p.319. 필자의 생각에는 그 곳에 '재상 于定國'이란 말이 생략된 것 같다.
43) 『漢書』 권100下, p.1a.

가 없다. 반고는 이 용어를 전한 황제들에게 봉사했던 그의 선임자들에게 적용하지 않았고 또 자기 아버지나 그 자신에게도 사용하지 않았다. 혹시 반표가 『후전』을 관청의 명령을 받아서 썼으며 그 아들 반고가 '국가'의 역사를 재 서술하여 비난받은 것이 그런 이유 때문이기도 하다는 추측이 가능할까?

그러나 내가 보기에 『한서』 원문에서는 전한왕조 통치자들을 각별히 칭송하는 어떤 흔적을 찾기가 어렵다. 필요할 때는 그들의 단점이 언급되는데, 한 장의 내용을 요약하고 저자의 판단을 적는 '찬贊' 같은 특별한 자리에서까지도 그러하다. 예를 들어 무제는 「무제본기」의 '찬'에서 유교를 앙양하려 한 노력에 대해 칭송을 받는다. 그러나 중앙아시아와 아직 중국문화가 미치지 않은 남방에 중국의 힘을 넓히려는 군사원정에 대해서는 아무 언급이 없다.

그러나 그는 그 다음 장에 딸린 '찬'에서 다음 황제의 섭정이요, 주요 조력자였던 곽광霍光의 업적에 대해 말하였는데, 그는, 군사원정 이후 사해四海(제국)는 고갈되고 피폐하였으며 인구가 반으로 줄어든 상황에서, 무제의 무절제에 의한 열악한 후유증으로부터 국가경제를 재생시키려고 노력하였다고 한다.44) 한나라 황제들에 대한 비판의 또다른 예로 「외척열전」에서 유약한 성제成帝가 그의 어린 아들을 살해하는 데 동조한 사실을 다루고 있다.45)

반고의 한나라 황제들에 대한 비판적 태도의 마지막 한 예는 특히 괄목할 만하다. 후한 통치자들은 전한 마지막 황제의 후손들이 아니며 그저 기원전 140년에 죽은 경제景帝의 후손으로 자처할 수 있었을 뿐이

---

44) 권6·7의 「贊曰」.
45) 『漢書』 권97下, p.11a; M.C. Wilbur, *Slavery in China during the Former Han Dynasty*, Anthropological Series, Fiele Museum of Natural History vol.34(1943), p.424.

다.46) 여기 그들 선조 경제가 역사에 남긴 두 오점이 솔직하게 토로된다. 기원전 154년 그의 충직한 지지자 조조晁錯가 처형되도록 묵인한 것, 그리고 그가 못내 시샘하고 미워했던 그 다음 재상 주아부周亞父가 처형되도록 사주한 것이다.47) 반고가 이런 사실을 『사기』에서 그냥 베껴 적었다 하더라도 그런 행위 자체가 황실에 대해 저돌적 자세를 보여준다. 필자는 이런 솔직성으로 보아, 반고의 저술이 '매수된 역사'라거나, 『한서』가 '통치가문의 권력의 정치사'라고 보는 사르전트(C. Sargent)의 주장에 동조하지 않는다.48) 이런 견해를 반박하는 덥스의 견해는 아주 타당하다.49)

사마천과 반고가 저마다 역사서술에 이용한 사료에는 기존의 역사서50) 외에 공문서가 있었다는 사실은 널리 알려져 있다.51) 본문을 보면 이들이 황제칙령과 공문서[檔案]의 긴 원문을 저술에 인용하고 있음을 알 수 있다. 어떤「열전」은 그 전기의 주인공이 넘겨준 문서들 가운데 상당 부분으로 이루어지기도 한다. 또다른 형태의 공식서류들은 보고서도 있으며52) 어떤 것은 저자가 재판 문건을 발췌하거나 그대로 인용한 것 같은 인상을 주기도 한다.53)

또다른 중요한 정보의 근원은 '기거주起居注'이다. '궁정 안에서 황제의 공적인 행적과 함께 사저인 생활'까지 모두 섭렵하는 이런 형태의 일

---

46) Bielenstein, op.cit., pp.96·98.
47) 『漢書』 권49, p.24a : 권40, p.28a : Dubs, op.cit., i, pp.294, 297~299, 326.
48) C. Sargent, "Subsidised History", Far Eastern Quarterly(1944), iii, p.143.
49) H.H. Dubs, "The reliability of Chinese Histories", Far Eastern Quarterly(1946), vi.
50) 특히 Chavannes, op.cit., i, ppclvii ff와 Bielenstein, op.cit., p.15 참조.
51) Chavannes, op.cit., i, p.clvii; Bielenstein, op.cit., p.44. 그리고 이 글, 67쪽 참조.
52) 『漢書』 권63, p.20a : 권97 下, p.11a : Wilbur, op.cit., pp.370·424.
53) A.F.P. Hulsewé, Remnants of Han law, p.71, 그리고 『漢書』 권44, p.9a : 『史記』 권118, p.6b : 『漢書』 권60, p.12b : Wilbur, op.cit., pp.366~367.

기에 대한 최초의 언급은54) 『후한서』 명제明帝의 일기에 관련한 부분이다.55) 그래서 근대학자 주희조朱希祖는 그것이 최초의 것임을 증명하려 했다.56)

그러나 이런 주장은 명쾌하게 반박된다.57) 그리고 궁정 점성가〔太史〕들의 기록인 '주기注記'58)가 그런 일기의 선구적 형태로 간주된다. 이 '기록'은 『한서』의 점술에 관한 장章에서 여러 번 언급되고 있다. 이것은 또 점술가와 역사가의 관계가 가깝다는 아주 다른 사실을 보여주는 것으로, 역사가들은 하늘의 예언과 - 그에 상응하는 땅위에서의 - 통치자의 행적을 기록해야 한다. 이와 같은 마음가짐은 점술에 관련한 전체부분에서, 또한 전조前兆의 현상이 연대기에 기록되는 세심함에서도 보인다. 자연에 의해 주어지는 징조에 대한 해묵은 신념은 또한 전조적 사건이 발생할 때에 나오는 많은 황제의 조칙이나 공식문서에 의해서도 증명이 된다.

『사기』와 『한서』의 저자가 이용한 또다른 형태의 사료는 한왕조의 창건자가 즉위하는 데 공헌했던 많은 사람들의 전기에서 보인다.59) 그것은 이들의 용감한 행동을 적은 기록의 사본 - 혹은 사람과 장소에 관해 내용이 상세하지 않는 경우에는 요약문 - 이다. 여기에는 많은 수의 점령지역·적장·전사자·포로 등의 상세한 이름이 나온다. 이 같은 기

---

54) Bielenstein, op. cit., p.22. '기거주'를 전반적으로 다룬 것은 이 책, W. Franke, 「명대(1368~1644)의 실록」, 102~108쪽 참조.
55) 『後漢書』 권10 上, p.9a~b.
56) 『國學集刊』 제2기(1930)의 두 논문.
57) Bielenstein, op. cit., p.22 : 李宗侗, 『中國史學史』, 74면.
58) 朱希祖의 첫번째 논문(『國學集刊』 제2기, 1930), 397면에서 폭넓게 다루고 있다.
59) 예를 들면 『漢書』 권39, 「蕭何열전」,·「曹參열전」 : 권40 「周勃열전」 : 권41 「樊噲열전」 등. 『사기』 해당부분에 있는 것 외에도 또다른 정보가 연표에 간략하게 요약되어 있는데 여기에는 귀족에 봉해지는 이유가 적혀 있다. 이 점에 대한 것은 趙翼, 『二十二史箚記』 권1, pp.11b~12a에도 있다.

록의 존재는 더 훗날에도 알려져 있다.60) 여기서 기록들은 해당장수가 고조에 의해 귀족으로 봉해지는 이유를 밝히는 데 이용되었을 것이다.

전체적으로 『사기』와 『한서』는 아주 유사하지만-만일 우리가 『사기』에서 한대 역사 관련부분만 본다면-구조나 내용에서 여러가지 다른 점이 있다. 첫번째로 『한서』의 「본기」는 왕조의 창건자(고조)로부터 시작되고 그의 대적 항우의 이야기는 「열전」에만 나와 있다. 반면 『사기』에는 「항우본기」가 초대 한 황제인 「고조본기」 앞에 본기형식으로 들어 있다. 그러나 이런 단순한 형식상의 차이점보다 더 중요한 것은, 『한서』에서는 많은 지志의 범위가 확대된 점이다. 무엇보다 군대에 관련된 짤막한 소견 다음에 이어지는 「형법지刑法志」61) · 「율력지律曆志」, 기원후 5년의 인구조사에 기초한 제국의 행정구분에 관한 「지리지地理志」 등의 증가이다. 중요한 사건에 관한 사마천의 연표62)는 송두리째 바뀌고 재구성되어 지志로 보충되었다. 거기에는 관료조직과 최고관직 제수자들의 연대별 목록이 들어 있다.63)

두 역사가의 표면상의 한 차이점은 여러 장章의 도입부와 '찬贊'에서 보이며 사실적 내용들이 실제로 같은 경우에도 그렇다.64) 여기서 사마천은 경제적 관심과 더불어 더욱 정치적 현실주의자로 나타나며, 반고는 오히려 엄격한 유가의 면모를 띤다.65) 이런 차이점은 그들이 살았던

---

60) 『漢書』 권50, p.8a(『史記』 권102, p.7b); 그것은 원문 자체에서 분명하게 보이고 또 如淳 (221~265)이 인용한 한대의 '군사법'에서도 밝혀진다. 여기에는 장교와 사병의 공적이 적혀져 고위층에게 보고되는 것이다.
61) A.F.P. Hulsewé, Remnants of Han Law, pp.314~316, 321~329.
62) 『史記』 권22 : Chavannes, op.cit., iii, pp.186~200.
63) 『漢書』 권19.
64) 예를 들면 『史記』 권122 : 『漢書』 권90 : 『史記』 권129 : 『漢書』 권91에 '혹독한 관리[酷吏]'와 '부자'들에 관한 전기가 각각 나온다. 『史記』 권129, 『漢書』 권91의 번역이 N.L. Swann, Food and Money in Ancient China(Princeton, 1950), pp.413~464와 宋晞, 『正史論贊』(臺北, 1954), 1~94면에 의해 손쉬운 비교가 가능하다.

시대의 차이점과 잘 어울린다. 한 사람은 무제(140-87 BC)시대에 성장과 발전을 하였고, 다른 한 사람은 기원후 1세기 말경의 억제와 형식화의 시대, 그리고 사회경제가 쇠퇴하기 시작하던 시대에 살고 있었다.

후한시대에 일어난 거대한 변혁은 학자들이 사관史官의 자리에 임명되었다는 것이다. 연대기 작가를 겸했던 고대 태사太史들의 작업은 끝이 났거나 아니면 그들이 다루던 일거리가 외부인 집단으로 넘어가게 되었다고 하겠다. 그래서 반고의 경우처럼 사인私人으로 『한서』 연대기를 쓰기 시작했다가 후한 창건자들의 연대기와 전기편집에 참여하도록 명을 받는 것을 보게 된다.66) 이 작업은 간간이 공백을 두면서 기원후 177년까지 계속되었으며, 『동관한기』로 불리게 된다. 이 명칭은 역사가들이 작업했던 건물 이름을 딴 것이다. 위에서 말했듯이 이 거대한 저술은 그 중 일부만 남아 전할 뿐이다.67) 그러나 기원후 1세기에 반고 등을 관리로 임명한 것이 뒷날 7세기 당왕조 시대 사관史館의 설립으로 이어지는 출발점이 된 것이 아닌가 한다.68)

또다른 발전이 다른 분야에서도 있었다. 즉 순수한 편년체 역사의 출현 아니면 재생이라 해도 좋다. 연대기는 최초의 순수한 역사저술 형식이며 사마천도 연대기를 『사기』의 핵심으로 하였다. 그러나 아마 생략되고 요약된 저술이 필요하였으므로69) 순열은 방대한 『한서』를 축약하였다. 이런 축약작업에서 사료가 일련의 연대기적 구조로 재정리되고, 그 안에 「열전」과 「지志」의 정보가 삽입되었다. 이런 『한기』의 예는

---

65) 宇都宮清吉, 『漢代社會經濟史硏究』(東京, 1955), 168~202면.
66) 이 글, 67쪽.
67) Bielenstein, op. cit., p.10.
68) 이런 발전단계에 대한 것으로는 魏應麒, 『中國史學史』(1947), 31~60면 참조; 당대 사관의 설립에 대해서는 R. des Rotours, Le traité des fonctionnaires et le traité de l'armée(관료와 군대의 특징) I(Leiden, 1947), p.199 참조.
69) 李奎耀, 「史記決疑」, 『淸華學報』 1927-4, 1176면.

뒷날 자주 모방되었는데, 이런 확대된 연대기의 좋은 예가 재능있는 역사가요, 정치가인 사마광司馬光(1019~1086)의 『자치통감』이다.70) 『한기』는 훼손되지 않고 그대로 전한다. 『사기』와 『한서』의 진술을 비교해 보는 것은 유용할 것이며, 아직 이에 관한 연구는 없는 것으로 알고 있다.

---

70) Otto Franke, "Das Tse tschi t'ung kien and das T'ung-kien kang-mu, ihr Wesen, ihr Verhältnis zu einander und ihr quellenwert"(자치통감과 통감강목; 그 특징·상호관계 및 사료가치), Sitzungsberichte der Preussischen Akademie der Wissenschaften, Phil. hist. Klasse(프로이센과학아카데미 집회보고서 : 철학-역사분야)(1930), iv : Achilles Fang, The Chronicle of the Three Kingdoms, Introduction i (Cambridge, Mass., 1952). 사마광의 저술은 이 책, 풀리블랭크, 「중국인의 역사비평-유지기와 사마광」, 226~245쪽에서 논함.

4.
중국 관찬사학의 구조
-당에서 명왕조에 걸친 정사편찬의 원칙과 방법-

양연승楊聯陞

[하버드대학교 극동언어학 교수]

　청조淸朝가 정식으로 인정한 24개 정사正史 가운데, 마지막 9사史는 당에서 명대까지의 시대를 다루고 있다.[1] 당과 그를 이은 오대五代에 관한 각각 신·구 두 개의 정사, 그리고 송宋·요遼·금金·원元·명明 왕조에 관한 것이 각각 하나씩이다. 서로 연결되어 있는 이 9사는 618년부터 1644년까지 한때 중국의 전역 혹은 상당부분을 통치했던 왕조들의 공식 기록을 대표한다. 따라서 이들 정사 편찬의 원칙과 방법에 대한 연구는 중국 관찬사학의 구조를 이해하는 데 어느 정도 도움이 된다.
　9사에는 몇 가지 뚜렷한 공통된 특징이 있다. 첫째로 각 정사는 후속 왕조나 그보다 더 뒤의 왕조에 의해 쓰였거나, 혹은 편찬되었다고 하는 편이 더 낫다. 이것은 극히 자연스러운지라 언급할 가치도 없는 듯하다. 그러나 이런 사실이 갖는 의미는 다음과 같은 관례가 지속되었다는데 있

---

[1] 참고문헌은 L.C. Goodrich 교수의 "Notes on Dynastic Histories(왕조사에 관한 고찰)", Lien-sheng Yang ed., *Topics in Chinese History*(1951), pp.32~38 참조.

다. 즉 멸망한 왕조에 대해 관찬사를 편찬한다는 것은 그 왕조를 승인하거나 적어도 수용의 뜻이 있음을 암시한다는 것, 또 이 9사는 한족과 동시에 적어도 그만큼 많은 이민족 왕조의 역사를 포함하고 있다는 것이다.[2]

또다른 특징은 역사편찬이 보통 위원회나 관청, 다시 말하면 공식적으로 일을 위임받은 한 역사가 집단에 의해 이루어졌다는 점이다. 이것의 유일한 예외는 『신오대사新五代史』(또는 『五代史記』)인데 이것은 구양수 歐陽修 한 개인의 저술이었다. 당시 정사편찬은 황실의 지원 아래 이루어진 작업으로, 주로 개인 또는 가족역사가의 사적인 또는 반半사적인 작업으로 출발했던 당 이전의 정사들과는 다르다. 관찬은 당왕조 시대 이후 크게 유행하였다. 이런 변화는 일반적으로 중국사학사에서 하나의 전환점으로 받아들인다.[3]

세번째 특징은, 초기의 정사들처럼 이 9사는 모두 이른바 기전체 또는 더 상세하게 표현한다면 복합체[4]로 쓰였다는 것이다. 이 형식의 역사는 대개 상호보완적인 둘 내지 네 개(類別:紀·志·表·傳)의 일반적 구분을 갖는다. 복합적인 성격의 기전체는 종종 편년체와 대비되는데, 편년체는 중요하고 영향력있는 많은 역사책에 이용되었으나 정사로 쓰인 예는 전혀 없다. 복합체와 정사의 관계는 아주 긴밀하여 당대에 벌써 기전체라는 용어가 정사라는 의미로 쓰이곤 하였다.[5]

이런 특징들을 통해 지금 논하고 있는 9사에 쓰인 원칙과 방법을 밝혀낼 수 있으나, 본격적인 논의에 들어가기 전에 먼저 사료에 대해, 특

---

2) 당·송·명에 대해 요·금·원·오대 가운데 세 왕조도 한족이 아니었다.
3) 內藤虎次郞, 『支那史學史』(1949), 236~240면 : 金毓黻, 『中國史學史』(1944), 73~74, 97~98면.
4) '복합체'라는 용어는 가드너 박사가 쓴 것을 따른 것이다.
5) 그러나 이 같은 결합은 唐 사가 유지기가 이룬 것이 아니었다. 그의 '정사'개념은 기전체나 편년체 두 방면 모두에 걸친 더 넓은 범위의 사서들을 포괄한다. 정사란 용어에 대한 논의는 劉詒徵, 『國史要義』(1948), 50~51면 참조. 유지기의 사학사 저술에 대하여는 이 책, 풀리블랭크, 「중국인의 역사비평-유지기와 사마광」, 205~225쪽에서 다루고 있다.

히 멸망한 왕조가 남긴 공식기록에 대해 몇 가지 말하려 한다. 기본적으로 이런 기록들은 왕조 안에서 승계되는 각 제왕들의 치세를 섭렵하는 일련의 단기 역사간행물로서 어떤 다른 것을 위한 사료의 일부로 이용되곤 했다. 주된 공식기록은 특별히 이런 작업을 위해 마련된 전담 사관들이 관할했던 각 황제의 '활동과 휴식의 일지' 즉 기거주起居注였다. 연속적으로 간행된 기거주는 다른 자료에 의해 보충되었으며 그 가운데 주요한 것은 재상이나 그 속관에 의해 제공되는 시정기時政記[당시 행정기록]였는데, 이런 기거주는 일력日曆 혹은 일상적 기록의 편찬을 위한 주요 자료가 되었다. 일력은 다시 황제 실록편찬의 중심사료가 된다. 그러나 일력과 실록은 모두 편년체이며 중요한 사람들의 전기는 사망기록란에 함께 적어놓았다.6) 인적 사항은 공적이거나, 묘지명墓誌銘이나 가보家譜 같은 사적인 기록 모두에서 나올 수 있다. 이런 작품들과 그밖에 회요會要·회전會典[元代에는 經世大典]으로 알려진 법령집과 같은 정부편찬물들을 토대로 하여 어떤 왕조들은 사관으로 하여금 국사를 편찬하게 하였는데, 이것은 복합체[기전체]로 이루어졌다.

아직 통치중인 왕조에서 이루어지는 이 공식기록들은 기거주에서 국사에 이르기까지 종종 엄청나게 분량이 많았다. 보통 원본 한 부와 부본副本 한 부가 만들어졌고, 해당 지격이 없는 사람은 열람할 수 없었다. 다시 말하면, 이런 기록들은 국가 기밀문서에 속하였다.7) 유일하게 현저한 예외가 회요會要인데, 이것은 인쇄되어 관리와 학자들이 이용할

---

6) 이런 전기들은 만주족[청] 왕조의 실록에는 보이지 않는데, 이는 아마 유일한 예외가 될 것이다. 이 점에 관해서는 이 책, D.C. Twitchet, 「중국의 傳記」, 155~157쪽 참조. 실록, 특히 명대의 것은 이 책, 볼프강 프랑케, 「明代(1368~1644)의 실록」에서 더 상세하게 다루고 있다.
7) 예를 들어 『宋會要稿』 권70, 「職官」18, pp.66a·77b에 있는 송대의 실록과 국사의 기밀 관계 규정 참조.

수 있었다. 염두에 두어야 할 것은 이런 공식문서들, 특히 실록 같은 것은 다음 왕조로 넘어가기 전에 한두 번 또는 서너 차례까지도 수정을 거치게 된다는 점이다. 늘 이런 수정은 황제의 명령에 따른 것이며, 거의 언제나 정치적 이유 때문이었다. 그러나 수정되지 않은 기록은 왕조가 존속하는 한 폐기되지 않았다. 황제가 또다른 수정본을 만들도록 명령할 가능성이 항상 있었고, 그 경우 그 전의 온갖 원고를 참고할 필요가 있었기 때문이다. 특히 송나라 황제들 실록의 경우가 그러했다.

이런 공식기록은, 이용할 수만 있다면, 사관이 지난 한 왕조의 정사를 아주 수월하게 편찬할 수 있도록 해서 가끔은 정말 순식간에 그 작업이 완결되었다. 원대에 지시를 받아 이루어진 작업으로 송·요·금 왕조의 관찬사들을 엮어내는 데 겨우 2년 반이 걸렸을 뿐이다. 그리고 그 몽골 자체의 지배권이 붕괴된 뒤,『원사元史』의 편찬과 교정은 1년 정도가 소요되었을 뿐이다. 다른 대부분 정사들은 좀더 오래 걸렸으며, 제일 많이 걸린 것은『명사明史』를 위한 준비작업이었는데, 수십 년(1678~1739)이 걸렸다. 그러나 모든 정사는 해당왕조가 남긴 공적公的 기록에 크게 의지하였다. 그 도움은 사관 자신들도 대개 인정하는 바였다. 이런 유의 베끼기는, 자신을 불명예스럽게 하는 것이 아니라 중국전통을 지킨다는 점에서 신빙성 있는 사관들로서 그들의 지위를 강화하는 것이었다.[8]

1) 원 칙

정사편찬에 구현되는 원칙들 가운데 가장 중요한 것은 '왜'·'어떻게'

---

8) C.S. Gardner, *Chinese Traditional Historiography*, Cambridge, Mass.(1938), pp.69~70.

라는 문제에 관한 것이다. '왜'라는 문제에 대답함에서 두 가지 주된 원칙은 기록의 지속성과 유용한 지침서[以史爲鑑]의 전승이다.

지속성의 원칙은 관찬사를 편찬하는 왕조가 멸망한 왕조와 다른 민족집단일 때 특별한 의미를 갖는다. 그 앞 요·금 왕조의 사서편찬 계획을 지지하는 상주에서, 원대의 학자 왕악王鶚(금 1224년에 진사장원)은 다음과 같이 말하였다.

예로부터 나라는 망해도 역사는 없어지지 않습니다. 대체로 전 왕조의 역사는 후속왕조에 의해 편찬되어 왔습니다. 이는 시비의 판단과 평가가 뒷날에 가서야 공정해질 수 있기 때문입니다.

이 상소문의 연대는 1261년으로 추정된다. 왕악의 이 말은 당대와 후대 저술가들에 의해 인용되어 사뭇 유명해졌다.9) 그러나 그가 이런 원칙을 처음 말한 것은 아니다. 약 10년 전에 유병충劉秉忠이 이미 몽골통치자들에게 금사金史의 편찬을 건의하면서 "국가가 망해도 역사가 남는 것은 예로부터 변함이 없었습니다"라고 했다.10) 1276년 남송의 서울 임안臨安을 함락한 뒤 원의 장수인 동문병董文炳도 다음과 같은 의견을 개진했다.

나라는 멸할 수 있어도 역사는 없어지지 않는다. 송왕조 열여섯 군주가 3백 년 이상 천하를 다스렸다. 그들 사관[太史]의 기록이 지금 사관史館에 보관되어 있다. 이것을 거두어 제도를 세움에 이용해야 한다.

그래서 5천 책이 넘는 송의 역사 및 그에 준하는 기록들을 수거하여

---

9) 王惲, 『秋澗先生大全文集』(四部叢刊本) 권82, p.11a~b : 권93, p.3b.
10) 『元史』 권157, p.5a.[원문에는 주 10)과 주 11)이 서로 바뀌어 있다.-역주]

원의 국사원國史院으로 보냈다.11)
 명明을 세운 태조는 이미 1369년에 조정에서 다음과 같이 말하였다.

얼마 전 원의 수도[北京]를 함락하여 원의 열 세 통치자들의 실록을 획득하였다. 비록 그들 나라는 망했지만 그 역사는 마땅히 기록되어야 한다. 더구나 역사는 성공과 실패를 적어놓은 것으로 격려와 경고의 교훈을 주므로, 버려서는 안된다.12)

 이에 당시 은거해 있던 원대 학자 열여섯 명이 편찬사업에 동참하도록 초빙되었다. 같은 해가 저물 무렵 완성된 『원사元史』가 황제에게 진상될 때, 태조의 이 같은 말의 뜻이 작업을 지휘한 재상 이선장李善長이 바친 표表에 표현되어 있다.
 마침내 명왕조가 망하자, 만주족 황제는 명사明史를 편찬하도록 하였다. 이는 확립된 전통을 따른 것으로 지극히 당연한 일일 뿐이었다.
 지속성 원칙의 고수는 막 자리잡은 왕조에게 선전용으로 상당한 가치가 있었던 것이 분명하다. 첫째로 멸망한 왕조역사의 공식집필은 새로운 통치자들이 관용을 베푸는 것으로 해석될 수 있다. 가장 중요한 것은, 그것이 전임과 후임 왕조 사이의 관계를 설정하고 새 왕조에게 이른바 계승의 정통성을 부여하는 데 도움이 된다는 점이다. 이러한 정당화는 특히 바람직한 것이었는데, 당시 대부분 왕조들이 거의 정복이나 혁명을 통해 권력을 잡았기 때문이다. 조위曹魏로부터 당唐에 이르는 초기 왕조들은 대부분 짜인 선양의 관례를 따랐는데, 이는 왕조의 교체를 적어도 명분상 합법적이고 표면상 평화로운 것으로 만들었다.
 지난 왕조의 역사편찬으로 얻는 또 하나의 선전적 가치는 그 왕조에

---

11) 『元史』 권156, p.6b.
12) 『明實錄』, 洪武 권37, p.1a~b.

아직도 충성심을 갖는 지식인들을 끄는 매력에 있었다. 훌륭한 역사의 편찬은 그런 충신들의 의무로 생각되었다. 망한 왕조에 대해 그가 할 수 있는 마지막 봉사였기 때문이며, 이는 마치 효자가 돌아가신 부친의 전기를 쓸 때의 느낌 같은 것이다. 그래서 충신 학자들은 역사편찬 참여의 청을 거절하기 어려웠고, 가끔은 이런 요청의 수락이 얼었던 관계를 풀고 새 왕조와의 협력을 증진하는 계기가 되기도 하였다. 그러나 완고한 충신들은 위험을 무릅쓰고 자신의 노선을 흩뜨리지 않았다. 원의 학자 양유정楊維楨은 명조 아래에서 원사元史편찬을 도와달라는 청을 받자, 자신을 가난해도 개가하지 않은 늙은 과부에 비유하는 한 편의 시를 썼다.13) 명의 황제는 그가 약간의 봉사를 한 뒤에는 은거할 수 있도록 허락했다. 청조淸朝가 명사明史편찬에 참여하도록 학자들을 청했을 때, 명사의 권위자로 인정받고 있던 유명한 명의 충신 황종희黃宗羲는 북경에 가서 직접 일하기를 거절하고, 서신을 통한 자문에만 응하였다. 또다른 주요 역사가였던 그의 친구 만사동萬斯同은 북경에 갔으나, 사관史館 총재의 사적 조언자로 임했을 뿐이다. 만사동이 한 일이 실제로는 편집책임자였지만, 청조로부터 어떤 공식적 지위도 급여도 전혀 받지 않았다. 그는 남쪽에 있는 가족과 떨어져, 도합 24년이란 세월을 북경에서 보냈나.14) 1679년 그가 북경으로 떠나려 할 때, 황종희는 그를 전송하며 세 수의 시를 썼다.15) 이 시들에는 명사에 대한 황종희의 관심이 나타나

---

13) "老客婦謠"[다른 판본에는 '貞賢婦謠'라고 되어 있다]라는 시는 『元詩選』(제1집), 「辛集」, p.51a~b에 실려 있다. 또 『明史』 권285, p.3a 참조.
14) 張須, 「萬季野與明史」, 『東方雜誌』 38권 14기(1936), 83~90면.
15) 『南雷詩歷』(四部備要本) 권2, pp.15b~16a. 10년 후인 1689년에 황종희가 만사동을 위해 지은 다른 시가 사부비요본 권4, p.12b에 있으나 사부총간본에는 보이지 않고 앞부분의 세 편의 시만 들어 있다. 黃雲眉는 명사 편찬에 관한 논문 「明史編纂考略」(『金陵學報』 1.2, 1931)에서 정확하게 이 시들을 분리하여 인용하였다.[330~331면] 그러나 李晉華는 『明史纂修考』(1933), 46~47면에서 황운미의 연구를 이용하고 있지만, 네번째 시를 바르게 자리매

있으나, 동시에 편찬에 동참하고 싶지 않은 마음도 담겨 있다. 또 이 시들은 만사동의 박학을 칭송하였지만, 동시에 더 깊은 협조를 하지 말도록 주의를 주고 있다. 황종희는 또한 양유정의 저 유명한 '노객부요老客婦謠'에 대한 암시도 하였다.

'왜(Why)'라는 문제에 관한 또다른 원칙은 유용한 지침서의 원칙이다. 역사를 거울과 교훈의 자료로 이용한다는 개념은 옛날로 거슬러 올라간다. 그리고 이런 효용성의 시각은 위에서 언급한 명 태조 말에서 보이듯이 수세기를 이어 내려오는 것이다. 우리가 여기서 주로 관심을 갖는 9개 정사의 경우에는 이런 원칙이 약간 부차적인 것처럼 보인다. 중국제국에서는 이들 뒷날의 관찬사서들은 보편적인 읽을거리였다기보다는, 주로 특별한 경우의 지침서로 이용되었다. 고전은 교육의 목적으로 물론 단연 가장 중요한 과목으로 여겨졌고, 역사의 경우에는 대부분 사람들이 사마광의 『자치통감』, 주희의 『통감강목通鑑綱目』, 또는 사마광과 주희의 저술들의 요약을 묶어 만든 뒷날의 여러가지 저작들을 꼽을 것이다.16) 대체로 이들 작품은 편년체이며, 다루는 시대 면에서 비교적 압축적이며, 또 사가들이나 여타 학자들 그리고 황제 자신의 평론과 훈계가 아주 많다. 이런 형식의 축약된 역사는 염가의 판본으로 학생들에 의해 널리 이용되었다. 마지막 아홉 개 정사의 판본에 대한 수요는 주로 역사전공 학자들에 의한 것이었다. 『신당서新唐書』와 『신오대사新五代史』의 경우는 저자 구양수의 문체 덕분에도 읽혔는데, 그 발행부수는 정사들 가운데서 첫번째 4사史-『사기』·『한서』·『후한서』·『삼국지』17)-다음

김하지 못하고 네 편의 시가 동시에 쓰인 것처럼 함께 두었다.
16) 예를 들어 『綱鑑合纂』과 『御批通鑑輯覽』의 여러 판본들. 『通鑑』에 관하여는 이 책, 풀리블랭크, 「중국인의 역사비평-유지기와 사마광」, 226~245쪽 참조.
17) 이 가운데 앞의 세 가지에 관하여는 이 책, 헐시베, 「漢代 역사기록에 관한 일고찰」, 참조.

가는 것이었다. 이들 4사도 역사뿐 아니라 문학적 명성을 함께 누렸던 것들이다. 그러나 비교적 인기가 있었던 구양수가 쓴 두 개의 사서도 이런 일반적 틀을 벗어나지 못한다. 이런 상황은 중국사학을 연구하는 오늘날 사학도들이 보통 깨닫지 못하는 것이지만 아주 중요한 의미를 갖는 것이다. 그것은 후대 관찬사들의 유통범위가 좁았기 때문에 일반 교육에 미치는 그 영향은 말할 것 없이 제한적이었다는 점이다.

'어떻게(How)'라는 문제에 관하여는 두 쌍의 상호 모순되는 원칙들이 참으로 중요하다. 이는 진실기록의 원칙 대(對) 도덕적 편향성 혹은 특정 목적을 위한 은폐(諱) 그리고 칭찬(襃)·비난(貶)의 원칙 대(對) 집단적 판단 원칙(公論)을 말한다.

충실한 기록의 원칙은 고대까지 소급하여 갈 수 있다. 예컨대 고대의 편년체 기록인 『좌전』에서 춘추시대에 목숨을 버릴 정도로 사실기록의 임무에 충실하였던 몇몇 존경할 만한 역사가들을 볼 수 있다.[18] 분명한 것은 기록을 남기는 데 있어서 역사가는 세상 모든 사람과 후세에 대해 책임이 있다는 생각이었다. 사마천의 저 유명한 『사기』가 '실록(實錄)〔진실의 기록〕'으로 다른 한왕조 시대 학자들의 칭찬을 받았는데, 그것은 바로 역사가가 얻을 수 있는 최고의 찬사였다.[19] 역사가의 독립성은 참으로 영광스런 전통으로 여겨왔으므로, 현대의 한 중국학자 역시 그것을 자랑스럽게 '역사의 권위(史權)'라고 이름하였다.[20] 황실기록자의 불안을 덜기 위하여 황제가 자신 치세의 기거주를 읽지 못하도록 하는 괄목할 만한 전통이 있었는데, 이것은 당왕조와 송왕조 때에 여러 차례 언급되고 있다.[21] 심지어 이민족 요왕조 아래에서도 두 사람의 거란역사

---

18) James Legge, *The Ch'un Ts'ew, with the Tso Chuen*(춘추좌씨전), pp.290, 514~515.
19) Bernard S. Solomon, *The Veritable Record of the T'ang Emperor Shun-tsung*(1995), p.23.
20) 실록편찬의 지침에 관한 논의는 劉詒徵,「述實錄例」,『國史館館刊』 제2권 1기(1949), 1~9면 참조.

가가 기거주를 보여달라는 황제의 요구를 거절하였다. 그러나 요의 황제는 그러한 불복종을 용납하지 못하고 두 사람의 사관에게 각각 2백 대의 채찍을 치고는 내쫓아버렸다.[22]

불행히도 역사가의 독립성을 침해하기는 이민족 통치자들뿐 아니라 중국인 황제들도 마찬가지였다. 황제는 자신의 재위기간의 기거주를 보는 것을 삼갔을 것이지만, 황실을 위한 그 자체의 기록으로부터 만들어진 사료들 그리고 이미 망한 왕조의 사료들은 흔히 황제의 승인을 받기 위해 바쳐졌다. 그 봉정은 가끔 상당히 융숭한 의식을 동반하였고, 황제의 승인은 해당사관들에게 후한 상으로 돌아왔다.[23] 감수관이나 총재관을 거의 언제나 재상이 맡는 전통과 함께 황제의 마음에 들도록 적어야 하는 상황 때문에, 정치적 입김이 작품에 미치는 것은 불가피했다. 이론적으로는 재상이 황제가 아닌 다른 기득권 입장을 대변하는 것이 가능하며, 황제 권력에 대한 견제세력으로서의 역할까지 할 수 있다. 그러나 그런 것을 보여주는 분명한 예는 역사에서 쉽게 찾기 어렵다. 명·청대 전제정치의 강화로 역사편찬에 미치는 황제의 입김은 더욱 두드러졌다. 황제의 지시가 수시로 사관史館에 내려졌고, 때로는 총재관의 요청에 의한 것이기도 하였다.[24] 일반적인 것은 물론 세부사항까지 포함하는 이

---

21) 趙翼, 『二十二史箚記』(1902년〔光緖 28〕본) 권19, p.2b. 기거주에 관해서는 C.S. Gardner, op.cit., pp.88~89 참조.
22) Karl A. Wittfogel·馮家昇 공저, History of Chinese Society, Liao(907~1125)(1949), pp.468·503·610 앞 문단 가운데 "관리 한 사람을 때린다"는 것을 "관리 두 사람을 때린다"로 읽는다.
23) 예컨대 실록의 헌상과 포상의식에 관한 기록에 대해서는 『宋會要稿』 권70, 「職官」, 18, pp.62a~b, 64a~66b 참조. 남송의 사관 洪邁에 따르면, 史館의 구성원들은 일정한 시차를 두고 이런 관찬사서를 헌상하였으며 때로는 이미 완성된 작품도 그대로 갖고 있었다고 하는데, 이는 상을 될 수 있는 대로 많이 받기 위한 것이었다고 한다.
24) 劉承幹의 『明史例案』 권1과 李晋華의 『明史纂修考』, 7~9면에는 모두 17건의 조령이 수집되어 있다.

런 칙유勅諭는 순종적인 편찬자들에게는 자신의 책임이 줄어들기 때문에 아마 환영할 만한 것이었을 것이다.25)

충실한 기록의 원칙과는 정면으로 모순되는 특정목적을 위한 은폐의 원칙[隱諱]도 또한 고대까지 거슬러 올라간다. 『춘추공양전春秋公羊傳』과 『춘추곡량전春秋穀梁傳』에 따르면, 공자는 이 노나라 연대기 [즉 『춘추』]를 저술 또는 편집하면서 세 범주의 사람들, 곧 존자尊者·친자親者·현자賢者의 수치와 잘못을 고의로 은폐하면서 완곡하게 표현하거나 아예 빼버렸다.26) 이런 전통이 공자 자신의 행위나 가르침에서 실제로 유래하였든, 그렇지 않든 그것은 유가의 윤리체계를 분명히 반영하고 있으며, 특정인 중심의 경향이 농후하다. 이 세 범주의 사람들은, 또한 다른 다섯 가지 범주의 사람들과 더불어 형률刑律에도 언급되는데 여기서 그들은 법정에서 특별한 고려의 대상이 되는 여덟 종류의 사람들로서 팔의八議의 기초가 된다.27)

충실한 기록과 특정목적을 위한 은폐원칙 사이의 모순을 분명히 깨닫고 있었던 사관들은 후자보다는 전자를 훨씬 더 자주 언급한다. 그럼에도 은폐의 예는 셀 수 없이 많다. 이런 것은 역사편찬의 전체과정에서 볼 수 있다. 말하자면 그것은 전대前代왕조가 스스로 편찬한 국사, 그리고 그 기초자료가 되었던 여러가지 공적·사적 기록 등 역사기록 과정의 모든 단계에서 발견된다. 이론적으로, 한 단계에서의 은폐는 다른 단계에서 교정될 수가 있다. 왜냐하면 존자·친자·현자는 세대가 달라지

---

25) 黃雲眉, 앞의 글, 349~360면. 이런 일반주제에 관해서는 이 책, 볼프강 프랑케, 「명대(明代: 1368~1644)의 실록」 참조.
26) 『春秋公羊注疏』(十三經注疏本) 권6, pp.5a, 6a~b : 권11, p.7a : 권12, p.6b : 권23, pp.5b~6a : 『春秋穀梁注疏』(十三經注疏本) 권8, p.7a : 권14, p.1b. 또 Burton Watson, *Ssu-ma Ch'ien, Grand Historian of China*(1958), pp.94~97 참조.
27) Jean Escarra, *Le Droit Chinois*(중국법)(1936), pp.15·255.

는 데 따른 입장의 차이로 동일한 인물을 포함하지 않을 수도 있기 때문이다. 그러나 고의든 아니든, 한번 이루어진 은폐는 대개 그대로 이어지고 새로운 윤색이 첨가된다. 18세기 학자 조익은 정사에 보이는 은폐(隱諱)의 예에 대하여 여러 편의 문장을 썼는데, 그런 관행에 대해 그는 대체로 비판적이었다.28) 그러나 그의 생애 중에 완성된 『명사』에 대해서는 은폐와 관련한 일언반구도 하지 않았다. 이런 사실은 그 자체가 은폐원칙의 실례로 간주될 수 있다. 『명사』는 신중하게 준비된 양질의 저작으로 인정되어 온 것이지만, 이 같은 확고한 전통으로부터 완전히 결별한 것으로 판명된다면 그야말로 참으로 의외의 일이 되었을 것이다. 예를 들어 민국(民國)시대 학자들은 『명사』가 만주족과의 초기 접촉에 관한 언급을 감쪽같이 생략하였다고 비판해 왔다.29) 반면에 청조 편찬자들의 입장에서는 만주족이 한때 명나라에 신속(臣屬)되었던 사실을 드러내지 않으려 하는 것은 당연지사였다.

조익은 또한 현자와 관련하여 『신당서』와 『명사』에서 분명히 보이는 재미있는 방법으로 이루어진 은폐의 예를 지적했다.30) 즉 도덕적으로 거의 완벽한 사람의 경우, 그의 사소한 결점은 자신의 열전이 아닌 다른 곳에서 언급된다. 조익은 이런 원칙을 관용에 의한 것으로 찬양하고, 역사서술의 일반 원칙으로 삼도록 권하였다. 그 원칙의 정당성은 정직한 기록의 원칙을 존중하면서 동시에 도덕성을 장려하는 것이 역사가의 정당한 임무라는 가정에 근거하고 있다.

평가와 관련하여 칭찬(襃)과 비난(貶)의 원칙도 고대로까지 거슬러 올

---

28) 趙翼, 『二十二史箚記』 권6, pp.42b~44a : 권9, pp.22b~23a : 권13, p.1a~b : 권21, pp.21b~22b : 권27, pp.28b~29a : 권29, pp.48b~49a 각각 참조.
29) 孟森, 『明代史』(1957), 1~3면 : 金毓黻, 『中國史學史』, 119면. 『명실록』의 비판에 대하여는 이 책, 볼프강 프랑케, 「明代(1368~1644)의 실록」, 108~118쪽 참조.
30) 趙翼, 『二十二史箚記』 권31, p.1b.

라갈 수 있다. 전통적으로 그것은 역사가의 개인적 비평은 물론 기록하는 방식과 강조점에 의해서도 이루어졌다. 그 가운데 아주 이름난 방법이 용어의 선택에 의한 이른바 암시적인 비평인데, 이는『춘추』의례義例에 "칭찬의 한 마디는 화려한 의상을 수여하는 것과 같고, 비난의 한 마디는 참형같이 혹독하다"는 말에 나타난다.31) 이러한 암시적인 논평은 물론 주석가들이 칭찬[襃]과 비난[貶]의 숨은 원인에 대하여 내리는 해석은 각기 다를지라도, 체례體例가 천명될 때 분명해지게 된다.32) 노골적인 논평은『춘추』·『좌전』에서 가끔 발견되는데 이는 '군자 왈'로 시작되는 것으로, 사가의 개인적 견해를 가리키거나 지식인 계층의 시각을 의미하게 된다. 정사에서는 권말의 논평이 보통 '사관이 가로되[史臣曰]', '찬양하여 가로되[贊曰]', '논하여 가로되[論曰]'와 같은 말로 시작되는데, 이런 논평은 일반적으로 '논찬論贊'이라고 불렸다.

칭찬과 비난 원칙의 적용은 자연스럽게 '사권史權'의 일부가 되었으며 한대 이후 다소간에 지속되었다. 그러나 이런 원칙을 의도적으로 적용한 것은 유일하게 송대 학자들에 의해서 조직적이고도 대규모로 이루어졌다. 특히『신오대사』의 구양수와『통감강목』의 주희의 경우가 그러하다. 구양수는 가끔 권말에 있는 논論에서, 그리고 실제 구양수 자신이 썼으나 서무당徐無黨의 깃으로 일길어지는 주注에서 자신이 가진 기록의 원칙을 설명했다.33) 주희의 찬술원칙은 아마 중국사서 편찬원칙 가운데서 가장 정교한 체계일 것이다. 예를 들면『통감강목』은 '정벌征伐'을 기록하는 데 여러가지 방법과 언어구사에 관한 것이 열다섯 항목이나 되며, 그 세목은 거의 아흔에 달한다.

---

31) 孔穎達,『五經正義』서문. 이 책, 반 데어 룬,「고대 중국 연대기와 역사개념의 성장」참조.
32) 예컨대 J. Legge, op. cit., Prolegomena(서문), pp. 38~49, 58~59, 70~71 참조.
33) 劉詒徵,『國史要義』, 177~180면.

송대 역사학의 특징은 새롭고 창조적인 지적 흐름인 신유학의 정신에 어울리는 것이었다. 정통진리의 대변자로 자처하는 새로운 학파가 주장한 대담한 주장처럼 오직 성현에 의해서야 제대로 쓰일 수 있는 역사를 기록하는 것은 송대 신유학자들과 같은 자신감과 상상력을 필요로 하기 때문이다.

그러나 원·명·청 시대에서 정통 신유학은 지적 발전의 원천이기보다 장애물이었다. 그 윤리강령은 더욱 권위주의적 성향을 띠게 되었다. 역사학에서는 이것이 정사의 논찬부분에 반영되어 있는데, 비판[論]보다는 찬양[贊]이 더 많아지는 현상이 나타난다.『원사』의 경우 '논찬'형식 자체가 일절 생략되었다. 일반적으로 개인의 평가는 이제 바람직한 것이 못되었다. 그 대신 당시의 공정한 객관적 여론을 반영하도록 격려되었다. 명사관明史館에 내린 조칙에서 청의 강희제康熙帝는 멸망한 전왕조의 정사는 참으로 공정하게 쓰여 민심을 모아야 할 것이며,34) 이 때문에 명황제들에 대해서는 아주 사소한 비평도 해서는 안될 것임을 강조하였다. 이와 유사한 경고는 한『명사』편찬자의 다음과 같은 말에도 나타나 있다.35)

> [공식적인] 역사편찬은 개인저술과는 다르다. 개인저술에서는 사견을 개재할 수도 있지만, 칙령으로 역사가 편찬될 때에는 그 시대의 편견없는 여론[公論]에 반드시 합치되어야 하며, 사견에 따라 비판을 일삼아서는 안된다.

역사에 대한 이런 태도의 영향은 상당하다. 가드너 박사가『중국의 전통사학(Chinese Traditional Historiography)』에서 적절하게 논평했듯이 "모든 중

---

34) 劉承幹,『明史例案』권1, pp.2a~8b.
35) 劉承幹, 위의 책, 권4, p.3a.

국인의 역사서술에 대한 개념에는 완벽한 객관성이라는 가설이 깔려 있다." 덧붙인다면 더 최근 왕조들의 치하에서 집단적 비판의 원칙이 도입되면서 '객관성의' 해석은 더욱더 엄격해져 갔다.

2) 방 법

만일 원칙에 관한 위의 논의들이 중국의 관찬사서들에 대한 근대 학도들의 신뢰와 흥미를 감소시켰다고 한다면, 그 부정적 측면은 편찬방법의 검토를 통해 어느 정도 상쇄될 수 있을 것이다. 방법은 대개 두 부분으로 나누어진다. 즉 사관史館에 의한 편찬에 관련된 방법과 기전체에 관련된 방법이 그것이다.

사관에 의한 역사편찬은 당왕조 치세 초기에 대거 도입되었다. 이와 거의 동시에, 이런 역사편찬방법의 결점도 발견되었다. 유명한 『사통史通』에서 유지기劉知幾는 이런 제도를 신랄하게 비판했지만, 그 자신이 이 제도의 희생자였다. 감수국사監修國史 소지충蕭至忠과 그밖에 관리들에게 보낸 편지에서, 유지기는 사관으로서 효과적으로 일하는 데 방해가 되었던 다섯 가지 사항을 열거했다.36) 첫째로 예전에는 역사기록이 보통 개별적인 역사가가 맡았다. 반면, 사관史館에는 많은 사람이 참여하기 때문에 이들이 서로 눈치를 보고 소신있게 무엇을 기록하는 데 망설인다. 둘째로 전·후 양한兩漢은 정부문서를 사관들에게 넘겨 편찬을 도왔

---

36) 이 편지는 『史通』의 마지막 권에 들어 있다. 洪業 교수는 유지기와 『사통』의 주요부분을 해석하고 주를 붙인 단행본을 준비하고 있다. 이 책, 풀리블랭크, 「중국인의 역사비평-유지기와 사마광」, 205~225쪽 참조.

다. 그러나 당의 관례는 사관들이 스스로 사료를 수집하는 것이었는데, 이는 전적으로 불충분한 것이었다. 셋째로 당唐의 사관은 황궁(禁中) 안에 기거했는데, 이는 아마도 외부와의 온당치 못한 접촉을 피하기 위함이다. 그런데 실제로는 대부분의 사관들이 비밀의 원칙을 전적으로 무시하여 막 기록된 새로운 포폄의 내용을 발설하는 수가 많았다. 그 기재사항이 세력있는 사람에 관한 것이라면, 어떻게 사관이 망설이지 않겠는가? 넷째로 예전 역사가들은 자신의 저술 활동에서 독자적 권위를 가졌다. 그러나 후대의 행정상 감수 체제 아래서는, 감수자 A는 사실을 그대로 기록하도록 했는데 다른 감수자 B는 과오와 실수를 은폐하도록 강요한다. 기록자는 누구의 지시를 따라야 할 것인가? 다섯째로 전반적인 총감수자는 편찬과 임무의 할당과 분배에 관한 일반원칙 수립을 포괄해야 한다. 그렇지 못하면, 직무의 회피와 시간낭비를 불러오게 된다. 유지기가 지적한 이 다섯 가지 결점의 대부분이 역사편찬을 사관史館에서 맡는 데서 생기는 것이다. 제일 마지막 다섯번째 약점은 모든 문제의 관건으로 간주될 수 있다.

    관찬사서가 완성된 뒤 평론자들은 종종 기사들 사이의 상호 모순·중복·착오·누락된 사항들을 지적한다. 오진吳縝의 유명한 『신당서규류新唐書糾繆』는 그러한 잘못된 점들에 관하여 스무 개나 되는 범주로 구분하였다. 이 오류들은 저자의 얕은 지식을 반영할 수도 있지만, 다른 한편 졸속한 편찬이나 사관들 사이의 협조의 결여에 기인할 수도 있다. 그래서 이런 어려움을 극복하려면 편찬을 관할하는 일반정책과 규칙을 세우고 그것이 잘 실천되도록 살펴보는 것이 필수적이라는 점은 더욱더 분명해진다.

    『요사遼史』·『금사金史』·『송사宋史』·『원사元史』의 경우 최초의 목표는 빠른 종결이었던 것 같고, 그것은 그대로 이루어졌다. 이들 사서의 편찬

규칙이 간단명료하다는 사실이 도움이 되었다. 또다른 촉진제는 때때로 고압적이지만 효과적인 감수와 편집이었다. 구양현歐陽玄의 전傳에 따르면 그가 『요사』·『금사』·『송사』의 책임자(총재)로 임명되었을 때 준수해야 할 편찬의 제반규칙[凡例]을 마련하였다. 이 때 일부사관들은 흠을 잡고 오만을 떨고 편견을 고집하였다고 했는데, 구양현은 그들과 언쟁을 피하고, 편집을 위해 자신 앞에 제출된 초고들을 그저 수정하기만 하였다고 한다.37) 너덧 명의 다른 총재관들 가운데 적어도 한 사람인 장기암張起巖도 똑같은 방법으로 했다.38) 이러한 권위주의적 방법은 작업을 신속히 완결하는 데 분명히 기여했다. 마찬가지로『원사』가 1369년에 편집되었을 때 편수지침에 관한 주요결정은 한 사람, 즉 황제 자신에 의해 이루어졌다.39) 무엇보다 그는 사서가 전통문장 형식으로 쓰일 필요가 없음을 명시하여, 『원사』의 가능한 한 많은 부분을 대부분 구어체로 쓰인 원대 당안檔案에 기초할 수 있도록 하였다.

『명사』의 편찬 때까지 노련한 경험은 저작의 속도가 아닌 질의 측면에 기여하였다. 여러 학자들이『명사』의 편찬을 위해 제시한 잘 다듬은 편찬 지침들 가운데서, 실례로 반뢰潘耒가 간명하게 표현한 여덟 가지 원칙을 들 수 있다.40)

1. 사료를 널리 수집해야 한다.
2. 문서의 조사는 비판적으로 이루어져야 한다.
3. 책임은 분배되어야 한다.
4. 기록의 지침은 표준화되어야 한다.

---

37) 『元史』 권182, p.5b.
38) 『元史』 권182, p.3a.
39) 孫承澤, 『春明夢餘錄』(古香齋本) 권13, pp.9b~10a.
40) 劉承幹, 『明史例案』 권4, pp.6a~9a.

5. 기록은 진실해야 한다.
6. 논평은 공평해야 한다.
7. 집필기간은 넉넉하게 주어져야 한다.
8. 역사는 분량이 너무 많아서는 안된다.

 마지막 두 가지 원칙은 보기보다 훨씬 중요한 것이었다. 왜냐하면, 그것 없이는 다른 원칙들이 효과를 거두기 어렵기 때문이다. 반뢰가 제시한 이 원칙은 다른 학자들의 제안이나 견해와 더불어 매우 유용했기 때문에 민국초기 청사관淸史館의 한 위원이 반뢰와 다른 학자들의 관련 논의들을 모아 여덟 권으로 집성 출판하였는데, 그 첫 권이 이 주제에 관한 순치順治·강희康熙·옹정雍正·건륭乾隆 황제의 훈유訓諭들을 모은 것이다.[41]

 기전체를 다루는 방법상의 진보는 복합체 역사서술을 구성하는 상이한 주요부분들이 상호보완적인 성격을 갖고 있음을 인식한 데에 부분적으로 기인한다. 또다른 형식의 진보는 특정성격의 편목들을 새로 만들거나 없앤 데에 있는데, 이런 변화는 가끔 극도의 심사숙고를 거쳐 이루어진 것이었다. 복합체의 모범은 한대 사마천의 『사기』와 반고의 『한서』인데, 둘 다 네 개의 주요부분, 즉 「본기」·「표」·「지」·「열전」으로 나뉘어져 있다. 그러나 이런 전범典範이 그대로 온전하게 계승된 것은 아니었다. 후한에서 수에 걸치는 13개 정사 가운데, 다만 6개만이 「지」를 갖고 있으며, 「표」는 아무데도 없다. 사실 「표」는 적어도 유지기의 『사통』 한 장章에서 오히려 심하게 비판을 받고 있다.[42]

 이보다 더 후대의 9사에 오면 사정은 달라진다. 모두가 「지」를 넣고 있고, 일곱 개(또는 『신오대사』의 「職方考」를 지리지로 보지 않고 표로 넣는다면 여덟

---

41) 이는 위에서 언급한 『明史例案』이다. 그 서문의 연대는 1915년으로 추정된다.
42) 『史通通釋』 권3, 1a~2b면 : 권16, 12b~13b면.

이 된다)가 「표」를 포함한다. 이렇게 네 부문으로 된 복합체가 마침내 확립되었다. 그러나 표의 가치는 서서히 알려졌을 뿐으로, 곧 『구당서』와 『신오대사』·『구오대사』에도 모두 표가 없다. 표가 갖는 분명한 이점의 하나는 지면의 절약이다. 예를 들면 비교적 덜 중요한 사람들은 표 속의 적절한 장소에 표기할 수 있다.

이 글의 서론에서 역대왕조 자신들의 권력을 위해 만든 국사가 또한 복합체였음을 지적했다. 남송의 마지막 수십 년 전에 이르기까지의 송대에는 국사는 세 부분, 즉 기紀·지志·전傳만으로 이루어졌다. 1203년 황제는 국사에 연표를 넣자는 건의를 받아들였다.[43] 이 건의에서는 역대의 여러 국사가 보통 「표」를 포함하지 않았다는 말이 나온다. 그러나 백과사전 『옥해玉海』의 한 기록은 말하기를, 정화政和 4년(1114)에 철종哲宗의 정사(물론 지금 보통 쓰이는 의미의 정사가 아니다)를 휘종徽宗에게 바쳤는데, 제기帝紀·표·지·열전·목록 등 모두 210권이었다고 한다.[44] 만약 이것이 사실이라면, 네 부문으로 된 복합체가 이미 북송 말경 국사에 이용되었다는 것이다.

특별한 성격의 편목篇目을 더하고 빼는 것으로, 우리는 『요사』에 나타나는 세世·황제의 나들이[遊幸]·부족部族·속국屬國表와 『금사』의 교빙交聘表를 예로 들 수 있다.[45] 『명사』에 들이 있는 특징편목으로는 7경七卿(6부 尙書와 좌·우 都御史)연표와 토사土司열전·유구流寇열전 등이 있다.[46]

---

43) 『宋會要稿』 권70, 「職官」 18, p.60a~b.
44) 『玉海』(1883년본) 권46, pp.50b~51a. 또한 『宋會要稿』 권70, 「職官」 18, p.77a에도 있는데 여기에는 헌정의 연대가 선화(宣和) 4년(1122)으로 [아마 잘못] 기록되어 있다.
45) 趙翼, 『二十二史箚記』 권27, p.21b.
46) 黃雲眉는 앞의 논문(『金陵學報』 1권 2기, 1931), 336~337면에서 『명사』에 있는 이러한 특수 편목들을 높이 평가했다. O.B. van der Sprenkel, "High Officials of the Ming. A Note on the Ch'i Ch'ing Nien Piao of the Ming History," *BSOAS*, 14권 1호(1948), pp.87~114 참조.

『송사』에서는 도학(정통 유가사상가)을 위한 특별한 열전(「道學傳」)이 각별한 관심을 끈다. 전통적인 유림儒林의 범주와는 별도로(『송사』에서는 이 범주도 계속 쓰이고 있다), 이 열전은 송대 이학파의 선구자와 계승자를 포함하여 정주학파의 사상가들을 기리기 위해 마련된 것이다. 남송 말기 주희의 가르침이 정통으로 확립될 즈음 송대의 국사를 위해 이 새로운 범주가 생겨난 듯하며, 이는 다시 송사를 편찬한 원대 사가들에게 계승되었다. 청조 초기에도 명사에 '도학道學'이라는 유사한 편목을 세울 것인가를 두고 격렬한 논쟁이 있었다. '도학'전을 두는 데 반대한 사람들 가운데는 황종희와 주이존朱彝尊 같은 저명한 학자들이 있었으며, 이들은 사관史館이 부정적인 결정을 내리도록 하는 데 성공했다. 둘 다 고전지식에 능통하였으나, 역사가인 황종희나 문인인 주이존이 신유학파들끼리의 사소한 학설상의 차이에 큰 관심을 갖지 않았으리라는 것은 당연하다. 한 마디 더 한다면 『명유학안明儒學案』 범례에서 공정한 역사가인 황종희가 명대사상의 현저한 특징이 쇠털을 가르는 것 같은 미세한 구분에 있었다고 규정하였다는 점이다.

3) 맺음말

이상의 논의를 통하여 기본적인 편찬의 원칙에 관한 한 중국의 관찬사학은 송대에 절정에 달했고, 그 이후로는 관찬사서 편찬에서 한층 제한이 많고 창의성이 줄어든 점에서 정체했다고 결론지을 수 있다. 다른 한편, 방법과 기술면에서 관찬사는 꾸준히 진보하여 청대 초기에 비로소 절정에 이른 것 같다. 그러나 송대 사학이 원칙에 대한 각별한 관심에 더하여 기법 면에서 새로운 경지를 열었다는 것 또한 간과해서는 안된다. 예를 들면 실록과 국사의 수정본에서는 판본들을 구분하기 위해 색채 먹이 사용되곤 하였다. 예컨대 원본은 검은 먹, 산절본刪節本은 노란 먹, 부본副本은 붉은 먹 등이었다.47) [사실 판본을 구별하기 위해 색채 먹들을 이용한 것은 훨씬 전시대로 소급된다. 서기 500년에 도홍경陶弘景이 유명한 의서『본초』의 교정본에서 이 방식을 사용했음을 들 수가 있다.48) 그러나 역사학에서 이런 방법을 효과적으로 쓴 것은 송대에 이르러서였다]

커다란 존경을 받았으며 또한 영향력이 큰 작품을 썼던 위대한 송의 역사가 사마광은『자치통감』에서 역사편찬과 관련한 두 가지 특색을 도입하였다. 하나는 '장편長編'인데, 아주 광범하고 상세한 원고로서 거기에다 편집·수정·압축을 가하여 역사책 발간을 준비하는 기초로 삼는 것이다. 다른 하나는 '고이考異'인데, 이는 같은 사건에 대한 서로 다른 설명이 제시되고 그 가운데 하나를 선택하는 근거를 밝히는 비판적 주석이다. 통감의 '장편' 초고는, 완성된 원고보다 몇 배 더 많은 것으로 알려져 있지만, 아깝게도 현존하지 않는다. 그러나 '고이'는 통감의 여러 판본 안의 주석에 포함되어 있고, 또 단행본으로도 나와 있다. 그 비판적 성격에 감명 받은 가드너 박사는 "불행히도, 폐기된 쪽의 상이한 설명은 다시 살리지 않는 것이 중국의 관습이다"49)라고 일반화했던 자신의 말을 취소하지 않을 수가 없었다. 박사의 그러한 수정은 위에서 말했던 갖가지 색채의 먹으로 쓰인 사서들에서도 또한 영향을 받았을 것이다. 더구나 이설異說을 소개하고, 채택되거나 폐기된 것들에 대한 이유

---

47)『玉海』권48, pp.11b, 15b~16a.
48)『本草』의 陶弘景本에 대한 서지학에 대해서는 渡邊幸三,「陶弘景の本草に對する文獻的考察」,『東洋學報』20(京都, 1951) 참조.
49) C.S. Gardner, op. cit., p.65.

를 제시하는 것은『통감』의 '장편'초고에서 이미 보이는 것으로, 또 사마 광이 '장편'초고의 당대唐代 편을 맡은 동료편집자인 범조우范祖禹에게 내린 지시에서 분명히 나타난다.50) 그보다 더한 증거는, 사마광의 원본을 거의 그대로 모방한 것으로 알려진 이도李燾의『속자치통감장편續資治通鑑長編』에서도 상이한 설명들을 검토하는 기록들을 이따금 볼 수 있는 것이다.

사마광에게 어울리는 계승자 이도 역시 당안檔案 분류방식을 도입한 공로가 있다. 남송의 한 자료51)에 따르면,『속장편』〔이는 宋史연구에 없어서는 안될 작품이 되었다〕을 위한 사료를 정리하기 위해 이도는 열 개의 나무 궤를 만들었으며, 이것들은 각각 스무 개의 서랍을 달고 있다. 각 서랍에는 간지干支로 60년 주기의 햇수가 표시되어 있어 2백 개의 서랍은 2백 번의 순환하는 60년 주기를 나타낸다. 매해 사건의 정보는 해당서랍에 정리되고, 마침내 달과 날짜에 따라 엄격하게 연대순으로 배열된다. 이 정연한 배열은 작업의 우수한 모범으로 간주되었다.

이러한 혁신들은 송대 사학의 중요성을 더욱 강화하였는데,52) 이는 당연히 송왕조의 명성있는 문화적 성취의 일부이다. 결국 역사의 서술은 관찬이든 아니든 지적 활동의 한 종류이며, 그와 연관되어 있는 다른 유의 것들로부터 분리될 수가 없다. 진실로 위대한 사서를 만드는 데에는 학식과 비판적인 학문자세뿐 아니라 상당한 문학적 재능, 그리고 무

---

50) 사마광은 范祖禹(字는 夢得)에게 편지를 보내 상세한 지시를 내리고 있다. 이 편지는『司馬文正公傳家集』(1741년본) 권63, 7b~10a면에 들어 있는데, 사부총간본이나 사부비요본의 사마광 문집에는 없다. 이 편지와 함께 분명히 사마광이 보낸 다른 몇 통 편지의 신빙성에 대해 의문이 제기되고 있으나 이 편지의 내용으로 보아 진본인 것으로 보인다. 張須,『通鑑學』(台湾開明書局, 1958), 37~44, 126~127면 참조. 이 편지는 이 책, 폴리블랭크, 「중국인의 역사비평-유지기와 사마광」에 번역되어 있다.
51) 周密,『癸辛雜識』, 後集, 25b면.
52) 송대 역사학 발전에 관한 개설로는 內藤虎次郎,『支那史學史』, 241~320면 참조.

엇에도 뒤지지 않는 철학적 안목을 필요로 한다. 대부분의 지적 활동이 퇴조하는 시대에 역사학이 홀로 창조적일 수 있다면 그것은 정말 예외적인 것이 된다.

100 중국과 일본의 역사가들

5.
명대의 실록

볼프강 프랑케(W. Franke)
[함부르크대학 중국어학·문화세미나 지도교수]

1) 실록의 원사료

까마득한 옛날부터 20세기까지 중국의 역사기록은 용의주도하고도 간단없이 계속되었다. 활자술이 널리 보급되던 10세기 이후 인쇄물은 자꾸만 늘어났는데, 그 중에도 역사물이 특히 많았다. 기원후 1천 년이 끝날 즈음까지는 공식적인 왕조사[正史]가 역사연구의 중심이 된다. 그러나 그 후부터는 1차사료의 중요성이 점차 증가한다. 특히 14세기 중엽 몽골지배가 무너지고 난 다음에는 1차사료가 크게 줄었기 때문에 2차사료에 그쳤던 관찬사의 중요성이 감소하였다. 명조明朝(1368~1644)사의 관찬사[明史]는 가장 세심하게 편집되어 이런 유로서는 아주 신빙성있는 작품의 하나로 인정되지만 더러는 불충분한 정보를 제공한다. 더구나 더 압축적인 짧은 관찬사의 내용은 완전히 이해하기가 아주 어려운 경우도 가끔 있다. 그래서 신중한 역사연구자는 그 전의 기초사료를 참고해야 하는데, 명대에 관해서는 이 같은 사료가 많다. 이른바 실록은 이런 유가운데 가장 중요한 사료 중 하나이다.[1] 그러나 실록조차 근본적인 1차 사료는 아니다. 이런 것은 보통 각 황제가 서거한 다음 특별위원회가 편집한 것으로 그 치세 동안 작성된 온갖 서류를 수합함으로써 이루어진다. 이들 서류 가운데 제일 중요한 것은 이른바 '기거주起居注'인데, 이것은 황제의 온갖 행적, 그리고 공식적인 황제의 지시를 통해 이루어지는 모든 사항을 자세하게 기록한 것이다. 이런 일지를 기록하는 전문관리가 있었는데, 이것이 바로 중국관찬사의 원조적 발생을 뜻한다. 반면에 실록과 정사는 역사기술에서 그 다음의 2단계 내지 3단계에 해당한다.[2]

중국 역사기록과 관련하여 '기거주'는 주周왕조(BC 1050~249년경)까지 거슬러 올라간다. 뒷날 그런 것을 기록한 관리의 존재에 대한 최초의 언급은 『예기禮記』에 산재되어 있다.

> 황제의 행적은 '좌사左史'에 의해, 그리고 그 말은 '우사右史'에 의해 기록된다.[3]

그 한 예로 고염무顧炎武(1613~1682)는 다음과 같이 쓰고 있다.

> 옛날 치자들에 관해 '좌사'는 그 행적을 적고 '우사'는 그 말을 적었는데, 이는 잘못을 막고 후대 왕들에게 [선왕들의 행적과 말을] 알리도록 하기 위함

---

1) 명대 13명 황제에 관한 통치연한과 편집연대를 담은 현존 실록목록은 필자의 "Preliminary Notes on the Important chinese Literary Sources for the History of the Ming Dynasty(1368~1644)(명대사(1368~1644) 중국 문헌자료에 관한 입문서)", pp.11~14에 나와 있고 더 상세하게는 "Zur Kompilation und Überlieferung der Ming Shih-lu(명조실록의 찬수와 전통)", pp.12~31에 있다. 이들 저서 등의 주에 나와 있는 참고문헌은 이 논문 끝에 있는 참고문헌을 참고하면 된다.
2) 정사가 집필되는 과정에 관한 개략적인 소개는 이 책 양연승의 「중국 관찬사학의 구조」에 있다.
3) Legge, *Sacred Books of the East*, xxviii, 2.

이다. '기거주'를 적는 관직의 기원은 아주 먼 옛날로 거슬러 올라간다.[4]

이 말은 사관의 직책에 관한 전통중국의 인식을 분명하게 보여준다. 자세하고도 엄정하게 모든 사실을 기록하여 전함으로써 통치자가 무책임하거나 흉악한 행위를 하지 못하도록 하는 것이다. 어떤 통치자도 이런 유의 행적이 후대에 전해지도록 하는 것은 꺼려 할 것이기 때문이다. 그래서 중국에서는 예로부터 전통적 정치체제가 종식될 때까지 사관이 언제나 특별한 의미를 지닌 위치에 있었다. 그 가운데 많은 이들이 양심껏 의무를 수행하다가 화가 나서 원한에 찬 황제의 손에 중벌을 받거나 죽기까지 했다. 이 같은 내용이 수왕조(589~618)의 정사인『수서경적지隋書經籍志』에 나타나 있는데, 이것이 일지의 성격에 관한 최초의 정의이다. '기거주'는 치자治者의 말과 행적, 활동과 위임사항을 기록한다.『춘추좌전』에는 "치자의 행적은 기록되어야 한다. 만일 법에 어긋나는 무엇이 기록된다면 후대인들이 어떻게 평가할 것인가?"[5]라고 적혀 있고,『주례』에 언급되는 내사內史는 왕의 조칙을 관장하고 그런 다음 추가로 복사본을 만들어 보관했다. 이것이 바로 그 같은〔즉 일지를 기록하는〕 관리이다.[6]

'기거주'라는 이름으로 역사를 기록한 최초의 '기거주'는 후한 명제明帝(AD 58~75) 때 보인다. 그 후 거의 대부분 시대에 '기거주'가 쓰였다. 16세기 말 이전에 이런 유의 최초이며 현존하는 유일한 기록은 618년에 당왕조의 초대 황제 이연李淵이 등극하기 전 357일 동안의 상황을 담고 있다. 그것은 '대당창업기거주大唐創業起居注'란 제목으로 3권으로 구성되는데 그 후 여러 번 재판되었다. 이 작품을 예외로 하고는 명대 이후가 아니

---

4) 『日知錄』(萬有文庫本) 권18, vi, 102.
5) '莊公 23년'. Legge, *Chinese Classics*, V.i, p.102.
6) 『隋書經籍志』 권33, 10b : 『周禮』 26, 31 : Biot II, 118.

라 그 전의 다른 모든 '기거주'가 사라졌다는 것은 놀랄 일이 아니다. 그 것은 간행을 위해 적은 것이 아니기 때문이다. 대체로 한 황제 치세의 실록이 완성된 후이면 그런 것은 불태워버린다. 얼마가 없어지지 않고 남아 전하는 것은 그저 우연의 소치다.

전대왕조의 예를 따라 명조를 창업한 주원장은 이미 그가 등극하기 4년 전인 1364년에 고관 몇 명에게 그런 '기거주'를 기록하도록 하였다. 뒷날 이들 관리는 1367년에 재설립된 한림원 학사 가운데서 뽑혔다. 국사원國史院은 전대에는 독립 정부기구였으나 명대에 와서는 한림원에 부속된다. 기록관이 종속적인 서기관이 아니라 언제나 중급고관들 가운데서 뽑혔다는 사실에서도 그 직책의 비중이 드러난다. 따라서 그들은 최고의 학술시험에 합격했을 뿐만 아니라 특별히 우수한 시험성적으로 인해 한림원 학사로 등용되었다. 새 왕조 처음 몇 년 동안은 '기거주'를 관장하는 기록관의 활동이 알려져 있지 않았다. 그들이 기록한 것 중 아무것도 남아 있지 않기 때문이다. 중단시기와 이유는 알 수가 없으나 머지 않아 이들의 기능은 완전히 중단된 것 같다. 아마 홍무洪武연간에 그 자리가 폐지된 듯 하며, 이것은 더 뒤인 건문建文(1399~1402)연간 또는 영락永樂(1403~1424)연간인지도 모르나 남경에서 북경으로 천도하던 1421년 이후는 분명히 아니다. 그 후 만력萬曆 초기(1573)까지 그런 유의 '기거주'는 없다. 고관들이 제출한 많은 청원서에는 '기거주'를 기록하는 상비기구의 재설립을 요구하고 있는데, 이것은 이런 제도를 아쉬워하는 분위기가 있었다는 말이다. 황제는 이런 제의에 여러 번 동의하였지만 아무 소득이 없었다. 그러다 당대의 뛰어난 정치가 장거정張居正이 간곡한 청원서를 올린 다음인 만력 3년(1575)에 와서야 이 제도의 부활이 확실하게 결정되었다.

장거정의 구구절절한 청원서[奏議]는7) 이런 유의 다른 청원서처럼 옛날의 '좌사'와 '우사'제도를 들고 있으며 '기거주' 없이는 그가 앞선 두 황제를 위한 실록을 만들 때 고생한 것처럼 실록의 편찬에 필요한 믿을 만한 자료가 없다는 점을 강조하고 있다. 장거정은 다음 여덟 가지 점에 맞추어 사관史官의 기록이 이루어져야 함을 밝히고 있다.

1. 사관의 여러 직책 가운데 '기거주'를 적는 일은 가장 중요하다. 매일 바뀌는 관리[侍講] 한 명이 황제의 각종 지시에 대하여 일지를 적고, 대학사大學士의 청원서[題稿]는 물론 황제의 성유聖諭·조칙·지旨·책문策 文 등의 전문을 기재한다. 황제와 은밀하게 의논을 거친 뒤, 대학사들은 즉각 일지를 맡은 관리에게 필요한 정보를 준다. 게다가 여섯 명의 노련하고 학식있는 사관들이 '육부六部'에 의해 황제에게 올리는 청원서를 꾸준하게 기록하도록 되어 있다. 이들 관리는 어떤 책임도 지지 않고 그들 각 위원회의 청원서를 정확하게 기록하기만 하면 된다.
2. 황제 면전에서 '기거주' 기록을 관장하는 관리들을 위한 작업시간과 장소에 관한 규정.
3. 황제조칙과 여러가지 유의 청원서[奏議]가 국가의 사관史館에 이르기까지 거쳐야 되는 절차에 대한 규정. 모든 공식서류는 국가의 사관이 소속되어 있는 대학사를 거친다.
4. 이 기록들은 뒷날 실록편집을 위한 유일한 자료가 될 것이므로 문장의 세련미나 유려함보다 정확성이 더 중요하다. 황제의 지시가 그대로 기록되어야지 문체가 다듬어져서는 안된다. 청원시 내용 가운데서 중요하지 않은 사소한 것만을 삭제할 수 있으며, 이해하기 어려운 부정확한 말만이 조금 수정될 수 있다. 그밖에는 전문이 그대로 기재되어야 한다. 인과관계와 시간의 흐름이 아주 분명해야 한다. 내용은 어떤 경우에도 변조되거나 수정되어서는 안된다. 사관이 개인적 '칭찬과 비난[褒貶]'을 표현하는 것은 절대 금기다.

---

7) 萬曆 3년 2월27일(1575년 4월7일). 전문은 장거정의 문집에 수록되어 있다.[『張文忠公全集』 권4(國學基本叢書, 商務印書館), 53~56면] 이보다 불완전한 내용은 『神宗實錄』 권35, 15a~18b 면에 있다.

5. 사관史館에 속하는 건물과 사관이 쓰는 용품에 관한 규정.
6. 기록의 보관에 관한 규정. 매달 말에 사관에 의해 쓰인 원고는 7책으로 제본된다. 하나는 '기거주'이며 다른 여섯은 육부六部로부터 제공된 자료이다. 각 책의 겉장에는 사관 혹은 담당관리의 이름(들)과 함께 연월이 명시된다. 전체 책들이 대학사에게 전달되어 검열을 거친 다음 거기에서 작은 상자에 봉인된다. 연말이 되면 사관들이 임석한 가운데 그간의 책들을 작은 상자에서 꺼내어 열두 달 동안의 것을 더 큰 상자 속에 넣어 봉인한다. 그렇게 봉인이 끝난 뒤 그 책들은 다시는 손대지 않는다.
7. 사관史官의 작업에 필요한 필사서기에 관한 규정.
8. 만력의 처음 2년과 3년째 처음 몇 달 동안에 대해서는 '기거주'와 육부의 청원서(奏議) 내용은 기존서류에 일치하도록 사후 기록되어야 한다.

황제는 장거정의 이런 제안을 받아들여 시행명령을 내렸던 것이 분명하다. 이 모든 조항이 『명회전明會典』에 기록되어 있기 때문이다.[8] 만력·태창泰昌·천계天啓연간의 '기거주' 초본抄本의 많은 단편들이 동경東京과 천진天津의 여러 도서관에 소장되어 있다. 이 문장들과 실록의 해당 문구를 비교해 보면 대체로 '기거주'의 문장이 실록의 것보다 더 상세하고 정확하다는 것을 알 수 있다.

'기거주'는 공식적으로 어전에서 일어난 일들만 기록한다. 황제와 소규모 정치가 집단 사이에 벌어지는 정치토론은 당·송 때에 자세하게 기록되었는데, 이것은 시정기時政記 등으로 불린다. 이 시정기도 실록편찬을 위한 기초자료였으며 간행을 위해 쓰인 것이 아니었다. 이 같은 송대의 시정기로 건염建炎 원년(1127) 여섯·일곱·여덟번째 달의 것으로 추정되는 3권이 유일하게 남아 '건염시정기建炎時政記'란 제목으로 전한다. 비슷한 형태의 또다른 저작이 여럿 있으며 그 중 일부는 명대의 것

---

[8] 『明會典』(萬曆刊本) 권221, 7a~9a면.

이지만 공식적인 기록은 아니다. 그것은 해당관리들에 의해 개인적으로 쓰인 것들이다.9) 위에서 언급한 장거정의 청원서에는 그 전 다른 시기에는 시정기에서 다루어졌던 사건들이 '기거주'에 관련되어 있다.

끝으로 실록의 기초자료의 한 형태로 '일력日曆'을 들 수 있다. 일력은 '기기주'와 '시정기'에 근거하여 수년간에 걸쳐 집필되었다. 초대 명 황제이래 홍무 6년(1373) 한림원 학사들 가운데 뽑힌 위원회가 '대명일력 大明日曆'을 편집하도록 명을 받았다. 작업은 외부와 완전히 단절된 황궁 안의 별거에서 감시 아래 이루어졌다. 아침 일찍 위원들은 함께 작업실에 모인다. 거기서 음식을 먹고 밤이 되어서야 함께 숙소로 돌아갈 수 있었다. 숙소도 물론 외부와는 철저하게 단절된 곳이다. 작품이 완성될 때까지 거의 아홉 달 동안10) 편집자들 가운데 아무도 외부사람과 접촉할 수가 없었다. 관련인이 편집자에게 영향을 미치지 못하도록 철저한 비밀 속에 모든 것이 이루어졌다. 이들의 작업은 이용가능한 문헌사료를 바탕으로 하도록 되어 있었다. 이런 것은 황제가 제정한 규정에 일치하였는데, 이에 따르면 집필이 끝나면 황제의 검열을 받고는 금속함[金匱]에 안치하고 복사본[副本]을 황실도서관11)에 보관하도록 하였다. 완성본은 1백 장章으로 주원장의 궐기로부터 홍무 6년 말(1374.2.11)까지를 다룬다.12) 편찬을 주도한 관리들에 의해 쓰인 서문에는 일력이 그 뒤의 실록편집의 기초자료가 되었음을 분명히 밝히고 있다.13) 엄격하게 비밀을 지켰다는 것은 후대에 전하기 위해 황제의 행정활동을 정확하게 추측없이 기록하는 데 비중을 두었음을 다시 한번 보여준다.

---

9) 沈德符(1578~1642), 『萬曆野獲編』 권8, 25b~26a면[1869年刊].
10) 홍무 6년(1373년 9월20일)부터 홍무 7년(1374년 6월11일)까지.
11) 秘書監.
12) 黃佐, 『翰林記』 권13, 「修日曆寶訓」 所收.
13) 『明文在』 권34(國學基本叢書, 商務印書館), 354면.

앞에서 말했듯이 기거주는 기껏해야 명의 최초와 마지막 황제들의 치세 1백 년 정도에 관한 기록이다. 그 왕조 나머지 175년 동안의 실록은 무엇을 바탕으로 하였을까? 많은 동시대 보고서와 공식조령에서 보이듯이 이른바 사료 즉 6부와 다른 수도 행정기관이[14] 사관을 위해 특별히 마련한 '채택된 청원서[奏章]의 요약문 사본'이 우선 기본사료로 이용되었다. 나아가 관리들이 실록작성을 위한 자료수집을 위해 특별명령을 받고 주와 군의 수도로 파견되었다. 그런 여행의 한 결과로 만력시기 청원서 모음집 같은 것이 1622년에 동기창董其昌을 통해 이루어졌는데, 이것은 세인을 위한 것이 아니라 황제에게 올려 황궁에 보관하기 위한 것이었다.[15] 실록 편찬에 더 중요한 사료는 수도의 관보[邸報]에 의한 것으로 이것은 상이한 정부위원회들 사이에 흘러 다닌 공식적인 정보통이다. 원래 필사본이었으나 1638년 후에는 이동회보 형태로 인쇄되었다. 이것이 뒷날 청대에 『북경관보北京官報』로 알려진 관보의 선구이다.[16]

2) 실록에 대한 후대사가들의 비판과 실록 편찬과정

가장 정확하고 상세한 것이 기거주를 바탕으로 편찬한 명대의 실록인 셋이라고 생각할 수도 있다. 그러나 명대 후기와 청대의 비판적 시각에 따르면 그렇지도 않다. 사실은 정반대이다. 『신종실록神宗實錄』과 『광종실록光宗實錄』은 물론 『태조실록太祖實錄』도 사실상 아주 불충분한 것으

---

14) J.K. Fairbank, *HJAS*, 1940, v, 60 참조.
15) W. Franke, "Preliminary Notes on the Important chinese Literary Sources for the History of the Ming Dynasty(1368~1644)", No.106 참조.
16) Fairbank, *op.cit.*, p.61.

로 비난받았다. 왕오王鏊・정효鄭曉・낭영郞瑛・심덕부沈德符17) 등 명대의 여러 저술가들은 명대 실록을 통째로 매도한다. 그 가운데 『국각國榷』18)의 저자인 담천談遷의 비판은 비교적 관대한 편에 속한다. 그는 다음과 같이 쓰고 있다.

역사서술은 실록에만 의존해 있다. 실록은 외부로 드러나는 사실을 보여주지만 숨은 관계를 드러내는 것이 아니다. 더구나 양문정楊文貞은 [혜제] 축출사건을 적으면서 핵심을 놓치고 말았다. 그리고 초필양焦泌陽도 태릉泰陵효종의 광영의 시대를 적으면서 진실을 왜곡한 경우가 많다. 신종과 희종熹宗실록의 편찬자들은 모두 반란을 일으킨 환관의 앞잡이들이었다.19)

왕세정王世貞(1526~1590)의 비판은 상당히 일리가 있지만, 지나치게 실록의 결점을 꼬집어 뜯고 있다.

국가의 역사서술이 지금 왕조 아래에서처럼 그렇게 심하게 좌표를 잃은 경우는 없었다. 지난 사건을 더 이상 은폐할 필요가 없을 때에야만이 [즉 치자가 죽은 다음에야] 내각과 한림원은 실록을 집필하라는 명을 받았다. ['6부'의 사무를 관할하는 검열기구인] '6과'로부터의 옛 청원서[奏議]가 수합되고 [검열기구인] 도찰원都察院으로부터의 그 이전 기록이 검토되었다. 그리고 그것이 전부였다. 좌사와 우사의 역사기록자들에 의한 조직과 행동의 기록[즉 기거주]은 사라지고 없다. 그래서 [실록의 편집자들은 이용할 자료가 없고 자연히 쓸거리가 없게 되었다. 국가의 수치요 황제에게 누가되는 이런 일을 피하게 되고 감히 쓰려고 들지 않았다. 그 중에도 가장 큰

---

17) 왕오(1450~1524), 『震澤長語』, 『紀錄滙編』 권125, 12b~13a면 : 정효(1499~1566), 『今言』, 『紀錄滙編』 권145, 2b면 : 낭영(15c 말~16c 중엽), 『七修類稿』, 『明淸筆記叢刊』 所收(北京, 1961), i, III : 沈德符, 『萬曆野獲編』 권2, 37b~38a면.

18) W. Franke, "Preliminary Notes on the Important chinese Literary Sources for the History of the Ming Dynasty(1368~1644)", No. 23.

19) 姚名達, 『邵念魯年譜』(中國史學叢書, 商務印書館, 1934), 16~17면.

문제는 기록을 맡은 사람들이 동정과 혐오의 사적인 감정을 개재시킨다는 점이다. 그러나 믿을 만한 자료가 있어 쓰기가 곤란할 것이 없는 경우라 해도 그들은 쓰려고 하지 않는다. 그리고 쓴다 해도 그것은 사실에 일치하는 것이 아니다.20)

그러나 이같이 호된 비판을 했음에도 뒷날 왕세정은 실록의 고유한 가치를 인정한다.

사관은 진실을 은폐하는 데 염치가 없고 교묘하다. 그러나 그들이 기록한 청원서와 법, 그리고 그들이 베껴 쓴 문서는 버릴 수 없는 것들이다. 개인 역사가는 자신의 의견을 표현하고 교묘하게 진실을 왜곡한다. 그러나 그들의 옳고 그름에 대한 증언, 그리고 명칭과 사물에 대한 금기사항의 타파는 무시할 수 없는 것이다. 가문의 사가들은 아첨하며 교묘하게 진실을 과장한다. 그러나 조상의 미덕에 대한 칭송과 관리로서의 그들 공적에 대한 진술은 무시될 수가 없는 것이다.21)

청대 역사가들은 명대보다 실록에 대해 더 긍정적이다. 아마 자신의 시대와 실록에서 다루는 사건 사이에 놓인 더 긴 시간의 간격이, 더 객관적이고 균형잡힌 판단을 하도록 했는지도 모른다. 그래서 명대 정사의 주요편집자 가운데 속하는 서건학徐乾學(1631~1694)은 다음과 같이 적고 있다.

명대실록 가운데 홍무와 영락치세의 것은 아주 자의적이고 개괄적이다. 제일 상세한 것은 홍치弘治의 것이지만 초방焦芳이 휘두르는 칭찬과 비난의 필치는 번번이 사실을 왜곡하는 것이다. 제일 경솔한 것이 만력의 것으로 고병겸顧秉謙[『신종실록』의 편찬 감독자]이 쓴 말 가운데 한 마디도 그럴

---

20) 『史乘考誤』 권1(『弇山堂別集』 권20), Ia.
21) 『史乘考誤』, Ib.

듯한 것이 없다. 가정嘉靖시대의 것[즉 실록]만이 세련되고도 분명하게 상세한 내용과 개요 사이에서 적절하게 균형을 잡고 있다. 인종仁宗·선종宣宗·영종英宗·헌종憲宗의 실록은 문황文皇[즉 태조]의 것보다 낫고, 정덕正德과 융경隆慶의 것은 세묘世廟[즉 세종]의 것보다 못하다. 이러한 것이 승계되는 지배권력의 실록에 관한 대체적인 평가이다. 가문의 기록이나 비공식적 역사는 모두 다 믿을 수는 없다. 그래서 실록을 기본적인 사료로 하고 다른 작품들을 보조로 하는 것이 바람직하다. [이렇게 하면] 실수가 없을 것이다. 포괄적인 연구를 하려는 사람은 한 사람 저자의 말만 믿어서는 안된다.[22]

이러저러한 논평으로부터 일부 편집자들의 개인적 동정과 혐오에 의한 편견이 실록을 비난하는 요점임을 알 수 있다. 그러나 실록은 대개 공식서류 본문과 행정활동의 무미건조한 보고로부터 나오며 그 취사선택이 세부규정에 따라 이루어지므로, 저자가 사견을 피력하는 기회는 크게 줄어든다. 서류를 고의로 위조한다는 비난은 행해지지 않는다. 따라서 사견을 피력하는 기회란 강세를 어디다 두는가에 달려 있으며 칭찬과 비난이 교묘하게 은폐된 암시 정도로만 존재한다. 나아가 어떤 문서들은—규정을 위반하면서까지—완전히 삭제되거나 원래의 뜻이 변조될 정도로 축약되기도 한다. 만일 문서 자체에—예를 들어 청원서[奏議] 같은 것—잘못된 진술이 있을 때 그 수정은 편집자의 의무가 아니었다. 뜻하지 않은 실수가 실록에는 결코 드물지 않다.

실록에 깔린 동정과 혐오는 중국역사가들이 대체로 인정하고 실천하는 유교 정치이념의 일반적 기준에 따른 칭찬과 비난에만 한정된 것이 아니다. 오히려 그것은 일상 정계에서 수많은 집단과 개인간 상호대립과도 긴밀하게 연관되어 있다. 정치적 의견대립이 실록의 저술에 영

---

22) 『徐建庵修史條議』[『明史例案』 권2, 10a면 수록].

향을 미칠 수 있는 것은 국립사관史館의 지위와 편집위원회의 조직에 달려 있다. 그 전에는 사관이 대체로 하나의 공정한 독립된 기관이었고 편집자들이 현실 정치에 직접 참여하지 않았으나, 명대에 와서는 중요한 정책결정에 우두머리인 대학사가 실록편집을 담당하였고 사관은 대학사에 부속되었다. 선덕宣德시대 이후 대학사는 당연직으로 편집의 감독자(總裁)를 겸임하였다. 그들은 편집작업의 규정을 정하고, 내각이나 한림원에 속하는 편집자들(纂修官)이 마련한 초고를 검열한다. 편집 부책임자(副總裁)가 중요한 역할을 하였는데 이는 한림원의 학사들 가운데서 뽑혔다. 이론상으로 이들은 이렇다 할 권한이 없으나 실제로는 편집작업에 지속적으로 직접적인 감독권을 행사한 반면 대학사들은 다른 많은 중요한 직책을 수행하므로 편집에 신경을 쓸 겨를이 많지 않았다. 편집검열관(修撰)들은 형식적으로 감독관들보다 더 상위에 있지만 작업에 크게 영향을 미치지 못했음이 확실하다. 이들은 제국을 위한 군공으로 고위 귀족작위(公·侯)를 가진 사람들로부터 나온다. 특히 명대 중기와 말기에는 검열관들은 미미한 존재들이었다. 유명인사도 아니었고 세습된 귀족이라는 이유만으로 뽑힌 사람들이다. 편집검열관직이 몇 세대 동안 같은 집안에 계속되는 경우도 있었다.

　명대 실록편찬의 조직에서 분명하게 드러나는 사실은 그 편찬이 정치적인 의미를 가진다는 점이다. 대학사들이 대폭 바뀔 때는 준비 중에 있는 실록이 수정될 뿐만 아니라 가끔씩은 이미 완결되어 봉해진 실록까지도 전통과 규정에 반하여 개봉되고 재집필된 사실을 뒷받침한다. 『태조실록』은 이런 식으로 만들어졌다. 그 1차 작업이 태조의 손자이며 그 계승자인 건문제建文帝 치세에 수행되어 완성되었다. 태조의 넷째아들이며 건문제의 숙부인 연왕燕王은 1402년에 제위를 찬탈했는데 아버지 치세에 관한 실록을 그대로 내버려둘 수가 없었다. 사람들이 조카가 적

법한 계승자이며 자신은 반역자라 하고 자신의 찬탈행위를 후대에 전할 것이기 때문이다. 그래서 그는 실록을 다시 쓰도록 명을 내렸다. 새 원고가 완성된 뒤 옛것은 불에 태웠다고 한다. 그러나 불과 몇 달 사이에 완성된 이 새 원고까지도 황제 마음에 들지 않았다. 수년 뒤 그는 그 편집자들이 바른 태도로 일하지 않았으며 또 너무 빨리 서두는 바람에 철저하지 못하다고 말하였다. 그래서 7년의 작업 끝에 드디어 세번째 원고가 완성되었으며 이것만이 오늘날까지 전한다. 이미 명대 중기에 그 중 하나밖에 전해지지 않았다. 이 마지막 원고는 오류가 많은 것으로 호된 비난을 받아왔다. 벌써 17세기 초에 전겸익錢謙益(1582~1664)은 대규모 연구서에서 많은 오류를 지적하고 수정하였다.[23]

건문建文치세의 실록이 어떻게 만들어졌는지는 모호하다. 일설에는 만력연간에 이 시대에 관한 사적事迹을 『태조실록』에 덧붙였다고 한다. 그것은 현존하는 실록초본에는 들어 있지 않으나 『태조실록』의 처음 아홉 권을 구성하고 있는데, 어떤 복사본에서는 『봉천정난사적奉天靖難事迹』이라는 부제를 달고 있으며 그런 명칭 아래 연왕의 제위찬탈을 그리고 있다. 이 아홉 권이 건문의 스타일-만력 이전에는 공식적으로 쓰이지 않은 것이다-이므로 이것이 태종실록의 다른 부분들과 함께 편찬되었는지 아니면 그 뒤의 것인지 분명하지 않다.

이 같은 문제는 경제景帝치세의 실록에도 있다. 경제는 그의 형이 1449년 몽골인에게 인질로 붙들려 간 다음 제위에 올랐다가 즉위 8년째 몽골에서 돌아온 그 형의 지지파 세력의 쿠데타에 의해 축출되었다. 그런지 며칠 뒤 그는 죽었다. 1436년에서 1464년까지 3대 치세를 섭렵하는 『영종실록英宗實錄』에는 경태景泰시기[권187~262]에 관한 기록이 그 앞 시대와 뒤

---

23) 『太祖實錄辨證』 권5 : W. Franke, "Preliminary Notes on the Important chinese Literary Sources for the History of the Ming Dynasty(1368~1644)", No.1 참조.

만큼 상세하다. 그러나 거기에 『폐제성여왕부록廢帝郕戾王附錄』이라는 부제가 달려 있고 따로 5~91이라는 권 번호가 붙여져 있다. 내용을 보면 경제가 폐위되는 극적인 사건들까지도 대체로 객관적으로 묘사되고 그 당시 우겸于謙(1398~1457)이 했던 주도적 역할도 선명하게 기록되어 있다. 그는 영종英宗이 몽골에 인질로 붙들려간 다음 질곡에 빠진 명왕조를 이 위급한 몇 주일간에 구해낸 사람이었다. 우겸은 1457년 쿠데타에서 누명을 쓰고 살해되었다. 『영종실록』이 비교적 객관적이라는 것은 초기 비판자들까지도 특히 이 부분에 대해서는 트집을 잡지 않았다는 사실에서도 증명된다. 16세기 말에, 혜제惠帝와 경제의 실록을 따로 편찬해야 한다는 청원서를 올리면서 그 저자 심리沈鯉는 내용이 불충분하기 때문이라는 이유를 달지 않고 후대인들에 의해 정통으로 인정된 황제는 별개의 실록을 만들어주어야 하며 다른 황제의 것에 부록되어서는 안된다는 점을 강조한다.[24]

    가장 치열한 문제는 『광종실록』을 둘러싸고 일어났다. 그는 명왕조에서 재위기간이 넉 달로 가장 짧았다. 정치적 대립으로 자극된 논쟁은 17세기에 접어들어 더 가열되었다. 대립하는 양편의 주요 세력들은 한편에 환관의 무리, 다른 편에 엄격한 유교 동림파東林派였다. 황제는 이들 싸움의 희생양이었다. 그의 치세에 관한 실록은 처음에 동림파 측근들 감독 아래 편찬되었다. 그러나 곧 반대편이 유명한 환관 위충현魏忠賢 주도 아래 득세하여 마침내 동림당을 추방하고 그 저명인사와 당인들을 대량 처형하였다.

    1625년 말 승리를 거둔 위충현의 추종자들이 황제의 명으로 '삼조요전三朝要典'이란 제목 아래 일종의 '백서'를 편찬하게 되었다. 이것은 강한

---

24) 『禮部志稿』 권97, 8a~11b면.

편견을 가지고 반反동림정책과 무소불위의 환관 위충현을 정당화하는 노선에서 문서와 사건을 기록하였다. 특히 신종의 계승에 관계되는 이른바 '3대사건[三大案]'이 그러하다. 작업은 그 이듬해 끝났다. 거기다 『광종실록』은 이미 1623년에 완성되어 사고史庫[皇史宬]에 보관되어 있었는데, 개봉되어 『삼조요전』에 준하여 수정되었다.25) 거기에는 아직 완성되지 않은 신종의 것도 함께 처리되었다. 이런 무례한 행위는 오직 영락제永樂帝 아래에서 『태조실록』을 수정했던 것에만 비길 수 있다. 그러나 후자는 황제 자신이 그런 과정을 사주하였으나 전자는 환관들에 의한 소행이었으며 황제는 그저 수동적으로 따랐을 뿐이다. 이 같은 수정제의가 가정嘉靖시대에 대학사 초방焦芳의 감독 아래 편찬된 『효종실록孝宗實錄』에 대해 있었다. 초방이 사실을 왜곡하고 악의적으로 민중을 기만했다는 비난의 목소리가 거세었으니 수정하자는 제안이 전혀 공연한 것은 아니었다. 황제도 이를 인정하였으나 제안을 기각하였다.26) 『광종실록』의 경우 황제는 환관이 원했던 수정을 막을 의사도 없고 힘도 없었던 것이 분명하다. 수정에 관계한 편집자들이 많은 사실을 왜곡한다는 이유로 수정을 반대한 용기있는 검열관 리스쿵이 제시한 청원서까지도 아무 소용이 없었다.

희종熹宗이 숙고 위충현과 그 도당늘도 제거되고 동림당이 재기하고 『삼조요전』이 불타고 난 다음에야 문제가 거론되었다. 이것은 문진맹文震孟의 주의奏議에 나와 있다. 그는 1628년에 완성되어 어전에 제출된 『광종실록』이 『삼조요전』에 의해 수정된 것임을 지적하였다. 그리고 사실

---

25) W. Franke, "Preliminary Notes on the Important chinese Literary Sources for the History of the Ming Dynasty(1368~1644)", No.109 참조.
26) 『萬曆野獲編』, 부록 I, 20b~21a면. 『효종실록』의 이렇게 왜곡된 많은 기록들이 왕세정의 『史乘考誤』에서 수정되어 『弇山堂別集』 20~30권에 들어 있다. 吳晗, 『記明實錄』, 424~426면 참조.

이 왜곡된 다섯 가지 조목을 열거하면서 이를 다시 편찬해야 한다는 점을 강조한다.27) 그리하여 황제는 다시 최종적 수정을 가하도록 명했다. 아마 현존하는 이들 실록의 모든 사본들은 이렇게 두 번이나 수정을 거친 세번째이자 마지막 원고일 것이다. 이 같은 모든 논쟁은 『신종실록』의 마지막 부분에도 관련되지만 이 수정은 편찬이 완성되기 전에 일어났다. 그것은 1630년에 이르러서야 완성되어 어전에 제출되었다.

이미 완성되어 창고에 보관된 실록을 공식적으로 재편찬한 이 두 경우 외에도 실록과 사적으로 관련이 있는 한 가지 경우가 더 언급되어야 한다. 명대 마지막에서 두번째인 『희종실록熹宗實錄』의 현존 사본 가운데 천계天啓 4년(1624)과 7년(1627)의 몇 달 동안의 기록이 없다. 이미 만주왕조〔淸〕 초년대 명대 관찬사 편찬준비가 시작되었을 때 그것이 없어졌다는 사실이 드러났다. 그 때 보고서에 따르면28) 순치順治시대 명의 배반자 풍전馮銓이 이 부분을 제거했다고 한다. 풍전은 위충현의 일당으로 『삼조요전』의 편찬과 동림당을 축출한 핵심인물이었다. 이미 1644년에 그는 만주인들의 재량하에 있었으며 그 이듬해 정복자들에 의해 대학사로 임명되었다. 따라서 같은 해에 관찬사를 위한 준비작업으로 실록이 개봉되었을 때 사고史庫에 들락거리면서 은밀하게 자신에게 불리한 부분들을 삭제하여 없앨 수가 있었다. 『희종실록』의 없어진 부분에 대한 이러한 설명은 후대 학자들에 의해 받아들여졌으나 신중하게 검증된 것은 아니다.29)

---

27) 『四朝大政錄』["Preliminary Notes on the Important chinese Literary Sources for the History of the Ming Dynasty(1368~1644)", No.110] : 『국학문고』 권46, 38~42면에 수록 : 孫承澤, 『春明夢餘錄』 권13, 18b~26a면.
28) 朱彝尊, 「書兩朝崇信錄後」, 『曝書亭集』 권45, 12a면.[四部叢刊本에 수록]
29) *Eminent Chinese of the Ch'ing Period* i, pp.240~241 참조.

3) 실록의 현존사본의 전승

실록은 간행을 위한 것이 아니다. 편찬이 끝나면 실록 2부가 정확하게 규정된 공식절차를 통해 황제에게 제출된다. 그런 다음 정본正本은 한림원에서 - 후에는 '황제의 사고(皇史宬)'에서 - 봉인되어 다시는 꺼낼 수가 없게 된다. 그것은 뒷날 공식적 역사편찬을 위한 기초자료가 되는 것이다. 부본副本은 황제의 관할 아래 대학사들과 사관들이 참고할 수 있도록 같은 식으로 내각에 보관된다. 비밀을 보장하기 위하여 온갖 초고와 보조사본은 편찬에 관여했던 관리가 모두 모인 가운데 궁정 내부의 지정된 장소에서 소각된다. 1492년에 대학사 구준丘濬은 장문의 주의奏議에서 실록의 사본을 또 하나 만들어 특별히 이를 위한 건물을 지어 보관할 것을 제안하였다. 이런 제안은 처음인 것으로 알려져 있다. 한림원에 보관된 여섯 황제 실록의 원본들이 있음을 언급한 뒤에 그는 다음과 같이 쓰고 있다.

> 더구나 내각에는 각 황제치세를 위한 또 하나의 사본이 보관되어 있습니다. 그밖에 사본은 없습니다. 책을 안전하게 보관하기 위해 금속과 돌로 둘러싼 안전장치가 없고 더는 궁정 문서고에 사본을 이중으로 보관하는 제도가 없으므로 나는 책의 아전한 보관에 대해 참으로 걱정입니다. 그래서 궁정도서관30) 옆의 적당한 곳에 따로 여러 층의 높은 건물을 더 짓도록 폐하께 건의 드리고 싶습니다. 그 건축에 나무를 써서는 안되며, 불의의 사고에 대비하여 서류와 책들을 안전하게 보관하기 위하여 평민들이 가지

---

30) 궁정도서관(文淵閣)과 한림원은 같은 건물 안에 있으며 이 두 명칭은 가끔 의미차이 없이 쓰인다. E. Schlierlitz, "Das Wen-yüan-ko der Mingzeit(명대의 문연각)", *M.S.* Ⅲ, 1938, pp.542~544 참조.

고 있는 이른바 지하실같이 벽돌로 지어야 할 것입니다. 나는 황제의 명에 따라 내각의 문관들이 그 곳에서 작업하는 서기들에게 명하도록 했으면 합니다. 만일 그들이 직무에 준하여 서류와 책들을 처리할 여가시간을 낼 수 있으며 그런 작업이 원래직분의 수행을 방해하지만 않는다면, 후속황제들을 구분하여 실록의 또다른 사본을 만들도록 하는 것입니다. 완성될 날짜를 고정해서는 안됩니다. 사본이 마련되면 구리상자에 넣어 건물의 위층에 보관해야 할 것입니다.[31]

이 진정서는 아무런 결과를 보지 못하였다. 그 후 40년이 지난 다음에야 황제는 대학사 장부경張孚敬(1475~1539)이 올린 같은 취지의 청원서를 받아들여 실록을 양질의 종이에다 복사토록 조서를 내렸다. 그 사본은 『통감강목』과 같은 크기로 아마 궁중인쇄국에서 나온 궁중판이었을 것이다. 원본이 그랬던 것처럼 매월 정확하게 한 책으로 만들어지는 것은 아니나, 책은 각각 같은 크기로 만들어졌다. 실록을 편찬할 때와 같이 특별위원회가 구성되어 검열관(監修)・감독관(總裁) 등을 두어 복사작업을 관장하도록 하였다. 동시에 전에 구준이 건의한 대로 실록을 보관하는 전용 건물을 짓도록 명이 내렸다. 그 건물은 황사성皇史宬이라고 불렸다. 2년 후 새로운 사본이 완성되면 공식의례를 거쳐 황제에게 제출되고, 그 다음날 봉인되어 황제 면전에서 새로운 당안관檔案館에 보관되었다. 복사를 하게 되었던 원래의 부본은 어떻게 되었는지 모른다. 1588년에 신종이 옛 사본을 찾자 담당관은 참고할 일이 있어 그 전임자에 의해 내전으로 그것이 들어갔다가 그 후 다시 황사성에 보관되었다고 대답하였다. 그러나 아무리 찾아도 그것은 나오지 않았다. 그래서 아마 새 사본이 완성된 뒤 옛 사본은 가정시대에 불탔을 것이라고들 말한다. 초고는 대개 불태워버리는 것처럼. 그렇다면 그것은 융경隆慶시대에 남아 있

---

31) 『孝宗實錄』 권63, 7b~8a면 : 『禮部志稿』 권46, 8b~9b면.

었을 리가 없다. 내각의 부본은 자꾸 손대다보니 더럽혀지고 훼손되어 황제 앞에 내놓을 수가 없었다. 그래서 부본을 다시 복사하도록 명령이 내렸다. 새 사본은 작은 분량의 간이본이었으나 옛것은 너무 커서 상용하기가 곤란한 점이 있었다. 1591년 초에 작업이 끝났다.

알려진 사실에 비추어 볼 때 이 사본에서 옛날 쓰이던 태종이란 이름 대신 새로운 시호(사후의 이름) 성조成祖가 처음으로 쓰였다는 것은 괄목할 만한 것이다. 가정시대에 만들어진 원본의 사본은 여전히 태종이란 명칭을 쓰고 있다. 이것은 이 황제의 시호가 변하기 2년 전에 완성됐기 때문이다. 그러니 태종 혹은 성조 가운데 어느 것을 쓰는가 하는 것은 현존하는 실록의 사본에 대한 기원을 추정할 수 있는 준거가 될 수 있다. 아마 성조라고 쓴 모든 문헌이 직간접으로 사본을 복사한 만력의 부본에서 나온 것이리라. 뒷날 필사자들이 태종을 성조로 바꾼 것이 아니라면 말이다. 그런데 이들이 바꾸었을 가능성은 아주 희박하다. 태종이라고 쓴 문헌은 [명대로 추정되는 것이라면] 아마 초기의 부본으로 그 이후 그 거취에 대해서는 알 수가 없는 것이거나 아니면 대개의 경우 실제로 언제나 완전히 폐기되는 것은 아닌 초고로 간주될 수 있다. 태종이라 쓰인 뒷날의 문헌은 청초에 황사성에 보관된 사본으로부터 복사한 것일 것이다. 『희종실록』과 숭정崇禎시대 실록에서 잃어진 부분이 있음을 분명히 간파했다는 것은 바로 청초에 아직도 사본이 황사성에 보관되어 있었음을 의미한다. 그런데 그 후 그것이 모두 사라져버렸다. 한 책도 전해지지 않았다. 새로운 부본의 경우도 마찬가지다. 전하는 바로는 도쿄東京의 동양문고東洋文庫만이 『성조실록』 중 한 책을 소장하고 있는데 이것이 아마 그 중에 속한 것일 가능성이 있다.

만력 중기, 그러니까 17세기 말까지 실록은 세인들이 접할 수가 없었다. 실록의 초고나 그 일부분이 궁정 바깥에서 상당정도로 유포된 것은 위에서 설명한 부본의 복사가 이루어진 다음이었다. 점차 부유한 가문들은 실록의 사본을 갖고 싶어 했고 그 값은 자꾸만 올랐다. 이런 수요 때문에 실록내용이 복사되곤 하였다. 이 사본들은 팔기 위한 것으로 순수한 학문의 목적이 아니었으므로 마땅한 조심성이나 정확성없이 필사가 이루어질 때도 있었다. 더구나 흔히 실록을 가진 사람들이 사건에 개인적으로 연관되거나 특별한 관심이 있을 때는 그들 자신의 판단에 따라 내용이 수정 축약 내지는 보충되기도 하였다. 이런 식으로 조작된 내용을 복사한 사본은 원래의 것과는 다소 다른 것이다. 세종世宗 이후 치자들의 실록이 특히 그러했다. 대체로 실록의 현존필사본 가운데 상당한 차이점이 있는 경우는 이런 식으로 설명될 수 있다. 이런 것 대부분이 명·청대에 개인적으로 만들어진 필사본이다.32) 한 가지 예외가 될 수 있는 단 한 권의 책은 위에서 언급하였다. 나아가 북경국립도서관의 주요사본—중일전쟁이 일어났을 때 의회도서관에 안전하게 소장되었고 마이크로필름화 되어 있다—은 청 초기에 명대사 편찬을 위해 만들어진 공식적 사본인 것으로 추측된다. 그것이 명대 내각의 공식부본이라는 견해는 근거가 없다. 여러가지 완성되거나 미완성의 필사본—그 중의 두 개가 영국 케임브리지와 파리에 있다—들을 제외하고는 인쇄본이 1940년 이후에 유포되었다. 그것은 일찍이 남경 강소성江蘇省 도서관에 소장된 필사본을 사진-석판술로 재판한 것이다. 원본은 가업당嘉業堂 사설도서관이 소장한 근대필사본으로 명말이나 청초로 추정되는 것이었다. 그것은 그 뒤 '중국사회과학원 역사어언연구소中國社會科學院 歷史語言硏究所'에 보관되어 있었는데 지금은 아마 대만에 가 있을 것이다. 이 인

---

32) 대부분의 현존 필사본은 필자의 "Zur Kompilation und Überlieferung der Ming Shih-lu(명실록의 찬수와 전통)"과 "Weitere Beiträge zur Kompilation und Überlieferung der Ming Shih-lu(명실록의 찬수와 전통에 대한 부가연구)"에서 다루어지며 가능한 범위 안에서 그 기원을 밝혔다. 그 곳의 주는 여기서 재언하지 않는다.

쇄본은 거의 모든 쪽에 오자가 있으며, 옛 필사본보다 못한 것이지만 널리 깔려 있으므로 표준판으로 간주될 수 있다.

명대 황제목록

시호諡號	연호年號	치세治世
태조太祖	홍무洪武	1368~1398
혜제惠帝	건문建文	1399~1402
성조成祖*	영락永樂	1403~1424
인종仁宗	홍희洪熙	1425
선종宣宗	선덕宣德	1426~1435
영종英宗	정통正統	1436~1449
경제景帝	경태景泰	1450~1456
영종英宗	천순天順	1457~1464
헌종憲宗	성화成化	1465~1487
효종孝宗	홍치弘治	1488~1505
무종武宗	정덕正德	1506~1521
세종世宗	가정嘉靖	1522~1566
목종穆宗	융경隆慶	1567~1572
신종神宗	만력萬曆	1573~1619
광종光宗	태창泰昌	1620
희종熹宗	천계天啓	1621~1627
의종懿宗	숭정崇禎	1628~1643

* 태종의 시호는 1538년에 成祖로 바뀌었다.[이 표는 원래 논문 첫머리에 있던 것인데 편의상 이 곳으로 옮겨온 것임:- 역재]

참고문헌

1. 서구문자로 발간된 책과 논문들

L. Aurousseau in *BEFEO*, 1912, xii, 72~75.

Wolfgang Franke, "Zur Kompilation und überlieferung der Ming Shih-lu(명실록의 찬

　　　　　수와 전통)", *Sinologische Arbeiten*(한학연구) i(Peking, 1943), pp.1~46.
　　　　――, "Weitere Beiträge zur Kompilation und Überlieferung der Ming Shih-lu(명실록의 찬수와 전통에 대한 부가연구)", *Sinologische Arbeiten*(한학연구) iii(1945), pp.165~168.
　　　　――, "Preliminary Notes on the Important Chinese Literary Sources for the History of the Ming Dynasty(1368~1644)", *Studia Serica Monographs*, Ser. A, No.2 (Chengtu, 1948).
　　　Charles S. Gardner, *Chinese Traditional Historiography*(Cambridge, Mass., 1938).
　　　L. Carrington Goodrich, "A Note on the Ta Ming Shih Lu", *TP*, xxxvi(1940), pp.81~84.
　　　A.C. Moule, Chung Kei-won, *The Ta-Ming Shih-Lu*, ed. by J.J.L. Duyvendark, *TP*, xxxv(Cambridge and Princeton, 1940), pp.289~329.
　　　Yanai, Inaba, Matsui, "Beiträge zur historischen Geographie der Mandschurei(만주역사지리연구)", vol.i. *Veröffentlichung der Historisch-Geographischen Studien-Abteilung der Südmandschurischen Eisen bahn AG*(역사지리연구・남만주철도 부분) No.1, hrsg. von K. Shiratori.

2. 중국어와 일본어로 발간된 책과 논문

　　　淺野忠允, 「明實錄雜考」, 『北亞細亞學報』 3(1944.10), 254~285면.
　　　趙士煒, 「實錄考」,(『輔仁學志』 5-1, 2(北京, 1936), 46~51면.
　　　朱希祖, 「漢唐宋起居注考」, 『國學集刊』 2-4(北京, 1930.12), 629~640면.
　　　謝國楨, 『晚明史籍考』 4권(北京, 1933).
　　　今西春秋, 「明の起居注について」, 『史林』 4(1934), 701~720면 : 1(1935), 191~198면.
　　　李晋華, 「明史纂修考」, 『北京學報』 專輯 3(1933).
　　　羅香林, 「大唐創業起居注考證」, 『史學集刊』 2(1936), 115~145면.
　　　三田村泰助, 「明實錄の傳本に就いて」, 『東洋史研究』 8-1(1943), 20~30면.
　　　卞鴻儒, 「寫本明實錄提要」, 『東北叢鐫』 3(沈陽, 1930).
　　　陶元珍, 「萬曆起居注」, 『文史雜誌』4-7・8(重慶, 1944), 54~56면.
　　　『東洋歷史大事典』 ii(平凡社, 1937), 144~145면 : iii, 153~154면 : iii, 481~482면.
　　　吳晗, 「記明實錄」, 『中央研究院歷史語言研究所集刊』 18(1948), 385~447면.[『讀史

箚記』(北京, 1956), 156~234면에 재수록]

松浦嘉三郞,「沈陽圖書館の明實錄について」,『滿洲學報』 vi(興京, 1941), 63~85면.

島田 好,「明實錄の刊行について」,『書香』140(大連, 1942), 1~3면.

小田省吾,「半島現存の大明實錄について(1)－纂史余錄」,『靑丘學叢』13(서울, 1933), 137~153면.

小田省吾,「半島現存の大明實錄について－補遺」,『靑丘學叢』14(서울, 1934), 96~98면.

6.
관료 실무지침으로서의 역사
-지志·백과전서·법령집-

발라즈(E. Balazs)
[파리 고등연구실무학교(Ecole Pratique des Hautes Etudes) 연구책임자]

1) 머리말

　　중국 역사서술의 전체상을 서양의 것과 대조한다면 어떤 특징이 드러날까? 가능한 한 심사숙고하고 편견을 없앤다면 동양사가들은 그것을 판에 박힌 문구라고 대답할 것이다. 이 말은 두 가지를 의미하는데 이는 서로 상반된 것이다. 하나는 개성이 부족하다는 점이다. 개성은 집단 속에 흡수되어 뒷전으로 사라져버린다. 그래서 개인은 하나의 모범 같은 것이 될 뿐이다. 다른 하나는 종합을 가능하게 하는 추상성의 결여이다. 구체적 사실이 중심이 되고, 반복은 되지만 일반화로 이어지지 못하였다. 서양적 시각에서 보아 분명히 흠이 되는 이 같은 이중의 결점에 대해서 약간의 설명이 필요하다.

　　왕조별로 역사를 끊은 것, 보수를 받으면서 종속되어 기록한 관찬사의 존재, 막강한 전통의 언어류에 의한 전통적인 인용방법, 이 세 가지 특징이 우리네 서양과는 다르게 바로 중국 역사기록의 발전을 막아온 것으로 필자는 생각한다.

전통의 표현기법은 오늘날에도 존중되는 것으로, 절대로 문서를 요약하지 않고 그대로 인용하는 것이다. 그리고 전체를 인용하기가 불편하고 또 불가능하므로 사람들은 상투적 표현을 반복한다. 문서의 핵심을 전하려 하는 역사가는 스스로 적합한 말을 만들어내는 것이 아니라, 늘 문장 속에서 중요한 표현을 골라내어 구와 구, 단어와 단어들을 서로 편집해서는 한 움큼의 상징적인 표현으로 고정시킨다. 이 같은 부족하지만 권위있는 발췌수법, 다소 원문의 뜻을 훼손하기도 하는 경제적인 표현기법은 바로 중국어이기 때문에 가능하다.〔이는 상형문자로서 문법의 역할이 최소화되고 문어로서의 간결성을 지녔기 때문이다〕1) 중국어에서 보이는 수완 좋은 인용기법은 또 하나의 부정적 결과를 낳는다. 언급된 기존의 취지를 변조하고 창조성을 온통 없애버리기 때문이다. 그것은 의미를 무시하고 문구를 선호한다. 이는 전통의 문장과 그 문장의 전통의 창조를 막는 거대한 서류와 잉크의 바다로 이끌어 간다. 베끼기-타성적인 베끼기, 손쉽지만 그저 베끼기만 하는 것-는 급기야 두뇌를 질식시켜버렸다.

언어가 인용기법의 불가결의 수단이라 해도 문제는 그것만이 아니다. 물론 밑의 마력〔각 글자(문어)가 가지는 지체 의미와 응용의 의미〕은 다양하다. 그러나 어떤 것이든 쓰인 것에 대한 신의와 존경은 의심할 바 없이 경전을 고치지 않으려는 습관을 낳는 데 크게 기여하였다. 문장을 암송하도

---

1) 이러한 과정들을 보여주는 많은 예는 A. Fang, *The Chronicle of the Three Kingdoms*, Cambridge, Mass.(1952)를 보라. 원문과 그 발췌문의 활자체의 비교는 *MSOS* 36(1933), p.2 참조.

록 교육받은 사람은 무의식적·본능적으로 들은 것, 그것도 자주 들은 〔고전 같은〕 것을 바꾸기를 꺼린다. 더구나 그것은 얼마나 편리한 것인지! 대가의 권위에 의지하여 생각할 필요도 없고 귀찮은 일거리가 순식간에 사라진다.

전통주의자의 장광설은 불가피하게 번문煩文을 낳는다. 원전의 격류에 휩쓸리게 되면 어떤 역사가도 모범적 고전이 갖는 간결함의 수준으로 오를 수가 없다. 그는 인용·재인용하는 습관으로 옛이야기꾼들의 장황함을 닮아간다. 예를 들면 "동시에 세 농민반란이 남부지방에서 일어났다"라고 말하지 않고, "어떤 시대의 모년 모월 모일에, 장 Y의 아들 장 X가 Z 태수에 의해 체포되었다"라고 말하고, 같은 식의 표현이 다른 반란의 경우 즉 이씨나 왕씨에 대해서도 이어진다. 이런 정보의 가치를 아무도 무시하지 않는다. 그러나 저자가 가지고 있는 명칭이나 직함 등의 풍부한 정보는 대개의 경우 의미있는 구체적 사실의 지위를 잃게 된다. 저자가 이용하는 원사료原史料가 농민과 태수 측이 각각 가진 땅의 수를 명기하고 있다 하더라도, 확실한 것은 양편이 가진 수가 사라지거나, 아니면 농민은 적어지고 그리고 태수 측은, 상투적 표현으로 "땅이 자꾸만 늘어났다"는 식으로 서술할 수 있다. 다시 말하면 인용과정이 도식적인 형식을 취하면서 의미있는 사실은 희생되게 된다.

'베끼기'꾼이 상투적 표현을 어느 정도로 애호했는지 하는 중요한 문제를 더 다루지 않고도, 최소한 다음 같이 말할 수 있다. 실제기록을 계승되는 인용문들의 잡탕으로 바꾸는—모방인으로서의 중국인 역사가들은 사관 관직과 불가분의 관계에 있다는 것이다.

왕조의 권력 아래 유지되는 사관史館은 황제의 업적·정부의 활동을 기록하는 것, 매일의 공적 사건을 명기하고 보고서와 서류들을 모아 보존하며 고문서고를 관장하는 것 등을 그 주요임무로 한다.[2] 체계적으로 요약하는 데 성공을 했든 못했든, 한 치세의 이 같은 자료, 이런 보존의 막중한 노력은 전왕조의 역사를 쓰는 데 드는 것보다 우선한다. 과거로부터 현재를 위한 도덕적 교훈을 평가하고 이끌어내는 것은 기록을 알고 난 뒤 증거 위에서만 가능한 것이다. [그리고 중국적 관념에 따르면 역사란 행동의 지침과 방향을 끌어내지 못한다면 그 의미를 잃는다] 판관의 역할을 행하기 전에 현재의 과정을 알아서 미래 세대에 [어느 정도로는 완전하고 어느 정도로는 인용의 기제를 통해 가필된] 당대의 자료를 남겨야 한다. 공자 자신의 신조였던 "[후대에] 전하라!"[3]도 이런 행위를 조장했다. 원래 개개 문서는 영원한 증거로서 고유의 가치를 가진다. 후세에 이름과 흔적을 남기는 것은 적어도 조상제사에 맞먹는 존재가 되는 것이다. 그래서 사실을 기록하는 것은 거의 종교적 의무 같은 것이었다.

만일 전거에 대한 지극한 애착 그 자체가 의미있는 것이라면, 가공되지 않은 사실 및 수정된 자료의 누적은 역사과정의 분석이나 종합을 돕는 것이 될 수 없다. 고문서관과 사관史官의 가장 부정적인 측면은 편협한 왕조중심이라는 것이다. 반대논리와 상당한 예외 같은 것이 있긴 하지만, 이들은 그들 주군을 찬양하고 사라진 왕조를 헐뜯는 데 골몰한다. '칭찬 아니면 비난[褒貶]'이라는 교훈의 지침을 따라 역사를 쓰는 것은 한 왕조나 지속된 한 치세에만 관련할 때는 비교적 쉽다. 까마득한 옛 창립자나 오래 전에 죽은 권력자는 거리낌없이 높일 수도 있고 폄하할 수도 있다. 반면 한 왕조 마지막 황제들의 부패는 최고충절을 보일 수 있는 기회가 된다. 그들을 양위하도록 강제하거나 혁명을 통하여 천명을 바꾸는 것이 당연한 것이기 때문이다. 도전자가 성공하는가, 실패

---

2) 이 책, 양연승, 「중국 관찬사학의 구조」와 W. 프랑케, 「명대(1369~1644)의 실록」 참조.
3) 『論語』 제7편, 1.[Legge, p.195 : Waley, p.123]

하는가에 따라, 아무개 혈통의 정통성에 따라, 아무개 인물의 가문의 영향력 등에 따라 이중의 저울, 이중의 잣대를 갖는 것은 관찬사가에게 보이는 결코 작은 결점이 아니다. 거기서 파생되는 풀 수 없는 논리적 모순은 타성적인 침묵과 '좋건 나쁘건 내 왕조'라는 공리公理를 받아들인다 해도 언제나 정신의 위험한 곡예를 필요로 한다.

그 가운데서도 가장 큰 결점은 사관의 당대 권력에 대한 종속이나 객관성의 결여 같은 것이 아니고—그들은 그런 상황에서도 흔히 놀랄만한 객관성을 보여주고 있기 때문이다—바로 그런 부류의 관청이 존재한다는 사실이다. 이는 왕조의 틀을 벗어날 수 없게 하기 때문이다. 역사를 왕조단위로 구상하고 사건의 흐름을 완전히 분리된 조각으로 절단해야 하는 것은 꽉 막힌 벽으로 시야를 막아버리는 것처럼, 중국역사가들에게 도움을 주지 못하였다. 더구나 순환원리와 불연속은 유리된 미세한 사실의 산만한 축적에 도움을 주었고, 사실들의 상관관계·인과 등에 대한 연구를 막았다.

중국역사가들에게는 내가 이야기해 온 그들 기법의 발달의 저해요인을 스스로 이해하는 것이 어려운 일이었다. 그리고 그들이 몸담고 있는 사회 자체의 성격과 연관되고 2천 년 이상 지배해 온 중심계층의 특징과 연관되며 또 그들이 그에 대한 해석자가 되는 것과 연관되는 그 같은 장애들을 제거한다는 것은 거의 불가능한 것이었다.

그렇지만 왕조의 틀이 가지는 편협성은 이미 잘 알려져 있었으며,[4] 사마광司馬光(1019~1086)은 사마천의 『사기』 이래 최고의 저 유명한 '관리들을 위한 모범의 거울'[『資治通鑑』]이라는 중국통사를 쓰면서, 과감하게 이런 약점을 극복하려 한 이후 자주 거론되었다. 그러나 사마광도 또 그

---

[4] 적어도 劉知幾와 그의 『史通』(710). 유지기와 사마광에 대해서는 이 책, 풀리블랭크, 「중국인의 역사비평—유지기와 사마광」 참조.

뒤의 원추袁樞(1131~1205)도 전통의 연대기 [편년]형식을 완전히 타파하지는 못하였다. 괄목할 만한 그들의 업적은 오히려 다른 것이다. 사마광은 비판적인 역사기술을 시작하였으며,[5] 원추는 한 주제·문제점·핵심에 연관된 일련의 사건[『紀事本末』] 등에 따라 전체를 조명하는 역사형식을 창조하였다. 중요한 것은 이런 형식은 서양의 것에 가장 유사한 것으로 잡종이라는 점이다. 기사본말의 서술형식은 말하자면 연대기를 주제에 따라 재구성한 것이나, 각 주제 안에서 엄격하게 연대순을 따르는 것이다. 송대에 이 분야에서 이루어진 이 같은 진보가 그 이후 정체하였다는 사실 또한 중요하다.

왕조의 틀을 탈피할 수 있는 또다른 가능성이 하나 있었다. 이는 비인격적인 장기적 요인, 즉 관찬사의 핵심부분-사건·조직·정치제도-을 중심으로 역사를 기술하는 방법으로, 이것을 가능한 범위까지 발달시킬 수도 있었다. 언제나 명석했던 마단림馬端臨(1250~1325경)은 이 점을 잘 알고 있었다. 조금 뒤에 여기서 언급하게 될 『문헌통고文獻通考』(1317년경) 서문에서 그는 다음과 같이 썼다.

> 반고班固[AD 90년경 『전한서』의 저자]와 그 후계자들 이래로, 그리고 왕조를 중심으로 역사를 쓴 이래로 그 상관관계나 연속성을 보여주는 일반원칙이 없다.

그런 다음 1천3백 년 이상의 역사를 포괄하는 사마광의 작품이 가진 장점을 들면서 이렇게 썼다.

> 그러나 이 책은 질서와 무질서, 번영과 몰락에 대해서는 상세한데 법령이나 제도에 관해서는 개략적이다.… 그런데 내 생각에는 질서와 무질서, 번

---

5) 필자는 그의 『자치통감』의 중요한 부분인 『考異』를 예로 든다.

영과 몰락은 연속성이나 상호 연관이 없다.… [그러나] 법령과 제도는 실로 연속적이며 상호관련 속에 이루어진다.6)

다시 말하면 우발성이 짙은 사실의 기록은 큰 의미가 없다. 말 그대로 연계성·연속성·진보 혹은 발전을 담은 진정한 역사는 바로 제도사이다. 이런 해석은 그저 마단림의 생각을 약간 확대한 것이다. 왜냐하면 같은 곳 서문에서 그는 강엄江淹(444~505)의 "역사기록에서 지志를 쓰는 것보다 더 어려운 것은 없다"라는 말을 인용하고 있기 때문이다. 그리고는 다음과 같은 말을 덧붙였다.

실제로 '지'는 법령에 적합한 형식이며 오래 전부터 제도에 관심을 가진 사람이 아니면 다룰 수가 없다.7)

마단림이 어떻게 이런 자못 근대적인 생각을 갖게 되었는지 궁금할 것이다. 그 대답을 위해 약간 긴 설명을 필요로 한다. 그의 생각은 두말할 나위없이 장구한 기간의 역사와 여러 세대 역사가들에 의한 상당한 경험의 축적으로 이루어진 것이기 때문이다.

2) 지志

거대한 양量의 중국 문헌사료를 두고 먼저 생각해야 할 점은, 모든 작품에 다 적용되는 것으로서, 누가 누구를 위해 적었을까 하는 것이다.

---

6) 『文獻通考』, 저자의 서문(四部叢刊本, 1935), 3a.
7) 『文獻通考』, 3c : 鄭樵, 『通志』 2a, 서문 참조.

누가 저자이며 누가 독자였을까? 대답은 간단하다. 역사는 관료에 의해 관료를 위해 쓰인 것이다. 이런 사실은 거의 예외없이 근대까지도 그러했다. 개인저술가도 (퇴직)관료이거나 관료가 되려는 사람이었다. 반면 모든 역사작품(일화·족보·설화·지역사·백과전서적인 역사를 말한다)은 관료나 미래의 관료들로 이루어진 지식인 계층의 독자를 대상으로 한다. 그래서 작가와 독자 사이에 관심이 같은 것은 당연한 것이지만 이는 참으로 굉장한 결과를 낳는다. 거의 같은 교육, 같은 표현체계, 하나의 세계관, 취향 및 기능, 공동의 이해관계 등을 가지므로, 역사를 쓰는 사람과 읽는 사람은 서로 아무런 어려움 없이 통한다. 그런데 이런 사실은, 이미 온갖 역사분야에도 중요한 것이지만, 체제에 밀접하게 영향을 주는 정치·경제·사회 제도의 경우에는 치명적인 의미를 가진다. 일정한 주제에 놓이는 비중뿐 아니라 다루는 주제 자체도 여기에 달려있다. 일정주제는 말할 나위없이 관료계에 필요한 것이며, 그밖에 것은 제거되거나 금기시된다. 주제의 선택은 바로 시대의 관심사를 따르게 마련으로,8) 그 때문에 다양성의 폭이 제한된다. 또 주제의 선택은 지배계층의 영속적인 의무와도 관련되므로 역사가들은 같은 문제, 대부분의 경우 전통적으로 같은 주제를 다루게 되는 것이다.

중국사서 가운데 이런 특수한 분야로 네 가지 형태를 들 수 있다. 그것은 연대순으로 나타난 것이다. 지·백과전서·법령집과 지방지가 그것이다. 사실 지방사(方志)는 별개의 영역으로 여기서 필자는 다루지 않을 것이다. 그러나 알아두어야 할 것은 지방사가 그 지리적인 범위[지역 혹은 지방] 내에서, 필요에 따라 새로운 형식을 만들어, 약간의 전통적

---

8) 실제 폭이 크게 제한된다. 그 예외적인 성격의 원인에 대하여 가장 도움이 되는 예가 『魏書』권114, 「釋老志」이다. 이 때문에 이것은 도표에 나오지 않는다. 다른 예는 『遼史』에 나오는 부족의 조직에 관한 「營衛志」이다.

주제들에 관한 지志의 형식을 발달시켰다. 이 새로운 형식은 전통사서의 최후의 언어를 나타내며 전통사서의 지양과 그 결말을 뜻한다.

중국 역사서술의 시조인 사마천은 또한 처음으로 역사를 '본기'·'열전'·'표'·'지'의 네 영역으로 구분하였다. 이 가운데 마지막 것을 그는 '서書'[이것은 기록·책·문서·논문 혹은 소고 등으로 번역할 수 있다]로 이름하였는데 이것이 반고의 『한서』에서는 '지志'로 바뀌었다. 틀림없이 아주 오랜 기원의 이 말은 먼저 '기록'·'설명'을 의미하고 더 포괄적인 의미로는 역사를 뜻한다. 이 말이 일정형식의 명칭으로 사용된 것은 반고 때부터이다.

이 최초의 논문[志]은 어떤 내용을 다루었을까? 맹아의 형태나 조금 발달된 단계에서도 이미 최종의 '지'에 보이는 거의 모든 주제가 다루어졌음을 알 수 있다. 여기에 모든 논문의 기원을 밝히고 그것을 창조한 역사가를 찾는 것은 불가능하다. 이 문제는 아주 복잡하여 깊이있는 연구를 요한다. 여기서는 그저 그것이 출현한 순서에 대해서만 몇 가지 적으려 한다. 이는 다루어진 주제의 개요, 그리고 우선순위 및 출현순위를 표시한 도표를 포함한다.

최초 '지'의 본이 된 것은 전통의 『예기禮記』[그 대부분이 고전에 남아 전한다]라 해도 크게 틀린 말은 아니다. 여기서는 의례[禮]와 음악[樂]에 관한 논문이 중심이 된다. 그 이유는 물론 '의식儀式'을 위한 것이지만, 그보다 한대 유가의 영향이 매우 컸다. 이 같은 문제에 대해 가장 정성을 많이 들였는데, 이는 행동규례[의례와 풍습]와 위계조직의 규정이 사회질서 유지의 근본으로 생각되었기 때문이다. '예[禮]'의 덕목을 거론할 때마다, 그것이 가진 특성 세 가지[종교·관례·사회적]를 고려해야 한다. 종교적 면은 국가의 의례[郊祀 또는 祭祀]를 논하는 장들에서 풍부하게 보이지만, 관례는 궁정의식[禮儀]이나 사치·휘장·의복[輿服 혹은 車服]의 규정을 위한 특별 지志에 의해 증가하였다.

두번째,〔그러나 이 전통적 순서는 먼 훗날이 되면 뒤바뀐다〕9) 자연의 '과학'이라 부를 수 있는 주제가 나타난다. 이것은 천지현상의 관찰과, 거기서 나오는 농업에 필수불가결한 법칙을 말한다. 즉 역법이나 시간의 계산〔日曆〕, 그리고 천문에 관한 것이다. 만일, 궁중의 역사가와 점성가가 오래 전부터 이런 유의 기록을 하였음을 알면서도, 이 분야 선구자의 명예가 큰 의의없이 사마천에게 돌린다면〔그는 천문학 논문에서 '天官'임을 나타내는 몇 개 직함을 언급하고 있다〕, 반고도 당대 천문학 이론의 영향을 받아 이변의 현상〔五行〕들을 큰 항목별로 나눈 공이 있다. 이는 홍수·가뭄, 그리고 특히 '징조와 전조前兆'에 관한 것이다.

이 두번째 종류의 논문〔志〕에서 과학의 부채扇를 펼 필요가 생긴 것은 송대에 들어서이다. 그러나 이것은 예외적인 것으로 전통의 관습은 이미 너무 경직되어 있었다.10) 그래서 '과학'에 인용부호를 꼭 달아서, 전前과학, 단순한 경험, 미신성이 아주 강한 단계라는 점을 강조할 필요가 있다.

〔세번째로〕 만일 모든 지志가-모든 역사도 마찬가지로-행정의 지침서로 만들어졌다면,11) 이른바 행정문제가 그 중심이 되어야 한다. 국가라는 기구의 부분들을 이해하는 것은 그 관료들에게는 필수적이다. 민사와 군사 등의 행정기구가 어떻게 기능하는가 ; 관료의 직함·업무·

---

9) '과학'이 첫머리에 나오는 것은 『魏書』·『晉書』·『舊五代史』·『宋史』·『金史』·『元史』·『明史』·『淸史稿』이다.
10) 鄭樵(1104~1162)는 그의 개요〔略은 志의 다른 명칭으로 그의 『通志』의 절을 이렇게 이름하였다〕 가운데 하나를 동식물에 관한 것으로 하였다. 명칭학·언어학·지도제작·고고학 등에 관한 것도 그의 고안이다. 이것은 당시 자연과학이 존재했다는 말이 아니고, 전통의 논문에 이 같은 것이 없었다는 뜻이다.
11) 사마광의 작품제목이 '통치를 위한 완전한 거울(『자치통감』)'이라는 점을 고려하자. 원래의 제목은 다른 면에서도 중요한 의미를 가진다. 정초는 그의 백과전서에다 일반사 즉 '통지'라는 제목을 달았다.

위계〔후한 초의 백관 혹은 직관, 당대 초의 군사조직에 관한 '병지'〕에 대하여 아는 것 ; 권력으로의 길, 관료의 선발구성과 진급의 조건과 형식, 교육제도, 그리고 당왕조 시대 이후에는 시험비결 등을 아는 것, 이 모든 것들이 상류층들에게는 사활이 걸린 관심사였으며, 그에 대한 해답을 독자들은 관련 논문〔書·志〕에서 얻었다.[12]

같은 식으로 관리들이 업무를 수행하도록, 그들에게 제국의 전체 지리와 영토행정을 따로 배우고, 수로체계, 운송과 운하업무에도 능해야만 하였다. 또 재정이나 사법기능을 수행하기 위해, 정치적 경제〔食貨〕와 법제〔刑法〕에 대한 양식도 가져야 한다. 세번째 종류의 지는 국가제도를 다루는 것으로, 국가의 안녕과 관료계층의 강화를 위해 증가하는 경향이 있다.

마지막으로 지식인의 양식을 늘리기 위해-관리 개개인이 원래 지식인이라는 사실은 참으로 중요하다-그들 손에 관련 서지학 안내책자를 돌리는 것이 바람직하였다. 황실도서관-오랫동안 유일하고 또 언제나 제일 큰 황제의 도서관-의 책 목록에 준하는 이 서지학〔藝文志 또는 經籍志〕은 모든 분야의 문헌에 대한 하나의 신속한 방향설정을 가능하게 한다. 서지학의 편집은 당시의 상황에 영향을 받는다. 그것은 편집자가 역사가와 황실도서관 사서 등을 겸직할 때, 또 책을 수집하기 어려운 오랜 불모의 시기를 지난 다음 필사되거나 인쇄된 책들을 모아 새 목록을 만들 때가 특히 좋은 기회가 된다.

각종 '지'의 순서는 관찬사마다 다를 수 있지만, 그 종류의 분류는 자의적인 것이 아니다. 오히려 그 분류법은 다루는 소재를 구분하는 데 깔린 일반적 개념에 딱 들어맞는다. 편리한 4종 분류는, '지'를 포함하는

---

12) 1782년 황실목록『四庫全書總目提要』권79(商務印書館, 1967)의 관료조직의 항〔職官類〕첫 머리에 "진실로 관직제도의 확립은 모든 제도의 기본이다"라고 했다.

모든 관찬사를 하나의 도표에 담을 수 있도록 하고 그 상대적 중요성을 보여준다. 권수에 따른 백분율(더 정확하게 하자면 면수로 해야 하지만 그렇게 하지 않았다)은 근사치이다. 그러나 그 수치는 어떤 일정한 경향을 보여주기에는 충분하다.

아래 표에서는 먼저 서명 · 작성연대 · 관찬사의 전체 권수 · 이어서 '지'의 권수와 (전체 권수에 대비하여) 차지하는 그 백분율이 나온다. 마지막 것은 '지' 가운데서 각각의 종류가 차지하는 비율이다.

그 항목은 다음과 같다.

I. 의례 · 관습(의례 · 의식 · 음악과 예전(禮典) · 제식 · 휘장과 복식)
II. '과학'(천문-점성 · 역법 · 이변 · 재난)
III. 행정제도(국가)
   1. 민정과 군정. 관리선거(시험) · 교육
   2. 행정구역
   3. 경제(재정)
   4. 법률(사법)
IV. 서지학

관찬사의 지志 분석표

서명	연대	권卷의 수			각종 지의 배분율(%)						
		전체	지	지의 비율	I	II	III				IV
							1	2	3	4	
사기	BC 90	130	8	6.5	49.5	30		4.5	17		
한서	AD 90	120	18	15	16.5	44		16.5	11	5.5	5.5
후한서*	300	130	30	23	26.6	40	16.6	16.6			
송서	488	100	30	30	49.9	36.5	6.6	13.3			
남제서	537	59	11	19.1	36.4	36.4	9	18.2			

6. 관료 실무지침으로서의 역사 137

위서	554	136	20	14.7	25	40	5	15	5	5
진서	644	130	20	15.4	30	45	5	10	5	5
수서	644	85	30	35.3	33.3	26.6	10	10	3.3	3.3	13.3
구당서	945	200	30	15	40	20	10	13.3	6.7	3.3	6.7
구오대사	974	150	12	8	33.3	25	16.6	8.3	8.3	8.3
당사	1060	225	56	25	27	26.6	14.5	14	9	2	7
송사	1345	496	162	32.7	35.2	22.8	18.5	8	8.6	1.9	5
요사	1345	115	32	27.8	31.2	9.6	31.2	15.6	6.2	6.2
금사	1345	135	39	29	41	10.3	23	10.3	12.8	2.6
원사	1370	210	58	27.6	24.3	17.2	27.6	15.5	8.6	6.8
명사	1736	332	75	22.6	29.4	20	16	17.3	8	4	5.3
청사고	1927	536	142	26.4	16.9	24.7	18.3	28.2	7	2.1	2.8

* 지志의 연대임.

이 통계에서 어떤 결론이 나오는 것일까? 먼저 이 표는 다음과 같은 몇 가지 결점이 있다. 수치는 면수가 아니라 권수에 따른 점, 각종 '지'의 양의 비율이 우리가 설정한 종류 사이에 아주 차이가 심한 점, 고의로 '예'의 항 밑에 의식과 휘장을 두어 부당하게 의례의 몫을 부풀리고 제도 분야를 줄인 점 등이다. 이 같은 잘못된 방법으로 인한 결점에도 불구하고 여기서 일정한 경향을 쉽게 추출할 수 있다. 그것은 예[1/2에서 1/3정도]와 과학[2/5에서 1/5정도]이 점하는 지위가 축소된다는 것, 그리고 전체적으로 제도[한 배에서 두 배]의 지, 그리고 관료에 관한 권卷, 특히 지리[한 배에서 세 배]의 중요성이 커지는 것이다. 다시 말하면 비이성적인 것에서 이성적인 것으로, 관습적 의례에서 기능의 분화로, 추상에서 구체적인 것으로 중심이 옮겨간다는 말이다. 한마디로 세속화·합리화·관료화를 뜻한다. 이러한 경향은 백과전서 제작과 법령수집에서 더 확실하게 나타

난다.13)

'지'가 갖는 의미는 무엇일까? 그 대답은 '지'가 쓰인 시대의 개념체계를 따르는가, 아니면 근대의 관점을 갖는가에 따라 달라진다. '지'가 그 대상으로 하고 있는 독자에게 유용하다는 것은 당연하다. 그것은 보통의 지식인-관료가 접하게 되고 필요로 하는 모든 지식의 개요다. 그 모든 지식은 말하자면 조그마한 것까지도 정직한 사람[君子]이 맡은 업무를 수행하는 데 유용하게 쓰이는 것들이다. 그 업무에 관한 지식이란 전문적이나 특수기술의 통달이 아니라 행정가로서의 지식이라는 것을 우리는 잊어서는 안된다. 논문을 통해 이루어지는 교육이 완전히 달성될 때는 학자가 아니라 국가가 필요로 하는 사람, 모든 행정활동에 정통한 행정가·지배계층이 필요로 하는 사람이 된다.14)

예외없이 모든 '지'의 기반이 되는 일반 문화와 정치구조의 이상은 '지'의 형식·화법에도 영향을 미친다. 서론은 어떤 문제를 깊이 있게 탐구하기보다 오히려 개략적이고, 정통의 사상노선을 따르며, 고전의 인용으로 겉치레를 한 것이다. 중심부분은 역사적인 실례로 설명을 곁들인 요약된 처방전 같은 것이다. 주제가 전문적일수록 그만큼 더 저자는 원전에 충실하게 되어, 긴 원문을 자신의 글에다 싣는다. 이 때 스스로 저술가의 역할을 기피하고 여기서 오리고 저기서 떼어내며, 가끔은 윤색도 하는데, 언제나 중국저술가가 소중하게 여기는 인용기법을 고수하는 것으로, 이는 본고의 서두에 밀한 것이다. 다시 말하면 논문은 원문의 모자이크와 발췌 같은 것이다. 계절에 따른 업무표나 천문과 수학의 계산표와 의식·제문·법·인구조사표 등, 그리고 수많은 각서·청원

---

13) 이와 다른 견해는 J. Gernet, "Economie et action humaine en Chine(중국의 경제와 인문적 활동)", *Critique*(비판), no.103(Paris, 1955, 12), p.1099 참조.
14) 오늘날 좋은 가정의 어린이들에게 행해지는 피아노 노래수업이 예술가가 아니라 완전한 배우자·귀부인을 만드는 것과 거의 같다.

서·진정서의 발췌문 말이다. 이 마지막 특징은 참 중요하다. 이런 책의 양이 많을 뿐 아니라 그 양이 '지'의 과거와 현재의 가치를 정하기 때문이다. 실제로 이런저런 군주에 관한 기록·보고서를 인용하는 것은 사건의 성격과 관련이 있다. 공문서는 관료사회의 주요원천인 동시에 문학세계에서 가장 높이 평가되는 형식의 예이다.

그런데 원전을 인용하는 방법으로 관료적인 동시에 문학적인 이 같은 모습은 근대의 사가들에게 '지'의 가치를 분명하게 한다. 논문이 고전을 더 많이 인용하고 또 원문서를 더 적게 다룰수록, 우리 수중에 있는 자료의 가치는 더 높아진다. 흔히 '지'는 제도를 알 수 있는 유일한 자료이다. 더구나 여기서 삭제된 인용문은 그 시대 다른 저자의 글(연대기와 전기), 또 그밖에 보존된 원문서(고고학적 기념비·금석문·법전·법령집·작가의 전집 등)와 계속 비교하면서 그 내용을 보충할 수 있다. 이런 방법은 이미 한대와 육조시대에 나타났는데, 당대 초에는 필수적이 되어 이 때 원전과 그에 준하는 유사한 책들이 많이 나왔다. 덧붙일 것은 간혹 논문(지)이 더 내용이 풍부한 자료(예를 들어 '실록'이나 집록인 '會要' 같은 것)의 편집인이 빠뜨려버린 정보나 문서를 포함할 수도 있다는 사실이다.

결국 지志는 근대의 사가들이 지식을 얻는 데 언제나 유용한 역사적 사실 묘사와 시각 이외에도, 보충해 나가야 할 가장 편리한 틀이며 미래의 모든 진지한 역사의 뼈대로서 우리에게 다가온다. 24개 관찬사 전체를 번역하려는 비현실적이고 완전히 쓸데없는 계획 속에 침잠하기보다는—연구, 전체나 부분의 번역·주석·색인을 통해—가장 중요한 부분을 이용하는 것이 더 나을 것이기 때문이다. 중국인들 가운데에는 죽은 권위자들이 많다.

3) 백과전서

　　중국 백과전서의 풍부함과 다양성은 약간의 전체적 개관을 요한다. 사람들은 용도에 따라 여러 종류의 백과사전을 구분할 수 있다. 지식목록 내지는 일반 백과전서·문학작품사전·정치학개론, 마지막으로 원전총서 내지는 지식참고서 등이다. 이 모든 유형은 물론 서로 공통점이 있으며 같은 특징을 갖는다. 인용과 분류를 좋아하는 것이 그것이다. 범주를 구분하여 사고하며-백과전서 자체도 '분류서(類書)'라 불린다-원전을 인용하여 편집하는 중국적 정신의 경향성이 바로 이 광범한 분야의 문헌에 공통의 방법을 갖게 하였다.15) 당대(618-906) 초기 이런 작품이 개화기를 맞은 것은 특별한 역사적 원인이 있다.

　　그것은 관료선출을 위한 시험으로, 이것은 그에 필요한 모든 지식을 담은 편리한 개요에 대한 수요와 공급을 증가시켰다. 전통의 규칙에 따라 산문과 시를 써야 했으므로 형식·주제·문체·운율을 갖춘 시집을 필요로 하였다. 넓은 의미에서 특히 통치에 관한 문제를 다루는 부분의 고전과 역사책을 알아야 했으며, 또한 정치와 행정에 관한 문제에 의견을 쓰고 대답해야 했으므로, 범주로 구분된 모든 주제에 대해 역사사실의 요점과 개요를 담은 지침서의 출간을 요하였다. 만일 문학적이고 관료적인 성격의 시험이 백과전서의 출간에 크게 자극을 주었다고 한다면, 일련의 지식인-관료의 발생으로 인해 역사기록이 정치적 경제의 개론 집필로 바뀌게 되었다는 것도 또한 사실이다. 시험과 지침서는 중국

---

15) Teng-Biggerstaff, *An Annotated Bibliography of Selected Chinese Reference Works* (Cambridge, Mass., 1950), p.106.

사회가 관료화하는 데 따른 한 부수적인 산물일 뿐이다.

게다가 지식인-관료의 형성을 가져온 한 보편적 문화의 이념(인문적·문학적·정치적)은 일반적인 것이건 특수한 것이건 간에 역사의 '지'와 백과전서에 공통된 점을 설명해 준다. 이를 알아보기 위해 위의 도표를 살펴보면 된다.16) 그 시대의 특징은 정치학·경제문제·제도사에 대한 관심의 증가이다. 8세기의 위기와 이런 유의 책의 발생 사이의 상관관계를 간과한다는 것은 눈먼 장님의 소치이다.

정치적 경제분야의 첫번째 백과전서는 오늘날 남아 있지는 않지만, 『정전政典』(740년경, 35권으로 구성)으로, 중국이 낳은 대역사가 가운데의 한 사람 유지기劉知幾(661~721)의 아들 유질劉秩의 작품이다.17) 작품의 계보는 그 작성연대만큼 필자에게는 의미가 있는 듯하다. 실제로 같은 시기에 개원시대의 『대당개원례大唐開元禮』(732년경, 150권으로 구성)와 『당육전唐六典』(30권으로 구성)이 완성되었다. 『정전』에서 영향을 받고 두 개의 행정 집록集錄에서 많은 영향을 받아, 두우杜佑(735~812)는 처음으로 제도에 관한 전체사로 저 유명한 『통전通典』(801년, 2백 권으로 구성)을 썼으며, 이는 그 후 모든 정치적 백과전서의 모범이 되었다.18)

---

16) 위의 책, p.110. "다음은 대부분 후대 백과전서의 내용의 대체적 요약이다. 천문·지리·황제와 황후, 인간의 성질과 행동, 통치·의례·음악·법·관료·귀족의 위계·군사·국내 경제·재산·의복·수레·연장·음식·연장·기술·바둑·도교·불교·정신·의약·자연의 역사."
17) 유질에 대해서는 MSOS 34(1931), pp.64~65 참조 : 『通典』, 『四庫全書』 81장, II(1965)에 관한 내용.
18) 이들 작품에 관해서는 R. Des Rotours, Le Traite des Examens(과거시험의 특징)(Paris, 1932), pp.84·99·149 참조. 정치적인 백과전서의 분류는 중국 서지학자에게는 애물단지다. '황제목록'의 경우는 아주 논리적이다. 모든 일반 백과전서가 거기서는 類書항(『四庫全書』135~139장) 아래 분류되어 있다. 그러나 『통전』 같은 정치적 백과전서, 행정문서집성[會要]·법령집[會典]은 '통치서적[政書 : 81~84장]' 항에 들어 있다. 그러나 『唐六典』은 제3의 구분을 지어 '행정제도[職官, 79~80장]'에 속하는 것으로 하였다. 많은 사소한 문제들은 무시하고서 개요서와 문서집성은 분명히 같이 다루어야 할 것이다.

그런데 이 작품의 특징은 정치학에다 중점을 둔 점이다. 그 안에 9개 부분의 순서는 다음과 같다. ① 정치적 경제[食貨: 첫머리에], ② 시험[選擧], ③ 관료제도[職官], ④ 의례[禮], ⑤ 음악[樂], ⑥ 군대[兵], ⑦ 법[刑], ⑧ 이른바 중국의 행정구역[州郡], ⑨ 변경지역에 관한 것[邊防]. 다시 말하면 두우는 '과학'과 서지학[표의 II와 IV 항목]을 다루지 않았다. 그리고 행정제도에 중점을 두고, 의례와 풍습을 이차적인 것으로 하였다. 이것은 실로 혁명적인 것으로 관찬사의 지를 참고해 보면 알 수 있다.

각 부분의 첫머리에 있는 작은 요약문은 제도사 발달에 관심을 가진 역사의 혼을 보여준다. 그렇지만 각 부분 안에서 연대순으로 인용문을 배열하는 방법은 변하지 않고 있다. 이 같은 정치학 백과전서 형식의 개념은 고도의 관료적 사고방식 안에서 생겨났다는 점은 재론할 여지가 없다.[두우는 장관이었다]

『통전』은 하나의 전례가 되었으며 두우를 모방하고 추종한 사람들이 많다. 그 중에 거론할 가치가 있는 서너 사람이 있다. 정초鄭樵는 격찬을 받는 「이십략二十略」의 서술형식이 있지만 이에 대해서는 이미 잠깐 언급한 적이 있다.19) 그러나 창조적 정신의 그는 작품의 독창적인 사고를 여러가지 잡동사니 사상에 묻혀 빛바래도록 하였다. 이심전李心傳(1166~1243)은 비판적이고 세심하고 또 명석한 송대 대역사가 대열에 속하며, 남송 초에 관해 참으로 풍부한 문헌자료의 연대기를 썼다.20) 그런데 『건염이래조야잡기建炎以來朝野雜記』[1202년과 1216년, 40권으로 구성]라는 복잡한 명칭을 가진 이 책은 제도에 관한 탁월한 묘사로서 돋보인다. 왕응

---

19) 주 10) 참조.
20) 『建炎以來繫年要錄』은 36년간(1127~1162)의 연대기로 2백 권으로 되어 있다. 이 대단한 연대기는 李燾(1114~1183)에 의한 북송연대기 『續資治通鑑長編』(1174년, 원래 1,063장으로 구성)의 속편으로 만들어진 것이다. 이 북송연대기도 사마광 작품의 속편이다. 필자는 이도와 이심전의 명성은 올라갈 것이라고 확신한다.

린王應麟(1223~1296)은 다작에다 우수한 일반백과전서 『옥해玉海』(2백 권으로 구성)의 저자인데, 일단의 편집자 가운데 가장 백과전서적인 사고의 인물이었다. 여기서 말해둘 것은, 그의 백과전서는 고급시험의 후보자들의 성공의 수단이었는데, 그 시대의 관심사를 잘 반영하고 있다는 것이다. (아래 백과전서 분석비율표를 참고)

마단림에 대해서는 이미 말하였다. 그는 고유의 역사가로서 두우의 작품을 이어받은 최고의 계승자이다. 그의 백과전서인 『문헌통고文獻通考』(1317년경, 348권으로 구성)는 한 사람이 이룬 거창한 작업의 결실로, 제도의 일반사(通)일 뿐만 아니라 원본서류(文)와 원전과 유명한 논문(獻)에 대한 비판적 고찰(考)을 담은 것이다. 고대 지식인과 당대 저술가, 다른 의견의 자유로운 대립, 언제나 저자의 명석한 목소리와 논쟁의 정열을 담은 이런 대화는 마단림을 비상한 저자로 만든다. 통찰력과 깊이있는 판단력은 그 주석의 첫머리에 넘쳐흐른다.[21]

『통전』·『통지』·『문헌통고』와 또다른 백과전서를 따라 그 다음에 나타난 작품을 모두 열거하는 것은 피곤한 일이다. 그 구조·윤곽·방법이 대동소이하다. 그러나 송대 이후 요약본 편집을 촉진한 약간의 경향들이 나타났다. 인쇄술의 발명은 전에 없던 지식의 확산을 가져왔고, 중류층도 책을 사볼 수 있게 되었다. 도서의 축적은 다시 문헌교육이 토대를 강화하였고, 시험이 문헌적 성격을 갖도록 고정시켰으며, 신유교주의로 하여금 보수적 전통을 설교하고 호고적 안목과 역사적 취향을 확대하는 데 도움을 주었다. 동시에 수요를 위한 개론과 도서목록의 증대를 가져왔다. 이런 상황은 또한 (예를 들어 『옥해』와 『문헌통고』 내에서) 서지학이 차지하는 비중이 늘어나게 된 이유가 된다.

또 하나 언급할 것은 개인적 동기가 퇴보한 사실이다. 저자가 개인

---

[21] 그의 개인적 공적에 대해 아무런 표현도, 연구도 없다는 것이 놀랍다.

적으로 모든 분야의 문헌을 독해하는 것이 점점더 어려워지게 되었다. 거대한 백과사전을 편찬하는 것은 황실의 위원회라는 익명의 편집인들 손으로 넘어갔다. 개인적 작품은 집단적이고 공식적인 사업으로 대체되었는데, 이런 상황이 그들의 가치를 반드시 증가시키는 것은 아니었다.

공적인 기록자료와 법령의 수집에서 상황은 한층 더하여 집필을 하려면 국가 문서고에 출입할 수 있어야 했다. 이 작업집단에 대해 언급하기 전에, 약간의 백과전서와 한 개 기록자료 집성에서 다양한 주제에 할당된 비중을 두번째 표로 보이고자 한다. 분류는 첫번째 표에서 했던 원칙에 따른 것이다. 다만 (봉건주의와 황실족보 같은) 정치제도를 위한 한 개 항목을 추가하였는데, 이것은 다른 항목 아래 넣기가 어려웠기 때문이다. 백분율 수치는 『옥해』와 『송회요』의 경우에는 (권수에 따른)근사치이며, 『통전』과 『문헌통고』(사부총간본에 있는 면수를 따랐기 때문에)의 경우는 거의 정확하다. 내용의 비율은 '지'의 연구에서 나온 경향을 확실하게 뒷받침하는 것이다.

백과전서 분석비율

(단위 : 백분율)

	통전 (801)	문헌통고 (1317)	옥해 (1290)	송회요 (1044~1242)
I. 의식·관습	50.2	25.6	21.5	22.5
II. '과학'		9.7	9.5	1
III. 제도				
1. 행정	22.8	17	36.5	41
2. 행정구역	16.8	9.7	6	6.5
3. 경제	5.9	8.5	5.5	21.5
4. 법률	4.1	3.5	2	4
5. 정책		8.7		3
IV. 서지학		17.3	19	

4) 문서집록과 법령총서

문서집은 엄밀한 의미에서 역사의 영역이 아니다. 이것은 백과전서 속에 분명히 모습을 드러내며 역사와는 이미 거리가 멀지만, 그 자료들이 역사의 시계視界 안에 있으며, 가공되지 않은 상태에서 그들이 속해 있는 항목 이외의 다른 것과는 연관이 없는 원문을 모은 것이다. 흔히 이들을 혼동하는 이유는 쉽게 알 수 있다. 두 가지가 인용의 기법도 같고 분류항(지의 경우와 같이)도 같기 때문이다. 사실 이 두 가지 상이한 영역의 경계선에 물려 있는 작품도 드물지만 있다.〔『册府元龜』 같은 것인데, 그래도 필자는 이것을 문서집성에다 넣는다〕

이런 편집물(문서집)은 다음과 같은 특징을 갖는다. ① 개인이 아닌 공적인 위원회에 의한 작품으로 대개 사관에서 만든다. ② 국가문서고에 보관된 공문서를 포함한다. 칙서와 칙령·법·법령·규칙·모든 관료〔모든 계급의 관리를 뜻하지만, 대개는 고관〕 보고서 같은 것이다. ③ 이런저런 서류를 변조하거나 형식을 바꾸지 않고 있는 그대로 전한다. 바로 이 때문에 이들 작품은 역사가 아니지만 중국 근대사가에게 좋은 사료가 된다. 그들 사료의 가치는 말로 다 할 수가 없다.

첫번째 '중요한 문서집성'은 『당회요唐會要』(1백 권으로 구성)이다. 이것은 각기 다른 연대(804·852·961)의 세 명의 편집인의 작품인데, 오대에 관한 기록자료 『오대회요五代會要』(961, 30권으로 구성)를 완성하려고 했던 한 편집인에 의해 완성되었다. 많은 항목 아래 분류된 기록자료들은 대개 정치·경제·사회적 제도에 관한 것이다. 이런 작품이 얼마나 유용한지 일례를 들면, 당대의 고리대업을 공부하려 하는 사람은 『당회요』의 권卷

하나 안에서 전체 주제에 관련된 자료를 다 구할 수 있다.

그럴 것 같은데도 두 회요 사이에는 공통점이 없으며 관찬사와 같은 이미 만들어진 자료를 인용하면서 한 세대 뒤에야 편집자들이 그 전왕조를 위해 서술하는 유사성 같은 것은 없다.[22] 『송회요』의 경우는 오히려 그 반대로 최대의 가치를 가진 자료인데 1936년에야 접할 수가 있었다. 송대의 공식위원회는 사관에 비치된 여러가지 작품 가운데서 이미 사용되었거나 안된 문서철을 가끔씩 수합하였다. 10개 집록-10개 판본이라고 하는 것이 좋다. 그 뒤의 책들은 거의 개작된 것이기 때문이다-의 제목이 알려져 있다. 그 편집시기는 1044년에서 1242년 사이에 속하며, 전체 권수는 2,442권에 달한다! 오늘날은 그 가운데 960년에서 1224년 시기에 해당되는 460권이 남아 있다.[23]

이 집록 안에서 제도가 차지하는 비중(백과전서에 관한 도표 참고)을 밝혔으므로, 이제 『송회요』가 다른 곳에서 볼 수 없는 자료 이외에도 다른 사료에는 부분으로만 전하는 사료를 거의 대부분을 원문 그대로 볼 수 있는 정보의 광맥이라는 말을 덧붙이는 것으로 충분할 것 같다.

끝으로 『대명회전大明會典』과 『대청회전大淸會典』[24] 같이 마지막 두 왕조에 의한 행정의 법령 및 규칙의 포괄적 총서 등에 관해 한마디 덧붙일 것이 남았다. 행정세목의 전공자와 일반역사가들을 위한 마르지 않

---

[22] 송대에 같은 저자에 의해 집필된『西漢會要』(70권, 1211)와『東漢會要』(40권, 1226)의 경우가 그러하다. 또 삼국시대와 명대를 대상으로 한『회요』도 19세기 말까지 완성되지 못했다. Teng-Biggerstaff, *op.cit.*, p.158.

[23] 위의 책, p.162와 湯中,『宋會要硏究』(上海 : 商務印書館, 1932) 참조. 魏應騏,『中國史學史』(上海, 1947), 176~177면에 나오는 아주 편리한 도표와『史學雜誌』48(1937), 886~901면의 小沼正가 작성한 경제부분의 자료표 참조.

[24] 이 작품에 대해서는 W. Franke, *Preliminary Notes on the Important Chinese Literacy Source for the History of the Ming Dynasty*(Chengtu, 1948), p.42. 그리고 J.K. Fairbank, *Ch'ing Documents*(Cambridge, Mass., 1952), vol.1, pp.59~60, 66~71 각각 참조.

는 사료는 관료국가가 남긴 거대한 업적이다. 자꾸 늘어나며 갈수록 상세해지는 많은 판본은 무용한 서류더미들, 비걱거림에도 돌아가고 있는 굼뜨고 흉물스런 기계 같은 소름끼치는 인상을 준다. 그렇지만 압도적인 서류더미에 의한 수많은 희생자는 다른 곳에서 찾아야 한다. 여기서 정확하고 완전한 장치, 즉 중국사를 전유하여 기술한 관료-지식인의 성과와 완전한 체현으로부터 암묵리의 소리를 들으려 하는 사람은 얻는 것이 있다.

148 중국과 일본의 역사가들

7. 중국의 전기(傳記)

트위체트(D.C. Twitchett)
[런던대학 중국학 교수]

 어떤 사회에서 전기를 쓰는 것은 저자의 동기·선입견·관심뿐 아니라, 주인공이 되는 개인(傳主)과 한 전체로서의 사회 사이의 관계를 보여준다. 전기는 역사가에게 참으로 귀중한 사료지만, 이것을 이용하려면 그것이 완성된 작품에 미친 요소와 그 영향을 잘 알 필요가 있다. 중국사 분야에 종사하는 서구학자들에게는, 한편으로 중국의 전통적 학자-관료계층의 독특한 관점과 이념, 다른 한편으로 사회적 관계에서 아주 상이한 개인지위가 그러한 이해를 특별히 역동적인 것으로 만든다.
 모든 분야의 역사서술의 경우처럼, 중국에는 특별하게 전기사료가 많다. 정사 속에만 수천 개가 있으며, 지방지에 나오는 상세한 여러가지 전기와 기록의 모음집을 더하면 그 수는 엄청나다. 만약 장례식(誄)·송頌·제문祭文 등에 쓰인 작품을 생각하면 그 수는 거의 헤아릴 수가 없다. 아래에 논술되는 내용이 물론 이런 것들을 모두 섭렵한 것은 아니다. 그러나 서구식 전기가 시작되기 전에—사실 이것은 오늘날에도 초보적이지만—2천 년 이상에 걸친 이 많은 양은 매우 이상할 정도로 강하게 내려온 중국문학 풍토의 끈질기고도 중단없는 전통을 보여준다. 다음의 개요는 먼저 역사작품을 서지학적으로 소개한다. 역사작품은 넓게 보아 어느 정도 연관이 있으면서 체계가 더 잡다한 작품들의 모형이 되었기 때문이다.

공식적으로 편집된 정사 [또는 왕조사]나 이런 형식에 준하는 작품에서 전기는 「전傳」 또는 「열전」 부분에 들어 있다. 이런 용어는 전기를 모두 포괄하는 것으로, 사마천의 『사기』에서 비롯된다.[1] 그 전에는 아무것도 남아 전하지 않는 공백이다. 그러나 몇 가지 정황을 보면, 사마천이 처음으로 그것을 고안해낸 것 같지는 않다. 현존하는 첫번째 개별 전기자료 ―즉 두말할 것도 없이 최초의 것으로 돌에 새겨진 권위있는 금석문, 그리고 단편적으로 남아 전하는 「별전別傳」― 가 시작되는 기원후 1세기에, 전기는 이미 확고하게 형식을 갖추었다. 한대의 상황에서 궁정(秘閣)에서 집필된 『사기』가 중국에 널리 보급되었다고 생각하는 것은 무리이다. 식자 계층에게도 역시 마찬가지였다. 널리 퍼진 작품류의 원천은 『사기』일리가 없고 다른 곳, 아마 가문제사에 관련된 작품에서 찾아져야 한다. 그러나 그것이 어떤 것이었던 간에 흔적없이 사라졌을 뿐 아니라 『한서』의 「예문지」에도 나타나지 않는다. 우리가 아는 범위 안에서 이런 문제를 풀 수 있을지는 미지수이지만, 이런 전기의 형태가 사마천의 열전형식과, 초기 비명(碑銘) 및 개별 전기형식의 원사료가 되었음이 틀림없다. '전'이란 이름 자체도 이런 일반의 자료에서 따왔을 것이다.

그러나 중세 역사가들은 '전'을 다르게 설명하면서 『춘추』의 가장 오래된 주석의 일부 명칭으로 쓰인 용례에서 유래했던 것이라 한다.[2] 여

---

1) 이 책, 헐시베, 「漢代 역사기록에 관한 일고찰」, 61~66쪽 참조.
2) 이 책, 반 데어 룬, 「고대 중국연대기와 역사개념의 성장」, 48~50쪽 참조.

기서 '전'은 원래 '전해 내려오는 것', 그러니까 '전주傳注'를 뜻한다. 그리고 『춘추』의 주석에 이 용어가 쓰인 것은, 이 주석들이 다양한 유가학파에서 고전 원문에 붙인 '전주(의 가르침)'라는 뜻에서일 것이다. 이 '전'은 초기부터 경전원문 자체의 글에 부수되어 있었다. 그리고 이것은 경전 자체의 원문보다는 어느 정도 신빙성이 덜한 것이지만 엄격한 연대기적 구조를 가진 것으로 위경僞經보다 가치가 더 크며 2차경전으로 인정되어 왔다.

'전' 특히 『좌전』 같은 것은 이미 『춘추』에 보이는 왕을 중심으로 한 궁정의례에 관한 무미건조한 연대기와는 아주 다르게 역사분야를 확대하였다. 한편으로 이들 작품은 고지식한 연대기와 연월을 기준으로 한 의주儀注에서 탈피하여 사건의 일관성 있는 서술을 발달하게 하였다. 다른 한편으로는 궁정의례로부터 벗어나서 '전'은 재상이나 귀족의 생활, 지방에서 일어난 사건 등으로부터 일화를 전한다. 그 내용은 경전에서 그런 것보다 더 많이 일상의 정치와 사건에 관련된다. 더구나 '전'의 내용은, 『춘추』가 유일한 예가 되는 것으로 궁정연대기의 자료가 되는 전문적 연대기 편찬자의 기록자료보다는, 준민속적인 것과 구두의 전승에 많이 의지한다. 이런 점에서 이들 '전'은 『전국책』과 『국어』 같은 초기 편집물과 공통점이 있다.

'전'이란 말의 유래가 어떠하든지 간에, 사마천의 불후의 역사에서 '열전'은 중국 역사서술에 완전히 새로운 출발점을 기하였다. 이것은 이름난 개인의 전기뿐 아니라 여러 외국인까지 다룬다. 이런 전통적인 편찬체제가 20세기까지도 중국관찬사에서 계속된다. 이런 분명히 상이한 다양한 형태의 사료를 연결하는 특징은 내용들이 주어진 주제를 통해 시종 일관 전개되게끔 되어 있다는 것이다. 주제가 개인의 이력이든지, 외국인과 중국궁정과의 관계이든지 간에 말이다. 그래서 이런 형식은 본기 또는 기본연보(편년사) 그리고 이 기본연보의 바탕이 된 연대기와는 아주 다르다. 연대기는 엄격하게 날짜에 따라 토막난 사실로 이루어지고, 가장 피상적인 것을 제외하고는 고의로 사건의 전개과정이나 인과관계를 무시한다. 또한 '열전'은 연보가 의례적 의미의 대상에 비중을 두는 것 같은 그런 경향을 갖지 않는다.

사마천의 '열전'은 '전'이라는 명칭과 함께 연대적 구조의 한계를 탈피한 한 주제중심의 서술보다는 더 오랜 기원의 '전주傳注'와 일화적 역사와 공통점을 더 많이 가지고 있다. 그의 '열전'은 또한 구성이 느슨하고, 주제의 범위가 넓으며, 궁정사건의 비중이 약하고, 반드시 역사적이라고는 보기 어려운 자료도 기꺼이 이용한다. 열전의 준소설적·민화적인 이런 모습과 관련하여 많은 학자들이 『사기』에서 왕조사의 관습적 형태의 출발뿐 아니라 허구성 작품의 맹아를 본다.3) 소설은 정말로 사마천의 위대한 역사에서 완성된 설화식 산문의 세련된 기법에 크게 빚을 지고 있다.4)

『사기』의 자료에 근거하여 한편으로 『춘추』와 '본기'부분들, 다른 한편으로는 『춘추』 '삼전三傳'과 '열전'의 부분들 사이의 유사성을 밝혀낼 수 있다. 이 두 범주의 상대적 역할에 대한 평가는, 그 신빙성에 대한 암묵적인 평가와 함께, 후대 관찬사가들의 신조가 되었다. 물론 다른 많은 경우에서처럼 정통이론과 그 실제는 가끔 아주 다르지만 말이다. 그 이론은 중국의 첫번째 위대한 역사비평서인 유지기劉知幾의 『사통史通』으로부터의 다음과 같은 인용문에서보다 더 잘 표현될 수가 없다.5)

---

3) Maspero, "Le roman historique dans la litterature chinoise de l'antiquite(대 중국문학 속의 역사소설)", *Melanges posthumes sur les religions et l'histoire de la Chine*(중국종교와 역사에 관한 전설모음집), iii(1950), pp.55~62 참조.
4) 중국과 서구의 설화식 산문발달에 역사가가 끼친 영향에 재미있는 유사성이 제시되고 있다.

연보[紀]와 전기[傳]의 중요성은 『사기』와 『한서』와 함께 시작됐다. 연보는 연대순으로 정리한 형식[편년]이다. 전기는 연관된 사건들의 형식[열전]을 취한다. 연대기 형식[편년]은 『춘추』의 경문經文같이 제왕의 연월을 순서대로 놓은 것이다. 사건의 연결형식[열전]은 『춘추』의 '전'처럼 신하와 재상의 행동을 기록한 것이다. 『춘추』의 경우에는 '전'이 경전 자체를 해설하도록 하였다. 『사기』와 『한서』에서는 '전'[열전]으로 본기를 해설하도록 하였다.

관찬사에서 본기와 열전의 상호 연관된 역할과 중요성을 지적한 이러한 이론, 그리고 열전형식이 신빙성에서 떨어진다고 하는 고전적 분석에 기반한 이런 견해는 역사가의 정통상식이 되었으며, 또한 당과 오대시기 사관史館의 비망록[奏議] 안에 나오는 전기에 관한 많은 토론에 깔려 있던 생각이었다.

그러나 사마천으로부터 『사통』(710)이 쓰인 시대 사이에 관찬사가 편찬되는 상황이 완전히 변하였다. 이런 변화는 『춘추』경전과의 비유를 아주 잘못된 방향으로 틀어서, 그것을 정통의 믿음으로 간직하는 것이 열전에 나쁜 영향을 미침으로써 전기는 역사서술 내에서 지위가 하락하였다.

역사편찬[修史] 제도는 당대에 확립되었는데, 이것은 약간의 수정을 거치긴 했지만 1911년 만주왕조[淸朝] 말까지 지속되었다. 이런 공식기구[史館]가 설립되자 역사가는 본기를 위해 사용된 것과 똑같이 양이 많고 믿을 만한 사료를 전기적 내용의 서술에 이용할 수 있게 되었다. 그래서 후대왕조에서 집필된 사서史書의 '열전'이, '전주傳注'와 사마천의 열전을 역사적으로 미흡한 동시에 더 생동감있게 만드는 그 같은 상상적 요소

---

5) 『史通通釋』권2, 「列傳」, 6, 22면.[四部備要本, 13b면] 유지기에 대해서는 이 책, 풀리블랭크, 「중국인의 역사비평-유지기와 사마광」, 205～225쪽 참조.[원문에서는 사부비요본을 인용하였지만, 여기에서는 대만:세계서국, 1981년판을 인용하였다.-역주]

를 지니고 있다고 생각하는 것은 아주 잘못된 것이다. 여기서 명심해 둘 것은 사마천이 왕조사의 편집자보다 훨씬 더 거대한 작업을 시도했다는 점이다. 자신의 시대까지 내려오는 전체 중국사를 다루면서 사마천은 더 오랜 세월, 그리고 기록자료가 더 산발적이었던 시대를 다루었고, 다른 자료가 없었으므로 불확실한 전주를 받아들이지 않을 수가 없었다. 이런 점에서 그를 비판한다면 비현실적이고 불공평하다. 그리고 『사기』를 모형으로 삼았다는 이유로, 사마천의 후계자들한테까지도 그런 비판을 확장하는 것은 아주 잘못된 것이다.

한대 이래 적절한 기록자료로 집필된 관찬사에서는 보이지 않는 준허구·민화적 요소가 역사와 문학의 접경에서 고유한 자리를 마련하였다. 이런 작품이 담은 내용은 유학자들이 별 것 아니라고 생각했을 법한 것까지도 가끔 근대사가들의 관심을 끈다. 그러나 이런 작품과 관찬사의 열전 사이에는 형식과 문체에서 피상적인 유사성-이 유사성은 그같은 작품에 박진성과 권위를 더하려는 시도뿐 아니라 공통의 기원으로 거슬러 올라가는 것이다-이 있지만, 이들 작품은 참된 전기형식이 아니고 그저 단편적인 일화로 되어 있다.

한이 망하고 수제국이 재통일하게 되는 4세기 동안 많은 비공식의 전기적 서술이 계속되었다. 그 가운데에는 「기구전耆舊傳」과 「선현전先賢傳」이라는 표제 아래 지방위인들의 생애에 관한 전집이 많이 있다. 이런 것들은 뒷날 지방지로 발달하는 지방의 호고好古적 관심을 담은 가장 초기의 형태이다.6) 이런 작품들의 내용은 자연히 집중적으로 편찬된 역사의 그것보다 더욱 친근감이 있다. 그리고 보통 저자의 의도가 관리의

---

6) 이런 작품 가운데 많은 것이 『수서』와 『구당서』의 서지학을 다룬 장(「경적지」)에 언급된다. 그밖에도 몇 개가 있는데, 예를 들면 蘇林의 『陳留耆舊傳』, 周斐의 『汝南先賢傳』, 謝承의 『會稽先賢傳』 등이다. 그러나 이들 대부분은 '說部'에 아주 축약된 형식으로 남아 있다.

이력을 밝히는 것보다 성격을 묘사하는 것이므로 그 주제는 서구의 전기에 더 가깝다. 그러나 이들 작품이 보여주는 표준으로부터의 편차는 쉽게 과장될 수 있다.[7] 같은 시기에 '별전別傳'이라는 제목 아래 나타난 개인전기도 이와 같다. 이런 작품은 동시대 작가들이 개인의 생애를 큰 역사의 틀을 벗어나서 자신의 관심을 담은 독립 작품에 알맞은 주제로 보려 했음을 보여주지만, 국가의 역사서술 기구가 몰락하던 때에 나타나서 당대唐代에 관찬사 집필의 엄격한 기준이 세워졌을 때 사라진다.[8]

이제부터 이런 후대에 열전이 집필된 방법을 생각해 보고 전기가 쓰이게 된 동기를 찾아보자.

공식적인 역사는 사관史館에 의해 편집되었다. 사관은 정부의 관청으로서 몇 명의 관리가 직원으로 있었고 고관 대신의 감독을 받았다.[9] 궁극적으로 왕조사가 된 자료는 길고도 복잡한 예비원고의 과정을 거친다. 우리가 모르는 첫번째 문제는 이 과정의 어떤 단계에서 전기기록이 사서의 한 부분으로 되었는가 하는 것이다.

초보적 형태의 역사, 즉 활동과 은거의 일지[起居注]와 현정부의 기록[時政記]은 각각 궁중일기관과 대신들에 의해 편집되어 엄밀한 일지형식으로 사관에 제출되었다.[10] 날마다 기록되었기 때문에 이런 연대기 형

---

7) 예를 들어 陳世驤, *FEQ* XIII I(1953), pp.49~51 참조.
8) 이것들은 또한 사회조직이 느슨해질 때, 그리고 인도와 불교를 통해 서사시 전통이 강한 사회와 강한 유대가 이루어질 때 나타난다. 이것도 陳世驤, 위의 글, 참조.
9) 역사의 공식편집에 관하여는 『唐會要』 권63~64 : 『책부원구(册府元龜)』 권554~560 참조. 玉井是博, 「唐の實錄編修に關する一考察」, 『支那社會經濟史研究』(1943) : Pulleyblank, "The Tzu-chih Tung-chien Kaoyih and the sources for the history of the period 730~763", *BSOS* 13 (1949~1951). 또한 이 책, 양연승, 「중국 관찬사학의 구조」. 특히 77~80쪽과 90~96쪽 참조.
10) 『新唐書』 권47에 보면, '起居郎'은 매 4분기마다 이런 보고서를 올렸다. R. de Rotours, *Traite des Fonctionnaires*(관료제), i, 151ff 참조. 또한 『唐六典』 권8[近衛본, 24b~25a면] 참조. '시정기'는 '기거랑'이 아니라 기록업무에 실제로 관여한 '재상(great ministers)' 가운데 한 사람이 편집한 것이다. 이들은 매달 사관으로 파견되었다. 『册府元龜』 권560, 9a면 : 『唐會要』 권56 등 참조.

식은 불가피했다. 그 다음 단계는 일력日曆을 만드는 것이었는데, 이것은 일지와 정부부처의 보고서에서 내용을 뽑았다.11) 이 같은 초기작업에서 나온 자료들은, 모든 관리가 의무적으로 제출하는 각종 사건에 대한 보고서와 함께,12) 취사선택·축약·편집되어 각 치세의 실록으로 거듭난다. 이 실록은 연대기 형식으로 구성되었다. 전기적 내용은, 적어도 몇 치세 동안은 당사자가 죽은 달이나 연도의 끝에 부기하였다. 이런 형식으로 남아 있는 가장 빠른 것으로 한유韓愈의 전집에 들어 있는 『순종실록順宗實錄』이 있는데,13) 이런 식의 전기자료를 담고 있다. 그러나 이런 것들은 아주 불완전하고 또한 뒷날 『구당서』에 전기가 적히지게 되는 모든 사람에 대해 사망에 즈음하여 적은 것이 아니다. 그러나 이런 점에 너무 큰 비중을 두어서는 안된다. 우리가 갖고 있는 수정본은 상세한 원본을 축약한 것이 확실하기 때문이다. 열전이 실록에서 제자리를 갖고 있다는 증거는 더 많이 있다.14)

---

11) 이 문서에 대해서는 玉井是博의 글과 金毓黻, 「唐宋時代設官修史制度考」, 『國史館館刊』 1/2 (1947), 6~18면, 특히 15면 각각 참조.

12) 이 보고서에 대한 것은 『唐會要』 권63〔諸司應送史館事例〕; 『五代會要』 권18〔같은 부분〕; 전조에 관해서는 『唐六典』 권10, 26a면 등; 金毓黻, 앞의 논문, 12~13면 참조. 그러나 '일지계'는 때때로 『新唐書』 권47(des Rotours, 앞의 책, p.160)에 또한 '『국사』에 부족한 부분을 메우기 위해 조금 교정하고 수정한' 문서도 삽입하였다. 817년의 한 칙령(『册府元龜』 권560, 8b~9b면과 『唐會要』 권56)에서는 '일지계'가 작성한 것 대부분이 자신의 관찰보다는 칙령과 교서를 그대로 베낀 것이라는 불평이 들어 있다.

13) 『韓昌黎集』, 「外集」 권6~8 원문; 또한 원문의 완역은 Solomon, *The veritable Record of the T'ang Emperor Shun-tsung*(1955) 참조. 솔로몬은 원문에 대해 조금도 의심하지 않았다. 그리고 陳寅恪도 "The Shun-tsung shih-lu and the Hsu hsuan-kuai lu(順宗實錄과 玄怪錄)", *HJAS* 3(1938), pp.9~16에서 그 가치를 액면 그대로 인정하였다. Pulleyblank, "TheShun-tsung shih-lu(순종실록)", *BSOAS* 19(1957), pp.336~344 참조.

14) 『資治通鑑考異』에는 『실록』의 〔대개의 경우 최고관료들의〕 전기에 관한 언급이 많으며 8세기에서 10세기까지에 걸쳐 있다. 이에 대한 한층 더 분명한 증거는 『唐會要』 권64, 「史館雜錄」에 있다. "812년 6월, 황제가 『肅宗實錄』을 읽고 있었다. 그는 '대관'의 전기에 쓸데없는 문장과 날치기 표현이 많은 것을 알았다.…" 이 『실록』의 원본에 전기를 더하여 현존하는 것이 『吳越備史』인데, 이것은 일부러 『실록』을 모방하고 있다.

당분간 이 문제를 보류해 두자. 그 다음 편집단계는 「국사」의 편찬이다. 이것은 『사기』와 『한서』를 모델로 삼은 큰 규모의 역사이며, 기紀·지志·전전傳으로 구성되어 있다. 사실 이런 작업이 정사와 다른 점이란 사라진 왕조가 아니라 현재왕조를 다룬다는 것뿐이다.[15]

마침내 완성된 사서 안의 열전으로 들어가게 된 전기기록은, 이런 과정에서 『실록』을 위해서든 '국사'를 위해서든 간에 비교적 마지막 단계에서 작성된다. 이 단계에 들어서면 역사가의 거대한 작업이 독창적인 구성보다는 마침내 포함되어야 할 자료의 선별과 편집으로 들어간다. 사관에서는 많은 양의 공식기록을 이용할 수 있으며, 분명한 것은 대부분 왕조사의 상당부분이 실제 정부문서에서 말을 그대로 발췌한 것 (중간에서 잘라 토막낸 것이지만)이라는 점이다. 우리가 알아두어야 할 참으로 중요한 것은, 첫째로 역사가들이 어떤 사람의 전기를 넣을 가치가 있다고 생각했었으며, 둘째로 그들에 관한 자료가 어디서 나왔는지다.

첫번째 문제는 역사가들이 계속 관심을 기울였던 것이다. 한편으로 사람의 생애를 아예 누락하는 것이 간단하고 효과적인 비판형식으로 흔히 이용되었다. 예를 들어 당말오대의 역사가들은 모두 시험을 거친 관료계층(士大夫)으로서 경쟁상대인 직업적 재정전문가들을 비판하는 데 이 누락의 방법을 썼다.[16] 또다른 경쟁집단인 환관에 대해서도, 역사를 통틀어, 우리가 아는 것이 없다는 사실 또한 같은 경우로 이해할 수 있다. 그러나 이런 누락의 행위는 역사가들이 수용하는 정치이론에 의해 쉽게 정당화된다. 관찬사가들은 무엇보다 미래세대의 유학관료들을 위

---

15) 국가사(正史)에 관하여는 풀리블랭크의 상기 인용문과 『唐會要』 권63~64 관련부분, 그리고 이 책, 양연승, 「중국 관찬사학의 구조」, 78~79, 80쪽 참조.
16) Wang Cung-wu(王賡武), "The Chiu Wu-tai shih(舊五代史) and History Writing during the Five Dynasties", *Asia Major*(new series), vi.1, pp.1~22와 당 말기 직업적 재정전문가에 대한 필자의 연구 참조.

한 전례집을 집필하는 것이지, 그 시대의 모든 것을 전하는 것이 아니다. 경쟁집단이 권력을 강점한 것은 미래를 위한 경계나 본보기가 되는 경우가 아니라면 아무런 의미가 없는 일이다. 9세기 초 역사가 노수路隨의 주장奏章 가운데 다음과 같은 구절은 어떤 것을 넣어야 하는지에 대한 이론적 기준을 분명히 보여준다.

> 한 사람의 업적이 후세에 전해질 만한 가치가 없다면, 또는 그 선 혹은 악이 본보기가 될 정도가 아니라면, 아무리 부자이고 권세있는 사람이라도 [역사가는] 그가 죽었다는 사실만 적당한 곳에다 적는다. [이름이 적힌 많은 사람들은]… 모두 한대의 대재상으로 봉건귀족처럼 귀하지만, 역사가는 그들이 정직하고 양심적으로 관직을 수행하기만 한 보통 사람에 불과하며 명성이나 명예를 얻을 만한 공적을 쌓지 않았으므로 전기를 적을 필요까지는 없다고 생각한다. 다른 한편, [전기 목록에 있는 사람들은]… 모두 죽을 때까지 평범하였든지, 또는 직職을 사임하거나 덕을 닦거나 책을 쓰거나 하여 명성을 얻었고, 신기한 일을 제안하고 어려움을 해결하거나 혹은 도리를 지켜 재앙을 피하거나 하였다. 이렇게 하여 주공·소공·관중과 안영이 같은 범주에 들어 전기에 남게 된다. 이렇게 부자와 귀족이면서도 빠진 사람이 있고, 가난하고 비천하면서도 상술해야 할 사람이 있다. 공자가 이르기를 제齊의 경공景公은 말 천 필을 가지고 있었으나, 그가 죽자 사람들은 그를 찬양할 만한 아무 공덕이 없다고 생각하였다. 백이와 숙제는 수양산 기슭에서 굶어 죽었으나 사람들은 지금까지도 그들을 찬양했다. 이러할진대, 목적이 있고 후세에게 가르침을 주려는 역사가가 귀족과 고관들에게 관심을 두어야 하는가? 부유하고 권력있는 사람들이 막중한 일을 맡고 권력을 잡아도 후대의 본이 되지 못하는 수가 있다. 이것은 덕이 부족하고 정의보다는 눈앞의 이익에 연연하기 때문이다.…17)

이 같은 이론의 표현은 그 다음 몇 세기 동안 아주 쉽게 부풀려질 수 있었다. 그리고 '열전'에 포함된 전기는 독자들에게 교훈과 본보기를

---

17) 『唐會要』 권64 참조.

보이기 위해 고른 것이다. 이런 교훈적인 목적이 본기와 지志의 내용을 선택하는 데 편집자들에게 이론적으로 영향을 미쳤다. 그리고 본기는 황제의 행동을 묘사하며, 그들의 성격과 행동이 왕조운명의 흥망에 어떤 영향을 미쳤나 하는 것을 보여주는 반면, 전기는 재상과 신하의 행동의 본보기이다. 약간의 경우에서 교훈의 목적은 선명하게 나타난다. 예를 들어 '충신전忠臣傳'·'혹리전酷吏傳'·'문원전文苑傳'·'은일전隱逸傳' 등 일련의 범주에서, 그리고 흔히 약간 공통성이 있는 직무나 관심을 가진 인물들을 묶어 분류하는 것이 그러하다. 그러나 사가의 시각은 후기後記에서 노골적으로 드러나며, 사가 개인의 견해를 분명히 천명하지 않은 경우에도 그것이 내포된 전기를 읽는 것은 있을 수 있는 일이다.

교훈적 목적을 위해 선택하고 지위가 높아도 별 볼일 없는 사람을 빠뜨리는 원칙은 역사분야에서 비교적 괄목할 만한 것이 없는 시기에도 적용되었다. 다음은 933년의 사관史館에 의한 상소문에 있는 글이다.[18]

> 만일 그들에 관한 자료가 정사나 실록의 열전에 들어가는 자료와 연관된 것으로 간주된다면, 우리는 그것을 기전紀傳[annals and biographies]에도 포함시키도록 해야 한다.… 그러나 만일 국가에 아무런 이렇다 할 공을 세우지 않고, 백성들에게도 아무런 덕을 베푼 것이 없고, [그 전기가] 이력과 개인의 명성에 그치거나 그저 사소한 재능과 사소한 능력의 기록에 불과하다면, 또 후세에 본보기가 될 만한 것이 아무것도 없다면, 그 때는 두말할 것 없이 편집의 대상이 되어서는 안된다고 생각한다. 기전의 형식으로 쓰인 역사가 존재한 이래 모든 시대에 역사기록자가 있었고 해이해 질 수 없는 고정된 체제를 지켜왔다.

선택을 어떻게 효과적으로 했는지는 시대마다 다르다. 다행히 근대 사가들에게는 미래의 본보기가 될 만한 행동을 한 것으로 판단되는 기

---

18) 『五代會要』 권18, 「史館雜錄」 참조.

준이 그렇게 까다롭지 않다. 그리고 남아 전하는 전기의 많은 것이 - 적어도 비非유가 독자들에게는 - 평범한 관력官歷의 단순한 기록에 불과하다. 더구나 최근 고관을 지내고 또 그 친척과 파당들이 여전히 권좌에 있는 그런 사람을 전기에서 배제하는 것은 여간 소신이 없는 역사가가 아니고서는 할 수 없다. 그래서 고관은 정통의 이론에 따른 공덕과 무관하게 평균 이상의 선택기회를 제공한다.[19]

이런 선택의 체제는 어떤 유형의 사람들을 전기에 포함하는가를 결정한다. 더 광범한 영향력이 편집방법에 의해 열전의 마지막 형태를 만드는데 행사되었을 것이다. 이론적으로 관료의 전기를 쓰는 사관史官들은 공무경력에 주안점을 두고, 이에 관한 엄청난 양의 정보를 접하였다. 가문배경에 관해 공식적으로 광범위하게 편집된 족보책(譜牒)이 있었다.[20] 관력에 대해서는 이부吏部가 모든 현직관리들에 대한 개인서류를 보관하였는데, 여기에는 관직의 변동뿐 아니라 상관에 의한 매해의 공과평가가 적혀 있다. 더구나 이부의 하부부서인 고공사考功司는 관리가 죽으면 행장行狀이란 문서를 의무적으로 만들도록 되어 있었다. 이것은 개인의 이력서 같은 것이다. 이에 관해 『신당서』 권46에는 다음과 같이 적혀 있다.[21]

> 고공사考功司의 고공낭중考功郎中과 원외랑員外郎은… 행장(공적조서)을 관장한다. 관리가 죽으면, 그것을 사관史官에게 보낸다. 태상太常에서 관리에게 시호를 내리면, 그들(비서관과 조수)은 그것이 타당한지를 이 공적조서에 비추어 보고 결정한다. 그들이 기념비를 세우기를 원하면 관리들을 모아 거기에 무엇을 쓰는 것이 좋은지 의논하고, 결론을 그 가족에게 통보한다.

---

19) 파당적 역사서술에 대한 반발에 관해서는 『책부원구』와 『당회요』 권63~64에 沈旣濟가 지적한 『순종실록』・『헌종실록』 등에 관한 말썽이 나온다.
20) 『冊府元龜』 권560, 「譜牒조」, 13b~22a면에 수집된 자료 참조.
21) Rotours, op. cit., p.59 참조.

그러나 다른 두 개 사료가 이 문제에 관한 법령〔令〕의 규정이 대충 어떠했는지와 또 실제관습은 법령이 뜻하는 것보다 더 제한적이었음을 보여준다.22) 그 내용은 다음과 같다.

> 3급 또는 그 이상의 실무관리〔職事官〕, 그리고 2급 또는 그 이상의 명예직 관리〔散官〕가 죽으면, 언제나 그 좌사左史23)가 행장을 꾸며 '고공사'로 보낸 다. 이 '고공사'는 그 후임을 정하고 또….

이것은 무엇보다 행장行狀이 모든 관리가 아니라 고관들에게만 적용 되었음을 의미한다.24) 810년에 제출된 '고공사考功司'의 주장奏章은 이런 규정이 지켜지지 않아 좌사가 아닌 사람들이 '행장'을 제출하고 있다는 불평을 담고 있다.25) 여기에는 그 근거로 763년에 나온 조서와 791년의 격문을 들고 있다. 그리고 고관으로 제한한 이 규정은 어느 정도 영구적 이었던 것처럼 보인다. 그러나 819년의 다른 주소26)에는 분명히 공직이 없고 신분이 낮은 사람 등을 위하여 시호를 내려달라는 요구와 함께 행

---

22) 『唐會要』 권79 : 『唐六典』 권2 참조.
23) 필자는 '좌사'를 일부러 모호하게 번역한다. 발음이 분명하지 않기 때문이다. 『당회요』 권79와 『당육전』의 廣雅書局 판본은 '좌사'로 읽는다(Assistant Recorders). 이 용어는 또 『당회요』 권80에 인용된 801년의 기록에 '문하좌사'라는 귀절에서 보이는데, 이것은 아마 재상부(Chancellery)의 관리인 '왼쪽 사관인 좌사'를 잘못 발음한 것일 수도 있다. 그러나 이상한 것은 그가 하필이면, 한 세기 전에 공식적으로 사용되지 않았던 이런 직함으로 명명되는가 하는 것이다. 어쨌든 『당육전』의 정확한 발음은 宋과 고노에本에 나오는 '佐史'이다. 『당육전』은 『당회요』보다 조금 뒤의 사료일 뿐 아니라 여기 그 발음도 『通典』(四部叢刊本), 551a면의 같은 법령의 구절 인용에서도 증명된다. 『통전』의 이 부분은 거의 확실히 '開元'의 인용이며, 『당육전』과 거의 동시대적이다. 그래서 필자는 佐史를 左史와 동의적인 屬官을 지칭하는 일반용어로 그리고 아마 그 오기인 것으로 간주한다. 그러면 '문하좌사' 란 표현은 두 가지 다른 의미인 '門下제재'와 佐史가 된다.
24) 『당육전』 권2에 적혀 있는 계급의 한계는 五代에 한 계급 더 아래로 내려간다. 그러나 고관의 사후직함까지 고려하면서 여전히 관료의 일부만을 포함하는 것이다.
25) 『唐會要』 권80 참조.
26) 『唐會要』 권80 참조.

장이 제출되었다고 되어 있다. 아마 고관의 경우 공적조서를 제출하는 것이 좌사의 의무였지만, 다른 사람들의 경우에도 그런 것을 받을 수 있었을 것이다. 그것은 819년의 주소奏疏에 적혀 있듯이 "그 가족 가운데 아들이나 남동생들, 제자나 전직 부하[門生故吏]나,… 또는 지방관리들에 의한 것"이었다.

이 문서들은 또한 『신당서』를 보고 우리가 믿기 쉬운 것처럼 '행장'이 그런 공식적인 권위를 가진 것이 결코 아니었음을 보여준다. '이부'는 그저 관리임용의 세목과 확인절차, 그리고 사후의식을 위해 그것을 태상太常에게 보내는 일을 담당하였을 것이다. 실제 조서작성은 죽은 자와 어떤 식으로든지 가까웠던 사람들이 맡았다.27) 『통전』에 나오는 구절을 보면 '고공사'가 역사가의 요구보다 선조의 사당제식에 더 밀접하게 연관된 다른 다양한 형태의 제문과 관련이 있었음을 보다 명확하게 보여준다.28)

> 670년 구제도가 부활되었는데, 그에 따르면 '고공사'의 낭중郎中이 가문의 전기[傳]와 비문[碑]・장례사[頌]・송덕문[誄]・시호[諡] 등을 고찰하는 일을 맡는다.

이런 사안에서 이 부서의 책임은 아마 부당한 요구나 주장이 이런 개인적 기록 속에 들어가지 않도록 감독하는 것에 그쳤을 것이다. 그러나 또한 이 부서가 '이부'의 인사기록에서 '행장'을 만든 것이 아니라, 그저 관방官方 문건자료를 가지고서 그들 앞에 제시되는 기록을 수정・보

---

27) 『唐大詔令』(適園叢書本) 권81에 나오는 737년 5월의 칙령 참조. "이미 죽은 사람의 경우에는 아들과 손자가 함께 그들이 하는 일의 기록을 작성하여 '사관'에 보내야 한다.…" 이것은 가끔 가족기록이 '행정관청위원회'의 간섭없이 직접 사관으로 보내졌다는 것을 뜻한다.
28) 『通典』 권23(四部叢刊本), 136a면.

충하였다는 점은 분명하다. 이 기록은 역사가뿐 아니라 의례를 위해서도 쓰이게 된 것들이다. 또 '행장'을 수정하는 데에 '고공사'는 드물게 사용되던 관방 기록뿐 아니라 여러가지 제문을 이용한 것이 확실하다.

이런 비공식기록을 '행장'에 이용하고 또 이런 기록이 죽은 사람의 과거 부하나 동료에 의해 씌었다는 것은, 1차자료에 근거하여 편집해야 한다는 이상에서 크게 벗어남을 의미한다. 위에서 말한 933년의 주장奏章은 언급할 가치가 있는 이런 자료에 대한 약간의 의견을 적고 있다.[29]

> 많은 '행장'이 [죽은 자의] 제자나 전에 부하로 있는 사람들에 의해 작성된다. 그래서 쓸데없는 장식과 문식이 가득하다. 이에 앞으로 제출되는 '행장'은 여하간에 업적을 진솔하게 적고, 공허한 수식이나 호화스런 문체를 금한다.

이렇게 하여 공식전기를 쓰기 위한 초고로 사관에 제출된 자료는 언뜻 보기보다 아주 신빙성이 덜하며, '이부'에 보관된 주인공의 이력에 대한 상세한 기록은 거의 쓰이지 않았다는 것은 분명해진다. 이 추가적 근거자료가 아주 분명하게 대부분 열전에는 누락된 많은 추가적 내용과 동시에 날짜들을 역사가들에게 제공하였을 것이다. 사관이 이미 당대부터 실록과는 별도로 열전을 만들었다는 증거가 있다. 오대부터 이것은 정규의 관례가 되었고, 전기집이 별개작품으로 집필되었다.[30]

역사가가 이런 2차사료를 쓰는 이유는 『춘추』에서와 같은 이론적 함의와 밀접한 연관이 있다. 이 같은 이론을 수용함으로써 역사가는 '본기'에 전개되는 역사의 주된 맥락을 조명하는 범례들만으로 구성된 사료를

---

29) 『五代會要』 권18, 「史館雜錄」, 933면 참조. 그리고 전체구조에 대한 가장 좋은 비판은 李翰의 상소문에 나오고, 『唐會要』 권64: 『册府元龜』 권559, 「논의(論議)」 2, 11a~12a면에 인용되어 있다.
30) Wang Cung-wu, *op. cit.*, pp.8~12 참조.

다룰 때 비판적 방법의 엄격성을 완화할 수 있었다. 여기서 다시 이론은 실천 중에 많이 희석되고, 의심할 나위없이 '열전'은 세밀한 고증의 대상이었다. 그러나 이 이론이 개인이 편집한 자료를 전기의 초고로 이용하는 체제를 허용하였으며, 이런 관례는 지속되어 '행장'을 역사가에게 제공해 주는 부서가 바로 개인가문의 조상제사를 위한 다양한 형태의 '전기기록'을 작성하는 책임도 맡았다.31)

또 하나 고려해야 할 것이 있다. 우리는 사관史館이 여러 관청의 엄청난 국가서류들을 접할 수 있는 상황에 있었으며, 편찬과정은 사관에서 시작했다고 피상적으로 생각하기 쉽다. 그러나 기록을 역사가에게 넘기는 데 관한 공식규정은 이런 생각과는 거리가 멀고, 실제관례는 더욱 멀었다. 사실 황제의 조서와 신하의 주소奏疏 같은 것 외에, 실제 역사가가 다룰 수 있는 많은 자료가 어떤 다른 정부부서에 의해 '이미' 작성 보관되어 있는 것이었다. 이것은 여러 국가관청에 의한 의무적 보고서뿐만 아니라, '본기'의 뼈대를 구성하는 '기거주'도 문하성과 중서성에 소속된 관리들에 의해 편집되었는데, 이런 관청의 우두머리는 대개 당파 싸움에 깊이 연루되어 있었다. 그래서 역사가는 역사적 목적으로 사용하도록 마련된 많은 자료에 만족해야 했고, 또 보고서를 제출하는 과정에 있는 많은 관청들의 부서들 사이의 방해와 태만에 시달려야 했다.32) 이런 사정 때문에도 역사가들은 더 체계적으로 공식문서를 이용하려는 시도는 하지 않고, 행장에 올라 있는 내용을 그대로 수용하려 했는지도

---

31) 李翱의 기록(memorial)은 역사가가 '공적평가국(考功司)'에 제출된 行狀뿐 아니라 '사후 직함에 대한 고려'까지 다루었음을 의미한다. 이것이 '행장'에 관해 '공적평가국'이 개진한 의견이다.
32) 『唐會要』 권63, 「諸司應送史館事例」, 708년 11월 사관의 기록 참조. 여기서는 보고되어야 할 내용의 일람표가 '규칙적이고 질서'있게 꾸며져 있지만, 수년 동안 규칙은 무용지물로 되었고 아무도 보고서를 올리지 않는다고 불평하고 있다. 유사한 불평이 『오대회요』 권18 에도 나와 있다.

모른다.

　그러나 '행장'이 국가문서와 달리 '개인적(私的)' 기록이라는 것을 너무 지나치게 강조하는 것은 잘못이 될 수 있다. 사실 역사가들이 신봉하는 관방 유가교의(敎義)와 세가대족의 가족숭배 관계는 아주 밀접하여 어떤 관점에 입각하여 기록했든지 양측의 기록은 공통점이 많다. 정사의 '열전'에 올라 있는 사람에 관해 다행히도 '행장'이나 비명碑銘이 남아 있는 경우에 이런 경향을 분명히 볼 수 있다. 장례사(喪葬誄文)에서 그런 데에 어울리는 종교적 요소를 빼버린다면, 주인공의 묘사는 관방역사가에 의한 것과 본질적으로 같다. 만일 다른 점이 있다면, 역임한 여러 관직과 공직의 업적이 더 상세하다는 것뿐이다.

　이런 '열전'의 내용과 그 원사료들을 보면, 관방역사가와 가족제문 저자의 관심이 같았음이 드러난다. 전기는 전통의 본관本貫을 제시함으로써 개인이 속한 가문의 분파를 밝히면서 시작한다. 가끔은 그에 더하여 그의 바로 윗대 조상들을 간단히 설명하기도 한다. 이런 정보는 물론 비공식 전기적 기록이나 비문 등에서 더 상세하다. 여기서 개인적인 기록은 사실 '이부'에서 내는 것보다 더 충분한 자료에 기반하고 있다. 많은 경우 저자는 가문연대기(家傳)에 접할 수 있었기 때문이다. 약간의 경우 이런 가문연대기는 가문 바깥에서도 접할 수 있었다. 720년의 목록인 『고금서록古今書錄』[33]은 황실도서관(秘閣)이 소장한 최소한 55종의 1,611권의 책을 수록하고 있다. 이런 작품은 또한 관수官修 족보편찬에도 이용되었고, 위에서 말했듯이 '고공사'에서 그 정확성을 점검하였다.[34]

　전기의 서문에는 가문에서 주인공이 갖는 '지위를 확인'하는 정보가 나온다. 이런 관계는 세가대족이 특권을 가졌던 중세시대에 특히 중요

---

33) 『舊唐書』(百納本) 권46, 17b~18b면.
34) 『通典』(四部叢刊本) 권23, 136a면 참조.

하였다. '열전'은 바로 '전기' 그 자체의 계속이다. 이것은 공직이력·승진과 전보·직함·작록·분봉 등의 주요경력으로 이루어진다. 이런 관력은 체계적으로 날짜까지 적지는 않았다. 전체인상이 좌표의 두 요소 가운데 하나-관작官爵-만 정확하게 설정되는 그래프와 같다. 다른 요소-즉 그 시기-는 간간이 표시될 뿐이다. '행장'으로부터 직접 편집된 '열전'에서 가장 피해를 보는 것은 이와 같은 관력官歷의 윤곽이다.

이 같은 이력에 의해 세워지는 골격은 다양한 내용으로 채워진다. 그 가운데 첫번째는 특히 널리 퍼져 있는 것은 상투적 문구와 관습적 일화를 이용하여 역사가가 대상인물을 소속시키고 싶어하는 분야에 그가 적합함을 증명하는 것이다. 허버트 프랑케(H. Franke) 교수는 벌써부터 이런 많은 상투적 문구에 관심을 기울였고, 그가 만든 목록은 크게 늘어날 것이다.35) 그 중 대부분은 상당히 오래된 전통이었다. 예컨대 사마천이 『사기』에서 이미 그런 공식의 보고寶庫를 이용하였다. 그래서 역사가는 이런 자료를 사용할 때 최고의 권위를 지닌 전례前例를 가진 셈이었다. 그리고 그런 것 가운데 대부분이 주인공의 유교적 덕을 기리는 것이므로 의례나 추도의 글을 편찬할 때에도 잘 이용되었다. 이 같은 상투적 문구는 독자가 계속 경계해야 하는 대상이다. 왜냐하면 그것은, 가장 모호하고 은유적인 뜻이라 하더라도 실제 성격과 행동에 대한 묘사로서, 주인공을 고대의 어떤 전형적 인물과 연결시키려는 시도이기 때문이다.

이런 상투적 문구는 대부분 비문이나 개인편집인에 의한 '행장'에서

---

35) Herbert Franke, "Some remarks on the interpretation of Chinese dynastic histories" Oriens 3(1950), pp.113~122, 특히 pp.120~121 참조. 李翱는 이런 상투적 문구가 行狀에 삽입된 사실을 적고 있다.[『唐六典』 권64] "오늘날 행장을 쓰는 사람들은, 고인의 직접 제자가 아니면 전직 속관이다. 그들 중 자선, 정의, 올바른 예의, 지혜에 관한 예를 거짓으로 집어넣거나 충성심·공손·자비와 친절에 관한 거짓말을 하지 않는 사람은 아무도 없다. 이런 짓은 다른 마음이 있기 때문이기도 하지만, 단순히 그들을 아껴준 사람에게 과장된 명예를 더하고 싶어서이기도 하다.…"

나온다. '열전'을 채우는 두번째 요소는 아마 역사가 자신이 더 자주 사용하는 것이다. 이것은 신하가 임금에게 올리는 이름난 상소문에서 긴 글을 그대로 인용하는 것이며, 문학가의 경우에는 유명한 시와 그밖에 작품들을 인용한다. 가끔은 이런 인용문들이 실제로 '열전'의 전체를 구성하기도 하며, 가끔 그들의 기본적인 이해관계와 더불어 문체가 좋다거나 아니면 주제에 관한 관습적인 정통견해의 개진 때문에 선택된 것으로 보인다.

전기에 포함되는 세번째 자료는 개인의 공무수행 능력을 보여주는 활동이다. 이런 것은 역사가가 제일 많이 관심을 가진 것인데, 대부분 관습적인 것도 아니고 다른 어디서 발견되는 것도 아니다. 기록에 포함된 사건은 물론 고도로 취사선택된 것이며, 흔히 당사자가 조그만 지방의 관리로 있을 때 시행한 사소한 정책은 길게 설명되고, 나라의 고관으로 있을 때 일한 것은 말없이 지나쳐버린다. 이 분야에서의 취사선택이 정통의 미덕을 기준으로 이루어진다는 것은 말할 필요가 없다. 그러나 이것은 지방지가 더 적합한 상황을 전해 주기 전까지 실로 지방사의 유일한 원천이었다.

전기는 당사자의 졸년과 사후 그에게 수여된 명예를 기록함으로 끝난다. 그리고 흔히 그 자손에 대한 찬사[誅文]와 간단한 소개가 뒤따른다. 이런 내용은 거의 한결같이 죽은 사람의 이런 저런 상장문喪葬文에서 따온 것이다.

전형적인 '열전'의 기록과정에 대한 이런 설명은 유려한 문체와 제법 생생한 사건들로 별나게 개인을 조명하는 특별한 전기의 경우에는 아마 해당되지 않을 것이다. 그러나 대개의 것들이 『본기』처럼 무미하고 개성이 없어서, 주인공의 개성에 대한 어떤 단서를 얻으려는 오늘날 독자는 성격을 묘사하는 상투어의 형식에 통달해 있는 경우에도 구체적인 모습을 파악하기 어렵다. 그래서 비非전기적 자료에 크게 의지하지 않고는 만족할 만한 모습을 그리기 어렵다는 것이 최근 윌리엄 홍(W. Hung, 洪業)과 아서 웨일리(A. Waley)가 쓴 두보杜甫와 백거이白居易의 전기를 통해 잘 나타난다.[36]

'열전'에 개성에 관한 정보가 없을 때, 우리는 일면 역사가가 미처 생각하지 못하여 어떤 것을 소홀히 한 점을 비판할 수 있다. 그러나 그들 자신의 관점에서 볼 때 그런 전기는 아주 적절하다. 왜냐하면 '신민臣民'으로서 활동을 묘사하고, 미래세대의 유학자 관리들에게 교훈과 본보기를 제공하기 때문이다. 그런데 겉보기에, 많은 전기가 당사자가 살았을 때 가까웠던 사람들이 만든 '행장'에서 나온 점을 생각하면 시종 그렇게 개성이 없다는 사실이 참 기이한 것으로 보인다.

이 점을 알아보기 위해서 우리는 먼저 동양사회에서 개인에게 부여된 관습적 지위를 고려해야 하고, 다음으로 역사가들 사이에 존재하는 교훈의 목적과 함께 그 관심의 일치, 그리고 제사를 위해 '행장'과, 그와 밀접하게 연관된 비문이 만들어지는 유가가문에 대해 고려해야 한다.

중국에서는 개인의 지위가 서구사회와 아주 다르다. 중국인은 개인을, 사회를 이루는 기본단위라기보다 여러 더 큰 집단과 맞물린 관계로 이루어진 복합체의 한 요소로 간주한다. 이런 사회관은 법과 관습에 커다란 영향을 미친다. 개인이 포함된 각각의 관계가 집단적 책임의 연대 속에 개인을 속박하기 때문이다. 비교적 일찍부터 개인이 독립의 신분으로 존재한 서구사회를 아주 최근까지도 다양한 외부적 관계 속에 묶여 있던 극동과 대비해 볼 수 있다. 그리고 우리가 추구하는 것과 관련

---

[36] William Hung, *Tu-Fu China's gretest poet*(1952) : Arthur Waley, *The Life and times of Po Chu-I*(1949) 참고. 둘 다 그들의 주제에 관한 전기작품이 많이 있는데도 전적으로 비 전기적 자료를 이용하고 있다.

하여 분명한 것은, 이런 사실 때문에 전기작가로서의 역사가는 주인공이 이런 관계 속에서 책임과 의무를 수행한 것, 특히 관료의 한 성원으로서 관계 속에서 했던 행동에 주의를 기울인다는 점이다. 그 결과 전기는, 주위에서 분리된 개인을 상세히 다루는 것이 아니라 어떤 특수한 직분에서의 사람의 활동을 설명하는 것으로 남게 된다.

하나의 독립된 문학작품으로서 전기를 쓰는 필수 전제조건이 있다. 그것은 전기가 만들어지는 그 사회가 개성과 그 주변과의 상호작용을, 독자의 흥미를 충분히 끌 수 있는 주제를 만들고 작품에 초점을 부여해야 한다는 것이다. 서구에서는 이런 개인에 대한 관심 자체가 서사시에 압축되어 있다. 이 서사시는 민중에 뿌리를 둔 문학형태로 세련된 표현수단으로 인정을 받아왔던 것이다. 영웅시는 물론 전기와는 아주 다르지만, 중요한 것은 중국에서는 개인에 대한 접근방법이 아주 달라서 영웅시와 서사시 같은 문학형태가 강한 뿌리를 내린 적이 한번도 없었다는 점이다.[37]

또 하나 재미있는 중국과 서구의 문학적 차이는 고전의 비극의 개념에 상응하는 것이 중국에는 없다는 점이다. 비극은 개인과 환경의 갈등에 관한 예술적 표현의 극치이다. 이 문제는 전기와도 약간 관련이 있다. 비극과 비극적 전통은 서구의 전기에 깊고도 지속적인 영향을 미쳤고, 개인을 외부 힘과의 관계 속에서 조명하는 입장을 통해서 서구독자들이 개인 자체에 대한 관심을 구현하는 데 도움을 주었다. 또 비극의 전통은 서구독자들이 전기서술의 형식·지속성·본보기에 높은 가치를 부여하는 데 상당한 정도로 기여하였다. 이런 전통은 유럽전통 속에 있

---

[37] 중국에 이런 문학형태가 없다는 것은 M. Bowra, *Heroic Poetry*(1953) 참조. 그의 견해는 세부적인 면에서 비판받는 것도 있지만 중국에 서사시 문학형태가 없다는 전체 논지는 의심할 나위없이 옳다.

는 작가들에게 본능적인 것인데 중국에는 없다. 중국의 단편적·일화적 성격의 이야기 서술은, 그것이 허구이든 역사든 간에, 서구독자들에게 는 아주 놀라운 차이점이다.

    개인을 사회적 또는 계층적 집단의 일원으로 묘사하지 않고 근본적으로 개인의 이야기로 조명한 전기는 단지 지방자치와 분열의 후한시대에만 유행하였다. 이 때에는 전통사회의 유대가 현저하게 깨지고 해이해짐으로써, 개인은 관습의 구속에 어느 정도 덜 매이게 되었다. 이런 상황은 집단중심의 정통유학 대신 개인중심의 도교가 유행한 데서, 그리고 문학에 보이는 개인취향의 종교에서도 나타난다. 동시에 불교가 들어오면서 중국에서는 강한 서사시 전통과 개인인물에 대한 각별한 취향을 가진 문화에 의해 생겨난 문학이 광범하게 그리고 고도로 발달되었다. 사실 사원寺院은 형태면에서 중국에서 가장 세련된 약간의 작품을 낳게 한 전기서술의 전통을 유지하였다. 이 두 가지 요인, 즉 사회적 유대의 이완과 불교의 도입이 결합되어 전기작가를 개인에 대한 '기능적' 접근에서 탈피하도록 유도하였다. 그러나 당唐이 들어서고 정통유가가 학자들의 공인된 통념으로 재확립되면서 전통적 구속이 부활하였다.

    역사가들은 대부분 개인의 다중적 관계와 책임에 대한 의식이 아주 강했던 계급인 상류층 신사(gentry)출신이었다. 이런 사회계층에서는 대규모 부계가문과 같은 그런 관계의 형식적 상징이 아주 분명할 뿐 아니라, 가문의 사회-경제적 지위도 다른 관계, 즉 관료가문의 성원과 밀접하게 연관된다. 공직의 성공이 전체가문에 명예와 번영을 가져오기 때문에, 공직에 관한 공훈달성 기록은 장례전기가 쓰인 사람이 속한 가문의 조상의 영전에 만족스럽고 의미있는 이야깃거리가 되며, 후손들에게는 가치있는 교훈이 된다. 전통유가가 다양한 사회관계에 거의 전적으로 골몰함으로써 가문제사를 위한 전기자료도 그 방면에 치중되었다.

가문연대기(家傳)와 족보에서 개인 가족성원에 대한 기록은 매우 형식적이다. 전형적인 형식은 ① 부계와 모계의 상세한 친속관계, ② 출생시기, ③ 관련사항이 있다면, 행정부서에 임명된 날짜와 공직경력, ④ 가문제사 거행에 봉사한 사항, ⑤ 사망과 장례, 사후 국가에서 내린 명예, 그를 위해 가문에서 거행한 의식의 세목들, ⑥ 혼인, ⑦ 후손 등이다. 여기서도 순전히 기능적인 내용이 재현된다. 유일한 차이점은 두 가지 기능이 관심거리로 나타난다는 것이다. 즉 공직경력과 가문을 위한 은혜와 봉사-즉 가문관계에서 이룬 현저한 활동-가 그것이다. 공식전기에서처럼 아주 중요한 자료도 학자-관리의 이상에 맞지 않는 것은 일부러 누락된다. 예를 들어 번영하는 상인가문이라도 그들의 성원에 관한 기록에서 상업에 관한 것은 거의 언급하지 않는다.

또한 모든 가족성원에게 긴 비문을 지어준 것이 절대 아니라는 점에 주의해야 한다. 가문에 공을 세운 예에 국한되는데, 이는 마치 전기를 기록하는 것이 공직에서 공적이 있는 경우에 한정된 것과 같다.

마지막으로 확실한 것은, 비문-비망록과 공식전기가 아무리 유사하다 하더라도, 공식전기의 지위는 궁극적으로 절대적이어서, 적어도 한 가문의 연대기 편집규칙이 편집자에게 요구하는 것은 전기가 있으면 그것을 우선으로 하여 그대로 인용하라는 것이다.[38]

공식역사가와 비문의 저자가 참고로 하는 항목은 이와 같이 실제로 동일하다. 양쪽 다 유가적 의미에서 복수적 관계의 연결고리로서의 개인에 관심을 가진다. 양쪽 다 무엇보다 관리로서의 개인의 경력을 우선시한다. 왜냐하면 그것이 온갖 정통교육이 개인을 다듬어 가는 목적이며, 신하와 통치자라는 관계에서 자신의 목적을 완성하기 때문이다. 양

---

38) 『繁事加省』 권1, 「凡例」.

쪽 모두 다음 세대에 학자-교양인으로서의 본보기로 남기기 위해 쓰인 다. 그래서 비문과 공적조서[행장]의 저자는 이론적으로 역사가가 해야 하는 모든 일을 실제로 해냈다. 그리고 역사가가 이들이 만든 준비된 기록을 취하여 그 연대의 부족함과 일반적인 비공식 자료를 보충하는 데 대한 큰 반대는 없었다.『춘추』와 유사한 전통이론이 첫번째 반대를 제압하였고, '고공사考功司'의 감독이 그 내용을 검토하는 역할을 하였다.

이렇게 공식전기는 실제로 칭송의 비망록을 모방하는 것이 되었다. 정사의 굉장한 권위로 말미암아 이런 형태를 탈피하는 것은 생각지도 못하였다. 이 같은 형태의 '기능적 접근'이 조금 더 약하지만 알아볼 수 있을 정도로 후대왕조들 사이에 상당량 집필된 특화된 전기전집에서 엿보인다. 주인공이 승려든 예술가든, 그 전기는 직업적 기능을 넘어서는 개성에 대해서는 거의 말해 주지 않는다. 이런 형태의 전기기록은, 전기로서는 전반적으로 실망스런 것이지만, 풍부한 자료가 된다. 2천 년 동안 관료기구의 실태를 다른 무엇보다 잘 전해 주기 때문이다. 전기를 통하여 역사적 문제에 접근하는 것이 서구에서는 그 가치가 증명되었으나 중국에서는 배제된 채, 근대사가들이 제도사에 치중하는 근본적인 원인 가운데 하나도 바로 그런데 있다.

오직 한 가지 면에서만 중국지식인들은 이런 전통이 불만스럽다는 것을 깨달은 듯한데, 그것은 내가 말한 결점과는 하등 상관이 없다. 열전형식의 전기에서 분명히 하나 모자라는 것은 적절한 연대적 구조이다. 송대와 그 이후 연보라 불리는 전기가 나타났다. 이것은 연대기 형식의 본을 따라 개인의 일생에 있었던 사건을 연대기적 모형으로 끼워맞추는 것이다. 이것은 시인의 문학작품에도 적용될 수 있는 뼈대구조로 너무나 자주 이용되었다. 그리고 그 이상적인 형태는 독자에게 풍성한 자료를 제공하여 서구적인 방식의 '생활과 시간'의 방식으로 주인공을 역사적 맥락에서 자리잡게 한다. 그러나 연보의 수는 열전형식으로 쓰인 엄청난 양의 전기와 비교해 볼 때 아주 적다. 관찬사가들은 전통적 형식을 바람직하게 세련시키려면 연대의 정확성을 기해야 한다는 생각을 한번도 해본 적이 없는 것 같으므로, 연보는 역사가들의 작품에 아무런 영향을 미치지 못했다. 연보는 오늘날까지 하나의 병행물 혹은 독자적인 수단으로 경력을 다루는 것이었다. 그러나 이 형식이 정확성에서 장점이 있지만, 열전의 '사건을 연결하는 이야기' 형식을 갖지 못한 것은 단점이다. 연보는 전기라기보다 전기를 위한 자료집이라 할 것이다.

지식인들은 열전에서 개성의 요소가 부족하다는 점을 결코 깨닫지 못하였다. 그렇다고 해서 이들이 개인의 고유한 특성과 좀더 사적인 생활의 모습에 관심이 없었다는 뜻은 아니다. 이런 관심은 다른 문학형식, 즉 잡동사니 기록이나 필기로 '분리'되어 있었다. 그러나 여기서도 전체 생애를 상세하게 묘사하려는 시도는 거의 없었고, 오히려 오브리(Aubrey)의 『짧은 전기들(Brief Lives)』 같은 작품에 나오는 단편적인 기록같이 성격에 관한 짧은 메모뿐이다. 원래 전기는 아니지만, 이 작품들은 개성적 관심사가 결여된 조직적 열전을 보충하는 가치를 지닌다. 그러나 그 내용이 언제나 믿을 만한 것은 아니다. 많은 전설과 풍문을 넣어서 무한한 단계를 거쳐, 중국에서 언제나 강한 전통문학으로 내려온 허구석 역사와 역사적 소설의 세계로 들어간다.

한마디로, 중국전통의 역사가들은 풍성한 전기자료를 우리에게 전한다. 그러나 이것은 다른 부분의 역사작품보다 덜 정확하고 고증에서도 덜 세심하다. 더구나 이것은 엄밀히 한정된 의미의 전기로서, 그 기원은 대체로 '가문제사의 찬사[哀誄文]'에서 나오며 주인공 생애의 일면에만 관련한다. 마지막으로, 이것은 거의 전적으로 그 저자와 동일한 사회적 집단의 성원에만 관련된 것이다. 스스로 설정한 이런 제한 안에서,

그리고 저자의 엄격히 한정된 의도에 비추어 볼 때 결과는 주효하였다. 그러나 근대 학자들에게는 이런 제한점들이 심각한 문젯거리가 되며, 비인간적인 분위기를 자아내므로 중국사 공부를 시작하는 사람에게 그 같은 인상을 강하게 주게 된다.

8.
13·14세기 중국에 있어 개인적 역사서술의 몇 가지 특징

허버트 프랑케(H. Franke)

[뮌니히(Munich)대학 극동학 교수]

과거 유럽과 중국사서의 중요한 차이점 가운데 하나는 중국에는 관찬사가 많다는 것이다. 표준의 왕조사(正史)는 사람과 사건을 둘러싼 제도와 행정을 중심으로 하므로, 대부분 수도의 관료들이 갖는 지식만을 적는다고 해도 좋을 것이다. 따라서 이런 자료를 통해 전해지는 과거의 모습은 단편적이다. 아주 간이 우리는 그 정확성을 다른 사료를 통해 검증할 수가 있는데, 대개 중국이 여러 나라로 분열할 때나, 중국과 외교[또는 전쟁]를 했던 외국의 문서가 있을 때이다. 많은 사건, 예를 들어 여러 농민혁명 같은 것은 공식기록을 통해서만 알려져 있고, 또 반도叛徒들에 대한 기록은, 언젠가는 존재했다 하더라도, 남아서 그들의 목적이나 이상을 우리에게 전해 주는 것이 없다. 한 가지 주목할 만한 예외가 태평천국의 반란이다. 이러한 상황에서 말미암은 역사이해의 편협성은, 한 비유로서, 유럽의 중세 황제들의 '업적기'가 그 시대 유럽사의 유일한 사료이며, 공식적 기록을 보완하는 수많은 사적인[넓은 의미에서] 연대기와 기록들을 가지고 있지 않았다는 사실을 생각한다면 제일 납득이 잘

된다.

　중세 중국에서 이 같은 사료를 찾으려면 먼저 '개인적' 역사서술이 무엇을 의미하는가 하는 점부터 명확히 해야 한다. 아마 '개인적'이라는 개념은 관청, 특히 수도의 사관史館에서 떨어진 정도에 따른다고 하면 옳을 것 같다. 여기서 이상적인 개인사가는 관직에 임해서는 안될 것이다. 그러나 그렇다 하더라도, 개인 역사서술의 기본개념이 관찬사와 아주 다른지는 생각해 보아야 할 문제이다. 유교적 관념의 일정요소는 어쩔 수 없이 두 경우에 다 같다. 불교연대기가 특별한 주의를 끄는 것도 이 때문이다. 이것은 위에서 말한 개인 역사서술의 정의에 부합할 뿐 아니라 그 사상적 배경이 다르기 때문이다. 개인과 관찬사의 분명한 구분은 많은 경우에 불가능하다. 뚜렷이 구분되는 양자 사이에는 많은 단계가 있다. 따라서 개별범주로 개인사서의 특징을 정의하는데 약간의 어려움이 있다. 개인사가들은 왕조사 전체를 다루지 않고, 시간·공간·주제 면에서 일정한 부분에만 한정한다고 말할 수도 있다. 더구나 어떤 지역이나 도시에 관한 지방사가 대개 지역에 대한 애착이나 지방향신鄕紳의 이상을 반영하는 것은 분명하지만 지방사가들도 거의 한결같이 관찬사에서 발달한 형식(연보·전기·주제별 志 등)을 차용한다.

　주제의 집중이라는 점에 더하여, 최초의 시기부터 전체 중국사를 포괄적으로 다루려는 시도도 있었다. 이 때 저자들은 대개 간행된 사료에 의지하게 된다. 그 같은 집필과 백과전서적 사서의 목적은 대부분 관리시험 지원자들이 필요로 하는 지식을 제공하는 것이다.

　또 하나 분명히 해두어야 할 문제는 '사서'라는 개념 자체이다. 학자들이 역사연구를 위해 쓰는 사료의 일부만이, 중국 전통서지학 개념에서 또는 그 내용에 따른 구분으로 보아 진정한 사서에 속한다. 예를 들어 '필기筆記'는 사료로서 가치가 아주 높다. 다채로운 사물을 아주 상세하게 설명하기 때문이다. 서지학에서는 이런 작품을 삼류의 지誌로 분류하여, '잡록雜錄' 또는 '소설小說'이라는 표제 아래에 둔다. 임어당林語堂은 '필기'의 특징을 아주 잘 그리고 있다.[1] 비망록이나 잡록은 가장 느슨한 글 형식이다. 사료를 틀에 맞출 필요가 없어서 중국학자들이 제일 즐기는 것이다. 이런 잡록도 여러가지다. 진지하고 때로 아주 중요한 역사사건의 기록과 문서로서 관찬사를 보충하기 위해 쓰인 것부터 귀신, 여우의 혼령, 부활 이야기들이 잡다하게 범벅이 된 것까지 있으며, 때로는 이런 것들이 모두 한 권의 책에 같이 있다.

대체로 잡록은 '학자들 잡담'이라는 일반적 구분에 속하는 것으로 본다. 대개 저자의 목적은 박식하고 재치있는 대화거리를 마련하는 것이었다. 가끔 이런 작품의 서문에 그 목적이 밝혀져 있다. 그러나 저자가 자신의 경험과 알고 있는 정보를 적음으로써 관찬사를 보충하려 하는 경우도 있다. 또다른 목적은 칭찬이나 비난받을 만한 행동의 예를 통해 전통적 도덕을 밝히고자 한 데 있다. 마지막으로, 언제나 다른 동기와 함께 하는 것으로 오락이다. 이런 내용이 문화사적으로 아주 가치가 크다는 것은 분명하다. 또 학자들에 의해 또 그들을 대상으로 쓰임으로써 그들 식자계층이 갖는 온갖 전통의 생각과 함께 그 이상을 반영한다. 하층민들에 대해서는 거의 알 수가 없다. 내부분 사선들이 유식한 관료계층들에 의해 전해지기 때문이다.

다음은 기원후 13·14세기의 비공식 역사에 대한 간단하면서도 어쩔 수 없이 불완전한 연구내용이다. 이 시대에는 개인사서가 많은 것으로 알려져 있고, 거의 모든 형태의 사서가 풍부하므로 이 두 세기에 연구를 한정하는 것은 일리가 있다고 하겠다. 작품들은 다음의 순서대로 검토

---

1) Lin Yutang, *The Gay Genius*(London, 1948), p.352.

될 것이다.

1. 주로 사서로 간주될 수 있는 작품
   1) 전체사(通史)
   2) 특수한 주제 혹은 지역적 역사서술
2. 잡다한 성격의 작품
3. 불교사서

모든 경우에 사용된 판본이 명기된다. 그러나 이것은 사용된 판본이 언제나 가장 양질의 또는 가장 믿을 만한 것이라는 의미는 아니고, 그저 내가 손쉽게 구할 수 있는 것을 취했을 뿐이다.

1) 사 서

(1) 전체사

13·14세기에 개인 역사서술의 상황은 어느 모로 보면 좋지 않았다. 이 때 세 개 제국(금·송·원)이 붕괴하였다. 이 왕조들이 무너지는 상황이 아무리 가혹했다 해도, 한 가지 분명한 것이 있다. 왕조의 붕괴와 함께 금기의 사고, 전능한 궁정관리에 대한 공포·검열 등이 폐기되고, 더 자유로운 의사표현이 원천적으로 가능해졌다는 것이다. 구제도에 대한 충성심까지도 간접적으로 또는 공공연히 표현할 수 있었다. 특히 송에 대한 충성심이 그랬다. 그것은 1275년에서 1280년에 왕조가 무너진 뒤 거의 한 세대 내내 강하게 남아 있었을 것이다.

한 무리 문학작품이 송에 대한 향수어린 추억과 사라진 대의에 집착하는 사람들에 대한 칭찬을 담았다. 놀라운 것은 은밀하게 새 국가를 멸시하고 옛것을 기리는 문학활동이 새 통치자 아래에서 발달할 수 있었다는 사실이다. 이것들 가운데 적지 않은 것이 원대에 인쇄되었고, 더 많은 것이 필사본으로 유통되었다. 17·18세기 명 몰락 이후의 엄격한 검열, 그리고 많은 경우에 학문의 박해가 이루어진 것2)과 비교해 보면, 또는 명대에 일정한 금기를 엄격히 고수한 것을 생각해 보면3), 그런 것이 몽골지배 아래에서 없었다는 것은 놀라운 일이다.

몽골인들은 옛 송의 신하들이 무엇을 쓰든지 그저 개의치 않았다는 인상을 거의 받게 된다. 적어도 새 통치자에 대해 공연한 반란만 도모하지 않는다면 말이다. 아마 송을 재건할 가능성이 거의 없었으므로, 몽골인들은 송에 대한 충성을 순수문학으로 표현하는 데 관대할 수 있었는지 모른다.

역사의 토론이 비교적 자유로웠던 놀라운 예는 『철경록輟耕錄』에 나오는 양유정楊維楨(1296~1370)의 논문 「정통변正統辨」이다.4) 이 장편의 논문은 1343년에 만들어졌는데, 요와 금을 합법적 왕조로 인정한데 대해 송(960~1280)·요(907~1125)·금(1122~1234) 등 세 개 왕조의 정사의 편집자들을 극렬하게 비판하고 있다. 양유정에 따르면, 송에서 원으로의 권력의 이양은 1276년이 되어야 하고, 그래서 원의 언호는 그 해부터 송의 것에 뒤이어 시작해야 한다는 것이다. 요와 금은 이민족 야만인으로 고유왕조로서의 자격을 가질 권한이 없다. 양유정은 논문 전체에 요와 금 통치

---

2) L.C. Goodrich, *The Literary Inquisition of Ch'ien-lung*(Washington, 1935) 참조.
3) 顧頡剛, trans., L.C. Goodrich, "A Study of Literacy Persecution under the Ming", *HJAS*, iii(1938), pp.254~311 참조.
4) 권3, I, pp.1a.ff. 양유정에 대해서는 H.A. Giles, *Biographical Dictionary*, No.2415 : 『明史』 권285 : 『新元史』 권238 : 『中國人名大辭典』(上海:商務印書館, 1933), 1281면 III 참조. 『철경록』에 대해서는 이 글, 194~195쪽 참조.

자들의 시호 대신 개인이름을 씀으로써 자신의 주장을 돈독히 하였다. 편집자들(중국인도 있었지만)은 그의 견해를 따르지 않았다. 그러나 양유정과 같은 원나라 백성이 송이 몰락하기 전에 원의 북중국 지배는 어느 정도 불법적이라는 점을 비치면서 이런 식으로 자신을 표현할 수 있었다는 것은 놀라운 것이다. 또 놀라운 것은 1366년에 제국이 이미 와해되고 있었는데도, 이런 논문이 『철경록』에 실렸다는 점이다. 더구나 이 책에는 송 이전의 자유로운 경향을 보여주는 다른 내용도 많이 있다.

또다른 사실 한 가지가 여기서 언급되어야 한다. 이것이 송대 역사학에서 가지는 중요성을 해명할 만한 능력을 나 자신이 가지고 있는 것 같지는 않지만 말이다. 송대에 개인사 서술을 공식적으로 금한 증거들이 있다는 점이다. 이 문제는 특별한 검토가 필요하며, 이 논문에서 다루는 범위를 넘어서는 것이리라. 아마 송사宋史에 관해 더 정밀하게 연구한다면, 개인사서에 대한 이런 금지조처가 얼마나 효과적이었던가, 그리고 원대 초기 남조에 대한 놀랄 만큼 수많은 작품들이 송제국의 붕괴 때문에 나타난 것인지 아닌지 하는 것을 밝힐 수 있을 것이다.

원대의 관찬사는 중국 서지학자들한테서 크게 지지받지 못하고 있다. 송·요·금 세 왕조사는 급하게 집필되어 누락투성이며 문체의 질이 낮다. 이런 평가가, 개인의 이름으로 발간되었으나 다소간 관찬사의 성격을 지닌 사서의 경우에도 적용되는지에 대해서는 검토가 필요하다. 이런 반¥관찬사적인 형식 가운데 잘 알려진 몇 작품을 내친걸음에 훑어보려 한다. 알탄 뎁터(A. Debter)시기의 몽골 궁정연대기로까지 올라가는 『황원성무친정록皇元聖武親征錄』5)과 같은 작품을 별도로 한다면, 우리는

---

5) *Pelliot-Hambis, Les Campagnes de Gengis Khan*(정복자 칭기즈칸)(Leiden, 1951), pp.11~15. 『四庫全書總目提要』는 이 책을 무시한다. 사실이 틀리고 빠지고 순서가 뒤죽박죽이기 때문이다.[『四庫全書總目提要』(上海:商務印書館, 1934), 1156면. 이하 『四庫』로 약칭)

소천작蘇天爵(1294~1352)이 쓴 『국조명신사략國朝名臣事略』을 일급대열에서 언급할 수 있다.6) 이 작품은 『원사元史』의 「열전」을 위한 사료 가운데 하나로, 그 속에는 원 초기 유명한 정치가와 장군 47명의 전기가 실려 있다. 그러나 이것을 개인사서로 보는 것은 분명히 잘못이다. 저자는 고관으로, 한때 이부상시였고 중서성의 성원이었다. 또 그는 『국조문류國朝文類』도 냈는데, 이것은 개인적 작품이라기보다 온갖 결과적인 한계점을 지닌 공식적 사업이었다. 이 작품은 약간의 중요한 역사작품들을 담고 있어, 뒷날 따로 발간되었는데 예를 들면 『정면록征緬錄〔버마원정기〕』7) 같은 것이 그러하다. 이 원대 선집에 나타나는 또다른 공식작품의 예가 『초포총록招捕總錄』8)으로, 남서중국의 변경부족 및 다른 지역의 여러 지역적 반란주동자들의 반란에 대항한 군사활동을 그린 것이다. 또 3권으로 된 유민중劉敏中의 『평송록平宋錄』은 관찬사의 범주에 속한다.9) 유민중은 원의 한림학사였으며 이 책의 요약문이 『국조문류』(41권, 12b~20b면)에 나온다.

13·14세기에 전체 중국사를 다시 쓰거나 역사적 개요를 새로운 노선 위에서 제시하려고 했던 노력이 많았던 것 같지는 않다. 그러나 한 가지 작품은 언급되어야 한다. 중국에서 크게 명성은 얻지 못했지만 '개인' 사

---

6) 『四庫』(『武英殿刻版書』), 1277면 ; Pelliot, *BEFEO* 9(1909), p.434 ; A. Wylie, *Notes on Chinese Literature*, re-edition(Peking, 1939), p.28.
7) 『守山閣叢書』, trans., E. Huber, *BEFEO* 9(1909). 『수산각총서』 편집자들은 이 책의 말 하나하나가 『國朝文類』 권41, 27b~33a면과 일치한다는 것을 분명히 알지 못했다.[『四部叢刊』(上海:商務印書館)]
8) 『守山閣叢書』. 이 책은 『국조문류』 권41, 38b~58b면에 상응한다. 이것은 『수산각총서』의 편집자들이 말하지 않은 것이다.
9) 『守山閣叢書』. 유민중에 대해서는 『元史』 권178 참조. 『四庫』 1137면에는 이 책을 '잡사' 속에 넣고 있다. 부수적으로 서문은 송에 대한 원 초기 학자들의 입장을 보여주는 예로서 재미가 있다. 賈似道는 1259년에서 1275년까지 송의 재상이었는데 송의 멸망에 책임이 있는 것으로 간주된다.

서이기 때문이다.

『십팔사략十八史略』이 그것이다.10) 『십팔사략』은 중국과 달리 일본에서 상당히 인기를 끌었다. 이 책은 전혀 일본인들의 구미에 맞지 않다. 『사고四庫』의 편집인들은 이 책이 너무 간단하고 축약적이어서 시골의 예비[초등]학교에나 맞는 것이라 생각한다. [『漢文大系』의 일본인 편집자 重野安繹 박사도 중국사 초보자에게 맞는 책이라고 말했다. 1910년 그의 서문 참조] 필자는 이 책 전체를 완전히 분석할 수는 없지만, 『십팔사략』은 아주 독창적인 작품으로 간주될 수는 없을 것 같다. 실제로 그 저자 증선지曾先之에 관해 알려진 것은 전혀 없는데, 이는 그 책의 개인적 성격을 반영한다. 내용은 까마득한 옛날부터 시작하여 1275년에서 1276년 사이 송의 멸망에서 끝난다. 원대 다른 많은 작품과 같이 송에 대한 충성의 흔적이 여기저기 묻어나고 있다. 그래서 1260년부터 이미 원은 자체 연호를 가지고 있었지만 1276년까지 송 황제의 연호를 사용한다. 유교도덕과 송대에 이루어진 그 발달에 대해서도 어느 정도 비중을 둔다. 1200년 주희의 죽음을 언급할 뿐 아니라 당시 '잘못된 교의[異端]'에 대한 토론, 즉 신유학자와의 싸움에 관해서도 간단하게 설명하고 있다.

13·14세기에 기존역사에 대해 주석註釋과 비평을 쓴 사람 가운데 호삼성胡三省(1230~1302)을 빼놓을 수 없다. 물론 사마광의 『자치통감』에 대한 호삼성의 주석 전부를 논하고, 또 어디서 역사에 대해 새로운 이념을 표현하였으며 또 일반적으로 중요한 문제에 관해 독자적인 판단을 내리고 있는지를 찾아내는 것은 불가능하다. 그의 주석은 역사지리의 문제에 특히 밝은 것으로 보통 알려져 있다. 그러나 그 주석이 아무리 굉장한 박식함이 엿보인다 해도, 그 전에 해놓은 지명이나 다른 문제점들에 대

---

10) 『漢文大系』, vol.5, 7장 : 『四庫』, 1107면 : 『支那學藝大事』(1944), 517면에는 이 책의 자료와 전승에 관한 연구가 있다.

한 작업을 개선한 것에 대해 역사일반에 대한 중요한 접근의 증거로 볼 수 있는 것은 아니다.

호삼성은 서문에서 그가 주석한 원저자 사마광처럼 『자치통감』을 후손들이 정치적 행동의 문제에 대한 교훈을 얻을 수 있는 것으로 보았다. 칭찬과 비난[褒貶]은, 거의 모든 중국역사가들의 경우처럼 그에게도 역사의 기본요소이다. 역사는 유가의 기준에 따르면 정치도덕의 거울이다. '도道'는 고전뿐 아니라 역사에서도 나타난다는 견해에 공감했다.(『資治通鑑音注』, 「서문」(상무인서관, 1917), 2a면) 호삼성은 송의 관리로 송이 망하고 난 뒤 관직을 떠났고, 새 통치자에게 정말로 동조하지 않았다. 그의 정치적 견해가 주석에 나타나 있다면, 먼저 중국의 야만인 이웃에 대한 언급에서 그런 것을 찾을 수 있을 것이다.

(2) 특수주제 혹은 지방사

13·4세기에는 사적이건 공적이건 통사가 많지 않은 반면 단일시대나 사건을 다루는 작품은 많다. 그 가운데 소수만 여기서 언급할 수 있다. 약간의 경우에는, 이들 작품이 어느 정도로 정말 엄밀한 의미에서 개인적인 사서로 성의될 수 있는지가 문제가 된다. 이 작품들은 공식기록에 기초한 것일 수도 있다. 그리고 저자를 모르는 경우 그들은 현직 또는 전직 관리일 수도 있다. 예를 들어 공식적 성격은 『중흥어모록中興禦侮錄』에서 명백하다.11) 이 짧은 책은 두 권으로 되어 있는데, 1165년까지 남송과 여진女眞 사이의 전쟁과 외교관계를 연대기적으로 적은 것이다. 이것은 공식자료로 집필한 것이다. 1275년 이전에 존재했던 연대기와 비교하

---

11) 『筆記小說大觀』, 「四庫」, 1150면.

면 아마 이 점을 확인할 수 있을 것이다. 『사고』편집인들은 황실도서관에 그것을 넣을 만한 가치가 없다고 생각하였다. 사실이 잘못되고 소문에 너무 많이 의지했다는 생각이다. 이 책을 배척한 실제 이유는 이 책이 만주의 조상들인 여진을 달갑지 않게 보았기 때문인 듯하다. 다음에 언급되는 약간의 책들은 저자가 접할 수 있는 공식문서와 기록자료를 이용했다는 점에서 관찬사로도 간주될 수 있다.

『송계삼조정요宋季三朝政要』가 있다.12) 저자미상의 이 책은 다섯 권으로 되어 있는데, 이종理宗·도종度宗·'어린 통치자' 공종恭宗의 본기를 싣고 있고 1228년에서 1276까지의 시대에 걸친 것이다. 부록에는 항주杭州가 넘어간 뒤 몽골인에게 저항을 계속하려 한 송 참칭자의 본기가 있다. 이 부록은 진중미陳仲微(1280년경에 번역)가 썼고, 『사고』의 1153면에 별도의 항목 갖고 있다.

『송계삼조정요』는 '대원大元'이라 부르는 원대에 쓰였다. 그러나 이것은 새 정부에 대해 행해진 유일한 권력이양에 관한 것이다. 『사고』편집인들은 '편년' 아래 이 책을 분류하였고, 이 책의 이상적인 기반은 '바른 것[正]'이라 하고, 이것을 황제를 위해 간행되는 책 가운데 넣었다. 이것은 원대에 간행되었다. 그러나 짧은 머리말은 어디서 언제 간행되었는지를 알려주지 않는다. 저자는 후대 관찬사가에게 사료를 남기기 위하여 이 책을 썼다고 말한다. 이런 문구는 '개인적' 역사가들에게서 아주 흔하게 볼 수 있는 것이다.

송의 마지막 국면을 다루는 또다른 책은 『함순유사咸淳遺事』이다.13) 저자미상이지만 저자는 송의 전직관료로 공식사료를 접했던 사람일 것으로 생각된다. 이 책을 '잡서'로 분류한 『사고』편집인들도 이 같은 견해

---

12) 『筆記小說大觀』, 『四庫』, 1046면.
13) 『守山閣叢書』 권2, 『四庫』, 1135면.

를 가지고 있었다. 이 책은 1265년에서 1272년 9월까지를 다루며, 많은 공식문서·칙령과 비망록을 포함한다. 가사도賈似道는 두드러진 역할을 하였지만 당대 다른 저자들이 생각한 것 같은 그런 혐오스런 인간으로 그를 나타내려 한 의도는 없는 것 같다. 『함순유사』는 미완성이다. 함순 연간 마지막 2년 동안(1273~1274)은 다루지 않았지만, 제목으로 보면 처음에는 전 시기를 다 포함했음을 보여준다.

송의 향신들의 운명·작품·행위에 관한 많은 책들이 1276년 이후에 쓰였다. 사실은 이런 애국적인 문학작품 가운데 가장 포괄적인 것 중의 하나가 이 논문이 다루는 범위를 벗어나 있는데, 그것은 명대 작품이기 때문이다. 그러나 송에 대한 애국심을 보여주는 주요자료이기 때문에 여기에 포함시켜야만 할 것이다.

이 작품이 바로 정민정程敏政의 『송유민록宋遺民錄』이다.14) 저자는 1466년의 진사進士였는데,[『명사』권286 참조] 구할 수 있는 유명한 송 충신에 관한 저작과 그들을 찬양한 시를 모두 모았다. 그래서 순수역사 작품이라기보다 오히려 송에 대한 충성심의 모음집 같은 것이다. 15권에서는 마지막 몽골황제 순제順帝(재위 1332~1368)가 쿠빌라이에 의해 분봉되어 영국공(瀛國公)이 된 송 마지막 통치자의 아들이라는 환상적 이야기가 되풀이된다. 『사고』편집사들은 이를 우스꽝스럽게 여기고, 이 책을 '존목存目'의 범주[이 책들은 황제를 위해 복사되지 않는다]에 넣었다.

이제까지 언급한 작품들이 역사라기보다 오히려 문학적이라면 다음 것들은 확실하게 역사의 범주에 속한다.

『송계소충록宋季昭忠錄』은 저자미상이다.15) 여기에는 송대 마지막 치세 저명한 애국자 130인의 전기가 나왔다. 1235년에서 1289년[謝枋得의 죽

---

14) 『筆記小說大觀』 권15. 『四庫』, 1341면 : A. Wylie, 앞의 책, p.29.
15) 『守山閣叢書』 권1. 『四庫』, 1274면.

음)까지의 사건이다. 전기적 정보가 아주 상세하고, 송과 원 사이의 전쟁 몇 차례가, 예를 들면 양양襄陽의 포위(1268~1273) 같은 것이 세밀하게 적혀 있다. 몽골군대의 잔학성도 묘사되어 있는데, 이 때문에 아마 이 책의 원대 인쇄본이 없을 것이다. 『사고』편집자들에 따르면, 관찬 송사에 나오는 같은 인물인 송 충신의 전기보다 이 책이 더 신빙성이 있다. 그래서 정사를 보충하는 것으로 보고 있다.

원대 개인사서에 관련하여 제목에서까지 개인적 작품이라고 밝히는 한 작품을 언급해야 한다.

권형權衡이 쓴 『경신외사庚申外史』(1320년에 태어난 황제의 비공식 역사)가 그것이다.16) 이는 마지막 몽골황제에 대한 편년사로, 관찬왕조사[『원사』]에서 다소간 무시되었던 사실들을 많이 조명하고 있다. 저자는 중국 중부의 북쪽 편에 살았으므로, 그 지역에 관한 많은 정보를 갖고 있다. 1350년대와 1360년대 몇몇 반란이 생생하게 묘사되고, 북경에서의 원대 마지막 통치의 양상이 『원사』 안에서 볼 수 없는 상세한 대목까지 기록되어 있다. 순제는 기본적으로는 선한 통치자이나 나쁜 신하들을 과신하는 잘못을 범하였다. 『경신외사』는 개인사서가 관찬사와 얼마나 달라질 수 있는가를 보여주는 좋은 예이다. 예를 들어 이 작품이 사건을 다룰 때 『원사』보다 더 학구적이라든가 중립적이라고 하는 말은 아니다. 그러나 관심을 두는 곳이 다르기 때문에, 표준의 공식사료와는 다른 면을 볼 수 있다. 권형權衡은 통치자의 힘[德]과 그가 '내전內殿'에서 벌이는 여자들과의 수작 사이에 상호관계가 있다고 믿었으므로 수도의 후궁에서 일어나는 재미있는 [어떤 것은 섬뜩한] 이야기를 적게 되었다. 이런 이야기가 어느 정도 궁정의 헛소문인지는 우리로서는 알 수가 없다. 그러나 정사

---

16) 『叢書集成』: 『四庫』, 1157면.

에 있는 냉정하고 무미건조한 전기가, 관청에서 나오고 남녀관계에 대해서는 아무것도 전하지 않는다고 해서 더 믿을 만한 사료로 간주할 수 있을까? 명심해 두어야 할 것은 때때로 전기(列傳)는 대개 공식사료에 근거한다는 것, 그리고 전기의 원천이 개인적 저술가의 문집이라는 것을 밝힐 수 있는 경우에도 대개는 경력·사망기 등의 윤곽정도를 알 뿐이며 이것이 사람의 인성에 관한 것을 알려주는 것은 아니다. 이것은 마치 대학의 강사가 되기 위해 지원자들이 메우는 질문서 같은 것일 뿐이다. 아주 전통적이고 주술적이기까지 한 개념에서 나온 것이라 하더라도, 한 시대, 또는 어떤 사람에 대해 다른 모습을 전하는 사료는 고마울 따름이다. 순제의 경우 중국역사가들이 그리는 그의 모습은 그라네(Granet)가 '타락한 왕'이라고 부르는 낡아빠진 관용어에 의해 영향을 받고 있음이 분명하다.

위에서 언급한 역사가들은 어디선가 읽고 들은 것을 썼겠지만, 우리도 또한 어떤 저자가 모았거나 몸소 목격한 것을 적고 있는 약간의 원사료를 가지고 있다. 여기에 일기·비망록, 그리고 그에 유사한 작품들이 속한다. 더 초기의 중국역사에서, 혹은 저명한 사람들로부터 이런 유의 사료가 너무 없다는 것이 안타깝다. 그러나 사료로서 특히 높은 가치를 인정할 수 있는 약간의 문헌이 있다. '현징에' 있었던 사람의 즉각적인 감정을 우리에게 전해 주는 것이기 때문이다. 이런 일기는 고관들이 쓴 것이라 해도 '개인적 역사서술'의 범주에 넣을 수가 있다. 아마 서구인들에게 가장 잘 알려져 있는 것은 도사道士 구처기邱處機의 아시아 여행과 칭기즈칸의 궁정에 있던 그의 청중들에 관한 일기일 것이다. 13세기 초 종교적 생활에 대한 많은 관련사항을 함께 포함한 우수한 번역본[17]이

---

17) Arthur Waley, *The Travels of an Alchemist*(London, 1931).

있으므로, 이에 관하여 여기서 더 상술할 필요가 없다. 또 13세기의 다른 여행기도 언급할 필요가 없다. 그 대신 브레트슈나이더(E. Bretschneider)의 『중세연구(Mediaeval Researches)』를 소개한다. 그러나 서구의 중국학이 더 적게 연구한 것으로 개인적 경험에 바탕을 둔 또다른 책들도 몇 개 있다.

조만년趙萬年이 쓴 『양양수성록襄陽守城錄』이 있다.[18] 이것은 1206년에 여진女眞(Jurcen)의 부대가(『사고』가 잘못 기록하고 있는데, 몽골에 의한 것이 아니다) 양양襄陽을 포위하여 공격한 기록이다. 그 저자는 지휘관의 참모로 포위공격을 직접 목격하였다. 특히 부록이 재미있는데, 거기에는 여러가지 방어와 공격에 쓰인 무기나 기구들이 상세하게 그려져 있다. 저자의 목적은 책 끝(12a면)에 말하고 있듯이 도시방어의 성공을 기리게 될 후대 역사가들에게 믿을 만한 자료를 남기기 위한 것이다. 『사고』편집인들은 이 작품을 낮게 평가하여 「존목存目」의 범주(황제를 위해 베끼는 책이 아님)로 분류한다. 내용이 단편적이고 불완전하므로 어떤 것은 이해가 안되기 때문이라고 그들은 말한다.

사실 만주의 전기작가들이 이런 입장을 취하는 이유는 조만년이 여진을 언제나 노奴(노예)라 하고, 또다른 상스러운 말로 표현하기 때문일지도 모른다. 이 책은 사건 뒤에 곧(1207)에 쓰였으므로 아주 가치가 높다. 비슷한 일기로 서면지徐勉之의 『보월록保越錄』이 있다.[19] 이것은 1359년 명 군대가 소흥紹興을 포위한 기록이며 사건 직후에 쓰인 것으로, 서문이 1359년 10월에 쓰였다. 앞의 작품처럼 1359년 사건당시 위기의 몇 달 동안 포위된 도시 안에 살면서 직접 목격한 사람에 의해 쓰인 1차사료이다. 서문에서 저자는 도시를 성공적으로 방어한 여진呂珍을 기리고, 그때 사람들의 고통이 미래에 잊히지 않도록 하고 싶다고 말한다.

---

18) 『筆記小說大觀』, 『四庫』, 1151면.
19) 『十萬卷樓叢書』, 『四庫』, 1293면 : Pelliot, in *BEFEO* 9(1909), p.223 : A. Wylie, *op.cit.*, p.159.

명초明初의 사건을 다룬 상당수의 책이 있는데, 이것도 개인적 사서로 간주될 수 있다. 그러나 이런 책들은 여기서 생략한다. 필요한 내용은 프랑케(W. Franke)가 쓴 명사明史사료에 관한 우수한 연구에서 찾아볼 수 있기 때문이다.[20] 대신 여기서는 주로 역사적 특성을 지니고 있으나, 잡다한 서술인 '필기'에 들어갈 수도 있는 작품 몇 가지를 소개하려고 한다.

『삼조야사三朝野史』는 익명의 것이다.[21] 이것은 겨우 10면으로 되어 있는 간단한 책으로, 마지막 송황제 치세의 일화를 담고 있다. 가사도賈似道는 여기서 아주 좋지 않은 인물로 비친다. 그는 여러 풍자시의 주제가 된다. 이 책은 내용에 언급되는 마지막 연대인 1279년 이후에 쓰인 것이 틀림없다. 여기서는 몽골인을 '대원'이라 부르지만, 그 저자는 분명히 송의 전직관리였다. 『사고』편집인들은 그 문체의 흠을 잡고 격하하여 잡사의 「존목」에다 넣어버린다.

허대조許大照의 『진여록盡餘錄』도 있다.[22] 소주蘇州출신인 저자는 이 역사일화 모음집을 1276년 이후에 썼음이 틀림없다. 1권은 10세기 이후 송의 유명한 사람들의 이야기를 적고 있다. 저자는 원의 연호나 말투를 따르려고도 하지 않았던 충성파였다. 2권은 주로 소주지방에 전하는 고금의 이야기이다. 그는 여진이 1130년 소주지역을 침공했을 때 저시른 만행을 상세히 적고 있다. 또 분명히 직접 경험한 것으로, 1275년 몽골인이 그 곳을 정복, 아니 오히려 점령한 이야기도 담고 있다.

---

20) *Bulletin of Chinese Studies* 7(1947), pp.107~224 : *Studia Serica* 9, I(1950), pp.33~41.
21) 『古今說海』, 『四庫』, 1154면. 小說存目 가운데 『삼조야사』 목록, 2970면에는 또다른 기록이 있다. 이것은 1154면에 있는 책과 같은 것 같다. 더구나 『고금설해』에서 인쇄된 책은 확실히 미완성이다.
22) 2권으로 된 『王聚錄叢書』.

2) 잡다한 성격의 작품

필기[잡록]가 가지는 약간의 성격은 위에서 말하였다. 가끔 이것은 문학적·예술적 가치가 아주 높아서 관찬의 전기보다 더 비공식적인 면에서 개인을 조명하는 이야기와 일화들을 우리에게 들려준다. 필기작품에 나오는 몇몇 전기적 내용은 정사에도 나올 수 있다. 또다른 경우에는 아주 중요한 서류와 기록들이 필기작품, 예를 들어 13세기의 여행담 같은 데에 실려 있다. 우리가 소개할 첫번째 작품은 『사고』편집인들이 '소설'로 분류해 놓았지만 아주 중요한 사료인 것이다.

유기劉祁의 『귀잠지歸潛志』가 그것이다.23) 저자는 금의 관리로 서문에 따르면 1235년 금이 망한 지 1년 뒤에 이 책을 완성하였다. 그는 당시의 타락을 탓하고, 그 책이 미래세대를 위한 교훈으로 쓰였으면 하였다. 어떻게 보면 이 작품은 1280년 이후 송 충신들의 작품에 비길 수 있다. 그런 작품들처럼 이것은 관찬사 집필의 자료로 쓰였다. 1권에서 6권은 대부분이 저명한 중국정치가와 지식인들의 전기로 되어 있다. 7권에서 10권은 좀더 일화적인 것이며, 11권과 12권은 1234년 개봉開封함락을 목격한 대로 쓴 흥미진진한 것이다. 이 부분은 하에니쉬(Haenisch)24)가 금의 마지막 몇 날, 몇 주에 관한 일화를 상세히 연구하면서 사료로 이용했던 것이다. 13권은 철학과 역사에 관한 약간 일반적인 생각을 적었고, 14권은 유기와 그 친구들의 문학작품이다.

---

23) 『筆記小說大觀』 14권으로 됨[『四庫』, 2932면 : A. Wylie, op.cit., p.159.
24) "Die Ehreninschrift fur den Rebellengeneral Ts'ui Lih(반군대장 雀立을 위한기념비)", Abhandlungen der Preussischen Akademie der Wissenschaften(프로이센과학아카데미 논문집)(1944), p.4.

유일청劉一淸이 쓴 『전당유사錢塘遺事』가 있다.25) 왜 『사고』의 서지학자들이 『전당유사』를 '잡사'로 보고, 『귀잠지』는 '소설'로 했는지 필자는 모른다. 둘 다 성격이 아주 비슷하다. 『전당유사』는 유기의 작품보다 '역사가 아닌' 내용(예를 들어 이전 송 수도의 지방민화 등)이 더 많다. 이 책의 정치 성향은 송-충성주의이다. 송황실이 상도上都로 피랍된 사건의 일기 [제9권]가 몰(A.C. Moule)26)에 의해 번역되었는데, 엄광대嚴光大의 한 기록은 몽골에 비우호적인 감정을 드러내고 있어, 원대 표현이 비교적 자유로웠다는 또 하나의 증거가 된다. 유일청은 가사도에 대해 아주 비판적이었던 것 같다. 반면 송 관리로 영웅적인 문천상文天祥(1236~1282)은 다른 충신들과 같이 그 애국심으로 칭찬받는다.

송 충신이 쓴 또다른 작품은 『동남기문東南紀聞』인데 저자미상이다.27) '소설'로 분류되며, 휘종徽宗(치세 1101~1126)과 같은 초기부터의 남송시대의 일화를 담고 있다. 대개가 궁정·고관·지식인을 둘러싼 것이며, 신에 관한 이야기와 인종학적인 내용도 조금 있다. 사료로서의 가치는 『전당유사』보다 못하다.

잡동사니 작품 가운데 잘 알려진 것으로 주밀周密이 쓴 『계신잡식癸辛雜識』이 있다.28) 저자는 1232년에서 1308년까지 살았고, 1276년까지 관식에 있었다. 송 멸방 이후 관직을 사임하고 항주 계신사癸辛街에 은거하였다. 그의 『계신잡식』은 산만한 모음집으로, 남송 수도의 정치적·지적 생활에 관한 많은 정보가 들어 있다. 다루는 시기는 1200년대 중엽에서 1305년까지다. 지식인에 관한 전기자료가 물론 많지만, 가사도에 관

---

25) 『武林掌故叢編』 10권으로 됨. [『四庫』, 1136면]
26) Hang-chou(杭州) to Sang-tu(上都) AD 1276, *TP* 16(1915), p.1136.
27) 『守山閣叢書』 3권으로 됨[『四庫』, 2931면] : A. Wylie, *op. cit.*, p.159.
28) 모두 6권이다. 『四庫』, 2930면 A : Wylie, *op. cit.*, p.159 : R. des Rotours, *Traité des Fonctionnaires*(Leiden, 1947), pp.cxii~cxiii.

한 일화와 동시대 사건에 대한 이야기도 있다. 예를 들어 송황제 능을 약탈한 너무나 유명한 [또는 악명 높은] 이야기[『別集』 권2, 37a~48a, 46b~49a면, 『後集』 권1, 37b~38b면]나, 양양襄陽의 포위[『별집』 권2, 37a~48a면, 이 유명한 요새의 포위에 관한 가장 중요한 서술 가운데 하나] 같은 것 말이다.

특히 문학적인 것에 관한 훨씬 작은 작품 하나가 장자정蔣子正의 『산방수필山房隨筆』이다.29) 저자에 대해서는 거의 알려진 것이 없으며, 1280년경에 살았던 것이 틀림없다.[그는 1278년과 1279년을 언급하고 있다. 10b면] 그는 특별한 경우를 위한 기념시를 많이 적어놓았는데, 그 중 약간은 친親송의 정치성향을 분명히 비치고 있다. 가사도[14b~17b면]에 관한 것도 있는데, 거기서 그는 송을 망하게 하고 나라를 배반한 데 대해 심하게 비난하였다. 반면 충신은 용감한 것으로 칭찬된다.[3a~b면] 장자정은 원대에 살면서도 몽골인들을 '북조北朝'라 불렀다.

원대 자체에서는 왕운王惲의 『옥당가화玉堂嘉話』를 빼놓을 수 없다.30) 저자는 1227년에서 1304년까지 살았는데, 쿠빌라이 밑에 고관을 지냈다. 그는 잡기에서 고대 역사와 문학에서 나오는 호고적好古的 주제와 사건뿐 아니라 사료조사를 통해 포함시킬 가치가 있는 동시대 사건도 다룬다. 유욱劉郁의 『서사기西使記』는 중앙아시아 여행담인데 94권, 4b~9a면에 들어 있다.

이와 비슷한 또다른 작품은 정원우鄭元祐의 『수창잡록遂昌雜錄』이다.31) 저작연대는 미상이다. 저자는 1292년에서 1364년까지 살았고, 두본杜本의 죽은 사실을 적고 있으므로 1350년 이후에 책을 썼음에 틀림없다. 송의 충신에 대한 많은 이야기와 일화를 전하고 있는데 시간이 그렇게 많이

---

29) 『知不足齋叢書』 1권으로 됨[『四庫』, 2933면] : A. Wylie, op. cit., p.159.
30) 『四部叢刊』 8권으로 됨[『四庫』, 2558면] : A. Wylie, op. cit., p.134.
31) 『筆記小說大觀』, 『四庫』, 2935면 : A. Wylie, op. cit., p.159.

흐르고 난 다음에 그랬다는 것이 놀랍다. 또 1275년에서 1276년의 사건에 관한 이야기도 있다. 동시대 이야기는 저자당시의 지도적 인물보다 오히려 지방인사에 관한 것, 그리고 절강의 지식인에 관한 것이다. 재미있는 것은 소흥紹興부근 송황제들의 능을 모독한 이야기인데,〔9a~9b면〕 이것은 『철경록輟耕錄』(4권, no.1)에 모아놓은 사료와 일치하지 않는다. 1285년경 라마교 승려들이 황릉을 범한 사건은 남부 중국의 민족감정을 자극하였음에 틀림없다. 이 사건은 다른 많은 사료에서 다소간 반란적 상황으로 언급된다.[32]

동시대 사료량은 이충李翀의 『일문록日聞錄』에서도 이와 같이 적었다.[33] 이 작은 책은 1364년과 1368년 사이에 완성되었다.〔여기서 1364년을 언급하고 있으나 원나라를 아직 '우리 국가의 왕조'라고 부르고 있다〕 이상한 현상이나 징조에 관하여 보통의 기록과는 달리, 비非중국인 관리들의 무지와 같은 약간의 동시대 이야기를 포함하고 있다.〔Asia Major, 3, I(1952), p.28 참조〕 강한 배불排佛감정이 이 모음집에 노골적으로 보인다.

같은 시대에 속하는 것으로 공제孔齊의 『지정직기至正直記』가 있다.[34] 저자는 공자의 후손으로 사명四明〔절강지방〕에서 은거하였다. 서문은 1360년에 적혔다.〔권4, p.35면에 1363년이 언급되지만〕 이 책의 주된 장점은 지방민화가 많다는 것이지만,〔대개가 사명과 溧陽지방의 것으로 각각 설상과 상소지방이다〕 유명한 동시대인에 관한 일화도 많다. 몽골총리 토크토(Toqto), 시인 사둘라(Sa'dulla : 1308년생), 역사가 구양현歐陽玄(1272~1357)·문종文宗(1330~1332 재위) 등이 그들이다. 간혹 대화가 대화체로 적힌 것이 주의를 끌 만하다. 분명히 저자는 여자가 외부세계와 격리되어야 한다는 단호한 생각을 갖

---

32) 이 주제에 관한 전반적 연구는 P. Demiéville, "Les Tombeaux des Song Meridionaux(남송문집)", *BEFEO* 25(1925), pp.458~467.
33) 『守山閣叢書』. 『四庫』, 2557면 : A. Wylie, *op.cit.*, p.134.
34) 『粤野堂叢書』 모두 4권으로 됨.〔『四庫』, 2970면〕

고 있었다. 여자가 '집안'을 떠나서 바깥모임에 참가하면 어떤 좋지 않은 일이 생기나 하는 예를 들고 있다. 그러나 그 선조들의 견해에 비추어 보면, 그보다 더 너그러운 태도를 기대해서는 안될 것이다. 사료로서 이 책은 정말 어느 정도 가치를 지니고 있다.

13·14세기 이런 범주 가운데 가장 포괄적인 작품은 도종의陶宗儀의 『철경록輟耕錄』이다.35) 부록은 물론 저자와 이 책에 관해서는 모트(F.W. Mote)에 의한 우수한 연구가 있으므로 여기서는 간단히 다룰 수가 있다.36) 이 책의 특징에 대해 몇 마디 하면 족하다. 이것은 아주 가치가 높은 자료이다. 저자나 그 친구들이 목격한 동시대 사건의 자료뿐 아니라, 없어지거나 접하기 어려운 옛 작품들의 발췌문을 담고 있다. 도종의는 일생동안(1320년경~1402년 이후) 어떤 관직에도 몸을 담지 않았다. 그러나 이것은 모트가 지적하듯이 주변상황에 무관심했다는 의미는 아니다. 그는 동시대의 많은 유명인사들과 개인적 접촉이 있었다. 그리고 다른 작품을 인용한 것을 보면 그 독서의 범위가 아주 넓었던 것 같다. 1366년에 『철경록』의 인쇄본이 나타났으나 여전히 원元 통치 아래에서였고, 그는 송을 찬양하는 경향의 많은 이야기와 일화를 담은 책을 이번에도 반대하지 않은 것이 분명하다. 이것은 백과전서적이다. 거의 모든 가능한 주제에 관한 항목을 포함하기 때문이다. 문학·예술부터 원왕조의 족보와 같은 역사적 기록, 그리고 1장에는 몽골과 내부 아시아 종족에 관한 아주 상세한 목록이 있다. 분명히 친송親宋적인 이야기가 조금 있다 하더라도 이 책을 반反몽골적 경향이라고 생각하면 잘못된 것이다. 송 충신의 것이라 볼 수 있는 이야기 가운데서, 몽골의 통치자·정치가·관리

---

35) 모두 30장으로 됨[『四庫』, 2935면] : A. Wylie, *op. cit.*, p.159.
36) "Notes on the Life of T'ao Tsung-i(陶宗義)", in *Silver Jubilee Volume of the Zinbun Kagaku Kenkyusyo*(京都: 人文科學研究所, 1954), pp.279~293 : *Index du Tcho Keng Lou*(輟耕錄), (Centre d'Etudes Sinologiques de Pekin, 1950).

들을 찬양하는 것도 들추어낼 수 있다. 13·14세기 정치사와 문화사에 관해 이같이 중요한 사료가 지금은 '프랑스-중국센터의 색인'을 통해 손쉽게 이용될 수 있음에 우리는 감사해야 한다.

『철경록』이 기본적으로 편집물이므로, 그 기초가 되었던 1차사료를 알아내고 싶다. 이런 1차사료 가운데 양우楊瑀의 『산거신화山居新話』가 있다.37) 이것은 『철경록』(1360)보다 몇 년 더 일찍 출간되었다. 여기서도 우리는 간략한 소개로 대신한다. 이 책에 관한 간단한 연구와 전문번역이 최근에 나왔기 때문이다.38) 이 번역으로 우리는 전형적인 필기[잡기]가 역사가들에게 갖는 가치를 판단할 수 있다. 양우(1285~1361)는 1330년대 한동안 수도의 관직에 임했으므로, 궁정에서의 개인적 경험에 관한 기록은 믿을 만하다. 특기할 것은 『경신외사庚申外史』의 부록은 물론 여기서도 마지막 몽골황제 순제는 오히려 호의적으로 조명되고, 전혀 전형적인 '타락한 왕'으로 나타나지 않는다는 점이다. 반대로 양우는 자주 순제가 불필요한 사치를 싫어하는 검소한 사람이었다고 전한다.

이런 이야기를 저자가 날조한 것으로 반박할 수도 있다. 그러나 그렇다면, 왜 그가 이야기를 꾸며놓았을까? 만일 양우가 실제로 본 것이 황제의 무모함과 방탕이었는데도 그런 통치자를 은폐하려 했다면, 그는 아마 침묵할 수도 있었을 것이다. 거의 25년이나 지난 뒤에 긴 이야기를 날조했을 가능성은 아주 희박하다. 그 자신이 늙고 은퇴하였으므로 더 이상, 그 책이 먼 수도에 알려져 기회가 올 것이라는 생각까지 해가면서, 세속적 출세야망을 가졌을 리도 없기 때문이다.

---

37) 『知不足齋叢書』, 『四庫』, 2934면 : A. Wylie, op.cit., p.159.
38) J. Franke, in Journal of Oriental Studies Hongkong, 2, 2(1955) : "Beitrage zur Kulturgeschichte Chinas unter der Mongolenherrschaft(몽골지배 아래의 중국문화사에 관한 논고)", Abhandlungen fur die Kunde des Morgenlandes(동방학논집)(Wiesbaden, 1956), vol.xxx, pt.2.

3) 불교사서

『천태구조전天台九祖傳』[서문이 1228년에 쓰임]이나 그밖에 승려생활에 관한 전기집같이 주로 불교승려에 관련한 불교의 역사적 문학은 여기서 다루지 않겠다. 역사가가 관심을 갖는 것은 불도저자들이 '세속적' [혹은 유교적] 원형을 따라 일반적 혹은 세계역사를 집필하려한 시도이다. 이런 종류의 사서는, 비록 이런 작품이 뒷날 황제에게 진상되거나 당시 저명한 약간의 식자들에 의해 서문이 쓰인다고 해도, 확실하게 개인적이고 비공식적인 것이라 할 수 있다. 정통의 관료적 통념[이데올로기]과는 다른 자료나 개념을 내포할 수 있는 사서가 도대체 정말로 존재한다면, 우리는 그것을 불교사서 가운데서 찾아야 할 것이다. [혹은 도교사서가운데서도 있을지 모른다. 그러나 필자는 도교정전正典 중에서 도가적 종교와 철학의 관점에서 역사를 해석하려 시도한 어떤 작품이 있는지 없는지를 모른다] 물론 우리가 다른 '세속'작품에서 볼 수 있거나, 혹은 한 시대의 지성사에 관련하여 아주 흥미로운 그런 사건과 경향을 다루는 불교도 작품도 아주 많다.39)

우리의 목적에 비추어 본다면 이런 작품들은 전통유교와 불교사상의 상호작용이 나타나는 것으로, 역사의 완전한 개요를 제공하려는 책만큼 중요하지는 않다. 가장 빠른 불교적 사서[혹은 오히려 백과전서라 불러야 될까?]는 597년 비장방費長房이 완성한 『역대삼보기歷代三寶記』이다.40) 첫번

---

39) 예를 들어 祥邁의 『辯偽錄』은 5권으로 되어 있다. 1291년경 작품이다. 여기서 13세기 대화체 토론이 나온다.[Taishō Tripitaka, vol.52, no.2116].
40) Taishō Tripitaka, vol.49, no.2044, pp.22~127.

째 세 권은 불교의 역사를 그리는데, 이것은 매우 중국적이다.[그러니 인도적이 아님] 저자가 모든 일에 정확한 연대를 매기려 하고, 책 전체에 중국 통치자들에 따라서 정렬된 60년 주기를 적용한 점에서 그러하다. 붓다 자신은 계사癸巳년 주周 장왕莊王 9년(688 BC)째에 태어난 것으로 되어 있다. 이런 정확한 연대설정은 인도의 기록을 곤혹스럽게 만들 수도 있다.

여기서 우리가 다루는 시대이래, 불교적 견해에서 쓰인 통사로는 지반志磐의 『불조통기佛祖統紀』가 있다.[41] 이것은 1271년경에 인쇄되었다. 저자는 이런 광범한 역사에 상당히 박식한 것으로 보인다. 이용한 작품의 목록이 나와 있다.[131 III~132 II면] 그가 설계를 따온 전범에 대해서도 언급하고 있다. 본기本紀·전기[列傳]·전통가문[世家] 등에서 그는 사마천의 『사기』를 따랐다. '불교흥망성쇠'[「興衰志」(129면 III)의 설명에서는 사마광의 『자치통감』을 따른다] 바꾸어 말하면 새로운 형태를 낸 것이 아니고, '세속' 역사의 표준형을 모방하려 하였다. 여기서 약간의 모순이 없을 수가 없다. 교회사를 완전히 다른 내용에 맞게 발달된 형식에 결합하는 것은 불가능하였다.

이 작품의 전체구조를 잠깐 살펴보면, 표준왕조사[正史]에 대한 의존 정도를 알 수 있다. 작품 전체가 연대기[本紀 : 1~8권], 세가[9~10권], 열전[11~12권], 연표[表 : 23~24권], 지[志 : 25~54권]의 다섯 구분을 따서 모방하였다. 이렇게 『사기』를 따르면서도, 저자는 이런 일반적 구성을 오히려 융통성을 두고 불교의 역사에 적용시켰다. 연대기적 역사기술에 들어가기 전에, 그는 먼저 본기에서 불교이론을 다룬다. 2~4권은 붓다의 생애를 다루며, 그 출생을 기원전 1027년으로 한다. 5권은 24명의 인도승려를 본기의 핵심으로 하려 한다. 6권에서 8권은 중국승려[모두 17명]를 다룬다.

---

41) Taishō Tripitaka, vol.49, no.2035, 54ch, pp.129~475. 『四庫』, 3025면 : Nanyo Catalogue no.1661 : A. Wylie, *op. cit.*, p.168.

세가 9권과 10권은 종파의 역사, 주로 저자가 속했던 천태天台의 역사를 적는데 승려들의 계보와 전기형식이며, 독실한 속인의 전기도 들어 있다. 다른 종파들은 열전 11권부터 22권에서 다룬다. 연표는 23권에서 남조 양무제梁武帝(502)에서 1233년까지 불교에 영향을 미친 사건의 간단한 기록과 함께, 중국통치자들의 목록을 두었다. 이 책의 가장 많은 부분은 지志로 되어 있고, 이것은 하부로 다시 세분된다. 그 중 25권은 서지학[藝文志]으로 학파에 따라 분류된 중국 불교작품의 목록이다. 26권부터는 다소간 전기적인 반면, 31·32권은 정사의 지리부분[地理志]을 본뜬 것이다. 31권은 우주론적이고 신화적인 것, 32권은 한대漢代 중국 및 그 서쪽 지역과 인도의 지도들을 곁들인 순수지리다. 33권은 일력지日曆志를 본떠 만든 것으로, 상세한 개개 묘사를 곁들인 한 해의 축제목록이다. 34권에서 48권은 주나라부터 송의 이종理宗(1236)까지 법 보급의 성공 혹은 실패에 관한 것이다. 원나라 1368년까지의 것도 부록으로 달려 있다. 이것은 뒤에 원대 왕조사에서 따서 붙인 것이다. 위에서 말했듯이, 이 부분은 사마광의 『자치통감』을 모방한 것으로 중국통치자와 그 치세를 연대기적 구성으로 적은 것이다. 49권과 50권은 정통불교도의 유명한 작품의 모음집 같은 것이다. 저자인 지반志磐도 여기에 들어 있어서, 자신의 작품을 스스로 이 책에 포함을 시켰는지에 대하여 생각해 보게 된다. 마지막 51장에서 54장까지는 『역대회요지歷代會要志』인데, 정사에서 불교에 관련되는 것을 유별로 발췌한 것이다. 예를 들면 궁정에 성전(holy scriptures)을 가져다준 사자의 목록, 승려에게 하사된 직함, 이단종교[마니교·조로아스터교] 혹은 화엄경에 의해 만들어진 것 같은 '축복의 말씀', 노자가 인도의 붓다로 환생했다고 한 도가서적 등이 그런 것이다.

이 책은 정보의 보고寶庫같이 보일 것이다. 그러나 거기서 원하는 사람이나 사건을 찾는 것이 지극히 어렵다. 외형적으로 왕조사의 구조가 쓰이지만, 저자는 자신의 목적에 맞추어 그것을 수정하였다. 순수 불교연대기, 예를 들어 붓다가 죽은 이후의 것들을 소개하려는 노력은 없다. 중국의 표준연대기가 시종일관하고 있는데, 열렬한 배불주의자의 경우까지도 중국통치자들을 그대로 묘사하고 있는 것에서 그러하다. 왕조사에 쓰이는 형식과 사마광의 『자치통감』은 너무 영향이 커서 다른 방법을 질식시킨 듯하다. 기존 유교적 역사와 이렇듯 닮은 점이 있지만, 『사고』 서지학자들은 이 책을 「존목」의 범주에 넣었다. 그들 생각에 특히 붓다와 승려들이 연대를 제공하는 본기에 보이는 관찬사를 그대로 모방한 것은 용납할 수 없는 표절이며 왕조사와 그 원칙에 대한 모독이었다.

다루기가 더 쉬운 책은 염상念常이 쓴 『불조통재佛祖通載』다.[42] 이 책은 1333년이나 1334년에 완성되었다. 서문 두 개의 연대가 1341년과 1344년으로 되어 있다. 형식은 옛날부터 1333년까지 연보사다.[43] 1권은 여러 붓다들과 불교우주론을 다룬다. '실제'역사는 2권에서 신화의 중국황제 반고盤古와 함께 시작한다. 그 뒤에 중국통치자들이 나오는데, 『불조통기』와 비교하면 아주 다른 점이 있다. 염상은 1206년 칭기즈칸 즉위를 적고, 그 후 송 [그리고 1234년까지의 금뿐 아니라, 원의 치세연호까지 성실하게 기록하고 있다. 1333년 기록을 끝내면서 존엄한 황제의 만만세를 장황하게 기원하기도 한다. 송대에 저술한 승려 가운데 아무도 명백히 필요한 것으로 간주하지 않은 충성심을 내비치고 있다. 염상 자신은 디야나(Dhyana)파에 속하였다. 이런 친몽골적 입장은 오히려 라마교에서 기대할 수 있는 것이다. 그밖에도 그는 12·13세기의 혼란기를 다소간 똑

---

42) Taishō Tripitaka, ch22., vol.49, no.2036, pp.477Ⅰ~735Ⅱ : Nanyo Catalogue no.6137. A. Wylie, *op. cit.*, p.169 : 『四庫』, 3024면.
43) 13세기 불교연대기와 Rasid ad-Din 사이의 관계에 대해서는 Oriens(1951), iv, pp.21~26 참조.

같이 다룬 것 같다. 처음에는 송의 치세를 따라 연대를 적었지만 금 · 서하西夏의 것, 뒤에는 원의 것도 썼으며, 여러 나라의 통치자의 계승과 사망날짜까지 포함하였다.

왜 『사고』 서지학자들이 『불조통재』가 황실문고에 들어가며 『불조통기』는 안된다고 생각했는지 필자는 알 수가 없다. 아마 염상이 유학자 저술가들을 매우 광범하게 인용했기 때문일 것이다. 지반志磐이 금 · 원 · 서하 등의 북쪽 국가들의 불교에 대해 아무것도 전하지 않는 데 비해, 염상은 때때로 길게 설명한다. 이 두 작품의 내용을 같은 햇수별로 비교해 보면, 재미있지만 이야기가 길어진다. 그저 간단히 말하면 염상의 연대기의 '세속적' 내용이 지반의 것보다 더 상세하고, 붓다에 관한 것을 특별히 다루지만 일종의 통사 같은 것이라 할 수 있는 반면, 지반은 왕조사 구조의 형식 아래에서 불교의 백과전서를 쓰려 했다는 것이다.

우리는 다카구스高楠 교수에게 감사해야 한다. 그는 다른 두 개 작품을 실은 같은 책에서 각안覺岸이 쓴 『석씨계고략釋氏稽古略』을 재판하였다.44) 이 책은 1354년에 끝난 것이 틀림없다. 저 먼 옛날[전설적 인물 삼황오제는 물론 混沌과 반고 같은 더욱더 전설적인 인물의 도표까지 추가하여]부터 송이 멸망하던 1276년까지 전체 중국역사를 포괄한다. 형식은 중국통치자들을 연대기적 기준으로 삼은 연보적 연대기(annalistic chronicle)다. 저자는 염상과 달리 원에 대해 특별한 존경심을 보이지 않는다. 예를 들어 그는 쿠빌라이를 '타르타르 나라의 세첸(Secen)황제'라 불렀으며, 이렇게 당시 대부분 '속된[저급의]' 저서와 같이 [이론적으로 금지된] 개인의 이름을 쓰면서 왕호를 사용하지 않았다. 염상의 연대기[『불조통기』 본기]보다 '속된' 요소가 더 강하다. 만일 불교에 관한 요소를 다 뺀다면, 요점을 빼놓지 않은 자

---

44) Taisho Tripitaka, 4ch, vol.49, no.2037, pp.737~902 : 『四庫』, 3023면 : A. Wylie, op. cit., p.168.

못 상세한 중국사 요약본이 될 것이다. 붓다는 주 소왕昭王치세 이전에는 언급되지 않는다. 그 이후 간간이 인도승려들에 대한 이야기가 나오는 것을 볼 수 있다. 중국불교는 당연하게도 한 명제(치세: AD 58~76)가 꾼 유명한 꿈에서 시작된다.

『사고』편집인들은 같은 점에서 『석씨계고략』을 비판한다. 예를 들면 저자는 연보에서, 건륭乾隆 서지학자들에 따르면, 그들 자신의 연호를 가지고 나타날 권리가 없는 통치자들을 적었기 때문이다. 그러나 전체적으로 그들은 그에 대하여 자못 호의적이었다. 우리가 다룬 세 가지 불교작품은 정식왕조사를 능가하는 한 가지 뛰어난 이점을 가지고 있다는 것을 덧붙여야겠다. 보통 그 들이 이용한 원사료를 밝히고 있기 때문이다.

끝을 맺으면서 우리가 다루는 시대에 대해 개성적·개인적 일차적인 정보를 주는 사료가 너무 없어서 낭패라고 말할 수 있다. 대부분 치명적인 사건에 대해 우리는 직접 목격자에 의한 설명을 가지고 있지 않다. 저자들의 작품에 포함된 많은 서신의 경우에도 사정은 어느 정도 같다. 이런 서신은, 시사와 관련한 경우에도 대개 이론적·도덕적 문제를 다룬다. 중국을 유럽과 비교한다면 개성의 표현이 정말 부족하다. 그러나 중국 문학용어처럼 아주 형식화되고 관습적인 관용어를 통해 전달이 이루어지는 곳에서 개성을 찾는 것이 부당한 것이리라. 라틴어로 된 유럽사료는 문법이나 철자법의 오류는 있을지언정 더 개성적이고 개인적이므로 인성을 반영할 수 있다. 역사에서의 '개성적 요소'는 중국에서는 쉽게 접할 수 있는 것이 아니다. 개인이나 사건에 대해 공식기록에서보다도 더 많은 어떤 것을 알아낼 수 있을 것으로 당연히 기대되는 원사료에 접근하려고 시도할 뿐이다. 바꾸어 말하면 '필기'나 그 같은 성격의 잡동사니 성격을 가진 것이나, 혹은 약간의 사람들이 개인의 경험을 적은 그런 기록들로 말이다.

    위에서 언급한 작품에서 다소간 개인적인 정보로 산재해 있는 것들을 얼마나 서구의 중국사 학자들이 어떻게 이용할 수 있을 것인가 하는 것은 아직 미지수이다. 필자의 생각에 어떤 사료가 서양언어로 완역되어야 하고 어떤 것은 색인이나 요약정도로 충분한가 하는 데 대해 학자들이 의견을 모아야 할 것 같다.

9.
중국인의 역사비평
- 유지기와 사마광 -

풀리블랭크(E.G. Pulleyblank)
[캠브리지대학, 역사학 교수]

    중국학 전공자들[1])은 중국이 적어도 근대 이전에는 다른 나라와 비교할 수 없을 정도로 풍부한 사서를 갖고 있다고 믿는다. 그렇다고 해서 역사서술 방법과 역사비평 기준이 언제나 그러한 사실에 상응하는 존경을 받는다는 말은 아니다.[2]) 흔히 말하기를 그 방법은 어떤 사료를 폐기할 것인가를 판단함에 아주 초보적인 비판단계로서 기계적인 풀과 가위의 편집에 불과하다고 한 것이다. 그런데 이런 평가는 중국의 정선되지 않은 관찬사와 그밖에 역사작품에 적용될 때는 어느 정도 사실이지만,

---

1) 많은 서구역사가들은 중국인이 역사를 쓴다는 사실조차 명확하게 알지 못하였다. 예를 들어 J.W. Thompson, A History of Historical Writing 2 vols.(N.Y., 1942)에서는 중세의 아라비아·페르시아·몽골 역사가에 대해 한 장을 할애하고 있으나, 중국에 대해서는 다음과 같은 놀라운 말 한 마디만을 하고 있다. "중국연대기에서 주워얻은 약간의 정보에 의해 보충된 이 책[Sanang Sesten의 『몽골연대기』]은 동아시아, 특히 중국에서의 몽골사에 관한 우리 지식의 전부이다."[p.354] 만일 그가 그토록 경시했던 이 '중국연대기'에 관해 좀더 상세하게 조사했더라면, 기독교 유럽의 뛰어난 역사적 재능에 관한 서문에 썼던 말을 수정하게 되었을 것이다.

2) 예를 들어 C.S. Gardner, *Traditional Chinese Historiography*(1938), p.64 참조.

저명한 중국역사가들의 학문적인 식견과 역사적 사고의 수준을 두고 볼 때는 온당하지 못하다.

사실 19세기 말에 서구적 방법의 도입은 자연과학 분야처럼 중국역사 연구에서도 아주 굉장한 혁신이었다. 그러나 보는 사람을 놀라게 하는 것은 중국역사가들이 외부의 영향으로 그 개념을 확대하고 정확성을 더하였지만, 자신의 전통에 의존하는 정도가 크다는 점이다. 이것은 두말할 것 없이 부분적으로는 보수적 민족주의 때문으로, 언제나 달가운 것만은 아니지만 그것은 중국전통에서 구할 수 있는 자원에 대한 증거이기도 하다.

더구나 미래에 밝혀지게 될 끊임없는 활기와 그 영원한 가치와는 별도로 중국인의 역사에 대한 태도와 이 분야에 대한 마음가짐은, 모든 사람들 가운데 가장 역사적 취향을 지닌 이들의 과거를 이해하는 데 분명히 근본적으로 중요한 것이다.

넓은 시각에서 중국인의 역사비판이라는 주제는 정형화되었든 아니든, 그 목적·개념·주요노선의 관점에서 연구된 중국사학(역사기록)의 역사를 다루는 것에 버금간다. 이 토론에 참가한 모든 논문이 여기에 기여하게 될 것이다. 여기에서 필자는 역사방법론에 대한 중국인의 사고와 비판적 기제의 적용에 관한 한두 가지 예를 다루는 아주 제한된 논의만을 펴려고 한다. 그래서 필자는 사평史評의 전통범주에 드는 많은 연구업적들, 말하자면 '사론史論'으로 알려진 것들을 모두 도외시하려 한다. 이러한 작품들은 대개 사서의 역사적 사건들 혹은 역사적 작품을 도덕적인 기준에서 평한 것이다. 따라서 중국인의 정치적·도덕적 역사해석의 면모를 보여주는 것으로는 의미가 있지만, 필자가 필요로 하는 것은 아니다.

1) 사통史通3)

사가들이 자신이나 남의 작품에 대해 내린 비평은 사마천(100 BC경) 시대부터 있었다. 역사가 독립된 지식의 한 분야로 인정되었다는 증거는 기원후 3세기 4개 범주(四部)로 책을 분류하면서 역사가 그 중 하나였다는 사실, 그리고 그 다음 세기 남조와 북조 모두 '역사학파'를 세웠다는 사실이다.4) 중국어에서 [또는 내가 알고 있는 한 어떤 언어에서든], 역사서술에 관한 실제논문이 처음 나타난 것은 710년에 완성된 유지기(661~721)5)의 『사통』6)이다.

유지기는 한漢왕조의 후손으로 알려져 있으며 그 조상이 6세기 초 북위의 관리로 봉사하였다. 그의 종조부[실제 유지기의 조부의 사촌]였던 유

---

3) 이 논문이 나온 이후 高柄翊은 상당량의 논문 "Zur Werttheorie in der chinesischen Historio- graphie auf Grund des Shi-t'ung des Liu Chih-chi(661~721)(유지기의 사통에 근거한 중국역사학의 가치론에 대하여)", *Oriens Estremus*(극동지) iv(1957), pp.5~51, 125~181을 발표하였다. [첫 부분은 『진단학보』 18(1957), 87~130면에도 발표되었다] 필자는 이 논문을 이용하여 몇 개 사항을 수정한 적이 있다. William Hung(洪業) 교수는 많은 해 동안 『사통』의 번역과 주석에 힘을 쏟아왔는데, 이 분야에 중요한 작품이 될 것이 분명하다.
4) 네 범주 구분법을 처음으로 쓴 작품은 鄭默의 『中經』(250년경)과 荀勖의 『新簿』(264)이다. 그 순서는 경전·철학·역사·순수문학이다. 지금 쓰이는 순서로 철학 앞에다 역사를 둔 최초의 인물은 317년에서 322년 사이의 李充이다.
  石勒이 319년에 趙를 건국한 이후 4개 학교의 교장(祭酒)을 지명했는데, 세번째 학교가 '역사학교'였다. [『晉書』 권105, 1a면] 남조의 송과 제에도 4개 범주의 책 구분법에 상응하는 4개 학교가 있었다. 經學·玄學·史學·文學이 그것이다. [『宋書』 권93, 「雷次宗列傳」: 『南齊書』 권16, 「百官志」: 金毓黻, 『中國史學史』(重慶商務印書館, 1944), 223면]
5) 『舊唐書』 권102의 열전 : 『新唐書』 권132와 『史通』 36권 「自敍」와 49권 「忤時」: 傅振倫, 『劉知幾年譜』(商務印書館, 1934).
6) 서문에서 유지기는 '사통'이란 명칭의 근거를 들고 있다. ① 白虎通에 비유한다. 백호통이란 명칭이 '흰호랑이 방'에서 나왔듯이 『사통』은 '史館'에서 나온 것이다. ② 왕망시대에 사마천의 후손들에게 하사된 '史通子'란 직함[『漢書』 권62, 「司馬遷列傳」]과 관련이 있다.

윤지劉胤之[7]는 당나라 초기 유명한 학자로『국사』의 집필에 종사하였다. 이런 사실은 역사연구에 대한 그 가문의 애착을 보여준다. 유지기의 아버지 유장기劉藏器는 문인으로 이름이 조금 나 있었고, 고관은 아니었지만 관리로도 있었다.

유지기는『사통』의 자서전 부분에서 그가 자란 배경과 역사연구의 시작에 대해 다음과 같이 쓰고 있다.

나는 어렸을 때 아버지로부터 배웠고 일찍이 문학분야에 접하기 시작했다. 아직 수놓인 저고리와 흰 비단바지를 입을 소년시절에 나는『고문상서』를 읽어야 했다. 그리고 그 어려운 문장에 시달렸으며 외우기가 어려웠다. 심심찮게 두들겨 맞으면서도 다 떼지 못하였다. 아버지가 형들에게『좌전』과 함께『춘추』를 설명하는 것을 들었을 때, 나는『상서』를 밀어놓고 거기에 귀 기울였다. 수업이 끝나면 나는 엿들은 것을 형들에게 설명해 주곤 하였다. 나는 스스로 탄식하며 말하였다. "모든 책이 이 같으면, 나는 더 이상 게으름을 피우지 않을 텐데." 아버지는 기이하다는 생각에 내게『좌전』을 가르치기 시작했다. 1년 만에 아버지는 그 책을 다 가르쳤고 나는 그것을 암송하였다. 내가 바로 12살 나던 해였다. 나는 그 책을 깊이있게 이해하지는 못하였지만, 대충 기본개념은 터득하였다. 아버지와 형들은 내가 모든 주석과 해설을 공부하여 이 한 권의 고전내용에 완전히 정통하기를 원하였지만, 나는 사양하였다. [『춘추』끝부분에]「외뿔짐승[기린]의 포획[獲麟]」이후의 사건들은 배우지 않았기 때문이다. 나는 내 지식을 늘리기 위해 이런 유의 다른 책도 읽게 해달라고 부탁했다. 그 다음 나는『사기』, 전한왕조의 역사인『한서』와『삼국지』를 읽었다. 그런 뒤, 그 후의 상황과 변화, 그리고 고대부터 현재까지 사건이 어떻게 꼬리를 물고 일어나는가를 알고 싶었으므로 나는 [역사서술의] 모든 종류에 손을 대었고, 선생도 없이 한왕실의 부활로부터 현 왕조의 실록까지 독파하였다. 17살 때 내 독서범위는 아주 넓었다. 내가 읽은 책은 거의 빌리거나 세낸 것이었다. 약간의

---

7)『舊唐書』권190 :『史通通釋』(四部備要本) 권12. 30b.

내용과 편목篇目이 상하여 없는 부분도 있었으나, 나는 사건의 주요흐름과 글의 개요를 대충 파악하였다.[8]

유지기의 역사연구는 여기서 중단된다. 관리가 되기를 원하여 필기 시험 준비를 하였기 때문이다. 680년에 그는 진사시험에 합격하고 획가현獲嘉縣의 주부主簿로 임명되었다. 그리고 다년간 여기에 몸담았다. 695년까지는 확실하고 아마 699년까지였던 것 같다.[9] 간혹 그는 왕에게 시사時事에 관한 건의서를 올렸다. 총애를 받아 진급하고 싶어서였을 것이다. 그러나 점차 명성을 얻으면서도 그는 지방의 한직에 머물러 있었다. 그래도 그 곳은 당시 대부분 기간 동안 궁정이 있었던 동부의 수도 낙양洛陽에서 멀지 않은 곳이었고, 그의 일거리도 크게 바쁘지 않았음이 확실하다. 한가롭게 역사에 대한 흥미를 쫓아 낙양을 여행하고 연구에 필요한 책들을 빌려 보았노라고 그가 말하고 있기 때문이다.

그러던 수년 동안 그는 한왕조의 부활(AD 23)에서 자신의 시대까지 야심적 역사작품을 써야겠다는 포부를 가졌다. 공자가 고전을 다룰 때 써서 명성을 얻은 것과 같은 방법으로, 그는 기존의 많은 작품들을 대조하고 수정하였다. 그러나 그는 다음과 같이 말한다.

공자 같은 명성도 없는 내가 급하게 공자 흉내를 냈다가 혹 세상사람들을 놀라게 하여, 고생만 실컷하고 욕만 얻어먹을까봐 두려웠다. 붓을 손에 들 때마다 나는 하릴없이 한숨을 쉬었으며, 계속 그런 식으로 날이 갔다. 내 힘에 버거운 것을 하려는 것이 아니었다. 정말 내가 할 수 있었는데도 나

---

8) 『史通通釋』 권10, 11a~b면. 이 부분에 언급되는 역사에 대해서는 이 책에 나오는 반 데어 룬의 「고대 중국연대기와 역사개념의 성장」과 힐시베의 「漢代 역사기록에 관한 일고찰」 참조.
9) 695년에도 그는 같은 관직에 있으면서 두 개의 진정서를 냈는데, 이것은 『당회요』 권40과 권81에 적혀 있다. 傅振倫, 앞의 책, 64~68면.

는 엄두를 내지 못했다.10)

이 말은 적어도 그가 야심의 작품을 쓰지 않은 이유의 한 부분을 보여준다. 역사에 대한 흥미들 때문에 그는 외톨이가 되었다고 말하고 있다. 무엇보다 숭앙받는 고전에 대한 회의적 태도 때문이었다. 순수한 문학연구가 훨씬 대중적이었고, 독창적인 역사에 대한 학구열은 크게 환영받지 못했다. 그런 가운데에서도 학자로서의 명성이 점차 높아져 699년에 마침내 발탁이 되어, 한 제후왕[定王府]한테서 한직을 얻어 『삼교주영三敎珠英』의 저술을 돕도록 명을 받았다. 이것은 무武황후의 후원 아래 이루어진 불교·도교·유교의 백과전서 혹은 명문집이었다.11)

701년에 이 작품이 완성된 뒤 유지기는 저작좌랑著作佐郎으로 발령받았고, 동시에 사관史館에 소속되었다. 잠깐 동안을 제외하고는, 그 후 생애 대부분을 관찬사 서술에 골몰하였다. 지방 한직에서 벗어나 도성에 살면서 유지기는 이제 같은 취향의 친구들을 만나고 자신의 생각을 더 자유로이 개진하였다. 제일 먼저 가까이 사귄 친구가 서견徐堅으로 함께 백과전서를 집필했다. 얼마 후 그는 오경吳兢을 만났다. 오경은 수년 동안『국사』를 집필했고 또 정관연간(627~649)의 통치요목인『정관정요貞觀政要』를 썼는데, 이 책은 아직 남아 전한다. 그밖에도 잘 알려지지 않은 많은 사람들이 같이 일하였다. 유지기가『유씨보고劉氏譜考』를 쓴 것도 이 때다. 여기서 그는 자신도 그 후손이라 자처한 한황실이 요임금의 후손이라는 전통을 과감하게 부정하였다.12)

측천무후 통치 말과 중종(705~710) 통치연간에 정치판은 혼란하고 부

---

10)『史通通釋』권10, 12b면.
11) 傅振倫, 앞의 책, 69~74면.
12) 유지기의 여러 전기에는 708년에 그가 蕭至忠에게 사직서를 보낸 뒤 이 작품을 저술했다고 되어 있으나 이것은 잘못된 것이다. 傅振倫, 앞의 책, 84~85면 참조.

패하였고, 간섭받지 않는 공정한 역사를 쓸 수가 없었다. 많은 장관들과 다른 고관들이 함께 '사관史館'을 관장하던 705년 이후에는 더하였다. 중종이 즉위하고 늙은 황후가 죽은 뒤에 유지기는 무후의 실록을 쓰도록 명을 받았는데 그것은 불과 몇 달 만에 급조되었다. 그는 외부의 간섭으로 작품이 엉망이 된 데 크게 불만을 가졌으며, 706년 말에 궁정이 상안으로 옮겨갈 때도 스스로 원하여 낙양에 남았다.

708년에 그는 특명을 받아 장안으로 와서 '사관'에서 일하게 되었다. 얼마 뒤 견딜 수가 없었던 그는 『국사』편찬을 함께 관할하던 감수국사監修國史 가운데 한 사람인 소지충蕭至忠에게 솔직한 마음을 실은 사직서를 보냈다. 다섯 가지 항목으로 되어 있는 그 불평은 양심있는 역사가가 중국에서 관찬사를 쓰는 데 직면할 수 있던 문제점들을 잘 지적하고 있다. 그 가운데 몇 가지는 지금 우리 시대의 관찬사와 관련해서도 있을 수 있는 문제점들이다. 그 내용은 다음과 같이 요약할 수 있다.

1. 과거의 위대한 역사는 한 개인이 썼으나, 지금은 집단에 의한 편찬이 유행한다. 모든 것이 검열을 받아야 하고 또 이랬다저랬다 하여 아무 일정한 기준이 없다.
2. 전한시대에는 지방정부의 모든 문서가 주사에게 보내지기 전에 '서류보관인'(太史)에게 먼저 갔다. 그러나 지금은 역사가들이 정부문서를 접하기가 매우 어렵다.
3. 고대에는 역사가들이 자신의 저작을 공개하면서도, 혹 권력자의 노여움을 살까 두려워하지 않았다. 그런데 최근에는 이해관계가 얽힌 사람들을 성가시게 할까 봐 궁정 안에서 은밀하게 역사를 쓰는 것이 습관이 되었다. 그러나 실제로는 많은 사람들이 공동으로 역사를 쓰므로, 권력자를 비판적으로 서술하는 것이 불가능해졌다. 권력자가 당장에 알고는 불호령을 내릴 것이기 때문이다.
4. 고대에는 사가들이 개인적으로 저술하면서 서술기준을 자유롭게 정하였

다. 지금은 고관들이 여럿이 함께 감독하니, 지시사항이 서로간에도 모순이 된다.
5. 감독관이 있어야 한다면, 그 기능은 작업을 할당하는 것이다. 그러나 이런 것도 되지가 않아 역사가들은 아무것도 하지 않고 빈둥빈둥 시간만 보낸다.

유지기는 나아가 개인적으로 느꼈던 실망과 좌절을 통렬하게 지적하고 낙양에서의 그 전의 은둔생활로 되돌아가기를 간청하였다. 그 불만의 표현이 아주 과격했는데도 그 요구는 수용되지 않았다. 그의 말대로라면 그 표현이 감수국사들 중 약간을 크게 건드려 한동안 보복당할지 모를 위험에 처했다고 한다. 그러나 이에 관련된 사람 모두가 무후가 권력을 잡는 데 실패하던 710년에 쫓겨나면서 그는 위험을 모면하였다. 바로 이 무렵 그는 자신의 『사통』을 완성하였다.13)

그 후 예종睿宗과 현종玄宗치하에서 유지기는 '사관'에서 일을 계속하였다. 상황이 더 개선되었는지는 알 수 없으나, 아무튼 세 개 실록, 『중종실록』・『예종실록』과 『측천실록』의 수정본 편찬작업을 하였다. 이 때 그는 높은 직에 있었는데, 그것은 거의 명예직으로 '좌산기상시左散騎常侍'였다. 그리고 세 개 실록을 왕에게 진상하던 715년에 그는 거소현居巢縣의 자子 작위에 봉해졌다.14) 719년, 그는 약간의 고전작품에 대한 공개토론에 개입하였다. 이렇게 어느 정도 인정을 받은 뒤 그는 불명예스럽

---

13) 『사통』의 서문은 景龍 4년(710)에 쓴 것인데, 여기서는 中宗을 당시의 황제로 언급하고 있다. 그러나 마지막 부분(「忤時」)에는 중종이 죽은 뒤 그 해 6월 소지충과 다른 주사들이 몰락한 사실을 적고 있다. 그래서 이 부분은 첨가되었거나 아니면 나머지 작품이 완성되고 난 뒤에 덧붙여졌을 수도 있다. 소지충에게 보낸 편지도 이 부분에 나온다. 또한 『신・구당서』와 『당회요』 권64의 전기를 참고할 것. 이 편지에 대한 것은 이 책, 양연승, 「중국 관찬사학의 구조」, 90~92쪽 참조.
14) 劉씨의 족보를 연구하면서 유지기는 그의 가계는 周朝의 후작(侯)에서부터 내려오며 漢황실로부터가 아니라고 결론지었다.

게 활동을 마감했던 것으로 보인다. 721년, 그는 아들[劉貺]이 죄인으로 치죄받을 때 청탁하려다 안주安州의 별가別駕로 좌천되었다가 곧 죽었다.

유지기가 동참했던 관찬사 작품은 『구당서』에 전재된 것을 제외하고는 없어지거나 다른 곳에 단편의 인용문으로 남아 전한다. 더 애석한 것은 자신의 가계에 관한 작품이 분실되었다는 것이다. 그러나 『사통』은 그가 참으로 후대에 남기고 싶어했던 작품으로서 그것이 남아 있는 것만 해도 감지덕지할 일이다.

『사통』의 서술에 대하여 그는 자서전에 이렇게 쓰고 있다.

> [사관에서 일할 때] 내 모든 저술에서 나는 내 오랜 신조에 따르기를 원했다. 그러나 함께 편찬에 참여한 내 동료와 상사들은 그런 데에는 조금도 흥미가 없었다. 결국 내가 쓰고 발간한 것들이 모두 저속할 뿐이었다. 내 눈에는 내가 굽히고 양보를 하는 것 같은데도 사관史官들은 참으로 못마땅해 한다. 애석하다. 나는 내 일을 잘 해낼 수가 있는데도 내 말이 받아들여지지 않았다. 내 시대의 할 일을 기꺼이 맡았는데도, 내 선의는 실현되지 않았다. 참 암담하고 외로운 회한으로 가득하다. 정말로 내가 누구에게도 울분을 털지 못하고 혼자 마음속에 담고 있어야 한다면, 내가 죽은 뒤에라도 나의 참모습이 가려질까봐 겁난다. 그래서 나는 칩거하여 나의 뜻을 알리기 위하여 혼자 『사통』을 쓴다.[15]

『사통』은 비판적·철학적 논문의 한 종류로 정확한 성격규정이 어렵다. 유지기는 자신의 본보기로 삼은 작품으로 『회남자淮南子』, 양웅揚雄의 『법언法言』, 왕충王充의 『논형論衡』, 응소應劭의 『풍속통의風俗通義』, 유소劉劭의 『인물지人物志』, 육경陸景의 『전어典語』, 유협劉勰의 『문심조룡文心雕龍』을 든다.[16] 그 중 『문심조룡』은 특히 근접하고, 상당히 직접적인 영

---

15) 『史通通釋』 권10, 13a면.
16) 『회남자』는 절충적인 경향의 철학서이다. 도가적 경향을 띠며, 기원전 122년에 죽은

향을 미친 것 같다. 그것은 역사적 내용에 대한 문학적 비평으로, 여러 가지 문학적 형식의 글이 차례로 논의되고 있다. 「사전편史傳篇」은[17] 기윤紀昀[18]이 수박 겉핥기라고 평가했지만 특기할 만한 아주 분별있는 약간의 언급들을 하고 있으며, 『사통』에는 그와 유사한 말, 그리고 그대로 따온 말까지 있다. 유지기의 역사에 관한 글은 문학에 관한 유협의 것과 비슷한 형태를 따른다. 문장형식도 닮아서, 둘 다 대구對句운율의 산문을 쓴다. 그러나 이것은 놀라운 일이 아니다. 이런 문장은 당 중기와 후기에 고문古文 또는 자유산문이 유행하기까지 실제로 모든 목적을 위해 사용된 보통의 산문형식이었기 때문이다.

『사통』은 「내편」 35편(권1~권10)과 「외편」 13편(권11~권20)으로 되어 있다. 개괄적으로 볼 때 내편은 이 주제의 이론적 발전이며, 외편의 각 편

회남왕 劉安의 감독 아래 집필되었다. 「법언」은 양웅(53 BC~AD 18)이 썼는데, 그는 유가 고문학파로 공자의 『논어』를 모방하였다. E.von Zach, "Yang Hsiung's Fa Yen(楊雄의 法言)", *Sinologische Beitrage*(중국학논집), iv(Batavia, 1939)의 번역이 있다. 아마 기원후 82년 혹은 83년에 완성된 것 같은 『논형』은 합리적이고 비판적인 유가철학자 왕충의 작품이다. 영역본으로는 A. Forke, *Lun Heng*(論衡), MSOS, Beibände 10 & 14(1906~1911)가 있다. 『풍속통의』는 기원후 2세기에 한왕조의 정치제도에 관해서도 글을 쓴 응소가 지은 민간설화의 요약본이다. 유소가 쓴 『인물지』는 235년경에 완성되었다. 번역본으로는 J.K. Shryok, "The Study of Human Abilities; the 'Jen Wu Chih(人物志)' of Liu Shao", *American Oriental Series*, no.11(New Haven : American Oriental Society, 1937)이 있다. [3세기] 삼국시대에 오의 육경이 쓴 『전어』는 백과전서류에 단편적인 인용으로 남아 전한다. 이 단편들을 嚴可均과 馬國翰이 모았다. 『문심조룡』은 6세기 초에 쓰인 문학비평서로 그 영향력이 대단하다. Vincent Yu-chung Shih, *The Literacy Mind and the Carving Dragons*(N.Y.:Columbia U.P., 1959) 참조.
17) 먼저 유협 자신의 시대까지 쓰인 주요역사서에 대한 요약적 개관이 있다. 각각의 장단점에 관한 요약된 비판을 곁들인 것이다. 그 다음 약간의 일반적 사항에 대한 간단한 논의가 이루어진다-그것은, 정사와 편년체 형식의 연대기-기전체의 장단점 각각에 대한 것, 초기역사에서 간단했던 고대기록이 후대에 증거도 없는 전설에 의해 보충되는 위험, 동시대사에서 힘이 없으면 실제 가치가 무시되고 힘이 있으면 쓰레기 같은 인간이 부당하게 칭찬받게 되는 위험, 칭찬과 비난의 판관으로서 역사가의 사회적 기능의 중요성에 관한 것이다.
18) 紀昀의 '評文心雕龍'은 『文心雕龍』(四部備要本) 권4, Ia면의 黃叔琳版에다 여백의 기록으로 더하였다.

은 보충적 자료이다. 내편에서 유지기는 처음에 역사서를 6개 학파(상서가(家)·춘추가·좌전가·국어가·사기가·한서가)19)와 두 개 형태(편년·기전)로 분류하였다. 그런 다음 많은 절에서 표준적인 연보(본기·세가)-전기형식(열전)·역사형식의 다양한 부분에 상응하는 많은 분과를 두었다-기록자료책·기본연보·전통가문·전기·연표·지 및 토론과 비판, 머리말과 진행상의 규칙, 책명과 장章이름 등이다. 거기에다 권2 제3「재언載言」은 왕조사를 위해 제안된 새로운 구분법을 다루고 있는데 그것은 한번도 채택된 적이 없었다. 그 다음에 나오는 것은 한계의 설정, 배열과 순서·명칭·자료의 선택, 문학적 단편의 기록, 부록과 주석, [먼저 있던 문장을 나중의 것으로 기계적으로 편집해 옮길 때 따르는 위험에 관련된] 전수傳授, [원래 가문의] 관향, 격언·지나친 군말·해설이나 [사람의] 분류 등으로 역사가, 특히 중국 관찬사가들이 직면하는 여러가지 기술적인 문제를 다루고 있다. 권7 제24「직서直書」와 제25「곡필曲筆」은 진실대로 기록하기가 어려운 점, 내용의 고의적 왜곡의 위험 등을 다룬다. 제26「감식鑑識」과 제27「탐색探賾」은 다른 역사가에 의해 여러 역사가에 대해 행해지는 비판과, 역사가의 서술이면에 있지도 않은 극단의 동기와 숨은 뜻을 이끌어내는 데서 생기는 오류를 각각 논하고 있다. 나머지「내편」에서는 앞선 본보기(좋든 나쁘든)의 추종, 기록되어야 할 것과 되지 말아야 할 것, 전기를 쓸 가치가 있는 사람과 없는 사람, 문학적 재능과 역사적 재능의 차이점, 자서전적 소개, 장황함과 간결함, 역사적 성격의 잡다한 소작품들, '사관史官'에 필요한 자질 등을 다루고 있다.「내편」에 적용된 일반적 방법은 원칙을 밝히고, 그런 다음 이 원칙이 어떻게 준수되거나 또는 [더 흔하게] 깨뜨려지는지의 예를 들면서 역사적으로 개관

---

19) 즉 『상서』·『춘추』·『좌전』·『국어』·『사기』·『한서』. 일반적인 것은 이 책, 반 데어 룬의 「고대 중국연대기와 역사개념의 성장」과 헐시베의 「漢代 역사기록에 관한 일고찰」 참조.

하는 것이다. 마지막으로 「자서편自序篇」이 달려 있는데, 여기에서의 인용문은 이미 언급하였다.[20]

「외편」의 처음 두 편은 관찬사와 그 다음 세대에 나온 정사의 역사를 각각 다룬다. 그 후 「의고편疑古篇」과 「혹경편惑經篇」이 나오는데, 이것은 감히 공자까지도 문제삼으려 했던 파격적인 대담성으로 유지기를 악명 높게 만들었다. 「신좌편申左篇」은 『좌전』이 『춘추』에 대한 다른 주석보다 더 낫다는 것을 증명하려 한다. 나머지 편들은 주로 전에 이미 포함된 내용을 보충하는 잡동사니 기록들이다.(가끔 앞에서 말한 것과 현저하게 모순되는 것도 있다) 마지막 「오시편忤時篇」은 주로 위에서 언급한 소지충蕭至忠에게 보낸 유지기의 사직서인데, 책 전반부를 끝내는 「자서편」에 상응한다.

근대 서구사가들은, 유지기가 중국관찬사의 순전히 형식적 모습을 강조하는 데 대해 실망할 수도 있다. 그러나 그 안에서 역사에 대한 중국인 태도의 특징을 보는 것이 중요하다. 절대적인 의미는 아니더라도, 그것은 어느 정도 다른 민족의 태도로부터 중국인의 태도를 구분 짓는 것이다. 중국인에게 역사는 첫째로 공식적이고, 둘째로 표준적인 것이었다. 과거를 공정하고 분명하게 기록하는 것은 정부가 할 하나의 일이었다. 이는 마치 산 사람은 물론 죽은 사람한테도 직함과 명예를 내리는 것이 정부의 일인 것과 같다. 더구나 이 기록은 본질적인 도덕의 목적에 봉사하였다. 좋은 예, 나쁜 예를 기억함으로써 덕은 장려하고 악은 막는

---

[20] 내용목록에는 36부 「自敍」 다음에 3권이 더 있어 모두 53권이다. 그런데 지금은 남아 있지 않다. 이것은 일찍이 없어진 듯하며, 『신당서』에 있는 유지기의 전기가 이미 전체 49권으로 되어 있기 때문이다. 浦起龍에 따르면, 송의 백과전서 『山堂考索』은 이 가운데 하나를 33권 다음에 놓아서 전체 '50권'을 이룬다. 잘은 모르지만, 만일 그렇다면 없어진 3권이 아마 모두 「내편」 안에 있었고 그 끝이 아니었음을 의미하는 것이 아닌가 필자는 생각한다. 『史通通釋』 권10, 19a면 참조.

것이기 때문이다. 의례와 예절의 비중이 역사에 대한 사고에서 언제나 큰 역할을 하는 것은 당연하다. 나아가 이것은 그 전 반세기 동안에 당왕조의 새로 조직된 사관에서 이루어진 현저한 활동에 비추어 볼 때 역사의 공적인 성격이 유지기의 시대에 전면으로 부각되었다. 그래서 그는 그런 쪽으로 관심을 돌리게 되었다.

역사에 대한 이런 태도는, 더 개별적인 심리에 대한 호소에 의해 합리화되었는데, 계속되는 왕조들의 사관史官이 쓴 역사부문 서론에 적혀 있는 다음의 문장에서 잘 나타난다. 동시에 우리는 과거 자체를 위한 유지기의 애착도 여기에서 볼 수 있다.

> 사람이 천지간에 형태를 타고 나올 때, 그 생명은 기껏해야 덧없는 하루살이, 하늘을 가르는 하루 해白駒 같은 것이다.21) 그러나 사람은 살아 있는 동안 덕을 행하지 않음을 부끄럽게 여기고, 이름을 남기지 않고 죽는 것을 유감으로 생각한다. 황제와 왕으로부터 범부에 이르기까지, 황제 측근의 정신庭臣으로부터 산과 숲의 먼 길 나그네까지, 공과 명예를 위해 일하고 쫓지 않는 사람이 없다. 왜 그럴까? 그것은 사람들이 불후의 것을 창조하려고 하기 때문이다. 그러면 불후란 무엇일까? 그것은 이름을 죽간이나 비단에 남기는 길뿐이다. 그 전에 죽간과 비단이 없었다면, 그 당시 사관史官이 없다면, 그러면 어떤 이가 요·순·이윤伊尹·주공 같은 현인이든, 걸桀·주紂·왕망王莽·동탁董卓 같은 악한이든, 백이伯夷·유하혜柳下惠 같은 덕있는 사람이든, 도척盜跖·장제莊蹻 같은 도둑이든, 상신商臣·묵특冒頓22) 같은 존속살해자이든, 증삼曾參·민손閔損 같은 효성지극한 아들이든지, 세상이 바뀜에 따라 봉분의 흙이 마르기 전에 이미, 선인과 악인을 분간할 수 없게 되며, 아름다움과 추함이 영원히 사라지게 된다. 그러나 만일 사관史官이 있고, 또 죽간과 비단이 남아 있으면, 사람은 죽어 없어져도 그의 행위는 생생하게 남아 은하수처럼 밝게 빛난다. 그래서 뒷날 학자들은 [책

---

21) '白駒'란 표현은 『莊子』, 「知北遊」에 보인다. 『字海』 참조.
22) 商臣과 후일 周의 武王에 대해서는 『좌전』 문공 1년조와 『사기』 권40 참조.

을 싼 보자기와 상자를 풀어 옛 사람들의 혼을 만난다. 집을 떠나지 않고도 수천 년을 거슬러 올라갈 수가 있다. 소중한 예를 보면 흉내를 내고, 비천한 것을 보면 자신을 반성한다—『춘추』가 완성되었을 때 난신적자들이 겁을 내는 것과 같다. 그리고 남사南史가 왔을 때 반항하는 무리들의 행동이 기록되었다. 이렇게 행동과 말이 기록되며, 이렇게 선을 장려하고 악을 멀리하였다. 여기서 역사가 참으로 유용함을 알 수 있다. 국가를 위한 생명의 길이 살아 있는 사람들이 추구해야 하는 것을 분명하게 드러낸다. 국가의 통치를 맡고 있는 사람이 그것을 소홀히 할 수 있겠는가?[23]

이런 고매한 목적에서 볼 때, 우리에게는 사소한 것으로 보이는 순서와 표현의 문제가 자연히 큰 중요성을 가진다—사실 사소한 것에 대한 유지기의 비판이 때로는 그저 트집잡기같이 보일 때도 있지만 말이다. 그러나 유지기는 역사에 대하여 진지한 감각을 가지고 있었고, 적용상 오류가 있을 수 있는 하나의 사상이면에 가끔 가치있는 핵심이 들어 있다.

'정사'의 내용과 배열[編次]을 개혁하려는 그의 발상과 관련하여 가장 재미있는 것은 '지志'이다. 세 가지 전통적인 '지'는, 그의 생각에 완전히 없어지거나 크게 축소되어야 할 것 같았다. 즉 천문학[天文]·서지학[藝文]·조짐[五行]에 관한 것이 그것이다. 왕조치하에 일어난 혜성의 출현, 일·월식, 또 그 같은 이변을 적는 것이 좋다고는 생각했지만, 보통의 천문현상은 불변하는 것이므로 역사서에 넣는 것은 부적합하다는 생각이었다. 마찬가지로 왕조치하에서 특기할 만한 작품이 만들어진 것을 기록하는 것은 좋지만, 과거와 현재에 존재했던 모든 책을 기록하는 것은 진부한 것이며, 왕조사의 적정선을 넘어서는 것이다.[반고 이래 역사가들이 그런 순수파가 아니라는 점에 감사할 수 있다] 『한서』 '오행지'를 비판하면서

23)『史通通釋』 권11, 1a~b면.

유지기가 예언과 조짐을 모두 부정했다고 적는다면 좋겠지만, 사실은 그렇지 않다. 그는 현실에 의해 증명된 예언이 있었다는 것을 사실로 받아들였다. 그러나 그의 태도는 비교적 합리적이었다. 왜냐하면 그는 한대의 정교한 '오행'이론, 사건이 일어난 뒤에야 그 전의 징조를 억지로 찾아내는 것, 가끔 관찬사가들이 골몰했던 이른바 길조·흉조 현상에 대한 기록이 늘어나는 데 반대했기 때문이다. 가능한 한 그는 인간사를 인간적인 요소로 설명하려 하였다. 그래서 그는 위魏가 멸망한 이유를 진秦이 제국을 통일할 것이라는 하늘의 섭리에다 둔 사마천을 비난하면서 다음과 같이 썼다.

> 국가의 흥망을 논할 때는 반드시 인간사를 본질로 해야 한다. 운명을 중시한다면 이치는 무시된다.[24]

또 아주 재미있는 것은 새로운 '지'에 관한 유지기의 제안이다. 그는 여기서도 세 가지를 든다. 한 가지는 도시[都邑], 또 한 가지는 씨족氏族, 나머지는 공물로 진상된 외국의 동식물[方物]이 그것이다. 처음 두 가지 주제는 적어도 역사적 의미를 가진 것으로, 왕조사에서 유용하게 '지'로 다루어질 수도 있는 것이다. 세번째 것은 더 하찮은 것이다. 후기의 왕조사에서 이런 주제들을 표준의 '지'로 첨가하지는 않았지만, 유지기의 발상이 아마 어느 정도로는 영향을 미쳤음을 우리는 보게 될 것이다.

유지기의 또다른 제안은 법령·각서와 그에 준하는 문서들을 기초적인 연보[本紀]·지·전기 등에 분산할 것이 아니라, 별도의 난欄에 함께 모으자는 것이다. 이런 착상은, 전통적인 것이라 생각되는 말의 역사와 행동의 역사의 구분에서 나온 것이며, 그런 것은 자못 현학적일 수도 있

---

24) 『史通通釋』 권16, 9b면. 『사기』의 「魏世家」 끝부분의 역사가의 비평[「太史公曰」] 참조.

다. 그러나 찾아다니지 않아도 한 곳에 잘 분류된 자료를 구할 수 있으므로 독자들에게는 정말 편리한 면도 있다. 『당대조령집唐大詔令集』25)과 같은 별개의 작품을 만든 것이 여기에 어느 정도 상응하기는 하지만, 이런 발상은 후기 왕조사에 그대로 이용되지는 않았다. 장학성章學誠은 이와 유사한 구조로 지방지를 썼다. 세 권으로 나누려 하였는데, 그것은 지명사전[志]과 장고掌故라 불리는 행정사무에 관한 책 그리고 문학단편을 담은 문징文徵이라 불리는 책이다.26)

『사통』의 곳곳에는 본질적이 아니거나 기록할 가치가 없는 것은 없앨 것과 간결한 표현을 강조하고 있다. 이것은 때로는 모든 종류의 문학작품에 대한 아주 전형적인 중국인들이 태도를 표현하는 것이지만 역사서에서는 그 효과가 의심스러운 것으로 보인다. 그런 것은 권위와 더 매끄러운 문체를 위해 만들어졌을 것이나, 이제 사람들은 거기에 수반되는 모호함, 혹은 적어도 분명함이 결여된 점에 더 민감해진 듯했다. 게다가 유지기 자신이 실제로 의례적 혹은 문체적 속성 그 자체를 위해서라기보다는 실제로 순수하게 역사적 관심사를 기록하는 데에 더욱 골몰했음을 언제나 보게 된다.

그래서 그는 기록될 문서들은 실제 정보의 가치가 있어야 한다고 주장하였다. 그리고 과장을 하고 있지만 알맹이 없고 위선적인 내용을 늘어놓는 것에 반대하였다. 예를 들어 한 왕조의 마지막 황제가 다음 황제를 위하여 이른바 스스로 '양위讓位'하였다는 내용 같은 것 말이다. 일반적으로 그는 역사서술에서 미사여구로 수식하는 것을 반대하였다[그 자신의 문체도 여전히 그런 전통이 아주 강하지만]. 그는 간결해야 하고 또 문학적

---

25) 그 편집자인 宋敏求는 또한 당의 수도에 관한 작품 『長安志』와 『河南志』와도 관계가 있다. 이것은 그가 유지기의 영향을 받았을 가능성을 시사한다.
26) 『文史通義』 권6, 「方志立三書議」. 장학성에 관해서는 이 책, P. 드미에빌, 「장학성과 그의 역사학」 참조.

수식을 제거해야 한다고 믿었지만, 대화체를 더 고풍스런 문어체로 바꾸어야 한다는 생각은 아니었다. 그는 이방인 지배자가 고전풍의 유창한 문구를 구사하는 것으로 기록한 역사가를 꾸짖는 한편, 우아하지 않은 상스런 표현을 그대로 전하는 역사가를 칭찬한다.

> 만일 모든 것이 실수없이 기록되려면, 말이 실제와 닮은 것이 되어야 한다. 그래야 과거 사람들을 이해할 수 있다. 왜 우리가 그들의 빈껍데기에 만족한단 말인가?[27]

역사적 실재에 대한 유지기의 애착은 지리가 사람에게 미치는 영향에 관한 그의 입장에서도 보인다. 당시에는 전기 앞에 사람의 적관籍貫을 쓰는 것이 관습이었는데 이것은 실제 출생이 아니라 아마 몇 세기도 전에 원래가문이 나온 곳이었다. 그러나 유지기는 이에 반대한다.

> 사람이란 고정된 존재가 아니라 지역에 따라 변한다.[28]

유명한 북쪽 가문 출신이라도 남쪽에 살면 남부사람이다. 더구나 유명한 조상의 후손이라고 자처하는 것은 가끔 엉터리다.〔유지기가 그 자신도 속해 있던 한(漢) 황실이 요임금의 후예라는 주장을 일축한 사실을 우리는 기억한다〕

그는 옛날에는 상황들이 달랐다는 점을 깊이 고려하였다. 그래서 『좌전』은 이민족이라는 이유로 저 먼 곳의 오와 월나라들을 무시했다고 손성孫盛[29]은 주장하지만, 유지기는 그 시대 중국은 많은 나라로 분열되어 있어서 오나 월같이 먼 지역에 관한 정보를 얻기가 어려웠을 것이라는

---

27) 『史通通釋』 권6, 4a면.
28) 『魏氏春秋』와 『晉陽秋』의 저자. 『晉書』 권82, 「孫盛열전」 참조.
29) 『史通通釋』 권5, 20a면.

점을 지적하였다.30) 이와 마찬가지로 상고의 기록이 후대보다 훨씬 더 간단한 것은 〔일부에서 주장하는 것 같은〕 우수성 여부의 문제가 아니다. 저 먼 시대보다 가까이 내려올수록 기록은 점점더 완전해지는 경향이 있다.31)

중국에서 유지기의 평판은 전통적으로 전대 역사가의 결점을 드러내는 과감성에 있다고 한다. 이것은 『춘추』 같은 경전에 대해서도 마찬가지였다. 우리가 보기에 그의 비판은, 별나고 가끔은 너무 사소한 사항에 대한 '별난'반대에 거의 국한되므로, 다소 피상적인 것처럼 보인다. 그는 유교전통을 근본적으로 회의한 것은 아니다. 그러나 유지기가 스스로 예를 들고 있는 한대의 그 선구자 왕충王充과 같이, 경전을 문제삼아 보통 책 수준으로 끌어내리려는 그 마음은 분명히 중국철학 전통 안의 회의적 경향을 조장하였으며 완전히 사라지지 않았다. 유지기는 송대와 청대 문헌비판이 매우 발전하기 전에 살았으며, 후대 학자들이 의심스런 것으로 거부했던 책을 그는 여전히 순진하게 받아들였다. 그러나 그의 노력이 비판적 연구를 자극하였음에는 틀림없다.

역사를 거짓 기록하는 이유는 유지기가 가장 강조했던 점인데, 바로 고의적인 왜곡과 은폐(曲筆) 때문이다. 역사가는 권력의 압력에도 불구하고 완고하게 진실을 적어야 한다. 그러나 그런 용기있는 행동의 예는 드물며, 대개 그것 역사가의 비운으로 끝난다. 반대로 고의적 은폐나 왜곡의 예는 수없이 많다. 그 중 일부는 충성 때문이라 양해될 수도 있다. 아들은 아버지의 좋은 점만 이야기한다. 공자도 자신의 노나라의 결점을 숨겼다. 이런 것이 용서받을 수 있는 잘못이라 하더라도, '진실한 기록'에 대해 그것이 주는 위험은 후대 사람들에 의해 인정되어야 한다.

---

30) 『史通通釋』 권7, 17b면.
31) 『史通通釋』 권9, 제33.

선악을 공평하게 적는 것이 더 낫다. 윗사람에게 아첨하거나 원수를 갚으려는 사악한 이유로 왜곡하는 것은 더욱 나쁘다. 역사가가 권력에 아첨하는 예로서, 그는 왕조 말기에 충성스럽게 버티는 사람들은 대개는 새 정권의 역사가에 의해 '폭도'로 매도된다는 점을 지적하였다. 진실을 기록하는 사람은 처형되고, 거짓말하는 사람은 절대로 벌받지 않는 사람들 예를 우리는 볼 수 있다.[32]

유지기가 극단적이기는 해도, 과거기록에 대해 전반적 회의를 표현했던 첫번째 인물은 아니다. 맹자도 "『상서』를 다 믿기보다는 차라리 아예 없는 것이 더 낫다'고 하였다."[33] 그러나 진실과 거짓을 가리는 기준을 세우려는 유지기의 태도는 더 중요한 것이다. 원문의 구절을 받아들이지 않는 유지기의 일반적 준거는 세 가지로 분류할 수 있다. ① 자료 그 자체 내용의 모순, ② 더 신빙성있는 다른 자료와의 모순, ③ 본질적으로 불가능한 것. 이러한 기준은 모두 건전한 원칙이다. 유지기가 이런 원칙을 적용하는 것이 때로 너무 졸렬하다면, 그것은 확실히 체계적인 원문비판의 기술이 부족했기 때문이며, 본질적으로 가능한 것이 무엇인가에 대한 개념이 부적절했기 때문일 것이다. 이런 관점에서 그는 독이 든 포도주로 사람을 살해했다는 이야기를 받아들이지 않았다. 독은 엿새가 지나면 사라져버리기 때문이다![34] 유지기의 비판은 또한, 진체를 보는 대신 개별적 사실에 집중하지 못하는 중국인의 비판적 학풍이 가지는 거의 일반적인 결점도 가지고 있다. 그래도 그는 기존권위에 대해 회의하려는 막무가내의 의지와 단호한 감각의 사실성으로 인해 완전한 명성을 얻을 만하다.

---

32) 『史通通釋』 권7, 제24〔「直書」〕・제25〔「曲筆」〕.
33) Mencius(孟子), VII, 2, iii(Legge).
34) 『史通通釋』 권20, 1a면.

유지기는 『사기』같이 왕조를 뛰어넘는 통사를 비판하고, 『한서』 같은 단대사를 칭찬함으로써 역사를 한 왕조에 국한했다는 비난을 받아왔다. 그가 이상할 정도로, 연대순이든 아니든 간에, 어떤 주어진 작품의 '한계[斷限]'를 소중하게 여긴 것은 사실이다. 이것은 그가 일반적으로 강조하는 질서와 예절의 일환이다. 그러나 이론지침서로서 중국사학사의 역사인 그 자신의 작품 『사통』에서, 그는 실제로 '통사[일반사]'를 썼다. 그가 매우 지속적으로 왕조가 아니라 더 큰 범위의 시간을 포괄하는 시대구분을 이용한 것은 흥미롭다. 주대周代까지를 '상고', 춘추전국시대까지를 '고대', 전·후한을 '중고', 삼국에서 자신의 시대까지를 '근고近古' 혹은 '근대'라고 한 것이 그것이다. 전반적으로 그는 본래 탁월했던 삼대 이래로 점차 타락해 왔다고 보는 중국인의 지배적 통념을 따른다. 특히 '근고'를 부패의 시기로 본다. 그러나 그는 교조적이지는 않다. 이미 고대에도 잘못이 있다고 보았듯이 가까운 과거에도 좋은 점이 있음을 기꺼이 인정하려 한다. 그가 제일 칭찬하는 역사가 중 한 사람은 '근대'의 왕소王昭인데 지금은 분실된 80권으로 된 『수서隋書』의 저자이다. 유지기가 건수마다 욕을 해댄 위수魏收는 『위서魏書』의 저자인데, '지'를 보통 하듯이 본기와 전기 사이가 아니라 전기 뒤에 놓은 점은 잘한 것으로 인정한다. 근대의 전기작가가 그에 대해 말하듯이, 유지기의 모적은 공평하게 그가 존경하는 것 안에서 결점을 보고, 그가 싫어하는 것 안에서 장점을 보는 것이었다.[35]

유지기는 일생 역사연구에 대한 애착을 지녔던 독창적인 인물이며, 드문 역사적 통찰력을 지닌 인물이었다. 이것은 그가 역사가의 기본자질로 꼽은 세 가지 중에서 가장 중요한 것이다. 나머지 둘은 '재주[才]'와

---

35) 『史通通釋』 권4, 16b면 : 傅振倫, 『劉知幾年譜』, 109~110면 참조.

'배움(學)'이다.36) 애석한 것은 중국의 관찬사의 강한 보수적 전통이 유지기의 재능이 무한히 발전하는 것을 막는 한편,(물론 그 재능을 키우고 유지하는 데 도움도 주었지만) 그의 정신의 영향을 거의 수용하지 못했다는 사실이다. 현종의 칭찬과 유지기의 친구 서견徐堅의 그에 대한 찬사―즉 모든 역사가는 『사통』을 항상 옆에다 끼고 있어야 한다는―37)가 있기는 하지만 학자들의 보편적 추세는 『사통』 안에 펼쳐진 자유로운 비판에 대해 곤혹스러워 하였다.

9세기에 유찬劉璨이 '사통석미史通析微'란 제목으로 10권의 책을 썼다. 이것은 지금은 전하지 않지만, 경전에 대한 유지기의 비판을 반박하는 것이다.38) 송기宋祁는 『신당서新唐書』의 저자인데, 유지기와 비슷한 부류의 역사가들의 전기와 함께 유지기의 전기를 적은 장 끝에서 가볍게 논평하기를 "유지기 이래 그 같은 부류의 사람들은 참으로 아주 영리하게 고전을 조롱하였지만, 자신이 직접 한 것에서는 아주 어리석었다"라고 하였다.39) 그러나 18세기 학자 전대흔錢大昕은 유지기의 많은 발상이 『신당서』의 저술에 영향을 미쳤음을 보여준다. 즉 종족과 외국산물들에 관한 '지'는 없지만, 고관들의 가계도는 종족에 상응하는 것이며, 여러 지역에서 진상된 공물의 종류에 관한 기록을 지리지에 포함한 것은 외국산물에 유사한 개념에 바탕한 것이다. 더구나 『신당서』는 전기 첫 부분에서 가문의 궁극적 출신지라고 주장하는 지역에 대한 언급을 가끔 삭제하고, 허구의 '양위(禪讓)'에 관련한 조령을 넣지 않고, 각 장 끝에 반복되는 운문의 비판 등을 없앴는데, 이런 것은 『사통』에 보이는 발상이

---

36) 그가 언급한 703년의 사건은 『당회요』 권63에 나오고 또 그의 전기에도 나온다. 『史通通釋』 권10, 제35 '辨識'.
37) 『舊唐書』(百納本) 권102, 5b면.
38) 『郡齋讀書志』(『四部叢刊』), 「後志」 1.22a.
39) 『新唐書』 권132 끝부분.

다.40) 『신당서』에서 '병려문'을 없앤 것은 아마 지나친 수식에 대한 유지기의 혹평보다는, 한유韓愈와 관련된 고문운동에 더 크게 영향 받은 듯하다. 유지기는 『신당서』에서 대화체가 멋진 문어체로 개량되는 것에 대해 찬성하지 않았을 것이기 때문이다.

『사통』이 송대에 영향을 미친 또다른 예들이 있을 수 있으나41) 제일 중요한 것은 『통지通志』의 저자인 정초鄭樵의 작품이다. 『통지』 '총서總序'에 밝힌 역사에 관한 정초의 사상은 유지기의 영향을 받았지만, 어떤 점에서는 그와 다르다. 장학성이 정초를 칭찬한 것 때문에 그는 유지기와 장학성 자신들과 동등한 역사사상가로 간주되어 왔다.42) 그러나 이것은 부당한 듯하다.43) 정초는 실제로 전기작가요, 백과전서파였다. 장학성의 마음을 산 것은 그가 정사正史형태보다 '전체사[通史]' 또는 한 시대에 국한되지 않는 역사를 옹호했기 때문이다. 정초는 이 점을 역설하면서 처음으로 역사를 한 왕조에 국한시킨 반고를 아주 무례한 인사로 비판한다. 그러나 그 자신이 지은 『통지』는 기존왕조사에서 기본연대기와 전기를 그저 함께 묶은 것으로, 남조 양梁왕조 때 작성된 620권의 『통사』와 같은 결점을 가지고 있다. 유지기가 이 『통사』와 그밖에 다른 비슷한 책들에 대해 말하고 있듯이, 학자들은 더 작고 편한 원본을 좋아하였다.44)

정초가 가장 아낀 작품의 부분이며 지금 이용되고 있는 유일한 부분은 「이십략二十略」인데, 그 가운데 많은 것들이 혁신적이다. 그러나 일반적으로 이들 「약略」은 역사적이라기보다 백과전서적인 성격의 것이다. 종족에 관한 지가 있지만, 그저 성姓에 관한 어원학적 사전 같은 것이며,

---

40) 錢大昕, 『十駕齋養新錄』 13장, 303면.
41) 주 25) 참조.
42) 『文史通義』 권5, 「申鄭」.
43) 이것은 金毓黻의 견해이다. 그의 『中國史學史』, 252~253면 참조.
44) 『史通通釋』 권1, 13a·b면.

유지기가 제안한 종족의 역사 자체를 쓴 것이 아니다. 정초는 또한 도시에 관한 지[「都邑略」]와 곤충과 식물에 관한 지[「昆蟲草木略」]도 포함한다는 점에서 유지기를 따랐다. 그러나 도읍에 관한 것은 목록에 불과하며, 곤충과 식물에 관한 것도 순전히 백과사전적이며 역사적 성격의 것이 아니다. 「지리략地理略」에 보이는 정초의 정치적 경계가 아닌 자연의 조건에 따르는 분류법은 칭찬을 받아왔다. 그러나 실제로 그것은 그가 생각한 무한하고 비역사적 성격의 또다른 예증이 아닌지? 그가 '통사'를 강조하는 것은 교체되는 왕조 사이의 변화의 계속성에 대한 감각이 아니라, 피상적인 흐름 속에서 근본적으로는 지속적이고 불변하는 것으로 세계를 보는 데 기인한 것으로 보인다. 정초의 박학가로서의 굉장한 업적과 그 학문의 사실주의를 폄하하고 싶은 마음은 없지만, 그에게 역사가의 직함을 주기가 어렵다. 적어도 유지기와 장학성과 같은 의미에서는 말이다.

몇몇 저명한 학자들은 송대의 『사통』을 분명히 알고 가치를 인정하였으며 그것이 인쇄되었다는 증거도 있지만 전반적으로 그것은 주의를 끌지 못하였다. 그것은 16세기 초까지 필사본으로 유통되었으며, 그래서 상당부분 훼손된 뒤에야 원본으로 전해지게 되었다. 청대에 역사학에 대한 관심이 재현되면서 『사통』은 여러 학사들의 주의를 끌었고, 비판적 판본과 주석이 나오게 되었다. 표준판은 포기룡浦起龍의 『사통통석史通通釋』(1752)이다. 이것은 원본비판의 주가 함께 달려서 『사부총간四部叢刊』으로 재발간된 명대 판본과 비교된다.[45]

---

45) 전해 오는 원문에 대해서는 高柄翊, 앞의 논문, 21~28면 참조. 필자는 청대에 유행했던 주요주석인 黃叔琳의 『史通訓故補』를 보지 못하였다. 紀昀은 浦起龍의 원본과 주석을 요약한 대중판을 내었는데, 『史通削繁』[4권]으로 알려져 있다. 최근에 많은 주석이 나왔다. 그 가운데 필자는 曹聚仁(1926)의 것을 보았는데, 그 안에 何炳松의 논문이 있다. 그리고 劉虎如가 『學生國學叢書』에 주석과 함께 요약된 원문을 실었다. 필자는 呂思勉의 『史通評』을 보

2) 사마광과 자치통감

풍부하고 연속적인 사료가 우리에게 남아 전하는 것은 크게 중국관찬사 덕분이지만, 유지기의 신랄한 비난에서 알 수 있듯이, 제도화된 틀 속에서 관찬사는 창의적 정신을 가진 사람들을 완전히 좌절시키는 속박과 획일적 진부함을 갖는다. 이 때문에 유지기 같은 사람이 관찬의 왕조사 형식이 아니고, '사관史館'을 벗어난 작품에서 개인의 견해를 표현하려 했다는 것은 놀라운 일이 아니다. 이렇게 생겨난 새로운 형식은 가끔 공식적 인정을 받아 추종되기도 하였다.

유지기의 아들로 『정전政典』을 쓴 유질劉秩, 그리고 이 작품을 확대·완성하여 『통전通典』을 쓴 두우杜佑는, 둘 다 개인적으로 저술하면서, 백과전서적 제도사 형식을 창안하였다.[46] 여러 편에 대한 두우의 서문과 산재한 약간의 주석은 역사의 과정, 특히 안록산 반란의 재앙을 가져온 과실에 관하여 능동적으로 이해하려는 그의 마음을 보여준다. 소면蘇冕의 『회요會要』도 마찬가지며, 이것은 뒤에 『당회요唐會要』로 확대된다. 다만 남아 전하는 소면의 주석을 통해 볼 때 그보다 더 저명한 그 동시대인의 것과 같은 정도의 통찰력은 보이지 않지만 말이다. 이 두 작품은 모두 후대에 관청의 감독 아래 계속된 저작의 모범이 되었다.

이런 개인작품 가운데 가장 야심적이고 풍부한 것은 두말할 것 없이 사마광의 『자치통감』이다.[47] 294권으로 된 이 방대한 작품은, 기원전

지 못하였다. 유지기에 관한 다른 제2자 가운데 金井行忠의 『唐代の史學思想』(1940)도 있다.
46) 이 책, 발라즈, 「관료 실무지침서로서의 역사」, 141~144쪽 참조.
47) Otto Franke는 사마광의 작품과 그것을 요약한 주희의 작품에 대해 논문을 썼다. "Das Tse Tschi T'ung Kien und das T'ung Kien Kang Mu(자치통감과 통감강목)", Sitz.d.preuss.

403년에서 기원후 959년까지의 통사로 연대기[편년] 형식으로 되어 있으며, 전통적인 중국 역사서술 가운데 최고걸작의 하나인 사마천의 『사기』에 버금가는 것이다. 사마광은 기원후 11세기에 살았고, 북송의 지도적인 보수 정치가의 한 사람으로, 개혁가 왕안석의 최대 정적이었다. 그가 역사서술에 채택했던 편년체는 새로운 것은 아니고, 정사의 주제배열-본기·서지書志·표력表曆·열전-에 비하면 역행아처럼 보인다. 그러나 실제로 사료가 어떤 친절한 참고표시없이 정사의 여러 분과로 기계적으로 분리되는 방법을 쓸 경우, 사람의 전기나 지에서 언급되는 주제의 전체 윤곽을 얻으려면 직접 관련되는 장뿐 아니라 다른 부분도 힘들여 정독해야 한다. 또 사건의 전체 흐름을 이해하고자 할 때는 더욱 그러하다. 이보다는 사건의 추이를 날짜·해[年]의 시간순서로 기록하는 것이 훨씬 더 쉽다. 직접 관련이 되지 않는 내용을 동시에 다루어 나가는 것이 좀 귀찮지만 말이다. 더구나 사마광은 제한된 정도지만 사건들의 상관관계를 설정하였다. 그러나 아직 사건들의 상호간 인과관계를 설정하거나 연관된 전체로 다루지는 못하였으며, 이런 것은 전통적인 중국역사가 아무도 완전히 이루지 못한 것이다.

필자는 여기서 역사가로서 사마광의 모든 모습을 다 다루려는 것은 아니고, 그저 우리가 특히 잘 알고 있는 그의 사학방법론과 비판적 기준에만 한한다. 이것은 중국사학사에서 현저한 진보를 뜻한다. 유지기의 역사비평은 가끔 통찰력이 번득이지만, 이론에 압도되어 실제와 괴리가 있는 이론에 의해 너무 많이 좌우되는 결점이 있는 반면, 사마광은 엄격한 비판기준을 '시대의 소유물'의 구성에 의도적으로 적용하고 있음을 볼 수 있다.

Ak.d.Wiss.(프로이센학술원 발표보고서) : phil.hist.kl.(철학-역사분과, 1930), pp.103~156.

사마광 역시 유지기처럼 일찍이 『좌전』을 접하면서 역사연구에 대한 평생의 정열을 갖게 되었다.[48] 더구나 정치에서 견고한 불굴의 보수주의로 인한 그의 엄격하고 현실적인 성격이, 학문에서는 사실주의와 실용주의의 강조로 나타났다. 그는 그저 박학해지려 한 것이 아니라 지식을 편리하고 이용가능한 형태로 조직하려고 하였다. 그는 기전체의 형식보다 연대기(편년체)의 형식이 자신의 목적에 더 적합하다고 생각하였다. 그래서 그렇게 하면 다른 작품에서 보이는 다양하고 산발적인 기록들을 하나의 연대기 안에서 조합하면서 『좌전』을 이어 송대 초까지의 저술을 쓰려고 생각하였다.

그 첫번째 작업으로 전국시대부터 오대 말까지 중요한 역사사건들을 연표로 만들기 시작하였다. 훗날 이 같은 기간이 그의 주요작품 『자치통감』에서 다루어진다. 그는 이것을 1064년 5권으로 된 『역년도歷年圖』로 하여 황제에게 진상하였다.[49] 2년 후 1066년 그는 『통지通志』라는 책을 왕에게 바쳤는데, 이것은 8권으로 된 전국시대의 편년사로서, 나중에 다시 수정되어 『자치통감』의 앞부분 8권을 구성하게 된다. 그 결과 영종英宗황제의 명을 받아 '역대군신君臣의 사적事迹을 편집'하게 되었다.[50] 그에 답하여 사마광은 왕에게 건의서를 제출하였다.

어릴 적부터 저는 모든 역사책을 두루 통달하였습니다. 제 생각에는 기전

---

48) 『宋史』 권336. 사마광이 어릴 때 읽었으며, 자신의 역사연구에는 물론 독자들에게 도움을 주려는 그의 관심을 자극한 또다른 역사작품은 당대 저술가 高竣의 『小史』이다. 이것은 『사기』에서 당대 『실록』까지 정사를 발췌한 일련의 작품으로 아마 학생들을 대상으로 한 것 같다. 물론 이것은 역사작품으로는 가치가 적으며, 오래 전에 없어졌다. A. 토인비는 그의 『역사연구』 10권에서, 미래의 역사가들이 중요한 역사작품은 물론 가치가 적은 작품으로부터도 자극을 받을 수 있는 데 관해 비슷한 예를 들고 있다.
49) 이것은 뒤에 사마광의 『稽古錄』으로 편입되어 11권에서 15권을 이룬다. 『계고록』 권16, 「歷年圖序」와 『계고록』 맨 앞에 나오는 「秦歷年圖表」를 참조.
50) 『續資治通鑑長編』 권208, 2b면.

체 형식은 말이 산만하고 많아서, 박식한 전문가가 읽고 또 읽어도 이해할 수가 없어 내용을 추려냅니다. 군주가 수천 가지 일과를 두고 있으니 전대의 장단점을 알고 싶어 해도 더욱더 소원을 이루기가 어렵습니다. 제가 부족한 점이 있으나, 대충 『좌전』의 형식을 받아 전국시대부터 오대까지의 연대기적 역사를 언제나 쓰고 싶어 했습니다. 관찬사 이외의 다른 책도 참고하고, 또 주군이 알아야 할 모든 것을 섭렵하여서 말입니다. 말하자면 왕조의 흥망, 백성의 길흉, 모범과 경계가 될 수 있는 선악의 예 등에 관련되는 모든 것 말입니다.[51]

그는 같은 '통지'라는 제목 아래 작품을 쓰도록 해달라고 부탁하였다. 그리고 역사를 전공한 유서劉恕와 조군석趙君錫 두 학자를 자신의 조수로 임명해 줄 것도 요구하였다. 이 요구는 수락되었다. 그런데 조군석은 부친상을 당하여 은거하여야 했고 그 자리는 유반劉攽에게 돌아갔다.

이듬해(1067)에 사마광은 명령을 받고 그의 『통지』를 황제 앞에서 읽었다. 신종神宗은 작품을 인정하여 『자치통감』이란 이름을 하사하고, 거기에 황제의 서문을 붙였으며, 그 전에 황제가 공公의 신분으로 살던 저택 도서관에서 옛날 책 2,402권을 사마광에게 하사하였다.[52] 이런 공적인 도움으로 작업은 계속되었으나 이것은 '사관史館'에서 쓰인 역사라는 뜻의 관찬사는 아니다. 사마광은 역사를 쓰는 자기만의 관청(史局)을 가지고 있었으며, 그 곳은 그만이 관할하였다.

일이 시작된 지 얼마 안되어 왕안석이 권력을 잡고 개혁을 실시하였다. 사마광은 반대당의 기수가 되었고, 둘 사이의 대립은 점차 노골화되었다. 1070년 사마광은 수도에서 장안지역으로 파견되었는데, 그 이듬해에 그는 한직을 받아 낙양으로 은거할 것을 청하였다. 그는 자신의 서고

---

51) 위와 같음.
52) 『宋史』 권336과 『續資治通鑑』 권65, 治平 4년 10월 甲寅條.

와 『통지』를 쓰는 관직을 그대로 갖도록 허락받았다. 이렇게 외압으로 정치적 활동이 불가능했던 이 시기에 그는 그 거창한 계획을 성공적으로 끝낼 수 있었던 것이 분명하다. 유서劉恕는 1070년에 이미 나이든 부모를 돌보기 위해 남강南康江西省으로 내려갔다.53) 유반劉攽은 개봉開封에 남아 있었으나, 곧 왕안석과 충돌하여 외관으로 좌천되었다. 이들은 서신을 통해 계획대로 작업을 이어갔으나, 협력은 크게 부진했음에 틀림없다.54) 그러나 또다른 보조자 범조우范祖禹가 이 때 합세하였고 곧이어 낙양에서 사마광과 만났다. 사마광이 장안에 있을 무렵 1070년에 그는 개봉에서 일을 시작한 듯하다. 사마광은 그에게 편지[이 글, 부록 238쪽 이하]를 보내 어떻게 일을 해나가야 하는가에 대해 상세하게 지시하였다. 이

---

53) 『溫國文正司馬公集』 권65, 「劉道原, 『十國紀年』序 즉 오대에 관한 劉恕의 작품에 대해 사마광이 쓴 서문 참조. 유서는 사마광을 만나기 위해 허락을 받아 낙양으로 긴 여행을 떠나기 전에 수년간 南康의 자기 집에 머물렀다. 돌아오는 길에 그 어머니의 부고를 받고, 이미 허약해져 있던 그는 충격을 받았다. 1078년 47살(중국식) 나이로 죽었다. 사마광은 그에게 매우 각별한 관심과 애정을 가진 듯하다. 또한 「乞官劉恕一子札子」, 『온국문정사마공집』 권53 참조.

54) 부록 I에 번역되어 있는 范祖禹에게 보낸 편지로 보아, 필자는 그 당시(1070) 劉攽은 六朝시대에 대해 그리고 劉恕는 오대에 관해서 작업하고 있었음이 분명하다고 본다. 『文獻通考』 권193에 나와 있듯이, 사마광의 아들 司馬康에 따르면 유반의 작업부분은 [사마광이 낙양으로 가기 전에 완성된] 전한과 후한에 국한되어 있고, 유서는 삼국과 육조시대를, 그리고 범조우는 당과 오대를 맡았다.[이 정보는 또한 근거는 들고 있지 않지만 胡三省의 『新注資治通鑑』의 서문에도 나와 있다] 『四庫提要』 권88과 『通鑑問疑』 관련 조에 따르면, 그것이 邵伯溫의 『聞見錄』에 나타난다. 아마 유반이 수도의 정치분쟁에 연루되어 지방으로 추방됨으로써 완성하지 못하고, 육조시대의 미완성 부분을 은퇴한 유서가 계속한 것이 아닌가 생각된다. 유서는 1078년에 죽었는데, 이는 작품이 완성되기 6년 전이다. 바로 그 무렵 사마광이 宋敏求에게 보낸 편지에서 우리는 작품이 당 중대까지만 쓰였던 것을 알 수 있다. 그러니 오대는 분명히 그 후 범조우가 완성하였을 것이다.[송민구에게 보낸 편지는 사마광전집에는 없지만, 高似孫의 『緯略』 12.10b(守山閣叢書)에 인용되어 있다. 또 『文獻通考』 권193 참조] 劉恕가 남북조와 관련이 있다는 것은 『통감문의』에서도 확인되는데, 여기에는 그와 사마광이 육조시대 역사의 몇 가지 항목에 대해 벌인 토론을 적고 있다. 또한 그가 오대에 관해 썼다는 사실은 『十國紀年』의 저술을 감독한 사실에서도 증명된다. [앞의 주 참고] 張須, 『通鑑學』(臺灣開明書局, 1958), 40~42면 참조.

편지에서 우리는 어떻게 일이 계획되고, 사마광이 그 조수들에게 어떤 규칙들을 정해 주었는가 하는 것을 알 수 있다.55)

첫번째 작업은 '전체윤곽(『叢目』)'의 골격을 연대순으로 짜는 것이다. 범조우에게는 당대唐代를 맡겼는데, 그 기반이 된 것은 연속적인 『실록』이었다. 그런 다음 온갖 종류의 다른 작품들 - 정사·잡사雜史·일화집·문집 등 - 이 관련내용으로 정선되고, 책과 장에 대한 주가 골격 내에 알맞은 장소로 들어가고, 필요한 곳에 새로운 제목이 달렸다. 이런 작업이 끝난 뒤 '장편長編'작업이 시작되었다. 항목들이 나열되면서 전체 윤곽이 잡혔다. 각 항목 아래 기록된 모든 참고내용이 나열되었다. 만일 여러가지 설명이 일치하면, 전부가 원고로 필사되었다. 한 가지 기록이라도 여러가지 사료에서 주어지는 모든 정보를 다 포함하고 있지 않으면, 그것들은 편집자에 의해 서로 연관지워 융합된다. 사료가 일치하지 않으면, 증거에 따라서 또는 그렇게 안될 경우에는 합리적인 판단에 따라, 가장 정확한 것 같이 보이는 내용이 선택된다. 그런 경우에는 원고에 주를 넣어서, 서로 다른 내용의 사료들을 소개하고 그 가운데에서 선택한 내용의 근거를 제시한다. 어떤 것은 넣고 어떤 것은 빼는지에 관해 여러가지 원칙이 세워졌다. 그러나 일반적으로 원고가 너무 적은 것보다는 오히려 너무 많은 쪽이 더 좋다.[재미있는 것은 '장편'이 집필되는 방법을 묘사하면서, 사마광이 실제로 '가위와 풀'이란 표현을 쓴 것이다. 원고에 내용을 삽입할 필요가 있으면, 긴 원고의 두루마리를 가위로 잘라서 삽입된 부분을 풀로 이었다] 완성된 '장편'은 사마광의 낙양의 집 두 개 방을 차지했다고 한다.56) 당왕조에 속하는 부분

---

55) 작업단계도 또한 앞의 주에서 언급된 것으로 사마광이 송민구에게 보낸 편지에 간단하게 적혀 있다.
56) [지금은 없어진] 李燾전집에서 인용된 문구가 『文獻通考』 권193, 「資治通鑑」조에 있다. 이도에 따르면, 자신의 아버지가 張新叟라는 사람이 하는 말이라 하면서 들려준 이야기가 있다고 한다. 그 이야기는 『자치통감』의 원고가 낙양 집에 두 방 그득하다고 했다는 것이

은 6백 권 정도였다.[57]

조수들에 의해 '장편'이 완성되었을 때, 사마광의 작업이 시작됐다. 그는 '장편'을 검열하면서 내용을 축약하고, 포함되어야 할 가장 중요한 부분을 골랐다. 이렇게 그는 현재 남아 있는 294권으로 줄였다. 당대唐代에 속하는 6백 권은 80권으로 줄었다. 이것이 사마광 자신이 혼자서 한 유일한 부분이지만, 준비단계에서 정확한 지시를 내림으로써 전체작업을 세심하게 감독했음이 분명하다.

작품은 단계적으로 완성되어 각 부분별로 황제에게 올라갔다.[58] 사마광이 낙양으로 가기 전에 그것은 삼국시대 말까지 완성되었다. 그 뒷부분, 특히 사료가 아주 많은 당과 오대의 작업은 가장 오랜 시간이 소요되었다. 전체가 완성되어 헌상된 때는 1084년이었다.

『자치통감』 294권과 함께 사마광은 30권으로 된 「통감목록通鑑目錄」과 역시 30권으로 된 「통감고이通鑑考異」를 황제에게 올렸다. 「통감목록」은 물론 원래 만든 「총목叢目」에 기초한 것이다. 「통감고이」는 『통감』에 나오는 여러 내용 원사료 사이의 상이성에 관한 기록들로 되어 있다. 이것은 범조우 등의 협력자들에 의해 '장편'을 위해 준비된 기록들에 기초하였음이 틀림없다. 『자치통감』과 나란히 그것이 발간된 것은 참으로 중요한 의미를 가진 혁신이었다. 사마광은 주관적 판단에 따라 사료 가운데서 선택하여 [혹은 그의 조수들에게 선택하도록 하여] 그럴 듯하게 자신의 해설을 발간하는 데만 만족했던 것이 아니다. 분명한 객관적 근

다. 장신수가 누구인지 필자는 밝히지 못하였다. 시인 黃庭堅도 이 원고를 살펴보고는 모두 너무 세심하게 쓰인 데 놀랐다. 원대 永昌 1년(322)에 관한 개요에 틀림없는 종이 한 장이 餘姚의 徐氏서고에서 나왔다. 그 위에는 주석이 柳貫과 黃溍에 의해 적혀 있었다.[『柳待制文集』 권18, 18b면 ; 『黃學士文集』 권21, 9a면 참조. 둘 다 四部叢刊本]

57) 李燾가 『續資治通鑑長編』에 대해 쓴 서문 참조.
58) 『宋朝事實』(國學基本叢書) 권3, 40~41면.

거를 가지고 선택하려 하였고, 또 그것을 대중의 비판에다 내놓아 맡기려 했다. 그것은 세속의 목적을 위하여 처음으로 인쇄술이 이용되던 시대였던 북송대의 지식파급과 전체적으로 고차원적인 학문수준을 보여준다. 그러나 사마광 자신의 과학적 태도에 대해서는 더 많은 것을 보여주는 것이기도 하다.

12세기 저술가인 고사손高似孫에 따르면 『자치통감』 저술에 쓰인 자료는 322개 작품이라 한다.59) 그가 이 숫자를 어디서 알았는지는 불분명하다. 또다른 작품에서 그는 그 중 228개의 제목을 전하고 있다.60) 장수張須는 더 최근에 「고이考異」를 뒤져 거기에 언급된 작품의 제목 301개를 찾아 많은 항목으로 분류하였다.61) 그러나 이런 목록은 「고이」만 보더라도 완전하지 못하고, 또 이용은 되었으나 「고이」에 올라 있지 않은 다른 작품들도 분명히 있을 것이다.62) 정확한 숫자는 필요없지만, 논의되는 작품들이 너무 다양한 점은 재미있다. 정사[관찬사]·실록·편년사와 여러 종류의 잡사 및 개인적 전기·지리서·문집·비문·시·일화 등이 그것이다.

사마광은 그물을 넓게 던졌으나 무엇이나 보이는 대로 무작정 다 건진 것은 아니었다. 범조우에게 보내는 편지에서 "실록과 관찬사라고 해서 반드시 언제나 믿을 만한 것은 아니며, 일화라고 해서 반드시 근거가 없는 것은 아니지요. 당신 스스로 검토하여 선택하십시오"라고 하였다. 그래서 『신당서』 편집자들이 내용을 꾸미기 위하여 의심스런 이야기들을 넣음으로써 당연하게 비판을 받고 있는 반면, 그보다 더 많은 다양한

---

59) 앞의 『緯略』 참조.
60) 高似孫, 『史略』 권4, 11b면.
61) 張須, 앞의 책, 45~85면 : 崔萬秋, 『通鑑硏究』(商務印書館, 1934), 38~62면 참조.
62) 예를 들어 「高力士外傳」은 분명히 쓰였는데, '考異'에 언급이 없다.

자료를 사용한 사마광의 작품은 이런 비난을 받지 않는다.

범조우에게 내린 지시에서 사마광은 다음과 같이 말하였다.

> 사건의 날짜나 진술에서 그 내용이 서로 다르면, 그 중에서 증거가 분명하거나 사건의 성격으로 보아 진실에 가장 가깝게 보이는 것을 선택을 하도록 하시오.

여기서 그가 참과 거짓을 가리는 두 가지 주요기준을 가졌음을 알 수 있다. ① 긍정적 증거—일력(일정표)같이 주로 이미 알려져 있는 사실과의 형식상의 모순, ② 본질적 개연성이 그것이다. 이 원칙을 「고이」에 나오는 실례와 비교해 본다면, 정말 사료의 모순을 신중하게 검토했음을 알 수 있다. 특히 날짜의 경우가 그러하고 또다른 점에서도 그러하다. 이와는 달리 순리적으로 불가능한 점을 기준으로 한 판단도 있다. 이야기를 받아들이지 않는 것은, 어떤 사람의 성격이나 가능한 동기에 위배되므로, 적의 중상 아니면 친구나 친지의 과장된 찬양으로 보이기 때문에, 또는 단순히 경박하게 꾸민 이야기 같기 때문 등이다. 여기에는 물론 주관적 요소가 많이 들어가지만, 이것은 역사가의 판단에 불가피한 것으로 어차피 판단을 할 때 그들은 사람과 사건에 대한 일반적인 지식에 의지해야 하는 것이다. 과학적인 역사가는 엄밀한 원문 분석기술, 이용가능한 증거를 통해 문제를 하나하나 대조함으로써 주관적 판단의 비중을 줄이도록 애써야 하지만 그것을 완전히 없앨 수는 없는 노릇이다. 그런 점에서 사마광은 확실히 과학적 역사가이다. 먼저 객관적 근거 위에 진실을 밝히려 하였기 때문이다. 물론 제일 인상적인 것은 그가 분명하게 제시된 근거를 고집한다는 사실이다.

우리의 근대적 관점에서 보아, 사마광의 방법이 갖는 가장 심각한 한계의 하나는—거의 모든 전통 중국역사가의 한계로 자주 언급되는 것인데-한 시기 개별의 사실에 관심을 제한하는 점이다. 사건의 전후를 일별하기도 하고, 사람의 성격을 일반화하기도 하지만, 각 사건을 다른 사건과의 복잡한 상관관계 속에서 엮지 않았다. 사마광과 그 작업조가 이룬 작업의 결과는 거대한 연대기[편년사]로서, 그것은 그저 연대기일 뿐으로 우리의 근대적 의미에서 역사는 아니다.

전문적 시각에서 보아 또다른 중요한 한계는 사료를 그 자체로서 연구하지 못했다는 것이다. 이것은 완전한 실패는 아니었다. 전체로서 혹은 특정사건의 경우의 신빙성과 관련하여 그 원문의 저작에 관한 사실을 제공하는 언급을 「고이」 곳곳에서 볼 수 있다. 그런데도 전체적으로 원문은 궁극적인 자료로 간주되고, 그 출처나 그들 상호관계에 대해 분석하려는 시도는 없었다. 원문 A의 한 부분을 따온 원문 B는 동급의 독립성과 가치를 가진 것으로 간주된다. 이런 점도 또한 사마광에게만 한정되는 한계는 아니고, 대부분 중국학자에게 공통된 것이다. 그것은 17·18세기에 들어와서 나아지게 되지만 말이다.

어쨌든 사마광의 방법을 더 잘 이해하기 위해서는, '가위와 칼'식 편집구조 안에서는 역사비판이 적용되지 않는다거나, 또는 중국역사가들은 확실성만 생각하고 가능성의 개념은 없었다는 등의 신화를 몰아내야 한다.

사마광 이후에 『자치통감』에 대한 많은 계승과 모방이 있었으며, 이것들은 흔히 「고이」와 같은 것을 포함하는 관례를 따랐다. 그러나 그러한 관례는 거의 전적으로 이런 형식에만 국한되었을 뿐 일반적으로 역사가들은 그 증거를 인용하거나 논의할 필요성을 느끼지 않은 채 책을 편집하였다.

『자치통감』의 중요한 부산물로 원추袁樞의 『통감기사본말通鑑紀事本末』이 있다. 제목이 말하듯이 이 책의 목적은 『자치통감』에 기록된 사건들의 시작과 끝[始처][중간에 있는 것까지 함께]을 설명하는 것이다. 원추는, 위에서 이미 언급했듯이, 연대기에서 직접 관계없는 내용들을 다루어가면서 주어진 사건의 추이를 파악하는 것이 어렵다는 것을 알게 되었다. 그래서 간단한 묘책을 생각해냈다. 주요사건의 추이에 관한 자료를 모두 추출하여 하나의 항목 아래 모아놓는 것이다. 그래서 그 작품은 239개 주제로 이루어진다. 내용 자체는 『자치통감』에서 그대로 옮긴 것이다. 여기에는 그 이상으로 자료를 연구하여 사건들의 각각의 전개과정을 하나의 전체로서 다루려는 노력은 없다. 그렇지만 이것은 개개 사실에 연연하던 한계에서 벗어나는 데 일조하였다. 이런 범주에 속하는 그 후의 작품들은 그 원형처럼, 주로 앞의 작품에 적힌 자료들을 재배열하는 것이었다. 예외적으로 『명사기사본말明史紀事本末』만 『명사明史』 자체보다 먼저 씌었다.[63]

3) 그 후의 발전

사마광 이후 역사비판에서의 진보에 관한 줄거리는 주로 합성작업보다는 기존역사에 대한 주석에 관련된 것이었다. 그것은 일반적으로 학문의 역사, 특히 고전의 연구에 연관된 것이고 또 철학과도 연관이 있다. 7·8세기에 걸친 이런 변화의 윤곽을 그리려고 하는 점에서 필자가 너무 서두르는 감이 있지만 필자의 이야기에 끝을 맺기 위해서 한두 사람 대표적 인물을 언급하게 되었다.

---

[63] 이런 유의 작품을 모두 설명한 것으로 金毓黻, 『中國史學史』, 196~201면 참조.

송대의 괄목할 만한 발전은 왕응린王應麟(1223~1296)과 호삼성胡三省(1230~1287)과 같은 학자들의 작품에서 절정에 달하였는데, 그 후 명대에 들어 '고증학'은 쇠퇴하였다. 이것은 주희(1130~1200)거나 왕양명(1472~1529) 학파이거나 간에, '대의大義'를 중시하는 신유교철학의 유행 때문이라는 것이 일반적 생각이다. 그 부활은 고염무(1613~1682)에게서 그 기원을 찾는 한학漢學파와 함께 17세기에 시작되었다. 그 후 18세기를 거쳐 19세기에 이르기까지 고전의 비판적 연구가 유행하였고 역사분야에까지 영향을 미쳤다. 고염무 자신이 다른 학문분야는 물론 역사연구에도 크게 공헌하였다.

역사분야에서 가장 유명한 이름은 왕명성王鳴盛(1722~1798)·전대흔錢大昕(1728~1804)·조익趙翼(1727~1824)이다. 앞의 두 사람은 주로 좁은 의미의 고증학에 몰두하였다. 그들은 역사책 문장 하나하나를 검토하고, 그것을 다른 부가적 자료를 이용하여 수정하고 보충하였다.

조익은 학문적으로는 더 편협했지만, 셋 중 제일 흥미롭다. 왜냐하면 그가 위에서 사마광과 연관하여 말해 온 중국역사학의 전통의 한계를 극복하기 위해 진일보하였기 때문이다. 그가 살았던 상황은 귀하고 색다른 자료의 연구기회가 상대적으로 적었다. 어쩔 수 없이 그는 관찬사의 중요성을 강조하면서, 고증학자들이 이용하는 다양한 보조자료를 모두 배척하였다. 그는 정사를 읽고 또 읽었지만, 사소한 세목들에 대해 주를 다는 광범한 박학 대신 여러 책이나 그 책에 나오는 것으로 흥미로운 것으로 보이는 사건의 일반적 특징을 적어내려 갔다. 여러 왕조의 역사가 어떤 과정으로, 또 어떤 사료에 기초하여 만들어졌는가를 논했고, 같은 시대의 작품들을 서로 비교하였다. 그가 다룬 주제는 북위에서 환관을 지방관으로 썼다든지, 남조의 대가문, 무제武帝가 비판을 수용한 방법, 한·당의 북서쪽 수도가 명·청 때 북동쪽으로 옮겨간 것 등이다.

그 가운데 약간은 그저 호기심에 의한 것이지만, 많은 사안에서 그는 근대사가들이 실제관심을 가진 문제에 착안하였기 때문에 근대사가들이 그 작품을 읽으면 실로 얻는 것이 있다.

그러나 청대에 역사학 문제에 관심을 기울인 학자들 가운데 최고거장은 장학성이다. 그에 대해서는 드미에빌 교수가 따로 논문을 썼다.[64]

부록

□ 당대唐代에 관한 '장편'을 준비할 때 주의사항을 적어서 사마 광이 범조우范祖禹에게 보낸 편지.

내가 앞서 사적 건의서(奏)를 보냈을 때는 궁정에서 지시를 내리는 사람들이 2년 뒤에 관청을 옮긴다고 생각했습니다. 새로운 규정 아래에서 그들이 5년을 기다려야 한다는 것을 나는 몰랐습니다. 이 때문에 늦어질까요? 나는 걱정스럽고 유감입니다.

지금까지 당신이 만들어 온 '총목叢目'은 『실록』에서 사실을 끄집어내어 표를 만드는 것이었습니다. 『실록』에 있는 이들 항목들을 앞뒤로 옮겨서, 당신은 그들이 [개요의] 어떤 사목事目에 속해야 할 것인지를 그 항목 아래에 이미 표시해 놓았을 것입니다.

예를 들어『실록』에는 정관貞觀 23년에 이정李靖이 죽었습니다. 이 항목 아래 이정의 전기가 처음으로 나타납니다. 그러나 그가 스스로 몸을 묶어 폭도로서 자수한 사건은 당공唐公 李淵이 무장 봉기했던 수隋 의녕義寧 원년(617)으로 적혀야 합니다. 소선蕭銑의 패배는 그가 파멸한 무덕武德 4년

---

64) 이 책, 드미에빌, 「장학성과 그의 역사학」, 참조.

(621)에 기록되어야 합니다. 보공우輔公祐의 참수는 강동江東을 평정하던 7년 (624)으로 적혀야 합니다. 힐리頡利의 체포는 돌궐이 패배하던 정관4년(630) 으로 적혀야 합니다. 나머지도 이같이 처리해야 합니다.

『구당서』와 그 나머지 책들은 아직 참고하지 않았는데, 어떻게 바로 '장편'을 만들 수 있습니까? 내가 당신에게 부탁하는 것은, 『신·구당서』의 기紀·지志·전傳·통기統紀로부터의 항목들, 또한—여러 작가들의 문집을 포함하여—보록補錄·가족전기·기록·일화로부터의 역사적 사건에 관련되는 항목들을 취하여, 그들이 속하게 될 [개요의] 사목 아래 그들이 유래하는 분과와 권수를 날짜에 따라 기록합니다. 『실록』에 나오지 않는 항목은 또한 연월일 아래에 덧붙여야 합니다. 날짜가 없으면, 항목을 달[月]에다 갖다 붙이고, '이 달에'라고 합니다.… 연도가 없으면, [속하는] 사건의 처음이나 끝에다 적습니다.…[『좌전』에 나오는 많은 예를 여기서 적고 있다]
… 이런 식으로도 소속시킬 수 없는 항목이 있으면, 근사한 일자를 생각하여 해당연도 아래 붙입니다.

『좌전』에 나오는 옥玉과 같은 보석을 마다한 자한子꾸의 고사 같은 것은 정확한 날짜를 모릅니다. 예를 들어 재상의 경우 충성과 청렴, 혹은 악덕과 부패의 실례가 있는데 어디다 넣어야 할지를 모를 때면, 그가 임명되던 날 밑에다 씁니다. 관리의 경우에는 관직에 임하던 시기로 하면 됩니다. 그들이 해고되거나 죽은 날에 적는 것이 좋으면 그렇게 하면 됩니다.

만일 어떤 항목이 [그것이 소속되어 있는] 사건과 조금 맞지 않는다 해도, 더 많이 적는 것은 조금도 해될 것이 없습니다.

예를 들어 당공唐公의 무장봉기에 관련된 한두 문장을 포함하는 모든 전기에 대해, 당신은 [개요의] 사목事目의 항목 밑에 그 이름들을 적어야 합니다. 때로 인용된 추가적 세목이 없을 때라도, 그런 참고기록이 상이한 내용을 검토하거나 날짜를 증명할 때에 이용될 수 있기 때문입니다.

내가 도원[즉 劉恕]을 만났을 때, 그는 "이것만 해도 [살펴보아야 할 것이] 1천 권이 넘는다. 매일 한 권 혹은 두 권씩 읽는다 해도 2년에서 3년의 작업을 필요로 한다"고 했습니다.

당신이 이런 식으로 이들 참고주를 더하기를 마치면, 그 다음에는 [고조의] 무장봉기(617)에서 애제哀帝의 퇴위(907)까지의 '장편'을 작성하도록 내가 당신에게 부탁을 합니다. 당신이 지금부터 읽는 책에서 '무장봉기' 이전이나 '퇴위' 이후의 사건이 나오면 당신이 서리書吏로 하여금 아무 종이에나 그것을 따로 옮겨 베끼도록 하게 하십시오. 각각의 항 사이에는 한 줄 아니면 그 이상 공간을 두면서 말입니다.[가위로 잘라 풀로 붙일 수 있도록] 그래서 수나라와 그 이전 것은 공보貢父에게, 그리고 양梁과 그 이후의 것은 도원劉恕에게 주어, 각기 모두 '장편'에 넣도록 해야 하겠습니다.

'장편'을 작성할 때는, 『구·신당서』의 본기[紀]·지志·전[傳과 잡사雜史·일화·문학작품 등에 대한 '총목록의 각 사목事目'에 있는 참고기록을 바탕으로, 모두 살펴서 [내용을] 발췌하고 그것들을 함께 검토해야 할 것입니다. 여러가지 기록 가운데에서 같은 사건이 다른 말로 적혀 있으면, 당신이 분명하고 상세한 것을 골라 그것을 기록해야 합니다. 어떤 기록이 다른 것과 비교하여 어떤 점에서는 더 상세한 데 다른 점에서는 더 소략한 경우라면, 당신이 양자를 다 택하여, 부분들끼리 서로 결합하여 짜맞춰야 합니다. 이 때는 『좌전』에 나오는 서술 문체를 따라 당신이 자신의 말로 적절한 설명을 구사하도록 나는 당신께 부탁합니다. 이 모든 것이 큰 글자로 씌어져야 합니다.

내용이 날짜나 사실에서 모순이 있으면, 당신은 증거가 분명하거나 혹은 사안의 순리에서 진실에 가장 가까워 보이는 것을 골라 원문에 적어 넣어야 합니다. 그 결과는 아래 주注로 처리되어야 하며, 나아가 당신은 어떤 사료를 받아들이거나 배척한 근거를 밝혀야 합니다.

먼저 배척한 자료는 이렇게 적습니다. "이러이러한 책에서 말하기를… 이러이러한 책에서 말하기를"… 논평, "이러이러한 책은 이러이러한 증거를 가지고 있다"거나, 혹은 그런 증거가 없을 때는 사안의 상황에 따라 그 이유를 적습니다.… [그러면 이렇게 말합니다] "지금 우리는 이러이러한 책을 확실한 것으로 받아들인다." 만일 진위를 가릴 방법이 없을 때는, 이렇게 말합니다. "지금 우리는 두 가지 내용을 가지고 있다." 『실록』과 정사

[관찬사]라고 해서 반드시 언제나 믿을 수 있는 것은 아니며, 잡사·소설이라고 해서 반드시 근거가 없는 것이 아닙니다. 당신 자신이 검토한 결과에 따라 선택하시지요.

연호문제에서는 더 늦은 것을 택하십시오. 예를 들어 무덕武德 원년(618) 정월부터 당고조의 무덕 원년이라 하고, 수隋 의녕義寧 2년으로 하지 마십시오. 현종의 선천先天 원년 정월을 경운景雲 3년(712)이라 하지 마십시오. 양梁 개평開平 원년 정월을 당 천우天祐 4년이라 하지 마십시오.

단순한 문학작품인 부[산문시]와 그런 류들, 약속에 불과한 법령, 기적과 소문에 불과한 이상하고 신비한 일, 웃음거리에 불과한 익살맞은 이야기들은 모두 배제되어야 합니다. 그렇다고 해서 풍자를 표현한 시나 부를 적지 못한다는 말은 아닙니다.

예를 들면 중종中宗시대에 〔이경백李景伯의〕 '돌아오는 파도[回波詞]'라는 시에 "소란을 피우는 것은 점잖지 못한 것이라 느낀다"라는 말이나, 숙종肅宗시대에 이필李泌이 노래한 "노란 귀빈석의 참외에 대한 찬양[黃臺瓜辭]" 같은 것 말입니다.

□ 훈계나 설득을 위한 법령 :

예를 들면 덕종德宗의 「봉천죄기조奉天罪己詔」, 이덕유李德裕의 「토택로유하북삼진조討澤潞諭河北三鎭詔」, 또 정치적 중요성을 가진 사안을 제국의 사방에 알리는 법령, 또 공功으로 관리를 승진시키고 잘못으로 강등시키는 법령도 포함시켜야 합니다. 쓰인 말이 거짓이라도, 당시에 무엇이 사칭한 공 혹은 거짓 비난인가를 아는 것이 중요합니다. 군더더기 말이 지나친 곳에서는, 핵심을 추출해내도 됩니다.

□ 경고를 주는 이상하고 신비한 일 :

본기本紀에 적힌 나라의 모든 재앙은 기록되어야 합니다. 그러나 관련지志에서 당시의 사건에 맞추기 위해서 억지로 만들어진 사안의 경우에는 그럴 필요가 없습니다. 무씨武氏가문에 대한 이순풍李淳風의 소문과 같은 예언은 학살과 폭동을 가져왔으므로 적어야 합니다. '목입두위주씨木入斗爲朱氏'의 생각같이 터무니없이 우연의 일치를 보이려고 하는 것은 적어서는 안됩니다. "이[사람]는 사람들로부터 떨어져 있어야 한다", "이[사람]는 사람들을 접해야 한다"는 등의 관상학의 경우, 권력자가 좋아하는 것으로 아첨꾼들이 사기로 만들어낸 길조의 경우도 그와 같습니다. 그렇지 않고 정말 믿을 만한 예가 있으면 이런 것은 기록되어야 하지만 그밖에 것은 그럴 필요가 없습니다. 무삼사武三嗣의 문에 글을 쓰는 혼령같이 신비한 사건이 일어나 경고를 주는 경우, 혹은 양신긍楊愼矜의 무덤에서 피가 흘렀을 때처럼 그 결과로서 무언가가 시작되었을 때는 기록해야 합니다. 그밖에 것은 그럴 필요가 없습니다.

□ 교훈을 위한 우스개 이야기 :

예를 들면 황번작黃幡綽이 자신의 아들이 비루하다고 말할 때, 혹은 석야저石野猪가 재상들 모두가 흉조의 몰골들을 하고 있다고 말한 것 등은 기록되어야 합니다. 그밖에 것은 그럴 필요가 없습니다.

이런 모든 것들은 기록하십시오. 일반적으로 '장편'은 너무 적기보다는 너무 많은 것을 포함한다는 단점을 갖는 편이 낫습니다. 수천수만의 진지한 주문들을!
여기에 도원劉恕이 만든 '광본廣本[광범한 필사]'의 두 권을 당신에게 보냅니다.

이것은 '장편'에서 발췌한 것입니다. 나는 이미 '장편'을 유서劉恕에게 돌려보냈습니다.

내 생각에 당신이 견본을 보고싶어 할 것 같아서 당신을 만나 모든 일을 함께 상세하게 의논했으면 하는 간절한 마음인데, 그럴 방법이 없어 참으로 안타깝습니다. 당신은 벌써 『진기晉紀』를 8권이나 베꼈을 것 같은데,

지난번에 잘 베끼라고 당신에게 보낸 것 말입니다. 원본은 내 아들 사마강司馬康 편으로 돌려보내 주십시오. 덜 끝마쳤더라도 보내주십시오. 남강南康의 군로軍路로 가는 우편에서 3권이 분실되었기 때문이오. 내가 만일 다시 잃으면, 더 이상 남아 있는 복사본이 없을 것이기 때문입니다. 깨끗하게 베낀 다음 곧장 돌려보내 주십시오. 당신이 최근 부탁한 『위기魏紀』를 보내는 데는 아무 반대가 없소. 나는 이영화李永和를 통해 당신에게 보낼 작정이오. 수정사항이 있으면, 담당자에게 말하여 그것을 따로 써서 반듯한 글자(square characters)로 옮기도록 시키십시오.

등불 아래서 이 편지를 쓰니 눈이 가물거리는구려. 난필을 용서하시오.

[사마광 올림]

[추신] '장편'에 사람이 처음 나올 때마다 그 밑에다 "이런이런 지역출신 사람"이라고 쓰고, 그 아버지와 조부가 이미 위에서 나온 경우에는 '누구누구의 아들' 또는 '누구누구의 손자'라고 주를 달면 됩니다. 여기 공보貢父가 쓴 '장편'의 한 절을 보냅니다. 당신이 견본을 보고 싶어할 것 같아서입니다. 유서劉恕의 '광본廣本' 2권과 함께 이것도 잘 보관하십시오. 이 책들은 뒤에 돌려줄 필요가 없습니다.

해 설

이 편지는 18세기 학자들에게 알려져 이용되었으나, 이후 거의 시세視界에서 벗어나 있었다. 이것에 관심을 기울인 근대의 유일한 학자가 가토오 시게시加藤繁인데, 그는 『중국한문대계中國漢文大系』의 『자치통감』의 번역본 서문에서 잠시 이것을 언급하였다. 80권으로 된 사마광 작품의 송대 초판[1132년경 류차오가 서문을 씀]에는 이것이 실리지 않았다. 그러나 2판의 63권 편에 실렸다. 이것은 작품의 확대판본으로 『사마태사온국문정공전가집司馬太師溫國文正公傳家集』 또는 더 간단하게 『전가집傳家集』으로 알려져 있고, 80권으로 되어 있으며, 20세기 후반에 사마광의 후손들이 만든 것 같다. 이 판본의 한 근대적 재쇄본이 만유문고萬有文庫에서 나왔다.

이 편지는 또 『통감전례通鑑前例』로 알려진 작품에도 부록으로 달려 있다. 이 책은 사마광의 증손인 사마급司馬伋이 편집한 것이다. 사마급은 역사기록에 준수되어야 할 규칙에 관한 사마광의 논문에 들어 있는 많은 기록들을 함께 모아 그것을 36개 항목으로 나누고, 네 개의 실례 도표를 만들었으며, 또 범조우에게 보낸 2통의 편지와 유서劉恕에게 보낸 11통의 편지를 부록으로 달았다. 사마급의 후기는 1166년경에 쓰인 것이다. 이 작품의 원본은 없어졌다. 축약본은 36개 대신 11개 항목뿐인데다 도표도 없고 유서의 편지도 없는데, 이것은 진인석陳仁錫에 의한 명대판 『자치통감』 앞부분에 나와 있다. 진인석은 또한 책명을 『통감석례通鑑釋例』로 바꾸었다. 여기서는 위에서 소개한 범조우에게 보낸 편지를 조금 줄인 형태로 실었는데, 앞뒤가 잘리고, 후기는 독립된 내용인 것처럼 되어 있다.

이 『통감석례』는 『사고전서』 안에 수록되고, 또 호원상胡元常에 의해 『교간자치통감전서校刊資治通鑑全書』로 재쇄되었는데, 1869년에 쓴 후기가 달려 있다. 이것도 진귀본이라서 보기 어려운 것을 교토의 인문과학연구소의 히라오카平岡 교수가 친절하게 붙여준 마이크로필름을 통하여 볼 수 있었다. 도표 혹은 부록으로 달린 편지는 없지만 36개 항목으로 된 『전례前例』 본문의 완본은, 19세기 장금오張金吾의 소장품 가운데 있었다.[호원상의 後記와 『愛日精廬藏書志』 권9, 2b면 참조]

『석례釋例』 자체는 주로 명칭학이나 용어학을 다루고 있으며, 재미는 적다. 유서劉恕의 편지들은 요약본에 없다. 그 이유는, 아마 『사고제요四庫提要』가 말하듯이, 유서의 아들이 편집한 『통감문의通鑑問疑』가 따로 있었기 때문일 것으로, 이 책은 원본을 그대로 복사하였을 것이다. 『통감석문변오通鑑釋文辨誤』의 서문에서 이 작품을 언급한 [그리고 이 책 내용의 진가를 의심했던] 호삼성에 따르면, 『전례』는 원래는 범조우에게 보낸 두 개 편지를 포함하였다 한다. 『사고제요』의 편집자들은 두 통 편지가 축약된 『석례』에 들어 있었다고 말하지만, 첫번째 편지에 대한 후기가 두번째 편지라고 생각했던 것 같다. 『전가집傳家集』에도 없고 『석례』의 축약본에도 실리지 않은 두번째 편지가 언젠가 있었다는 것은 『문헌통고』 권193에 인용되는 문장에 나오는 이도李燾의 한 암시에서 드러난다. 호삼성은 사마급이 삼구三衢[절강 구현]학관學官으로부터 범조우에게 두 통의 편지를 가져다주었다고 말한다.

필자는 고동고顧棟高의 『사마문공연보司馬溫公年譜』 권5(1733년 서문. 35a면)에서 처음 이 편지를 접하였다. 이것은 분명히 후기가 없는 『석례』의 축약본으로부터 여기에 복사된 것이다. 편지의 발췌문이 「통감분수제자고通鑑分修諸子考」(『鮚埼亭集』), 「외편外篇」 권40, 10a면(『사부총간』)에서 전조망全祖望에 의해 인용된다. 장수張須는 이것을 편지 전체인 줄로 알고, 그것만 『통감학通鑑學』 38면에 인용하였다.

편지의 시기는 사마광이 장안의 영흥군永興軍에 간 뒤인 1070년 가을이 거의 확실하다. 이것은 "올해 여름" 남강南康으로 가는 길에 3권을 잃어버렸다는 말에서 나타난다. 유시는 사마광이 장안으로 가면 바로 그때 남강의 집으로 가 있었기 때문이다. 1071년 가을, 사마광과 범조우는 낙양에 함께 있었음이 분명하다. 필자는 편지의 첫번째 단락이 무엇을 뜻하는지 알 수가 없다. 아마 그것은 범조우가 맡았던 관직을 말하는 것이 아닌가 한다.

10.
장학성과 그의 역사학

드미에빌(P. Demiéville)
[프랑스대학, 중국어문학 교수]

청대(1644~1911)에 중국문학의 발달은 최고조에 달하였다. 여러 분야와 함께 철학에서까지도, 건륭乾隆(1736~1796)시대는 우리 현란한 세기와 겨루어 뒤질 것이 없을 것이다. 역사학 분야에서 이 시대에는 주로 박학博學과 문헌학과 원전비판의 발달이 상징적이다. 이는 특히 건륭연간에 유교경전(正典)과 그 주해에 관한 연구에서 유행하였다.[1] 청조 초기 신유학의 현학적 전통주의에 대한 반동의 선구자인 고염무顧炎武(1613~1682)와 황종희黃宗羲(1610~1695)는 둘 다 역사에 관심을 가지고 있었다. 고염무의 『일지록日知錄』은 해박하고 다양한 학문의 보고寶庫로서, 역사사건을 다루면서 역사이론까지 포함하고 있다. 그리고 그는 역사지리·역사언어·금석문·고고학 등과 같은 역사보조학을 적극적으로 발전시켰던 사람이

---

1) 청대 역사학에 관해 필자가 제일 잘 아는 것은 內藤虎次郎의 『支那史學史』(東京, 1949, 1953[2nd.]), 375~584면이다. 이 책은 1919년에서 1921년과 1925년 사이에 교토대학에서 한 강의를 학생들이 받아 적은 노트를 그의 사후 그의 아들이 神田喜一郎 등의 도움을 받아 편집한 것이다. 불행히도 장학성에 관한 부분은 완전하지 못하여 그 가운데 약간만이 포함될 수 있다.[467, 584~585면 참조]

다. 황종희는 『명유학안明儒學案』으로 철학 파의 역사에 손대기 시작했다. 또 『명사明史』의 제작을 도왔는데, 이것은 그의 제자 만사동萬斯同(1638~1702)을 통한 것으로서 간접적이다. 스스로는 만주(淸)정복자들이 하는 공식적인 작업에 협조하기를 원하지 않았기 때문이다.

『명사』의 편집은 왕조 초기에 이루어진 주요한 역사적 업적이다.[2] 원과 명대에 집필된 정사와 달리, 『명사』는 세심한 배려로 준비되었고, 당대 최고 학자들이 공식적이든 비공식적이든 60년 이상(1679~1739) 동안 작업을 거들었다. 그 구성·형식과 다른 문제점들에 관한 보고서와 토론이, 청이 망한 조금 뒤에 『청사고淸史稿』를 위한 장편(Draft)이 시작되었을 때, 참고자료로 수집되어 발간되었다.[3] 그들은 엄밀한 의미의 역사학에서 볼 때 조금 이질적인 역사에 관심을 보인다. 주요논쟁은 신유학을 둘러싼 학리學理상의 논쟁에 관한 것 같다. 『명사』가 주희의 『통감강목通鑑綱目』의 연보와 교훈의 형식으로 쓰였을까? 신유학자의 전기[道學傳]를 적은 별도의 난이 있을까? 이 부분은 주희학파와 왕수인王守仁학파의 신유학파를 위해 하부부분으로 나뉘어졌을까? 혹은 서류수집이 공식적 기록(특히 실록)에 한정되어 있었을까, 아니면 개인적인 기록 혹은 그 같은 이야기[野史], 특히 그 운명과 정통성이 끝내 전도되어버린 혜제惠帝(1399~1402)치세와 관련하여, 그런 것을 참고하였을까? 결국에는 정사의 전통적인 구성을 따르면서 신유학자를 위한 별도의 전기는 쓰이지 않았으며 개인기록은 사용되지 않았다. 신유학 보수주의자들, 특히 동성桐城학파는 반反주희 입장을 공격하였으나 반주희학파는 궁극적으로 승리했다.

『명사』는 중국역사학에서 새로운 전환점은 아니다. 그러나 관찬의

---

2) 內藤虎次郎, 앞의 책, 375~380면. 필자는 李晉華, 「明史纂修考」, 『燕京學報』 專輯 3(1933)을 보지 못하였다.
3) 劉承干, 『明史例案』 9권(吳興, 1915).

종합적 작품이면서도 당대 이후 편집된 대부분 정사보다 관료적인 색깔이 훨씬 덜하고, 청초 학자들이 역사에 가진 관심을 보여준다. 분명한 몇 가지 이유로, 명이 망하고 청이 건립되던 시대에 틀림없이 발생했을 주요 논쟁거리는 거의 알려져 있지 않다. 절강浙江지역은 청대 역사학의 본거지로서 만주에 대한 완강한 저항의 중심지기도 하였다. 영파寧波와 소흥紹興 사이에 있는 여요餘姚출신의 황종희는 1644년에서 1649년에 일어난 지방의 무장반란에 적극 가담하였고, 끝내 만주인에게 협조하지 않았다. 그러나 명의 역사에 관한 그의 저술이 『명사』 집필진의 손에 들어갔으며, 초고 『明史稿』는 그의 제자 만사동에 의해 쓰였는데, 만사동은 황종희 자신이 집필한 『명사안明史案』을 이용하였다고 한다. 18세기 전반, 절강 역사학파의 또다른 인물은 전조망全祖望(1705~1755)이다. 영파출신으로서 그 시대의 가장 훌륭한 역사가로 생각되었던 그는 고향에서 명말 충신들에 관한 전기와 비문을 많이 썼다. 이 글들은 그가 죽은 오래 뒤에 적당하게 삭제된 모습으로 출간되었다.[4]

건륭시대에 비판문헌학[考證]이 유학을 지배하였을 때 역사연구도 유사한 방향을 잡았다. 그 시대 초반에는 새로운 자료를 수집하여 옛 역사를 보완하는 것에 대해 오히려 호의적이었다. 혜동惠棟(1697~1758)에 의한 『좌전』과 『후한서』의 보충주석[補注] 및 그밖에 유사한 작품들이 그것이다. 후반기에는 문헌비판이 유행했는데, 예를 들면 왕명성王鳴盛(1722~1798)의 『십칠사상각十七史商榷』, 전대흔錢大昕(1728~1800)의 『이십이사고이二十二史考異』, 조익趙翼(1727~1814)의 『이십이사차기二十二史箚記』, 장종원章宗源(1752~1800)의 『수서경적지고증隋書經籍志考證』 등이며 다른 것도 많다. 역사에 대한 보조학-금석학·고고학·서지학·원전비판·역사지리-이 발달하여 마

---

4) Hummel, *Eminent Chinese*, pp.204~205. 전조망의 『經史問答』, 『皇淸經解』(cccii~cccix 所收)는 이론에 대한 관심은 거의 없다.

침내 역사학 발달에 매우 큰 영향을 미쳤다. 그러나 대규모 독창적 역사는 쓰려 하지 않았고, 만일 쓰려했다 해도 아무 결과가 없었다. 소진함邵晉涵(1743~1796)과 그 친구 장학성 그리고 전대흔이 시작하거나 기획한 송과 원왕조의 새 역사 같은 것이다. 필원畢沅이 『자치통감』의 뒤를 이으려 했던 작품은 19세기 초가 될 때(1801)까지 출간되지 않았고, 위원魏源(1794~1856)의 『원사신편元史新編』도 20세기가 될 때(1905)까지 나오지 않았다.

중국에서 이븐 칼둔(Ibn Khaldun)이나 유럽의 위대한 역사가들과 비견할 수 있는 역사의 거장은 이런 문헌비판의 괄목할 만한 풍조가 극에 달했을 때에 처음으로 나타났으며, 이런 풍조는 유학 전통의 앞날에 철저하고도 파괴적인 영향을 미치게 된다. 장학성章學誠(1738~1801; 일명 實齋라고도 함)은 천부적인 역사의 재능을 타고났다고 스스로 말하곤 하였다.5) 자신이 역사적 재능을 타고났다고 스스로 자부할 때가 십대를 갓 벗어날 무렵이었다.6) 중국역사학의 앞날에 그의 주요한 공적은 당시 난무하던 지나친 비판에 대한 비판적 반동이었다. 그러나 그의 작품의 영원한 세계적 가치는 역사이론과 그 방법 및 그 사상적 배경에 대한 심오한 반성에 있다. 진시황의 혁명 이후 중국문화의 가장 거대한 변화가 일어나려던 순간에, 처음부터 유교전통의 일부로 속해 있던 역사에 관한 사상을 점검하고 재평가하는 것이 그의 몫이었다.

장학성은 1738년에 소흥{절강성}에서 태어났다. 이 곳은 여러 유명한 근대 중국저술가들의 고향이며 왕양명王陽明(1472~1528)과 황종희의 고향인 여요餘姚에서 멀지 않고, 또 유명한 두 청대 사가로서 황종희의 제자인 만사동과 장학성보다 나이가 조금 더 많은 전조망의 고향인 영파寧波에서도 가깝다. 그래서 그는 이른바 '절동浙東'학파에 속한다. 절浙은 전당

---

5) 「家書」(1765) : 『章氏遺書』[이하 『遺書』라 약칭함] 권9, 68b면.
6) 姚名達, 『章實齋先生年譜補訂』(臺灣商務印書館, 1968), 7면.

강錢塘江 혹은 항주강杭州江으로서 거기서 절강이란 명칭이 나왔으며 그 강은 북서지역으로부터 소흥·여요·영파로 남동지역을 가르고 있다. 장학성은 강한 지역감정을 가졌고, '절서浙西'파에 대한 이들 학파의 반대를 부추겼다. '절서'란 명칭은 지리적으로 정확하지 않다. 강소지방의 남부를 포함하며 절강浙江의 북동쪽까지 미치기 때문이다. 이 곳[후자]은 고염무[昆山]와 전대흔[嘉定]의 고향이 있는 곳으로 상해부근이다.[7] 이론상 절동학파는 종합적 직관을 강조한 점에서 왕양명의 신유학에 가깝다. 반면 절서학파는 '점진적' 방법, 연구와 학식의 강조에서 주희의 전통에 더 가깝다. 18세기 후반 이 두 학파의 거장이 장학성과 전대흔이다.

장학성의 아버지는 말단 관리였으나, 그리 멀지 않은 과거까지 농민 가문의 전통을 가지고 있었다. 그의 가문은 원래 복건출신으로 12세기에 소흥시 가까운 언덕에 정착하였다. 그 곳은 18세기 초반에 인구 만 명을 헤아렸다. 그 곳 농업자원은 충분하지 않아서, 몇몇은 도시로 나갔고 점차 사회적 신분상승의 길을 걸었다. 장학성의 조부는 서기로 관청에서 일하였다. 그는 다소간에 학자였으며, 그 손자 장학성의 말에 따르면, 만년에 사마광의 『자치통감』을 읽었다고 한다.[8] 그의 아들, 즉 장학성의 아버지는 어렵사리 진사가 되기까지 하였으나 평범한 경력의 생애를 보냈다. 소흥에서 배운 뒤, 그는 호북에서 5년 동안(1751~1756) 지방관리로 있었다. 그 후 공금유용죄로 사직해야만 했다. 너무 가난해서 고향으로 돌아오지도 못하고, 호북에서 그가 죽던 1768년까지 선생으로 일하였

---

[7] 알려진 바로는 전대흔(1728~1804)은 당대 최대의 석학으로 장학성과 戴震을 능가하였던 것 같다. '절동'과 '절서'란 이름은 당과 송의 행정지도에서 쓰였으나, 거기에 나타난 영역은 현재 江蘇지방을 포함하는 것 같지 않다. 장학성은 중요한 논문의 하나인 「浙東學術」, 『遺書』권2, 23a~25a면을 썼다.

[8] 1785년의 후기, 『遺書』권29, 11b면. 사마광에 대해서는 이 책, 풀리블랭크, 「중국인의 역사비평-유지기와 사마광」, 226~245쪽 참조.

다. 그가 죽자 과부가 된 그의 아내가 식구가 모두 스물이나 되는 가족과 함께 장학성을 돌보았으며, 이들 가족 모두가 수년 동안 장학성이 방랑생활을 할 때 그 뒤를 따라다녔는데, 사람이 죽어도 돈이 없어 절강에 있는 가문묘지로 옮길 수가 없어 시체까지 이들과 함께 하였다.9)

장학성은 외동아들에다 좀 모자라는 아이였던 것 같다. 발육부진의 소년으로 병약했다. 만년에는 벙어리에다 말더듬이, 붉은 코에 얼굴은 사마귀로 덮이고, 항상 두통이 끊이지 않았다. 소년 때는 굼뜨고 완고하였으며 학교수업도 좋아하지 않았다. 그러나 곧 철학자들, 특히 역사가들의 저서를 빠르게 독파하게 되었다. 이들 가운데는 학교에서 가르치지 않는 사람들에다 금지된 사람들까지도 있었다. 그의 나이 15살에서 18살 사이 아버지가 지방관리로 있을 때, 장학성은 아내가 지참금으로 가져온 머리핀과 귀걸이를 팔아[그는 13살 때 결혼하였다] 종이와 붓을 사고 아버지의 서기들을 매수하여 주대周代의 모든 문헌을 복사하도록 하였다. 그는 그것을 정사의 구성을 따라 정리하여 '동주서東周書'를 만들고 싶어 했다. 서기장이 이것을 알아내는 바람에 그는 벌을 받았고, '동주서'는 미완성이 되었다.10)

바로 이 때 그는 자신을 '역사의 천재'로 묘사하고, 불손하게 아버지를 찾아온 방문객 앞에서 오만을 떨었다. 손님들은 관리인 아버지에 대한 존경심 때문에 그를 나무라지 않았다. 이런 사춘기의 위기는 그가 20살이 되었을 때 갑자기 끝났다. 뒷날 쓴 편지에는,11) 그 때 그는 마음이 열리고, 주해注解의 도움없이도 원문을 이해하기 시작했다고 회상한

---

9) 자서전 시(1797), 『遺書』 권28, 61a면; "4년 안에 나는 다섯 번이나 집을 옮겨다녔다. 아픈 사람, 죽은 사람 온 식구를 다 데리고 다녔다. 닭과 개, 가재도구와 책 등 온갖 짐 속에 우리는 관을 들고 다녀야 했다. 강 물결에 쫓기고, 길에 먼지를 헤치고…"
10) 姚名達, 앞의 책, 7면.
11) 「家書」, 『遺書』 권9, 73a면.

다. 특히 역사책이 그렇게 낯이 익어 기억착오 현상같이, 펼치는 장마다 모두 그 전에 공부한 적이 있는 것 같았다고 한다.

22살 때(1760) 그는 호북의 가족을 떠나 북경으로 가서 시험에 응시하였다. 절강의 친지 가운데 수도에 살던 사람 몇몇과 함께 있다가 그는 기숙학생으로 국자감에 입학하였다. 그는 30세 되던 해에 이르러 성공하기 전에 2학년을 세 번이나 다녔다. 그리고 그로부터 10년 뒤(1778)에 진사를 받았다. 그 동안 북경에서 고명한 학자들을 만나면서, 그는 그들의 마음을 끌었다. 그 첫번째 후원자는 주균朱筠(1729~1781)이었다. 주균은 건륭제에게 『사고전서』로 알려진 중국문헌의 기념비적 수집본을, 그 비판적 목록과 함께, 만들도록 처음으로 제시한 유식한 학자였으며 18세기 말까지 중국의 모든 지식인들이 이 작업에 관여하였다.12) 1771년에 주균은 자신이 교육위원으로 임명되었던 안휘지방으로 장학성을 데려갔다. 거의 죽을 때까지 계속되는 장학성의 방랑생활이 시작된 때가 바로 이 무렵이며, 이것은 그의 저술활동에 큰 방해가 되었다. 이 때 쓴 편지에 그는 다음과 같이 적고 있다.13)

나는 쓰잘 것 없는 방랑자처럼 이집 저집 구걸해야만 했다. 계속되는 이사에 필요한 돈을 어디서 구해야 할지 몰랐다. 조그만 장사에 골몰하여 겨우 1할의 이윤을 남기곤 하였다. 설상가상으로 말도 더듬거리고, 또 면접을 보기 위해 말을 하거나 [방문용] 명함을 쓰거나 할 만큼 재치도 없다. 그저 날이면 날마다 객소리만 중얼거리며 그 곳에 앉아 있기만 하였다.… 어릴 적부터 나는 역사에 선천적 재능을 갖고 있었다. 내 옷과 이불을 전당잡혀서 정사 몇 권을 살 수 있다면 그래도 운이 좋은 편이다. 더구나 내 시력도 약하다. 내 생각의 맥은 느슨해지고, 많은 것을 잊어버린다.…14)

---

12) 장학성은 『사고전서』에 관련된 것 같지 않다. 그는 공식적 모임에는 아주 이방인이었다.
13) 조카의 아들에게 보낸 편지에서, 「論學」(1766), 『遺書』 권22, 39a면.
14) 기억력이 약했으므로 그는 역사를 적기보다 많은 것을 이론적으로 사고했는지도 모른다.

1773년에 주균은, 그 때 막 『사고전서』를 위한 사무소가 문을 열었으므로 『사고전서』에 협조하도록 북경으로 소환되었다. 장학성은 그를 따라 수도로 돌아왔다. 그 때부터 북경 근교를 돌면서 안면있는 지방관리들을 찾아다녔고, 이들은 그에게 잡일을 찾아주었다. 방지方志의 수정, 서원의 임시교장, 시험지 수정작업, 종보宗譜를 고치는 일 등이었다. 그러면서도 그는 시간을 내어 약간의 역사논문을 썼다. 그러나 지식인 집단에서 역사편찬은 인기가 없었으며, 장학성은 자신을 돕고 보호해 줄 수 있는 학자들과 멀어질까봐 노심초사하였다. 그래서 그는 수고手稿를 제한된 몇몇 친구들에게만 돌리면서, 다른 사람에게 보이지 말도록 부탁하였다. 한 번은 전대흔錢大昕에게 이렇게 썼다.15)

부디 내 하찮은 논문을 다른 사람에게 알리지 않도록 조심해 주시오.… 자기 시대의 잘못을 고치려고 나서지 않는 저자의 작품은 가치가 없을 것이오. 그러나 개혁하려는 자는 누구나 시대의 유행에 맞서야 하오. 지금 유행은 형부刑部의 법과 명령보다 더 무서운 것이오.

또다른 편지에서16) 그는 문헌을 구체적이고 분석적으로 연구하는 데 너무 치우쳐 자료를 종합적으로 다루지 못하는 데 대해 당시의 학자들을 비난했다. 저들은 뽕잎을 먹기만 하고 비단실을 자아내지 못하는 누에 같다는 것이다. 그 자신은 역사편찬에 새 길을 여는 개인적 견해를 개진해 온 것이라고 덧붙인다. 오랫동안 해묵은 불모지였던 이 분야에

---

15) 1798년, 『遺書』 권29, 58b~59a면. 姚名達, 앞의 책, 25면에서는 이 편지를 1772년의 것으로 하고 있는데, 이는 잘못된 것 같다.
16) 1796년에 汪輝祖에게 쓴 것이다. 『遺書』 권9, 25b~26a면. 왕휘조(1731~1807)는 『史姓韻編』과 『三史同姓名錄』의 저자로 잘 알려져 있는데, 장학성이 이 두 책의 서문을 썼다.[『遺書』 권8, 1a~4b면] 그는 중국책의 색인작업을 시작한 사람이다.[이 점에 관해서는 『遺書』 권10, 15a~16a면 참조]

서 자신의 견해가 가진 참신함을 그는 알고 있었다. 그러나 그의 사상은 너무 독특한 것이라 그 결과를 염려하였다. 그것은 오해를 사고, 세상을 놀라게 하고, 비난과 봉변을 당하게 되는 것이었다. 다른 곳에서17) 자신의 작품이 인정받고 진가를 평가받으려면, 당대唐代에 두보의 시가 그랬던 것처럼, 1백 년은 걸릴 것이라고 말하였다. 그는 미래 역사편찬을 위한 새 길을 열었다고 확신하였다.18) 어떤 사람은 그를 유명한 『사통史通』의 저자 유지기劉知幾(661~721)에 비긴다. 그러나 유지기는 역사방법론[史法]만을 다루었고 장학성은 그 개념과 의미[史意] 모두를 다루었다. 오늘날 아무도 이 문제에 관심을 갖지 않았다. 학자들의 관심은 해박한 지식과 문헌학이었으며, 유교경전의 내용을 미봉彌縫하는 것만 생각하였다.

그는 이런 식의 연구의 가치를, 그런데서 그 자신이 탁월한 것은 아니었으나, 외면하지는 않았다. 그것을 좋아하고 존중하였지만 그 자신의 한계도 알고 있었다. 그 자신의 작품은 그 원칙·방법론·서지학 등에서 아주 다른 방향인 역사 쪽으로 향하였다. 여기서 그는 선구자도, 모범도, 다른 사람의 이해도, 아무것도 갖지 못했다. 친구들에게 외면당하고 모든 사람에게서 버림받은 외톨이였으며 위로해 줄 제자도 없이….

아마도 장학성은 자신의 불행을 과장했을 것이다. 그에게는 자신의 시대에 적응하지 못한 사람들에게서 가끔 나타나는 어떤 병적인 집착력이 있었다. 결국 그가 할 수 있는 것이라고는 형편에 맞는 지방행정직을 받아들이는 것이었다. 그러나 1787년에 한 직책이 그에게 주어졌을 때,

---

17) 朱筠의 아들 朱錫庚에게 보내는 편지[북경대학 소장의 필사본]는 錢穆의 『中國近三百年學術史』 427면에서 인용되었다.
18) 이것과 다음에 나오는 내용은 1790년에 『유서』 권9, 68b~69a면에 쓰인 「家書」에서 되는 대로 축약한 것이다. 유지기에 대해서는 이 책, 풀리블랭크, 「중국인의 역사비평-유지기와 사마광」, 205~225쪽 참조.

그는 즉각 거절하였다.19) 아무튼 그는 그가 택한 자립을, 적어도 불평을 하지 않을 정도로, 지주로 삼았다. 7년 동안(1766~1773) 그를 도와준 주균 다음에 그는 새 후원자로 위대한 행정가요, 위대한 학자인 필원畢沅(1730~1797)을 얻었다. 필원은 역사에 관심이 있었고, 그 덕에 10세기에 멈춘 사마광의 중국통사『자치통감』의 후속편이 생겼다.『속자치통감續資治通鑑』은 송과 원대에 대해 위대한 작품을 보충한 것으로 그 거작에 못하지 않다. 거기서 장학성이 맡은 부분을 가려내기는 힘들지만, 필원이 많은 수정을 통해 연보형식의 결점을 줄일 수 있었던 것은 그의 덕이라는 것을 우리는 알고 있다. 이 연보형식은 사마광처럼 필원이『춘추』형태의 초보적 연대기에서 물려받은 것이며, 시대마다 중국 역사서술에 전염병처럼 스며들어 있었다.

필원이 장학성에게 맡긴 또다른 일은『사적고史籍考』라는 중국사서에 관한 불후의 서지학 저서이다. 이 책은 1701년에 주이존朱彝尊이 발간한『경의고經義考』가 경전문헌에 대해 갖는 의미와 같은 것을 중국 역사작품에 대해 갖도록 하려는 것이었다. 장학성이 1801년에 죽기 조금 전인 1787년까지 부단히 작업한『사적고』는 그가 가장 아끼는 역사이론 가운데 약간을 이 책에다 적용한 구상과 목록을 제외하고는 현재 남아 있는 것이 없다.20) 그 이론 가운데 하나는, 어떤 것이건, 모든 문서는 역사서지학에서 언급할 가치가 있다는 일종의 범역사주의다. 이와 관련하여 장학성은 이같이 말한다.21)

---

19) 姚名達, 앞의 책, 61면.
20)『遺書』권13, 34a~38b면 그리고「補遺」, 59b~60b면 : 姚名達, 앞의 책, 132~137면.
21)「史籍考」(『遺書』권9, 42a~b면)에 관하여 孫淵如(1753~1818)에게 보낸 편지(「報孫淵如書」). 이 거대한 편집물은 실제로 1798년에 끝난 것 같다. 그러나 필원의 이름으로 발간된 이 책은 필원이 1797년에 죽음으로써 출간이 늦어졌다.

내 생각에 하늘과 땅 사이 세상에 차 있는 작품의 전체 숲이 역사에 속한다. 유교경전 여섯 권은 하나의 경經이라고만 불렸다. 그것은 공자가 후세를 깨우치는 데 이 여섯 권의 역사책을 이용했기 때문이다. 철학(字)과 문학(集)에 대한 것들 또한 전적으로 역사(史)에서 출발하였다. 후대(唐代)에 와서야 이러한 종속관계가 잊히게 됐을 때, 문서를 네 가지 다른 분야(경전(經)·역사(史)·철학(子)·문학(集)]로 나누게 되었다.…

따라서 장학성은 『사적고』에서 철학과 문학은 물론 경전의 저서도 포함하였다. 사실 보통 역사로 분류되는 작품은 그의 중국사서에 관한 서지학에서 3분의 1밖에 안된다.[22]

필원은 호북과 호남의 지사知事로 있을 동안 장학성에게 또다른 일을 맡겼다. 『호북통지湖北通志』의 신간을 위한 작업이었다. 장학성은 방지에 대해 일가견을 가지고 있었기 때문에 이 일에 큰 관심을 기울였다. 불안정한 생활로 인해 가끔 [당시 다른 많은 학자들처럼] 관보[掌故]로 바쁜 나날을 보냈기 때문이거나, 또한 '구체적' 지식[譜學]에 대한 당시의 관심으로 관보에 대한 인기가 일반적으로 좋았기 때문이거나, 아니면 다른 본질적 이유 때문에, 장학성은 방지에 매우 큰 의미를 두었다. 그는 방지는 정사와 같은 많은 주의와 철저함으로 준비되고 작성되어야 한다고 생각했다. 바로 이것이 정사의 중요한 자료가 되기 때문이다. 담당관청은 30년 또는 1백 년마다 공식적으로 이를 수정하도록 지시가 내려져야 하며,[23] 이를 위해 지방문서고를 세워 전담관리에 의해 규칙적으로 쇄신하고 관리되어야 할 것이라고 그는 제안하였다.[24]

---

22) 姚名達, 앞의 책, 136면. 馬敍倫후에 북경의 문교부장관에게 속하는 필사본을 인용하고 있다.
23) 「記與戴東原論修志」(1773) : 『遺書』 권14, 39b면.
24) 「答甄秀才論修志」, 『遺書』 권15, 11b면. 또한 傅振倫, 「章實齋之史學」, 『史學年報』1~5 (1933. 8), 130면 참조.

장학성은 스스로 끝없는 관심을 가지고 여러 지역의 1차문서를 모았고, 방랑생활 가운데 그는 그런 지방의 관보를 수정하였다. 중요한 지역 인물·주요가문과 그 족보에 관한 정보를 모으고, 방지에 포함될 과부와 열녀를 몸소 방문하면서, 한 지역을 조사하는 데 몇 달을 보냈다. 두루마리 종이와 술 단지[紹興酒임에 틀림없으리라!]를 수레에 싣고 시골을 돌아다니면서 필사본·비문·지방의 전설 등을 모으곤 하였다.25) 이렇게 기록자료를 모으고 난 다음에는, 고도의 체계적 방법으로 그것을 정리하는 데 굉장한 정성을 기울였다. 관보에서 장학성은 문서의 단순한 수집·편집[記注]과 진짜 개인의 '작품'으로 다듬는 것[著述·撰述]의 사이를 구분하는 자신의 이론을 피력하거나, 아니면 적어도 피력하려 하였다.26) 문서고증과 조사에 의해 시작하는 것이 중요하며 이것은 그 자체로서 그리 쉬운 것은 아니라고 그는 말한다. 그러나 그런 다음에는 선택을 하고, 어떤 것은 버리고 어떤 것은 취해야 하는가를 가려야 한다. 자료가 뒤범벅으로 기록되어서는 안된다.27) 왜·어떻게 책이 씌어져야 하는가를 논하는 대신 왜 책을 쓰지는 않는가 하고 묻는 사람에게 답장하면서, 그는 그가 쓴 관보가 정사와 같은 수준의 진실된 작품이며 불멸의 영광을 얻게 될 것이라고 장담하였다.28)

이 말은 과장된 것이라 하더라도, 장학성의 방법론에 관한 실제 예

---

25) 姚名達, 앞의 책, 43·76면.
26) 더 정확하게 記注는 기록, 역사적 사실의 주석을 의미하며, 撰述은 그 기록이 조립된 형식을 취하는 것이다. 서류와 역사 사이의 이런 구분은, 훨씬 영향력이 적었던 것이 분명하지만, 유지기와 鄭樵가 이미 했다. 姚名達, 앞의 책, 9~11면에 대한 何炳松의 서문에 나오는 인용문 참조.
27) 「與陳觀民工部論史學」, 『遺書』 권14, 23b~24a면.
28) 「周震榮에 보낸 편지」(1789), 『遺書』 권9, 43a~43b면. 주진영은 어느 지방관리로 장학성에게 그의 하부 군에 있는 『永淸縣志』를 집필하도록 위임하였다. 이것은 장학성이 쓴 관보 가운데 하나로 그 복사본은 귀하다.[국회도서관에 하나가 있다]

가 몇 개 단편으로만 남아 있는 것이 정말 아쉽다. 그가 쓴 『호북통지』는 영영 출간되지 못했다. 1794년에 막 탈고하려 할 때, 그것을 부탁한 필원이 호북을 떠나야 했기 때문이다. 후임자는 이 작품에 들어 있는 장학성의 독특한 사고도, 또 아마 사람조차도 이해하지 못했다. 이 심술궂은 늙은 학자는 모든 사람에게 골치 덩어리였음에 틀림없다. 그의 '일반관보'의 필사본은 깡그리 없어지고 기억에서 사라져버려, 필자가 본 『호북통지』(1921)의 최종판본에는 그 지역역사를 다룬 지난날 학자 가운데 장학성은 언급조차 되지 않았다. 만일 중국당국이 18세기 말에 그가 지방문서와 지방관보를 조직적으로 집성하려 했던 계획을 효과적으로 실천하는 지혜만 가지고 있었다면, 오늘날 중국은 그 근대사를 위한 비할 데 없는 사료를 간직할 수 있었을 것이며, 우리는 중앙정부나 황실의 문서에 만족하지 않아도 될 뻔하였다.

1794년 이후 장학성은 필원의 후원을 못 받게 되자 고향 절강으로 돌아가, 거기서 상당히 불우한 나날을 보냈다. 시력이 아주 나빠진 채 그는 63세의 나이로 1801년에 죽었다. 생전에 그는 역사서술과 역사철학에 관해 소수의 논문을 발간했을 뿐이었고, 그것도 위에서 설명했던 이유 때문에 의도적으로 제한되어 부수가 아주 적었다. 그가 죽은 지 30년이 지난 1832~1833년에 좀더 많은 논문·단편과 편지들을 그의 한 아들이 '문사통의文史通義'29)와 '교수통의校讎通義'30)라는 두 제목으로 개봉開封에서 발간하였다. 장학성의 손자가 이 판본을 1878년에 귀양貴陽에서 다시 발간하였으며, 그 후 여러 번 재인쇄되었다. 장학성이 19세기에 널리 알려진 것은 다섯 분책分冊으로 된 이 빈약한 판본 때문이다. 1920년, 『장

---

29) 文史는 『唐書』 안의 서지학적 논문에 사용된 용어로 역사편집과 문학적 역사와 문학적 비평을 다루는 부분의 제목인데, 문학과 역사·문화사 등으로도 번역된다.
30) 말 그대로 '대조검토'를 의미한다.

씨유서章氏遺書』 13분책이 절강지방 도서관의 배려로 항주에서 발간되었다. 마침내 30분책으로 된 더 대규모 판본이 절강학자 집단에 의해 비판적 시각에서 마련되어 오홍吳興[절강 북부]에서 1922년에 같은 제목으로 간행되었다.31) 그보다 더 많은 것이 그 후 보완되었으며, 1937년에 북경대학은 전목錢穆 교수의 지휘 아래 그것을 간행에 착수하려 했으나 이루어지지 않았다.32)

장학성의 작품에 관해 처음으로 관심을 소생시킨 사람은 일본인 중국학자 나이토 도라지로內藤湖次郎인데, 그는 1920년 중국에서 구한 장학성의 저술필사본을 근거로 장학성의 전기의 윤곽을 그렸다.33) 그 뒤 1922년에 호적胡適에 의해 더 상세한 책이 나왔는데, 여기서 문학혁명의 주역들은, 이 위대한 중국의 인물을 망각으로부터 꺼낸 사람이 한 외국인이라는 사실에 유감을 표하고, 장학성의 생애와 사상을 연보年譜[장학성의 이론에 아주 반대되는 형식이다]34)로 그리게 되었다. 호적의 책은 수정되고 많이 보완되어 1931년에 요명달姚名達에 의해 발간되었다.35) 그 후 중국에서는 [일본 등에서도] 많은 연구가 나왔다.36) 다시 말하면 서구의 영

---

31) 이 논문에서 인용하는 『章氏遺書』의 모든 언급은 이 1922년의 목판본을 말한다. 그것을 재판한 활판인쇄본은 중략되어 소책자 8권으로 되어 있는데, 1936년에 상무인서관에서 발간하였다.
32) 간행되지 않은 약간의 필사본이 錢穆의 『中國近三百年學術史』(商務印書館, 1937)에 실리거나 인용되어 있다. 필자가 전목 교수의 한 중국인 친구한테 들은 것인데, 현재 홍콩에서 가르치고 있는 전목 교수는 전쟁 때 『절강지방도서관회보』에 '장학성의 미발간 수고'에 관한 논문을 냈다. 필자는 이 논문을 볼 수가 없었는데, 이 논문은 전목의 이름을 달지 않고 북경에서 재판되었다고 들었다.
33) 『中國學』, I, iii~iv(京都, 1920) : reprinted in Kenki shoroku(Kyōto, 1928), 113~136면 그리고 『支那史學史』(東京, 1953[2nd.]), 612면.
34) 『章實齋先生年』(보급판); review in BEFEO(1923), xxiii, pp.478~489.
35) 『章實齋年譜』(보급판) 유명한 절강학자 何炳松이 귀한 서문을 썼다.
36) 최근 미국에서 장학성에 관한 두 개의 미발행 박사논문이 쓰였다. David S. Nivison, The Literary and Historical Thought of Chang Hsueh-ch'eng : a Study of his Life and Writings, with Translations of Six Essays from the Wen-shih t'ung-i(Harvard University, 1953) : Chu

향으로 중국이 장학성에 관심을 돌리게 된 것이다. 중국의 역사서술의 원칙과 방법을 고쳐야 할 필요 때문에, 다른 분야와 같이 이 분야에서도, 중국은 과학에 부응하는 객관적인 일반화의 정신을 길러야만 하였다. 그래서 오래 전 18세기 말에 유별난 사상으로 당대에는 외면당했지만 근대사상의 비옥한 토양을 마련했던 한 무명의 절강학자가 앞서 구현한 정신을 기억해냈다.

남아 있는 그의 작품은 난잡한 단편들로, 마치 그의 생애처럼 조각나 있다. 몇 개 완성된 논문이 있는데 대개 철학적인 것이며, 많은 초고와 구상, 많은 양의 편지는 장학성의 개인적 이야기와 건륭시대 중국의 지적 생활의 가장 생생하고 상세한 모습을 전해 준다. 그러나 중국의 전통이 그렇듯이 그 사상의 체계적 개진은 그 작품들 안에 거의 보이지 않는다.

장학성의 역사서술은 당대의 분위기 속에서만, 또는 더 정확하게 그것에 대한 반동으로서만 이해될 수 있다. 그의 동시대인들 가운데 유행한 것은 유교경전(正典)에 대한 비판적 연구였다. 역사의 타고난 흥미를 가진 장학성은 이런 학문-말하자면 '경전'의 연구-이 갖는 배타적 우월성과 그에 따른 지나친 문헌학적 지식에 도전하였다. 그는 한유韓愈를 싫어하였는데, 이 유명한 신유학의 신구자는 불교보다 더 오래된 지식의 부흥을 꾀했을 때 역사 쪽이 아니라 유교경전 쪽으로 방향을 잡았기 때문이다.[37] 청대에는 부분적으로는 정치적 이유 때문에 역사연구가 소

Shih-chia, *on Chang's Work concerning local Gazetteers*(Columbia University, 1950년경). 장학성의 사상을 아주 잘 요약하고 평가한 것은 D.S. Nivison, "The Philosophy of Chang Hsueh-ch'eng", *Occasional Papers*, 3(Kyoto : Kansai Asiatic Society, 1955), 22~34 : 같은 저자, "The Problem of 'Knowledge' and 'Action' in Chinese Thought since Wang Yang-ming", *Studies in Chinese Thought, The American Anthropologist*, vol.55, no.5(1953), pt.2, pp.126~134 : *Journal of Indian and Buddhist Studies*, 8(Tokyo, March, 1957), pp.102~105에 불교에 관한 장학성의 입장에 관한 짧은 일본어 논문이 있다.

홀하게 되었으며, 교육에 대해 일가견을 가지고 있었던 장학성은 교과
과정과 시험에 역사연구가 재현되어야 하며 또 제일 중요한 것이 되어
야 한다고까지 생각하였다.38) 실제로는 중국의 전통에서 역사가 제일이
된 적은 없었다. 한대 유가의 득세로 그 전 중국 문헌기록이 경전[經],
즉 '생활의 규범'을 정하는 표준의 경전집39)으로 자리를 굳히고, 또 그것
이 당대唐代 이래 문헌을 네 가지로 구분하게 되면서 역사보다 우선순위
에 놓이면서부터는 말이다. 장학성이 말하고 있듯이, 이런 경전이 생활
규범을 내포하고 있는 것이 사실이다. 그러나 '경經'이라는 명칭은 나중
에, 그리고 오직 공자가 후세를 가르치고 교화하기 위해 그것을 전했기
때문에 생긴 것이다. 그것 자체는 역사적 기록 이상의 것이 아니며, 공
자 자신도 그렇게 생각하였다.

    필자가 잘못하는 것이 아니라면, 이런 뜻이 장학성의 작품서두에 "6
경은 모두 '사'[六經皆史]라는 유명한 말에서 추출해낼 수 있는 한 가지
의미이다.40) 논쟁적이며 개인의 변명 같은 것이 이 구절 속에 있다. 장
학성 자신이 해명하기를, 역사가인 자신이 '경'에 대해 쓸 때 그가 역사
가이면서 그들 일에 참견하는 것으로 비난할지도 모를 경전전문가들에
게 경고하려는 것이라 한다.41) 그러나 그에 따르면 바로 그 점이 중요하
다. 유가경전이 바로 역사의 영역에 속하며, 그것을 역사가 아닌 것으로
보는 유학파는 잘못된 것이다. 좀더 깊이 새겨보면, 이 말은 그의 역사

---

37) 「與汪龍莊書」(1796), 『遺書』 권9, 26a면.
38) 姚名達, 앞의 책, 60·143면.
39) '경전'이란 말은 원래 목수의 자를 의미하며, 옷감의 '날실 經'과 같은 것이다. 서구의
    은유는 건축가와 기하학자의 것에다 비기고, 중국에서는 양잠업자와 직공의 언어로 나타
    낸다.
40) 「易敎」, 『遺書』 권1, 1a면. 또 「答客問」, 『遺書』 권4, 44b면 등.
41) 「주균에게 보낸 편지」(1796), 『遺書』 권28, 44a~b면 : 姚名達, 앞의 책, 123면 그리고 錢穆,
    앞의 책, 426면 참조. 朱珪(1731~1807)는 주균의 동생이다.

철학 전반에 관련된다. 그 양면성을 잘 이해해야 한다. 장학성은 경전 즉 유교경전이 역사라고 주장한다. 이런 말을 뒤집으면, 거꾸로 역사가 또한 경전이 될 수 있다는 말이다. 역사는 경전으로서의 가치, 즉 규범과 준거로서의 가치를 지닌다. 이것이 바로 장학성의 믿음이었다. 경전은 역사이다. 역사가 한 경전이기 때문이다. 필자는 장학성의 생각이 경전을 세속화하는 것이 아니라 역사를 경전으로 신성화하려 한 것이었다고 생각한다. 마치 헤겔이 역사를 절대화한 것과 같다.[42]

이 점에 관해 장학성이 쓴 것으로, 제일 분명한 것이라 할 수는 없다 하더라도 가장 상세하고 중요한 작품 가운데 하나가 있다. 그것은 한유 등이 제목으로 달기도 하였던 그의 「원도原道」라는 논문으로 장학성이 1789년에 쓴 문장이다.[43] 이 글에서는 '도'가 『주역周易』의 정신에 따라, 영원히 변화하는 자연의 '도리'로 설명되고 있다. 천도天道에서는 이 '도리'가 우주를 움직이는 음과 양의 상이한 두 가지로 구성된다. 그러나 하늘의 도리는 사람에게 보이지 않는다. 『주역』의 표현을 빌면 그것은 '물질의 형태를 초월한' 형이상학적인 것이다.[44] 인간이 비로소 볼 수 있도록 이것이 지상에 구현될 때만이 인간이 볼 수 있는데, 장학성은 이것을 사회적 관련 아래 설명한다. 참으로 중국적인 그의 논리는 다음과 같다. -'도'는 하늘에서 그 원리를 얻는다. 그러나 하늘의 작용은 분명하지 않다. 사람이 이해할 수 없는 것이다. 사람들은 도가 지상에 구체화될 때, 사람 자체 내에 임함으로써, 비로소 알 수 있다. 인간 자체에 구현될 때 말이다. 도가 형태를 가지고, 육체[形]를 갖고 가시화되기 위해

---

42) "신은 세계를 지배한다. 그 지배의 내용, 그 우주의 완성은 세계역사이다" Hegel, *Vorlesungen über die Philosophie der Geschichte*(역사철학강의), ed.(Reclam), p.74.
43) 『遺書』 권2, 1a~14a면. 이 제목은 한유에게서 따왔고, 또 『회남자』와 劉勰에게서도 나온다. 『遺書』 권9, 40a면 참조.
44) "형이상을 곧 도라 한다[形而上者謂之道]". 『周易』, 「繫辭」 I, 12(Legge, p.377)

서는 '집안에 세 사람[三人居室]'이 있어야 한다. '집안의 세 사람'은 반드시 일상의 일을 분담해야 한다. 요리하고 장작을 마련하고 우물에서 물을 긷는 일 등이다. 이들은, 분업과 함께, 인간사회의 원형이 된다. 인간사회는, 분화되고 조직화되면서 여러 사회적 범주들이 어울려 균형을 이루었는데, 이것은 하늘의 음양의 조화가 지상에 구현된 것이었다. 이렇게 인간의 역사-사회의 역사-는 하늘에서 나오는 것이다. 이 땅에 사회질서를 세우고, 제도·사회적 법, 도덕의 가치로서 문화를 세운 위대한 창조자인 성인은 하늘의 도리, 형이상학적 '도'를 땅에 실현하였을 뿐이다. 더구나 성인은 보통 사람, 민중의 제자일 따름이다. 민중은 더 즉흥적이고, 자의식이 덜 강하고, 자연에 더 가깝기 때문이다. 이 말은 하늘에 더 가깝다는 말이다. '도'가 가장 직접적이고 당당한 형태로 나타나는 것은 민중 안에서다. "성인은 민중에게서 배워야 한다."45)

'도'가 완전하게 구현된 것은 먼 옛날 세 왕조시대였다. 절정은 서주시대 즉 주공이 살았을 때이다. 그 후 동주, 공자시대에 타락이 시작됐다. 장학성은 '거꾸로 가는' 퇴보, 즉 고대로부터 타락해 왔다는 전통중국의 견해에 충실하였다. 미래의 이상향은 고대 황금시대를 부활시키는 것이었다. 그에 따르면 공자는 성인이지만, 옛 성인들과는 달리 왕이 아니었다. 그는 지상에 '도'를 구현할 만큼의 효과적 권력을 갖지 않았다. 그것을 실현하지 못하고, 그냥 배우고[學] 가르쳤다[敎]. 지식이 행동으로부터 가르침이 통치로부터 분리되었다. 교육이 관리의 손에서 벗어났다. 개인적 가르침이 나타나고, 철학자는 제멋대로 이론을 벌이기 시작했으며, 신성한 국가의 권위는 무너졌다.

공자는 진정한 도리를 가르치는데, 기록된 자료, 옛날 있었던 실제

---

45) 『遺書』 권2, 2b~3a, 8b면.

사실들이 기록된 책을 갖고 있었다. 이 책들이 지금의 유교경전이었다. 이것은 고대기록으로, 옛 성인과 그들이 만든 제도와 규범을 적은 것이다.[46] 동시에 그들은 표준적인 법전인, 경전을 만들었는데, 이는 거기 기록된 사실은 하늘의 도를 땅에 구현한 것이기 때문이다. 장학성에 따르면, 이 때문에 공자는 아무것도 자신의 것을 더하지 않고[述而不作], 그저 이들 기록을 전하려고만[述] 하였다. 그는 자신의 이론을 만들지 않았다. 그의 시대에는 성인들이 실제의 힘을 모두 잃었으므로, 그것을 현실화할 수가 없기 때문이다. 오히려 그는 경전에 나와 있는 객관적인 역사사실을 통하여 스스로 이치를 깨닫도록 하였다. 그래서 그는 『춘추』원문을 수정하면서 가치판단을 내비치고 있지만, 명쾌한 주는 달지 않았다.[47] 다음은 한대에 유행했던 공자의 말로 장학성이 자주 인용한 것이다.

> 공허한 말로 도를 표현하는 것보다, 행동과 사실을 통하여 도를 보이는 것이 더 날카롭고 분명하다.[48]

'도'는 사실에, 구체적 역사적 현실에 내재해 있다. 그것은 세상을 떠난 곳에서 구해지는 것이 아니다. 『주역』이 세상의 '그릇[器]'이라 부르는 그런 구체적인 세계에 내재해 있다.[49] 도에 의해 밝혀지는 세상은 물에

---

46) 이에 관한 것으로 또다른 글이 같은 '原道'라는 제목으로 『校讐通義』, 『遺書』 권10, 1a면에 있다.
47) 「釋通」, 『遺書』 권4, 43면. 이런 점에서 장학성은 사마천의 『사기』[瀧川龜太郎, 『史記會注考證』, xlvii, 83(Chavannes, v, pp.422~423)]의 "筆卽筆, 削卽削" 등의 전통을 따른다.
48) 『사기』의 편자인 다키가와의 주석(cxxx, 21)에 따르면 이 말은 『춘추』의 '緯'에서 취한 것이다. 또 董仲舒의 『春秋繁露』(『四部叢刊』 vi, 3b면)에도 인용되어 있으며, 사마천은 아마 여기서 그것을 알았을 것이다.[Kanf Woo, Les theories politiques du Tch'ouen- ts'ieou(춘추의 정치이론)(Paris, 1932), p.177 참조]
49) "형이하를 곧 기라 한다[形而下者謂之器]." 『周易』, 「繫辭」 i, 12.[Legge, p.377]

의해 차는 그릇과 같다.50) 그래서 "육경은 모두 그릇이다[六經皆器]"가 "육경은 모두 '사'이다[六經皆史]"가 된다.51) 인간의 국면과 사실의 국면을 넘어서는 초월의 원리[정의와 義理; 자연의 인간과 性命 등과 같은 것]는 없다. 추상적 이념은 '헛소리[空言]'일 뿐이다.52)

이런 견해 대부분이 아주 독창적인 것은 아니다. 청대 사상의 가장 핵심에 깔린 경향에 일치하며, 더 넓게는 추상과 '헛소리[空言]'를 선천적으로 싫어하는 것에 일치하는 것이다.53) 이미 11세기에 소동파[蘇軾]의 아버지 소순蘇洵(1009~1066)은 그의 「사론史論」에서, 역사는 경전과 같은 목적을 가지며, 둘은 서로 보완적이라고 주장하였다.54) 1285년 호삼성胡三省은, 사마광의 『자치통감』에 대한 주석의 서문55)에서 말하기를, 역사는 그 전하는 사실과 사건 안에서 도를 반영하며 그래서 경전과 같다고 하였다. 그리고 '육경개사六經皆史'라는 표현은 장학성의 고향 친구이며, 그가 절동浙東파의 수장으로 존경했던 왕양명(1472~1528)에게서 빌려왔거나, 적어도 그로부터 영향을 받았을 것이다.56) 장학성은 당시의 보편적인 사상을 함께 하였다. 우리에게는 이상하고 고풍스럽게 보일지 모르지만, '도'를 세계정신으로 대신할 수 있고, 헤겔도 여기서 크게 멀지 않다. 다만 장학성의 독창성은 철학적 바탕을 기반으로 다듬은 역사서술 이론

---

50) 「浙東學術」, 『遺書』 권2 25a면.[理에 적용됨]
51) "육경은 모두 그릇이다[六經皆器也]", 「原道」, 『遺書』 권2, 7b면.
52) 『遺書』 권2, 23b~24a면.
53) "최근 학문의 경우처럼 중국사도 판단이나 합리화는 전혀 없이 오직 일정한 사실에만 관심을 둔다."[Hegel, op. cit., p.192] 헤겔은 바로 이런 '사실주의'가 민족적 철학으로 개념화하게 되었다는 사실은 거의 깨닫지 못했다.
54) 『蘇洵集』 권9, 「史論」(北京:中國書店, 2000;- 역자), 76면 : Joseph L. Levenson, "Redefinition of Ideas in Time : the Chinese Classics and History", FEQ, May, xv, 3(1956), p.401 참조.
55) 『資治通鑑』의 새 북경판(1956) 서문, 28면.
56) 『王文正公全書』(四部叢刊) i, 16~17a면[Henke, The Philosophy of Wang Yang-ming, pp.69~70] : Nivison, "The Problem of 'Knowledge' and 'Action' in Chinese Thought since Wang Yang-ming", Studies in Chinese Thought, The American Anthropologist[주 36)], p.121 참조.

에 있다. 이 가운데 약간은 매우 근대적인 색깔을 가진 것이다.

역사는 사실을 다룬다. 중국어의 '사史'는 '사事'의 '사실'·'사건'과 어원적으로 관련이 있다.[57] 장학성은 말하기를 "고대인들은 이론(理)을 추구하기 위해 사실(事)을 벗어나는 일은 없었다."[58] '이理'와 '사事'는 전통의 이분법으로 중세의 중국사상을 점철하였고, 송대의 신유학에 와서야 이理와 지 智의 구분으로 대치되었다. 장학성이 도출한 실제결론의 하나는 역사가는 쓸데없는 이론을 삼가고 사실에 바탕해야 한다는 것이었다. 그래서 기록을 중시해야 하는데 그것은 사실의 표현이기 때문이다. 예를 들어 역사가는 인용하거나 이용하는 원문단어 하나라도 고쳐서는 안된다. 혹 말을 고칠 때는 독자에게 그 사실을 분명히 알려야 하고, 원문을 주로 넣어야 한다.[59] 장학성이 말하고 있듯이, 그는 자신의 속에 있는 인간성 ['너무나 인간적인']이 하늘을 침범하도록 해서는 안된다.[60] 바꾸어 말하면, 주관적인 견해로 천도天道의 현현顯現인 역사적 사료를 왜곡해서는 안된다는 것이다.

그러나 기록에 대한 존중이 반드시 역사가가 자신의 개성을 작품에 반영하지 말아야 함을 의미하는 것은 아니다. 물론 싸구려 문학적 효과를 삼가고, 또 왕도를 따르고 전제군주를 비난하면서, 요순堯舜을 찬양하고 걸주桀紂를 비난하는 그런 식의 진부한 판단은 삼가야 한다.[61] 그러나 장학성은 전통의 기계적 편집방법을 사력을 다해 거부하였다. 이런

---

57) 王國維는 이 두 단어가 원래는 하나로 뜻이 같다고 생각하였다.(『說文解字詁林』, 1262~1264면) 또 勞榦의 『대륙잡지』14-3(臺北, 1957.2), 66면. 유럽언어에서도 역사라는 단어는 모호한 데가 있어 우습게도 칸트와 니체는 'Geschichte'와 'Historie', 헤겔은 'res gestae' 와 'historia rerum gestarum', 크로체는 'storia'와 'storigrafia'를 서로 구분한다.
58) 「易敎」, 『遺書』 권1, 1a면.
59) 「與邵二雲書」, 『遺書』 권9, 15a~b면.
60) 『遺書』 권5, 2a면 : 권4, 19a면.
61) 「史德」, 『遺書』 권5, 2a면.

전통의 방법은 이미 7세기에 유지기가 시정하려 하였으나 실패한 것이며, 서구가 일리있게 중국역사학을 비난하는 대상이 되었다. 장학성은 한편으로는 기록을 수집·검토·비판하는 작업, 다른 한편으로는 선택·해석·평가 그리고 종합[圓通]이라는 말로 대변되는 모든 작업 사이를 확연히 구분하였다.[62] 유명한 역사가가 되려면, 열심히 사실을 모아 연대나 다른 어떤 자의적 원칙에 따라 되는 대로 정리하는 것으로는 충분하지 않다. 그것을 조직하여 요점을 추려내야만 하는데, 이것은 단순한 편집[比次]과 연구[考索]에 대조되는 개인의 판단[獨斷]을 의미한다.[63] 그렇게 함으로써만 역사가는 진정한 저자[成家], 개인작품[專書]의 작가가 될 것이다. '편집자'는 항우에 대항하여 싸운 유방의 전쟁에서 먹을거리를 조달한 소하蕭何 같은 반면, '저자'는 군사작전을 짠 한신韓信 같다.[64] 둘 다 필요하지만 장학성은 후자가 더 중요하다는 것을 숨기지 않는다. 그의 생각에 아무도 기氣와 감정[情]이 없이는 진정한 역사가가 아니다. 이런 것이 이성[理]에 의해 마땅하게 조종되어야 하지만 말이다.[65] 공정[公]은 필수적이지만, 단순히 역사가의 개성을 없애는 것이 되어서는 안된다.[66]

    역사가는 자신의 기질과 주제에 맞는 역사서술의 형식을 자유로이 고를 수 있다. 장학성은 과거 중국 역사서술에 쓰인 여러 형식을 모두 조사하고 논하여 재평가하였다. 자신은 연대기 형식[編年]을 좋아하지 않았다. 이것은 끊임없이 쓰이면서 중국역사에 큰 해를 끼쳤던 것이다. 그

---

62) 이러한 견해는 「易教」, 『遺書』 권1, 8b~21a면 그리고 「答客問」, 『遺書』 권4, 42b~50a면에 설명되어 있다. '종합'은 전통의 뉘앙스를 갖는 圓通을 임의로 번역한 것이나 필자의 생각에 틀린 것은 아니다.
63) 「答客問」, 『遺書』 권4, 42b~50a면.
64) 「報黃大兪先生」, 『遺書』 권9, 1b면.
65) 「史德」, 『遺書』 권5, 2b면.
66) '私', 곧 주관성·선입관에 대립되는 '公', 곧 공정·객관성에 관한 이론은 『文史通義』, 『遺書』 권4, 3a~19a면에 있는 세 논문에 설명되어 있다.

는 또 정사형식도 좋아하지 않았다. 그것은 한 왕조에 국한되며, 또 연대기[本紀]·연표·지志·열전 등을 복합한 것이기 때문이다. 그의 생각에 정사는 사마천·반고·진수 등 일급의 역사가들 덕에 동력을 가진 적이 있었다. 그러나 관료적 역사를 갖는 당대唐代 이후 정사는 생명없는 껍데기가 되었다. 이는 마치 공공시험 과정에서도 그런 것과 같다.[67] 그 자신의 생각은 '일반적 역사[通史]'로 알려진 것이다. 그래서 그는 정초鄭樵(1104~1162)의 『통지通志』가 흠이 있다는 것을 잘 알면서도 그것을 존경하였다.[68] 장학성은 '송사宋史'를 쓰려고 계획하였으나, 여느 때처럼 계획과 초고에 그쳤다. 이것을 그는 1792년에 친구 소진함邵晉涵에게 보낸 편지에서 언급하였다. 소진함도 '송사'를 쓰고 있었던 것이다.[69] 장학성의 편지에 담긴 생각은 전통에서 크게 벗어나며, 개념과 창작성이 놀랄 만큼 분방하였다. 그가 '송사'를 완성했더라면, 중국 역사서술에 새로운 출발점이 됐을 것이다.

역사는 관료에 의한 단순한 편집도 아니고, 학자를 위한 오락물도 아니다. 세계를 개혁하고 하늘의 '도'를 땅 위에 부흥하려는 것이다. 그 궁극적 목적은 실용적이고 도덕적이다. 이런 점에서 경건한 유학자였던 장학성은 중국역사가들이 비난받고 있는 교조적 성향을 함께 한다. [그러나 이 점에서는 오늘날도 어디서나 그들은 같은 모습이다][70] 역사에 부여한 높은 도덕의 의미에 대한 그의 생각은 당시 문헌학파[漢學]에 대

---

67) 「答客問」, 『遺書』 권4, 43a면. sq. 사마천과 반고에 대해서는 이 책, 헐시베, 「漢代 역사기록에 관한 일고찰」, 61~75쪽 참조. '역사의 관료화'에 대해서는 이 책, 양연승, 「중국 관찬사학의 구조」와 발라즈, 「관료 실무지침서로서의 역사」, 참조.
68) 장학성은 「釋通」, 『遺書』 권4, 37a~39b면에서 '통사'형식의 여덟 가지 이점과 세 가지 단점을 논하고 있다.
69) 『遺書』 권9, 19b~21b면.
70) 1760년에서 1892년까지 콜레쥬 드 프랑스 역사과장[1838년에서 1851년까지 미슐레가 맡았음]은 '역사와 도덕과장'이라 불렸다.

해 그가 퍼부은 비난의 토대가 되었다. 장학성은 문헌학의 장점을 알고 있었다. 그 자신이 대진戴震이나 전대흔錢大昕 같은 학자들이 유가경전의 연구를 위해 완성했던 정확한 연구방법을 역사자료에 어떻게 적용하는지를 알고 있었다. 그러나 학문이, 중국에서 문헌학을 지칭하는, 이른바 '자질구레한 연구(小瑣)'로 — 또 그 자신이 말하듯이 '완물玩物' — 로 전락하는 것을 바라지 않았다.[71] 동료를 우수개로 만들 수 있는 어떤 사소한 발견에 자신의 이름을 달기 위해서 경전책들 중 단 한 권 책의 조그만한 모퉁이를 연구하는 데 생애를 소비한 당시의 학자들에 대한 그의 조롱은 다할 줄을 몰랐다.[72] 그는 말하였다.

> 고대인들이 실천했고, 그들이 일상에서 보고 듣고, '그들의 옷과 식량'이었던 '위대한 도'의 '도'에 대하여 얼마나 무식한지![73] 신유학은 문헌학적 현학주의와 얼을 말살하는 학문에 반대하려 하였으나 성공하지 못하였고, 오히려 '도' 자체의 표현인 원전을 꿰뚫어보는 힘을 잃었을 뿐이다. 마치 창자가 아픈 환자를 치료하려고 그것을 꺼내버리는 것 이상의 좋은 방법을 찾지 못한 의사 같았다.[74]

장학성은 두 가지 면에서 역사를 위해 싸웠다. 한편으로는 신유학 측에서 철학에 너무 치중하는 것에 반대하며, 다른 한편으로 신유학을 비판하는 청대 학자들이 문헌학에 너무 치중한다는 것이다. 또한 동시대인들이 과거에, 고대의 책에 전적으로 연연하는 것도 비판하였다. 역사는 현재를 무시할 수 없다고 그는 주장했다. 과거의 기록은 현재의 빛 속에서 살아난다. 그리고 그에 대한 연구도 또한 현재를 만들어갈

---

71) 「史釋」, 『遺書』 권5, 6a면.
72) 「原道」, 『遺書』 권2, 10a면.
73) 위와 같음.
74) 「原道」, 『遺書』 권2, 12b~13a면.

수 있다.75) 역사는 단순한 과거지사가 아니다. 현재의 개혁을 돕고 미래를 내다보는 것이다. 우리는 청조몰락에 관한 한 참된 예언서를 갖고 있는데, 이것은 1799년에 건륭황제가 죽었을 때 장학성이 조정을 향해 쓴 것이다.76) 역사가가 가져야 하는 최고의 재능은 영감[神]이다. 이것은 '변화의 규범[『역경』]'에 적혀 있듯이,77) 미래를 내다보게 하지만, 지식[知]은 과거를 축적하는 데만 쓰인다. 그러나 하나는 다른 하나가 없으면 안된다.78) 역사가를 완전하게 하는 것은 영감과 지식의 결합이다. 장학성에 따르면 역사가의 학문은 하늘과 사람을 통괄하고 위대한 '도'를 드높인다.79)

우리 자신의 사회적·문화적 배경에서 장학성 같은 인물을 찾게 된다면 이름 자체만으로도 강한 인상을 주어, 우리가 학교에서 늘 하듯이 영웅전에서 하던 비교를 하고 싶어질 수도 있다. 의미심장한 어떤 비교 [이것은 물론 차이점을 강조하게 된다] 없이도 주어질 수 있는 몇 가지 단서는 중국을 잘 모르는 독자에게 장학성이 중국문화에서 가지는 의미를 이해할 수 있도록 해준다. 비코(Giambattista Vico)는 장학성과 거의 동시대인이다. 그는 1744년에 나폴리에서 죽었는데, 이는 그의 중국인 동지가 저먼 황하연안 가까이에서 태어난 지 6년 뒤이다. 둘 다 역사에 몰두하여, 그 의미와 그 철학적 근거를 찾는 데 생애를 소비했다. 둘 다 얼심이었

---

75) 「說林」, 『遺書』 권4, 24b면 : 「史德」, 『遺書』 권5, 6b면. 이 글 가운데 「사덕」에 관하여 말하면서 장학성은 晉왕조를 찬양한다. 과거를 쓸어내고 황금시대와 같이 교육에 대하여 국가의 통제를 확립했기 때문이다. 진은 또 「原道」, 『遺書』 권2, 8b면에서도 칭찬받고 있다. 장학성의 생각에 권위주의적 혹은 전체주의적인 요소에 대해서는 Nivison, "The Problem of 'Knowledge' and 'Action' in Chinese Thought since Wang Yang-ming", p.133 참조.
76) 『遺書』 권29, 「上執政論時務書」, 35a~42a면 ; BEFEO, xxiii, 487~488 참조. 필자는 이 편지에 등장하는 '執政'이 누구인지 확실히 모르겠다.
77) 『易經』, 「繫辭」 i, 11.[Legge, pp.371~372]
78) 『遺書』 권1, 14b~15a면 : 『遺書』 권2, 11b면.
79) 「答客問」, 『遺書』 권4, 43b면.

고 불같은 성미를 가졌다. 독립심도 같았고, 물질적 환경이 어려웠던 것도 같다. 둘 다 기묘한 형태에서 오는 괴상한 모호함을 통해 번쩍이는 천부적인 재능을 자신의 저술과 그들 사상에 잘 들어맞지 않는 한 용어의 한계점에다 바쳤다. 이는 둘 다 당시의 전통적인 범주를 논파했던 독창적 사상가였기 때문이다. 비코는 데카르트의 합리주의와 추상주의와 싸우는 동시에, 당시의 해박한 편집자와 문헌비판가의 편협한 박식에도 대항했다. 후자는 베네딕트파(Benedictines)나 볼란디스트파(Bollandists) 등의 뒤를 따라 유럽의 역사를 혁신하려 하였지만, 그들 문헌학은 여전히 사실적 역사와 철학으로부터 유리되어 있었다. 비코가 내건 목적은 문헌학과 철학 사이의 벽을 깨고, 서로를 맺게 하며, 문헌학에 의한 역사적 '사실(facts)'의 '확실성'을 철학이 목적하는 합리적 '진실(truths)'로 바꾸는 것이었다.80) 종교와 도덕에서 비코의 보수주의는 장학성의 엄격한 정통유교주의에 유사한 것으로, 장학성은 회의주의나 방종 그 어느 것이라도 결사적으로 반대하였다. 그는 이렇게 쓰고 있다.

> 모든 저술가들이 주의해야 하는 것이 두 가지가 있다. 성인들의 말씀, 그리고 통치자와 아버지에 대한 무례이다.81)

몇몇 그의 동시대인들, 예를 들어 공자를 그 최고의 지위에서 끌어내리려 했던 왕중汪中(1745~1794) 같은 이는, 자신의 비관습적 도덕과 페미니즘, 「국풍國風」82)에 대한 색정적 해석으로 공자를 묵자墨子 혹은 원매袁

---

80) *De antiquissima Italorum sapientia*…(이탈리아인의 고대 지혜에 관하여) I, I(1710) : *Scienza nuova seconda*(신과학 2편), I, ii(1744), pp.9~10.
81) 「上錢辛楣宮詹書」(1798), 『遺書』 권29, 58b면.
82) 姚名達, 앞의 책, 129~131면. 또 「與孫淵如觀察論學十規」(1796)는 북경국립도서관이 1937년에 입수하여 錢穆이 발간한 필사본(『中國近三百年學術史』, 451~452면)에 있다.

枚(1716~1798)와 같은 서열에 놓았는데, 이런 사람들은 장학성에게는 진딧물 같은 존재로서 그를 격노하게 하였다. 비코는 고의로 성경의 역사를 연구대상에서 제거함으로써 자신의 카톨릭주의를 보호하였다. 장학성의 이론 가운데 약간이 뒤에 중국혁명의 선구자들에 의해 이용된 것은 확실히 자신이 뜻하고 목적한 것에 반대되는 것이었다.[83] 그러나 비코가 유럽 근대 역사서술의 많은 경향의 선구자이듯이, 장학성도 시대를 앞서갔고, 중국 역사서술의 기나긴 역사에 전환점을 기하였다.

---

[83] 경전을 역사로 보는 장학성의 모호한 이론은 19세기 혁명전야의 저술가들에 의해 다양하게 이용되었고, 고문과 금문학파 사이의 싸움에 연루되었다.[Levenson, *FEQ*, xv, 3, pp.400~402 참조]『近代中國思想學術史』(上海, 1947), 475~476면에서 侯外廬는 장학성을 봉건주의를 노골적으로 공격한 인물, 민주주의의 선구자로 표현했다. 해석이 이렇게 다른 비슷한 예는 이탈리아의 비코의 경우이다.

11.
20세기 중국의 역사서술
- 배경과 발전에 관한 일고 -

그레이(J. Gray)

[런던대학교, 오리엔트·아프리카학대학, 극동사 강사]

앞에 나온 논문들에 의해 분명히 알 수 있는 것은, 중국 전통역사서술의 한계가 정부와 사회의 이론, 그리고 그것이 포함하는 것으로 세계에서 중국이 갖는 위상의 이론과 관련이 있다는 것이다. 중국이 유일한 문명국으로 생각되었으므로 대외적인 비교의 척도가 없었다. 내부의 척도는 전설의 황금시대인데, 그 뒤의 모든 정권은 그보다 더 못한 것이니 여기에 진보나 발전의 개념은 없다. 제국이 임명한 학자 관리들이 정치적 권위를 독점하였으므로, 명예와 권력의 유일한 원천과 관련이 없는 제도와 집단은 역사가들의 관심을 끌지 못했고, 다른 요소는 거의 배제된 채 관료제의 역할만 과장되는 인과구조를 낳게 하였다. 이런 구조 안에서 관료제를 지탱하는 데 본질적인 도덕훈련은 역사사건에서도 도덕적 대의를 부당하게 강조하는 결과를 가져왔다.

전통적인 역사서술의 단점은 물론 장점도 같은 원천에서 나온다. 사건과 제도 그리고 수집한 통계를 완전하고 정확하게 기록하여 보관하는 습관, 아울러 재정과 정치기구의 작용에 대한 관심은 다른 분야를 억제하는 바로 그 관료주의적 편견에서 나온다. 개인관료와 학자들의 이력을 정당화해야 했으므로, 다른 데서 볼 수 없는 많은 전기를 남겼으며, 그 모든 결점에도 불구하고, 이런 것들이 없었다면 중국의 과거에 대해 우리가 아는 것이 훨씬 빈약했을 것이다. 경쟁하는 국가와 문명이 없었다는 사실은 중국으로 하여금 연속성을 갖게 만들었다. 사건들은 흔히 개연성 상의 큰 무리없이, 유럽역사가 무정부상태 이외에는 아무것도 적을 것이 없었던 시대들을 점철하여, 선한 정부의 부흥 또는 몰락이라는 관점에서 해석될 수 있었다. 그에 비하면 다른 무엇보다 중국이 전반적으로 농업사회였다는 사실이 인과관계 연구를 저해했다면, 동시에 제국과 지방의 세수가 농민지주의 번영, 즉 지방권력자에 대한 그들의 지위, 그들의 생산성, 치수상태 등과 너무 밀접하게 연관되어 있다는 사실은, 중국역사를 농촌의 사회적·경제적 조건을 기록하는 쪽으로 기울게 하였으며, 이런 것은 서양역사에는 없는 것이다.

19세기에 이르러 서양이 끼어들어 중국으로 하여금 세계에서의 중국의 위상에 대한 전통적 해석이 힘의 배분과 창조성, 조직된 정치-사회적 생활 등에서 더 이상 적합하지 않다는 현실을 인정하도록 강조했을 때, 이로 인해 시작된 변혁은 중국 과거에 대한 재해석이 불가피하게 핵심적 역할을 맡게 되었다. 그래서 20세기 중국의 역사서술은 19세기 후반에 시도된 개혁, 그리고 그에 이은 혁명의 욕구와 열정으로 채색된다. 개혁 또는 혁명은 중국의 과거에 대한 전통의 시각이 깨어질 때, 그리고 다른 국가에서 이루어지는 발전과의 적절한 비교가 이루어질 때에만 가능한 것이었다. 또한 19세기 후반 분열의 위협, 군벌시대의 분열, 그로 말미암은 제1차 세계대전 동안 일본의 공격에 대한 속수무책, 베르사유 조약이 극동에 미친 결과, 일본의 만주 침략과 그에 대한 서구의 무관심,

1937년 일본의 중국침략, 이 전기간 동안 계속된 조그만 굴욕들, 이러한 모든 사태로 인해 중국의 지식인들은 민족주의가 시급히 부활되어야 함을 절감했다. 근대 중국 역사기록의 역사는 어떤 점에서는 근대 중국 민족주의 역사의 일부라고 할 수 있다. 또한 그것은 근대 서구문명의 전모를 중국으로 들여오는 것과 관계가 있다. 서구적 지식이 중국에서 효과적으로 확산된 것은 1920년을 전후한 짧은 시기에 거의 집중적으로 이루어졌다. 물론 이런 지적인 혁명은 더 긴 전사前史를 가지지만, 이런 십 년여의 역사가들의 지적인 열기는, 과학·철학에서, 그리고 사회학적 이론과 방법에서 유행의 빠른 변화에 대응할 수 있게 하였다. 중국의 과거에 대한 해석은 민족주의자와 공산주의자 사이, 그리고 마르크스주의자 안에서는 스탈린 노선과 트로츠키 노선 사이의 격렬한 정치논쟁과 밀접하게 연관되었다. 마지막으로 학문연구소와 개인사가의 경제적 취약성, 분열되고 침략당하는 나라의 정치적 혼란으로 인해 안정되고 지속적이며 통합된 연구가 어려웠다. 그러나 이런 상황이 역사작품이 놀랄 만큼 많이 나오는 것을 막지는 못했다.〔오히려 나오도록 자극하기까지 했다〕

이런 상황에서 근대 중국사학의 발달사를 쓰려면 전체 정치적·지적 혁명에 관한 완전한 지식을 갖추어야 하며 또 많은 논문이 나오고 난 다음에야 가능하다. 가장 조촐하고 시험적인 단계의 작품을 만드는 데 있어서도 또다른 장애물들이 있다. 첫째는 사서史書가 무진장 많다는 것이다. 이 논문을 쓰기 위해 그 1퍼센트도 다 읽을 수가 없다. 둘째는 대부분 좋은 작품은 산재한, 그것도 가끔은 쉽게 없어지는 정기간행물에 실렸다는 점이며, 이런 것들 가운데 유럽인들이 가지고 있는 것은 단편적인데 불과하다.

따라서 이 논문은 다만 현재 쉽게 접할 수 있는 지식의 범위 안에서 발전의 배경을 간단하게 요약하는 데 그친다. 이는 근대의 비범한 지적 노력 가운데 하나에 대한 가장 시험적인 결론에 지나지 않음을 밝혀둔다.

중국 역사서술의 근대화에는 세 가지 주요소가 작용하였다. 첫째는 민족 과거의 본질에 관한 시각을 변화시켰던 상황이다. 둘째는 중국 사학전통 자체에 내재했던 변화의 기제이다. 셋째는 근대 서구적 역사학의 준거와 예, 그리고 그로부터 나온 활력있는 일본적 파생물의 영향이었다. 민족의 상황과 그것이 역사가에게 요구하는 것은 변화를 거듭하였으며 이 논문의 나머지 부분에서는 이에 관해 서술하려고 한다.

민족적 전통의 한계는 명백하다. 그렇지만 공헌도 하였다. 먼저 여러 연구분야에서 가장 중요한 것은 원문의 취급과 비판이며, 여기서 전통의 학자들은 더한 발전을 위한 기초가 되는 기술과 준거를 제시하였다. 둘째로 중국은 과거에 자체의 비판자를 갖고 있었다. 그 예로 양계초梁啓超는 유지기劉知幾와 정초鄭樵와 같은 중국 역사이론가의 저술을 인용하면서, 상당히 근대적 용어로 전통의 역사기록을 비판할 수 있었다.[1] 셋째로 청대에 역사서술에서 상당한 진보가 있었다는 사실이다. 청대 학자들이 완전한 역사적 종합의 작품을 쓰기 싫어했다는 사실 때문에 그 발전을 간과하면 안된다.

전통역사가들이 가장 많이 도울 수 있었던 것은 고전기의 역사원전에 대한 연구에서였다. 그리고 중국의 과거를 재평가하는 시각에서 볼 때, 이 고대의 이른바 형성기로 알려진 시대는 중요하다. 고전원문에 대한 회의와 비판의 전통은 연연히 소수에 의해 이어져왔으며, 가장 저명한 초기의 회의주의자들 가운데 약간은 고전학자가 아니라 역사가였다. 유지기는 여러 경전의 권위에 대한 의혹을 한 권에다 썼다. 구양수歐陽修는 『춘추』의 주석을 인정하지 않았고, 공자가 『주역』에 관여했다는 사

---

1) 梁啓超, 『飮冰室文集』 권16, 7면 참조. 유지기에 대하여는 이 책, 풀리블랭크, 「중국인의 역사비평―유지기와 사마광」, 205~225쪽 참조.

실을 믿지 않았다. 사마광은 고대에 관련한 맹자의 말이 부정확하다는 점을 지적하였다.[2] 8세기 초 이래 거의 계속적으로 의고疑古학자들이 있었다. 그리고 만일 모든 의혹이 다 모여져 검토되었더라면, 경전과 그 주석서들 가운데 의심스럽지 않은 부분은 거의 없을 것이다. 『상서』의 고대 원문은 계속 논쟁대상이 되었다. 공자가 이 책과 『시경』을 편집했다는 사실이 의심을 받았고, 『주례』는 주공이 쓴 것이 아니라는 논란이 있었으며, 정초는 『시경』을 단순한 민중시(folk poetry)로 끌어내렸다. 신유학의 시조 주희에 의해 의고학풍은 어느 정도 주의를 끌게 되었으나 신유학이 국가의 정통학풍이 되었을 때 주희의 의고학풍은 무시되었다. 대부분 학자들에게는 고전과 그에 딸린 더 명백한 위서僞書들이 도전받지 않고 건재하였다.

여기에 부족했던 것은 체계적인 방법이었다. 『고문경古文經』을 인정하지 않는 『금문경今文經』학파를 제외하면,[3] 초기 의고학자들은 유리된 변칙에 사로잡힌 유리된 개인들이었다. 명대에 들어와서야 모든 의혹들을 한 데 묶어 한 권의 책으로 내어 조직적 연구의 기반을 놓으려는 시도가 있었다.[4]

『고문경』의 신빙성에 관한 논쟁은 더 지속적이고 치밀한 논쟁을 낳았나. 그러나 이것도 별 효과가 없었는데 그 이유는 『금문경』의 지지자

---

2) 사마광에 대해서는 이 책, 풀리블랭크, 「중국인의 역사비평―유지기와 사마광」, 226~245쪽 참조.
3) 『고문경』과 『금문경』 사이의 논쟁은 『尙書』의 문제에 집중되었다. 이 작품의 현존 원문은 두 부분으로 되어 있다. ①이른바 고문(고존형태의 글자)에서 나온 章들, ②이른바 금문(새 형태 글자)으로 된 장들. ①은 한대 이후에 위작되었다는 것이 일반적인 견해이다. 그러나 한대에 쓰인 고문의 진위에 관한 더 오랜 문제가 남아 있다. P. Pelliot, "Le Chou King en caracteres enciens et le Chang chou che wen", *Memoires concernant l'Asie Orientale*(동아시아 관련 논문), ii(Paris, 1916) : B. Karlgren, *Philology and ancient China*(Oslo, 1926), pp.95~100 참조.
4) *General Study of Forgeries*(『四部正僞』), 1958년 발행.

들 측에서도 적어도, 그들의 경쟁자만큼, 자신들이 지지하는 책을 맹신하였기 때문이다. 그런데도 그 논쟁을 자세히 살펴보면, 근대에 고전을 송두리째 비판하는 데 사용했던 같은 형식이 때때로 『고문경』 또는 『금문경』을 비판하는 데 쓰였음을 알 수 있다. 예를 들면 고대 발음의 운을 통하여 원본의 틀린 곳을 찾아내는 것, 현재 남아 있는 원문을 초기원본에서 인용된 것이라 주장하는 다른 책의 구절과 대조하는 것, 문체를 비교하는 데에서 고고학적 자료까지 동원하는 것, 후대에 중요성을 갖게 되는 또다른 많은 방법들, 이 모든 것이 송대와 명대 사이의 『고문경』과 『금문경』 논쟁에 관한 작품에서 보인다. 그러니 필요했던 것은 새 방법이 아니라 이미 있었던 방법의 체계적 발전을 자극할 수 있는 지적 분위기에서의 어떤 변화였다.

이런 지적 분위기의 변화는 명조의 몰락과 만주족의 중국정복에 의해 어느 정도로는 이루어졌다. 이 사건은 그것을 겪은 많은 사람들에게 깊은 영향을 미쳤다. 민족적 저항, 특히 동림東林저항집단에 관련된 사람들의 저항, 그리고 명조가 왜 망했는가에 대한 깊이있는 검토의 필요성에 대한 자각은 중국이 서구에 굴복하면서 만들어졌던 19세기의 상황과 다르지 않았고, 중국사에 가장 자극적인 지적 충격의 하나를 야기하였다.

순수역사 분야에서 나타난 결과는 아래에 언급될 것이다. 고전학에서는 당대唐代 이래 고전을 둘러싸고 축적되어 온 해설을 완전히 쓸어없애고 원본으로 돌아가며, 언어학적 방법으로 가능한 한 원문을 복구해내려는 시도를 낳았다.

이런 부류의 사람들은, 패망한 명에 대한 충성심과 중국사회의 쇠퇴에 관한 관심에서 고전을 연구하게 된 공감대로 밀착되어, 처음으로 협동적이고 조직적이고 지속적인 원문비판학회를 만들 수 있었다. 협동은 귀납적 연구를 가능하게 했다. 고대 중국의 음운학연구의 귀납적 학문 같은 것이 18·19세기에 시작되어 계속되었다.5) 그러나 이 학파를 만든 기본적 동기였던 고전에 대한 믿음은 동시에 그들 비판에 한계를 가져오는 것이었다. 가이즈카 시게키貝塚茂樹의 말대로,6) 그들 작업에 '깔려 있던 신념은, 고전이 고대 현군賢君의 통치에 관해 남아 있는 정확한 기록으로, 사실들의 한 집합체를 이루고 있으며, 그 안의 모든 사고의 기록들은 똑같은 역사적 가치를 지니며, 그 사실들 사이의 모순은 원문의 교정에 의해 해결될 수 있다'는 것이다. 그래서 이 학파는 다른 면에서 역사적 통찰력을 보이고 또 철학적인 해결책보다는 기본적으로 역사적 경향을 띠었지만, 고전을 역사적으로 고찰하는 데 실패했으며, 특히 원문에 대한 전례없이 정확한 지식을 가지고서도 그 역사적 상관관계를 탐구하는 데 이용하지 못하였다. 사실 이 학파는 고전주의의 면모에 관한 한, 기본적으로는 보수적이었다.

그러나 이 학파에 직접 관여하지 않은 다른 사람들이 더 비판적인 방법으로 새로운 장치를 사용했으며, 청대 중기를 거치면서 여러 고전이 가짜로 판명되었다. 마침내 『상서』의 '고문'판은 각기 따로 쓰인 공격에 노출되었는데, 그 가운데 염약거閻若璩의 것이 제일 중요하다.7) 호위胡渭는 정통의 신유학파가 가진 우주론의 기본 가운데 가장 중요한 부분인 '하도낙서河圖洛書'가 후대의 위작임을 밝혔다.8) 최술崔述의 『고신록考

---

5) 청대 고전학의 방법이 동시대 유럽 과학의 방법과 비슷한 정도에 대해서는 胡適, 『胡適文存』 제2권, 539면 참조.
6) 貝塚茂樹, 『中國歷史入門』 서문, 31면. 고전시대의 역사연구 발달에 관한 간단한 설명이다.
7) 閻若璩(1636~1704), 『尙書古文疏證』(1745년판). 『상서』의 '고문'판에 대한 또다른 주요한 공격은 惠棟의 『古文尙書考』(1774)이다. 崔述[주 9) 참조]이나 또는 더 가능성이 많은데 그의 형제 崔邁가 유사한 결론에 닿았다.
8) 胡渭, 『易圖明辨』(1706), 이것은 황종희[이 글, 283~285쪽을 보라]의 형제 黃宗炎과 毛奇齡의 작품을 완성한 것이다.

信錄』은9) 권위 있는 고대 작품을 전체적으로 검토한 것인데, 의고학을 새로운 수준으로 올렸다. 최술의 저작에 나타난 객관적 의식은 18세기 유럽의 회의주의와 맞먹는다.

순수역사 분야에서 중국인의 전례는 또한 근대화를 위한 한 기반-더 중요하게는 중국인이기 때문에 수용될 수 있는 한 원리-을 제공하였다. 중국사학의 방법론에서 양계초는 옛 사상에 대한 중국 자체의 비판에서 나온 일련의 인용문을 통해 전통 역사개념에 반대하는 입장을 세웠다.10) 그는 왕조사, 기전紀傳의 복합형식, 개인 대신에 관청의 위원회에 의한 편집 등이 가지는 한계점과 관련하여 유지기·정초·장학성 章學誠을 거론하였다. 연대기의 결점을 논하면서 다시 유지기를 거론하였다. 송대 학자 양만리楊萬里는 주제별 배열(기사본말체)과 관련하여 인용하였는데, 양계초의 논평을 보면 인과관계를 적절하게 그릴 수 있도록 하기 때문에 이 형식을 지지했던 것이라 한다.11) 이렇게 인용된 사람들의 사상은 이 책의 앞의 글들에서 이미 다루고 있다. 여기서는 다음을 지적하는 것으로 족하다. 양계초는 당시 형성기에, 역사서술에 관한 모든 논문 가운데에서 가장 영향력이 큰 논문에서 중국 역사전통에 반대하는 그의 입장을 세우기 위해, 중국인의 역사이론가들로부터 아주 많

---

9) 崔述, 『考信錄』(믿음에 관한 질문의 기록). 이 책은 1783년과 1814년 사이에 쓰였다. 1824년에서 1825년 사이에 인쇄되었으나, 일본에서 1903년에서 1904년에 中三千代에 의해 재판될 때까지 거의 완전히 잊혀 있었다. 최술에 대한 관심은 중국에서는 胡適과 顧頡剛(이 글, 297~301쪽을 보라)에 의해 부활되어 그의 사상은 중국사상의 근대화에 아주 큰 영향을 미쳤다. 거의 남지 않은 그의 작품의 결정판은 고힐강에 의해 나왔고 1936년에 인쇄되었다.
10) 『飮冰室合集』 권16, p.7.
11) 위의 책, p.20. 여기서 양계초는 양만리가 인용한 것에 대한 주석으로서 기사본말 형식에 관해 그 자신이 지지하는 의견을 제시한다. 그 내용은 다음과 같다. "한 가지 사무의 종결은 그 처음을 쓰고 난 다음 기록한다. 그리고 그 전개의 상세한 과정은 마침내 어떻게 결말지어졌는가 하는 설명 앞에 온다. 그렇지 않으면 숨겨질 상황들이 밝혀지고, 미세하고 분산한 사건의 원인들이 함께 모인다."

은 것을 끌어낼 수 있었다는 사실이다.

도움이 되는 중국인의 모범이 얼마간 있다 해도, 양계초의 역사개념에 준한 중국의 실례는 분명히 찾기 어렵다. 청대 역사서술에 관한 설명에서 그가 칭찬하는 것은 4개 작품뿐이다. 고조우顧祖禹의 『독사방여기요讀史方輿紀要』,12) 고동고顧棟高의 『춘추대사표春秋大事表』,13) 황종희의 『명유학안明儒學案』,14) 조익趙翼의 『이십이사차기二十二史箚記』15)가 그것이다. 양계초에 따르면 이 작품들은 그 시대 유일하게 창조적인 역사작품들이다. 첫째 작품은 사료의 조직에서 새 경지에 도달한 점, 둘째 작품은 『좌전』의 내용을 재구성하는 데 쓰인 방법을 들었고, 셋째 작품은 '중국사학의 진정한 시작'으로 평가했으며, 넷째 작품은 건륭시대의 편협한 고증방법을 뛰어넘어 '생생하고 중요한 사료를 어떻게 구하는가를 가르치는' 것이다.

양계초는 여기서 근대 서구에서 끌어온 개념을 뒷받침하기 위해 중국의 예를 이용하려 한다. 그는 청조의 역사기록을 하나의 전체로서 평가하려고 하지 않았다. 하나의 전체로서 조명해 볼 때 청조사서는 사실 좋은 예보다는 나쁜 예를 제공하는 것으로 쓰이며, 완전한 종합적 서술이 없었다는 사실은 역사의 역할을 포괄적 재해석으로 보는 세대에게 청조사서를 흥미없는 것으로 만들었다. 그러나 근대 중국역사가들은 청의 역사작품을 무시하면서도, 그것을 사용하지 않을 수 없었다. 서구는 역사의 목적과 방법에 관해 한층 깊은 의식을 일깨웠다. 그러나 〔대개

---

12) 顧祖禹(1631~1692), 『讀史方輿紀要』. 顧炎武〔이 글, 283~287쪽을 보라〕의 『天下郡國利病書』와 같이 묶여 1796과 1821년 사이에 처음 인쇄되었다.
13) 顧棟高(1679~1759), 『春秋大事表』, 1748년경 인쇄.
14) 黃宗羲(1610~1695), 『明儒學案』(1676년 완성). 뒤에 황종희는 송과 원의 철학자들에 관한 비슷한 책을 썼는데 그의 제자 全祖望이 완성하였다.
15) 趙翼(1727~1814)의 『二十二史箚記』는 1796년에 완성되고 1799년에 인쇄되었다.

진부하고 낡은) 역사기록의 이론적 교과서를 번역하는 데 반대되는 것으로 서구의 실제 역사작품을 완전히 배울 수 있는 기회를 가졌던 중국 역사가들에게조차도, 중국역사 연구를 위해 유일하게 가능한 실제훈련은 청의 작품에 근거하였다. 서구는 개념을 제공할 수 있으나, 청의 학문은 일상의 연구습관을 주었다.

청대 역사서술 전통의 영향은 물론 그 가치도 부당하게 낮은 평가를 받아온 듯하다. 청의 전통을 현학적인 것으로 매도하고, 실제로 자신의 포괄적 이론을 『한서』의 전통이 지닌 번쇄한 비판과 대비시킨 신유학자의 의견을 수용하는 것이 중국과 해외에 모두 공통적 경향이었다. 이런 비난을 받아들일 때 우리가 망각하는 것은 첫째로 신유학자의 견해가 본질적으로 비역사적이라는 것, 그리고 그 비판이 역사라 불릴 수 있는 모든 것에 적용된다는 점이다. 둘째로 청의 역사서술의 전통이 비록 편협하고 모호하지만 현학적인 것은 아니라는 점을 망각하게 된다. 그것은 국가의 재앙을 당하여 이런 일의 재발을 막으려고 과거를 재고하지 않을 수 없었던 사람들에 의해 생겨났다. 그 첫번째 동기는 본질적으로 실용적이었다. 이는 이러한 운동의 몇몇 주요인사들의 배경을 간단히 살펴보면 다음과 같은 것을 알 수 있다. 황종희는 순교자 동림파(黃尊素)의 아들이며, 그 자신이 명 후기 환관의 지배에 반대한 동림에 동조하여 앞장을 섰던 복사復社의 일원이었다. 청의 군대가 북중국을 장악하자 그는 사재를 털고 지방의 또다른 의용군과 함께 고향에 도시방어대를 조직하였다. 청이 완전히 정복하자 그는 정복자에게 복종하기를 거부하였다. 고염무는 명 말년에 이미 당시의 정치와 학풍에 반대하여 더 실제적인 대상을 연구하기 시작했다. 그도 고향에서 지역방어대를 조직하였고, 패배한 다음에는 정복자에게 협조하지 않았다. 왕부지王夫之(1619~1692)는 명의 대군들과 남으로 후퇴하였으나, 남조(南明)궁정에서 계속되는 당파싸움에 싫증이 나서 은거하였다.

이들의 철학노선은 달랐지만, 같은 애국심과 명이 망할 무렵에 겪은 좌절의 경험은 유사한 정치이론을 낳게 하였다. 간단하게 말하면 독재권과 지나친 중앙집권체제를 비난한 것이었다. 이것은 송대의 철학과 학풍에 대한 비판과 관련이 있는데 그 비현실성이 바로 명대 중국의 쇠망을 가져온 주요원인이라고 그들은 보았다. 그 대신에 그들은 사건을 역사적 시각에서 접근하기 시작했다.

왕부지의 역사서16)는 사실 다음과 같은 역사적 전제를 귀납적으로 증명하려는 시도이다. 중국은 그 변방이 가장 튼튼했을 때, 제일 강했고 이민족을 참으로 잘 쫓아낼 수 있었다는 것이다. 이것이 중앙정부의 약화를 의미한다 해도, 아니 아마 특히 그러할 때 말이다. 고염무도 비슷한 견해를 가졌다. 그렇게 분명하게 표현하지는 않았지만, 그의 주요역사서 『천하군국이병서天下郡國利病書』가 그것을 보여준다. 이 작품은 중국의 지형·국방·치수·수세·사회적 조건 등에 관한 사료를 지역별로 백과전서식으로 편집한 것이다.17) 황종희는 『명이대방록明夷待訪錄』이라는 책에서 역사형식을 빌어 반독재의 견해를 표현하였다.18) 그러나 그의 가장 훌륭한 역사작품은 『명유학안』으로, 송학과 명의 쇠퇴 사이의

---

16) 王夫之의 주요역사서는 『讀通鑑論』과 『宋論』이다. 이 책들은 주로 그의 정치적 원칙에 관한 논평으로 되어 있으나, 부분적으로는 상당히 중요한 비판을 담고 있다. 그는 또한 정치이론에 관한 두 권의 짧은 책을 썼다. 『黃書』와 『噩夢』이 그것이다. 이 두 책은 20세기 전에는 거의 인쇄된 것이 없어 만주(청)의 검열을 피하였다. 당시 그와 유사한 견해가 아주 보편적이었을 가능성도 있는데, 그런 견해를 가진 동시대인의 책들이 이 검열로 인해 많이 왜곡을 당하였다.
17) 顧炎武(1613~1682), 『天下郡國利病書』. [1639년과 1662년 사이에 편집되고, 1796년과 1821년에 처음 인쇄됨] 그의 『日知錄』은 역사비평란을 두고 있는데, 그 후 역사가들에게 매우 큰 영향을 미쳤다.
18) 『明夷待訪錄』(1662년 저작)은 20세기 혁명가들에 의해 관심이 부활되기까지 거의 영향을 미치지 못하였다.

연관 속에서 여러 학파의 발생·발달·쇠퇴를 세심하게 추적하였으며, 그들의 상호관계를 추적하였다. 이는 논쟁적인 작품이지만, 시종 신중하게 공정성을 유지하고 있다.

　청초 역사연구의 또다른 면모가 이러한 모습을 보충한다. 당시의 역사지리는 대부분 후대의 경우와 같이 고대 지명을 확인하는 현학적 관심[이런 문제는 피할 수 없는 것이지만]이 아니라 중국방어를 위한 현실적 관심에서 나온 것이었다. 고염무의『천하군국이병서』의 개개 지역구분은 지역의 지형, 군대의 배치, 그 지역의 군대역사에 대한 관심에서 비롯되었다. 그의『일지록』안의 '역사방법론' 부분도 군대역사에 대한 관심을 반영하는 말로 시작된다. 그것은 사마천과 사마광이 언제나 군사작전을 가능한 한 상세하게 묘사한 반면, 주희의『통감강목』은 그런 내용을 사소한 것으로 전부 생략해버렸다는 것을 증명하는 인용문들로 이루어져 있다. 그래서 고염무에 따르면 주희가 사마광의 핵심을 놓치고 있음을 보여준다.

　그러나 전략적 견지에서 역사지리를 가장 체계적으로 연구한 이는 고염무의 친척 고조우이다.19) 같은 주제에 관심을 가졌던 명 후기 한 학자의 아들인 고조우는 대만에서 정성공鄭成功의 반도들과 함께 만주족에 대항하여 싸웠다. 방법론적으로 그 작품은 사료선택에서 참으로 날카로운 비판의식을 보여준다. 이 책은 양계초가 말하고 있듯이, 개념에서 "지리를 날줄[經]로, 역사사건을 씨줄[緯]"로 하고 있다. 수도의 위치 그리고 그가 '전략적 요소', '병참이 허약한 지역', '분쟁지역', '기지' 등이라 부른 것에 관한 논의는 중국사서에 처음으로 마키아벨리적인 요소를 담고 있는 것이다. 그는 지역의 성격으로부터 그리고 그것을 귀납적으로

---

19) 즉『讀史方輿紀要』와 이 글, 283쪽과 주12) 참조.

증명된 경향으로부터 그 지역이 군사적으로 중요하다든가 아니면 정치적으로 골치 아픈 지역이라든가 하는 것을 객관적으로 논했으며, 이런 세밀하고 지능적인 역사적 분석에 의해 내지와 변경이라는 단순한 정통 개념은 무너져 버린다.

『천공개물天工開物』과 서광계徐光啓의 『농정전서農政全書』[20]를 낳은 공학에 대한 관심도 무관하지 않다. 공학자와 역사가 사이의 관계는 가깝고, 두 학문의 형식은 어떤 면에서 겹친다. 고염무의 지방의 치수에 관한 연구는 그 자신의 토지개간의 실용적 사업과 분명히 연관되어 있다. 이런 것을 높게 평가하면서, 유헌정劉獻廷[21]은 수로에 관한 좋은 고전의 출판이 북서지방 관개의 확대를 위한 자신의 실용적 계획에 중요한 발판이 된다고 생각하였다.

청의 역사서술 전통의 창시자는 단순히 독실하고 현학적인 주석가일 뿐만 아니라 행정·국방·기술 등의 현실문제에 관심으로 아주 탁월한 사람들, 또 당시 매우 중요한 정치적 문제에 참으로 열성적으로 관여했던 사람들을 포함한다. 그들이 고전연구에 골몰한 것도 이런 현실에 뿌리를 가진 것이다. 그들 생각에 신유학은 비현실적인 생활관이기 때문에 바뀌어야 했다. 그것을 극복하자면 무엇보다 먼저 그 고전관부터 허물어야 한다. 그러자면 송의 주석부터 쓸어없애고 원전으로 돌이키 먼저 그것을 복구하고 그 다음에 그것을 재해석하는 것이 제일 좋았다.

이 모든 것은 당시의 통치에 관련된 전통적 역사관에 불과하다고 말

---

20) 宋應星의 『천공개물』은 1637년에 발행되었는데, 공학에 관한 논문으로 일본에 유일하게 남아 있다. 일본에서는 1771년 이후에 여러 번 재판되었다. 중국에서는 1927년에 재판되었다. 서광계(1552~1633)의 『농정전서』는 중국 농업기술에 관해 그 때까지 나온 책 가운데 제일 상세한 것이다. 저자는 마테오 리치의 신도였다.
21) 유헌정(1648~1695). 그의 공학적 관심은 서광계(바로 앞 주 참고)의 경우처럼 아마 제수이트파에 의해 고취되었을 것이다. 内藤虎次郎, 『支那史學史』, 413면 : A.W. Hummel, Eminent Chinese of the Ch'ing Dynasty, p.521 각각 참조.

할 수 있다. 그러나 단순히 당면한 행정을 개선하기 위해 과거 행정을 연구하는 것은 더 이상 아니다. 명의 멸망에 자극을 받아 왕부지와 황종희의 작품에서는 새로운 인과구도가 나타났다. 그리고 만일 고염무와 그 학파가 편리한 가설화에 회의적이었다면, 『천하군국이병서』는 중국 역사서술에서 그 전의 어떤 것보다 더 인과의 관계를 많이 다루고 있다. 이 새로운 방법은 왕부지의 '상벌'에 관한 토론에도 나타난다. 어떤 개인도 완전히 선하거나 악하지 않고, 위기에 어떻게 행동하는지는 그 성격과 함께 환경에도 달렸다는 것이다. 그 뜻은 분명히 한 사람의 성격이 언제나 복잡한 원인들 가운데 하나에 불과하다는 말이다.

이렇게 청조 초기 역사연구의 중심은 대체로 바로 반만反滿충신들 자신, 그리고 이들이 그 제자와 동료들을 통하여 영향력을 행사한 명대사 편찬위원, 또다른 충신들이 제국지명사전편찬위원회에 스며들어가 있었던 태호太湖 주변사람들이었다. 건륭제 통치연간에 명의 유신들은 죽은 지 오래되어 명사의 편집은 신세대 편집자들에게 넘어갔고, 제국지명사전은 당시 정치적 목적으로 염약거에 의해 계속되었으며, 『사고전서』의 편집은 중국의 가장 고명한 학자들을 만주정부의 보호동시에 감독아래 모았다. 건륭시기 검열로 반대파의 잔당들이 그 위상에 전혀 관계없이 가혹하게 박해받게 되면서, 이들 역사학파의 원래 동기는 많이 사라졌다. 당시 그래도 어떤 역사가가 여전히 양절兩浙학파의 창시자들이 몰두한 문제에 관심을 가지고 있었다 해도, 그들은 다른 곳으로 주의를 돌리는 것이 더 안전하다는 생각을 분명히 하였을 것이다. 역사가들은 전반적으로 여유있게 고증[문헌연구]을 하는 데 만족하였으며, 이것이 그 자체로서 목적이 되어버렸다. 대체로 고조우의 역사지리학파는 홍량길洪亮吉・대진戴震・장학성의 조롱을 받았고, 역사지리학은 고증학의 한 분파로 소속되었다.[22]

다른 한편 얻는 것도 있었다. [장학성은 불평을 하지만] 사기진작, 경제적 안정, 학문적인 안정분위기를 타고, 고증의 역사가 발달하기 시작하여 조직적인 협조체제로 나아가게 되었다. 이는 고전에 대한 고증 연구에 이미 나타났던 것이다. 음운학 연구, 금석문 이용, 연대적·지리적 보조학문 등 청초에 개척됐던 것들이 이제 역사연구의 표준의 도구가 되어 많은 학자들에 의해 신뢰와 훈련을 통해 이용되었다.

양절兩浙창시자들의 또다른 신조가 채택되어 발달된다. 고염무의 역사가의 첫번째 임무가 잔존하는 모든 관련사료를 사용하는 것이라는 생각이 채택되어 점차 널리 퍼졌다. 마숙馬驌의 『역사繹史』23)는 이런 종류의 노력으로는 제일 중요한 작품으로, 이것은 모든 잔존 문헌사료를 섭렵하고, 후대의 인용문에서 잃어버린 원전을 중국 고대사를 주제별로 편집[기사본말]하기 목적으로 재구성한 것도 포함된다. 그러나 이런 것은 학문적인 인내의 공적으로 고염무의 사상을 빛내는 것이긴 하지만, 자료의 운영면에서는 완전히 무비판적이고 무차별적이었다. 이런 점만 제외하고는 기존사료를 완전히 이용하려는 노력은 새로운 종합의 형식이 아니라 기존원문의 주석형식을 취하였다. 그러나 이 가운데 많은 것이 너무 완전하고 정교해서, 그것이 새로운 역사작품을 만드는 최초의 시험적 단계라는 것을 인정해야 한다. 이 가운데 특히 중요한 것은 중국의 정치적 시기구분에 따른 분리된 왕조사가 아직 완전히 연결된 것은 아니지만 하나의 전체로 합쳐지게 되었다는 점이다.24) 1787년에 인쇄된 왕명성王鳴盛(1722~1798)의 『십칠사상각十七史商榷』은 가능한 최대범위의 사료

---

22) 고증학 일반과 특히 장학성에 관한 것은 이 책, 드미에빌, 「장학성과 그의 역사학」 참조.
23) 馬驌(1621~1673), 『繹史』(1670).
24) 이 중에 제일 중요한 것은 彭元瑞가 『五代史記注』를 써서 오대의 역사들을 대조한 것이다. 이 작품에 대해 內藤虎次郞은 "근대적 시각에서 그의 방법은 완전히 과학적이다"라고 썼다.[앞의 책, 421면]

를 사용했는데, 전통의 사료와 사찬사서는 물론 비문·지방지명사전·소설·문학·가족문서·불교와 도교작품까지 망라한다.

건륭학에서 가장 저명한 인물은 다작의 역사가이자 고전학자인 전대흔錢大昕이었다.25) 그는 자신의 이론적 시각을 상술하지는 않았지만, 그의 작품과 많은 전기에 나오는 주제의 선택은 고염무의 사상과 방법에 아주 충실하다는 것을 보여준다. 그 최대의 장점은 나이토 도라지로 內藤虎次郎가 말하듯이 "하나의 주제에 대해 어떤 것이 사료로서 유용하게 쓰일 수 있는가에 대해 뛰어나게 정확한 지식을 가지고 있었다"는 점이다. 그의 가장 영향력있는 책은 『이십이사고이二十二史考異』로 1782년에 완성되었다. 그는 가끔 공직에 있기도 했지만 대부분 생애를 당시의 개인후원의 서원에서 교사로 지냈는데, 그것은 그 시대 학자들의 관행이었다.

고염무·왕부지·황종희의 학풍은 사라졌으나 그들은 포폄학파를 완전히 쫓아냈다는 점에서 한 중요한 부정적 승리를 거두었다. 더구나 그들의 입장은 보통 생각하는 것처럼 그렇게 완전히 배척된 것은 아니었다. 건륭시대 문헌고증학에서 제일 공로가 크고 많은 작품을 낸 전대흔도 여전히 역사의 목적은 '제도변화'를 연구하는 것이라고 말하였다. 실제로 고증 즉 유실된 원전의 복구와 지금까지 무시되어 온 자료의 이용, 연구 보조기구의 산출 등에 대한 관심, 그리고 능동적으로 새 역사를 만드는 데 대한 거부감 등은, 주제면에서는, 우리가 생각하는 것보다는 더 학문적이라 할 수 있다. 어쨌든 장학성의 혹평은, 역사의 성격과 중요성에 관한 한 새로운 형이상학적 견해의 고고함에서 쓰인 것이므로, 다소 과장된 듯하다.

---

25) 전대흔의 간단한 전기에 대해서는 Hummel, *op. cit.*, p.152 : 內藤虎次郎, 앞의 책, 438면 참조.

청대 역사학이 혁신적 계승자들에게로 넘어가는 과정을 요약하면서, 우리는 여러가지 의미있는 요소들을 지적할 수 있다. 첫째로 19세기 말과 20세기의 중국이 완전히 다르지 않은 상황에서, 열렬한 애국자들 집단에 의한 작업으로부터 한 예를 볼 수 있다. 만일 고염무·왕부지·황종희가 역사가라기보다 민족주의 정치이론가로 여겨졌더라도, 역사서술에 대한 이들의 영향력은 그래도 마찬가지였을 것이다(그리고 실제로 더 커졌을 것이다). 둘째로 많은 작품이 정사에 모순과 누락이 있음을 지적하고 그것을 해결하여 수정하였다. 셋째로 온갖 종류의 필수적 보조연구가 많이 나타났는데 그 중 대부분이 아직도 그대로 쓰인다. 넷째로 비판술이 발달하여 이미 많은 문제, 예를 들어 원본의 진위, 제작연대 설정 같은 것에 구체적으로 적용되었는데, 이것은 확실히 외국의 본을 따라 발달되었을 것이지만 여기에는 굉장한 훈련과 재능 그리고 고된 작업이 필요했을 것이며, 이 같은 것들은 중국의 혁명적 상황으로 인해 조직하기도 힘들었고, 또 지적으로도 비호의적이었다. 다섯째로 이용가능한 자료의 괄목할 만한 확대, 그리고 광범위한 형태의 자료사용의 전례들이 있었다는 것이다. 여섯째로 국가단위는 물론 지방단위 수준의 연구필요성을 느끼게 되었다는 것이다. 이는 왕부지와 고염무의 정치적 소신에 의해 나타나고, 장학성의 이론에 의해 다듬어졌으며, 많은 학자들에 의해 불완전하게나마 실제로 적용되었다.

아편전쟁이 있고부터 외국의 영향이 중국으로 흘러들었으나 지적 수준에서는 19세기 마지막 10년대에 접어들기까지는 미미했다. 일본의 입지와는 아주 판이하게 서구화에 반대한 보수주의자들이 중국정부를 장악하였고, 외국작품에 대한 최초의 연구와 번역은, 영국과 프랑스 세력이 북경을 점령한 뒤 1861년에 창설한 외교적 '언어학교[同文館]'의 비호 아래 은밀하게만 이루어졌다. 더 많은 번역이 강남제조국[江南製造局]에 의해 1870년대와 1880년대에 이루어졌다. 그러나 1890년대 강유위康有爲의 지도 아래에서 처음으로 비중있게 서구사상과 사회가 연구되기 시작하였다. 그리고 그의 '강학회強學會'가 발행한 신문과 잡지 그리고 연합된 개혁의 발간사업을 통해 얼마간 최초의 가장 중요한 번역과 토론이 이루어졌다. 서구의 영향이 광동과 상해에 있는 그 중심으로부터 내륙의 작지만 활기찬 집단들에게로 퍼져나갔다.

중국사 재해석을 위한 최초의 걸음은 강유위의 개혁운동에 편승한 것이었다. 강유위는 과거科擧에 우수한 성적으로 합격하여 중국학자들의 주목을 받았다. 그는 그들이 아는 대로 도와줄 것을 호소할 수 있는 위치에 있었으며, 책 두 권을 써서 고전시대와 유교의 의미에 대한 새로운 시각을 내놓았다. 여기서 그는 공자가 실제 황금시대에 속한 기록의 보수적 전달자이기만 했다는 견해를 부정하였다. 그 대신 사회와 정치에 관한 자신의 혁명사상을 뒷받침하기 위해 그런 기록들을 고안한 것이라 주장하였다. 사실은 공자는 현재의 변화를 위하여 과거를 왜곡하였다는 것이다. 이것은 지식에 대한 모독으로, 과거의 많은 중국학자들이 여기에 연루되어 비난을 받았다. 그러나 공자의 경우는 그 사상의 뛰어난 가치 때문에 정당화될 수 있었다. 사실 공자는 인간의 과거가 아니라 미래에 관심을 두었다. 『예기禮記』의 「예운禮運」편에서 강유위는 인간사회의 3단계 이론을 따왔다. 혼동시대[據亂世]·회복시대[升平世], 끝으로 대화합시대[太平世]가 그것이다. 그리고 이 무미하고 모호한 개념을 공자사상의 해석에 핵심으로 이용하였으며, 거기다 『춘추』의 건조한 사실의 연대기적 항목에 대한 무리한 해석을 통해 자신의 견해를 보강하였다. 최고의 가능한 신임장이 이렇게 혁명가들에게 수여되게 되었다.

이 이론은 중국과 서구적 요소들을 섞은 것이다. 서구로부터 황금시대 사상이 폐기되고 진보의 개념으로 바뀌었으며, 그와 함께 반독재정치이론 및 시민자유의 옹호에 관한 전체체계와, 이제는 공자사상에 접합되는 법의 통치 등의 이론이 들어왔다. 중국측 학문으로부터는 첫째로 경전 가운데 이 같은 견해의 해석에 맞지 않는 것이 왕망王莽의 제위찬탈시기에 나타난 위작[이것은 현재의 변화를 위해 과거를 왜곡한 것 가운데서 비교적 용납할 수 없는 경우이다]인 것으로 증명되는 기술이 나왔다. 둘째로『좌전』대신에『공양전』이 사용됨으로써 가능해진, 간명한『춘추』의 억지해석은, 같은 '금문경'파에서 나온 것이다.26)

강유위의 역사적 결론은 너무 유치해서 보수파들의 관심을 끌지 못했고, 급진파 가운데서도 아주 일시적으로만 반응을 얻었을 뿐이다. 그러나 그 논점의 많은 부분이 멋지고 또 비판적 방법이 너무 흥미로워 그 책『공자개제고孔子改制考』의 첫 장은 근대 중국사학의 효과적인 시발점이라 해도 과언이 아니다.

강유위의 개혁운동은 실패했고, 그와 그 추종자들은 추방되어 뿔뿔이 흩어졌다. 양계초는 일본전함으로, 강유위는 영국영사의 묵인 하에 도주하였다. 그 후 강유위의 이력은 정치나 학문 둘 다 의미가 없다. 그러나 양계초는 계속 발전하였으며, 일본 추방생활과 그 기간 동안의 여행을 통하여 서구지식을 남달리 습득하여 20세기 초 20년 동안 언론과 학계에 가장 영향력있는 인물이 되었다.

강유위는 향신鄕紳출신이며 전통의 사고방식에 깊이 물든 한 학도로서, 전통사상과 충성심을 개혁과 연계하려 하였다. 양계초는 일본에서

---

26) 강유위의『新學僞經考』(1891)와『孔子改制考』(1897) 참조. 강유위가 사용한 형식에서 이러한 公羊學적 해석은 魏源과 龔自珍에게서 볼 수 있는데, 이들은 19세기 초에 금문경학적 견해를 부활시켰다. 재미있는 것은 강유위 자신은 물론 그 선구자들의 손에서 금문경학적 이론이 개혁성향을 띠었다는 사실이다. 특히 蔣存輿(1719~1788)와 龔自珍(1792~1841)의 경우가 그러한데, 장존여는 금문경학파의 창시자이고, 그 공자진은 그것을 대중화한 사람이다. 그러나 학자로서의 강유위의 강점은 광동의 신유학자 朱次琦의 절충적인 가르침을 따랐다는 데 있다. 이것은 당시로 보아서는 아주 자유롭고 너그러운 학풍이었다.

의 망명생활과 해외여행 때까지 강유위의 사상을 따랐다. 그러나 외국의 역사를 많이 읽고 또 직접 근대 서구생활을 접함으로써 강유위 노선을 버리게 되었다. 양계초에 대한 레벤슨(J.R. Levenson)의 연구[27]는 이런 사상의 기반이 중국전통을 지키려는 감정적 애착과 유럽형 개혁의 필요성 인식 사이의 갈등에 기반을 두고 있음을 보여준다. 동서역사에 대한 많은 논평에서(주로 1899년에서 1912년 사이, 즉 강유위의 사상을 버렸을 때와 중국으로 돌아와 정치에 관여할 때 사이의 기간 동안), 양계초는 이런 모순을 화해시키려고 계속 대책을 강구하였다. 고전을 순수한 원본으로 정화하고 바르게 이해된다면, 바람직한 서구적 가치관을 포함할 뿐 아니라 더 세계적 수준으로 그것을 표현하는 하나의 계시를 제공할 것이라는 믿음에서 출발하였다. 그러나 서구를 더 많이 경험하면서 양계초는 고전이 중국의 근대적 당면문제와 실제 무관하다는 결론을 달갑지 않은 결론을 얻지 않을 수가 없었다. 간직한 충성심을 위한 또 하나의 합리화가 필요한지라, 그의 중국문화에 대한 존경은 국가에 대한 충성으로 변모하였다―그의 전통문화주의가 오히려 근대 민족주의 같은 것이 되어버렸다. 동시에 서구의 우월성에서 오는 중압감이 많은 역사적 해석장치에 의해 완화되었다. 공자를 개혁가로 보는 강유위에게서 이어받은 진보의 '대화합(大同)'개념은 사회적 다원주의 형태를 띠게 되었다. 이것은 역사를 만물간의 투쟁으로 보고, 서구라는 개념을 힘과 창조력에서 같지 않고 모두가 약간 결점이 있는 그런 분리된 국가들의 개념으로 분해하였다. 여기서 중국도 특별한 예외가 아니다. 동시에 양계초는 유럽발전의 공을 지역적·인종적·사회적 특성이 아니라 개인의 재능에다 두려고 하였다. 마지막으로 서구에서 존중하는 것 즉 민주정치·법의 지배·기술·과학

---

27) J.R. Levenson, Liang Ch'i-ch'ao and the mind of Modern China(1953).

의 창조성 등은 불완전할 뿐 아니라 아주 최근에 와서야 생긴 것이라는 점에서 위안을 얻기 시작했다. 이런 근거에서 중국의 역사를 좀 덜 창피한 방법으로 합리화할 수 있었다. 여기서 나온 결론은 중국의 고대 실상이 서구보다 더 낫다는 것이었다. 제한적이긴 하나 진짜 가족자치였으며 귀족이 없었으므로[주왕조 이후] 자유를 위한 투쟁을 자극하는 동기가 없었으며, 따라서 중국의 체제가 점차 독재로 굳어져서 중국의 전통정신에서 벗어나게 되었다는 것이다. 더 일반적으로 말한다면 발전을 덜 자극하는 원인이 되기는 했지만, 중국을 전근대의 서구사회보다 더 우월한 것으로 만드는 것은 중국에는 계급이 없었다는 사실이었다.

양계초의 이런 생각에서, 서구문명이 물질주의적인 것으로 배척되고, 또 양계초가 비물질적인 가치관을 강조하는 그의 생각에서 중국사회와 문화의 우수성에 대한 믿음으로 회귀하게 되는 길의 반이 이미 마련된 것이 되었다. 그 전부터 자신의 저술에 깔려 있던 그의 서구배척사상은 베르사유평화조약에서 중국이 '배반당한' 이후 노골화되었으며, 제1차 세계대전 이후 유럽의 자체혐오감을 반영 [그리고 지속적으로 인용]하는 것이기도 하다.

이렇게 양계초의 중국전통에 대한 견해는 여러 단계를 거친다. 첫째로 올바르게 인식만 한다면 중국의 진통은 온갖 인간의 지혜를 다 포함한다는 것, 둘째로 중국이 한 국가로 살아남으려면 중국전통은 무시되어도 좋다는 것, 셋째로 위대하고 독창적인 앵글로색슨족과 또다른 민족을 중국보다 크게 더 나은 바가 없는 사람들과 과거 오랫동안 한번도 나아본 적이 없는 것으로 '서구문화'의 개념을 폄하함으로써 둘째와 같은 언짢은 가능성이 줄어드는 것, 넷째로 중국의 전통의 비교적 가치가 아무리 적다해도 민족의 자긍심과 부흥된 민족감정을 위한 기반으로서 강조되어야 한다는 것, 다섯째로 서구문화는 자신이 창조해낸 힘을 통제할 수 없다는 점에서 열등하다는 것이다.

레벤슨의 분석에 따르면 이것이 양계초가 가장 영향력있던 시절의 배경이요 동기다. 그러나 이런 분석은 거의 다루어지지 않은 약간의 문제소지를 갖고 있다. 손문일파에 대한 양계초의 반대는 제시된 것보다 더 큰 영향을 그의 사상에 미쳤던 것으로 보인다. 양계초가 반대했던 서구의 물질주의는 실제로는 손문의 삼민주의의 반지주적 사회개혁일 수도 있다. 그리고 양계초가 싫어했던 실용주의는 바로 손문의 실용주의일 수도 있다. 이 같은 손문은 농부로서 유교가 아니라 '태평太平'전설 속에서 자랐으며, 전통학문이 아니라 양의洋醫학교에서 교육을 받았고, 추방당한 지식인으로서가 아니라 서구화한 중국 사업공동체의 일원으로서 처음 해외에 거주하였고, 유교에 완전히 무관심하고 그에 기반한 특권층에 적대적이었으며 민족주의를 주창하였으나 그것은 양계초가 호소의 대상으로 하고 계속 중국사회의 불가피한 지도층으로 간주했던 소수 지식인 향신층이 아니라, 신세계 창조의 공동목적을 깨닫고 있는 농민대중의 봉기에 기반을 두었다.

또한 레벤슨이 제시하는 전통 대對 혁신의 대조는 너무 단순하다. 중국의 전통은 양계초에게 있어서도 전부 거부되거나 전부 보존되어야 하는 것은 아니었다. 레벤슨의 이론의 약점은 필요 이상으로 딱딱한 이분법을 구상하고 있다는 점이다.

양계초의 영향력이 가장 컸던 시기는 1900년에서 1919년 사이지만 그 이후에 그는 그 나름의 최선의 역사작품을 쓰게 된다. 언론과 정계를 떠나 학계로 전향하였고, 세계사의 광범한 공부를 통해 얻는 풍성함으로 중국의 지성사 연구를 계속하여, 마침내 지속적으로 시도해 온 가치관 비교의 틀에서 벗어나게 되었다. 이 때 이루어진 그의 가장 중요한 작업은 중국불교사에 대한 공헌이었다.

또한 이 시기에 양계초는 『중국역사연구법中國歷史硏究法』과 『중국역사연구법보편中國歷史硏究法補編』28)에서 역사이론에 관한 성숙한 사상을 개진하였다. 그는 역사는, 불완전한 사료 때문에 문제점이 있지만, 실증학이 될 수 있다고 보며 경험적 태도를 옹호하였다. 그러나 이런 입장에도 불구하고 그는 역사가 민족주의에 봉사해야 한다는 생각을 떨쳐버릴 수가 없었다. 실제 그는 일종의 '칭찬과 비난[褒貶]'의 시각을 유지하였다. 다만 그 대상이 이제는 개인뿐 아니라 집단, 어떤 때는 전체국가를 포함한다.

양계초의 이론이 영향력은 있었지만, 역사가의 임무가 본질적으로 국민감정을 키우고 인도한다는 그의 주장은 이미 시대착오적인 것이었다. 혁명의 전개는 역사가들을 자극하는 더 복잡한 문제점들을 제공하기 시작했다. 그러나 양계초 자신의 작품은 무엇보다 중국의 과거에 접근하는 데 더 풍부한 자료를 제공하였다. 더욱이 그는 중국에 있는 대중은 물론 일본에 있는 한 세대 중국학생들에게 근대 일본사서와 근대 일본의 중국사 연구에 대해 소개하였다. 중국통사를 쓰려는 첫번째 근대적 시도는 나카 미치요中三千代・구와바라 지츠조桑原驚藏 같은 일본사가들의 작품에 직접 영향을 받았으며, 양계초의 동료이자 강유위의 학생인 하증우夏曾佑에 의해 쓰였다.29)

양계초가 쓴 책, 그리고 훨씬 더 많은 논문들이 갖는 중요성의 상당 부분이 의미론이다. 그의 진짜 재능은 독특한 조합(associations)으로 3천 년 동안 쌓여 굳어진 어휘로부터 유럽적 가치에 상응하는 중국어를 고안해

---

28) 이 글, 282쪽과 주 10)과 11)을 보라.
29) 이 책과 그 배경에 대한 간단한 연구는 周予同, 「五十年來中國之新史學」, 『學林』 제4집 (1942) 참고. 일본사상과 학풍이 중국에 미친 커다란 영향은 아직 서구에 잘 알려져 있지 않다. 중국에 미친 서구의 영향이 대개 일본을 통해 들어왔는데도 말이다. 그러나 이 문제는 별도의 충분한 연구가 필요하다.

내는 능력에 있다. 이런 작업에서 양계초 등은 일본의 선례로부터 도움을 받았다. 그렇지만, 유럽적 이론을 따른 후기의 이론가들과 번역자들은 양계초의 거의 시적인 재능의 결과에 크게 도움을 받았다.

마지막으로 양계초는 고전을 벗어나서 새로운 요소의 가치관을 찾으려는 노력에서 중국문화의 정의定義를 확대하였다. 중국 불교철학은 강유위의 만목초당萬木草堂의 교과과정의 일부였으며, '대화합[大同]'의 이상적 구상의 핵심요소이다. 양계초의 작품은 또한 전국시대 비非유교사상가들에 대한 관심을 부활시켰다.

그러나 이 분야에서의 그의 영향력은 [호적胡適의 기여에도 불구하고]30) 여러 분야 가운데 가장 적었다. 중국 과거의 새로운 모습이 주의를 끌고, 그에 따라 새로운 종류의 자료가 사료로 쓰이게 되었다. 근대 중국민족주의의 출현과 외국문화의 연구는 희곡·민요·민화·전통소설·단편 등 중국 민중문화에 대한 관심을 불러일으켰다. 그런 연구를 위해 학회가 조직되었고, 세 학자가 따로 그 역사를 적기 시작했다.

왕국유王國維는 중국희곡사에 관한 그 첫번째 연구를 책으로 냈는데,31) 아직 그것을 완전히 능가하는 작품이 없다. 호적은 1917년 미국에서 돌아와 1918년『홍루몽紅樓夢』신판에 붙여 감동적인 서문을 냈는데, 거기서 민중문학사를 써야 한다는 것과 그 접근방법을 논했다.

고힐강顧頡剛도 유사한 연구를 하였다.32) 이런 연구들은 그 자체로서

---

30) 호적[『四十自敍』, p.108]은 양계초의 논문 「中國學術思想變遷之大勢」를 두고 "내게 새로운 세계를 열어주었다. 나로 하여금 중국에는 사서오경이 아닌 다른 지식과 사상도 있음을 일깨워주었다"고 하였다. Levenson, op. cit., p.83에 인용되어 있다.
31) 왕국유가 지은 많은 민중문학 가운데 가장 인기있는 『宋元戲曲史』.
32) 고힐강이 『古史辨』제1책에 쓴 자서전적 서문은 A.W. Hummel에 의해 번역되어 The Autobiography of a Chinese Historian(Leyden, 1931)으로 출간되었다. 근대 중국혁명의 사학사적 모습을 일면적이긴 하지만 잘 보여주고 있다.

흥미만 있는 것이 아니었다. 고힐강을 통하여, 이들 연구는 또한 고전에 대한 새롭고도 전에 없이 철저한 접근을 가능하게 하였다. 고힐강은 학자집안에서 태어나 한학철학도인 할아버지로부터 완전하게 고전연구 훈련을 받았다. 그는 신식학교에 다니면서 과학적 방법론의 기초개념을 어느 정도 습득하였다. 학우들과 함께 그는 손문과 혁명을 열렬하게 지지하였다. 그러나 한편 공모자 동지들의 '공허한 소리'에 실망도 하고, 또다른 한편으로 스스로 지도자 체질이 아니며 정치에 봉사할 수 없을 것이라는 반성도 들고 하여, 혁명의 개혁정신을 그가 능통해 있던 고전학 분야로 돌렸다. 그는 북경대학에 들어가 장병린章炳麟에게 배웠다. 장은 공화주의 혁명의 지지자였으나 양계초와 같은 세대였다. 따라서 그는 그 시대 가장 탁월한 언어학자였지만 양계초와 같이 살아생전 머릿속에서 '금문학'파의 그림자를 지워버리지 못하였다.

다른 한편 장병린은아마 개혁파로 대표되는 '금문학'파에 의해 중국의 전통에서 일어난 것에 대해 알고 있었기 때문일 것이다 '고문학' 고전에 대해 이유도 없는 편견을 갖고 있었다. 고힐강은 그런 선생에게 실망하였다. 그 때문에 현재에 맞도록 의도적으로 '과거를 찌그러뜨리려는' 의도에 의해 왜곡된 '금문학'의 해석을 좋아하지 않았다. 그러나 강유위 책의 첫째 장에 공자를 개혁가『공자개제고』로 보는 대담한 문제의식과 총명한 논리에 깊이 감명을 받았다. 북경대학에 있는 동안 고힐강은 열렬한 연극애호가가 되었다.

연극에 대한 관심은 그로 하여금 재빨리 연극의 역사, 그리고 여러 연극단이 한 연극을 다양하게 각색한 것을 상호 비교하는 데 대한 자료를 체계적으로 쌓아가도록 하였다. 그의 관심은 젊은 시절에 친숙했던 민담의 역사와 민간음악으로 확대되었다. 구어에 의한 전달은 모든 이러한 형식의 민중예술에 보이는 공통점이었다. 고힐강은 그런 전승의 과정에 대한 감각을 구체화하기 시작했다. 19세기 초의 구습타파주의 학자 최술崔述은 『고신록考信錄』33)에서 고대 중국 왕들이 적은 것으로 간주되는 기록들은 상계되는 서로 다른 누적층들로 구성된 것으로 보인다는 견해를 피력하였다. 일본에서는 나이토 도라지로가 많은 고전의 내용이 구전으로 발달되었다는 견해를 제시하였다. 고힐강도 독자적으로 유사한 결론에 도달하였는데, 이는 희곡이나 전통소설의 주제에 관한 자료를 많이 모으다 알게 된 것이 요·순·우 임금과 그 전 전설의 인물들에 관한 고사[고전이야기]의 역사와 일치한다는 것을 알았기 때문이다. 이런 유비類比에 기초한 가설을 검증하는 것이 그 일생의 일이 되었다.

1917년까지 그는 혼자 작업하였으나, 그 해 호적이 미국에서 돌아와서 북경대학에서 중국문학과 철학의 역사를 가르치기 시작했다. 고힐강은 호적의 견해가 자신과 비슷함을 알았다. 두 살 차이밖에 안 나지만 스승과 제자로 만난 이 두 사람은 같은 유의학자들 집단에서 중심을 이루었다. 고전과 비평기술을 주제로 한 논문과 서신은 1926년 이후 정기간행물 『고사변古史辨』에 실렸다.34)

일반적으로 호적이 대표자로 간주되는 이 집단은 중국의 학문발달에 새로운 요소가 되었다. 양계초와 그 동시대 사람들의 작품은 동서양을 집요하게 비교하는 문제로 점철되었는데, 이에 반발한 호적은 두 쪽 다 거리를 두고는 중국의 당면문제와 그에 부수되는 과거의 연구에 대해 완전히 실용적으로 접근하려 했다. 그래서 듀이(John Dewey)의 철학을 중국에 소개하였다.〔듀이 자신과 또 Bertrand Russell에 의해서도 추종된〕 정치적으

---

33) 주 9)를 보라.
34) 『古史辨』, 1926~1941. 이 책은 고대사 논쟁의 초점이 되었다. 특히 고대문헌의 비판에서 그러하다. 고힐강의 다른 작품은 주로 그 전에 잊혀 외면되어 오던 회의주의 경향의 작품을 편집 발간한 것이다. 특히 그의 『古籍考辨叢刊』과 다른 정기간행물 『史學年報』·『禹貢』·『淸華學報』 참조.

로 호적은 자유성향센터의 지도자가 되었다. 학문에서는 성숙한 과학적 방법을 옹호하고 '대담한 이론과 신중한 증거[大膽的假設, 小心的求證]'의 원칙을 지지하였다. 또 과거에 대한 공정한 학문적 연구가 필요한 대의를 제시하였으며, 호적 자신의 실제 역사작품의 수는 적었으나, 정치선전이나 민족주의의 주창보다 역사에 더한 관심을 가졌던 소수 분산된 일단의 중국역사가들은 그의 설득력있는 필치에 큰 영향을 받았다.

그러나 이들 집단의 역사적 업적은 변변치 못하였는데, 그것은 최근에 발달한 고고학의 결과를 너무 무시하였기 때문이었다. 고힐강은 『고사변』 제1권이 발간되기 바로 전야까지도 왕국유의 책에 대해서는 아무 것도 알지 못하였다고 털어놓았다. 그리고 새로운 고고학 자료를 언젠가 공부해야 하는 것으로만 남겨두고 있었다.

이런 새로운 발견 가운데 가장 중요한 것은 1888년 이후 하남성에서 이루어졌다. 안양安陽 근처 원강洹江 둑이 침식된 곳에서 글자가 새겨진 뼈조각과 거북이 배껍질의 파편들이 나왔는데 그 지역사람들이 치료용 '용의 뼈[龍骨]'라고 생각하고 그것을 주워 팔았다. 이것이 학자들의 관심을 끌게 되고 학자들이 이것을 모으기 시작하여,[35] 1906년까지 3·4천 개가 나왔다. 그 해 불굴의 사료수집광 나진옥羅振玉이 발굴에 관심을 가지기 시작했다. 1911년까지 그는 2·3만 개 정도를 모았고, 또다른 곳에서 그 같은 수가 수집·소장되었다. 1928년에는 중앙연구원 역사언어연구소中央研究院 歷史語言研究所가 처음으로 체계적 조사단을 그 곳으로 보냈다. 그 즈음 이에 관해 많은 책이 나오고, 해독과 분석이 주로 왕국유와 나진옥에 의해 시작되었다. 고고학자 이제李濟와 동작빈董作賓은 처음 조

---

[35] 개척자는 王懿榮과 劉鶚이다. 왕의영이 모은 점친 뼈[卜辭]는 1천 개 정도나 되었으나 왕의영이 1900년에 자살한 뒤 이것은 유악의 손에 넘어갔다. 유악은 1903년에 이 갑골문자의 첫번째 수집물을 엮어 출간하였다.

사대가 파견되던 그 이듬해 갑골연구를 크게 발전시켰다. 발굴물은 상商왕조의 복사卜辭들이었으며, 그 존재만으로도 상왕조가 완전히 전설적인 것이 아님이 밝혀졌다.

그러나 이를 둘러싼 작업은 더 기막힌 결과를 낳았다. 왕국유는, 일부러 조작되거나 그렇지 않으면 완전히 신빙성없는 것으로 무시되어 왔던 고전의 내용을 뒷받침하는 정보를 거기서 끌어낼 수 있음을 증명하였다. 동작빈은 갑골에 보이는 상대商代의 연대가 사마천의 상(殷)에 관한 내용을 대충 확인해 준다는 것을 증명하였다. 사마천의 작품은 그때까지만 해도 그것을 뒷받침할 만한 다른 증거가 없었다. 또 왕국유는 『죽서기년竹書紀年』에 보이는 은왕들의 목록이 거의 정확하다는 사실도 입증하였다. 게다가 초기 중국의 정치·사회조직에 관한 많은 정보를 얻을 수 있게 되었다. 크릴(Creel)이 말하듯이 명문의 해독은 20세기 세계학계의 가장 위대한 업적 가운데 하나이지만,36) 금석문의 분석적 연구는 아직 초보단계에 있었다.

이런 발굴은 시기로 보면 중국사의 사료를 풍부하게 한 첫번째 작업으로서, 인쇄된 책자들이 다른 모든 분야에서는 아주 빈약했는데도 이 분야만은 아주 많았다. 이와 같은 정도로 역사가들의 관심을 끈 것으로 중국사의 다른 끝에 있었던 것이 19세기 말 북경에서 황궁의 한 건물을 보수하던 중에 발견된 거대한 문서고였다. 이것은 내각內閣의 기록으로, 이 내각은 옹정雍正(1723~1736)연간 정책결정기관을 군기처軍機處로 바꿀 때까지 청 초기에 존재했던 것이었다. 이렇게 중국사에서 귀한 문서고가 역사가들의 수중에 들어왔다. 제국몰락의 와중에서 그것은 방치되어 수톤이 파지로 팔려나가기도 했으나, 결국 또 한번의 나진옥의 노력으로,

---

36) H.G. Creel, *Studies in Early Chinese Culture*(1930), p.xiii.

안전하게 정리 보관되어 중앙연구원이 마침내 관할하게 되었다.
　북경대학의 학자들이 분류작업을 시작했다. 특별히 그 자체로서 관심을 끄는 문서는 세 개 정기간행물로 발간되었다.37) 그러나 중일전쟁 발발로 아주 소수만이 그것도 목록만 만들어졌을 뿐이었다. 그러나 최근 3·4년 동안 중국사서에 이 문서고가 아주 빈번하게 인용되므로, 역사가들이 적어도 체계적으로 이것을 이용하고 있다고 결론지을 수 있다.
　1930년 헤딘(S. Hedin)과 중국-스웨덴조사대가 거연居延지방으로 돌아왔는데, 그 곳 에스팅골(Estingol)의 방어거점의 폐허에서 한대漢代의 만여 개 목간木簡을 찾아냈다. 그런 종류로는 제일 많이 나온 것이다. 이 목간의 제1차 간행은 중일전쟁으로 지연되었으나 1943년 노간勞幹이 원문과 주를 등사판 인쇄 4권으로 냈고, 전쟁이 끝나자 이에 대한 작업이 계속되었다. 따라서 이것은 1949년 이전에는 중국역사에 큰 보탬이 되지 못했으며, 그 연구는 아직도 크게 진척되지 못하고 있다. 두말할 것 없이 한대의 변경조직이 이들 자료가 가장 직접 조명하는 주제이며, 이런 맥락에서 이들 자료는 철저하게 연구되어 왔다. 또한 이들은 경제조직·농업·관개 등의 많은 면도 밝히고 있다. 일본과 유럽의 학자들은 그런 주제의 분석에 상당히 기여하였다.38) 발굴물들은 여러 곳에서 『후한서』의 내용을 확인해 주었으며, 또 재미있는 것은 청대 고증학파들에 의한 '한대사'의 수정부분이 '목간'에 의해 확인되었다는 사실이다.
　1894년에 감숙성 북서쪽의 끝 돈황에서 전에 불교사원이었다가 도교사당으로 쓰이던 곳의 벽이 붕괴되면서 문학·필사본·'목간'·불교예술품의 창고가 발견되었다. 중국의 지방정부는 이 발굴물에 대해 보고

---

37) 『明淸史料』·『掌故文獻』·『史料旬刊』.
38) 한대 木簡의 연구에 대한 설명은, Hulsewé, "Han-time docements", *T'oung Pao*(1957), xlv, I 참조.

하지 않았고, 13년 뒤에 슈타인(Aurel Stein)이 방문한 다음에야 세상에 알려지게 되었다. 후속작업으로 돈황에서는 더 많은 것들이 나왔고, 독일의 레코크(A. von Lecoq)·그륀베델(Grünwedel), 일본학자 오타니大谷光瑞에 의해 더 서쪽의 투르판과 그밖에 지역에서 유사한 자료들이 발견되었다.

발견된 자료들의 가치는 다양하다. 고전은 대개 기존의 것을 확인해주는데 그치지만, 대중소설과 시는 중국 구어체문학의 초기사를 새롭고도 탄탄한 기반 위에 올려놓았다. 다른 문서들은 처음으로, 적어도 이 작은 지방에 관한 한, 지방행정법과 그 실제를 밝혀내는 방편이 되었다. 무엇보다 중요한 것은 그런 제도의 실제 존재여부가 대체로 부정적인 것으로 여겨져 왔던 '균분均分'의 조직이 실제로 있었다는 것이 증명된 것이다.

중국에서 여기에 큰 관심을 기울인 초대 학자들은 나진옥과 왕국유였다. 그러나 그 후 중국인의 연구가 줄고, 대부분 작품이 일본과 서구 학자들에 의해서라는 점은 괄목할 만하다.[39]

새로운 고고학 자료 가운데 안양의 발굴물들만이 일찍부터 연구되어 1920년 이전에 새로운 결론에 이바지하였다. 추세는, 위에서 말했듯이 믿을 수 없거나 적어도 확증이 없는 것으로 배척되어 왔던 기존의 책 내용이 전설내용이 부가되는 가운데에서도 적어도 약간의 역사적 사실을 품고 있음을 확인하는 것이었다. 그 해독과 분석을 해낸 주요인물은 나진옥과 왕국유였으며, 그리고 이들이 자신들의 좀더 보수적 성향에 만족스런 결론을 제공하는 자료를 다룬 것은 전적으로 우연만은 아니다. 왕국유의 경력은 처음 일본에서 서구식 교육을 받으면서 시작되

---

[39] 돈황발굴물, 특히 대영박물관의 슈타인(Stein) 수집품에 대해 영어로 된 간단한 설명은 자일스(L. Giles)의 *Six Centuries at Tunhuang*(London, 1944)이 있다. 여기에는 서구인·중국인·일본인 연구업적의 참고문헌이 소개되어 있다.

었다. 그는 19세기 유럽 철학자들을 연구하고 그들의 작품을 번역하였고, 심리학과 법학의 개요를 출간하였다. 그러나 그는 양계초처럼 서구사상과 전통적인 충성심의 결합이 불가능하다고 인식하고, 그의 보수파 동지 나진옥(그가 여전히 고수한 입장은 전국시대의 빛을 보지 못한 非유가사상가들이 아무것도 더 나은 것을 말하지 않았다고 서구의 근대 사상가들이 말해서는 안된다는 것이다)의 영향을 받아 서구의 학문을 단호하게 포기하고, 정평있는 말로 서구 물질주의를 비난하였다. 그리고는 청대의 고증학적 방법으로 고대 중국과 고전연구에 몰두하였다. 중국희곡사 연구의 선구자로 이미 이름이 나 있었던 그는 고대사 분야에서도 20세기 중국 최대거장이 되었다. 중국학생들은 어떤 사상을 가지고 있더라도 왕국유의 책을 계속 접하게 되며, 그 책의 고전적 가치는 오래되어도 생명이 다하지 않는 것이다. 방법적인 측면에서 그 중요성은 왕국유가 청대의 대가로 꼽은 고염무・대진・단옥재段玉裁가 사용한 방법을, 한편으로 새 고고학 증거에, 또다른 한편으로 더 광범위한 역사적 가설에 바탕 한 20세기의 맥락에서 '고전'으로 연결시켰다는 점이다.

이렇게 해서 1920년경에는 더 포괄적인 사상이 마련되었는데, 그 첫 번째 예는 주로 중국과 외국 사이의 비교에 의한 것으로, 양계초의 노력에 의한 것이다. 청대 고진연구방법론은 왕국유에 의해 현대화되었다. 그리고 경험적 역사서술의 철학적 근거는 호적에 의해 만들어졌다. 정변과 경제적 난관으로 가끔 고정봉급까지 주지 못하는 상황에서도, 새로운 대학들은 연구중심지로 자리잡고 새로운 시각을 퍼뜨렸다. 외국작품의 번역은 당시 중국의 소수 지식인들을 세계의 사상과 학문으로 완전히 연결지우고, 유학생들이 꾸준하게 유입됨으로써 기초지식과 방법론이 계속 풍부해졌다.

1920년 사건은 그 전 20년 동안 쌓여온 경험이 뚜렷한 초점으로 모이도록 자극하였고, 이른바 중국의 르네상스라고 할 수 있는 움직임이 시작되었다. 베르사유 평화협상자들에 의해 산동에 대한 독일의 권리가 일본으로 넘어갔다는 소식이 중국에 전해지자, 북경대학의 3천 명 학생이 시위를 벌이고 군벌총리 단기서段祺瑞의 저택에 불을 질렀다. 소요는 학생과 대학교수들 주도 아래 중국 전체로 번져나갔다. 해안의 상인과 노동자들이 태업과 파업에 동참하고, 온 계층의 사람들이 일시에 뭉쳐 외국에 의한 중국영토의 할양에 반대하고, 또 군벌총리와 부패한 북경정부에 항거하였다. 그 직접적인 결과로 자리 유지에 급급하여 도움을 받는 조건으로 일본의 요구를 수락한 각료들이 쫓겨났다. 장기적 결과는 마침내 중국의 여론이 형성되었다는 것으로, 이것이 군벌주의를 당장에 종식시키지는 못했다 하더라도, 적어도 그 싸움에 중요한 새 변수가 되어 군벌간 동맹에 변화를 주었고, 당시 광동에서 수세에 몰려 무기력한 상태에 있던 국민당이 궁극적으로 승리하게 되었다. 지적 분야에서 이것은 이미 명백해진 사상의 운동을 무르익게 하였다. 학자들만 이해할 수 있는 고전적인 서술형식이 생활용어에 기반한 구어체로 변화한 것이다. 이것은 정치토론뿐 아니라 학문분야와 창작작품에서, 5·4운동 이후 팽배한 민주화 확산으로 촉진되었다. 대학은, 새로운 중국정치의 생동하는 기지였던 '국가학생연합'을 통하여, 거대한 영향력을 행사하였다. 변혁기 민족주의적 기치는 20세기 초의 국제적 휴식기에 어느 정도 퇴색했으나, 이제 의미있는 새로운 내용을 담은 채 부활되었다. 만주에서의 황권에 대한 소련의 반박은, 베르사유에 대한 노골적 냉소주의와 어울려, 공산주의에 대한 관심을 불러일으켰다. 처음에 이런 관심은 주로 민족주의 감정에서 나온 것이며 공산주의 그 자체와는 관련이 거의 없었다. 그러나 코민테른 지도부는 새로운 중국공산당에서 순수한 민족주의자들을 재빨리 제거해버렸다.

격렬한 논쟁이 특히 잡지 『신청년新靑年』의 지면에서 시작되었고, 이것은 호적의 실용주의와 마르크스주의 사이의 논쟁으로 귀결되었다. 마르크스주의자는 5·4운동에 활약했던 북경대학의 두 교수 즉 이대교李大釗와 진독수陳獨秀가 대표하였다.[40] 호적과 그의 실용주의가 크게 패하였다. 상해와 광동의 무식한 노동자들까지도 애국적 희생을 열렬히 지지하였던 시기에 일부 호적추종자들에 의해 표방된 세계시민적 초연함은 당시 통렬한 비난을 받았다. 점진적 진보를 주장하는 그 집단의 현실적 정책은 중국의 절망적 상황에서는 도무지 맞지 않는 것 같았고, 그런 주장은 여러 사람들 눈에 고의적인 훼방의 시도로 보였다.

역사분야에서 논쟁은 어쩔 수 없이 고전古典시기로 돌아갔으며, 그 첫번째 결실은 평등한 농지분배의 '정전제'가 실제로 있었는가 하는 논쟁이었다.[41] 호적은 그 같은 제도의 존재에 대한 문헌증거는 무가치한 것이라고 주장하면서, 그 제도에 대한 믿음이 유래하게 된 문헌을 재치있게 분석함으로써 자신의 주장을 입증하였다. 그에 반대하는 사람들은 전세계 토지소유의 초기역사에서 이끌어낸 주장으로 대항하였고, 메인(Maine)·시봄(Seebohm)·비노그라도프(Vinogradoff)와 일군의 사회학적 증거들을 인용하면서 그런 제도가 중국사 초기의 어떤 단계에 고유한 제도로 있었을 가능성을 증명하였다. 실제로 양편은 싸움을 벌일 공동의 땅을 전혀 찾지 못하였다. 그리고 불행히도 그들 가운데 어느 쪽의 땅도 대부분 역사가들이 역사라고 부르는 것을 수용하지 못하였다.

1920년 이후 중국사서를 지배한 마르크스주의는 전체적으로 편협한 자가당착의 이론은 아니었다. 첫째로 초기에는 스탈린 류의 독단은 중

---

40) 마르크스주의가 중국에 미친 영향에 대한 간단한 설명은 B. Schwarz, *Chinese Communism and the Rise of Mao*(Havard U.P., 1952), ch.1 참조.
41) 『胡適文存』 제2권, 587면.

요한 것이 아니었다. 둘째로 1927년 이후 중국공산당은 지하로 밀려나 중국지식인 생활과의 연계가 소원한 반면, 공산당 내의 현학적 지식인은 상해의 쫓기는 행동대원과 신강지방 산 속에서 포위당한 로빈 후드들이 용납할 수 없는 사치스런 존재였다. 마르크스주의자들은 학문세계에서 경제결정론의 유익한 실험의 형식을 띠게 되었는데 그 정치적 함의는 모든 중요한 정치집단이 사회변혁의 필요성을 인정하는 나라에서, 적어도 이론적으로는 그렇게 빗나가지는 않았다.

경제결정론자 이론의 우세와 연관된 주요한 결과는 이론 자체보다는 그런 것을 자극한 중국 사회상황에서 나왔다. 전통정부의 붕괴와 무모한 군사지배로 인한 결과는, 주권침해 상태의 중국이 세계시장에 새로이 참여함으로써 농민경제에 미친 파괴적 영향에 의해, 지역적으로 복잡하게 꼬이게 되었다. 구舊사회는 광범한 지역에 걸쳐 완전히 무너져 내렸다. 지주와 소작인 사이, 농촌의 임대인과 임차인 사이의 전통적 관계는 무정부적 내란 속에 사라지고, 야만적·정치적 압박을 배경으로 한 더 조야한 형태에 의해 대체되었다. 15세기 영국과 같은 유의 유사봉건주의가 빠르게 성장하였고, 그에 대응한 농민혁명의 물결이 지주들을 위협하여, 지주들로 하여금 더욱더 혁명을 혐오하도록 하였다. 바로 이런 풍토에서 중국의 경제적·사회적 역사연구가 시작되었다. 그래서 자연히 20세기 상황을 그 전시대와 비교하려는 경향이 강하게 나타났다.[42]

1927년 이후 상해쿠데타로 장개석이 공산주의자와 민족사회주의 좌익당을 오지로 몰아내고 그 농민지원군을 지방보수주의자의 손아귀에 넘길 때, 중국의 정치는 실제로 입증됐듯이, 급격하게 구제불능으로 양극화하였다. 이런 상황은 그에 상응하는 비례의 결과를 가져오지는 못

---

42) 혁명전야 중국사회 성격논쟁에 관한 주요연구는 한 심포지엄의 발표를 종합한 『中國社會史論戰』 3권(1932)이 있다.

하였다. 대체로 중국의 모든 지식인들은 중용을 취하였고, 정말 이들만이 대립하는 양극 사이의 조그만 중립적 집단으로 남아 있었기 때문이다. 그렇지만 역사가들 가운데는 정치적 입지와도 무관하지 않은 것으로 방법과 접근법이 너무 다양하였다. 한편에는 [스탈린-트로츠키 논쟁에 골몰한] 철저한 공산주의 역사가들을, 다른 편에선 장개석의 사이비 似而非 유가의 '신생활新生活' 독재주의를 위한 역사적 변호자들을 계산하지 않아도 그렇다. 1946년 제사화齊思和는 이들 두 집단을 구분하여, '호고파好古派'와 '사회학파'라고 하였다.43) 의견의 차이는 이미 '정전제 논쟁'에서 노정되었던 것이다. 또 옛 용어를 빌어 이것을 '고증'과 '경세經世'로 부르는 것도 일리가 있다. 전자는 일상과 분리된 현학적인 것을, 후자는 역사적 사건이 당면문제-대개 정치적인 것-와 갖는 연관성을 의미한다.44)

고증 내지 '호고파' 집단에는 앞서 수백 년 동안 일어난 것들을 무시하려고 하는 학자들도 있고, 또 무모한 이론보다 증거에 충실한 것이 더 안전하다고 생각하는 호적胡適류의 경험주의자들도 있었다. 어느 정도로는, 이는 현기증 나도록 급속히 변해 가는 세상에서 당연한 방향감각 상실에 의한 것이었다. 반대쪽[경세 혹은 '사회학파']에는 연구하는 제도의 시대상황에 따라 신중하게 길을 찾는 사회학자들도 있었고, 시급한 해결책을 구하는 양심적 애국지사들, 중국의 사료를 실제로 조작할 능력이 없는 완전히 근대적, 혹은 완전히 외국의 교육을 받은 학자들도 있었다. 이런 차이는 어느 정도로는 항상 우리 주변에서도 볼 수 있는 것들이다. 창의력이 너무 없는 역사가, 또 너무 많은 역사가는 어디에나 있

---

43) 齊思和, 「現代中國史學爭論」, 『대중』 제1권 1기(1946).
44) 이런 전통 중국사학의 두번째 특징에 관하여서는 특히 이 책, 발라즈, 「관료 실무지침서로서의 역사」 참조. 비슷한 차이점이 20세기 일본사서에서도 나타난다.

다. 그러나 중국에서는 가설과 증거 사이의 상호 보완작업이 거의 이루어지지 않았다. 그 이유의 일부는 정치적인 것이다. 양계초·나진옥·왕국유가 고증학의 보호벽 속으로 숨어버린 것은 서구 물질주의 성향의 갑작스런 계몽의 선언에 의해 합리화된다. 그러나 그들의 상투어는 거의 한결같이 '서구 물질주의와 그 계급투쟁'이다. 사회학적 가설에 대한 두려움은 그런 이론화가 갖는 사회적 함의에 대한 두려움과 연관되어 있었다. 그러나 다른 한편 정서적으로 정치적 신념에 맞물려 있는 사회학적 가설에 맞는 증거제시의 필요성에 대한 혐오는 우익보다 좌익의 경우가 더 많았다. 이렇게 중국 정치상황의 양극화는 전체적으로 사서史書의 가치를 줄이고 그 발전을 저해하였다.

1930년에서 1937년 사이에 안정과 평화, 그리고 더 부드럽고 희망적인 분위기가 깃들었다. 이 때 역사연구는 민족주의와 혁명 등 시국문제와 밀접하게 관련된 조잡한 형태를 벗어나기 시작했다. 물론 이런 문제에 대한 관심은 역사가들 작업의 배경으로 불가분의 것이지만 말이다. 중국의 많은 대학들에서 뛰어난 역사학파가 발달하고, 일반 정치적·지적 잡지 대신 학문적·전문적인 정기간행물에 역사작품이 더욱더 많이 발표되었다. 신중한 방법과 중요한 주제를 연구하는 소집단이 만들어지기 시작했다.[45] 고대사의 비중이 작아지고 전분야로 관심이 확대되었다. 중국사의 시대구분을 위한 더 효과적인 체계를 만들려는 시도가 이루어졌다. 처음에는 중국사와의 분명한 관계는 없었지만, 고대·중세·근대의 서양적 도식이 퍼졌다. 그리고 이것은 과장되기까지 하여, '고대-풍성한' 시대, '중세-정체'[기독교시대 초부터 아편전쟁까지의 모든 것을 포괄하

---

45) 이 시기 가장 중요한 정기간행물 논문의 번역은 E-tu Zen Sun & John de Francis, *Chinese Social History*(1956) 참조. 그러나 거기에 실은 논문선택에 대해서는 모든 사람이 동의하지는 않는다.

는)시대, '근대-혁명'의 시대라는 도식이 되었다. 이런 도식의 더 중요한 파생물은 주왕조 몰락 이전의 시대를 봉건시대로 규정한 것이다. 이 때 봉건이란 말의 의미는 주나라 제도의 특성을 뜻하는 좁은 의미이다. 그러나 이런 봉건의 의미는 곧 사라지고 마르크스주의자들에 의한 광의의 용법으로 대체되었다. 모든 전통적인 사회, 그리고 부분적으로는 지주-지배체제 사회를 봉건제라고 부르는 마르크스주의자들의 손에서, 봉건시기는 아편전쟁까지의 전체 중국사를 포함하게 되었다. 이런 모든 도식은 한 시대 안에 매우 긴 시대를 포함하거나, 아니면 중국사회에 일반적 발전의 개념이 적용될 수 있는지에 대해 회의적인 입장에 있는 것이다. 사실은 전통의 왕조구분은 피하기 어려운 것으로 이론적으로[실제로 완전히 바뀌지는 않았다] 중국공산당이 즐겨한 독특한 마르크스주의 도식으로 바뀔 때까지 남아 있었다.

새로운 시대구분들은 이 당시와 중일전쟁 동안 쓰인 중국의 많은 통사의 기반이었다.46) 이런 것들은 하나의 전체로서, 단순한 교재가 아니었다. 그것들을 고의적으로 시험적인 성격을 띤 것으로, 문제에 답하기보다 오히려 규정하는 쪽에 더 많은 관심을 가진 것이었으며, 동시에 하나의 매우 유익한 서술의 한 형식으로, 서구 역사학자들이 가지지 않은 ―아마도 우리(서구)의 것을 희생시킨 채―공인된 공리와 같은 것을 위한 여지를 마련하였다. 그리고 또한 그것들은 장학성이 한 세기 전에 추구했던 중국통사의 목탄 스케치였다.

이 당시 사서의 또다른 특성은 지도적 학자들은 거의 전문역사가가 아니었다는 점이다. 그 대부분은 법·경제·철학을 통하여 역사를 접하게 된다. 그 결과가 모두 나쁜 것만은 아니었다. 그 결과로 대부분 중국

---

46) 이 가운데 제일 영향이 큰 것은 周谷城의 『中國通史』, 錢穆의 『國史大綱』, 范文瀾의 『中國通史簡編』, 미완성인 翦伯贊의 『中國史綱』이다.

역사가들은 서구나 일본역사 연구에 대해 거기에 실제로 참여함으로써 직접 접하는 경험을 갖지 못하였지만, 그런 사람들의 독특한 능력은, 예를 들어 19세기 후반 영국에서 메이틀랜드(Maitland)가 했던 것과 같이 당시에는 값을 매길 수 없을 만큼 귀한 것이었다.

마지막으로 이러한 발전과 연관된 대부분 저술가들은 젊은이들이었다. 그들은 아직 살아 있고 지금도 활동 중이며, 주로 중국대륙에 많지만 대만·홍콩·해외에도 있다. 이들의 전전戰前작품은 실제로 가치가 높지는 않지만, 그들의 젊은 시절의 작품이라고 할 수 있겠다.

중일전쟁이 터지고, 중국의 대학들이 국민당의 군대와 함께 남서쪽으로 후퇴함으로써 역사연구는 거의 중단되었다. 그러나 연구가 불가능하다는 바로 그 점 때문에 시험적인 통사를 만들려는 움직임이 더 강화되었다. 전쟁이 끝난 직후의 상황은 지속적 연구에 더 불리하였다. 통화팽창으로 중국지성인들의 수입이 줄고, 체계적 연구가 거국적으로 재개된 것은 공산당이 승리하고 난 다음이었다. 그 후 역사서술과 사료의 수집 발간에 상당한 진보가 있었다. 또한 지금 쓰이는 역사는 전전戰前시대와 많은 관련을 가지지만, 저술의 환경은 아주 달라졌으므로[저자들은 동일인물인 경우도 있지만] 이에 관해서는 별도로 다루어야 할 것이다.[47]

---

47) 1949년 이후의 발달에 대한 간단한 설명은 Jean Chesneaux, "Les travaux d'histoire moderne et contemporaine en Chine populaire(중공 근현대사연구)", *Revue Historique*(역사평론)(1956), pp.274~282 참조.

12.

초기 일본의 연대기
―육국사―

로빈슨(G.W. Robinson)
[런던대학교, 오리엔트·아프리카학대학, 극동사 강사역임]

    중국으로부터 일본은 역사서술을 향한 최초의 자극과 그 표현수단 두 가지 모두를 얻어냈다. 따라서 이 논문이 다루고자 하는 연대기는 모두 중국어로 쓰였을 뿐만 아니라, 그런 것이 적혀지던 시대의 일본궁정에 대한 중국문화의 영향을 여러가지로 드러내 준다. 이것은 일련의 연대기로 구성되는데, 8세기에서 9세기 사이에 공식위원회가 간헐적으로 작성한 것으로, 세계의 창조에서 기원후 888년까지의 일본사를 서술한 것이다.

    먼저 이 가운데 가장 유명하고 제일 눈부신 『일본서기日本書紀』[1]는 기원후 697년까지를 적은 것인데, 나머지를 다 합친 것보다 더 광범한

---

1) 『일본서기』라는 명칭은 이 주제에 관하여 일본저술가들이 거의 사용하고 있다. 원래 이름은 『일본기』로서 서구작가들이 주로 이용하는 명칭이다. W.G. Aston의 영역본은 1896에 *Transactions and Proceedings of the Japan Society, London*의 부록 1권으로, 그리고 "고대에서 기원후 697년까지의 일본연대기", *Chronicles of Japan from the Earliest Times to AD 697*(reprinted & published in one volume, London, 1956)라는 제목으로 나왔다.

시대를 관통하고 있다. 이것은 8세기 초 이후에야 만들어졌다. 그리고 사실적 요소가 허구와 같아지고, 또 마침내 그것을 내쳐버린 것으로 언급될 수 있는 것은 6세기 초반부터 이어지는 그 서술부분에서이다. 더 간단하고 조야한 작품으로 중국어와 일본어의 혼용으로 쓰인 『고사기古事記』2)를 예외로 하면, 『일본서기』는 일반적으로 일본에서 만들어져 남아 전하는 최초의 사서로 인정받는다.

두번째 것은 『속일본기續日本紀』이다.3) 이것은 8세기 말에 왕에게 진상되었던 것으로 791년까지 연대기를 이은 것인데, 이른바 나라奈良시대의 기록을 구성하고 있다.

나머지 네 개 연대기는 모두 그 다음 한 세기만을 다루었다. 『일본후기日本後紀』·『속일본후기續日本後紀』·『문덕실록文德實錄』(혹은 너무 상세하지만 일반적으로 쓰이는 『일본문덕천황실록』)·『일본삼대실록日本三代實錄』이 그것이다.4) 현재 우리는 『일본후기』의 원래 40권 중 산발적으로 10권만 가지고 있다. 나머지 작품들은, 원래 『일본서기』에 달려 있는 약간의 족보표를 제외하고는, 완전하게 전해 온다. 이런 관찬연대기들은 모두 합하여 『육국사六國史』로 알려져 있다.5)

---

2) 『古事記』. B.H. Chamberlain이 英譯하여 '고지키' 또는 '고대사건 기록'이라고 명칭했다. 원래 1882년에 *Transactions of the Asiatic Society of Japan*, 10권의 부록으로 나온 것이다. 더 쉽게 구할 수 있는 제2판이 고베에서 1932년에 발간되었고, W.G. Aston이 주석을 약간 단 것이다. 『고사기』의 제작연대 문제가 19세기와 20세기에 제기되었다. 그러나 일반적 견해에 따르면, 『고사기』가 8세기 초에 국가사로 이루어졌다는 것이다.
3) J.B. Snellen이 『속일본기』 40권 가운데 앞 6권을 번역한 것이 다음에 실려 있다. 1권에서 3권은 *T.A.S.J.*, vol.xi(Second Series, December, 1934) : 4권에서 6권은 같은 책, vol xiv(June, 1937).
4) 이 마지막 네 권의 작품은 번역되어 있다. '지츠로쿠[중국어로는 實錄]'는 중국인을 따른 것이다. 이들은 한 치세 말에 썼던 각 치세의 공식적 기록을 이렇게 불렀다.[이 책, 볼프강 프랑케의 논문 「명왕조(1368~1644)의 실록」 참조]; 그 뜻은 문서 또는 그 편집 이상의 뜻이 없으며, 중요한 의미를 담은 것이 아니다.
5) 일곱번째 관찬사인 『신국사』는 아마도 930년까지의 이야기를 엮었을 것이다. 그러나 다른 작품에 남아 전하는 단편들을 빼고는 더 이상 남아 있지 않다.

『일본서기』와 나머지 다섯 작품 사이의 시각의 차이는 자연히 편집자들로 하여금 아주 상이한 문제에 연루시켰다. 이 논문에서『일본서기』가 불균형하게 많은 주의를 끈다면, 그 이유는, 역사서술 면에서 볼 때, 그 후 다섯 후계작품들보다 더 많은 특징과 더 큰 흥밋거리를 지니기 때문이다.

이 일련의 관찬사 연대기가 7세기와 8세기 전환점에 집필되기 시작한 것은 많은 활동 가운데에 하나에 불과하다. 그 가운데, 힘이 성장하면서, 일본인들은 중국인을 겉으로 모방할 뿐만 아니라 열심히 배우려 노력하였다. 이들은 느슨한 종족조직 대신 당시 당나라의 것을 모방하여 관료행정체계로 바꾸고, 또 당과 아주 비슷한 법률을 공포하였기 때문에, 아예 사라지거나 없어진 부분이 있는 당대 법률을 복원하는 근대 학자들에게 도움을 주기까지 한다. 이들은 그런 대로 문학적 가치가 있는 중국어 시를 썼으며, 한 세기도 더 오래 중국대륙의 영향 아래 그 이후 결코 능가할 수 있는 양질의 조각품을 만들었다. 또 그들은 귀족대군이 관할하는 위원회를 만들어 자신의 나라 역사를 쓰게 하였다. 8세기 말, 연대기 집필은, 궁정문서에 확고하게 바탕을 두고 [또 어느 정도로는 남아 있는 기억을 바탕으로 하여], 거의 중국화한 궁정에서 일상적인 활동이 되어버렸다. 그러나 이 연속간행물의 첫번째 작품은 상당히 상상적이고 창작적인 산물이었다. 그 다음에 나온 연대기는 빈약하여, 스넬렌(J.B. Snellen)은 그 가운데 몇 권을 번역하면서 그 서문에다 "가장 지독한 독자들만을 빼고는 모든 이가 그것을 몽땅 생략해버릴 것을 진심으로 충고한다"고 쓴 반면, 첫번째 책인『일본서기』는 아무 선례가 없던 곳에서 역사기술 문제에 대해 정교하면서도 재치있는 대답을 준다.

이렇게 만들어진 작품은 응당 사기詐欺라는 비난을 받았다. 그러나 결과가 기만적이라 하더라도, 원래의도는 그렇지 않을 수도 있다. 내용의 사실성을 부정하는 것이 옳다고 해서, 최근 몇 년 동안 일본인과 그 밖에 다른 나라 비판자들 양측이 모두 해온 것 같이, 편집자들의 인격을 모독하는 그런 행위가 반드시 정당화되지는 않는다. 이런 중요한 문제에 대해서는 아래에서 더 세심하게 다루어질 것이지만, 지금 이 자리에서 일반적으로 말할 수 있는 것은, 비판자들이 역사적인 허구성을 드러내는 증거로서 일리있게 매도하는, 모순·불일치·시대착오 등이, 동시에 편집상의 교묘함과 불순함에 대한 빈약한 증거를 함께 제공한다는 것이다. 아마도 『일본서기』는 어리석은 독자를 우롱하는 한 냉소적 소산이 아니라, 저자와 그 책을 읽는 소수 동시대인들이 함께 느꼈던 감정으로서 애국적 자부심과 편견의 소산으로 간주되어야 할 것이다.

7세기 말 이전 일본역사 기술의 성격은 물론 존재 그 자체까지도 지식이라기보다 오히려 추측의 영역에 속한다. 한국의 남부에서는 그랬던 것처럼 적어도 일본에서는 문자의 도입이 바로 역사기록으로 이어졌다는 증거는 거의 없다. [중국에] 기록방법이 5세기 초와 같은 후대까지도 일본인의 관심을 끌지 못했다는 증거가 약간 있다. 일본이 기원전 3세기 중엽 이래, 한국과는 물론 중국과도 적극적으로 교류했으며, 기원전 1세기 이후에는 모종의 공식적인 접촉을 가졌음에도 말이다. 그 때에도 아마 그 기록의 기술은 1세기 또는 그 이상 동안 외국에서 들어온 이주민들에게 한정되었을 것이며, 이들은 원주민들에 의해 고용되어 외국인 주민명부를 적고 중요한 사건들을 기재하였다. 아마도 6세기 후반부에 일본인들은 스스로 읽고 쓰기 시작했을 것이고, 이 무렵 족보를 모음으로써 역사기록을 향한 첫걸음을 내디뎠을 것이며, 이것이 남아 7세기 말의 편집자들을 위한 자료가 되었다.

6세기에 불교의 도입은 기념비문을 만드는 데 자극을 주었고, 그 가운데 약간은 실제 일본어로 적혔다. 또 이런 것이 한 세기 뒤 연대기

작가들의 사료가 되었다. 그러나 7세기 초까지는 어떤 종류의 일본사도 쓰려는 노력이 없었다. 이 때에 이르러서 일본사 영웅 가운데 한 사람으로 그 실제모습을 전설에서 거의 가려내기 어려운 쇼토쿠聖德태자의 주도하에 일본황족은 중국을 정치적으로, 문화적으로 본받는 과정에 의식적으로 돌입하였다. 일본궁정은 불교도와 속인俗人 양측의 학생을 모두 중국에서 공부하도록 보내면서, 그 전같이 한국이나 외국인 이주민들을 통해서가 아니라 중국문화를 바로 흡수하는 유리한 위치에 서게 되었다. 무비판적 존경심에서 현실적인 정치적 전망에 이르기까지 이들 모방행위의 동기가 얼마나 복합적이든 간에 중국이 가진 많은 자체의 역사기록과 나아가서는 한국의 왕국연대기까지도, 왕권을 강화하는 유용한 것이 아니라면, 문명된 나라의 초석의 하나로서 태자에게 감명을 주었을 것이다. 따라서 적어도 『일본서기』에 기록된 것으로, 620년 당시 가장 강력한 가문인 '소가蘇我'의 우두머리였던 쇼토쿠태자가 일종의 국가사를 만들었다는 것에는 강한 현실성이 내재해 있다. 비록 다른 부분에서는 이 말을 근거없는 허구로 다루지만 말이다. 나아가 이 첫번째 역사작품의 상당부분이 645년 쿠데타 와중에 없어졌다고 기록되어 있으므로, 몇십 년 뒤에 비슷한 계획을 가지고 일을 시작한 사람들은 이 책을 이용하지 못했을 것이다.[6]

이런 후자의 계획이 681년 황명皇命으로 실행되던 상황은 620년과는 완전히 다르지 않았다. 620년의 대의 가운데 약간은 실현되었으나, 완전히 중국화된 정책과 문화를 지향하는 움직임은 여전히 계속되고 있었고, 국가사의 기록은 그런 방향이 가져올 필연적 단계의 하나로서 여전

---

6) 이 역사기록 중에서 화재에서 불타지 않고 남은 것이라고 주장되는 일부만이 의미가 아주 불분명한 古記라는 용어로 불리는 것은 이 문제를 둘러싼 사료의 아이러니한 성격을 대표하는 것이다.

히 앞날의 것으로 남아 있었다. 황족의 지위는, 7세기 중엽의 정치적 · 행정적 개혁의 결과로서, 681년경에는 실로 난공부락의 자리를 잡았다. 당장에 왕위를 보전한 것은 형제와의 투쟁에서 승리한 결과였지만 말이다. 그렇지만 황족의 대권은 물론 다른 지배적 씨족이 새로운 '재상'의 지위를 맡는 권한은 여전히 허구가 아니라면 해명을 필요로 하는 것이었다.

『일본서기』의 기록에 따르면, 681년 천무天武천황 즉위 10년이 되던 해에, 여섯 왕자와 다른 여섯 명 귀족에게 '고사古事' [아니면 순수한 족보]를 만들도록 명하였다. 이런 단순한 기록은 712년에 적힌 『고사기』 서문에 상당히 부풀려 있다. 체임벌린의 번역에 따르면 "…성스런 군주 [즉 천무]가 명하여 가라사대 '내가 듣기로, 황제의 연대기와 여러 가문이 가지고 있는 그 같은 원래 기록들은 정확한 사실에서 벗어나 대개 빈 거짓으로 부풀려 있다 한다. 만일 지금 이런 결함을 고치지 않으면, 수년이 흐른 뒤 군주정의 위대한 기반이 되는 이 책의 목적이 망가질 것이다. 그래서 지금 나는 황제연대기를 정선하여 기록하게 하려 한다. 옛 기록들을 조사 확인하고, 잘못된 것은 삭제하고, 진실은 밝혀 후대에 이를 전하고자 함이로다.'" 이 인용은 그 중 일부 표현의 의미에 관해 아주 말이 많지만,[7] 대개는 역사작품을 적기 시작한 데 있어 위에서 말해 온 그러한 동기를 확인해 준다.

이렇게 시작된 특수한 계획은 결국 끝을 보지 못했다. 그리고 다른

---

7) 논쟁의 초점은 '帝紀'와 '원래 말[本辭]' 혹은 '오래된 말[舊辭]'이라는 표현이다. 체임벌린이 '전통견해'를 따라 번역한 것처럼, '帝紀'가 '황제의 연대기[帝紀]'를 의미하는 것인가? 아니면 그저 황가의 계보를 뜻하는 것인가? 이 두 가지 견해를 둘러싼 논쟁은 격렬하지만 해결되지 않았다. 또 '지[辭]'['本辭'와 '舊辭'에서)가 말 그대로 그저 '말'을 뜻하는가 아니면 '이야기'를 의미하는 것인가? 여기서 『고사기』는 비상한 기억력을 가진 사람이 구두로 전한 자료를 편집한 것인지 또는 기존기록의 자료를 재편집한 것인지 하는 문제가 나온다. 체임벌린은 전자의 견해를 지지하나, 지금은 반대편의 증거와 견해가 상당하다.

유사한 계획도 또한 무산되었음을 보여주는 증거가 있다. 이해관계가 얽힌 모든 사람들을 만족시키는 국가사 집필작업은 분명히 길고도 어려운 것이었음이 분명하다. 냉소주의자들은 그 중 많은 시간이 날조와 왜곡에 소요되었다고 말할지 모르지만, 분명한 것은 많은 시간이 사료를 모으고, 순수역사 연구에 준하는 작업에도 쓰였다는 사실이다. 많은 귀족가문이 자신의 족보를 내놓도록 명을 받았고, 또 지방에서는 지방사 또는 관보를 만들도록 명을 받았다. 이런 지방사 가운데 약간은 720년 전에 제출되었다. 그리고 현존하는 것으로 볼 때,『일본서기』의 편집자들도 이런 것을 참고로 했던 것으로 보이며, 이들은 때로 그 내용을 말 그대로 옮기기도 하였다.[8] 더욱이 중국에 사절로 간 사람들에 의해 쓰인 보고서는 물론 한국인의 연대기가 수집·논의·인용되었다.

『고사기』는 681년에 시작되었지만, 712년이 될 때까지 세상에 나오지 않았다. 이 책의 이야기는 1세기 전에 통치한 수이코推古천황으로 끝난다. 책의 후반부는 그저 상계한 통치자들에 대한 족보를 적은 것이다. 이것은 왕권과 가문씨족의 권한을 기정사실로 확인해 주는 것이지만, 연대가 완전히 없는 것은 물론 세련되지 못한 잡종언어가 쓰인 것으로 보아, 야심적인 일본궁정의 입장에서 보면, 세련된 중국사의 글과는 비교가 안될 정도로 누추해 보였을 것이다. 마침내 720년에 일본연대기[『일본서기』]가 왕에게 올려지고, 이로써 작품을 완성한 것으로 간주되었다.[9] 거칠게 쓰인『고사기』는 거의 잊혀지고, 곧이어『일본서기』가 큰 명성을 얻게 되었다. 여기에서는 가능한 현실의 한계를 넘어서, 수세기 동안 중국통치자들에 관한 말과 이야기를 빌어 황가皇家를 찬양하고 있음을

---

[8] 『일본서기』와『風土記』의 내용 가운데 같거나 아주 비슷한 부분이 있는 이유는『일본서기』에서 베꼈기 때문이고, 그 반대가 아니라는 견해가 있다.
[9] 현재의 작품도 초고이며 마지막 손질은 하지 않았다는 견해가 있다. 그러나 이런 견해에 대한 증거는 희박하다.

볼 수 있다. 언급된 사건의 일시가 이른바 기원전 668년의 먼 과거의 것도, 날짜까지 정확하게 나타난다. 그리고 그 전체를 즉각 사실로 받아들였던 듯하다. 작품에는 터무니없는 것들이 많지만, 편집진들은 어느 정도 객관성과 함께 이야기의 상충하는 내용들을 대조한다는 개념을 가지고 있었다는 증거가 많이 있다. 이미 언급한 이런 증거들은 아래에서 더 다루어질 것이다.

일본의 초기 역사작품이 중국의 영향을 받았음은 당연하게 생각되지만, 일본인이 중국역사학의 어떤 특징과 모습을 가장 근사하게 모방했는가, 그리고 가능하다면 그 중 어느 것이 일본연대기 작가의 첫번째 산물인 특수형태의 거짓말을 낳는 데 크게 기여했는지를 밝히는 것은 중요하다. 형태와 내용이 구분될 수 있다고 한다면 내용면에서 그 영향을 결코 벗어나지 못했다 하더라도, 중국적 방법과 본을 모방하려는 주된 노력은 형태에서 드러남을 알 수 있다.

일본인들이 최초의 문학형태로서 역사서술을 최초로 시작할 즈음 중국은 이미 긴 역사서술의 역사를 갖고 있었고, 그 과정에서 역사서술은 많은 발전단계를 거쳤고, 역사작품의 의미에 관한 개념들이 생겨나 표현되었다. 일본인이 외국의 기법과 실제를 흉내가 아니라면 모방하는 데 놀라운 재치와 신속성을 보였기 때문에, 때때로 베끼는 대상 밑에 깔려 있는 개념을 이해하는 데 불가피하게 따르는 어려움을 때때로 잘 드러나지 않게 한다. 역사서술의 사안에서 그랬던 것 같다. 그들이 처음 편집을 시작했을 때, 역사의 기능을 과거의 죄와 실수를 보고 경계를 하며 덕과 지혜는 본으로 삼게 하는 치자治者의 안내서로 여기는 중국적 개념을 이해했음을 보여주는 증거가 없다. 일본인들은, 약간의 반대쪽 정황이 포착되기는 하지만, 도덕적 풍자나 그런 해석에 관심을 갖지 않았고, 또 의식적으로 객관성을 중요한 것으로 생각하지도 않았다. 실제로는 몇몇 그 반대의 경우도 있었지만 말이다. 역사의 유용성에 관한 그들의 선진적 개념은, 『고사기』 서문에 암시되어 있지만, 840년경 『일본후기』가 나올 때까지는 중국적 개념으로 명시적으로 바뀌었던 흔적을 찾아볼 수 없다. 『일본후기』에서 편집인은 이렇게 말한다.

> 우리는 역사의 기능이 어떤 잘못도 감출 수 없다는 것을 보여줌으로서 훈계를 하려는 것이며 모든 탁월한 행위는 널리 알려 덕의 길을 밝히는 것이라 생각한다.

이런 견해는 그 다음 세 개 연대기에서 놀랄 만큼 거의 기계적으로 유사한 말로 반복된다. 그 서문은 실제 이들 연대기의 서문에서는 가끔 실제생활에서 거의 볼 수 없는 덕 자체가 선전되고 있지만, 이들은 전반적으로, 그 편집자들에 의해 수사적으로 제시된 객관성의 가치를 지지하는 경향이 있었다. 『일본서기』에도, 『속일본기』에도 서문이 없다. 그러나 『속일본기』는 중국적 역사관에 정통한 사람들에 의해 편집된 최초의 연대기인 것으로 보인다.

『일본후기』와 그 다음 연대기들의 서문들은 여러가지 이름으로 이미 천 년 이상 존재해 왔던, 중국적 역사관을 중국사관史官제도와 분명하게 관련지운다. 일본관료제가 다른 부분에서는 너무나 중국을 닮았으면서도 사관이 없는 것은, 역사에 대해 두 나라의 태도가 가지는 주요한 차이점 때문이라는 말이 가끔 나온다. 그러나 이런 시각은 과장된 것이 될 수 있다. 일본어로 쓰인 초기 역사작품 전부가 실제로는 왕에 의해 임명된 관리 혹은 위원회에 의한 것이었으며, 이들이 정부문서·기록 등을 모두 관할하였다. 더구나 중국에서는 왕조사 집필책임을 맡은 위원회의 장長이 언제나 역사전공자 혹은 사관이었던 것은 결코 아니었으며, 오히려 그 동료나 부하가 그런 유의 사람들인 경우가 있었다. 일본에서는 편집장 자리들은 주요정치가들이 맡았고, 점차 세력있는 한 가문의 손에 집중되었으나 각 연대기의 경우 편집위원회 중 적어도 한 사람을, 역사가가 아니라면, 단순한 전문학자로 임명하는 것이 가능했다.

두 나라 간에 역사가의 공식적 지위에서 실제차이가 거의 없었다면, 중국왕조사 편집자들과 일본역사가 사이에는 다루는 주제에서 아주 큰 차이가 있다. 다음 왕조를 위해 일하는 사람들이 편집한 중국의 왕조사에는 찬양이든 폄하든 간에 약간의 경향성이 일반적으로 개재된다. 수가 망한 직후 그 역사를 기록한 당의 역사가들은 몇 가지 사료수집 면에서 어느 정도 긍정적으로 평가받을 수 있다. 그러나 더 먼 당나라 역사를 기록한 송나라 역사가들은 자신이 받드는 한쪽 왕조를 편애하고 그 반대편 적에 대한 그런 정도의 적의를 보여온 것으로 일반적으로 생각되었다. 일본인들은 그들 왕조가 지속되었으므로, 이런 종류의 경향성은 띠지 않았다. 『일본서기』에서조차도 그들은 찬양 같은 것은 하지 않았다. 그리고 그것이 일단 만들어지게 되자, 이들의 작업은 언제나 비교적 최근사건에 관련하였다. 그리고 그들이 다루는 주제에 관한 그들의 위치는 점차 중국의 『실록』편집자들의 경우를 닮아갔다.

역사의 형식에서 일본인들은 선택가능한 두 가지 주요 중국의 모형을 가지고 있었다. [『일본서기』 내에 중국작품을 모방하려는 욕구를 보여주는 많은 다른 요소들에 관련된 것이 아니라면, 순수연대기로서 많은 다른 민족의 '초기 역사'와 분명히 공통점을 가지고 있을 한 작품을 위한 어떤 특정의 중국적 모형을 찾는 것은 물론 무의미한 일이 될 것이다] 가능한 한 가지 선택은, 사마천의 『사기』를 모방하여, 정통왕조사를 기록한 형식으로, 여기서는 비교적 간단하게, 연대적으로 배열된 기록이 전기(傳記)와 지(志)에서 많은 부가적 자료들로 보완되는 것이다. 다른 한 선택은 『춘추』 혹은 순열荀悅(148-209)이 편집한 『한기漢紀』, 원굉袁宏(328-376)

이 편집한 『후한기後漢紀』에서 보는 바와 같은 순수한 연대기다. 현재로서는 이들이 왜 후자를 택하게 됐는지 알 수가 없다. 다만 정치적 동기가 기재됐을 가능성은 있다. 말하자면, 황제 아닌 다른 사람에게는 아무도 별도의 난을 만들어 기록하지 않은 것이 황제의 권위를 높이는 것이라는 생각 말이다. 그러나 이런 해석은 아마도 지나친 궤변일 것이다. 그보다는, 원래의 의도와 달리 자료부족으로 순수한 연대기적 형식을 택하지 않을 수 없었다는 것이 더 타당한 듯하다. 620년 쇼토쿠태자가 편집한 것으로 전해지는 역사책의 내용은 중국왕조사와 닮은 점이 있다. 그 속에는 애스턴(Aston)의 번역에 따르면, '천황들의 역사, 국가사, 신臣·촌치村治·우도友都·국도國都·180부部·자유신민 등에 관한 교유기록'이 있다.10) 더구나 적어도 위의 범주 가운데 하나인 '부部'에 대해서 독립의 '지志'가 만들어지고, 그 내용이 마침내 『일본서기』의 연대기 구조 안으로 포함되었다는 약간의 작은 증거가 있다.

『일본서기』의 원래 명칭이 '일본기日本紀'였던 것은 확실하다. 그리고 이 명칭은 위에서 언급한 두 권의 『한기』와 아주 비슷한 것으로, 마지막 글자가 똑같다. 더구나 두 권의 『한기』와 『일본서기』는 다 30권으로 되어 있는데, 이 자그만 형식의 유사성은 의도적인 것일 수도 있다. 이런 순수연대기 형식이 사마천이 만든 형식11)보다 더 단순한 것이지만, 두 권의 『한기』가 실제로 각각의 왕조사를 재정열한 것이라는 점이 고려되어야 하며, 『일본서기』도 또한 원래 연대기-'지'형식으로 적혀졌던 것을 재배열한 것일 가능성이 있다. 『일본서기』의 경우에는 단순하게 중국왕조사의 복사본 같은 것을 만들만큼 자료가 충분하지 않았던 것이

---

10) 臣·村治 등은 다양한 유의 우두머리들이다. '部'는 일종의 사회조직 내지는 집단인데, 그 정확한 성격에 대해서는 다소 논쟁 가운데에 있다.
11) 사마천이 '역사가의 기록사기'에 적용한 구조에 대해서는 이 책, 헐시베, 「漢代 역사기록에 관한 일고찰」, 62~65쪽 참조.

사실이라면, 설령 충분한 자료가 있었다고 해도, 타성이나 의식적 보수주의로 인해 그 후의 편집위원회들은 하여금 그들이 놀랄 만한 본보기로 간주했을 예로부터 벗어나지 못했을 것이다.

동시에 일련의 간행물 제일 마지막 두 권이 '실록'으로 불린 것은 중국에서 당대에 처음으로 정규간행물이 된 실록을 일본사람들이 마침내 본받으려 마음을 먹었음을 보여준다. 실제로 후기연대기에는 한 경향이 있어 점점더 중요한 진보로서 간주되게 되었는데, 이것은 실록의 한 특징을 재생하려는 것으로 유명한 사람의 부고를 기록하는 난에 그 생애의 약력을 덧붙이는 것이다. 더구나 가끔 일정주제에 관한 산만한 여담이나 비평도 볼 수 있는데, 이것은 약력과 함께 순수연대기 형식의 결점을 완화하는 것이다.

아마도 중국의 모방이 낳은 가장 치명적으로 유해한 결과는 『일본서기』의 연대구조에서 볼 수 있다. 여기서는 먼 옛날 기록이 없었는데 과거 사건이 중국음력에 맞추어 그럴 듯하게 연대가 책정되어 있다. 연대기 작가들에 의해 기원전 7세기까지의 것으로 소속된 사건들은ー사건이 언젠가 일어났다면, 1천 년 뒤에나 일어날 법한 것들인데ー기원후 7세기 사건과 꼭같이 연월일이 매겨져 있다. 『일본서기』도 인정하듯이, 달력에 관한 지식은 7세기 초에 와서야 궁정에 알려졌는데도 말이다. 더구나 중국모형은 원래 일본역사가들로 하여금 적어도 통치자의 각 해마다 적어도 한 가지 사건을 적어넣도록 조장하였다는 지적이 있는데, 이런 과정은 자연히 위조를 부추기게 된다. 이런 지적이 사실이든 아니든 간에, 확실한 것은 『일본서기』의 내용이 무지한 위조과정을 거치면서, 동시에 해설의 정확성까지도 해치면서, 군주치세의 허황한 숫자가 기원전 660년까지 거슬러 올라가게 되었다.

『일본서기』가 '유례없는 최대의 문학적 허위'를 담고 있다는 비판이 일게 된 것도 바로 이 우스꽝스런 연대책정 때문이다.[12] 그러나 그 의도가 혹평이 뜻하는 정도로까지 기만적이었는지 하는 것은 적어도 불확실하다. 일본인이 어떻게, 그리고 언제 그들의 첫번째 황제인 짐무神武의 등극연대를 기원전 660년으로 잡았는지 하는 것은 정확하게 알려져 있지 않지만, 학자들은 수의 마술이나 점괘의 중국적인 어떤 체계가 계산방법을 제공했을 것이라는 점에 동의한다.[13] 마술이나 점괘를 쓰는 사람들은 그 결과를 믿으려 하는 경향이 있기 때문에, 우리는 이런 연대가 순수한 믿음을 불러모을 수 있다고 여길 수 있다. 위에서 말했듯이 전설적·역사적 군주의 수는 이런 정황 때문에, 겉으로 보기에 어울리지 않을 정도로 너무 긴 기간에 걸쳐 있다 해도, 많은 치세에 할당된 말도 안되는 긴 기간은 그런 이유 때문만은 아니다. 많은 민족이 그들 과거의 통치자나 영웅들이 예외적으로 장수하였다고 말한다. 그리고 정확한 연대를 쓰고 있지 않은 『고사기』도 또한, 『일본서기』에 나오는 것과 사람은 다르지만, 많은 황제들이 오래 살면서 통치했다고 전한다. 중요한 것은 일본사에서 가장 빠른 연대를 중국의 것보다 앞서도록 하려는 시도는 보이지 않는다는 점이다. 사실 중국인도 일본인도 근대가 될 때까지는 간단없는 연속연대기를 쓰지 않았고, 대신 치세나 시대의 명칭을 사용하였으므로 어느 쪽이 더 오래인지 하는 문제가 묵살되었다.

그러나 기원전 660년 정월 초하루의 의미를 진지하게 믿는다고 해서

---

12) W. Bramsen, "Japanese Chronology and Calendars", *T.A.S.J.*, vol.xxxvii(Tokyo, 1910).
13) 讖緯라고 알려진 계산방법에 따르면, 60년 주기의 58년째는 혁명의 해로, 21주기 58년째 (1260)에 주요한 혁명이 일어난다는 것이다. 지금 推古치세(593~628)는 일반적으로 보아 혁명의 시기이다. 치세 9년인 601년은 60주기의 58년째로 짐무가 등극했다고 하는 해로부터 정확하게 1260년 뒤이다. 그래서 일반적으로 생각하기를, 기원전 660년은 601년에서 거꾸로 계산하여 나온 것이 아닌가 하는 것이다. 그러나 명심해 둘 것은 이런 식으로 계산되었다는 유일한 증거는 짐무의 등극이 60주기의 58년째라는 사실에서 추론해내는 것 정도라는 점이다. 이런 계산이 언제 이루어졌는지에 관해서는 일치된 의견이 없다. 몇몇 학자들은 큰 주기가 1320년 혹은 1380년까지라고 보기 때문에 의견의 차이가 더 크다.

그것이 1천 년간 이어진 사건의 연대를 정확하게 제시하는 데 들어 있는 기만성을 변명해 줄 수는 없다. 이런 것은 그저 외관을 갖추기 위해 마련된 것이라는 점을 인정해야 한다. 상대적인 순서가 '알려져' 있는 것으로 생각되는 일련의 사건들은 의도적으로 특정한 날짜에 배정되어 있다. 그러나 분명한 것은 이런 과정까지도 일관성있게 이루어지지 않았다는 점이다. 많은 사건들이 달(月)만 기록되고, '이 달' 혹은 심지어 '이 해(年)'로 나와 있다. 한편 한국에 관련한 사항은 날짜가 명시된 경우가 거의 없다. 이 마지막 현상이 의미하는 것은 편집자가 한국의 원사료를 충실하게 따랐다는 점이다. 그래서 모두가 다 기만인 것은 아니다.

기만의 정도는 덜하지만, 더 음흉하게 오도하는 것은 중국고전의 인용문을 곁들인 『일본서기』의 화려한 문체다. 일본어를 쓰는 좋은 방법이 아직 없을 때였으므로, 『일본서기』의 편집자들은, 중국문학에 대한 직접적인 지식과 중국작가들이 보통 이용하는 작문기법을 가지고, 자신의 역사를 중국어 산문으로 적기 시작했다. 그로 인해 나온 문장형식은 문체의 멋이 드러나는 곳에서는 육조六朝의 것을 닮았다. 중국에서는 이런 양식이 당이 들어선 첫 세기 동안 아주 독창적인 사람들을 제외하고는 모든 작가들 사이에 유행했던 것이다. 이것은 소수 대가들의 경우를 제외하고서는 일종의 지루한 표현수단이 되며, 애국적 견지에서만이 『일본서기』의 산문에서 많은 흥밋거리를 찾을 수 있다. 더구나 중국식 관용구에서 벗어나는 표현도 있고, 또 전혀 중국어라 할 수 없는 문장도 있다. 그런 문장이 아주 많아서, 우리가 외부자료를 통해 아는 것으로, 사실뿐 아니라 언어까지도 외국인이 아니라 일본인에 의해 제공되었음을 확인해 준다. 중국어로 작품을 쓰려 하는 외국인이라면 누구라도 이를 인정하게 되는 것으로 이것은 보통업적이 아니다. 거기에는 긴 문장이 있는데, 이것은 그저 고전에서 인용문을 추려 만든 시문, 일련의 우아한 발췌문으로, 이는 원전은 물론 가끔 중국 명언집·사전 혹은 백과사전 등에서 뽑은 것으로 보인다. 이런 종류 가운데 가장 유명한 것이, 7세기 말의 중국(隋) 황제의 칙령을 5세기 말의 일본황제의 것이라고 한 데서 보인다.

    그렇지만 우리는 중국명언과 사상을 담은 문장을, 모두 거짓으로 간단히 매도할 수는 없다. 근대 비판적 역사가들에게는 그렇게 하는 것이 아주 편리하겠지만 말이다. 이런 중국풍의 많은 것, 혹은 대부분이 쓸모 없는 것이지만, 그래도 아주 많은 곳에서 그런 중국의 치장을 두른 가운데 역사적 사실이 있는 것같이 보인다. 『일본서기』를 '공작깃털의 겉치레에 속은 갈가마귀'로 보려는 사람, 혹은 지식을 과시하려는 편집자들의 욕망에 관심을 갖는 사람들이 명심해야 할 것은 과거 작가들의 우아한 문장을 전거典據를 밝히지도 않고 인용하는 것은 거의 모든 시대 중국어 산문의 관행이라는 것, 그리고 그러한 중국인이나 일본인의 손이거나 간에 반드시 '순수한 진실에 치명적인' 것은 아니라는 사실이다. 연대문제에서 그런 것처럼, 겉으로 보기에 무분별한 중국어 인용문 사용에 얼마나 많은 오류와 왜곡이 개재되는지 뿐만 아니라, 가능하다면 어느 정도로 의식적이었는지, 혹은 고의적인지에 대해서도 약간의 개념을 갖는 것은 중요한 일이다. 첫째로 중국식 언어를 사용한다는 것 자체만으로도 오류를 범하게 되는데, 이런 사실에 대해 편집자는 거의 확실히 깨닫지 못한 상태에 있었다. 대부분의 모든 초기 역사가들처럼, 그들도 당시의 용어로 과거를 규정하였고, 불과 최근에 와서야 실제의미를 담기 시작한 용어를 저 먼 옛날의 사실에 적용하였다. 예를 들어 군소 수장들을 황제로, 그리고 그들이 살던 집을 궁전으로 이름하는 것이다. 오늘날 독자들은 사실을 이해할 때 이런 정도의 오류쯤은 추측하기가 언제나 상당히 용이하다. 그러나 고대연대기를 쓴 시각이 어떠했던가를 독자가 알아내려 한다면, 오히려 반드시 거짓은 아니지만 진부한 서술을 보완하기 위해 고의로 택한 어떤 방편보다도 더 생각없이 받아들인 과장된 용어가 그 자체로 객관적인 서술을 얼마만큼 저해했는가를 알아내려고 노력해야만 한다. 이런 경우에는 특수한 언어적 상황에 의해 문제는 더 복잡해진다. 중국어 어휘나 숙어는 겉보기에는 정치적 문화적 내용을 실은 육중한 것으로 보이는데, 일본어로는 원시나 진보한 사회에 똑같이 적용될 수 있는, 단조롭고 애매한 단어로 읽혀질 수 있다. 여기서 우리는 고도의 기술적인 어려운 문제에 부딪히게 되는데, 그것은 이런 표현들이 그 사용자나 소규모 독자들에 의해, 중국식으로 혹은 일본식으로, 어느 정도로 '이해'되었는가 하는 점이다. 적어도 확실하게 말할 수 있는 것은, 어느 정도의 개념혼동과 그에 따른 역사적 오류가, 주로 뜻하지 않았던 시대착오의 형태로, 이런 상황으로부터 초래되었다는 점이다.

중국식 윤색은, 이미 언급된 것처럼, 애매하지만 우아한 두 글자의 표현으로부터 긴 문장에 이르기까지 다양한데, 거기에는 흠잡을 데 없는 유교적 정서가 황제들, 그리고 무식한 족장이나 제사장들과 다를 바 없는 여타 주인공들에게로 적용된다. 후자(족장이나 제사장)의 경우는 고의적인 기만이나 찬양이라기보다는 오히려 그들 자신의 생각을 과거에 무의식적으로 투사하는 것, 그들 시대의 지적 거울에 비치는 영상이었던 것으로 보인다. 이들은 백과사전을 많이 이용한 것이 사실이라 하더라도, 훨씬 더 옛날이 아니라면 8세기 초경에 많은 중국어 작품이 원본 그대로 일본에 전해져 그 곳에서 연구되었다는 것도 또한 사실이다. 그 가운데는 정통의 유교서적들로 『시경』・『서경』・『효경』・『논어』・『춘추』・『예기』・『맹자』가 있고, 다른 학파의 작품으로는 『묵자』・『관자管子』・『한비자』가 있으며, 역사서로는 『사기』와 한나라와 수나라의 관찬사가 있다. 이들 목록은 거의 완전한 것으로 만들 수가 없으며, 많은 불경의 중국어 번역본이 빠져 있으나, 상당부분의 문헌을 섭렵한다.

이런 자료들은 학식을 갖춘 덕에 국가사를 쓰도록 위임받은 사람들에게 거의 유일한 지적 볼거리를 제공했을 것이므로, 유교의 표현방식은 물론 그 사상이 그들 작품에 전이되지 않았다면 놀랄 만한 일이 되었을 것이다. 또 저술 속에는, 인용문을 선택할 때, 언제나 완전한 고의가 아니라 일종의 순수역사적 감각에 따랐음을 보여주는 증거가 있다. 그 한 예는 이미 언급했던 것으로, 수나라 황제의 칙령을 초기 한 일본천황의 것으로 삼은 일은 잘 알려진 사실이다.

『일본서기』와 『수서隋書』의 내용들은 이런 점에서 거의 같다. 그저 사소한 단어의 차이가 있을 뿐이며, 또 『일본서기』가 하나 짤막하지만 원문의 뜻에서 크게 벗어나는 한 가지를 제외하고는 말이다. 『수서』에는 대부분 백성이 음식과 의복이 충분하지 못하다고 되어 있는데, 『일본서기』에는 "수도와 지방에 의복과 모자가 깨끗하고 단정하지를 못하였다"[애스턴의 해석에 따름]고 되어 있는 점이 그것이다. 여덟 글자가 원문의 같은 숫자만큼 다른 것으로 바뀌어졌으나 운韻은 원래와 같다. 유조遺詔에 나오는 이런 진부한 표현은 동일한 치세에 관한 내용의 다른 사항들, 즉 양잠과 직조에 관한 것, 그리고 5세기에 일본이 남중국과 교류가 있었고 직조공을 포함한 많은 중국장인들이 들어온 의심할 여지없는 사실들에 기반하고 있는 그런 것들과 연관이 있음이 거의 확실하다. 또 필경사와 서기들의 활동에 관한 최초의 언급이 춘추의 주석서인 『좌전』에서 그대로 따온 구절에 나와 있다. 오직 그런 이유 때문에 그것은 몇몇 비평가들에 의해 역사적 가치가 없는 것으로 배척당했다. 문제가 되는 시점[5세기 초] 혹은 그 무렵에 모종의 기록제도가 당연히 존재했을 가능성과 더불어, 동시대 이웃한 한국의 왕국과 비교해 볼 때, 그 출처만을 이유로 그 내용을 배척하는 것의 타당성에 대해 적어도 회의를 해볼 만한 근거는 충분하다.

『일본서기』를 깎아내리는 사람들은 편찬자들이 몇몇 중국사료를 이용하지 않았다는 점을 확실한 논리의 근거로 삼는다. 관련자료는 틀림없이 일본에서 구해 볼 수 있을 것이므로 그런 자료를 이용하지 않은 것은 고의적이었음이 거의 확실하다. 그 이유는 아마 애국적 동기였음에 틀림없다. 중국측 관련사료는 자연히 일본을 야만의 나라로서뿐 아니라 중국의 종속국으로 묘사하기 때문이다. 예를 들어 중국인 측의 보고서에 따르면, 5세기 한 일본인 주군은 자신이 '왜倭의 왕, 동쪽의 평화를 유지한 우두머리' 등의 직함으로 불릴 수 있도록 중국인이 인정해 줄 것을 요구했던 것으로 전한다.[14] 일본인 연대기 작가들은 그런 모욕적인 기록을 변조하기보다는, 아예 무시해버린 것 같다. 그러나 쇼토쿠태자에 의해 시작된 양국간의 더 공식적이고 평등한 교섭은, 『수서』에서 좀 무례가 덜한 방식으로 다루어지고 있는데, 이것은 애국심에 준하여 약간의 수정을 거쳐 『일본서기』의 사실기술의 기반이 되었던 것으로 보인다.

그러나 한국 쪽 사료를 사용하는 데에서 일본인들은 덜 신중하다. 그들은 그것을 이용했을 뿐만 아니라, 번번이 인용하였는데, 작품의 다른 곳에서 피력하고 있는 일본의 한국에 대한 패권의 개념에 모순되는 표현들을 여과하지 않고 남겨두었다. 전체적으로 『일본서기』의 객관성이 어느 정도라고 생각하든지 간에, 5세기에서 6세기 동안 일본과 한국의 왕국의 관계에 관한 가치있는 진술은 놀랄 만큼 편파적이지 않고 오히려 정확성을 추구했음을 분명히 보여주는 것으로, 세부사실에 대한

---

14) 중국측 관련사료는 영어로 완역되어 있다. Ryusaku Tsunoda(柳作角田) and L. Carrington Goodrich, *Japan in the Chinese Dynastic Histories*(South Pasadena, 1951) 참조.

많은 논평이 들어 있다. 위에서 말한 것처럼 이 주제에 관한 연대기조차도 변조된 것 같지 않다.

원사료를 면밀히 조사했음이 실로 작품의 다른 곳에서도 명백하다. 6세기 말과 7세기 초 불교에 관한 사항은 당시 금석문에 기초한 것처럼 보이는 반면, 한 사건에 대한 서로 다른 설명들이나 족보에 관한 서로 다른 전언들이 자주 제시된다. 어떤 상이한 기술들은, 운 나쁘게도 보통 "어떤 기록에 따르면…", "다른 기록에서 말하기를…" 등의 문구 뒤에 소개된다. 그러나 여섯 가지 자국의 사료와 세 가지 한국측 사료는 실제로 제목이 거명된다. 가장 많은 변수는 작품의 첫번째 두 개 장에 나와 있는 전설의 시기, '신의 시대(Divine Age)'에 관한 설명에서 나타난다. 여기서는 한 대상에 대해 열한 가지 서로 다른 이야기가 소개되어 있고, 거의 모든 전설 각각이 적어도 한 가지 대안형태가 주어지고 있다. '신의 시대'에 관한 이 같은 세밀한 기술은 인간황제들의 치세에 관한 설명에서 초자연적 존재의 모습이 계속 나타나는 사실과 함께, 역사적 관점에서 볼 때 신과 인간의 시대 사이를 구분할 만큼 편찬자들의 사고가 세련되지는 못했음을 보여주기에 충분하다. 연관은 되지만 다른 이유 때문에 근대사가들도 또한 이런 구분을 피해야만 한다.

분명히 서로 다른 많은 변수들은 왕조의 정통성을 굳히기 위해 폐기되었을 것이다. 그러나 적어도 모든 천황을 '현명한 천황'으로 윤색하기 위한 시도나, 혹은 일반적으로, 유가의 정치이론의 가假역사적 기반을 제공하는 그런 황금시대를 과거에 설정하기 위한 시도는 없었다. 많은 초기의 천황들은 참으로 평범한 반면, 다른 이들은 아마 강한 전통을 바탕으로 하여, 엄청난 부정과 잔학殘虐의 행위자로 묘사된다. 한 개 장 전체에 걸쳐 있는 짐무神武천황 자신의 계승전쟁 이야기에서도 윤색이 아주 짙게 이루어지지는 않은 것처럼 보인다. 사실 이 사건에 관해 달리 정보의 출처가 있는 것은 아니지만, 이런 결론은 몇 가지 표현에 의해 정당화될 수 있다. 그리고 적어도 경쟁자였던 형제 오토모大友공의 권리주장은 아주 분명하게 잔존하도록 배려함으로써, 후세사람들이 오토모공이 실제로 천황으로 통치하였다고 판단하는 데 정당성을 부여하였다.

『일본서기』를 출간하는 데 책임자가 누구였는지에 대해서는 아무것도 알려진 것이 없다. 아무튼 어쩔 수 없는 편견을 내포하면서도 이 책은 한 사람의 편견으로 이루어진 것이라는 말은 할 수가 없다. 실로 이는 많은 사람이 오랜 세월에 걸쳐 이룬 것 같은 작품이다. 내용이 일관성이 없는 것에서도 알 수 있지만, 문체가 다양한 것으로도 증명된다. 더구나 작품 일부분의 초고까지 남아 있는데,[15] 그것을 완성된 작품과 비교해 보면, 편찬자들이 어떻게 일했는가를 알 수 있다. 초고는 순전히 왕조별 구조로 되어 있고, 전체 범주별 정보가 없으며[예를 들면 한국·불교·공공사업 등과 같은 것], 연대가 상당히 부정확하고 중국어법도 부정확하며 완성본보다 중국적 과장이 덜하다. 편집방법은 '풀과 가위'식 짜깁기이며, 그 후에 주도면밀한 다듬기가 이어진다. 편찬자의 역사가로서의 자질은, 한마디로 비슷한 처지의 다른 모든 사람들이 그러할 것이듯이, 믿을 수 없는 전설과 믿을 만한 전언을 구별하는 데 무능력했다는 말로 대변할 수 있다. 그들은 문서자료를 다루는 수완이 전혀 없어서, 대부분 중국자료의 경우에 그러하듯이 그것을 무시하거나, 아니면 한국측 사료의 경우처럼 거의 그대로 베끼곤 하였다. 작업을 할 때 강한 편견에 영향을 받았지만, 교묘하게 그들 편견을 숨기거나 혹은 전체내용을 그에 조화하도록 다듬지 못했다. 끝으로 이야기 줄거리가 정황에 따라 혹은

---

[15] 이런 초고의 존재에 대해서는 G.W. Robinson, "The Kuji Hongi(舊事本紀) : volumes 7, 8, and 9 considered as a draft of the Nihon Shoki(日本書紀)", *Memoirs of the Research Department of the Toyo Bunko* No.14(Tokyo, 1955), pp.81~138 참고. 이 논문의 일본어 번역은 『東洋學報』 xli, 1(1958.6), pp.67~127에 실려 있다.

문체상으로 수식이 가능할 때는, 그들은 이런 필수품들을 공급하는 데 상상력과 재주를 발휘하였다.

『일본서기』의 모호함과 비교해 볼 때 나머지 다섯 연대기들은 현재 맥락에서는 흥밋거리가 거의 없다. 이들 작품 가운데 약간의 형식적 면은 위에서 다루었다. 이제 남은 것은 그 내용에 관한 몇 가지 언급이다.

후대의 연대기들은 그들 좁은 한계 안에서 내용이 무미건조한 것만큼 아마 신빙성이 있을 것이다. 스넬렌(Snellen)은 『속일본기』에 대해 다음과 같이 결론지었다.

> 우리는 『속일본기』를 기원후 8세기 일본황제 궁정의 주의를 끌었던 믿을 만하고 연대순으로 정리된 사건의 기록으로서 확실하게 간주할 수 있다.

이 결론은 약간의 차이는 있겠지만 그 후 네 개의 연대기에도 또한 적용될 수 있다. 여기서 중요한 것은 신빙성뿐 아니라 포함된 시야의 협소함이다. 이 연대기들은, 수도에서는, 궁정의 음모들로 인해 활기에 차고 먼 곳에서 벌어지는 아이누(Ainu)와의 전쟁소식에도 크게 흔들리지 않는 상황으로, 전반적으로 평화와 안정의 한 시기를 다루고 있다. 그러니 이 연대기들은, 바로 정부문서고로부터이 발췌문을 대표하는 것으로, 사소한 것들을 아주 많이 기록할 때, 아마도 당시 중앙정부의 관심사를 정확하게 반영하고 있을 것이다. 할당된 지면의 양은, 예를 들어 지방의 기아飢餓 같은 것보다는 상대적으로 궁정 상류사회의 잡다한 것들에 더 깊은 관심을 둔다. 지방의 기아 같은 항목들도, 공적 조처가 취해지는 대상으로서, 완전히 중앙정부의 관점에서 기록된다. 스넬렌이 번역한 『속일본기』의 내용이 이를 잘 반영한다 ; "가와치河內・셋쓰攝津・이즈모出雲・아키安岐・키쿠肄・사누키讚岐・이요伊予의 일곱 현에 기아가 발생하였는데, 하사품을 내려 이를 구제하였다"; 또는 "시나노信濃에 역병이 돌았는데, 이것은 의약품이 하사됨으로써 구제되었다"; 혹은 "사누키에 기아가 발생하였는데, 이것은 연민의 대상이 되었다"라고까지 한다. 후속연대기들에서는 이와 같은 지방에 대한 관심을 보이는 항목들까지 점차 줄어들어 거의 사라져버렸다. 세월이 흐를수록 이런 편집경향으로 세목들이 자꾸만 증가하게 된다. 그래서 최후작품인 『일본삼대실록』은 95년 동안을 다루는 『속일본기』에 비해 겨우 30년을 다룰 뿐이지만 그보다 분량은 조금 더 길다.

말할 필요도 없이, 중국어 사용은 더 이상 『일본서기』에서 그랬던 것 같은, 용어사용에서 시대착오와 전반적 혼란으로 이어지지는 않았다. 반대로 그것은, 그 모든 부처와 관리들이 중국식 명칭을 갖는, 정부의 일상을 기록하는 당연한 수단이 되었다. 중국어 인용문을 담은 과장된 언사의 칙령은 『일본서기』에 나오는 유사한 칙령을 생각나게 하지만, 『일본서기』에 나오는 대부분 것들과 달리, 이 칙령들은 실제로 반포된 것이었다. 그러나 요약을 하기보다는 선택된 자료를 베끼려는 편찬자들의 기호가 계속된 덕분에, 다행히 일본어로 쓰인 의례적 칙령의 한 형식이 보존되게 되었다.

이들 연대기 편집간부들 가운데, 후지와라藤原라는 한 가문 사람들이 주축을 이룬 사실은, 언뜻 보기에 좋지 않은 인상을 줄 수 있으며, 이들 작품의 신빙성이 겉으로 보기와는 달리 실제로는 없을 수도 있음을 뜻한다. 그러나 이것은, 정부요직이 점차 이 한 가문의 수중에 떨어지게 되는, 정치적 상황의 반영에 지나지 않는다. 연대기들이 정확하게 중앙행정의 관심사를 반영한다고 말하는 것은 그것이 후지와라의 관심사를 반영하는 것임을 의미한다. 더구나 역사편찬 임무가 고관들에게 귀속되는 체제는 후지와라의 발명품이 아니었다. 그들은 관료체제하의 관리자격으로 그런 임무를 맡았을 뿐이었다. 마침내 그들이 관료로부터 실권을 빼앗는 데 성공하자, 관료기구가 기품을 그대로 유지한 채로 공허한 것으로 변하는 가운데, 그들은 스스로 실제 통치자로 군림하게 되면서 관찬연대기 총서는 종말을 고하게 된다.

336 중국과 일본의 역사가들

13.
11세기에서 14세기까지 일본의 역사서술*

로빈슨(G.W. Robinson) · 비슬리(W.G. Beasley)[1]
[런던대학교, 극동사 교수]

1) 역사적 설화[歷史物語]

일본이 처음으로 역사서술 분야에 기여한 것은 11세기에 들어서이다. 이 분야에서 그 전의 이 분야의 글들은 사실상 완전히 연보적인 형식의 작품에 한정된 것으로, 공식위원회에 의해 중국어로 쓰였으며, 의식적으로 중국의 모형을 따랐으므로, 내용을 제외하고는, 일본의 특성을 거의 드러내지 못한 것이다. 이 논문의 첫 부분은 일본어 산문으로 쓰인 최초의 역사[서술]의 출현과 초기발달에 관한 내용이다.[1] 새로운

---

* G.W. Robinson은 이 논문의 1. 역사적 설화를, W.G. Beasley는 2. 봉건시대 초기 역사서술을 담당하였다.
1) 이 주제는 이미 Reischauer & Yamagiwa, *Translations from Early Japanese Literature*(Harvard U.P., 1951)에서 다루어졌다. 이 책의 제3판은 『大鏡』에서 가장 중요한 부분을 긴 서문을 곁들여 번역한 것이다. 이 서문은 일본어 비평서(critical works)에 대한 서지학적 정보는 물론 저작연대와 저자에 관한 자못 상세한 논쟁을 담고 있는데, 이는 여기서 반복하지 않는다.

형식은 개화하지 못하고 곧 시들었으나, 다른 발전의 길을 열었는데, 이는 마찬가지로 중국의 전통과는 거리가 있는 것으로 아래 '봉건시대 초기역사 서술' 부분에서 논의될 것이다.

일본어로 쓰인 이들 초기역사는 지금 일반적으로 '이야기'[物語: 모노가타레] 역사' 또는 '설화적 역사'로 알려져 있는데, 용어 자체가 그 '통속적'이고 비공식적인 성격을 잘 나타낸다. 남아 있는 주요한 예들은 그것이 구성된 것으로 보이는 순서에 따라 다음과 같이 간단하게 소개될 수 있다.

『영화물어榮華物語』: 이것은 889년에서 1092년까지의 역사를 완전히 연대순으로 나열하고 있다. '영화榮華'란 정치가 후지와라 미치나가藤原道長(966~1028)의 시기를 일컫는 것으로 작품의 많은 부분은 그가 권력을 가졌던 시대에 할애되어 있다. 저자는 확실하지 않으나, 전체가 아니라면, 대체로 전체 40권 가운데 미치나가의 죽음 이후의 시기를 다룬 마지막 10권은 후대에 덧붙인 것으로 생각된다.

『대경大鏡』: 850년에서 1025년경까지를 다룬다. 대부분이 후지와라 가문의 정치가, 특히 미치나가에 대한 내용이다. 이것은 중국의 정사正史같이 사료를 배열하는 방법을 쓴 최초의 일본역사서다. 천황연대기 다음에 정치가의 전기와 개별주제에 관한 논고가 나온다. 저작연대와 저자는 모두 추측에 맡길 뿐이다. 가장 일반적인 견해는 작품이 12세기 초에 쓰였다는 것이다. 일반적으로, 역사서 형태로서, 그리고 문학서 형태의 두 분야에서 모두 형식 가운데서는 최고의 것으로 평가된다.

『금경今鏡』: 이는 『대경』 다음의 시기부터 이 작품이 쓰였던 1170년까지를 적은 것이다. 사료의 배열은 『대경』과 같으며, 다른 면에서도 그것을 모방하였다. 저자는 역시 미상이다.

『수경水鏡』: 이는 초대 천황 짐무神武로부터 『대경』에서 다루는 시대 첫머리까지의 모든 일본역사를 완전히 연대순으로 서술한 것이다. 중국어로 쓰인 『부상략기扶桑略記』라고 불리는 한 역사서의 관련부분을 일본어로 번역한 것에 불과하다. 『수경』은 오래도록 1195년에 죽은 나카야마 다다치카中山忠親의 저작으로 간주되어 왔으나, 최근에 문제가 되어 몇몇 학자들이 이를 14세기의 작품에 넣는다.

『증경增鏡』: 이는 연대순으로 1183년에서 1333년까지의 시대를 섭렵한다. 『영화물어』와 『대경』처럼 이 작품은 중심주제가 있는데, 이 경우 그것은 가마쿠라 바쿠후가 들어선 다음의 궁정귀족과 무사들 사이의 싸움이다. 저자는 아주 확실하지는 않지만, 분열시대 동안 남부 궁정의 추종자 가운데 한 사람인 것이 확실하다. 그리고 1333년에서 1376년 사이에 쓰였다.

이런 종류의 또다른 작품이 12세기 말에 쓰였으나 남아 있지 않다. 다른 두 가지가 뒷날 18세기에 나타났으나, 억지로 연장한 일련의 이야기들이라 주목할 만한 가치가 없다.

이 작품들은 그 이전의 일본역사 서술로부터 쉽게 추측할 수 있는 만큼의 차이를 지닌다. 그것은 언어에서 차이가 있는데, 중국어가 아니라 일본어로 쓰였다. 저자의 성격도 달라서, 공적 위원회의 편집이 아니라 사적인 개인(대개 익명)에 의한 것이다. 내용이나 강조점에서 차이가 있었어도, 그것은 제권帝權의 운명이나 중앙정부에 국한되지 않으며, 구성에 있어서도 그전 것들 보다 훨씬 덜 엄격하다. 과도기적 작품을 찾아내기가 불가능한 만큼 이런 변화는 점진적이 아니라 갑작스러웠던 것 같으며, 그래서 작품의 성격을 조사하는 것뿐 아니라 그런 것이 나타나게 된 배경을 탐구하는 것은 중요한 일이다.

8세기 초 이후에 편찬된 공식연대기 총서 가운데[2] 남아 있는 제일

---

[2] 이들 초대 연대기 문제를 다룬 것으로는 이 책, G.W. Robinson, 「초기 일본의 연대기-육국사」 참조.

마지막 것은 901년에 나왔으며, 888년의 이야기로 끝을 맺고 있다. 지금 남아 있지 않은 마지막 한 권의 책은 아마 930년경까지 서술했던 것으로 보인다. 이 총서가 왜 중단되었는지는 알 수 없다. 사실 9세기에 일본은 중국과 공식관계를 끊었다. 이 때 중국은 당의 세력이 쇠퇴일로에 있어서, 그 때까지 그런 기록들을 유지해 왔던 동기가 된 중국에 대한 모종의 존경심이 사라지게 되었던 것이라 할 수도 있다. 그러나 총서의 중단은 또한 아마도 어떤 식으로든 9세기 후반에 시작된 정치권력의 성격과 지속기간의 변화와도 관계가 있을 수도 있다. 여기서 이 시기의 변화에 대해 약간의 설명이 필요하다. 이것은 구식형태의 역사가 중단된 데 대한 부분적으로 가능한 이유가 될 뿐만 아니라, 새로운 형태를 위한 영감과 주제를 제공했던 것이기 때문이다.

    7세기 중엽에 일본이 중국으로부터 채택한 정치조직의 이론적 기반은 천황이 그 산하 '태정관太政官'과 그 산하 관청을 통해 개인적으로 통치해야 한다는 것이었다. 세월이 가면서 후지와라가문은 이런 체제 아래에서 나라의 주요관직 가운데 너무 많은 부분을 독식하여, 더 이상의 권력확대는 어떤 식으로든 황위 자체를 넘보는 길뿐이었다. 이로써 그들은 딸을 천황들에게 출가시켰다. 그리고 그런 혼인에 의해 아들이 탄생하였다. 그의 외조부는 그 아버지에게 양위하도록 압력을 넣고, 스스로 연소한 황제를 위한 '세쇼攝政'의 지위에 올라 자신의 권력을 굳히게 된다. 성년이 된 황제가 제위에 계속 머물러 있어야 할 필요가 있게 되자, 그 외조부는 자신의 직함을 '세쇼'에서 '캄파쿠關伯'로 바꾸고 여전히 그 권력을 유지하였다. 이런 체제는 사소한 저항과 변동을 거쳤지만, 2백 년 동안 지속되었다. 그리고 후지와라는 11세기 초 미치나가藤原道長 시대에 권력과 영광의 극에 달하였다. 중국형 관료주의가 폐기되지는 않았으나, 그 활동 가운데 많은 것이 기능적이 아니라 장식적인 것이 되어버렸다.

　이런 빗나간, 특히 일본식의 행정제도가 존재했던 시기 동안, 평화로운 수도에는 아주 외색이 짙은 문학적·예술적 문화가 점차 성장하였다. 9세기까지 일본어로 쓰인 주된 문학형식은 시였다. 산문문학의 발달은 일본어를 적는 손쉬운 방법이 발달하는 뒷날까지 기다려야 하였으며, 그런 방법이 고안되자 산문소설[허구] 분야에 처음 적용되었다. 처음에 이런 작품은 여자들이 쓰고 읽었으나 오래지 않아 곧 중국문학에 식상한 일본남성 식도락가들이 궁정숙녀들에 의해 마련된 맛있는 일본식 음식을 맛보는 법을 배웠다. 서구독자들은 다행히도 웨슬리(Wasley) 박사의 『원씨물어源氏物語』 번역본을 통해 10세기 일본생활과 문학을 엿볼 수 있다.[3] 궁정생활을 그린 이 긴 소설은 11세기 초에 무라사키 시키부紫式部 여사가 썼는데, 일반적으로 이런 문학형식의 최고봉을 대표하는 것으로 간주된다. 그에 이은 퇴조는 세기말경 일본 산문형식과 약간의 소설의 기법과 개념이 역사서술에 적용되었을 때, 일시적으로 정체하거나 전환되었다.

　이렇게 『영화물어』와 『대경』은 공식연대기의 후계자로서라기보다는 오히려 그 대체물이었다. 그 실제 남본藍本은 『원씨물어』와 그 전의 작품들이다. 첫째로 산문소설의 발달은 일본어를 역사가들이 이용가능하게 만들었다. 흔히 근대 비평가들은, 새로운 역사의 저자들은, 자신들이 다루는 주제에 더 적합한 것으로서, 중국어보다 일본어를 사용하게 되었다고 말한다. 예를 들어 야마기와는 다음과 같이 말한다.

　'역사이야기'의 저자들은, 그 시대 귀족들의 우아하고 매혹적인 생활을 그

---

[3] 이 번역본에 대한 그 후의 언급은 Allen과 Unwin이 발간한 한 권으로 된 판본(London, 1935)에 있다.

리기 위해서는, 더 다루기 쉬운 가나假名가 더 적합한 수단인 것으로 느꼈던 것이 명백하다. 이것은 역사적·설화적 기록의 전사前史로부터 기대될 수 있었던 것이었다. 또 사료와 음절글자로 표현된 서술기법의 결합은 바람직한 문학적 감각의 작용을 보여준다.[4)]

그러나 여기에는 실로 적어도 주객전도의 한 모습이 있다. 그 전시대와 동시대적 역사와 산문소설의 유행은 11세기에서 12세기로의 전환기에 문학지망생에게 강한 영향을 미쳤음에 틀림없다. 건전한 문학적 감각이 작동한 것은, 일본어를 매개체로 택했기 때문이 아니라, 역사를 그런 매개체의 범위내로 끌어 들였기 때문이며, 이런 과정은 무엇보다 동시대 소설·단편·일기식의 사실성에 의해 자연스럽게 이루어진 것이었다.

나아가 많은 가공인물들 사이의 대화과정에서 설화체가 출현하게 되는 역사이야기에서 가장 괄목할 만한 기법의 혁신은 아마도, 아무리 간접적이고 무의식적인 것이라 하더라도, 소설의 기법에서 따온 것이라 할 수 있다. 이런 장치는 『대경』의 저자가 고안한 것으로 보이며 그에 의해서만이 그것은 효과적으로 이용되었다. 그 이후의 '가가미鏡'류에서 그것은 너무 피상적으로 모방되고 있으므로 덧붙일 설명이 거의 없다.

『대경大鏡』은 절에서 설교가 시작되기를 기다리는 동안, 거기에 모이게 된 소집단 사람들 사이에서 오고간 대화이다. 등장인물은 150세[어떤 기록에는 190세]로 대화의 주역인 오야케 요츠기大宅世繼, 주로 요츠기의 추종자의 한 사람으로 등장하는 140세[혹은 180세]의 나츠야마 시게키夏山繁樹, 그리고 시게키의 나이든 아내, 한 젊은이와『대경』의 저자로, 이들은 개인적 견해·주석·질문들을 던진다. 저자는 등장하는 대화자들을 사

---

4) Reischauer & Yamagiwa, *op. cit.*, p.278.

실적이고 인간적인 것으로 표현하려 하는데, 특히 나이 많은 사람들에 관한 한 어느 정도 성공적이다. 환상적 나이의 점잖은 공상을 통하여, 그는 그 이야기가 대체로 직접 경험담이라는 것을 알릴 수 있었다. 그리고 가끔, 특히 화려한 의상의 묘사를 통하여, 이런 허구는 정말 참으로 그럴듯하게 이어진다. 노인들이 확실하게 기억이 안 난다고 고백함으로써, 때때로 교묘하게 현실감이 증가된다. 몇몇 근대 일본비평가들은 대화가 정해진 시간 안에 다 할 수 없을 정도로 너무 길어서 사실성이 적다는 이유로, 어쩔 수 없이 반대하는 쪽에 서게 된다. 그러나 이것은 사실주의(realism)를 자연주의(naturalism)와 혼동하는 것이다. 이런 반대는 진실이지만 예술과는 무관하다.

대화장치는 두 가지 면에서 저자에게 아주 유용하다. 그것은, 먼저 우아하면서도 점강漸强기법을 통하여 "'다른 책에서는…'라고 말한다"라는 노골적 화두형식으로서 구식의 공적 연대기에서는 불가능한 방법으로, 다른 각색의 일화를 소개할 수 있도록 한다. 이보다 더 중요한 것은 이 같은 장치가 가능하게 하는 것으로, 비판과 질책 표현을 위한 편리한 수단이었다. 그런 노골적 비평은 일본역사에서 실로 전례없는 것이었다.

이런 반가운 고안물이 그 후 더 발달되지 않았음은 애석한 일이다. 늙은 요츠기의 손녀가 『금경今鏡』에서 한 화자話者로 나오는 것이 사실이나, 그 작품에서는 다른 '가가미鏡'류에서처럼 시작과 끝 부분에서만 대화가 사용되고, 화자들은 판에 박힌 듯 생명력을 잃어버린다.

그러나 한 기교면에서 『대경』은 [그리고 『금경』도] 소설작가들이 아니라 중국역사가들을 따른다. 일본역사 기록에서는 처음으로, 사료가 황제의 연대기와 유명인물의 전기와 함께 선별된 주제에 대한 개별논의에서, 중국식 왕조사 형식으로 정렬되어 있다. 그러나 일본인이 외국의 기교를 모방한 이런 예에 대하여 무조건 모방했다고 비판하는 것은 옳지 않다. 이미 말했듯이 『대경』의 저자는 창조성이 없지 않았기 때문이다. 그의 목적은 한 특정인을 찬양하는 것이었으며, 이런 중국식 사료배열 방법은, 기록에서 일정한 자리를 차지해야 하는 황제의 준엄한 권리를 무시할 정도로 역사서술 관행을 저버리는 일이 없이, 그 작품의 일정 부분을 그 사람에게 할당하는 수단을 제공했기 때문이다. 그는 미치나가藤原道長의 영광이, 이론적으로 그가 봉사하고 있던 황궁과의 관련 하에서 이해되어야 한다는 점을 분명하게 알고 있었다. 그리고 그는 열반경涅槃經을 설명하기 전에 약간의 다른 불경을 설명할 필요가 있음을 알았던 석가에 대한 비유를 통해, 그가 다루는 영웅시대보다 훨씬 전의 치세에 관련된 내용에 대해 설명 혹은 변명하고 있다. 중국왕조사에서는 또한 황제들의 연대기가 대개 전체에서 작은 일부에 불과한 것이 사실이지만, 그 중 어느 것도 『대경』과 같은 정도로 그렇게 '왜곡(slanted)'되지 않는다. 더구나 중국적 구조를 갖지만, 『대경』은 중국식 본을 충실하게 모방했더라면 아마 그랬을 뻔한, 그런 식의 엄격한 연대별 설명을 제공하는 것은 아니다.

『금경』에서는 이런 배열을 특별히 이용하고 있는 것이 아니므로, 요츠기의 손녀와 함께, 이것은 그 전 작품들로부터 바로 그리고 확실한 목적 없이 이어받은 것이 분명하다.

다른 역사이야기의 정리형식은 순전히 연대적인 것으로, 어떤 특수한 영향이나 예와 연관시킬 필요가 없다. 약간의 중국적 선례가 원래, 전통 공식연대기에 대해 그런 배열의 채택을 촉진하였다. 그리고 이들은 다시 『영화물어』와 『증경』의 저자들에게 암암리에 영향을 미쳐 이런 원시적이지만 자연스런 배열형식을 이용하게 하였다. 아무튼 『영화물어』의 저자는 스스로 공식연대기를 잇는다는 생각으로, 현존하는 연대기[『日本三代實錄』]가 중단한 889년부터 시작한다. 연대적 구조는 연대기에서보다는 덜 엄격하게 사용되었지만, 여전히 저자의 목적달성에 방해가 되는 반면 『증경』에서는 그것이 작품의 주제에 아주 어울린다. 두 작품 모두 소설형식의 표현이 미친 영향은, 여러 권卷의 내용과 배경, 또는 때때로 시정詩情을 암시하는 권두표제에서 나타나는 것을 볼 수 있다.

새 기법보다 더 중요한 것은, 산문소설의 발달로 역사가들에게도 이용 가능하게 된 것인데, 이것도 또한 소설에 의해 생겨난 역사의 새로운 개념이었다. 이 새로운 개념은 두 가지 특색있는 이념을 구체화하였는데, 그것은 역사의 복합성과 그런 복합성으로부터 역사적 주제를 추출하려 하는 당연한 욕구이다.

다행스러운 것으로 여겨져 왔던 것은 과거가 단순하게, 전통연대기의 거의 유일한 내용을 구성하는 그런 일련의 분절된, 똑같은 비중의 사건들로만 이루어진 것이 아니라는 점이다. 소설의 사실성은 과거의 위대한 인물들이 큰 역할을 했던 큰 사건들과 마찬가지로, 그들의 성격과 일상생활도 또한 '역사'라고 하는 개념을 발달시켰다. 이런 시각에서 가장 흥미를 끄는 한 문장이 『원씨물어源氏物語』 안에 나온다.[5] 주인공인 겐지源氏공은 '이야기꾼 직업을 실제 중요성을 갖는 한 기술로 옹호'하는 것으로 그려지고 있다. 그것을 옹호하면서 그는 이렇게 말한다.

> 내가 이 기술에 대해, 내가 당신에게 생각하도록 한 것보다, 훨씬 좋게 생각한다는 사실을 실재로 당신은 압니다. 그 실제가치도 굉장합니다. 그것 없이 우리가, 옛날 신의 시대에서 오늘날까지, 과거 사람들이 어떻게 살았는지 알겠습니까? 『일본연대기』 같은 역사책도 생활의 작은 일부만 보여줄 뿐이기 때문입니다. 그러나 당신 주변에 가득한 이런 일지나 소설들은 정말이지 세간의 온갖 사소한 사건에 대해 가장 상세한 정보를 줍니다.…

---

5) Wasley, *The Tale of Genji*, p.501.

이어서 그는 소설은 생활을 있는 그대로 그리고 사실적으로 묘사해야 한다는 점을 강조하고, 또 이것이 어떻게 소설가로 하여금 미덕과 악덕을 같이 다루도록 하는지를 증명하려고 한다. 무라사키紫式部는 그녀가 이용하는 기법의 중요성을 밝히려 하고 있다. 그러나 그런 중에 그녀는 역사서술의 사실성의 중요성은 물론 그 때까지 그 범위 밖에 있던 많은 것들을 역사서 안에 포함시키는 데 분명히 크게 공헌하였다.

역사적 이야기를 낳는데 영향을 주는 많은 요소들이 있으며, 그 첫 번째 『영화물어』의 발생이 방금 인용한 문장의 의미에 바로 기인한다고 주장하는 것은 분명히 어리석은 것이다. 그러나 『원씨물어』가 대중적이고 영향력이 있었으며 『영화물어』의 저자에 의해 읽혔으리라는 점은 확실하게 단언할 수 있다. 그러나 이 작품은 서문이 없고, 어디에서도 주제에서 벗어나 역사 자체의 성격에 대해 언급하는 법이 없다. 『대경』의 저자는 서문에서도 또 그의 옛 이야기꾼의 입을 직접 빌리는 것에서도 더 분명하다. 한편 '대경'이라는 제목 자체는 아마 역사의 새로운 시각과 관련이 있는 듯하다.

『대경』이란 이름은 그 저자가 지은 것이 아니고, 언제 어떻게 그런 이름이 생겼는지 분명하지도 않다. 그러나 1170년에 『금경』이 현재의 그런 제목으로 나타났고, 『대경』은 그 때쯤이면 '가가미'로, 아마 '후루가가미昔鏡' 또는 '옛날 거울(Old Mirror)'로 알려져 있었을 것이다. '이마今'와 '후루昔'는 통상 대립되는 한 쌍의 말이기 때문이다.

'가가미鏡'란 말은 분명히 작품이 현실을 반영함을 뜻한다. 이것은 지금 여러 언어에서 익히 쓰이는 말이지만, 일본어의 이 '가가미鏡'들은 그런 제목을 가진 책 가운데 세계최초의 예인 듯하다. 이런 용법은 송대 역사가 사마광의 『자치통감』에 나타나는 것과는 다르다는 점을 밝혀두어야 한다. 『자치통감』이나 혹은 '관리를 위한 거울'이나 '어리석은 사람들을 위한 거울' 같은 작품에서는 이 용어가 교육이나 충고의 목적으로 쓰이나, 일본어에서는 그렇지 않다.

이런 주제는 『대경』의 야마기와가 번역한 한 구절에서 다루어지고 있다.[6] 요츠기大宅世繼가 천황에 관한 기술을 끝내고 관리들 편으로 넘어가려 할 때, 그와 시게키夏山繁樹 사이에 교류가 있었는데, 다음과 같은 말을 포함하고 있다. 시게키는 말한다.

> 당신이 [이미] 많은 천황들의 정황을 거울로 비추어 보았으나 이제 그에 더하여 [당신이 말하는 것을 들어보면] 대재상들의 정황은 마치 아침 해가 [우리를] 밝게 비추는 것 같은 느낌입니다.… 나는 빗 통에 쳐박혀 있는 거울과 같으니,… 그것은 아무것도 비추지 못합니다.

조금 뒤에 시게키는 다음의 시를 외운다. "내가 빛나는 거울을 쳐다보면, 이미 지나간 것과 다가올 미래의 것을 다같이 보네." 그에 대해 요츠기는 "오, 나는 옛 거울인데 다시 보네. 천황들과 그들 대재상들의 발자취 둘 모두를, 하나하나 아무도 가리지 않고"라고 화답한다.

위의 예와 그밖에 약간의 더 많은 논평들의 의미는 아주 분명한 것으로 보일 수도 있지만, 몇몇 주석가들은 『대경』에는 교훈의 의미가 없지 않다고 믿는다. 즉 과거를 통하여 미래를 보며, 이미 긴 세월 동안 계속된 천황들의 가계가 미래에도 무궁토록 계속될 것임을 보이기 위한 것이다. 그들은 이런 것이 '시대의 계속'을 뜻하는 요츠기世繼라는 이름에도 어렴풋이 함축되어 있다고 주장하고 있으며, 위에서 인용한 시게키의 시도 인용하고 있다. 그러나 시에 관련해서는 '여전히 미래의' 것들이 단순히 요츠기가 이야기하려고 하는 것일 가능성이 제시되어 왔다.

---

6) Reischauer & Yamagiwa, *op. cit.*, p.291.

다른 '가가미鏡'의 제목에서, 그리고 서문과 후기에서도 그런 증거가 있다. 예를 들어 『수경』의 저자는 『대경』의 훌륭함을 존경하여 제목을 '수경水鏡'이라 하였는데, 물(水)은 불완전하게 반영한다는 생각을 가지고 있었다. 그 작품 끝에 이 저자는 '대경大鏡'이라는 명칭의 기원에 관해 일말의 가능한 단서를 주고 있고, 이 작품에 대한 호평을 다음과 같이 적고 있다.

『대경』의 책들까지도 평범한 인간의 작품이기에 '크고 둥근 거울에 석가의 가르침'이 반영되는 그런 거울에 필적하기는 어렵다.

이런 표현은 석가의 '네 가지 가르침' 가운데 하나를 말하며, 일반적으로 다음과 같이 정의된다. 크고 둥근 거울에서처럼 모든 현상이 전개되듯이 모든 덕, 모든 '법'의 원 같은 충만함 속에 계시로서의 가르침이 있다.

이 같은 맥락에서의 '거울(鏡)'이란 용어의 이해는, 철저한 것은 아니지만, 그래도 지나친 것으로 보인다. 그러나 전체로서의 과거는 인간의 지식과 이해의 범위를 초월하는 복합물이며, 동시에 심도가 있는 관심의 주제라는 것에 대한 깨달음이 이 용어의 사용에 내포되어 있는 것처럼 보인다. 이러한 자각에서, 한 역사작품은 특수한 주제를 가질 수 있고, 또 가져야만 한다는 생각이 나온 듯하다. 새로운 역사가들이 이용한 형식은 피상적으로 중국적인 형식에 머물지만, 그 작품의 구성비는 아주 다르다. 순수주제별 서술은 중국의 역사서 전통에 속하지 않는 것으로, 중국사서에서는 제한된 제목이나 주제도 간단한 연대기적 서술로 되어 있다.

그래서 『영화물어』와 『대경』의 저자들이 후지와라 미치나가藤原道長

의 영광을 기리는 작품을 만들려 했을 때 새로운 장을 열게 되는데, 이는 주로 주제의 배경이나 전후관계를 설명하기 위해 다른 사건을 소개하는 것이다. [아마 원작의 전부인 것으로 보이는]『영화물어』의 처음 30권 가운데 28권 이상이 미치나가시대를 다루고 있다. 『대경』에서도 또한 다른 통치자나 재상이 아니라 미치나가에 대한 내용이 더 많은 지면을 차지한다. 이런 공간배정[두번째 작품에서 자료의 새 배열에 의해 도움을 받은]은 저자들이 목적한 바를 달성하는 주요수단이 되었다. 무라사키紫式部의 영웅이 이상적으로 미화되는 것과 똑같은 식으로 자신이 그리는 영웅을 미화하면서, 특히 『영화물어』의 저자는 일반적으로 어떤 다른 주제의 '규모'를 기꺼이 축소하였다.

그래서 과거의 복합성에 관한 분명히 새로운 자각에도 불구하고, 또한 전통연대기에 거의 생각지 못했던 효과가 포함되어 있음에도 불구하고, 옛 연대기에 포함되었을 많은 정치적 중요성, 정말로 많은 것을, 생략한 설명이 우리에게 남아 전한다. 이런 비판은 『대경』에도 적용되지만 그 정도가 덜하며, 『증경』에는 더 적중한 것이다. 이 작품의 저자는 역사가라기보다는 오히려 전기작가 같은 다른 두 저자들의 경우에 행해질 수 있는 그런 변명의 여지가 없이, 민간인과 군인[궁정과 바쿠후] 사이의 싸움에 관심이 너무 커서, 몽골침입에 대해서는 거의 언급이 없다. 이 마지막 사실은 정말 영어독자들로 하여금 영문학에서 몇몇 저명한 예들을 생각나게 하며, 이런 역사서가 단순한 기록이 아니라 문학작품이라는 사실을 상기하도록 한다. 역사사건을 문학이나 통속적 형태로 개작하려는 노력이 좌절한 때도 물론 있으며, 그런 경우 우리는 사실 자체에 접하게 된다.

많은 이상하고 잘못된 일화들로 구성된 그 원본인 『부상략기扶桑略記』를 재생한 『수경』을 제외한다면, 이런 이야기들은 대체로 정확한 정보를 주는 것으로 간주될 수 있다. 다른 이야기와의 대조를 통해 드러나는 오류들은 단순한 부주의에 의한 것으로 보인다. 중국의 연대기 작가에게서 따온 정확성의 전통은 '역사적 이야깃거리'의 저자들에 의해서도 또한 중시된 것 같다. 예를 들어 『대경』의 저자는 『영화물어』에서 찾아낸 몇몇 아주 사소한 오류들을 수정하려는 노력을 기울였다. 당연히 우리는 주어진 모든 정보를 점검하거나 수정할 수 있는 처지가 아니었다. 그러나 연대적 또는 족보학적 사실에 대한 만족할 만한 입증은 우리들로 하여금 사회적·종교적 관습들이나 인적 사항들에 관한 더 모호하고 또 쉽게 증명되지 않는 기록들을 더 쉽게 수용하도록 한다.

11세기 초 평화와 번영을 향한 확산된 염원은 그 세기 말경에 시작된 더 혼란한 시대에 이들 이야기 중 최초의 것이 모습을 드러내게 되는 궁극적인 원인이 된다. 야마기와가 말하듯이 이 이야기들은 "귀족의 사라지는 영광을 가장 잘 나타내는 것으로서 미치나가의 커다란 행운을 기록하고 있다."[7] 그래서 저자들에게 동기를 부여한 영웅숭배의 향수를 고려한다면, 정확성을 위한 그들의 노력은 더 가상하다. 특히 『대경』의 경우가 그러한데, 여기서는 대화형식을 빌어, 어떤 거래의 누추한 외양까지도 그 거울 면에 반영되어 있다.

이 역사가들의 수법은 미숙한 것이며 그들이 거둔 성공은 부분적인 것일 뿐이다. 그러나 일본의 역사서술은 중국의 사슬에서 벗어나 자유로워졌다. 그 후의 시대에, 부분적으로는 계속되는 정치적 변화에 편승하여, 역사기록은 너무 다양하게 전개되었으므로, 여러가지 면에서 분명히 중국적인 것이 있지만, 더 이상 단순하게 중국 역사서술의 한 지역적 변종으로 규정될 수는 없다.

---

7) 위의 책, p.279.

2) 봉건시대 초기 역사서술

12세기가 되면 후지와라 가문의 세력이 크게 약화된다. 궁정 자체에서도 그 권력은 이른바 '은둔한 천황들'에 의해 도전받게 되는데, 이들은 마음대로 정치에 좀더 적극적으로 간섭하기 위해 더 어린 승계자가 즉위하도록 도왔다. 수도 바깥에서는 봉건주의가 성장하여 전반적으로 궁정의 권위를 위협하였다. 12세기 중엽 이후 새로운 사무라이계층의 지도자들은 준 봉건적 관계체제를 통하여 지방의 거대한 땅을 장악하면서, 정치적 지배권을 위한 치열한 분쟁에 말리게 되었다. 이 가운데 가장 큰 두 가문, 다이라노平와 미나모토노源 사이의 내란은 마침내 미나모토노의 승리로 돌아갔다. 그리고 1185년에서 1192년 사이 미나모토노 요리토모源賴朝는 가마쿠라鎌倉에 한 형태의 정부 바쿠후幕府를 세웠는데, '봉건적' 또는 '군사적' 등으로 다양하게 규정되는 바쿠후는 일본의 행정을 완전히 장악하였다. 요리토모는 쇼군將軍이라는 명칭으로 그 우두머리가 되었으며 겉으로는 천황의 군사부관이었으나 사실상의 실권자였다. 지방에서는 점차 그의 지명을 받은 자가 궁정에 의해 임명되는 민사관리의 기능을 맡았으며, 그로 인해 토지와 세수에 대한 그들의 통제권을 강화하여, 13·14세기에 이르면 궁정귀족의 경제적·정치적 입지가 둘 다 완전히 훼손되었다.

이렇게 생겨난 제도는, 우여곡절을 거치면서 이어지는 세습쇼군의 가문들 아래에서 거의 7백 년 동안 지속되었다. 그 동안 두 번의 큰 시도가 황실에 의해 그 전 권력을 회복하기 위해 이루어졌다. 한 번은 죠큐承久시대(1219~1221) 쥰도쿠順德천황 하에 있었고, 다른 한 번은 1333년에서

1336년에 고다이고後醍醐천황 하에 있었으나, 어느 것도 성공하지 못하였다. 고다이고는 가마쿠라에서 호조北條를 쓰러뜨렸으므로, 성공할 뻔하였으나 곧 아시카가 다카우치足利高氏가 세운 새로운 쇼군가문에 의해 쫓겨났으며, 이 새 쇼군의 그 후 권력은 1868년까지 봉건주군의 손에 굳게 머물러 있었다.

일본 사회구조의 이 같은 광범위한 변화는 일본의 역사서술의 성격에도 영향을 미쳤다. 위에서 논한 여러가지 '가가미鏡'들은 이미 역사를 주제별로 다루는 방향으로 발전되었는데, 특히 후지와라 행정부의 전성기에 중점을 둘 때 그러했으며, 이것은 바쿠후시대에도 계승되어 봉건계층의 운명에 그와 같은 중점을 두었다. 예를 들어 『동경東鏡』은 1180년에서 1266년 사이 사건들의 연대기인데, 가마쿠라의 관료들이 편찬한 것으로, 무사편 시각을 드러낸 것이다. 그 제목에도 불구하고 그것은 『대경』과 같은 작품의 전통을 따른 것이 아니다. 오히려 형식과 내용면에서 초기 궁정연대기 또는 중국실록과 비슷한 것으로, 일본어보다는 중국어로 쓰이고 대개 관청의 정보와 법령을 다루고 있다. 다른 한편 쇼군과 그 신하들의 활동에 주안점을 둔 것은 황궁의 연대기와도 다르며, 그보다 앞선 온갖 작품들과 다른 점이다. 다른 종류이지만 그와 같이 봉건적 역사를 다룬 것으로 『태평기太平記』 같은 책이 있다. 14세기 이후 전쟁이야기를 모은 이 책은, 공교롭게도 '대평화의 기록'이라는 표제 아래, 현재에는 역사라기보다 역사소설로 간주되지만, 그 속의 일화와 서술을 믿을 수는 없다 하더라도 어느 정도로는 호조北條의 몰락과 아시카가足利의 흥기를 가져온 전쟁이야기를 적은 것이다.

그렇지만 이 시대의 저명한 역사작품들은 후지와라 지엔藤原慈圓(1355~1225)의 『우관초愚管抄』와 기타바다케 치카후사北畠親房(1301~1354)의 『신황정통기神皇正統記』다.8) 두 가지 다 궁정-바쿠후 관계가 위기에 처했을 때 쓰였다는 점이 중요하다. 『우관초』의 대부분은 1220년에 초안이 마련되었는데, 이는 준도쿠가 가마쿠라 바쿠후를 엎으려 하다가 실패한 때이다. 반면에 『신황정통기』는 고다이고의 짧았던 통치기가 끝난 직후인 1340년경부터 시작하며, 아시카가 다카우치 아래 무사권력이 재확립되어, 요시노에서 경쟁관계의 남부궁정을 창시한 고다이고를 이미 강제추방하고 난 다음이었다. 이런 상황에서 두 작품 다 정권의 소재에 관한 문제에 비상한 관심을 보인 것은 놀라운 일이 아니다. 과거에 대한 이야기를 통해서이긴 하지만, 그들이 황제와 그 신하들(예를 들면 후지와라) 사이 혹은 황제와 쇼군 사이의 관계를 정립하려 했던 것은 정치사를 완전히 새로운 관점에서 다루도록 하였다.9) 더구나 역사서술의 기법과 이론적 기초에서 그들은 과거의 전통 위에서 상당한 진보를 이루었다. 이두 가지 이유 때문에 이들은 좀더 상세하게 살펴볼 만한 가치가 있다.

『우관초』의 저자인 불교승려 지친慈鎭(즉 후지와라 지엔; 1155~1225)은 후지와라 타다미치藤原忠通의 아들이며 구죠 카네자네九條兼實의 동생인데, 초대 쇼군 미나모토노 요리토모源賴朝의 비호 아래 천황의 세쇼攝政가 되었다. 이것이 뜻하는 정치적 관계의 복잡함은 그의 저술에 반영되어 있다. 후지와라 가문의 일원으로, 그는 가문에 관한 기록에 대해 모종의 지부심을 가지고 있었으며, 군데군데 그것을 정당화하고 있다. 반면에

---

8) 이들 작품에 대한 아래 언급은 다음 판본에 따른 것이다.(나카지마 에츠지 편, 『愚管抄』(東京, 1935), 미야지 나오카즈 편, 『神皇正統記』(東京, 1934)(1929)]이 두 작품 모두 일부가 번역되어 있다. 『愚管抄』의 번역은 J. Rahder in *Acta Orientalia* xv, 173~230에 있고, 『神皇正統記』의 번역은 H. Bohner, Jinno Shotoki, *Buch von der Wahren-Gott-Kaiser-Herrschafts-Linie*(Tokyo, 1935)에 있다. 이 두 작품을 역사서술로 보는 일본인의 논의는 淸原貞夫, 『日本史學史』(東京, 1928), 57~71, 118~149면, 津田左右吉, 「愚管抄及び神皇正統記における支那の史學思想」, 『本邦史學史論叢』 2 vols.(東京, 1939.I), 491~524면 참조.
9) 『增鏡』에서도 또한 14세기부터 다루고 있으며, 궁정과 바쿠후 사이의 싸움에 대하여 그 같은 주안점을 두고 있다는 점을 부언한다. 이 글, 338~339쪽 참조.

그 자신의 가문은 새 봉건통치자들과 가까운 관계를 가졌으므로, 그는 쇼군이 권력을 잡은 것을 옹호하는 입장이었다. 그가 펴는 논리는 불교와 유교이론을 모두 따온 것으로, 간단하게 말하면 다음과 같다. 그에 따르면 일본사는 세대가 흐르면서 점차 도덕적으로 타락해 왔다. 이 둘 다 정치적 변화를 정당화한다. 후지와라가 나타나 황권을 보좌한 것은 좋은 정부를 만들기 위한 것이다. 그리고 그들 권력의 붕괴는 다시 혼란의 출현과 함께 '군사관료'의 득세를 불가피하게 했으며, 그에 의해서만 이 질서가 회복될 수 있었다. 다시 말하면 지친이 말하듯이, 이상적 상태는 천황이 그 신하들 사이에서 올바른 균형을 취하는 것이지만, 부패의 시기에는 나라의 안위를 위하여 신하들이 주도권을 잡아야만 하는데, 이는 일본에서 처음에는 후지와라, 그 다음은 미나모토노源에 의해 일어난 상황 같은 것이다.

지친의 생각에는 중국의 영향을 받았다는 분명한 증거가 있다. 그의 도덕가치관 개념은 중국에서 바로 나온 것은 아니지만, 그가 통치자의 바른 행위와 나라의 운명 사이에 존재하는 것으로 묘사하는 관계는 완전히 중국적이다. 그가 전반적인 쇠퇴의 양상으로 일본사의 각 국면들에 적용한 순환이론도 또한 그러하다. 이와 같이 질서유지와 효과적인 행정부의 유지를 위한 능력이 합법성의 본질을 이룬다는 그의 주장은 중국인의 '천명'사상을 그대로 닮은 것이다. 다만 지친은 이런 이론을 왕조의 흥망과 몰락에 대해서 적용하지는 않았으며-이런 것은 일본적 상황에서는 불가능하다-세쇼攝政와 캄파쿠關伯 또는 쇼군과 같은 재상들에 의한 전통적 권력의 보유, 그리고 이들의 권력과 황제의 권력 사이의 관계에 이 이론을 적용하였다.

이런 이념을 적용하는데서 『우관초』는 자신의 노선을 따랐으며 그 표현방법에서도 그러하였다. 그것은 예를 들어 『대경』의 경우와 같이,

중국왕조사의 표준 배열형식을 답습하지는 않았지만, 그 구조에서는 어느 정도 그런 것을 따랐다. 7권 가운데 첫번째 두 권은 제일 마지막에 쓰인 것 같은데, 짐무神武에서 고호리카와後堀河(1222~1233)까지의 천황들에 관한 공식기록으로, 황제의 가계·결혼·자손·주요업무·치세기간 중요한 사건들의 가능한 한의 약사略史 등을 다루고 있다. 작품의 핵심은 3권에서 6권에 있다. 3권의 서문에 저자가 밝히고 있듯이, 이들 책은 역사적 변천에 깔려 있는 원칙들을 설명하고자 한 것으로,10) 평화와 내란, 승리와 패배의 이유를 밝히고 있다. 마침내 7권에서는 이러한 주장이 이론적 용어와 함께 제시되어 있으며, 미래에 개선을 도모할 수 있는 정책이 제시되어 있다.

   3권에서 6권은 황제들 치세에 따라 연대순으로 배열되어 있지만, 일본사의 일곱 시대구분을 그대로 따르고 있다. 이 구분은 다음과 같이 요약할 수 있다. 첫째로 짐무에서 세이무成武까지의 처음 열세 명의 천황들의 치세, 두번째로 추아이仲哀에서 킴메이欽明(572년에 끝남)까지, 셋째로 비다츠敏達의 계승(572)에서 11세기 초 고이치죠後一條 아래 후지와라 지배의 위대한 시기까지, 넷째로 11세기 초에서 고토바後鳥羽 치세에서 끝나는 12세기 후반까지(1186~1199), 다섯째로 고토바 치세에서 가마쿠라 바쿠후의 확립, 여섯째와 일곱째는 각각 쓰치미카도土御門(1199~1211)와 준도쿠順德(1211~1221)의 치세에 대한 것이다. 지친慈鎭 자신이 이들 시대를11) 일본의 도덕이 쇠퇴하는 단계들로 그리고 있지만, 더 뒷부분의 시대들은 적어도 정치적 제도에 더 직접적으로 관계하고 있다. 더구나 그가 대부분 주의를 기울였던 것이 바로 이에 관한 것으로, 그의 서술은 그 생존

---

10) '세상이 변해 가는 대로', 『愚管抄』, 93면. 같은 표현이 7권 마지막에 쓰인다.〔같은 책, 90면〕
11) 특히 7권 앞부분, 『愚管抄』, 265~268면.

당시에 가까울수록 더 상세해진다. 11세기 초까지 전체 일본사가 3권에 적혀 있다. 4권은 고시라카와後白河(1156~1159) 치세까지의 이야기이다. 5권과 6권, 혹은 전체지면의 반이〔4권의 책이 거의 같은 길이로 되어 있음〕그저 60여 년에 관한 것인데, 이는 지친 자신의 생애와 거의 일치한다. 이 사실은 그가 표명한 견해의 성격에서 도출되게 되는 결론을 뒷받침한다.『우관초』는 역사사건을 다루는 데에서 근본적으로 의도적이다. 겉보기의 일본사의 전반적 연구, 사료의 선택과 배열은 그 이론적 입장과 함께 실제로는 저자생애의 상황에 대한 논의와 맞물려있다.

바로 한 세기 후 키타바타케 치카후사가 지은 『신황정통기』는 많은 그 같은 특성들을 공유하지만, 하나의 역사서술로서는 덜 인상적이다. 그 6권의 구조는, 거기에 근거하고 있음이 분명한 『우관초』1·2권과 비슷하며, 황제들에 관한 간단한 진술의 대부분이 연대순으로 배열되어 있고, 그 앞선 작품들을 특징짓는 그 같은 시대구분에 의해 분명히 구애받지 않았다. 1권은 짐무가 무시해버린 '신의 시대'를 다루고 있다. 2권은 처음 12명 천황들의 치세를 다루며, 3권은 그 다음의 30명 천황들, 4·5권은 그 후의 20명 천황들을 각각 다룬다. 6권만이 수數순에 따른 형식을 벗어났는데, 이는 여섯 치세밖에는 더 이야기할 것이 남아 있지 않았기 때문이었다.

그러나 이런 구조 안에서 치카후사는 때때로 새로운 면을 개척하였다. 그 항목의 다수가 지친의『우관초』1·2권과는, 언제나 똑같은 것은 아니지만 비슷하다.[12] 그러나 그는 또한 사건에 대한 더 자세한 조사, 또는 자신의 논평을 어느 치세이건 적당하다고 생각되는 곳에 삽입하는

---

12) 예를 들어 桓武천황 아래의 항목들이 그러하다.『愚管抄』, 34~35면 :『神皇正統記』, 131~133면. 전자는 그 치세에 사용된 시대-명칭과 같은 것들에 대해 그들 책 안의 정확한 날짜와 함께 훨씬 더 정확한 정보를 주고 있다.〔원서에는 없음〕

실례를 채택하였으며, 그 후 많은 작가들도 이를 답습하였다. 이런 식으로 그는 좀 우스꽝스럽긴 하지만 하나의 단일한 연대적 순서가 사실의 진술과 해석이라는 두 가지 목적에 다 적합하도록 하는 데 성공하였다. 제일 긴 항목인 고다이고後醍醐천황(1319~1339) 치세에 대한 것을 요약함으로써 이런 것을 설명할 수 있다. 이 항목은 황제의 혈통·교육 등에 관한 일상의 형식적 소개 다음에, 호조北條에 대항한 싸움과 가마쿠라에 대한 공격으로 설명을 시작한다. 그 다음 황가의 승리에 기여한 다카우치足利高氏에게 수여된 명예와 상을 묘사하고 있다. 치카후사가 지적하고 있듯이 이런 것들은 결국 그로 하여금 그 자신이 지명한 사람들을 승격시키고, 정부를 완전히 장악하게 하여, '구게公家가 될 것으로 기대된 것이 실제로는 부게武家세계가 되는' 결과를 낳았다.13) 이야기는 여기서 멈추며, 저자는 이들 사건의 배경에 관한 더 일반적인 논의로 접어든다.

저자는 분명히 중국어 용어로 건전한 정부가 기초해야 하는 원칙을 밝히는 것으로 시작한다. 첫째로 적합한 관리의 선택, 둘째로 주와 지역에 대한 적절한 조처인데, 이것은 개인의 수중에 들어가도록 해서는 안 된다. 셋째로 상벌의 공정한 분배이다. 이 모든 것에서 일본은 최근 몇 세기 동안 성공하지 못하였다고 그는 말한다. 이는 단순히 다카우치가 그의 공적 이상으로 상을 받았다는 것이 아니다. 쇠퇴는 일찍이 간코寬弘(1004~1012)시대부터 시작되었고, 그 때부터 후지와라 지배 아래에서 궁정관직의 임명은 너무나 흔하게 덕이나 능력보다 가족관계나 시적 재능에 의해 이루어졌다. 더구나 혼란이 늘어나자 포상방법으로 그 전처럼 일정기간 동안 토지를 수여하는 대신, 토지 자체를 바로 하사하는 관행이 잦아져서, 12세기 초가 되면 중앙정부 관할 아래 있는 땅은 1퍼센트

---

13) 『神皇正統記』, 268면. 고다이고천황에 대한 전체항목은 254~297면에 있다. '公家'와 '武家'라는 용어는 각각 궁정과 봉건귀족을 뜻한다.

도 채 되지 않았다. 혼란이 만연하여 마침내 새 형태의 군사정부인 바쿠후가 나타났다. 이것은 이번에는 무사계층이 사유지-쇼엔莊園-를 장악하도록 촉진하여 황제의 권위 자체가 도전을 받을 정도에 이르렀다. 고다이고 치세의 사건들은 한 자연스런 결과로서 진행된 것이다. 궁정과 봉건지배층의 토지에 대한 욕심은 패권투쟁과 불가피한 내란을 야기하였으며, 거기서 무사武士가 승리하였다. 여기에서 치카후사는 고다이고 치세의 설명으로 돌아와 1335년에서 1336년 다카우치足利高氏에 대항하였으나 실패로 끝난 원정과 고다이고가 요시노吉野산으로 도주하는 것에 대한 기술로서 이 항목을 끝맺는다.

이같이 『신황정통기』 속에 산재해 있는 것으로, 후지와라 통치, 은둔한 황제의 역할, 호조北條가 바쿠후 행정부 장악에 성공한 것 등에 관한 논의를 또한 볼 수 있다. 많은 해석이 『우관초』에서 직접 나온 것 같다. 지친慈鎭처럼 치카후사도 세쇼·캄파쿠 혹은 쇼군지배의 역사적 불가피성을 인정하였다. 동시에 그의 책은 자체의 목적을 가졌는데, 『우관초』의 경우와 같이 저자의 정치적 입장에서 나온 것이다. 키타바타케 가문은 전통적으로 이세伊勢의 신토神道사원과 관련이 있으며, 치카후사 자신은 남조천황으로 고다이고의 계승자인 고무라카미後村上의 추종자 중 한 사람이었다. 그래서 그는 고다이고 가계의 합법성을 강조하고, 교토에서 그 권력으로의 복귀를 옹호하였다. 이런 일을 그는 『신황정통기』에서 하였다. '신성황제들의 참된 계보의 기록(神皇正統記)'이란 책제목은 바로 그 강조점이 무엇인지를 보여준다. 간단히 말하면 그것은 일본 황족 계보의 신성한 기원을 강조하며, 이는 아마테라스 오미카미天照大神의 영원한 보호와 그 계도를 위한 것이다. 그러나 이 책에 따르면 같은 황족 계보의 범위 안에서 승계의 결정요소로서 덕이 작용할 여지가 없지 않다. 다시 말하면 선하거나 악한 천황의 행동에 따라 제위가 그 직계자손으로 승계될 것인지, 아니면 황가의 다른 방계로 승계될 것인지가 정해진다. 물론 이런 이론은 고무라카미의 승계권리와는 관계가 없으며, 치카후사는 그것을 실제로 완전히 다른 근거 위에서 논하고 있다. 가장 단순한 형태에서도 그것은 역사적 사실과 조화될 수 없다. 이런 마지막 어려움은 황제의 덕이 많은 세대에 영향을 미치는 것으로 그 효과를 확대함으로써, 또 신들의 불가해한 뜻을 모호하게 언급함으로써 극복되었다. 이런 방법은 정치적으로 유용하였지만 그 자체로서는 도무지 설득력이 없다. 그러나 치카후사의 시각이 가지는 가치를 검토하는 것은 여기 우리의 관심사가 아니다. 그가 그러한 시각으로 일본사 서술의 한 양식을 도입했다는 사실로 충분하다.

당대의 정치적 문제와 결부하여 이런 종류의 항목적인 서술을 이용하면서, 『우관초』와 『신황정통기』는 일본사학사에 새로운 요소를 더하였다. 다른 점에서 그것들은 『대경』과 같은 작품의 전통을 어느 정도 계승하였다. 예를 들면 둘 다 중국어가 아니라 일본어로 쓰였다. 승려 지친은 사실 『우관초』 2권 끝에서 이런 선택을 더 넓은 청중을 얻기 위한 유일한 방법으로 옹호하고 있다. 그러나 그 작품의 마지막 몇 페이지는 미래의 발전에 대한 그의 견해를 적으면서, 예를 들면 『금경』을 방불케 하는 방식의 대화체로 쓰였다. 또 3권 서문에서 지친은 『우관초』를 쓰는 이유의 하나로, 1156년에서 1159년 이후에는 『대경』('요츠기의 모노가타리'라는 표현을 썼음)과 같은 역사책이 없다는 사실을 든다. 이렇게 『우관초』는 새 형식의 역사서술과 의식적으로 연관되었다. 동시에 말할 것도 없이 『우관초』와 『신황정통기』는 배열에서 새로운 출발점이 되었다. 전자의 연대기-서술-결론형식은 『대경』에서 택한 중국의 연대기[本紀]·전기[列傳]·지志의 배열과 다르지 않다고 할 수 있다. 그리고 주석을 삽입한 연대기인 『신황정통기』의 배열은 사마광의 『자치통감』 같은 중국의 개인역사서의 예를 본뜬 것이라 할 수도 있다.[14] 이 두 권의 책에서 중국의 영향은 분명하며, 특히 역사에 대한 철학적 전제와 사상에서 그러하다. '천명'관, 왕조흥망의 순환론, 혹은 유교적인 도덕적·정치적 이론과 같은 그런 개념을 일본사에 실제 적용하고 있기 때문이다. 그러나 그 두 작품 가운데 어느 것도 완전히 어떤 한 가지 중국적 본을 따랐다고 말할 수는 없다. 그 전 작품보다 이 작품들은 더 절충적인 것으로, 중국적 실례를 그대로 따랐다기보다는 가장 적절한 것 같은 것을 고르고 수정까지 한 능력을 보여주고 있다. 이 점은 한편으로는, 중국적인 것을 더 잘 알고 있었고, 따라서 그것을 다루는 데 더 큰 자신을 가지고 있었던 결과로 볼 수 있다. 그리고 다른 한편으로는 독자적인 면을 가진 것으로도 간주될 수 있다. 일본어를 썼던 점, 그리고 중국에는 그런 분명한 유사성을 볼 수 없는 역사적 문제에 대한 관심에서도 그렇다. 이것은 물론 중국적 전통을 거부했다는 말은 아니다. 그러나 결과는 아주 비중국적인 것이 되어서, 14세기경 일본의 역사가들이 자신의 전통을 발달시키고 있었다는 주장에 무게를 실어준다. 대체로 이것은 일본사회 자체가 중국과는 참으로 다른 방향으로 발전하고 있었기 때문이었다.

---

[14] 사마광의 작품에 대해서는 풀리블랭크, 「중국인의 역사비평-유지기와 사마광」, 226~245쪽 참조. 주석의 삽입은 또한 초기 일본의 연대기인 『육국사』에서도 보인다. 이 책, 로빈슨, 「초기 일본의 연대기-육국사」, 323~325쪽 참조.

14.
도쿠가와 시대(1603~1868) 일본의 역사서술*

비슬리(W.G. Beasley)·블래커(C. Blacker)
[캠브리지대학교, 일본학 강사]

1) 개 관

11세기에서 14세기 사이에 일본에서 나타났던 산문기록의 전통은 소설이든 역사든, 그 바로 다음 시대에는 발달하지 않았다. 2백 년 이상 동안 나라는 계속 내란에 시달렸다. 사실 17세기 초가 되어서야 도쿠가와 지배체제 확립으로 법과 질서가 회복되었고 학문활동에 대한 관심재개의 길이 트였다. 나라의 새로운 통치자는 부하들의 관심을 전쟁에서 평화적인 (그리고 아마도 무해한) 활동으로 돌리기 위해 의도적으로 그런 데 대한 관심을 부추겼다. 자연히 역사서술도 한몫을 하게 되었다. 역사기록의 편집은 일본에서는 이미 문명국가의 상징으로 생각되었다. 이런 전통은 도쿠가와 이에야쓰德川家康 같은 사람에 의해 강화되었는데,

---

* 두 저자는 이 논문의 한 부분씩을 따로 맡았다. 비슬리는 1. 총론, 2. 新井白石를 썼고, 블래커는 3. 賴山陽를 썼다.

그는 전설상의 조상 미나모토의 통치방법을 배우고 싶은 마음에 『동경東鏡』[1]을 공부하였다. 그의 손자인 이에미쯔德川家光는 한 걸음 더 나아갔다. 만년에 그는 유학자, 하야시 라잔林羅山에게 일본의 관찬사를 쓰도록 명령하였는데, 이것은 몇 세기 전에 중단된 관행을 부활하는 것이었다. 그래서 만들어진 것이 『본조통감本朝通鑑』이라는 연대기로, 이것은 옛날부터 1611년까지의 일본사를 다룬 것이다. 그 첫번째 부분은 9세기까지 초기 궁정연대기의 요약으로, 이에미쯔와 라잔의 생전에 완성되었다. 그러나 그 나머지는 1664년 이에쯔나德川家綱의 명령으로 작업이 재개된 뒤 1670년에 끝났다. 30년 뒤에 하야시林라는 이름의 다른 사람이 '국사실록國史實錄'이라는 제목으로 더 짧은 책을 썼다. 그 후 바쿠후幕府 역사가들은, 중국정부에 봉사한 사람들과 꼭같이 자신들의 동시대 연보를 집필하는 데 약간의 관심을 기울였다. 그 가운데 가장 잘 알려진 책이, 1809년에서 1849년에 하야시 가문에 의해 쓰인 『덕천실기德川實紀』였다.

그러나 모든 역사기록이 공식적인 것은 아니다. 또 양이 적은 것도 아니었다. 당시 가장 유명한 사서는 『대일본사大日本史』로 이것은 1657년에 도쿠가와 미쯔구니德川光國의 지도 아래 시작되어 미토水戶藩 봉토封土의 몇 세대 학자들의 수고로 이루어졌으며, 그 근대판본이 17권에 달한다. 19세기에도 그것은 계속되어 이이다 타다히코飯田忠彦가 편집한 것이 거의 같은 크기이며, 아주 중요한 다른 작품도 많이 있다. 1673년 야마가 소코山鹿素行의 『무가사기武家事紀』를 들 수 있는데, 이것은 16세기 이전의 일본정치사를 간단히 요약한 것으로, 거기에는 쇼군과 봉건주군의 전기, 공무원 목록 등이 길게 붙어 있으며, 모두 58권 또는 『본조통감』의 5분의 1 정도의 수에 달한다. 더 짧은 책은 많다. 에도江戶 혹은 황궁의 생활

---

[1] 이 책, 로빈슨 & 비슬리, 「11세기에서 14세기까지 일본의 역사서술」, 353쪽 참조.

에 관한 소연대기와 함께 전기집-봉건군주나 유명한 통치자는 물론 승려·예술가·효자-등을 모두 사서로 본다면 전체 수는 엄청나다.

이들 작품 전체를 하나의 짧은 논문으로 다루기는 불가능하다. 더구나 그 대부분이 지금은 역사라기보다 사료로서 가치를 지닌다. 그래서 여기서는 주로 그 자체로 흥미로운 것, 그리고 토쿠가와 사서의 좀더 중요한 특징을 보여주는 것을 중심으로 몇 가지 예만 들기로 한다. 특히 두 사람의 작품에 주의를 기울인다. 이들은 이 총론 다음에 따로 각각 난을 두어 다룰 것이다. 한 사람은 아라이 하쿠세키新井白石(1657~1725)인데, 이러한 점에서 가장 중요한 그의 책은 9세기에서 16세기까지 일본역사를 연구한『독사여론讀史餘論』, 그리고 그보다 더 앞선 시기를 다룬『고사통古史通』이다. 두번째 사람은 라이 산요賴山陽(1780~1832)다. 그는 학자로서는 큰 중요성이 없으나『일본외사日本外史』의 저자인데, 이 책은 이 시대 말기 역사서술에 미친 사상의 성질을 가장 분명하게 보여준다.

정통유학이 일본에서 공식적으로 장려되던 시대였으므로 역사가들이 유학자라는 사실은 놀랄 일이 아니며, 그 대부분이 바쿠후나 대봉건주군에 의해 고용되어있었다. 이런 사실은 그들의 기록에 반영되어 있다. 그것은 특히 역사가 도덕적·정치적 교육의 과정에서 필요한 것으로 보는 통념에서 나타난다. 일부의 학자들에게는 역사가 통치나 행정의 교훈을 끌어내는 주요원천이었다. 또다른 사람들에게는 역사가의 기능은 올바른 행동을 가르치는 수단으로서 유교도덕의 교훈에 일치하는 상과 벌을 매기는 것이었다. 이런 의무는 특히 관찬연대기인『본조통감』의 집필진들에게 관련되는데, 예를 들어 1664년에 집필진의 지침으로 만든 규칙에서 그러하였다.[2] 하급관리의 행동도 만일 덕을 선양하고 악을

---

2) 이 규칙은 淸原貞雄,『日本史學史』(東京, 1928), 173~175면에 모두 적혀 있다.

쫓는 것이라면 기록되어야 한다는 것, 그리고 신분이 아무리 낮다 하더라도 충신이나 효자는 언제나 기록되어야 한다고 그들은 배웠다.

일본유학자들은 다른 동향同鄕인들보다 더 깊이 중국적 지식의 전통으로 빠져들었기 때문에, 철학의 가설은 물론 글의 형태까지도 중국풍을 따른 것은 당연하다. 다수가 중국어로 쓰거나 혹은 그에 아주 유사한 글로 썼다. 많은 사람들이 자신이 흉내내고 싶어 하는 중국역사나 역사가들을 거명하였다. '본조통감'이란 제목은 사마광의 『자치통감』을 따른 것이다. 라이 산요는 특히 사마천의 『사기』 일부를 본으로 했음을 인정하였다. 『사기』는 또 그 서문에 나온 말을 그대로 믿는다면, 도쿠가와 미츠구니가 『대일본사』를 쓰는 동기가 되었음이 분명하다. 사실 『대일본사』는 중국왕조사에 나오는 사료를 광범위하게 섭렵하려는 시도로는 일본에서 처음이다.3) 그 첫 부분은 14세기까지의 사건을 천황의 치세에 따라 연대기적으로 적은 것이다. 그 다음엔 가장 긴 부분으로, 황후·대군·유명인사·시인·폭도 등의 전기이다. 이런 것들이 1709년에 완성되었을 때 비로소 지금의 책제목을 취하게 되었다. 종교·지리·군사 등의 주제에 대한 지誌는 뒷날 관리의 목록과 함께 부가되었다. 거의 모든 면에서 각색은 중국풍으로, 일반개념에서도 그렇고 세부적인 편제도 그러하다.

그러나 중국과 일본사서의 닮은 점은 모방이라는 점으로만 설명될 수 있는 것은 아니다. 많은 점이 유사한 전통-전통 자체가 넓은 의미에서 중국의 영향을 받은 것-이나 유사한 문제점에서 나온다. 예를 들면 두 나라 모두 역사를 도덕적 훈화나 정치적이고 관료적인 모범을 보여

---

3) 내용이 아니라면, 적어도 형식에서 그런 유의 첫번째 작품이다. 이런 점에서 G.W. Robinson의 그 전시대 일본의 사서에 대한 조사, 특히 『日本書紀』와 『大鏡』에 관한 언급을 비교해 보기 바란다.[이 책, 로빈슨, 「초기 일본의 연대기-육국사」, 322~325쪽과 로빈슨 & 비슬리, 「11세기에서 14세기까지 일본의 역사서술」, 343~345쪽 참조]

주는 것으로 간주함으로써 일화나 연보의 형식을 갖추었다. 이런 이유 때문에 아마도 두 곳에서 모두 연속적 연대기가 발달하지 못한 듯하다. 연도는 천황치세 또는 연호로 표시되었으므로, 시간적 관계가 흐려지게 되었다.4) 이런 사실은 중국과 일본에서 모두 큰 의미를 갖는 것으로, 이곳에서는 다른 분야의 학문이 높은 수준에 이르고 난 오랜 뒤에도, 연대기가 역사서술의 상용수단으로 남게 되었다.

연대기[本紀] 형식은 특히 관찬사, 그리고 그와 비슷한 규모로 쓰인 개인사서에서 분명하게 계속되었다. 그러나 여기서 도쿠가와 역사가들은 약간의 불이익에 직면하였다. 6백 년 이상 관찬사 집필이 황궁에서 이루어지지 않았던 것이다. 『동경』이 완성되던 짧은 시기를 제외하고 바쿠후는 그런 데 대한 책임의식이 없었다. 그래서 수세기 동안의 공백이 있어, 사서도 없고 그것을 보관할 만한 중앙서고도 없었다. 이에 17세기 일본역사가들의 첫번째 걸음은, 그 중 많은 것이 나라 전체에 개인들 손에 흩어져 있는 사료를 적극적으로 수집하는 것이 있다. 일본학계에서 사료의 편집과 발간은 그 어느 때보다 바로 이 시대에 성했다.5) 『사기』와 그 전 중국의 개인사서에 대한 도쿠가와의 관심도 이 때문이었다. 송·명왕조사 같은 작품은, 더 동시대에 가까웠지만, 인쇄기에 의해 발간되었으며, 이것은 일본에서 다른 유례가 없었다.

---

4) 이런 문제가 생기는 큰 원인은 특히 연호제도라는 것이 관계도 없는 칭호들이 난무하며 한 칭호가 기껏해야 몇 년 정도를 가리키기 때문이다. 文祿 3년과 文化 2년은 서구식 계산으로는 각각 1594년과 1805년으로, 2세기를 격해 있고 정치적으로 상이한 두 '시대'에 속한다는 사실을 외우기 위해서는 굉장한 기억력이 필요하다. 그것을 순서대로 외우는 것도 상당히 힘들다. 그렇지만 이런 연대표시 방법으로 인해 중국, 일본학자들이 장기간을 다룰 때 시간의 연속 속에 처리하지 못하도록 철저하게 방해받았다는 주장은 지나친 것이다. 결국 두 나라 모두 다른 점에서 내용과 날짜를 기억하는 데 힘을 들였으며, 그런 점에서 상당히 성공적이었다.
5) 그러나 일본어 기록은 자연재해로 인해 참으로 많이 파손되었다는 점도 또한 알아야 한다. 화재·지진·홍수가 잦았다.

아마도 작업이 매우 어려웠으므로 정보를 모으는 기계적 작업은 이 시대 일본역사가들에게 있어서 모든 다른 것에 우선하였다. 특히 미토 학자들은 『대일본사』를 만들면서 책과 문서를 모으는 데 엄청난 힘을 들였다. 더구나 이들은 여러 면에서, 읽기에 짜증이 날 정도로, 미세한 것까지 정확한 작품을 만들었다. 사료는 세심하게 검토되고 대조되었다. 원문이 잘못되거나 상이한 것이 있음을 지적하고, 비교적 중요하지 않은 사항에 대해서도 상세한 주를 달았다. 근대 인쇄판본(도쿄; 1929)에는 처음 두 줄에만 이런 사항을 처리한 주註가 세 개나 있는 한편, 최소한 하나도 없는 쪽은 거의 없으며, 어떤 것은 상당히 길다.

다른 한편 이것은 바로 수세기 전 『일본서기』를 편집하는 데 쓰인 기법이 더 세련된 것 이상의 것이 아니다.[6] 정확한 진술을 향한 열의는 분석이나 설명의 어떤 시도를 동반한 것이 아니었다. 가끔 등장하는 더 짧은 서술식 역사에서까지도, 이런 점들은 보기 힘들다. 있다면 바로 이런 데나 있을 법한데도 말이다. 사실 근대적 방법론과 주제에 가까운 어떤 것을 볼 수 있는 것은 아라이 하쿠세키의 작품뿐이다. 『고사통』의 머리말에서 그는 진보된 기법의 역사적 탐구를 옹호할 뿐 아니라, 그 목적이 연구대상 시대의 재해석을 가능케 해야 하는 것이라고 주장하였다. 수년 전 『독사여론』에서 이미 그는 엄격한 연대기 형식을 버리고 정치적 성격에 근거한 시기구분체계를 지향하였다. 사실 그렇다고 해서 그가 전통의 딱지를 아주 떼어버린 것은 아니다.[7] 그러나 그는 그 같은 시기구분을 궁정에서 바쿠후로, 그리고 쇼군의 한 선에서 다른 선으로

---

6) 이 책, 로빈슨, 「초기 일본의 연대기-육국사」, 328~332쪽 참조.
7) 일본사의 봉건시대에 대한 전통적인 구분은 오늘날에도 일반적으로 통용되는데, 이어지는 쇼군과 또다른 봉건통치자들(미나모토 호조·아시카가·오다 토요토미·도쿠가와)의 이름, 또는 그들이 자리한 통치중심지(가마쿠라·무로마치·아즈치 모모야마·에도)에다 바탕을 둔다.

권력이 전이한 데 대한 연구의 일부로 삼았다. 이러한 것은 인과관계와 전개과정을 의식하고 있었던 점에서 동시대의 다른 작품과는 아주 판이하다.

아라이 하쿠세키가 이런 점에서 정말 유일하다는 것은 조금은 뜻밖이다. 다른 면에서는 봉건시대의 일본사서가 도쿠가와 역사서술에 중요한 영향을 미쳤기 때문이다. 최소한으로 잡아 그것은 일상의 중국풍과는 많은 편차를 갖도록 하였다. 분명한 것은 일본사에서는 바쿠후와 봉건주군 일반에 관한 사건들의 전체흐름이 연결된다는 점이다. 이것은 중국역사학의 표준적 범주에는 맞지 않는다. 그런데도 이런 주제별로 정보가 포함되어야만 하였다. 그래서 『대일본사』에서는 쇼군과 그 부하들의 전기가 부제副題 아래 소개되는 한편, 관료목록의 항목과 몇 개 종류의 지誌는 둘 다 천황통치의 비중을 완화하는 데 이용되었다. 야마가 소코山鹿素行의 『무가사기武家事紀』 같은 많은 개인의 작품은 거의 전적으로 봉건역사와 관련이 있다. 천황전통에 대한 충성을 표현한 것으로 명성이 있는 라이 산요의 『일본외사』까지도 형식상으로는 봉건가문에 관한 연구이다.

이런 상황에서 사마천의 『사기』에 대한 관심이 확산된 것도 의미를 더한다.[8] 그 이유는 이 책이 첫번째 정사로 권위가 높기 때문만은 아니다. 또 그 저자가 부딪혔던 많은 문제점[예를 들어 사료수집에서]들이 도쿠가와 학자들의 경우와 같았기 때문만도 아니다. 그것은 그가 중국제도에서 [일본과] 비교되는 시기를 어느 정도 다루었기 때문이기도 하다. 주나라 봉건제도의 존재를 설명하면서, 특히 그 전기傳記에서 『사기』는 훗날 중국보다 일본에 더 적합한 편제의 형태를 갖추고 있다.

---

8) 『사기』에 대한 문제는 이 책 헐시베, 「漢代 역사기록에 관한 일고찰」, 61~66쪽 참조.

그러나 봉건적 역사가 도쿠가와 사서에 영향을 준 것은 세부적 편제 면에서만이 아니었다. 봉건역사는 방법론의 기본개념이나 전체외관에 서 거의 영향을 주지 못한 것이 사실이다. -아라이 하쿠세키까지도 봉 건가문의 흥망이 중국의 왕조에 적용되는 것과는 다른 어떤 문제점을 제기하지 않았다-둘 다 유가이론에 의해 설명가능한 현상으로서, 개별 적으로 순환의 형식에 따른 것이며 한 연속으로서의 논의를 필요로 하 지 않는 것이었다. 그러나 봉건역사는 해석의 다양성에 대한 시각을 마 련한 점에서 참으로 중요하다. 진실로 일본의 봉건역사는 해석을 불가 피한 것으로 만들었다. 그 주제는 천황에게서 봉건주군의 손으로 권력 이 넘어가는 것이다. 특히 그것은, 명목상의 천황 옆에 실제의 통치자로 서 온갖 집권적 행정력을 장악한 쇼군의 등장을 기록하였다. 이런 과정 은 어느 정도로 정당화될 수 있을까? 모든 것이 언제나 동일하게 받아들 여지지는 않는다. 처음부터 쇼군통치의 합법성에 반대하는 소리가 있었 다.9) 더구나 문제가 한번 제기되자, 역사가는 그것을 피해 갈 수가 없게 되었다. 그 점에 관한 그의 견해 자체가 어느 한 편을 들게끔 하기 때문 이다. 예를 들어 14세기에 진정한 황가가 있었던가? 아시카가 쇼군의 지 지로 교토에 군림했던 천황들이 북조였던가? 혹은 옥새를 쥐고 마침내 복위한 것이 남조였던가? 양자 사이의 선택은 아시카가의 활동뿐 아니 라, 더 넓게는 황궁-바쿠후 간 관계문제에 대한 판단을 포함하는 것이 었다. 연대기를 적는다 해도 선택은 불가피했다. 한 궁정과 한 천황만이 있을 수 있었다.

이런 곤란한 문제는 주제 자체에 내재한 것이지만, 실제로 도쿠가와

---

9) 이 문제를 다룬 그 전의 예는 예를 들어 이 책, 로빈슨 & 비슬리, 「11세기에서 14세기까 지 일본의 역사서술」, 351~360쪽에서 후지와라 지엔과 기타바다케 치카후사(北畠親房)에 관한 내용 참조.

사가들이 살았던 시대가 그들에게 강요한 것이기도 하다. 일본에는 쇼군이 여전하였다. 군림하지만 통치하지 않는 천황도 건재하였다. 이 둘 사이의 관계는 학문적 관심인 동시에 당대정치의 문제였다. 역사가들 자신이 봉건계층이었고, 가끔은 학자인 동시에 이해 당사자이기도 하였으므로, 정치적 상황이 그들 연구와 결론의 방향 둘 다 크게 영향을 미쳤다. 도쿠가와 사서는 봉건제도 역사에 크게 골몰하였을 뿐만이 아니라 또한, 증거에 바탕하는 것이라기보다 오히려 증거를 압도하는 해석을 낳았다.

17세기 말과 18세기 초 도쿠가와 바쿠후가 전성기를 맞이했을 때, 학자들은 어떤 면에서는 봉건시대 역사를 다루는 데에서 후대학자들보다 정치적 압박을 덜 받았다. 이것은 아무리 간접적이라 하더라도 정부를 마음놓고 비판했다는 말은 아니다. 대체로 봉건지배체제를 공격하려는 경향은 더 위축되었다. 반면에 모든 역사가들이 현재는 물론 과거에조차 모든 쇼군의 모든 행동을 정당화해야 할 정도로까지 당시상황을 수용해야 한다고 생각한 것은 아니었다. 물론 『본조통감』 같은 관찬사는 어쩔 수 없이 바쿠후의 입장을 정당화하였다. 그의 『독사여론』이 봉건정부의 필요성을 합리적으로 방어하는 것이었다는 점에서, 아라이 하쿠세키도 그랬다. 그러나 하쿠세키는 쇼군의 측근 가운데 한 사람이었지만, 개인의 충성으로 사실史實에 눈이 멀거나 거짓 이야기를 꾸미지는 않았다. 그는 남조의 합법성을 수용하였다. 그는 천황의 패권은 물론 봉건주군의 패권에도 비판적일 수 있었다. 사실 이런 점들 때문에 뒷날 천황주의 전통의 역사가들에게서 칭찬을 받았지만, 그런 것들은 그의 본질적 논점을 전혀 약화시키지 않는 세목들이었다.

표준적인 바쿠후 해석으로부터의 편차는 미토水戶 주군의 『일본사』에서 더 명확하게 드러난다. 이것은 도쿠가와 손위가계 가운데 한 집안에서 일하던 학자들이 만들었지만, 그 표면의 목적은 일본사에서 충성의 원칙을 설명하는 것, 즉 황가를 찬양하는 것이다. 이것은 특히 머리말에서 분명하다. 그밖에 연대기 본문에서 남조의 합법성을 주장하는 것 이외에도, 이 주제는 대개 전기부분에서 상세하게 다루어진다.

뒷날 이 책이 '손노尊皇'운동에 의해 명성을 얻은 것도 바로 이런 점 때문이다. 그렇지만 그 명성은 꼭 그만한 가치가 있는 것은 아니다.[10] 『대일본사』에서 천황 직접통치에 대한 옹호를 끌어내려는 것은 그 저자들이 분명하게 부정하고 있는 의미를 그 책에 부여하는 것이다. 이들에게는 황실 권위의 일부를 회복하려 하는 것이 반드시 한 제도로서의 바쿠후를 부정하는 것은 아니었다. 이것은 교토와 화해하려 한 에도의 간헐적 움직임이 쇼군의 절대권력을 향한 야망을 완화했던 그런 상황 이상의 것이 아니었다. 그 전의 다른 사가들, 야마가 소코山鹿素行(1622~1685)와 구마자와 반잔熊澤蕃山(1619~1691) 같은 사람들도 이와 같다. 도쿠기와 지배권이 약화되고 천황이 다시 그에 저항한 초점이 되었던 19세기 말이 되어서야 역사가들은 의식적으로 궁정-바쿠후 관계에 관한 논쟁에 끼어들기 시작했다. 그 즈음에 들어 천황의 위엄과 바쿠후의 권위는 정치에서와 같이 학계에서도 서로 배타적이 되었다. 이 때 이른바 '국학자國學者'들은 반反도쿠가와 움직임의 이론적 기반의 약간을 마련하였다.

국학자들은 『대일본사』와 아라이 하쿠세키의 저술 양쪽 모두로부터 단서를 얻었다. 『대일본사』에서 이들은 황궁에 대한 입장, 일본사의 일정사건들에 대한 견해를 따오는 한편, 하쿠세키의 저술에서는 방법론,

---

10) 후대사람들이 이 책을 읽었다고 너무 쉽게 단정하는 것 같다. 사람들에게 읽힌다는 것은 토론대상이 되는 것과는 다르다. 책의 크기가 다루기 힘들다는 점 외에도, 1852년까지는 널리 유통되지 않아서 소수에게만 직접 영향을 미칠 수 있었다. 사실 도쿠가와 초기 책들은 아무것도 근대적 의미에서 실제로 간행된 것이 아니다. 그러므로 정치나 학문에 대한 그 영향을 말하기란 어렵다.

특히 옛 연대기에 대해 신중하게 재평가하는 것을 배웠다. 엄격한 의미에서 이들을 역사가로 보기는 어렵다. 그들 저서가 역사적이기보다 오히려 종교적이고 언어학적이기 때문이다. 그러나 이들이 천황의 지위에 새로운 비중을 부여한 것은 물론 연속적인 일본황가와 비교하여 중국왕조의 분규에 대해 했던 비난은 역사가 아니라 하더라도, 역사주의의 씨앗이라 할 수는 있다. 모토오리 노리나가本居宣長(1730~1801)는 이 집단의 대표적 인물로, 주로 『고사기古事記』 연구로 유명하다. 노리나가 자신은 역사가로서 그것들을 이용하지는 않았지만, 그의 연구는 초기의 일본에 대한 우리의 이해를 넓히는 데 지금도 크게 기여하고 있다. 다른 한편 황가가 신의 후손이라는 그의 주장도 실제로 쇼군의 권위를 반박하지는 못하였다. 이 점에서 그는 그 선구자들과 다른 점이 거의 없다. 사실 소급하여 노리가나를 정치개혁의 한 지도자로 평가하고 역사학에서 그를 중시한 것은 뒷날의 일이다. '손노尊皇'운동이 반反도쿠가와 정서의 표현으로 힘을 얻자 국학자들의 사상은 완전히 성숙한 역사적 해석학파로 발전하였다.

　이런 과정은 라이 산요賴山陽(1780~1832)의 저작에서 시작됨을 볼 수 있다. 산요는 유학자로서 중국어로 저술했을 뿐 아니라, 노리가나의 제자인 하시모토 이나히코橋本稻彦라는 사람을 통하여 '국학자'의 영향도 받았다. 그의 『일본외사日本外史』(1829)는 미나모토에서 도쿠가와까지 일본 봉건주군을 연구한 것이지만, 본문 여러 곳에 들어 있는 논평은 자주 천황에 대한 충성심에 입각한 것이었다. 그 논평은 또한 인과에 대한 약간의 흥미와 올바른 행동에 대한 큰 관심도 보여준다. 그러나 사실의 정확성을 전반적으로 소홀히 하였으므로 그 역사적 가치는 적다. 산요는 학자로서는 사실 일류가 아니다. 그의 중요성은 오히려 그가 표한 입장과 사상에 있다. 그는 본질적으로 정치적·시사적인 면에서 의미가 있는

'손노'운동의 견해를 반영한다. 더구나 그는 그 후의 몇몇 주석가들에게서 기대할 수 있는 것보다 더 정확하게 그런 견해를 반영했다. 산요도 또 그 미토 동시대인들도, 그들 전에 『대일본사』의 저자들이 했던 것 이상으로, 봉건주의나 바쿠후를 비판하지는 않았다. 거기에는 미나모토가 권력을 잡게 되는 내용 같은 『일본외사』의 일부도 나오는데, 이것은 표면적으로 바쿠후를 옹호했던 아라이 하쿠세키의 작품과 아주 유사하다. 이 같은 그의 태도는 부분적으로는 의심할 나위없이 노골적 비판이 도쿠가와 관리들에 의한 벌을 가져올 것이라는 두려움에서 온 것이었다. 그것은 통상 그런 식으로 해석되어 왔다. 그러나 똑같은 정도로, 그것은 정치지도자들이나 그들의 역사가 동맹자들이 과거의 정치적 전통과의 완전한 결별을 적극적으로 모색한 것이 더 후기단계에 와서야 가능했던 사실을 강조하는 것이기도 하다. 일단 이들이 이것을 달성하게 되자 '손노'의 표어는 그 의미가 바뀌어 새로운 의미에서 황제 복위의 상징이 되었다. 그리고 다음 차례 이런 새로운 의미는 그 전의 저서에도 소급 적용되었다. 이렇게 라이 산요는 자신의 가치와는 전혀 어울리지 않게 지속적으로 영향을 미치게 되었다.

라이 산요와 함께 도쿠가와 역사학이라 할 수 있는 것은 끝났다. 왜냐하면 서구사상은 왕조의 마지막 수년 동안 처음으로 나타났지만, 그 영향은 근대 일본의 역사에 속하기 때문이다. 사서에 나타난 천황전통의 마지막 전개도 이와 마찬가지다. 그래서 우리는 이제 아라이 하쿠세키와 라이 산요의 저서에 대해 더 상세하게 살펴보려 한다. 다만 그 전에 전체 결론을 간단하게 제시하는 것이 좋을 것이다.

첫째로 당시 모든 역사가들은 중국사상과 중국사서에 의해 강한 영향을 받았다. 그것이 일본의 방법론과 해석에 언제나 그대로 응용되는 것은 아니었는데도 그렇다. 둘째로 역사가들이 표했던 입장은 사회신분과 정치적 관계와 밀접하게 연관되어 있다. 역사는 과거를 돌아보면서 현재의 당면문제에 해답을 찾으려는 것이며, 흔히 기존편견을 지지하기 위한 증거를 찾는 형식을 취한다. 의식적이나 무의식적으로, 작가들은 이런 관점의 해석을 연대기 형식에까지 주입했다. 마침내 그렇게 함으로써 그 중의 일부는 훗날의 학문이 역사서술의 '민족'학파로 변화하게 되는 기초를 근대 일본에 물려주었다. 지금까지도 그 중요성은 과거의 일본에 관한 우리 지식에 미치는 한 영향으로서 무시될 수 없는 것이다.

2) 아라이 하쿠세키

유학자 아라이 하쿠세키新井白石(1657~1725)는 역사가라기보다 정치가로 더 잘 알려져 있을 것이다. 그는 1693년 고푸甲府의 도쿠가와 주군의 신하가 되었다가 곧 그 주요참모 가운데 한 사람이 되었다. 그래서 그의 주군이 1709년 이에노부德川家宣라는 이름의 쇼군이 되자, 하쿠세키는 바쿠후 정책에 상당한 영향을 미치게 되었다. 1712년 이에노부가 죽자 그는 다시 그늘 속으로 사라지게 되지만, 관리로서의 그의 경험은 그의 사고방식에 영향을 주었다. 이런 배경은 그의 사서를 이해하는 데 관건이 된다.

역사가로서 하쿠세키의 명성은 주로 세 권의 책 때문인데[11] 이것은 그의 인생역정에서 각각 다른 시기에 만들어졌다. 첫째는 『번한보藩翰譜』

---

11) 세 권 책이 모두 『新井白石全書』제6권(東京, 1905~1907)에 들어 있다. 『藩翰譜』가 제1권, 『讀史餘論』이 제3권, 399~584면, 『古史通』이 제3권, 210~316면에 있다. 대부분의 儒者와 달리 이 세 권의 책을 일본어로 썼다.

로, 아직 고푸 주군의 유자儒者로 있던 1702년에 완성되었다. 이것은 당대 대 봉건가문들에 대한 역사연구이다. 각 집안이 순서대로 다루어지고, 특히 도쿠가와와의 관계가 강조되고 있다. 그러나 이것은 그 작품 가운데 가장 긴 것이지만 방법론이나 인생관에 대해서는 거의 보탬이 되지 않으므로, 이 논문에서는 상세히 다루지 않는다. 다른 두 권의 책은 더 중요하다. 『독사여론讀史餘論』은 1712년 하쿠세키가 쇼군에게 했던 강의의 초고로, 9세기 중엽에서 16세기 말까지 일본역사의 개요형식이다. 『고사통古史通』은 그가 은퇴한 뒤 1716년에 끝났는데, 일본 초기사에 주로 관심을 기울이고, 그 시대의 연구가 바탕을 두어야 하는 기록을 재조사하고 재평가하였다. 근대적 용어를 빌면 진실로 『고사통』은 지志로서 하쿠세키의 역사적 재능을 보여주는 예라 할 수 있는 반면, 『독사여론』은 오히려 탐구적 역사이다. 그 관심은 사실을 수립하기보다 오히려 해석하는 것으로 저사의 인생관과 사상을 논하는 좋은 출발점이 된다.

젊은 시절 하쿠세키는 로닌浪人, 즉 수천의 주군없는 사무라이 가운데 한 사람이었다. 이들 사무라이는 봉건주군들을 이리저리 옮기고 그 봉토를 몰수 혹은 재정리했던 도쿠가와 정책의 희생물이었다. 다른 이들처럼 그도 점점더 정체되어 가는 사회에서 자신에게 열려있는 몇 개 진로 가운데 하나를 택하여 유학자가 되었다. 그것이 기회가 되어 그는 고푸로 갔고, 그의 주군을 도쿠가와 쓰나요시德川綱吉의 계승자로 만들었다. 그리고 그는 출생 덕으로만 힘을 가진 사람들에 대한 유감을 완전히 버린 것은 아니었지만, 성공함으로써 기존의 질서를 지지하게 되었다. 바쿠후는 그에게 약간의 부와 명예를 가져다주었다. 그래서 바쿠후는 관리로서뿐 아니라 역사가로서의 그의 충성을 얻었다.

『독사여론』은 일본사에서 봉건귀족 계층의 역할을 옹호하는 것이라 할 수 있다.[12] 1권은 천황권위의 몰락을 다룬 것이다. 세쇼攝政직과 캄파쿠關白직 창설로 후지와라의 지배권이 궁정에서 확립되는 시대부터 시작하여, 봉건적 지배자들의 손에 마지막으로 권력이 넘어가던 14세기 남북전쟁시대에서 끝이 난다. 2·3권은 이 새로운 지배집단의 흥기, 그리고 미나모토源에서 호조北條·아시카가足利·오다 노부나가織田信長·토요도미 히데요시豊臣秀吉, 그리고 마지막으로 도쿠가와德川에게 권력이 계속 전이되는 과정을 그린다. 여기서 하쿠세키의 제일목적은 천황과 후지와라의 손에 있던 중앙집권력의 붕괴가 불가피하고도 당연하게 새 군사지배를 만들어내게 되었음을 보이려는 것이었다. 그에 따르면 그렇게 됨으로써만이 일본에 법과 질서가 회복될 수 있었다. 그의 두번째 목적은 쇼군의 새 가문 각각이 등장한 것은 그 전임자의 실수와 결점으로 인하여 불가피했음을 보이는 것이다. 이런 과정은 16세기까지 계속된다고 그는 주장한다. 이것은 도쿠가와에 와서 멈추는데, 그의 덕과 능력으로 그 전에 없던 안정성있는 지배체제를 구축하였다. 책이 여기서 끝을 맺는 것은 표면적으로 여기서 봉건귀족의 지배가 절정에 달하였기 때문이다.

그러나 바쿠후 옹호자로서 하쿠세키의 이런 모습에 유학자로서의 사고방식에서 나오는 다른 요소들을 더해야만 한다. 『독사여론』의 전체 목적이 유교적 의미의 가르침이다. 한편으로 이것은 이에노부德川家宣의 정치지침서로서, 역사로부터의 교훈과 피해야 할 실수를 지적한 것이다. 이런 점에서 이것은 도쿠가와 학자들이 가끔 그들 주군에게 일침을 가했던 훈계서의 일환으로 간주될 수 있다. 동시에 역사서술에서 상투적인 '칭찬과 비난[褒貶]'식의 도덕적 목적을 가진 것이었다. 예를 들어

---

12) 이 문제에 관한 것은 中村孝也의 우수한 논문, 「史家としての新井白石」, 『本邦史學史論叢』 2권(史學會, 東京, 1939), 963~972면 : 伊豆公夫, 『日本史學史』(개정판, 東京, 1947), 220~241면. 하쿠세키 사서에 관한 가장 세밀한 연구는 勝田勝年, 『新井白石の歷史學』(東京, 1939)인데 130~181, 278~285면에서는 특히 『讀史餘論』을 다루고 있다.

하쿠세키가 보기에 아시카가足利의 몰락은 정치적 무능과 함께 도덕의 타락 때문이었다. 또 노부나가와 히데요시 같은 사람들은 충성심과 효성이 없어 통치가문을 이루지 못했던 것으로 기록되어 있다. 어디에서나 그는 이런 유교적 함의를 내비친다. 실로 가끔 그는 중국식의 합법성과 '천명'개념을 그대로 일본역사에 적용하기도 하였다. 그는 이것을 황가 자체와 관련시키지 않고13) 그것을 압도하고 나타난 실권자의 계승에 관련시키면서, 나라를 통일하고 질서를 회복하는 쇼군은 통치할 자격이 있고, 그 행정력이 약해지면 그런 자격이 없어진다고 하였으며, 또 그런 능력을 가계의 전통과 덕성에 연결지우기도 했다. 하쿠세키의 특징은 도덕의 타락으로 무질서를 초래했다고 후지와라를 비난한 것이다. 그에 따르면 이 때문에 "천명이 덕을 가진 사람들에게 돌아갔다",14) 즉 봉건귀족 계층에게로 말이다.

그런 까닭에 『독사여론』은 하쿠세키의 봉건귀족적 배경은 물론 유학자로서의 소양을 담고 있다. 바꾸어 말하자면 그는 도쿠가와 관리로서 동시에 유학자로서 저술했고, 이런 사실이 책의 목적과 그 책의 성격 대부분을 결정하였다. 이런 점에서 그는, 그 능력과 폭넓은 관심이 다른 이들보다 탁월했지만 당대 다른 사람들과 거의 다르지 않았다. 그러나 연대기작가와 도덕주의자가 팽배했던 시대에 진정한 역사가로서의 그의 자질은 오히려 그 방법론에서 발견된다.

하쿠세키는 고전해설을 자신의 할 일이라 생각한 학문적 전통에서 결코 벗어나지 못하였다. 『독사여론』과 『고사통』 두 경우 모두 비평의 글은 서술의 한 부분이라기보다 삽입된 것이다. 그러나 다른 면에서 그

---

13) 14세기 북남조의 짧은 시기를 제외하고는 일본에는 황가가 하나뿐이었으므로, 중국에서와 같이 합법성 문제는 일어나지 않았다. 합법성의 바탕이 되는 중국의 이론은 일본역사학에 직접 영향을 미치지는 않았다.
14) 『讀史餘論』, 『新井白石全書』 3권, 541면.

는 또 하나의 깊은 전통을 버리는 쪽으로 기나긴 행보를 딛게 되었는데, 그것은 특히 『독사여론』에서, 당대인들이 [대부분 그 후계자들도] 한결같이 역사서술의 표준적인 수단이라 여겼던 엄격한 연대기를 탈피했던 것이다. 하지만 그가 말하고자 하는 사실 자체가 역사를 분절된 사건의 연속물로 다루는 기술을 제공하는 것이 아니라는 것은 사실이다. 어떤 유의 주제별 편제가 아니고는 인과관계를 효과적으로 파헤치거나 후지와라 권력의 붕괴와 봉건귀족 통치자들의 흥망을 분석할 수가 없다. 그래서 그의 방법이 목적에 적합한 것이 되었다. 그것은 일본에서조차도 완전히 새로운 것은 아니었다. 1673년에 완성된 봉건가문의 역사에 대한 야마가 소코의 역사책[『武家事紀』] 첫번째 3권은 전체구성에서 『독사여론』과 유사하게 연대기적으로 배열되어 있어서, 황실의 역사를 14세기까지 추적한 다음 봉건귀족 통치의 이야기를 적기 위해서 다시 가마쿠라 바쿠후 초기로 거슬러 올라간다. 하쿠세키가 시도한 시대구분 중 약간의 내용은 그보다 더 이른, 가마쿠라시대에 쓰인 후지와라 지엔 즉 지친慈鎭의 『우관초愚管抄』에 이미 보인다.15) 그러나 이런 작품이 하쿠세키의 생각을 다듬는 데 도움을 주었다 해도, 근대까지 줄곧 정치사가들에게 영향을 미친 한 형태로, 체계적인 일본사 시대구분을 만들어낸 이는 역시 하쿠세키 자신이다.

『독사여론』은 두 부분으로 되어 있다. 1권은 천황권력의 쇠퇴, 2권은 봉건귀족 통치의 흥기와 발전이다. 각 책은 다시 세분화된다. 황실의 역사에서 하쿠세키는 아홉 시기, 아니 아홉 전환의 단계를 설정하는데, 각각 정치적으로 그 전과는 아주 다른 특징을 가진 새 시대의 시작을 표시한다. 이것은 다음과 같이 요약될 수 있다. 첫째 단계는 실제 천황

---

15) 황제와 쇼군 사이의 관계에 대한 이 같은 입장에 대해서는 이 책, 로빈슨 & 비슬리, 「11세기에서 14세기까지 일본의 역사서술」, 355쪽 참조.

통치의 시대로 9세기 중엽에 끝난다. 둘째에서 다섯째 단계까지는 후지와라 지배와 은둔한 천황통치의 흥망이 이어지는 과정, 여섯째에서 일곱째 단계는 가마쿠라 바쿠후의 미나모토와 호조지배체제를 각각 다루며, 여덟째 단계는 1333년에서 1336년 사이 고다이고後醍醐가 잠깐 권력을 잡았던 시기, 아홉째 단계는 아시카가의 승리이다. 마지막에는 권력이 봉건귀족 계층으로 넘어가고, 황실은 하쿠세키의 손아귀를 벗어나게 된다. 그러나 봉건적 지배의 흥기를 추적하면서 그는 가마쿠라시대와 그 너머를 돌아볼 필요가 있었기 때문에 이에 관한 내용(2·3권)이 이미 서술했던 내용과 시기적으로 많이 겹친다. 봉건시대 연구에서 그는 다섯 부분으로 나누었다. 그 중 미나모토·호조·아시카가를 다루는 첫번째 세 부분은 시기적으로는 이 책 앞부분에서 행한 6에서 9단계에 해당하는 것으로, 이번에는 다른 시각에서 조명된다. 나머지 가운데 네번째 시기는 오다 노부나가와 토요토미 히데요시를 다루었다. 다섯번째는 설정은 되어 있으나 쓰이지 않은 도쿠가와시대다.

　이런 시대구분에는 근대학자들이 세부적으로 제기할 수 있는 그런 문제점은 제쳐놓고서도, 분명히 약점이 있다. 정치적 잣대에만 완전히 몰두했다는 것은 물론 놀랄 것이 못된다. 유학자 가운데 경제적 원인을 실제로 의식하고 있던 사람은 거의 없었으며, 이런 점에서 다른 많은 사람과 마찬가지로 하쿠세키 역시 그 시대의 산물이었다. 더구나 대부분 그 동시대 사람처럼, 그는 자신이 살고 있는 시대에 대한 언급을 피하는 조심성도 있었다. 그는 본질적으로 봉건적인 세계관을 가지고 있었지만, 봉건적 통치자들을 비판하기도 하였다. 그는 미나모토 요리토모源賴朝를 황실에 대한 태도 때문에, 또 히데요시를 토지개혁과 관련하여 비난하였다. 그러나 그는 도쿠가와 이에야스德川家康에 대해서는 비난할 만한데도 같은 잣대를 적용하지 않았다. 그러나 이런 것은 지식인이 갖는 부정직성의 가볍고 평범한 예일 뿐이다. 그 때문에 일본에서의 봉건적 통치가 그 불완전성에도 불구하고, 당연하고 불가피한 것이라는 그의 기본입장이 약화되는 것도 아니다. 예를 들어 아시카가 다카우치足利高氏의 행동은 도덕적으로 타락했을 때조차도 불가피한 것으로 보았다. 천황들도 또한 개인적으로 비난받은 것은 아니지만, 황실권위의 몰락에 대한 책임을 면할 수는 없었으며, 이로 인해 하쿠세키는 쇼군통치의 근거와 정당성을 마련하였다. 사실 바로 이것이 『독사여론』의 핵심이다. 그런 것을 위해 이 책의 시대구분은 아주 적합한 것이다.

따라서 『독사여론』에서 하쿠세키는 연호와 천황치세에 기반한 연대기적 체계가 중국의 것과 같은 정도로 일본사학에 부과했던 연보형식을 탈피하는 데 크게 성공하였다. 이렇게 그는 그렇지 않았다면 나타나지 못했을 뻔한 역사적 발전에 대한 자신의 인식을 보여주었다. 하쿠세키에게 역사는 단순히 단절된 사건들의 모음, 독자들의 도덕적·정치적 교화를 위한 이야기들의 무작위 수집물이 아니었다. 그것은 분석되고 설명될 수 있는 통시대적 어떤 방향을 갖는 것이었다. 그의 분석이 초보적이며 그 설명이 때로 자의적인 것도 사실이다. 아무도 그가 봉건적 지배를 정당화한 것이 자신이 연구한 사실이 아니라 그 사람 자신에게서 나왔다는 결론을 피할 수가 없다. 그러나 다른 한편 그는 적어도 한 가지 다른 종류의 위험을 벗어났다. 어디서도 그는 역사가 먼 옛날 황금시대로부터 계속 타락해 왔다든가, 혹은 광영光榮의 미래를 향하여 필연적으로 진보한다고는 하지 않았다. 그런 정도로 그는 사실성과 객관성을 달성하였다.

이런 점은 하쿠세키가 옛날 일본역사에 관심을 기울일 때 더 명백해진다. 『고사통』16)의 서문에서 그는 도쿠가와 역사기술에서 돋보이는 것으로, 이 [옛]시대 역사연구의 방법과 기술에 대한 한 견해를 옹호하였다. 그에 따르면 "역사는 사실에 맞추어 사건을 서술하고 그를 통해 사람들에게 교훈을 주는 것"17)이다. 이 말의 뒷부분은 유학자로서의 소양을 보여준다. 그리고 그 앞부분은 따로 떼어낸다면 학문적 저서의 서문에서 보통 볼 수 있는 의미 있는 희망 이상의 것이 아니다. 정확을 기하려는 것은 하쿠세키가 다른 사람과 공유하는 장점이다. 그러나 그가 돋보이게 하는 점은 정확을 기하는 방법에 관한 언급이다. 옛날 역사를 연구하는 데는 일본의 것 외에 중국과 한국의 기록을 봐야 한다고 그는 주장한다. 더구나 후대에 첨가된 주석들을 제거하여 원뜻을 복구함으로써 옛 연대기의 언어를 재조사하는 것이 필요하다. 마침내 이런 방법으로 '신의 숙명'의 논리에 의지하지 않고도 사건을 설득력 있게 설명할 수 있다. '가미神'는 신이 아니라 사람으로 다루어질 수 있고, 그 행동은 인간적이며 또 해명 가능하다.

『고사통』은 다른 많은 책처럼 서문에서 한 약속을 다 지킨 것은 아니지만, 가치가 없지는 않다. 18세기 국학자들은 많은 언어연구에서 그가 장려한 방법을 실천하였고, 또다른 사람들은 일본·중국·한국 기록들의 상관관계를 세부적으로 살피기 시작했다. 이런 점에서 하쿠세키는 오늘날에도 남아 있는 역사학의 한 분야를 개척한 사람이다. 그런데 신도神道의 부활에 따른 정치-종교적 요소가 이런 새 방법을 통해 그가 계획했던 '신의 시대'에 관한 합리적 재해석을 오랫동안 방해했다. 지금도 이 주제는 편견으로 둘러싸여 있다. 하쿠세키의 봉건사 연구는 방법이나 내용면에서 낡은 유물이 된 것이 사실이지만, 그가 그 전시대 역사연구를 위해 밝힌 원칙은 최근에 와서야 수용되어 완전히 적용되고 있다.

---

16) 『古史通』에 관한 논의는 勝田勝年, 『新井白石の歷史學』, 44~85, 262~268면과 中村孝也, 『史家としての新井白石』, 983~992면 : 淸原定夫, 『日本史學史』, 214~224면을 각각 참조.
17) 『新井白石全書』 3권, 212면.

3) 라이 산요

역사가로서 라이 산요賴山陽의 명성은 아주 철저하고 독창적인 역사 연구나 놀랄 만한 새로운 역사해석에 있지 않다. 오히려 산요가 그 당시 썼듯이, 새롭게 중요성과 의미를 얻기 시작한 예로부터의 사상과 감정을, 그 전 어떤 작품보다 더 강하고 설득력있게 표현한 한편의 작품에 있다.

그 작품은 1829년에 처음 발간된 『일본외사日本外史』로 다이라노平와 미나모토源의 군사력 장악에서 도쿠가와에 의해 최종적으로 평화가 정착될 때까지 일본 여러 무사가문의 흥망을 담으려 한 것이다. 그러나 밑바닥에 명백하게 흐르는 주제는 강력한 무사가문의 흥기는 그 자체로서 비극적이라는 것이다. 일본의 지배권력은 바르고 적절하게 천황에게만 속하는 것이므로, 여러 쇼군가문의 무력통치는 모두 불법적인 것으로 규정되었다.

물론 이런 견해는 별로 새로운 것이 아니다. 중세의 작품 『태평기』[18]는 천황을 향한 이 같은 충성심의 감정을 드러냈으며, 사실 『일본외사』의 많은 면이 『태평기』의 내용을 그대로 한문으로 옮긴 것이다. 미토水戶 역사학파의 저술은 거창한 『대일본사』 편집으로부터 후지타 유코쿠藤田幽谷・후지타 도코藤田東湖・아이자와 세이시자이會澤正志齋의 논문에 이르기까지 라이 산요와 같은 천황주의의 견해를 짙게 드러내고 있다. 더구나 산요와 미토학자들은 유교철학의 바탕을 공유하고 있었으며, 같은

---

18) 이 책, 로빈슨 & 비슬리, 「11세기에서 14세기까지 일본의 역사서술」, 353쪽 참조.

천황주의자이지만 모토오리 노리나가本居宣長같이 더 과격한 민족주의 국학자들과는 달리, 이들은 유교철학의 바탕 위에서 천황부활의 꿈을 정당화하려 하였다. 산요와 미토학자들은 다같이 뒷날 강한 정서적 함축성을 가지고 채택되게 되는 어휘를 사용했다. 충성의 의무[大義名分]와 민족의 본질[國體] 같은 단어들은 이들 작가들에 의해 처음 대중화되어 도쿠가와 후기와 메이지 초기에 그야말로 마력의 힘을 지니게 되었다.

그러나 『일본외사』는 미토저작들보다 훨씬 더 널리 읽혔다. 『대일본사』는 규모가 크고 양이 방대하고 접하기 힘들었으며, 또 예를 들어 아이자와의 유명한 글 『신론新論』은 당시에 개인적으로만 통용된 데 비해, 『일본외사』는 산요의 동시대인들이 특히 좋아했던 한문漢文체로 쓰여 오래 전부터 지식인들이 가까이하던 것이었다. 그 특별한 장점은 옛날부터 내려오는 감정을 동시대 독자들이 깊이 감동하고 수용할 수 있는 방식으로 표현한 데 있다.

조금 명성있는 유학자 집안에 태어나서-그 아버지 라이 슌스이頼春水는 아주 유명한 주희철학자였다-유교교육을 받은 산요는 자연히 자신이 가진 견해의 근거를 찾고 정당화하기 위해 유교적 사서에 주의를 기울였다. 그래서 그가 조심스레 말하기를 『일본외사』의 형식은 중국의 여러 봉건주군의 역사[世家]라 불리는, 사마천의 『사기』의 일부를 모형으로 하였다. 그리고 정말로 이 책의 기본주제는 주희의 『자치통감강목』에서 아주 크게 강조되는 것으로, '존왕尊王' 혹은 '황제를 존중하고 무력 통치자를 경멸한다'는 원칙을 일본사에 적용한 것으로 풀이될 수 있다.

더구나 『일본외사』에서는 무사가문이 언뜻 보면 '칭찬과 비난'이라는 관습적인 유교적 장치에 준하는 용어로 다루어진다. 황제, 특히 잃어버린 황권을 다시 찾고자 노력하다 좌절한 고도바後鳥羽와 고다이고後醍醐와 같은 황제들을 보좌한 가문은 선한 반면, 야비하게 천황의 정당한 기능과 권력을 뺏고 황위를 빈껍데기로 만든 가문은 모두가 나쁘며, 또 그 중에는 더욱 나쁜 인물도 있다. 미나모토 가문은 예를 들어 쇼군정부의 실제 원흉이므로 나쁘지만, 그 권력장악이 후지와라 통치의 절망적인 무능에 의해 어쩔 수 없었으며 당시 천황들 자신의 사치와 무능이 더해 가서 그런 과정이 불가피했던 것이므로 완전히 나쁜 것만은 아니다. 예를 들어 미나모토 요리요시源賴義와 요시이에源義家가 그렇게 나서지 않았더라면, 더 방자한 불한당이 온 나라를 혼동으로 몰아넣었을 것이다. 그러므로 이들 미나모토는 천황을 위해서도 좋은 일을 하였다. 그러나 너무 어리석게도 그런 공적에 적절한 보상을 받지 못하여, 그 후손 요리토모源賴朝는 그들 자신이 소외당했던 상을 다시 탈취해야 했던 것이다.19)

다른 한편 정말 나쁜 것은 호조北條가문이라 했다. 설혹 호조 야쓰토키北條泰時와 호조 도키무네는 제외하더라도, 이들 무리는 악마와 뱀과 같았다. 이들의 죄는 사실 아주 비천한 가문으로, 감쪽같이 무력시위의 난동도 부리지 않고, 미나모토 가문이 당당하게 가졌던 권력을 탈취했다는 데 있다. 이는 후지와라가 감쪽같이 은밀하게 황위의 당당한 권력을 빼앗은 것과 같다. 호조지배가 성공했기 때문에 완전히 정당화된다는 많은 전대 역사가들의 주장은 전적으로 무효이다. 호조 야쓰토키의 통치는 보통 하나의 본보기로 간주되지만, 그 가문의 죄상은 어떤 식으로도 속죄될 수가 없다. 실로 이른바 호조의 '선한' 통치는 그 전의 찬탈죄에 대한 비난을 막으려는 순전히 이기적 동기에서 이루어진 것이라고까지 산요는 주장한다.

---

19) 『日本外史』, 『大日本思想全集』 xv(東京, 1931), 25~27면. 미나모토에 대한 이런 해석은 『愚管抄』와 『독사여론』과 같은 그 전작품과도 아주 유사하다. 이 책, 로빈슨 & 비슬리, 「11세기에서 14세기까지 일본의 역사서술」, 355, 356~359쪽 참조.

호조 도키무네北條時宗의 경우에는 그가 몽골침략을 막아냈으므로 정말 "그 조상의 죄를 사하기에 충분하다"고 산요는 마지못해 인정한다. 실로 그의 방어전략-대규모의 다루기 힘든 배보다 작고 쉽게 작전이 가능한 배, 그리고 총 대신 칼을 이용하는-은 영원히 모범의 본보기가 되었다. 승리는 무기보다 사람에 의해 이루어졌다고 산요는 단언하면서, 약탈하는 외국인들이 대규모 전함과 총에 의해 겨우 격퇴되었다고 주장한[20] 당대의 아이자와 세이시자이會澤正志齋 같은 미토학자들과 결별하였다.

아시카가 가문도 나쁘다고 했다. 특히 아시카가 다카우지에 대해, 추락한 황실의 운명을 부활시키려 했던 고다이고를 거꾸러뜨렸을 때 저지른 악독한 행위를 두고 산요는 그를 개·양·여우·쥐로 불렀다.

이와는 달리 닛다新田가문은 선하다고 했다. 특히 틀림없이 손에 넣을 수 있었을 영달을 구하기보다 희망없는 황권을 지키려 했던 닛다 요시사다新田義貞가 그렇다고 여겼다.

그러나 가장 영광스러운 가문은 구수노키楠木가문이라 했다. 황권이 가장 약하고 가장 불명예스러울 때, 창궐하는 호조의 권력이 무서워 거의 모든 사람들이 외면할 때, 그것을 지키기 위해 목숨까지 내놓음으로써 구수노키 마사시게楠木正成는 가장 큰 충성과 영웅적 행위의 찬란한 모범이 되었다. 슬픈 일은 고다이고가 너무 어리석어 마사시게의 위대한 헌신에 걸맞은 칭호와 명예를 내리지 못하여, 사악한 다카우지가 권력을 잡아 황실의 역사에 오점을 남기는 길을 열어주게 되었던 것이다. 그러나 마사시게의 이력은 불행히도 빛을 보지 못하였지만 그 고귀한 충성의 예는 산과 강처럼 영원히 남을 것이라고 산요는 단언한다.[21]

---

20) 『日本外史』, 29~36면.
21) 『日本外史』, 37~44면.

물론 산요는 도쿠가와 가문을 공연히 비난할 수는 없었다. 무사정권을 몰아쳐 비난하는 데 도쿠가와 가문을 명시적으로 넣을 수가 없었기 때문에, 그는 이에야스家康를 두고 너무나 오랜 내란 끝에 나라에 평화를 가져왔다고 칭찬하고, 불운의 히데요시秀吉를 해치고 배반했다는 온갖 비난으로부터 그를 구하려 하였으며, 도쿠가와德川의 지배는 미나모토·호조·아시카가 혹은 산요가 전부터 비난했던 또다른 가문보다 더 합법적인 것이 아니라는 사실을 독자 스스로 추측할 수 있도록 하는 데 그쳤다.

이렇게 산요는 일본 과거에 대한 자신의 독특한 견해를 표명하면서, 정통유가의 '칭찬과 비난'의 틀을 이용하였지만, 정통유가의 방식으로 그것을 이용할 수는 없었다. 그런 방식으로는 그가 말하려 하는 주제가 간단하게 다루어질 수가 없었다. 그가 칭찬하고 싶은 사람들 대부분이 실패하고 또 일찍 죽은 반면, 심하게 비난한 사람들이 통치자로서 또 오래 지속하는 왕조로서 오히려 현저하게 성공을 했다면, 그는 '선한' 통치자들은 평화와 번영을, '나쁜' 이들은 혼동과 쇠퇴를 가져온다는 것을 밝힐 수가 없었다. 그래서 그는 도덕적 성격과 개인통치자의 행동 같은 상투적인 것이 아닌 역사의 다른 인과적 설명을 찾게 되었다. 이것을 그는 시세時勢·시운時運·세도世道 또는 세이正, '힘' 또는 '시간의 움직임'이라고 번갈아 부르는 사상에서 찾았다. 이것은 하천으로 쏟아져 내리는 물처럼, 그 앞에서 단순한 인간의 노력은 아무리 도덕적이고 고매하고 영웅적이라 하더라도, 무기력하다. 그가 영웅시한 사람들이 모두 실패하고 악한으로 치부하는 사람들이 성공한 것은 바로 이 저항할 수 없는 힘 때문이라고 그는 설명할 수 있었다. 무사계급이 처음 권좌에 오르고 황권이 몰락한 것은 기가 막힌 비극이지만, 시세 때문에 불가피하다.[22] 고도바와 고다이고천황은 황권을 회복하는데 실패하였는데, 이것은 바로 그 때 시세가 황권에 역행했기 때문이다.[23] 같은 이유로 선하고 충성스러웠던 닛다 요시사다는 실패하여 죽었고, 나쁘고 충성스럽지 못했지만 아시카가 가문은 힘을 얻어 지속적인 성공을 거둔 것 등은 불가피한 것이었다.[24]

산요는 어디서도 시세를 정확하게 규정하지 않으며, 아니면 그 무엇이 힘을 생기게 하며 또 소멸하거나 증가하거나 방향을 바꾸게 하는가 하는 것을 설명해 주지 않는다. 그러나 그는 그것을 과거의 유산 같은 것으로 본 듯하다. 즉 한 사람의 도덕적 행위가 아니라, 그 조상의 행위에 의해 생기는 힘 말이다. 그래서 요리토모源賴朝의 권력장악은 어쩔 수 없는 시세 때문으로, 윗대 조상 요리요시源賴義와 요시이에源義家가 유익한 봉사를 했는데도 마땅한 대가를 받지 못했으므로 그에 대한 적절한 보상으로 주어진 것이라고 한다. 고도바와 고다이고는 둘 다 그 조상들이 계속 무기력했기 때문에, 황권에 거역하는 시세 앞에서 어쩔 수가 없었다.

시세時勢는 아무튼 단순한 개인의 힘을 제한하는 것으로 역사에 영향을 미치며, 후대 역사가들이 발전시키고 더 다듬게 되는 한 사상의 유용한 씨앗이 되었다. 메이지 초기 문명사[25] 계통의 역사가들은 버클(G. Buckle)・기조(F. Guizot)・스펜서(H. Spencer) 등의 최신 실증주의 학파의 관점에서 일본의 과거를 설명하려 하면서 '시세'라는 용어를 사용하였다. 그리고 그들이 적어도 역사적 인과에 대한 새로운 견해를 표현할 수 있는 새 단어를 얻은 것이 산요가 쓴 모호한 개념들로부터라고 할 수 있다.

---

22) 『日本外史』, 12~13면.
23) 『日本外史』, 38~39면.
24) 『日本外史』, 48면.
25) 이 책, 서론, 32~33쪽.

그러나 사서로서 『일본외사』가 갖는 실제의미는 두말할 것 없이 그 안에 들어 있는 열정이다. 우리가 보기에는 많은 부분이 모호하고, 다듬어지지 않고, 역사적으로 부정확한 것 같지만, 도쿠가와 후기와 메이지 초기의 많은 사무라이에게는 잊힌 진실에 대해 심오한 가르침을 주는 표현으로 보였다. 1890년에 한 체임벌린(B.H. Chamberlain)의 말에 따르면[26] "이렇게 용납할 수 없을 정도로 무미건조한 책이 온 나라에 선풍을 일으켰다는 사실은 이해가 가지 않는다. 그러나 그것이 그랬다는 것은 문학의 묘미 중 하나이다." 진실로 체임벌린이 말했듯이 이 책은 분명히 "쇼군통치의 종말을 가져오는 데 적지 않은 기여를 했을" 뿐 아니라 이 책이 말하고자 했던 과거로부터의 도덕적 교훈은 그 후에도 다년간 일본인들에게 영향을 미쳤다. 극도의 충성심과 영웅적 행위의 한 전형으로서의 구수노키 마사시게楠木正成에 대한 숭배는, 특히 메이지시대에까지 잘 전해 내려왔으며, 산요의 무분별한 찬양과 더불어 1930년대에 부활된 것 같다. 실제로, 당시 매우 많은 잡지의 기사작자들은 '천황숭배' 같은 문제에 골몰하여, 『일본외사』에 나오는 마사시게 사건에 대한 눈물어린 동정과 산요의 무덤을 경건하게 순례하도록 하는 존경심을 적고 있다. 산요를 역사가로 보기 어렵다는 근대적 비판으로부터 그를 옹호하려 한 어떤 저자는 그가 역사과정에 미치는 경제적 요인에 대해 비상하게 예리한 통찰력을 가지고 있다고 단언하면서, 그 증거로 산요의 중국어 시 몇 개를 인용하는데, 거기에는 곡물과 가격이 스쳐지나가며 언급된다.[27] 또다른 작가는 스토우(Ernest Stow) 경이 그 작품의 일부를 영어로 번역하지 않았더라도, 또 그가 보스턴도서관의 명판銘版에 새겨진 산요의 이름을 보고, 그를 위대한 세계적 문학가의 반열에 넣지 않았더라도, 『일본외

---

26) B.H. Chamberlain, *Things Japanese*, p.257.
27) 中山久四郎, 「日本儒者賴山陽の史學」, 『本邦史學史論叢』 ii, 1037면.

사』는 의심의 여지없이 세상에 유명해지게 되었을 것이라고 단언한다.28)

산요는 역사가로서보다 시인으로 더 재능이 있었던 것 같다.29) 그러나 그렇게 좋은 역사를 일본인에게 선사한 것은 바로 그 시적인 재능 때문일 것이다.

---

28) 坂本眞山,「賴山陽と日本外史」,『歷史講論』 vol.v, no.7(1936), 121면.
29) '산요를 역사가로' 다루려는 대부분의 일본논문들은 그의 긴 중국어 시를 거추장스럽고 쓸데없는 것으로 취급한다. 그는 매우 일찍부터 중국어 시를 짓는 데 아주 능했다고 전해진다.

15.
시게노 야스츠구와 역사서술의 근대 도쿄전통*

누마타 지로(沼田二郎)

[도쿄대학교 사료편찬장, 조교수]

1) 서문

두 가지 형식의 역사서술이 메이지시대 초기에 쓰였다. 첫째는 물론 문명사론 또는 문화사 논문이다. 둘째는 문서검증의 고증학1)파의 작업에 기초한 것이다. 첫번째 것은, 당시 모든 다른 문화분야의 활동처럼, 서구의 작품에서 영향을 받거나 아니면 그것을 모델로 하였다. 그런 예가 후쿠자와 유키치福澤諭吉 혹은 다쿠치 우키치田口卯吉의 작품이다.2) 개

---
* 재미있는 이 논문은 원래 일본어로 쓰인 것인데 G.W. Robinson에 의해 번역되었다.
1) '考證'은 중국학자들이 유교고전에 대해 발달시킨 기교를 말하며, 역사작품에도 적용되었다.[이 책, 풀리블랭크, 「중국인의 역사비평-유지기와 사마광」, 236~238쪽과 드미에빌, 「장학성과 그의 역사학」, 249~250쪽 참조] 도쿠가와시대의 일본유학자들은 이 기교를 채택하여 널리 사용하게 되었다. 이것은 일본사학과 아주 밀접하여, 약간의 근대 사전편찬자들은 고증학을 그저 '역사연구'라고 번역한다. 그러나 더 정확하게 표현하면, '원본의 조사' 또는 '대조'가 된다. 고증목적은 역사서술에도 적용되지만, 원본 또는 초기 원문을 면밀하게 비판 검토함으로써 사실의 정확성을 기하려는 것이다. 거기서 발전하여 어떤 사건에 대한 상이한 기록을 비교하는 것도 포함하게 되었다. 이 글, 394~401쪽 참조.

인저술가마다 시각이 다르지만, 모두가 순수학문 연구를 넘어선 어떤 다른 목적을 가지고 있었다. 서구를 이해한다든가, 당시 긴박한 정치상황에 도움이 되는 지식—예를 들면 자유민권운동 같은 것—을 얻는다든가, 또는 서구 합리주의의 도입 등이다. 그래서 그들의 많은 작품이 서구의 역사서술이나 그런 서술에 바탕을 둔 책들의 번역물들이었다. 한마디로 그들의 사명은 학문연구보다 계몽이었다. 이 논문에서 필자는 위에서 말한 두번째 형식 일본전통의 발달만을 다루려 한다. 메이지 초기 한동안 이 전통은 바로 앞선 도쿠가와시대의 잔재 이상이 아니었다. 그러나 정부차원의 보조로 역사서술 작업이 추진력을 얻으면서 전통의 연구방법이 다시 전진하여 서구의 방법과 접합되고, 또 그런 것을 모방하면서 일본의 '학문적'학파의 [역사]연구와 역사서술이 나타나게 되었다.

정부의 역사 서술사업이 '학문적' 학파의 역사연구와 역사서술에 크게 기여한 점을 고려하여, 필자는 그런 정부의 사업과, 그 중심인물인 시게노 야스츠구重野安繹에 대해 주로 다루게 되겠다.

2) 메이지정부 보조에 의한 역사서술

메이지 새 정부의 임무는 궁극적인 일본의 근대화였다. 그렇다 하더라도 메이지 부흥의 정치적 변혁은 황제지배권의 '부흥'이라는 목적과 함께 시작되었으므로, 복고정신이 사실상 주된 이념으로 나타난다. 그 후 당연한 전개과정에서 이런 염원은 줄어들지만, 적어도 새 정부 초기에 실제로 상당히 강했다는 것은 집권정부의 기관으로 신저관神祇官과

---

2) 이 책의 서론, 32~33쪽 참조.

태정관太政官이 부활한 것에서 알 수 있다. 이들 기관에 관한 규정은 원래 8세기의 대보령大寶令에 마련되어 있었던 것이었다.

따라서 새 정부가 건립되자 바로, 내란에서의 군사작전이 끝나기도 전에, 정부는 국가사 집필작업에 착수했으며 그 명분은 『육국사六國史』의 속편을 만든다는 것이 틀림없었을 것이라는 것은 놀랄 일이 아니다.3) 다시 말하면 새 정부의 목적은 자체의 합법성을 강조하는 것이었다고 할 수 있다.

1869년 옛 화학강담소和學講談所4) 안에 '사료편집국사교정국史料編輯國史校正局'이 생겼다. 메이지천황은 총리인 산죠 사네토미三條實美에게 친필 명령서를 주어 역사서술의 계획을 수립하도록 하였다. 말하자면 이것은 『육국사』의 마지막, 일본『삼대실록三代實錄』 이후, 즉 887년 이후를 다루는 관찬사를 편찬하라는 지시였으며, 그 목적은 '군주와 신하 사이의 관계를 바로 세우고, 문명과 야만의 차이를 분명히 하고, 제국 전체에 도덕의 기준을 세우기 위한 것'이었다. 곧바로 이전 바쿠후학교였던 쇼헤이고昌平校5) 안에 국사편집국이라는 것이 생겼다. 당시 쇼헤이고와 다른 두 개 학교6)가 합하여 대학의 중심이 되었을 때, 이 사관史館도 대학 안

---

3) 『六國史』는 9세기에 끝나는 일련의 관찬사로 로빈슨이 이에 관한 논문을 썼다. 이 책, 로빈슨, 「초기 일본의 연대기」 참조.
4) 和學講談所는 바쿠후정부의 허가로 1793년에 塙保己一에 의해 江戶에 세워진 학교이다. 따라서 林집안의 관할 아래 있었다. 수업은 일본의 역사와 법이었다. 이 학교에서『塙史料』를 편집하였는데, 이 책에 관해서는 이 글, 396~397쪽 참조.
5) 昌平校는 원래 도쿠가와 바쿠후 안에 유교학파의 하야시 집안에 속하는 사립학교였다. 德川家光의 도움으로 林羅山이 1630년에 설립하였다. 처음에는 에도의 上野忍岡에 있었으나 뒤에 유시마로 옮겨갔다. 그런 다음 바쿠후가 직접 관할하였다.
6) 開成이 그 하나인데 이것은 蘭學 혹은 네덜란드 학을 연구하고 가르치기 위해 바쿠후가 1857년에 에도에 설립한 학교이다. 원래는 蕃書調학교라고 불렸는데, 1863년에 開成학교로 바뀌었다. 다른 학교는 의학교이다. 1857년에 네덜란드 의료법을 이용하던 의사들이 모여 에도에 '예방의학교'를 세웠다. 이것은 1860년에 바쿠후의 관할로 넘어갔고, 이듬해 '서양의 학교'로 개명되었다.

으로 편입되어 국사편찬을 도왔다. 이것은 역사서술의 상설관청으로서는 처음이었고, 이러한 것은 『육국사』가 편찬될 때도 없었던 것이다. 이 대학에서는 그 때까지 주역을 차지했던 중국학 연구가 일본학 연구와 결합되었거나, 아니면 오히려 일본학 연구 쪽이 강화되었다. 이 사관에서 역사편집을 맡은 사람들은 두 분야의 학자들을 다 포함했으나, 차츰 중국어 전통의 학자들이 역사서술 계획사업에서 우위를 차지하게 된다.

『육국사』의 속편을 만드는 작업을 시작하도록 결정이 났는데, 이것은 도쿠가와시대에 하나와 호기노이치塙保己一에 의해 화학강담소에 수집되어 '하나와 사료'로 알려진 것을 연대적으로 정리한 사료모음집을 기초로 하였다.7) 그러나 얼마 있지 않아 이런 작업은 중단되고, 많은 변화를 거친 뒤 1875년에 수사국修史局이 설립되고, 1877년에는 이것이 수사관修史館이 되어 거기에서 편찬을 전담하였다.

수사관에서는 네 가지 형태의 편찬이 이루어졌다. 첫번째는 북남北南궁정 그 후 시대의 사료와 황제계보 편찬을 포함하는 것으로, 가와다 츠요시川田剛가 관장하였다. 두번째는 도쿠가와시대에 관한 사료편찬으로 시게노 야스츠구가 전담하였다. 세번째는 『복고기復古記』와 『명치사요明治史要』의 편집이고,8) 네번째는 지방의 지지地誌편찬이다.

---

7) 하나와 호기노이치는 도쿠가와시대 후반의 국학자 또는 일본학 학자였다. 장님이었는데도 그는 일본문학과 역사를 연구하였고, 1793년에는 和學講談所를 세웠다. 1779년경에는 『群書類從[여러 시대의 많은 주제에 관한 많은 작품을 항목별로 요약한 것]』의 편집을 시작하였다. 그리고 1819년에 전체 670권이 발간되었다. 그밖에도 그는 많은 고대작품들을 수집하여 발간하였다. 『塙史料』는 『육국사』로부터 계속된 편집물이었다. 이것은 889년 이후시대의 자료를 연대순으로 놓은 것이다. 이 작업은 1806년에 시작하여 1861년에 중단될 때까지 계속되었다. 이 때 원고는 430분책이 만들어졌다고 한다. 그 중 일부가 현재 '사료편찬소'에 보관되어 있다.
8) 『복고기』는 慶應 3년(1867) 10월 10일부터 메이지 1년(1868)까지 시기의 기록을 연대순으로 나열한 것이다. 15권에 289장으로 되어 있다. 『명치사요』는 『복고기』와 같은 시점에 시작하여 1874년 12월까지 계속된 기록으로 연대순으로 배열한 것이다. 그 기록은 1882년까지 계속되어 부록까지 넣어 7권이다.

이런 조직 아래 편집이 이루어졌다. 이 작업이 만들어가고 있는 사료로부터 관찬사가 편집되어야 한다는 견해가 자연히 나타나 1879년 이후 점차 확고해졌다. 그러나 시게노와 가와다 사이에 넘을 수 없는 벽이 생겼다. 시게노는 관찬사를 집필하려 하였고, 가와다는 사료가 가능한 한 완성될 때까지 그것을 미루자는 것이었다. 그러다 1881년에 가와다가 천황 비서국으로 전근하였다. 이 때 수사관이 개편되어 시게노가 편집차장(편집장은 伊地知正治였다)이 되었고, 이 때 구메 구니타케久米邦武·호시노 히사시星野恒 등이 편집인이 되어 『대일본편년사大日本編年史』의 집필이 마침내 시작되었다. 이 때 『복고기』가 완성되었고, 족보와 지방사 작업은 천황 비서국과 내각으로 각각 이관되었다.

『대일본편년사』는 연보형식으로 중국어로 쓰여야 하며, 1392년에서 1867년 사이를 포함해야 한다는 계획이 수립되었으나 동시에 특수주제에 관한 10개의 논문도 싣기로 하는 조항이 만들어졌다. 1882년 1월에 세운 편집원칙은 다음과 같다.[9]

1. 대체로 『좌전』과 사마광의 『자치통감』[10]의 형식을 따르되 알맞은 수정을 가하며, 모든 노력은 사건의 전개를 보여주기 위한 것으로 한다.
2. 따라서 형식은 연보적이지만 꼭 연대순에만 집착할 필요가 없다. 인과관계를 명확하게 내보이고, 특수주제에 관한 사료는 따로 분리하여 모은다.
3. 나아가 행정제도 혹은 재정과 경제, 혹은 정치적 상황의 변화와 민중생활에 관한 주요사료는 가장 세심한 주의를 기울여 다룬다.

이 같은 원칙으로 볼 때, 연대기와 연보-지志의 두 가지 전통의 형식을 결합하여 일본사의 새로운 서술방식이 만들어졌음을 알 수 있다. 이

---

9) 『史料編纂始末』에 따르면 초고가 사료편찬소(도쿄대학 역사연구소)에 보관되어 있다.
10) 이 책, 반 데어 룬, 「고대 중국연대기와 역사개념의 성장」, 48~49쪽과 폴리블랭크, 「중국인의 역사비평-유지기와 사마광」, 226~237쪽 참조.

것은 아래에 서술하게 될 것으로, 서구의 역사방법론을 참고하려는 계획에 부합하는 것이었다. 그러나 그들은 새로운 시대요청에 부응하려는 마음도 있었음을 보여주지만, 아직은 일반적으로, 『육국사』·『본조통감本朝通鑑』·『대일본사大日本史』의 맥을 잇는 일본 안의 중국식 역사서술의 주류에 속한다.

이렇게 『대일본편년사』 편찬이 시작되어 시게노를 중심으로 하여 위에서 언급한 편집인 집단의 협력으로 계속되었다.[1893년 중단될 때까지] 이 작업의 초고 일부가 아직 도쿄대학의 '사료편찬소'에 보관되어 있다.

이상은 국가의 역사서술 계획의 시작과 발전약사에 불과하지만, 여기서 계획의 주모-주동자는 시게노 야스츠구임을 알 수 있다.

3) 시게노 야스츠구와 역사연구
-고증학 전통의 역사

시게노 야스츠구는 봉건시대 사츠마薩摩의 사무라이였다. 1827년에 그 영지의 한 하급 사무라이 가문에서 태어났다. 그 곳 영지의 대학 조시칸造士館을 다니고, 1848년 에도[현 도쿄]로 나와서, 쇼헤이고昌平校에 들어가 주희철학을 배우는 등 공부를 계속하였다. 아마 이 때 그는 고증학으로 알려진 자료검증의 학문적 전통에 접하게 되었으며, 그 후 이것이 역사가로서의 기본자질을 이루게 된다. 이 학교에서 7년을 배운 다음 에도의 사츠마에 있는 영주의 관사에서 봉토학교의 선생이 되었다. 1863년에 그는 가고시마를 폭격했던 영국 해군함대와의 평화협상을 위한 사자使者로 파견되어 가나가와神奈川에서 협상을 매듭지었다. 이듬해 1864년

시마즈 히사미쓰島津久光의 지시로, 『황조세감皇朝世鑑』이라는 역사책을 집필하였다. 1865년에는 『만국공법萬國公法』을 번역하고 주를 달았다.11) 유신이 있은 다음 1878년에 도쿄로 가서 새 정부의 문부성에서 일하였고, 그 후 태정관을 거쳐 수사국으로 들어갔다.12) 그러다 마침내 수사관이 세워진 뒤 그는 명목상으로는 편수부장관編修副長官에 불과했지만, 정부관할 아래의 역사집필의 실제책임자가 되었다.

이상이 시게노 야스츠쿠重野安繹의 이력이다. 따라서 역사에 대한 그의 지식과 입장은 선택의 여지없이 주희철학에 바탕을 둔 것이다. 그러나 그의 경우에는 도쿠가와시대 후반들어 발달해 온 고증학으로 알려진 학문전통의 영향도 더해진 것이다.

고증학은 중국에서도 한 근대적 현상으로 17세기 후반에서 19세기 초에 걸쳐 발달하였으며, 이 때 많은 학자들이 이를 이용하였다. 이런 문헌연구의 방법이 이미 일본에 들어와서, 17세기 후반부터 18세기 초에 걸쳐 중국고전 연구에도 쓰였으며, 또한 국학 [즉 일본역사와 고전문학 연구]분야에도 적용되었다. 그 결과 일본의 주제를 연구하는 학자들 가운데서 고증학 방법을 이용하는 사람이 많이 나타났는데, 그 가운데는 가리아 에키사이狩谷掖齋・오야마다 도모히코小山田倫彦・후지 데이칸藤貞幹 등이 있으며, 이들의 학문적 업적은 시게노 자신도 높이 기리고 있다.

도쿠가와시대 말기 일본의 중국학 연구는 그 시대 초반에 그랬던 것과 같은 사상과 철학의 연구가 아니라, 거의가 중국문학류 혹은 고증의 문헌학과 관련되는 것이었다. 그것은 아마도 쇼헤이고의 작업에 큰 영

---

11) 『만국공법』[중국어로 됨]은 중국에 온 미국선교사 W.A.P. Martin에 의해 중국어로 쓰인 국제법 책이다. 시게노는 그의 봉건주군의 명령으로 이 책을 번역하여 처음 세 권의 책이 1869년에 간행되었다.
12) 『重野博士史學論文集』 1권(東京, 1938). 역사에 관한 시게노의 논문집의 나머지 것은 이하 『論文集』으로 명명한다.

향을 미쳤을 것이다. 사실 고증학파는 19세기 중엽경에 이르러 굉장한 발전을 이루었다. 시게노 자신이 지적하고 있듯이13) 고증학 열풍은 바쿠후의 학자-관리나 봉신들보다는 그럴 시간과 여유가 있는 독립된 로닌浪시영주 아래에 예속되지 않은 사람이나 부유한 시민들 사이에서 일어났다. 이것은 이 같은 사회분야로 파고들어 에도와 또다른 대도시의 문화풍토와 밀접하게 연계될 수 있는 그런 유의 학풍이었다. 시게노는 오랫동안 에도의 쇼헤이고에서 공부하면서, 그 곳 도시의 문화생활에 접하였고 당시 유행하던 고증학의 영향을 받게 되었다.

더구나 도쿠가와시대 말기의 강렬한 외세배척(攘夷)의 풍조 속에서, 시게노는 영국과의 평화협상을 맡고『만국공법』을 번역 주해하였으며, 이런 경험이 그로 하여금 중국학 학자로서는 비교적 새로운 분위기라 할 수 있는 것에 접촉하게 한 것으로 볼 수 있다.

또 위에서 말했듯이 시게노는 사츠마에서 역사를 편찬한 약간의 경험을 갖고 있었다. 1864년에 그 곳 영지의 시마즈 히사미츠가 연보사를 편찬하였으나, 그 일을 전담한 것은 시게노였다. 그 후 그 역사책은『황조세감皇朝世鑑』이라 불린다. 이것은 짐무천황에서 기원후 1393년까지의 일본사이다. 필자는 히사미츠가 왜 이런 일을 벌였는지, 또 작업의 진척과정이나 시게노의 역할 등에 대해서는 관여하지 않고,14) 다만 원래의 동기가 사마광의『자치통감』을 본떠서 일본의 연대기 역사를 적는 것이었으나, 실제로는 도쿠가와시대의 작품으로, 사료가 연대기[本紀]·전기와 지로 배열되어 있던『대일본사』를 연대기 순서로 재서술하는 것으로 끝났다는 점만 밝혀둔다. 1865년 말 41권의 초고가 완성되었다. 시게노

---

13) 1890년에 발표된 重野安繹,「學問は遂に考證に歸す」,『論文集』i, 35~46면) 참조.
14) 이 문제에 관해서는 大久保利謙의 논문「島津家編纂皇朝世鑑と明治初期の修史事業」,『史學雜誌』vol.I, no.12, 1~45면 참조.

는 작업을 시작했을 때 연대기적으로 자료를 배열하였는데,『대일본사』 같은 편제의 작품에서는 정보를 얻기 위해서는 여러 곳을 찾아보아야 하는 불편함 때문이었다. 이 같은 이유로 그는 뒷날『대일본편년사』를 집필할 때도 같은 형식을 택하게 되었다.『황조세감』집필에 협조하면서 그는『대일본사』를 완전히 통독하였고 그 과정에서 몇 가지 결점을 깨달았다. 훗날 그는 그 내용을 체계적으로 검토하여 마침내 작품을 전체적으로 비판하게 된다.

1869년 정부의 역사 집필사업이 시작됐을 때, 원래는『육국사』가 끝난 곳(887)에서 뒤를 이으려 했다. 그러나 1881년 집필되기 시작한『대일본편년사』는 1392년부터 시작된다.15)『육국사』를 이으려던 계획이『대일본사』의 속편으로 바뀌게 된 것이다. 그 이유는 물론 그 범위의 철저한 비교 검토와 서술 등으로 보아『대일본사』는 당대 최대업적으로 간주되었고, 칙령에 의해 집필된 작품과 동일한 서열의 것으로 평가되었기 때문이다. 그러나 위에서 말했듯이 고증학적 방법에 바탕을 둔 문헌연구는 메이지 이전시대에 상당히 발달하였다. 예를 들어 당시작품『하나와사료塙史料』는 너무 수준이 높아 그 일부분을『대일본사료大日本史料』가 발간 편집될 때, 그 안에 그대로 옮겨 베낄 정도였다. 그래서 시게노와 그 동료편집자들은『대일본사』를 따른다고 공언하면서도 그대로 모방하지 않고 비판적 방법에 준한 자신들의 모형을 따랐다.

시게노 자신은 특히 도쿠가와 후기의 고증학파의 영향을 받았으므로, 그런 학풍을 중시하였고, 뒤에는 모든 학풍은 고증학이 되어야 한다고 주장하기에 이르렀다.16) 그래서 연구를 계속할수록『대일본사』의 내

---

15) 사실 이 때 그는 1392년보다 조금 빠른 1318년부터 시작하였다. 이 시대에 관한『대일본사』의 내용을 살피고 연대순으로 내용을 정리하였다.
16) 重野安繹,「學問は遂に考證に歸す」,『論文集』 i, 35~46면.

용에 비판적이었다. 그에게 주로 비판의 기반을 제공한 것은 수사국-즉 뒷날의 수사관修史館-에 의해 수집된 자료와 그에 대한 연구였다. 관찬사 집필의 준비작업으로 이런 관청이 모은 사료를 연대순으로 하고 '사료'라 이름하였다. 이를 위해 기회가 되는 대로 고대의 문서와 그 이외의 것들을 찾아서 모음집에 더하였다. 이런 작업은 1885년부터 특히 대대적으로 이루어졌고, 1886년에서 1888년 사이 시게노와 그 동료들은 일본전역을 돌아다니며 문서를 모았다. 이렇게 수집된 고대문서와 또다른 증거물들은 이미 수용된 내용을 검토하고 잘못을 고치는 데 이용되었다. 이런 새로운 종류의 재검토는 일본대 편년사고의 편집이 시작되었을 때 나타난 것이다. 새로 찾아낸 1차사료와의 대조를 통해『대일본사』뿐 아니라 그 전의 사서의 오류도 찾아 고칠 수 있게 되었다. 그 결과 수사관에서 이루어진 고증학 연구의 결실은 많은 사람들의 주목을 끌기 시작했다.

그 이유는 연구가 진척될수록 시게노와 그 동료들이 그 전 모든 사서에 개재되었던 의도적 목적을 버리고, 객관적 사실을 찾으려고 하는 객관주의 입장을 취하기 시작했기 때문이다. '군주와 신하 사이의 관계 정립'이라는 도덕적 목적은 물론『대일본사』뿐 아니라 메이지 역사집필 사업을 처음 시작한 정신에도 관련이 있다. 그러나 시게노와 그 동료들의 활동은 전대 역사적 사고를 지배해 온 계도적 혹은 도덕적 역사를 거부하고, 말하자면 역사 혹은 학문을 정치와 도덕에서 분리시켰다고 할 수 있겠다. 이런 면에서 가장 적극적인 인물이 시게노, 그리고 그 아래 있던 구메 구니타케久米邦武와 호시노 히사시星野恒였다. 시게노는 "역사를 쓰는 사람은 공정하고 편견없는 마음을 가져야 한다"고 말했고,[17]

---

17)　重野安繹의 논문제목은 다음과 같다. 「史學に從事する者は其心至公至平ならざるべからず」, 『論文集』i, 1889, 30~32면.

구메는 "역사에서 낡은 계도[권선징악]적 전통을 없앱시다"라고 했는데,[18] 이것은 그들의 새로운 입장을 아주 명백하게 밝힌 것이다. 그래도 한두 가지 그들 활동의 실례를 여기서 들어보자.

이미 1873년에서 1874년에, 가와다 츠요시川田剛는 「일본외사변호日本外史辯護」라는 논문을 썼는데, 거기서 그는 라이 산요의『일본외사』를 비판하였다.[19] 1884년 시게노는 도쿄에서 "현재 알려진 많은 역사내용이 실제로는 잘못된 것이라는 판단"이라는 주제의 강연을 하면서[20]『일본외사』를 비판하였는데, 그 후에도 그는 계속 새로운 자신의 견해를 세상에 알리게 되었다. 특히 구메 구니타케는 모든 문제에 새로운 시각을 과감하게 제시하였다. 그리고 1891년에 그가 「신도神道는 제천祭天의 고속古俗」이라는 논문을 냈을 때[21] 사방에서, 특히 신도주의자와 민족주의자들에게 공격을 받아 대학을 떠나게 되었다.

그러나 시게노가 고지마 다카노리兒島高德의 존재를 부인하여 역사기술에서 그를 뺐을 때, 강한 여론이 일었다. 고지마 다카노리는『대일본사』에서도 남조의 충신으로 적혀져 있으며, 원래는 유명한『태평기太平記』에 나온다. 그러나 시게노는, 고대문서와 기록들을 연구한 결과, 고지마를 실제인물로 볼 수 없다는 결론을 얻고는『대일본편년사』에서 그를 삭제하였다. 이 섬에서 그의 연구는 구메 구니타케를 원용한 것 같다.[22]

---

18) 여기서 구메 구니타케는 논문제목을 이같이 했다. 「勸懲の舊習を洗ふて歷史を見よ」(1891), 『史學雜誌』 ii, no.19, 1~17면.
19) 大久保利謙, 『日本近代史學史』(東京, 1940), 253면. 『일본외사』에 대해서는 이 책, 비슬리 & 블래커 「도쿠가와시대(1603~1868) 일본의 역사서술」, 381~388쪽 참조.
20) 『論文集』 i, 9~19면 참조.
21) 이 논문은 1891년도『史學雜誌』에 나와서 논쟁거리가 되었다. 1888년에 역사편집 작업이 제국대학으로 이관되었을 때 시게노와 구메는 교수가 되었다. 그러나 구메는 이 논문 때문에 교수직을 떠나야만 하였다.
22) 大久保利謙, 『日本近代史學史』, 254~255면. 이 문제에 관한 구메의 연구는 1882년에서 1884년 사이에 이루어진 것 같다.

그런 사정은 어떠하든, 1890년 시게노가 '고지마 다카노리의 연구'라는 제목으로 강연을 하면서[23] 자신의 입장을 많은 사람 앞에서 밝혔을 때, 광범한 주의를 끌었다. 이밖에도 여러 다른 논문을 내어 과거의 잘못된 시각을 수정하고 전통사료의 가치를 부인하였다. 이 때문에 세인들은 그에게 '삭제削除박사'라는 별명을 주었고, 고지마 다카노리 문제는 그의 가장 유명한 업적이 되었다.

이런 예들을 통해 시게노와 구메가 고증학에서 도출한 것에 기반한 사료비판과 연구의 작용을 볼 수 있다. 이런 방법이 가지는 극도의 엄정함과 세밀함은 근대 서구역사가들이 연구에 응용하는 사료비판과 유사한 점이 있다. 이런 방법으로 무장하여 시게노와 그 동료들은 연대사 편찬작업에 본격적으로 착수하였다. 게다가 이런 그들의 연구의 결과를 합하여 그들은 1890년 도쿄제국대학에서 『국사안國史眼』을 발간하였다. 이 책은 일본사 교육의 지침서가 되었으며, 오랫동안 대학교재나 일본사 교육의 다양한 분야에서 한 준거로 이용되었다.

이상으로 수사관에서 시게노와 그 동료들이 고증학 방법에 기초하여 쓴 작품을 간단히 소개하였다. 그러나 동시에 이들은 서구의 역사방법론에도 관심을 가지기 시작한 것 또한 사실이다.

4) 서구 역사방법론에 대한 시게노의 관심의 성장

시게노는 비교적 일찍 서구 역사방법론에 대해 관심을 기울였다. 그러나 그것은 앞부분에서 말한 사료의 검토와 비판에 관한 그의 입장이

---

23) 重野安繹,「兒島高德考」,『論文集』ii, 577~590면.

아니라, 오히려『대일본편년사』에서 그가 썼던 서술형식에다 서구의 방법을 원용하려는 것이었다. 이것은 아마도 [초기 메이지시대에 적용되는 용어인] '문화의 계몽시대'가 시작된 다음 알려진 '문화사'의 경향에서 나타난 것이거나, 아니면 정말로 더 일반적으로 당시 광범한 서구문명의 영향에서 나타났을 것이다. 이미 1875년 5월에 수사국에서 '태정관'에 제출된 서류에는, 수사국의 작업에 관해 다음과 같은 내용이 들어 있다.

> 서구의 역사기록 형식은 편년체의 배열에다 사건의 인과관계를 합한 것입니다. 때로 논쟁점이 소개되고, 때로는 지도·도표·통계 등도 있으며, 개요가 한 눈에 들어오도록 작업이 진행됩니다. 그래서 우리가 앞으로 편집할 때도 표제는 우리의 편년체로 나열하고, 때때로 사건의 원인과 전개과정에 대한 설명도 조금 넣고, 지리를 설명할 때는 지도도 넣어야겠습니다.[24]

오쿠보 도시아키大久保利謙 교수가 지적하고 있듯이,[25] 이 문서는 시게노가 초안한 것으로 생각할 수 있다. 1879년 12월에 도쿄에서 했던 "국가사 편집방법에 대하여"라는 강연[26]에서도, 시게노는 거의 똑같은 의견을 표하였다. 시게노는 물론 유럽의 언어를 읽을 줄 몰랐으나, 번역작품을 통하여 서구 역사작품을 접할 수 있었다. 예를 들어 그는 '태정관'에 의해 번역된 크라세(Jean Crasset)의『일본교회사(Histoire de l'église du Japan)』[27]는 물론 중국어로 된『보불전쟁사普佛戰爭史』[28]도 읽었다. 그 중에서도

---

24) 사료편찬소 안의『史料編纂始末』.
25) 위에서 언급된『史學雜誌』i, no.12, 1~45면에 있는 그의 논문.
26)『論文集』i, 1~8면.
27) 1878년에 '일본교회사'라는 제목으로 '태정관'에서 번역 출간하였다. 원서는 1689년에 파리에서 발간되었으나, 이 번역본은 1715년 2판을 보고 한 것이다.
28) 이것은 王韜가 저술했다. 장충량이 구어체로 바꾸어 1871년에 발간되었다. 일본에서는 1878년과 1887년에 발간되었다.

가장 크게 영향을 준 것은 문세이(Augustus H. Mounsey)의 『사츠마반란(Satsma Rebellion)』인 것 같다.29)

사츠마薩摩 반란이 끝난 직후 1877년 12월경 수사관은 반란에 관한 사료를 모으기 시작했으며, 편집규칙이 이듬해 4월에 마련되었다. 이런 과정을 거쳐 『서정시말西征始末』이라 이름한 작품이 만들어졌다. 바로 이때 젊고 재치있는 언론인이며 지식인인 쓰에마츠 겐조末松謙澄라는 사람이 주영 일본공사관 서기가 되었다. 1878년 2월 수사관은 영국과 프랑스의 역사방법론에 관해 조사하도록 그에게 부탁하였다.30) 그들이 그에게 부탁한 말은 간단하게 다음과 같다. 『육국사』 이래 대부분 일본사서는 연보형식으로, 치세와 황제의 말과 행동을 연대순으로 적는다. 『대일본사』에 이르러서야 사료가 연대기〔本紀〕·전기·지의 형식으로 정리되었다. 정부·정치·행정제도와 전쟁에 관한 중요한 사실이 그 안에 기록되지만, 일본이나 중국 어디서도 나라 경제의 추이를 한 전체로서, 사회와 종교적 관습의 변화나 이러한 사태의 인과, 또는 대부분 사람들의 생활상 등을 충분하게 묘사하지 못하였다. 때문에 유럽의 역사서술 형식을 조사하여 아는 것이 필요했다.

영국에 도착한 쓰에마츠는 영국의 역사가 제르피(George G. Zerffi)를 찾아가 『역사과학(The Science of History)』을 쓰도록 간청하였고,31) 1879년에 책

---

29) 필자는 Mounsey의 전기에 관한 상세한 정보를 발견할 수 없었다. 그러나 다음의 사항은, 필자의 친구로 네브레스카대학의 조교수인 Robert K. Sakai 씨의 친절한 소개를 통하여 국회도서관의 Edwin G. Beal 씨의 도움을 받았다. 문세이는 영국의 외교관으로 여러 곳에서 일한 뒤 1876년에 주일 영국공사관에서 서기로 임명되었다. 1878년에 아테네로 전근하였다. 1881년 4월에 콜롬비아의 영국공사가 되었다가 이듬해 보고타에서 죽었다. 그는 왕립지리학회 연구원이었으며, 지금 논의되는 책 외에도 재미있는 A Journey through the Caucasus and the interior of Africa(1872)를 썼다.
30) 『史料編纂始末』.
31) 쓰에마츠가 제르피(1821~1892)에게 부탁한 1879년 3월 6일자 편지는 책 첫머리에 나와 있다. 제르피는 헝가리 망명객으로 런던에서 교수생활을 하고 있다. Dictionary of National

이 완성되자 그것을 수사관으로 보냈다. 그 전에 문세이의 『사츠마반란』이 영국에서 발간되었는데,32) 아마 쓰에마츠가 그 판본을 수사관으로 보냈을 것이다. 수사관은 바로 이 책을 번역하였을 것이며, 3권으로 된 『사츠마반란기薩摩反亂記』로 불리는 번역초고가 아직 '사료편찬소'[역사연구소]에 보관되어 있다.

같은 해 제르피의 책이 완성되어 쓰에마츠에 의해 일본으로 보내지자, 수사관은 당대 유명한 학자인 나카무라 마사나오中村正直에게 번역을 부탁하였다. 나카무라는 너무 바빠서 완성하지 못하고 일부만 하고 중단하였는데, 마침내 1887년 사가 쇼사쿠嵯峨正作에 의해 완성되었다. 『사학史學』이라 이름하는 이 책은 '사료편찬소'에 보관되어 있다.

제르피의 책을 간단히 말하면 773면의 큰 책으로 7장으로 되어 있다. 첫 장은 사학에 대한 서문으로 사학의 성격, 그리고 그야말로 역사가에게 참고가 되는 항목들로 이루어져 있다. 2장은 오리엔트와 그리스 고대사, 3장은 그리스, 4장은 로마, 5장은 기독교, 6장은 중세, 7장은 근대이다. 각 장은 그 주제에 관한 문화사 일반을 다루고 있다. 또 각 장은 관련된 시대의 역사서술에 관한 약간의 설명과 논점도 포함하고 있다. 이 책은 당시 서구역사 연구의 적합한 모형이 되었다.

영국사 진공자인 고故 이마이 도시키今井登志喜 교수는 이 책의 내용을 다음과 같이 비판하였다.33)

고대사에 관해서는 상세하지만, 중세와 그 이후의 시기에 대한 것은 소략하다. 특히 가장 진보된 19세기의 역사연구의 주제에 관해서는 너무 간단

Biography xxi, pp.1323~1324 참조.
32) 『사츠마반란』의 머리말은 1879년 2월 28일자고, 제르피의 책은 1879년 10월 15일자다.
33) 今井登志喜,「西洋史學の本邦史學に与えたる影響」,『本邦史學史論叢』 2vols., ii(東京, 1939), 1439~1469면.

하여 주제에 관한 만족할 만한 소개라 하기도 어렵다. 예컨대 영국을 다루면서 저자는 당시 그린(J.R. Green)의 『영국민중소사(A Short of the English People)』 같은 최근의 작품은 언급하면서도, 독일과 프랑스에 대해서는 고대사와 관련하여 쿠르티우스(E. Curtius)와 몸젠(T. Mommsen)을 말할 뿐이며, 19세기 역사학에 관해서는 니버(B.G. Niebuhr)·랑케(L.v. Ranke)·지벨(H.v. Sybel) 같은 이름을 열거만 하고 있을 뿐이다. 트라이취케(H.v. Treitschke)·부르크하르트(J. Burckhardt)·쿠랑쥬(F.de Coulanges)·모노스(G.J.J. Monos) 같은 사람들은 아예 입에 올리지도 않았다. 또 중국·일본은 물론 인디아에 대해서는 비교적 풍부하나 아마도 이것은 일본학자들에게 영합하기 위한 것으로 보이며, 역사의 편집과 편찬에서 독일·프랑스나 영국작품에 관한 설명은 없다. 따라서 이 책은 쓰에마츠가 원했던 것에 부응하는 것이라고 할 수 없다.

더구나 이마이 교수에 따르면, 제르피는 독일역사학을 높이 평가하여 수사관이 원했던 영국과 프랑스의 역사방법론에 대한 것을 충족시키지 못하였다. 이렇게 이 책은 균형이 맞지 않다. 그러나 쓰에마츠의 부탁으로 여섯 달만에 쓰인 것을 감안하면 어느 정도 소홀한 것은 불가피했다고 할 것이다.

쓰에마츠는 이 책을 쓰도록 부탁했을 때, 책이 취해야 할 형식에 대해 열두 가지 조건을 수립하였다. 이것이 '지시사항'으로 쓰에마츠가 청탁한 편지와 함께 부록으로 달려 있다. 이 조건을 위에서 개요를 소개한 수사관이 쓰에마츠에게 보낸 청탁편지와 비교해 보면, 쓰에마츠의 지시사항은 사실 수사관의 요구와 거의 일치하지만, 역사의 개념에서 둘 사이에 약간의 차이가 있음을 알 수 있다. 또 쓰에마츠가 자신의 견해를 덧붙이고 있음도 드러난다. 예를 들어 철학적 역사서술 혹은 역사주의 문제를 다루어 달라는 부탁 등이 그것이다. 한 마디로 쓰에마츠의 생각은 당대 '문화사' 저술가들과 유사한 것 같다.

제르피의 책은 런던에서 3백 부가 인쇄되었다. 그 중 1백 부가 도쿄로 우송되어 늦어도 1880년 초에 도착한 것 같다. 이미 말했듯이 수사관은 그것을 번역하였고 널리 보급하려 하였으나 이런 계획은 영영 실현되지 않았다.

시게노나 다른 사람들이 어느 정도로 이 책을 읽고 섭취를 했는지는 모른다. 그러나 '국사편찬의 방법에 대하여'라는 강연에서 그는 "우리는 나카무라 마사나오中村正直에게 번역을 부탁했습니다. 그리고 그것이 나오면 나는 그것이 참 유용한 참고서가 될 것이라 생각합니다"라고 하였다.34) 더구나 수사관은 당시 예산규모로 보아 아마도 상당한 액수가 되는 돈을 그 발간을 위하여 썼다. 또 번역본으로 현존하는 『사학』의 많은 쪽수가, 수정과 삽입을 거친 것으로, 그 책에 대한 기대와 그에 대한 상당한 양의 연구 두 가지 모두를 증명하고 있다.

시게노는 이렇게 서구역사학에 굉장한 관심을 갖고 있었다. 그러나 나는 그가 가장 큰 자극을 받은 것은 문세이의 『사츠마반란』이었던 것으로 생각하고 싶다. 사츠마 출신으로 '사이고'까지 잘 알고 있던 사람으로서, 그가 '사이고'의 반란에 큰 관심을 가졌을 것이라는 것은 당연하다. 그래서 굉장한 열의로 『서정시말』의 집필에 손댄 것이 분명하다. 그리고 그런 이유만으로도, 당연히 그는 같은 주제를 다룬 다른 작품에도 큰 관심을 가졌을 것이다. '국사편찬의 방법에 관하여'라는 강연에서 그는 다음과 같이 말한다.

> 이 책[문세이의 『사츠마반란』]은 바쿠후와 봉신에 대한 설명으로 시작한다. 그 다음 '사이고'와 그 일당에 의해 바쿠후가 무너지는 배경을 다룬다. 그 다

---

34) 『史料編纂始末』에 따르면, 이 시기 修史館의 1년 회계는 3만 엔 정도였다. 그리고 쓰에마츠가 영국으로 갔을 때 수사관은 이 책과 관련된 비용으로 그에게 1천5백 엔을 주었다. 더구나 책이 인쇄되자 그들은 [저술과 인쇄비로] 또 348파운드를 주었다. 다시 번역비로 591엔을 더 주었다.

음엔 언제 '사이고'와 그 일당이 처음으로 새 정부에 불만을 느끼게 되었는가 하는 문제, 그리고 반란의 첫번째 씨앗이 잉태되는 배경을 논한다. 반란의 과정 자체는 윤곽으로만 그려지고, 반란 이후의 정치적 상황과 반란이 여론에 미친 영향 등을 상세하게 다룬다. 각 개별추측이 정확한지 아닌지 하는 것은 의문의 여지가 있으나, 그런 점에 주의를 기울임으로써만이 우리는 진실에 도달할 수 있다. 『일본교회사』와 다른 서구의 사서는 유사하다. 사실의 서술로 일관하는 일본과 중국의 역사와는 달리, 서구의 역사는 원인을 캐고 경과를 생각하며, 주제에 대한 상세한 설명과 그와 연관된 당시의 상황도 생생하게 묘사한다. 서구인들이 가진 형식과 방법은 우리에게도 의미가 있는 많은 점들을 구비하고 있다는 것은 의심의 여지가 없다.

이런 것이 시게노가 서구사서의 방법론에서 느꼈던 관심이다. 그러나 인과를 밝히고 주제를 상세하게 설명하며, 여러 시대의 상황을 생생하게 묘사하고 싶은 마음은 있었지만 중국어로 『대일본편년사』를 쓰도록 책임을 맡았을 때, 실제 적용에 굉장한 어려움에 부딪쳤다. 『서정시말』에서까지도 상세한 설명은 주로 전쟁 자체의 연대기적 내용에서만 이루어지며, 『사츠마반란』에서 그가 그렇게 높이 평가한 서술방법을 적용했다고는 보기 어렵다.

따라서 서구사서의 방법론을 배우고는 싶었지만, 그가 쓴 사서에는 그런 흔적을 보기 어렵다. 무엇보다 『대일본편년사』에서 특히 그렇다.

5) 고증학과 서구 역사방법론 사이의 접합
— 일본 근대역사학의 출현

1878년에서 1887년 동안 시게노와 수사관의 또다른 학자들이 서구의 역사방법론을 배우고자 하였으나, 마음뿐이었지 『대일본편년사』의 방법과 형식 그 어느 것에도 영향을 주지는 못하였다. 그러나 서구 역사방법론을 수용하려는 목적의 실현은 동시대의 다른 방향으로부터 이루어졌다. 1887년 독일학자 리쓰(L. Riess)[35]가 도쿄제국대학 문과대학의 새로 생긴 사학과 교수로 초빙되었다. 리쓰는 일본으로 오자 서구, 특히 독일에서 쓰는 정규 역사방법론을 가르치기 시작했다.

한편에 리쓰가 채용되어 독일역사학이 소개된 사실, 그리고 다른 한편에 수사관의 서구역사학 지향의 움직임 사이에 특별한 관련은 없었다. 오히려 독일학문이 가장 주된 지위를 차지하게 된 것은 당시, 일본의 모든 학문분야에서의 일반적 풍조였다. 리쓰는 랑케사학파에 속하였다. 그를 통해 랑케에게서 비롯된 정규 독일역사방법론이 일본에 소개되었다. 얼마 있지 않아 유럽에서 공부한 일본인 두 사람, 즉 1891년에 츠보이 구마초坪井九馬三가, 1892년에는 미즈쿠리 겐파츠箕作元八가 돌아와 도쿄제국대학에서 독일역사학을 가르치기 시작했다. 이렇게 하여 서구적 역사연구와 서술의 방법, 특히 엄격한 사료비판에 관한 교육이 되었고, 도쿄제국대학은 이런 학문발달의 중심이 되었다.

1889년 도쿄제국대학에 일본사학과가 생기자 리쓰는 기념사를 썼는데, 거기서 그는 고문서 연구와 사료수집 같은 보조학문의 필요성을 설명하고, 나아가 이런 학문에 관한 유럽의 기법을 배워야 한다고 역설하였다.[36] 후속강의에 더하여 그는 일본과 유럽의 상호관계사에 대한 많

---

[35] Ludwig Riess(1861~1928). 베를린대학에서 역사와 지리를 배웠다. 박사학위 논문은 "Geschichte des Wahlrechts zum englischen Parlament(영국의회의 피선거권 역사)"(1885)이다. 1887년에 일본으로 가서 도쿄제국대학에서 역사를 강의하였다. 1893년에 귀국하여 헤이그 등지에서 일본과 관련된 유럽의 자료를 모았다. 1902년에 다시 귀국하여 베를린대학에서 강사로 있다가 그 후 부교수가 되었다. 만년에 George Weber의 독일사의 수정작업을 했다. 그가 낸 책으로는 *Lectures on English Constitutional History*(1891)와 *Allerlei aus Japan* (1904)이 있다.

은 연구업적을 출판했는데, 이런 것이 일본학자들에게 실례가 되었다.37)

일본사학과가 생기기 바로 전인 1888년에 수사관에서 해오던 『대일본편년사』 집필작업이 도쿄제국대학으로 이관되었다. 이에 시게노·구메, 또다른 동료들이 그 곳 교수가 되어, 대학강의를 하면서 동시에 편집작업을 계속하였다. 위에서 말했듯이 그들은 전대 일본역사 작업의 결실, 예를 들어『대일본사』 같은 것을 검토하는 데 비판적 방법을 적용하였고, 그 결과를『대일본편년사』에 집어넣었다. 그리고 대학에서 그들은 이제 새로 들어온 서구적 역사이론과 연구방법에 접하게 되었다. 그들이 이 새로운 개념들 가운데 두 가지 점에 대해 기꺼이 호응하였다. 첫째는 순수학문으로서의 역사의 독립이며, 둘째는 방법론상의 엄격한 사료비판이었다.

서구에서도, 역사가 하나의 독립과목으로 응용학문의 분야에서 벗어난 아주 최근의 일이었다. 랑케가 연구와 서술의 원칙으로 "원래 사실이 어떠했었는가?"를 내세운 이래, 역사는 도덕적·정치적 합의로부터 독립 분리된 학문으로 자리하였다. 이런 이론은 시게노와 그 동료들이 기꺼이 이해할 수 있었고, 또 정말 이들과 일치하는 것이었다. 그들은 벌써부터 비록 초보적인 단계였지만, 역사가 권고나 훈계의 목적(유가적 입장의)을 벗어나야 한다고 주장해 왔던 것이다.

1889년에 도쿄제국대학 사학과와 일본사학과 성원들은 수사관에서 일하던 사람들과 함께 '〔일본사학회〕'를 만들었고, 시게노가 그 회장이 되었다. 첫모임에서 그가 한 개회사는 "역사를 쓰는 사람은 공평정대해야 한다"는 표제였다.38) 여기서 그는 다음과 같이 말하였다.

---

36) 이 기념사 내용은 『東京帝國大學四十年史』 i(東京, 1932), 1928면에 있다.
37) 예를 들면 History of the English Factory at Hirado(Tokyo, 1898) : "William Adams und sein 'Grab' in Hemimura(윌리엄 아담스와 헤미무라에 있는 그의 무덤)"(Tokyo, 1900) 등이다.
38) 『論文集』 i, 30~32면.

역사는 있었던 상황을 묘사하는 것이다. 역사학의 주요기능은 상황을 검토하고 그것을 합리적으로 설명하는 것이다. 역사의 주된 관심이 도의적 인간관계나 행동을 사람들에게 가리키는 것이라는 견해가 있는 것이 사실이다. 이런 마음으로 역사를 쓰는 사람들 가운데는 사실을 일부러 왜곡하는 이가 있다. 이런 것은 역사의 진실한 의미를 그르치는 것이다. 사실에 충실하다 보면 역사에서 도덕적 교훈-권선징악, 도의적 인간관계의 설정 등-이 자연히 나오는 수도 있다. 내가 공명정대한 서술이라 하는 것은 바로 이런 것을 뜻한다.

사료에 적용되는 서구역사학의 비판적인 방법은, 고증학 전통 속에 훈련된 사람들에 의해서도 호의적 반응을 얻었다. 서구의 방법은, 일본학자들이 고대문서와 기록에 고증학의 방법을 적용할 때 쓰던 사료대조와 비판의 기법과 어떤 면에서는 같은 것이었다. 그러나 이런 면에서까지도, 그들은 서구로부터 얻은 것이 있는 것 같았다. 아니 오히려 자신이 가진 기존방법이 서구의 것과 같다는 것을 알게 됨으로써 자신감을 강화했다는 것이 옳다. 정말 두 학파 사이의 공통점의 존재는 일본과 서구의 전통 역사학 사이의 융합을 가져왔다. 다시 말하면 일본인은 고증학의 기반 위에서 서구의 방법을 배우고 적용할 수 있었던 것이다.

1890년 3월에 시게노가 "학문은 궁극적으로 고증으로 수렴된다"는 주제에 대해 '학사원'에서 연설했을 때[39] 그는 다음과 같이 말하였다.

고증은 넓게 보아 서구의 귀납법에 해당한다. 역사연구에서 또한 우리는 A를 B·C의 증거와 대조하여 결론을 얻는다. 사실 이것은 귀납법이다.

또 이렇게 말했다.

---

39) 『論文集』 i, 35~46면.

한마디로, 나는 세계의 모든 학문이 귀납법 즉 고증학으로 수렴되어야 한다고 믿는다.

1890년 3월에 '역사연구법'[40]이라는 제목의 논문에서도 그는 다음과 같이 강조하였다.

역사는 언제 어디서나 증거를 저울질한다. 증거 가운데 어떤 것은 사실이고 어떤 것은 거짓이다. 진위를 가리는 것은 역사가의 판단이다.

이런 것이 시게노가 이해한 서구역사학의 방법이다. 고증학과 서구역사학의 방법 사이에는 사료비판과 관련하여 몇 가지 공통점이 있으며, 시게노가 서구의 방법을 효과적으로 배울 수 있었던 것은 그러한 공통점이 있었기 때문이다. 위에서 말한 '[일본사학회]' 출범 때 한 강연에서 그는 다음과 같이 결론지었다.

수사국과 그 계승자들이 모은 사료를 "우리가 서구역사학 방법으로 처리하며", 또 그런 시각에서 우리나라 과거사료를 검토하고 그로써 역사를 편집하고 있는 즈음, 사학회가 만들어짐으로써 국가에 일조할 것으로 나는 기대합니다.

여기서도 간단하지만 분명하게 서구적 방법에 관한 시게노의 입장을 엿볼 수 있다.

그 후 점차 이런 식으로 서구역사학이 일본전통의 방법과 접합되며 제국대학 사학과와 일본사학과에서 교수되었다. 한편 『사학회잡지』 (뒤에 『사학잡지』) 혹은 『일본역사학보』로 알려진 일본사학회 기관지는 가장 권

---

[40] 「歷史研究法」, 『論文集』 i, 66~68면.

위있는 출판기관지가 되었다.

이렇게 서구역사방법론이 기존의 고증학과 연결됨으로써 실증적 방법이 확립되었고, 이에 따라 믿을 만한 원전으로부터 확인된 사실만이 객관적 사실로 간주될 수 있었다. 그리고 이것이 일본 근대역사학의 탄생이라 할 것이다.

6) 새로운 방법론이 역사편찬사업에 미친 영향

일단 서구역사학의 방법론이 쓰이게 되자 한문으로 편년사를 쓰던 전통의 역사방법은 점차 빛을 잃고 바래갔다.

편년사의 가장 중요한 특징은 연대순서로 사건을 배열함으로써 진술이 극단의 객관성을 도모할 수 있는 기회에 있다는 사실은 재론할 필요가 없을 것이다. 그러나 인과관계를 밝히고 사건을 연관성있게 전체적으로 다루는 데 바람직한 방법은ー시게노와 그 동료들이 서구역사방법론에서 찾으려 했던 것이 바로 이런 것이다ー연대기적 형식이 아니다. 그러므로 일본역사학이 서구의 영향을 받아 발달하기 시작했을 때, 전통의 중국연대기 형식은 의미를 잃게 되었다.

그러나 또한 이런 본래의 성격과는 별도로 편년사는 바깥으로부터 비판과 공격을 받게 되었다. 여러가지 형태가 있으나 그 가운데 다음 세 가지를 말할 수 있다.[41]

첫째로 일본역사를 중국어로 쓰는데 대한 반대가 있었는데, 이것은

---

41) 三浦周行, 『日本史學史解說』[지금은 미우라의 『日本史の研究』 第2集(東京, 1930)에 실려 있다]. 大久保利謙, 『日本近代史學史』 참조.

1887년경 이후 일본사회에 퍼진 민족주의의 물결을 타고 나타났다. 이런 움직임 가운데 한 요소는 메이지시대 초기이래 정부가 추구한 유럽화정책에 반대하고, 또 서구문물을 향한 전반적 열광에 반동하는 것이었다. 일본학을 추종한 '국학사國學社' 측의 반대는 여기서 강력한 동력이 되었다. 수사국의 사업 등이 유학자인 시게노와 가와다 같은 사람들에 의해 추진되었으므로, '국학사'는 그런 사업이나 사학회에 대해 강한 반감을 품게 되었으며, 그 반항의 일환으로 일본사를 일본어로 쓰려는 움직임을 시작하였다. 1883년 그들은 '사학협회' 혹은 '사학회'라는 모임을 만들고 수사관修史官을 매국노로 간주하였다. 이런 반항은 - 그 가운데는 같은 도쿄제국대학의 교수와 강사들도 있었다 - 상당히 강하였다.

둘째로 수사국과 그 후계자들의 고증학적 방법이 가져온 결과 가운데 어떤 것에 대한 회의가 일었고, 그로부터 고증학 자체에 대한 적의가 나타났다. 이것은 사회 일각의 반동으로부터 일어나 잘 알려진 존경받는 인물이나 사건의 사실성을 부인하는 것으로 발전하였다. 위에서 말했던 고지마 다카노리兒島高德 같은 예가 그러하다. 그에 더하여 시게노와 그 동료들이 집필의 원칙으로 하고 있는 것으로, 역사가 도덕적 목적에서 탈피해야 한다는 사실도 또한 마찰을 일으켰다.

셋째로 역사가 정부주도 아래 이루어진다는 사실 자체에 대해서도 반대가 있었다. 어떤 사람들은 역사분야에서 정부의 역할은 사료의 수집과 정리에 한해야 하며, 실제 역사서술은 대부분 민중의 자유로운 연구에 맡겨져야 한다고 주장하였다.

이런 여러 반대 속에서 도쿄제국대학에서 관할하던 편년사 작업이 1893년 3월에 중단되었고, 시게노는 교수직을 물러나고, 호시노가 남아 있는 일거리를 청산하기 위해 남게 되었다.[42]

이렇게 정부주도의 역사편찬 사업은 끝이 났다. 그런데도 위에서 말했듯이, 고대문서와 다른 기본적 원전의 수집과 연구에 관련된 새로운 역사연구 방법은 당대 일본역사학계에서 역사연구의 필수적인 요소로 주목받게 되었다. 수사국 같은 정부기관에 의해 수행되어 왔던 사료의 수집·연구·편집의 기법은 이제 필요를 충족시킬 수 있는 수준까지 발전했다. 그래서 너무 갑작스럽게 중단된 역사편찬 사업은 곧 '사료의 편찬'이라는 새 이름 아래 계속되었다. 1895년에 도쿄제국대학은 사료편찬을 위해 '사료편찬괘史料編纂掛'라는 연구소를 만들었고, 작업이 다시 시작되었다. 이것이 오늘날 '사료편찬소' 또는 '역사연구소'가 된 곳이다.[43]

그러나 새로운 사업과 그 전 사업 사이에는 몇 가지 차이점이 있었다. 새 사업의 지도자 호시노는 수사국과 수사관에서 일하였던 사람이지만, 새 계획사업에서는 중국어로 된 편년체 역사를 쓰지 않게 되었다. 오직 사료편집에만 몰두하며, 그로부터 역사가 쓰이게 된다. 상황이 변하여 한문으로 일본사를 쓰던 시대는 지나갔다는 것이 그 명분이었다. 더구나 만일 역사가 두세 사람에 의해서만 쓰인다면 그 두세 사람의 편견이 사실을 왜곡할 수도 있다는 생각이었다. 그래서 사료를 있는 그대로 편찬하여 발행함으로써 세상의 학자들이 이용할 수 있도록 하는 것이 더 낫다고 여겼다. 그런데 이런 작업은 개인이 할 수가 없으므로 국가가 맡도록 하는 것이 최선이라는 것이었다. 이렇게 하면 일반역사가가 자신의 정치·경제·종교 혹은 그밖의 역사를 쓰기 위해 자료를 구할 수 있도록 하는 바람직한 결과가 나타나게 된다. 지금까지 중국어

---

42) 『東京帝國大學九十年史』 ii, 1192면 : 『東京帝國大學學術大觀』 i(東京, 1942), 250면. 시게노에 관한 간단한 말은 재미있다. 1879년 이후 그는 '동경학사원'의 회원이 되었고 1890년 그는 귀족원의 의원이 된다. 그는 1907년 비엔나의 제3회 국제학술대회에서 일본대표로 참가하였고, 1910년에 죽었다.
43) 필자는 『史料編纂始末』을 따른다. 『東京帝國大學四十年史』 vol.ii : 『東京帝國大學學術大觀』 vol.i.

연보형식으로 내기 위해 이루어지던 사료편찬이 이제는 그 자체로서 목적이 되었다.44)

새 계획을 추진한 주요인물은 미카미 산지三上參次45)로서, 그는 제국대학 문학부 조교수이며 역사편찬사업에 참여했던 한 사람이었다. 미카미는 물론 시게노로부터 지시를 받았고, 리쓰와 츠보이(坪井九馬三)의 영향을 받았는데, 미카미는 조교수로서 한 동료였다. 그도 물론 서구역사학을 알고 있었던 사람에 속했고, 내 생각에는 리쓰와 츠보이를 통해, 그는 유명한『게르만역사비문(Monumenta Germaniae Historica)』으로부터 모종의 자극을 받았던 것 같다.

이런 식으로『대일본사료』와『대일본고문서大日本古文書』의 편찬이 시작되었으며 이것은 오늘날도 역사연구소에서 발간되고 있는 것으로, 그 발간은 1901년에 시작되었다.『대일본사료』가 포괄하는 시대는 887년 우다宇多천황의 등극에서 1868년 메이지유신까지다. 이 기간은 16개 부분으로 나뉘었고, 각 부분의 편찬이 동시에 시작되었다. 1부의 기초는 위에서 언급한『하나와사료塙史料』에 의해 이루어졌다. 이 사실은 고증학에 바탕하여『하나와사료』를 만들어낸 도쿠가와시대 역사연구의 수준을 얼마나 높게 평가해야 하는가 하는 것을 보여주는 것이다.

현재로서는『대일본사』 4부(1185년에서 1221까지의 이른바 가마쿠라시대를 다루는)가 완성되었다. 13·14·15·16부는 아직 시작하지도 않았다. 그러나 나머지 부분은 모두 편찬과 출간이 진행되고 있다. 그렇지만 작업이 끝나려면 수십 년은 더 있어야 할 것 같다.

『대일본사료』의 편제는 연대기적이다. 사건의 개요가 날짜별로 간

---

44) 辻善之助,「本邦における修史の沿革と國史學の成立」,『本邦史學史論叢』i, 1~25면.
45) 미카미는 도쿄대학을 1889년에 졸업하였고, 1890년에『편년사』집필임원이 되었다. 1892년에 조교수, 1899년에 정교수가 되었고, 이 때 '史料編纂掛'의 소장이 되었다.

단하게 몇 문단으로 적혀 있다. 사건의 연대를 아는 것은 연·월·일이 기록된다. 날짜를 모르는 것은 연월, 달을 모르는 것은 연도만 적는다. 어떤 경우에는, 한 사건에 관련된 모든 사료가 하나의 표제 아래 모여 있는 반면 유명한 사람의 경우에는, 상세한 전기가 그 죽은 날짜 다음에 부기附記된다. 이 모든 경우에서 일정사안이나 사건의 사료가 되는 것은 무엇이나 적절한 항목 아래 표준의 형식으로 인용된다. 고대 문서·일기 그밖에 기록들로부터 족보·그림·조각·전쟁이야기·소설·개인 사서에 이르기까지, 수사국과 그 후계자들의 노력으로 모여진 온갖 종류의 사료들이, 적절한 연관만 있으면 말 그대로 인용된다. 고대 문서와 일기를 빈번히 인용하는 것은 이 작품의 특징이다.

이렇게 『대일본사료』의 형식은 연대기적으로 서술한 점에서는 그 선구자인 미완성의 『대일본편년사』의 영향을 어느 정도 받은 것이다. 동시에 위에서 말했듯이 하나의 표제 아래 일정사안에 관련되는 모든 사료를 다 묶음으로써, 순수연대기 형식으로 다룰 수 없을 뻔한 사료들을 통합하여 일화를 만들어 전체과정을 이해하도록 할 수 있는 방식으로 일화를 만드는 것이 가능하다는 것을 알게 되었다.

『대일본고문서』는 『대일본사료』와는 다르다. 이것은 남아 전하는 고대 문서원본을 가능한 한 가까운 형태로 인쇄하려 하였다. 가장 오래된 문서, 즉 나라奈良시대(8c)의 것부터 시작하였는데, 편제의 당면원칙은 그 문서가 보관되어있는 기관이나 사람, 말하자면, 신사·절·수도원·사가私家 등에 따른 것이었다.

위에서 말한 두 작품 외에 다른 작품들도 현재 간행되고 있다. 그 가운데『대일본고기록大日本古記錄』은 중요한 일기를 가능한 한 원문에 충실하게 편집 발간한 것이다. 『대일본근세사료大日本近世史料근대초기 즉 도쿠가와시대 일본사료』는 법·경제사와 봉건행정에 관한 자료 등을 포함한 것으로, 도쿠가와시대 관련 중요한 사료를 편집 발간한 것이다. 『대일본사료』·『대일본고문서』·『대일본고기록』·『대일본근세사료』등과 같은 이들 작품의 이용가능성은 오늘날 일본사가들에게 그들 작업을 위한 중요한 편의를 제공해 왔으며, 아주 유용하게 쓰이고 있다.[46]

7) 맺음말

전술한 바에서 분명해지는 것은, 시게노가 맡았던 역사 서술사업이 원래 계획한 대로 완성되지는 않았다는 것, 그러나 형식과 편제가 변경된 채, 그것은 『대일본사료』 같은 것으로 편집 발간되었다는 것이며, 시게노는 현재 남아 있는 사료편집을 위한 프로젝트[계획사업]의 원조라 할 수 있다는 것이다.

그러나 시게노의 영향은 그런 점에만 있는 것이 아니다. 그것은 또한 전술한 내용에서 나타나게 되듯이, 역사학 분야 전반에 걸쳐 상당하다. 무엇보다 위에서 언급되었듯이 역사 자체가 한 과목으로 독립된 점이다. 도덕적인 역사를 탈피하고 객관성을 지키려는 시게노와 그 후계자들의 노력은 계속되었다. 물론 구메 구니타케久米邦武 같은 사람들의 예는, 어떤 상황을 불문하고 언제나 그런 입장을 지키는 것이 가능했던가 하는데 대해 약간의 의문을 제시하기도 하였지만, 이 당시 일반적으로는, 한 분야로서의 역사의 독립성이 점차 커져갔던 것은 사실로 남아 있다. 둘째로 말할 필요도 없는 것으로, 시게노와 그 동료들이 서구역사

---

46) 1956년 3월 말까지 이 4개 시리즈로 나온 전체 책수가 354권이 되었다.

학과 자신의 고증학의 비판적 방법을 함께 접합하는 데 성공하였으며, 그 접합된 것을 후속세대 학자들에게 전해 주었다는 사실이다. 그 한 예로 고문서학 조직이 일본역사학의 한 보조분야로 인정받게 된 것이며, 이것은 주로 구로이타 가쓰미黑板勝美에 의해서 연구되었다. 그 기반이 된 것이 수사국과 그 후계자들에 의한 고문서 수집과 연구였다. 이 분야에서 구메의 그 같은 연구도 구로이타의 작업에 상당한 영향을 주었다. 물론 고증학이 서구역사학과 정확하게 일치한다고 할 수는 없겠으나, 주로 사료비판의 방법과 기술에서, 양자 사이에는 공통점이 있다. 바로 이 점들이 일본학자들로 하여금 서구역사학을 쉽고도 빠르게 습득하였다. 그러나 또한 같은 이유 때문에 고故 이마이 교수도 지적하고 있듯이 "일본에는 별개의 역사학(즉 고증학에 바탕한)이 있어 이미 상당한 정도로 발달되어 있었으므로, 전체적으로 보아 역사학에 미친 서구의 영향이, 대부분 다른 과학분야처럼 그렇게 근본적이었다는 말은 할 수가 없겠다."47)

이렇게 얻어진 연구의 결실은 『대일본사료』와 또다른 편찬물에서 계속 구체화되는 한편 다른 방향에서도 많은 개별저서와 논문을 낳게 하였다.

오늘날도 여전히 우리는 여러 통로를 통하여 이런 발달의 영향을 받고 있다. 도쿄대학의 사학과·일본사학과·역사학연구소에서 우리는 미카미 산지三上參次·구로이타 가쓰미黑板勝美·츠지 제노스케辻善之助 같은 교수들에 의해 직접 영향을 받고 있다.48) 교토와 또다른 대학에도 여러 교수들이 있다. 이들 가운데 많은 이들이 한편으로는 시게노와 그 동료들의 전통을 이어받고, 다른 한편으로는 리쓰와 츠보이 교수 등의

---

47) 今井登志喜, 『本邦史學史論叢』 2권, 1439~1469면.
48) 구로이다와 츠지는 미카미 뒤에 史料編纂掛의 長이 되었다.

가르침을 받은 서구역사학의 생도들이다. 그래서 '도쿄 역사서술의 전통'은 다르게 말하면 역사연구와 서술에서 객관성 혹은 객관적 입장을 견지하려는 노력의 전통이다. 혹은, 그것은 또한 아마도 실증주의적 연구 및 서술이라 할 수도 있다. 이것은 일본역사학계의 주류를 이룬다. 그 발전과정에서 이것은 역사 편찬사업과 밀접하게 연관되어 있다.

물론 이런 전통이 일본역사 연구 및 서술의 전체는 아니다. 이미 일찍이 시게노시대에도 반대학파인 문명사49)가 그 장점을 가진 채, 확립되어 있었다. 시간이 흐르면서 또다른 경향의 역사도 나타났다. 문화사가 대두되고 유물론적 시각이 소개되었으며, 다른 한편으로는 한때 극우-민족적 제국주의 사관도 있었다. 이런 여러가지 관점으로부터 비판과 실로 공격이라 할 수 있는 것이 객관주의 학파에 대해 가해졌다. 예를 들면 일찍이 다쿠치 우키치田口卯吉는 "연보적 방법은 연대기적 도표에 불과하다"고 하였다.50) 또 유물론자의 옹호자 또는 제국주의 사상의 옹호자들은 현학적 학파(academic school)의 서술과 방법은 '사관'이 결여되어 있다든가 혹은 그들은 사료배열 이외에는 하는 일이 없다고 반대하였다. 또 한편으로는 사료를 수집·편집하는 작업에서는 독일식 방법을 택하는 것이 더 좋다고 하는 사람도 있었다.

오늘날 역사학에서는 현저한 진보가 이루어지고 있다. 이것은 연구 분야의 확대만 생각해도 간단히 알 수 있다. 여기에는 정치사뿐 아니라 경제사·사회사·사상사가 있으며, 이 모든 것이 서술과 방법면에서 진보했으며 고도로 전문화되었다. 이렇게 역사편찬 분야에서까지도, 『대일본사료』에서 주로 채택한 연대기적 형식을 가지고서는 이렇게 진보한 연구의 요구를 충족시킬 수가 없는 상황이 되었다. 『대일본고문서』

---

49) 이 책, 서론 32~33쪽 참조.
50) 『日本開化小史』 7章.

를 『대일본사료』와 나란히 비치하고, 또 현재 『대일본고기록』과 『대일본근세사료』가 편집 발간되고 있는 것은 그 같은 요구에 가능한 한 만족스런 대답을 주려는 것이었다.

방법과 형식에서 앞으로 더 발전될 소지가 분명히 있다. 우리 스스로 그 점을 인정해야 한다. 그리고 우리의 희망과 소원은 이들 사안에서 모든 가능한 개선을 도모하고, 역사학도들에게 더 잘 준비된, 좀더 좋은 사료를 소개하는 것이다.

16.
근대 일본의 경제사가들

보턴(H. Borton)
[하버드대학교 총장 ; 콜롬비아대학교 동아시아연구소 소장역임]

　최근 아놀드 토인비 박사가 지적했듯이 공학기술의 거대한 진보는 세계의 크기를 상대적으로 줄이고 하나의 단위로 만들었다. 동시에 계급 사이의 갈등이 격화되어 돌이킬 수 없는 사회분열의 위기에 봉착하였다. 더구나 전쟁의 파괴력으로 인류문명이 사라질지도 모른다. 이런 사태로 인하여 경제사가들은 경제성장의 문제에 새로운 관심을 기울이게 되었다. 지난 1세기 반 동안 경제적 생산력은 5배나 늘었다. 그러나 이런 성장은 세계 각 지역 사이에 불균형힌 것이었다. 두 차례 세계전쟁, 특히 제2차 세계대전은 경제력과 군사력이 놀라울 정도로 서로 밀접하다는 사실을 폭로하였다. 1930년대의 세계경제공황으로 인한 경제침체는 경제사가들의 관심을 더욱 촉진하였고, 왜 이런 현상이 일어나는지, 어떻게 하면 앞으로 이런 일을 피할 수 있는지를 생각하게 하였다.
　이런 엄청난 문제에 부딪혀 경제사가들은 경제성장 분야의 전통학문이 가지는 명백한 한계를 인식하고 더 포괄적인 문제접근법을 찾게 되었다. 그들은 성장을 야기하는 변화를 유리하게 연구할 수 있도록 하는 과정을 개선하고 있다. 그들은 변화를 막거나 돕는 사회 안의 요소들을 분석하고 있다. 성장과정을 촉진하거나, 후진지역에 새로운 경제적 길을 강제하거나, 낡은 것을 새 것으로 바꾸는 그런 요소들을 분리해내려고 한다. 몇몇 학자들, 특히 로스토우(Walter W. Rostow)는 사회의 성장과 변화의 속도가 일정한 요소와 경향에 의해 결정된다고 결론짓는다. 여기에는 기초과학 발달, 경제적 목적을 위한 과학의 이용, 발명의 수용, 물질적 진보의 추구, 소비·출산 등의 한 사회의 경향성들이 포함된다. 끝으로 그는 이런 경향성들의 동력과 변화과정은 한 사회의 경제적·사회적·정치적 힘들의 장기적 상호관계에 의해 결정된다고 생각한다.[1]

상이한 사회들의 성장을 더 광범하게 연구하는 데 대한 관심은 이미 일본 경제사가들이 실천해 온 분석작업의 중요성을 증가하게 한다. 첫째로 새로운 가설이 상이한 사회들 내에서 검증될 필요가 있으며, 이런 검증은 믿을 만한 실제 상황의 연구가 가능할 때만 이루어질 수 있다. 여기에는 많은 양의 자료가 관련되므로, 이런 비교작업은 일본학자들에 의해 이미 이루어진 기초연구에 근거해야 할 것이다. 둘째로 이런 분석은 일본이나 그밖에 아시아지역을 연구하는 서구학자들 사이에, 그리고 한 거대 집단의 현대 일본역사가들 사이에 존재하는 기본적인 관심의 차이를 밝혀줄 것이다. 전자 즉 서구학자들은 일본과 중국의 근대화에서 보이는 대조적 요소를 분석하기 시작한 반면에 한 거대집단의 일본

---

1) 최근 두 차례 경제성장을 역사적 시각에서 보는 회의에서 나온 결론의 요약은 Shepard B. Clough, "Strategic Factors in Economic Growth : A Social Science View", *Political Science Quartely*, lxx(N.Y., March 1953), pp.19~27 참조. 토인비에 관한 비판과 경제사가의 관점에서 왜 문명의 성쇠와 변화가 일어나는가에 관한 연구는 Shepard B. Clough, *The Rise and Fall of Civilisation*(McGraw-Hill, N.Y. and London, 1951) 참조. 더 폭넓은 접근을 시사하는 다른 연구는 Colin Clark, *Conditions of Economic Progress*(1951) : League of Nations, Industrialization and Foreign Trade(Geneva, 1945) : Walter W. Rostow, The Process of Economic Growth (N.Y., 1952).

역사가들은 경제결정론의 입장에서 그들 조국근대화를 해석하려 한다.

후자의 경우 일본근대화에 관한 역사가 가운데 가장 광범한 독자층을 가진 사람 중의 하나인 도야마 시게키遠山茂樹에 따르면 봉건주의에서 절대주의로 넘어오는 자생적 변화로 말미암아, 일본은 처음부터 중국이 유럽과 미국 자본가 압제자의 손에서 당한 그 같은 운명의 희생물이 되지 않았다. 더구나 일본의 농민봉기가 봉건주의에 대항한 투쟁이었기 때문에, 일본근대화의 힘은 중국보다 더 낫다고 그는 주장한다. 따라서 그는 그 견해를 입증할 만한 구체적 사실은 없으면서도, 이런 유형의 투쟁이 일본 절대주의의 내부적 발전을 불가피하게 했다고 주장했다. 이런 이론을 지지하는 또다른 유명한 사람, 하니 고로羽仁五郎는 유물론자학파만이 1868년 메이지유신에 관한 모든 역사사실을 바르게 분석할 수 있다고 주장한다. 유신의 주도권이 중류 사무라이의 더 진보적인 가문들로부터 나왔다는 압도적인 증거가 있는데도, 하니는 그 기본동력이 하층의 소농과 무산 도시민중으로부터 나왔다고 주장한다. 그에 따르면 이들 집단은 정치적으로는 성숙하지 못했지만, 지도력과 근대 이데올로기에 대한 지식을 빠르게 신장하였으며, 만일 사무라이와 자본가들이 반동혁명을 일으키지만 않았더라면, 무산자 혁명을 일으키는 데 성공했을 것이라고 한다.[2]

서양과 일본학자들 모두에게 다행스럽게도, 혼조 에이지로本庄榮治郞(1888년생) 교수 휘하의 교토대학 학자집단은 이런 논쟁에 말려들지 않았

---

[2] 遠山茂樹, 『維新史』(東京:岩波書店), 45면. 羽仁五郎, 『明治維新』(岩波書店, 1946). 이 주제에 관한 서구학자들의 최근연구는 Willian W. Lockwood, *The Economic Development of Japan, Growth and Structural Change 1868~1938*(Princeton:Princeton U.P., 1954) : Simon Kuznets et al, ed., *Economic Growth, Brazil, India, Japan*(Durham:Duke U.P., 1955) : Rushton Coulborn, ed., *Feudalism in History*(Princeton:Princeton U.P., 1956) : Marion J. Levy, "Contrasting Factors in the Modernization of China and Japan", *Economic Development and Cultural Change* vol.2 (October, 1953) 각각 참조.

으며, 연구와 학문을 통하여 일본경제사에 관한 우리의 일반적 지식과 특수한 지식 모두를 넓히는 데 크게 공헌하였다. 그래서 이 논문은 이들 학자집단의 작업에 초점을 둘 것이다. 다만 시작하기 전에 일본경제사 연구의 초기발달, 이용가능한 사료, 방법의 발달, 다른 학자집단 특히 마르크스주의자들이 갖는 비중 등에 관해 간단한 소개가 필요하다.

1) 도쿠가와시대의 경제사 저술

1868년에 천황이 복위하기 전에 일본의 저자들은 경제적 문제에 약간의 관심을 기울이게 되었다. 이런 것은 특히 도쿠가와시대 학자들에게도 있었지만, 이들은 경제사가로 간주되어서는 안된다. 예를 들어 아라이 하쿠세키新井白石(1657~1725)와 구마자와 반잔熊澤蕃山(1619~1691) 같은 사람은 그 시대의 산물들로 봉건제도의 개선과 지속에 관심을 기울였다. 1709년 쇼군 도쿠가와 이에노부德川家宣의 총참모였던 하쿠세키는 현실적인 필요로 화폐문제를 연구하였다. 그는 쇼군의 힘과 저항력을 강화하려 하였다. 인플레이션을 방지하기 위해 화폐의 재주조를 제안하면서, 그는 화폐의 가치를 17세기 초의 수준으로 높이자고 주장하였다. 반잔은 정부를 심하게 비난하면서도, 사회의 경제적 병폐를 어느 정도 완화하는 길을 다각도로 모색하였다. 그의 저서『대학혹문大學惑問』은 쇼군 궁정과 사람들의 사치스런 생활이 장려되지는 않았다 해도 묵인되던 시대에 쓰였는데, 거기서 그는 치자들에게 선정을 베풀도록 권고하였다. 유능한 신하를 뽑고, 민중이 최소한으로 필요로 하는 쌀을 비축할 것, 필요없는 생산을 막을 것, 홍수 방지대책을 개선할 것, 전사들을 궁정에

붙들어두지 말고 풀어서 땅으로 돌려보낼 것 등이다.3)

17세기 말과 18세기 초의 민중문학이 도시민 생활을 사실적으로 묘사한 것으로 잘 알려져 있지만, '떠도는 세상의 소설[游俠の小說]' 중 하나가 특히 경제사가들의 특별한 관심을 끈다. 그것은 『백성성쇠기百姓盛衰記』인데, '하치몬지야八文字屋'라는 교토의 출판사에서 인쇄된 책 가운데 하나로 1713년에 처음 나왔다. 안도 지쇼安藤治承(1662~1745)의 소유인 이 출판사는 곧 최고의 명성을 얻었다. 에지마 기세키江島其磧(1667~1736)는 준準희극·준準도색桃色문학 형태의 글을 썼는데, 유령작가로 고용되었다. 그래서 이 두 소설가 가운데 누가 『백성성쇠기』의 작가인지 알 수가 없다. 그러나 중요한 것은 저자가 그 시대의 가장 긴요한 주제 가운데 하나 즉 봉토지배인의 전횡으로 인한 농민의 고통에 대해 썼다는 점이다.

소설 속의 인물들은 말할 것 없이 허구적이지만, 그것이 생생하게 묘사하는 관습과 상황은 18세기 초 일본 각 지역에 만연하였던 것이다. 장소는 하리마현播磨縣이다. 여기에서는 농부들에게 무자비하게 세금을 걷어내는 방법을 다음과 같이 묘사하고 있다.

세금을 못내는 사람은 오사카에서 딸을 팔았다. 물건이라고 있는 것은 우물에서 두레박을 올리는 장대는 물론이고 과수도 포함하여 모든 것이 수세 대상으로 등록되었다. 허가없이는 나무 한 그루도 못 벤다. 모든 사람이 그 지위에 따라 세금을 내도록 되어 있으니, 농부는 쥐어짤수록 물이

---

3) 아라이 하쿠세키의 제안의 번역에 대해서는 N. Skene Smith, "An introduction to some Japanese Economic Writings of the 18th Century", *Transactions of the Asiatic Society of Japan*, second series, xi(1934), pp.32~105 참조. 하쿠세키의 다른 몇 가지 저작에 관한 논의는 이 책, 비슬리 & 블래커, 「도쿠가와시대(1603~1868) 일본의 역사서술」, 372~383쪽에 있다. 熊澤蕃山의 『大學惑問』은 Galen M. Fisher, "Kumazawa Banzan, His life and Ideas", *Transactions of the Asiatic Society of Japan*, second series, xvi(1938), pp.223~258에 있다. 이들과 또다른 도쿠가와 유가학자들의 경제에 관한 저술의 발췌문은 本庄榮治郎의 『日本經濟思想史』(東京, 1942)에 있다.

더 많이 나는 젖은 수건 같은 것이 아닌가?

　봉건귀족의 수석가신이 농부들에게 그 수익의 상당부분을 영주가 취하게 될 극장 순회공연과 매춘을 위한 표를 사도록 강요했을 때, 농부들은 반란을 일으켰다. 가신은 달아나게 되고, 농부들은 특별세금을 부과하지 않는다는 서면약속을 얻어냄으로써 진정된다. 하리마 주군의 형이 봉토로 돌아왔을 때, 그는 관리들이 사면되어야 한다고 주장했다. 그 이유는 "의심의 여지없이, 봉토에서의 말썽은 내 동생의 실수이다. 내 단 하나뿐인 동생이지만, 당장 여기로 그를 붙들어와 가두어라. 평년보다 더 많은 세금은 단 한 알의 곡식도 백성들에게서 더 거두지 마라. 내 창고를 열어 그들의 몫을 돌려주어라." 이렇게 정의가 서고, 모든 것이 은혜로워 진실로 주군은 배 같고 가신은 잔잔한 물 같은 시대가 돌아왔다.[4] 뒷날 혼다 도시아키 本多利明(1744~1812)와 사토 노부히로 佐藤信淵(1769~1850) 같은 저술가들은 해외무역을 옹호하였으나 기존경제의 틀 안에서 이루어지는 것으로 하였다. 그래서 정부의 관리·철학자·소설가 등 그 누구에 의해 쓰였든 간에 도쿠가와시대의 경제저술은 봉건제도의 약간 면에 비판적일 수도 있지만 그 전복을 기도하지는 않았다.

2) 초기 경제사가들

　1868년 황권이 회복된 이후, 연구할 만한 가치가 있는 주제로서의 경제사에 대한 관심은 거의 30년 동안 나타나지 않았다. 그러나 그 동안

---

[4] 『百姓盛衰記』(『游俠の小說』), 『江戶時代文藝史料』 iii, 265면.

새 정부는 기록자료의 수집과 발간을 후원하고, 개인학자들은 경제학과 정치경제에 관한 서구의 저서들을 번역하였으며, 몇몇 저술가들은 유럽 실정에 대한 지식기반 위에서 일본의 발달을 조명하기 시작했다. 이 가운데 가장 유명한 사람이 다쿠치 우키치田口卯吉(1855~1905) 교수였다.[5] 1877년에 그는 『일본개화소사日本開化小史』를 출간하기 시작하였는데, 거기서 그는 서구적 지식에 기반하여 일본의 발달을 다루었다. 그는 일본의 특별한 관심사를 정하고, 여기에 맞는 정책수립의 필요성을 지적하였다. 이 책의 마지막 부분이 1882년에 완성되어 한 권의 책으로 발간되기 전에 그는 레온 레비(Leon Levi)의 『영국상업사(History of British Commerce)』를 번역하였다. 일반적으로 다쿠치는 영국 고전학파의 자유무역과 자유주의 사상을 지지하였다.

다른 한편 다쿠치에 반대한 몇몇 보호무역주의자도 있었다. 이 가운데 한 사람이 오시마 사다마쓰大島定益(1845~1945)로 그는 자신의 이론 때문에도 그렇지만 1876년에 맬서스(Malthus)의 저서, 1889년에는 리스트(List)의 『정치경제의 국가제도(National System of Political Economy)』를 번역한 것으로 이름난 인물이다. 가장 널리 알려진 두 작품, 『조세론租稅論』(1891)과 『경제산론經濟散論』(1900)에서 오시마는 국가의 특성, 법과 경제가 나라마다 다름을 지적하였다. 따라서 자유방임은 영국에는 좋을지 몰라도, 일본이나 아시아 다른 지역에는 똑같이 적용될 수 있는 것이라 할 수 없다. 이런 입장은 농상부 관리였던 마에다 마사나前田正名(1850~1921)에 의해 더 강하게 피력되었다. 그는 1892년 『소견所見』이란 책에서 일본이 맹목적으로 외국의 방법을 따르고 고유한 전통을 잃어가고 있다고 주장했다. 그는 산업발달이 보호주의이건 자유방임이건 간에 외국이론에 종속되

---

5) 이 책, 서론, 32~33쪽 참조.

는 것을 애석해 하였고, 일본고유의 필요성을 연구하면 어떤 산업은 보호하고 다른 것은 내버려두어야 하는 것인지 드러날 것이라고 믿었다.

다음 시기의 경제저술은 20세기 초 이후로서 경제사에서 처음으로 과학적 노력이 보인다. 이 분야의 두 선구자가 우치다 긴조內田殷藏(1872~1919)와 후쿠다 도쿠조福田德三(1874~1930)였다. 우치다는 1896년에 도쿄제국대학 문학대학을 졸업하고, 경제사 분야 대학원을 시작하였다. 2년 후 그는 경제사의 성격과 범위에 관해「경제사의 성질과 범위에 대하여(經濟史の性質と範圍について)」라는 논문을 『사학잡지史學雜誌』에 실었다. 여기서 그는 분명히 경제사(history of economic)와 '경제적 역사(economic history)'를 구분하였다. 그 무렵 그는 도쿄제국대학의 경제사 강사로 임명되었고, 1902년에는 유럽으로 유학을 떠났다. 그는 돌아오자 곧 교토대학 경제학 교수가 되었고, 거기서 경제사에 대한 그의 각별한 관심이 신세대 학자들에 의해 열렬한 지지를 받았다. 그는 저술에서 종족의 전통, 기후·천연자원·인구성장, 일본사에 대한 외국의 영향 등을 강조하고, 그 발달의 원인을 탐구하기 시작했다. 1912년에 발간된 그의『경제사총론經濟史總論』은 이 분야 모든 학생의 지침서이다. 거의 교토대학에서의 강의에 기초한 것으로, 이것은 경제사의 성격과 범위, 연구방법, 일반적인 경제발달 등의 주제를 섭렵한다. 이 연구는 뒷날 더 포괄적인『일본경제사의 연구[日本經濟史の硏究]』(1921)로 흡수된다.

초기 경제사가의 두번째 인물은 후쿠다 도쿠조인데, 독일에서 공부하면서 브렌타노(Brentano)·보이허(Beucher) 등의 영향을 받았으며, 뒷날 도쿄상업대학에서 가르쳤다. 그는 귀납적 연구의 시대가 왔다고 주장하고, 외국 이론과 그것이 일본의 발달에 대해 갖는 의미를 검토하는 데 관심을 기울였다. 1900년 독일의 슈투트가르트(Stuttgart)에서 발간된『일본의 사회적·경제적 발달(Gesellschaftliche und Wirtschaftliche Entwicklung in Japan)』에서 그는 도쿠가와 정부의 독재적 모습을 강조하고, 처음으로 그것을 절대주의 경찰국가로 규정하였다. 그런 다음 일본과 유럽의 유사한 발달 양상을 많이 지적하였다. 1907년 후대 저술가들의 경제적·정치적 사고에 큰 영향을 미쳤던 이 책은 일본어로 번역되어 '일본경제사론日本經濟史論'이란 제목으로 나타났다.

3) 다양한 경제사가들 집단

일본경제사 연구의 이와 같은 진보와 함께, 새로운 자료가 학생과 학자들이 접할 수 있는 형태로 나타났다. 재정부·농업부 등 여러 정부 부처가 공문서 출간을 많이 후원하였다. 비중있는 학자들이 근대에 관한 많은 기록들을 편집 발간하였다. 예를 들어 1917년 다키모토 세이이치瀧本淸一(1857~1932) 교수는 게이오대학의 경제학 교수로서 광범한 경제 저술 전집을 편집 출간하였는데, 대개 도쿠가와시대의 것으로, 36권의 『일본경제총서日本經濟叢書』이다. 그 다음 10년 동안 그는 또 더 포괄적인 『일본경제대전日本經濟大典』을 편집 발행하기 시작하였다.

그러나 제1차 세계대전 이후의 가장 중요한 발달은 경제사 연구소가 확산된 것이다. 1922년에 특별히 일본경제사를 위한 교수직이 교토대학에 마련되었고, 10년 이내에 그 같은 자리가 도쿄제국대학에도 생겼다.

동시에 몇 개 사상 학파들 사이에서 열띤 논쟁이 일었다. 제1차 세계대전 이후 사회주의 성장과 함께, 이론적 마르크스주의의 틀에 맞추어 일본경제 발전을 해석하는 일단의 사회경제학자들이 나타났다. 이들 마르크스주의자 가운데 최초의 가장 중요한 인물이 가와카미 하지메河上肇

(1879~1946)이다. 그는 처음 교토대학 경제학과 강사로 임명되었다가 1915년에 교수로 승진하였다. 1928년에 그는 교수직을 사임하고, 정계로 투신하여 노동자농민당[勞農黨]을 세웠다. 그 동안 사회문제에 대해 언론에 기고한 초기작품들이 널리 주의를 끌었다. 1928년에 발간된 그의 『경제대강經濟大綱』은 마르크스주의적 해석의 자본주의 발달사를 포함하고 있다. 이 작품은 지식인들 가운데 넓게 퍼졌다. 1930년대에 그가 체포되고 급진파가 모두 진압될 때에도 그의 영향력을 완전히 없애지는 못했다.

전후 사회주의의 광범한 확산의 한 결과임은 물론 가와카미의 저서가 미친 직접적 영향 가운데 하나는, 마르크스주의자건 그 반대편이건 마찬가지로 일본자본주의와 그 성장에 관한 연구를 촉진한 것이었다. 당연히 이런 연구는 일본이 서구문물을 받아들이고 산업화과정이 가속화한 후의 발달에 집중되었다. 와세다대학의 다가하시 가메기치高橋龜吉 교수(1894년생)는 가와카미의 마르크스주의적 해석을 반박한 저명한 경제사가 중 한 사람이다. 1928년에 『일본산업사日本産業史』의 첫번째 부분으로 발간된 그의 『명치대정산업발달사明治大正産業發達史』, 그리고 『일본자본주의발달사日本資本主義發達史』에서 그는 일본 제국주의와 진보된 서구나라들의 제국주의 사이의 차이점을 강조하였다. 후자가 원료와 상품시장으로서의 식민지에 의존한 반면 일본은 인구문제 해결을 위해 식민지를 모색하였다는 것이다. 또 일본의 산업은 메이지유신이 일어났을 때만 해도 유치한 단계였음을 분명하게 지적하였다. 산업성장의 분석에서 그는 경제적 현상과 문제를 관념적인 모형 속에 끼워넣으려 하기보다 정확하게 설명하는 데 더 관심을 쏟았다.

그러나 마르크스주의의 영향을 강하게 받은 경제학자들 집단은 이런 입장에 강하게 반발하였다. 1932년에 이들은 특수연구의 모음집[講座]에 견해를 밝히고, 이로 인해 강좌講座집단으로 알려지게 되었다. 『일본

자본주의발달사강좌日本資本主義發達史講座』에 실린 많은 논문들은 네 개 범주로 나뉜다. 메이지시대사 분석, 일본자본주의 발달, 제국주의 일본의 실태, 광범한 서지학이 그것이다. 그들의 사상은 뒷날 많은 구성원들에 의해 다듬어지게 되는데, 정통 공산주의 견해를 반영한다.6) 가장 중요한 논문 중의 하나는 하토리 시소오羽鳥肉粟가 쓴 것으로, 스스로「메이지의 혁명과 반혁명[明治の革命と反革命]」이라고 규정한 것이다. 그에 따르면 중국이 종속된 것과는 달리 일본이 외국의 지배로부터 벗어난 것은 도쿠가와시대 말에 일본의 수공업이 발달한 덕분이다. 그래서 외국시장을 향하여 내부로부터 나오는 압력이 서구 자본주의의 팽창에 맞설 수 있는 강한 체질을 만들어냈다는 것이다.

이런 논쟁은 정부의 강한 좌익 탄압조처에 의해 부분적으로 수그러들었다. 더구나 다가하시高橋와 도쿄제국대학의 쓰치야 다카오土屋喬雄 교수는 그들 저서에서 강좌講座집단이 자본주의의 분석을 너무 도식화하고 있음을 보이려는 노력을 계속 하였다. 동시에 정치적 이론의 분야에서 게이오대학의 고이주미 신조오小泉信三 교수는 마르크스주의 학파에 반대하여 그 신성한 이론을 거부하면서 아담 스미스·맬서스·리카르도에 관해 썼다. 그러나 다음에 말하는 것처럼 논쟁은 전혀 해결되지 않았고, 몇몇 옛 강좌성원들이 세2차 세계대전 이후에도 활동적으로 책을 내고 있다.7)

---

6) 강좌시리즈의 주요편집인은 野呂永太郎이다. 또다른 중요한 기고가들로는 羽仁五郎·山田森太郎·平野義太郎가 있다. 야마다와 히라노는 1934년에 발간된 책에서 강좌집단의 생각을 더 넓히고 강화하였다. 이 책에서 그들은 마르크스주의 시각에서 일본 자본주의를 분석하였다. 마르크스주의자들 사이에 계속된 논쟁은, 猪又紀雄와 그 추종자들에 의한 비정통 해석을 포함하여, 집단의 분열을 가져왔다. 후자 집단이『노동자와 농민신문』에 견해를 피력하면서부터 그들은 노동자와 농민[勞農]집단으로 알려지게 되었다. 이런 복잡한 사상적인 분열은 講座-勞農논쟁으로 일컬어진다.
7) 일본경제에 관해 최근 발간된 주석이 달린 참고문헌의 서술에서, Remer와 사부로 카와

4) 혼조 에이지로 휘하의 교토집단

일본의 경제적 근대화가 어떻게 해석되어야 할 것인가에 대해 논쟁이 계속되는 동안, 잘 훈련된 경제사가 집단이 교토대학에서 발전하고 있었으며, 이것은 도쿠가와와 메이지시대의 특수한 문제들을 분석하는 데 시간과 정력을 소비하였다. 혼조 에이지로 교수의 지도 아래, 이 집단은 경제사 연구의 유명한 중심지 가운데 하나가 되었다. 1922년에 경제학과에서 가르치도록 임명된 그는 일본경제사 강의를 시작하였다. 1926년까지 그는 도쿠가와정부의 재정문제 세미나를 맡았고, 그 제자 가운데 여러 사람이 뒷날 이 분야의 저명한 학자가 되었다. 이듬 해 강의와 연구주제는 토지제도에 집중되었고, 1928년에는 메이지시대로 옮겨갔다. 동시에 고쿠쇼 이와오 黑正嚴(1895~1949) 교수는 농업과에서 가르치면서 농업경제를 특별히 강조하였다. 그로부터 얼마 있지 않아 이 연구결과들이 출판되기 시작하였다.[8]

첫째로 혼조 교수와 고쿠쇼 교수는 둘 다 일반적인 분석적 연구를 발간하는 데 적극적이었다. 예를 들어 1928년에 혼조 교수는 '일본경제

이는 이 논쟁을 간단히 개괄하고 반대집단 구성원들의 대부분 주요저작들을 분리하여 정리하였다. 이 참고문헌은 또한 경제사에 대한 주요작품에 대해서 크게 도움이 되는 것이다. Charles F. Remer & Saburo Kawai, *Japanese Economics : A Guide to Japanese Reference and Research Materials*(Amm Arbor: University of Michigan, 1956), 특히 pp.13~34. 일본사에 관한 가장 포괄적인 참고문헌은 혼조 교수에 의해 발간된 것으로 이 글, 438~440쪽에 설명되어 있다.

8) 이 세미나의 가장 뛰어난 연구원들은, 현 교토대학 경제학부 학장 호리에 야스죠(1904년생), 시가대학 경제학부 학장 에가시라 츠네하루(1900년생), 나니와대학 경제학 교수 구로하 효지로, 리츠메이칸대학 경제학 교수 오야마 시키타로(1902년생)였다. 교토대학 경제사연구소의 권위있는 역사에 대해서는 本庄榮治郎, 『日本經濟史研究所史』, 1953 참조.

사개설日本經濟史槪說'이란 제목으로, 대학에서 했던 일본경제사 강의를 책으로 냈다. 이 책에서는 우치다 긴조內田殷藏의 작업 위에 이론을 세우고 더 확대하여 일본경제사의 문제점, 나라의 자연조건, 정치사회 구조 안에서 일어난 변화, 인구와 농업문제들을 설명하였다. 『근세봉건사회의 연구近世封建社會の硏究』에서 그는, 봉건사회 몰락을 가져온 상황에 대한 더 상세한 설명과 함께, 도쿠가와시대 사회에 야기된 변화에 대해 집중적으로 다루었다. 동시에 그는 사회적・경제적 상황에 관한 도쿠가와시대 작품들의 소중한 전집을 발행하는 데 조력하였다. 이것은 『근세사회경제총서近世社會經濟叢書』 12권의 전집으로 나왔다.

1928년에 나온 고쿠쇼 교수의 단독논문 세 개는 농업문제, 특히 농민반란에 대한 그의 각별한 관심을 보여준다. 그 중 제일 유명한 『백성반란의 연구百姓一揆の硏究』는 그런 유의 5백 개 이상의 반란의 원인・형태, 발생의 상황・성격 등을 다룬다. 마르크스주의자들에게는 유감스럽게도 그는 농민반란이 혁명의 성격이 없이 지역적이며 무계획한 현상이며, 봉건제도의 기본적인 정치사회 구조의 변화로 이어지는 것이 아니라고 결론짓는다.[9]

그러나 혼조를 편집인으로 하고, 그와 그 동료들의 논문을 실은 두 권의 단독연구서를 살펴보면, 교토집단의 연구상황을 분명히 알 수 있다. 제1권 『일본교통사연구日本交通史硏究』는 7명 저자가 1600년 이후 운송과 교통에 관한 많은 중요한 문제를 연구하였다. 이들 연구는 지방의 1차사료를 포함하여 새 자료에 크게 의존하면서, 이 때 이후 많은 일본의 발달상을 밝히고 있다. 이 가운데 다섯 개 논문은 정부의 사자나 사

---

[9] 1928년에 발간된 黑正巖의 또다른 연구는 「封建社會の統合と分裂」과 「百姓一揆史談」이다. 농민봉기에 대한 또다른 전문가는 小野武夫이다. 이 주제에 관한 포괄적 참고문헌은 Hugh Borton, *Peasant Uprisings in the Tokugawa Period, Transactions of the AsiaticSociety of Japan*, second series, vol.16(1938) 참조.

절단을 위해 말이나 하인을 제공하기 위해 고속도 주변의 마을에 부과된 특별부역[助鄕]으로 생기는 문제점들에 관한 것이다. 나머지 논문들은 역과 국경요새·오이가와大井川강나루·선적 등에 관한 용의주도하고도 세심한 설명들이다.

다섯 개 주요 고속도로 여행에 관한 서설적 연구에서, 혼조는 지방의 규례나 제도에 대한 자료를 사용하여, 나라의 동부와 서부 촌락의 상이한 제도와 관습을 밝힌다. 또한 고속도를 따라 수송과 숙박료 같은 것에 대한 상세한 정보도 나와 있다.[10]

오야마 시키타로大山式郎(1902년생) 교수의 논문에서 '특별부역[助鄕]과 촌생활[11]'에 관한 장은 아주 흥미롭다. 사회 일부집단이 고속도 위의 먼 여행에서 이익을 얻는 반면, 특별부역을 부담해야 하는 촌사람들은 심하게 고통당하였음을 보여준다. 이 제도는 원래 도쿠가와정부가 공문서 전달에 필요한 계주 역을 유지하려는 데서 생겨났다. 그러나 새로운 중앙 독재권력의 책무가 확대되면서 교통의 필요성은 더 커지고, 부역은 갈수록 심해졌다. 1694년 특별부역을 위한 사람과 말의 조력의 정도는 마을의 쌀 생산 1백 석당 말 두 마리에 사람 둘이었다. 그 다음 1세기 반 동안 고속도로의 공무상 교통이 늘어나서 촌사람들은 더 많은 세금을 착취당하였다. 농부들은 봄 석 달과 가을 석 달 동안 이런 부역에 차출되었다. 그에 더하여 쌀 수확의 반을 고정세로 내야 했다. 이에 세금을 내기 위해 농부들은 아이와 아내를 노예로 도시에 내다팔았다.

오야마大山가 연구에 이용한 흥미를 끄는 사료 중의 하나는 18세기에 다나카 규구田中休愚에 의해 쓰인 『민간성요民間省要』다. 다나카는 바쿠후

---

10) 本庄榮治郎 편, 『日本交通史硏究』, 『京都經濟史硏究會紀要』 i(東京:改造社, 1929), 5면.
11)* 에도시대에 사람과 말이 부족해지는 상황이 발생했을 경우 부족한 양을 제공해야 하는 의무를 부여받은 마을을 가리킨다.-역주

에 의해 아라카와(荒河) 등 몇 개 강변의 수해를 막는 자리에 임명되었다. 주변에서 본 농부들의 가난과 불행에 기겁을 하여, 그는 민중·정부가 지방에 미치는 영향, 관리들의 문제점이 있는 활동 등을 보는 대로 적었다. 또 치수와 교통제도 개선에 대한 약간의 의견도 넣었다. 다른 관리들이 그 책을 보고 너무 감명을 받아 마침내 쇼군에게까지 책이 올라갔다. 요시무네(吉宗)(1684~1751)는 나라의 쌀 생산과 경제상황을 개선하기 위한 어떤 제안이라도 받아들이려 하였으므로, 다나카에게 30명을 부릴 수 있는 봉급을 주고는 두 개 봉토의 감독관으로 그를 임명하였다.[12]

그러나 경제적·사회적 문제를 다룬 다른 도쿠가와 저자들처럼, 다나카도 집권적 봉건제도를 폐지하거나 급작스레 변화시키기보다는 개선하려고 하였다. 바쿠후는 특별부역을 부담하는 촌락사람들의 어려움을 알고 있었지만, 거의 그들에게 도움이 되지 못하였다. 사실 에도의 쇼군궁정에 봉건귀족들을 번갈아 가면서 머무르게 하는 쇼군의 기본정책('參勤交代')이 경제적 갈등상황을 만들어냈다. 이런 제도가 육로수송, 여러 봉토를 통한 화폐의 유통, 국가경제의 총체적 발전을 자극하였다. 이렇게 고속도로가 더 많이 이용되면서 특히 여관업자·공공운반인·세(貰)마차업자 등의 집단이 번창하였다. 동시에 바쿠후는 수하관리들의 여행의 필요성이 점차 늘어나게 되는 것을 보게 되고, 이 같은 상황은 촌들이 그만큼 더 많은 특별부역 부담을 져야 한다는 것을 의미했다. 이렇게 부역을 부담하는 촌의 농부들은 더욱 더 불리해졌다. 심한 경우에는 반란을 일으켰다.

고쿠쇼 교수는 이 논문에서 특별부역(助鄕)촌락에 지워지는 특별세로 인해 야기되는 농부들의 분쟁에 대해 한 장을 할애했다. 그런 반란 가운데 가장 유명한 예들은 1764년에서 1765년 사이의 것이었다. 농부들은

---

12) 위의 책, 27~192면.

처음에 공적인 조선인 사절단을 위한 요구에 응하기를 거부하였다. 그 다음 닛코日光에 있는 도쿠가와 이에야스德川家康의 능으로 가는 바쿠후의 사절들에게 사람과 말을 내기를 거절했다. 이들은 반란을 일으켰고, 앞으로 특별세는 더 부과하지 않겠다는 당국의 약속을 얻어냈다. 1749년에서 1843년까지 시나노信濃의 한 곳에 대한 필사본 자료에서, 고쿠쇼 교수는 합법적 수단 즉 당국에 호소함으로써 부역에 반대했던 13개 경우를 찾아냈다. 이런 사건들은 혁명이나 반란으로 확대된 적은 거의 없지만, 도쿠가와시대 중반이후 불평은 크게 증가하였고, 동쪽 해변이나 중부 고산지대[東海道·中仙道]에 가장 빈번했다고 한다. 고쿠쇼 교수는 또한 이들 소요가 고속도로 연변에 한정되고, 비교적 적은 인원에다 개별적인 부정사례에 국한된다는 점에서 혁명적인 성격은 아니라고 못박았다.

마지막으로 구로하 효지로黑羽兵次郎(1904년생)는 수케고에 대한 메이지정부의 정책을 연구하면서, 젊은 개혁가 천황이 부딪혔던 혼선을 보여주고 있다. 동시대 필사본으로부터 나오는 많은 인용문에 따르면, 1859년 이후 수케고를 부담한 촌들에서 광범한 소요가 있었는데, 특히 동부해안고속도 주변이 그랬다. 유신 이후 새 정부는 이런 부역으로부터 농부들을 구하기 위해 규례를 냈으나 많은 혼동이 따랐다. 육로교통국의 신설로도 문제가 해결되지 않았고, 이런 체제는 1871년까지 존속했다.[13]

이와 같이 새 정부는 전략적으로 채택된 것으로 교량건설을 막고, 오이가와大井川를 건너는 데 배도 사용하지 못하게 하는 구舊정책의 연장으로 어려움을 겪었다. 히라마츠 히로이平松廣井가 오이가와 도강渡江에 관해 모은 자료로부터 분명해지는 것은, 이런 정책은 정체적 사회에 알맞다는 것이다. 더구나 모든 사람, 모든 물건이 사람과 짐승에 의해

---

13) 黑正巖,「助鄕に基づく農民の紛爭」[本庄榮治郎,『交通史』], 225~249면 : 黑羽兵次郎,「明治政府の助鄕性格」[같은 책], 251~278면.

강 건너로 운반되었으므로, 그리고 이 나루터가 일본에서 가장 중요한 고속도상에 있었으므로, 육로수송의 원시적 성격을 생생하게 알 수 있다. 오이가와를 건너는데 1871년까지는 배가 일상적으로 사용되지 않았다는 점을 생각한다면, 새 제국정부가 1868년 이후 어떻게 그렇게 손쉽게 나라를 통일할 수 있었는지가 이상할 정도이다.

교토대학 경제사 세미나 작업에서 나온 제2차보고집이 1930년에 『명치유신경제사연구明治維新經濟史研究』로 발간되었다.14) 그 전 책의 경우처럼 이 책은 혼조가 편집한 것이지만, 섭렵된 주제는 아주 광범하다. 그가 쓴 세 개 부분은 바쿠후 말년에 시행된 새 정책, 메이지정부의 '강제된 대부금[御用金]', 이 시대의 반동적 사상 등을 다루고 있다. 간노 와타로菅野和太郎(1895년생)는 상업회사[商社]·통상회사·가와세爲替회사·국립은행 등과 같은 여러가지 경제제도에 대해 4개의 논문을 썼다. 깃카와 히데조(1898년생)는 신정부의 향신을 위한 후원사업정책에 대해 썼는데, 그 때 향신이 매해 받는 쌀 봉록이 정부채로 전환되었다. 호리에 야수조堀江倭藏는 한 장章에서 초기 재정문제를 다루었다. 끝으로 고쿠쇼는 네 개 논문을 냈는데, 그 가운데 세 개는 농업문제에 관한 것이다. 첫번째 것은 마쓰카다 마사요시松方正義(1835~1924)의 농업정책의 윤곽을 그리고, 나머지 두 개는 유신시대 경세·사회·종교 등 다양한 원인으로 일어난 농민봉기를 다루었다. 그는 그 전시대 반란에 대한 다른 연구에서 했던 것처럼, 이런 소요가 사회적 혁명의 움직임은 아니라고 결론지었다. 농부들은 도쿠가와정부를 위해서도, 천황을 위해서도 아니고, 그저 특정의 악폐를 고치기 위해 싸웠다는 것이다. 고쿠쇼는 1868년에서 1878년 사이 10년 동안 거의 2백 개 정도의 반란이 있었다고 하였다. 그 중 대부

---

14) 本庄榮治郞 편, 『明治維新經濟史研究』, 『京都經濟史研究會紀要』 vol. 2(東京, 1930). 이 책은 유용한 경제사 연대기와 참고문헌도 포함하고 있다.

분이 당시의 전반적 혼란, 농부들의 무지와 완고함, 새 정부의 허약성, 생필품 가격의 등귀 같은 요인 때문이었다. 나머지는 계급을 폐지하거나, 소를 먹는 것을 허용하거나, 일반징병제를 도입하는 새 법령이 나왔기 때문에 촉발된 것이었다. 종교적 동기의 폭동은 불교와 신도神道의 강제분리와 기독교 보급의 합법화로 인한 것이다.

5) 경제사 잡지와 연구보조

1929년 7월, 도쿠가와와 메이지시대의 특수문제에 대한 연구와 함께 교토의 경제사가들 집단은 혼조와 고쿠쇼의 지도 아래 '경제사연구회經濟史研究會'를 조직하였고, 넉 달 뒤에는 학회기관지 『경제사연구』 창간호를 냈다. 창간호에 약술하고 있듯이, 이 잡지의 목적은 경제사에 관해 적어도 전문학술지 하나는 있어야겠다는 것, 그리고 역사적 기록문서, 특수주제 연구, 연대기와 서지학적 자료를 간행하기 위한 것이었다. 또한 지역문제를 다루는 향토사가들과 국가문제를 연구하는 사람들 사이의 협조기구로 이용하려 하였다. 이 집단의 많은 작품들이 처음에는 『경제사연구』에 발표되었고, 그 다음에는 책으로 묶여나왔다. 이 월간잡지는 꾸준하게 나오다가 1944년 5월부터는 여러 호가 함께 묶여나왔으며, 1945년에 최종호로 끝이 났다.[15]

혼조 교수는 또한 일본경제사의 서지학 정보를 열심히 집필하였다. 그 첫번째 서지학을 1924년에 『일본경제사문헌日本經濟史文獻』으로 발행

---

15) 1944년 5월호는 5·6월분을 합한 것이다. 7·8월호는 1945년 1월호와 합본되어 1943년판 『經濟史年鑑』으로 발행되었다. 『日本經濟史研究所史』, 7~9면.

하였다. 그 보충자료는 3년 뒤에 나왔다. 이 두 권 책을 합하고 새 자료가 추가되어, 1931년 이전에 나온 일본경제사 연구의 주저에다 주를 단 수정증보판이 2년 후『개판改版 일본경제사문헌日本經濟史文獻』으로 출간되었다. 개설서·원사료·논문의 세 부분으로 나뉘고 지방사와 유럽언어로 된 작품에 관한 부록을 달아서 나온 이 책은 이 분야의 지침서가 되었다. 그 후에도『경제사연구』특집호로 최근 서지학 정보를 실었지만, 서지학 정보가 두번째 책 형태로 나온 것은 1942년이었다. '일본경제사신문헌日本經濟史新文獻'이란 제목하에 이것은, 1932년에서 1940년 사이에 발행된 작품을 포괄한다. 이 연속간행물의 제일 마지막 책은 그로부터 3년 뒤, 1940년에서 1950년 사이를 포괄하여『일본경제사제삼문헌日本經濟史第三文獻』으로 나왔다. 이렇게 세 권의 책이 일본 경제사가들의 필독의 참고서가 되었다.16)

6) 일본경제사 연구소

1931년에 경제사학회와 사회사학회를 결합하려는 몇 번의 시도가 실패한 뒤 고쿠쇼 교수는 교토에도 유사한 연구소를 만들기 위해 유럽의 여러 경제사연구소를 돌아다녔다. 그는 돌아오자 일본경제사연구소 부지와 건물을 위한 자금을 기부하였고, 1933년 5월에 공식적으로 문을 열

---

16) 혼조 교수는 제1권 서문에서, 이 책을 만드는 데 유키·우에다·호리에·오야마·마쓰오 같은 사람들의 도움을 받았음을 밝히고 있다. 이 책들에 관한 완전한 서지학적 정보는 ① 本庄榮治郎 編, 『(改版)日本經濟史文獻』(東京:日本評論社, 1933), 908면; ② 本庄榮治郎 編, 『日本經濟史新文獻』(東京:日本評論社, 1942), 722면; ③ 혼조 에이지로·깃카와 히데쬬·마츠요시 사다오 편집, 『日本經濟史第三文獻』(東京:日本評論社, 1953), 612면.

었다. 그 목적은 ① 개인구성원들의 연구, ② 협동적 연구, ③ 저서와 정간물定刊物 간행, ④ 저서 및 자료의 수집, ⑤ 특별강연・전시회・회합 등의 개최였다. 아래에서 말하겠지만 이 연구소 감독 아래 특별시리즈 16권이 간행된 것은 처음 3개 목적이 이루어졌음을 뜻한다. 다행스럽게도, 연구소는 다키모도 세이이치瀧本誠一 교수의 도서관을 접수할 수 있었고, 이것이 연구소가 모은 자료의 핵심을 이룬다. 연구소가 생긴 지 처음 2년 동안 강연과 전시가 잇달았다. 1935년 이후 고쿠쇼 교수 등이 전처럼 연구소를 후원할 수 없게 되자 많은 일정이 삭제되었다. 연구소에 관여했던 사람들의 연구는 계속되어 중요한 논문형식으로 나타났다.[17]

일찍이 1929년에 이미 혼조・고쿠쇼・간노 교수와 그밖의 사람들은 기존의 경제사전들은 경제사가들이 필요로 하는 참고자료로 충분치 못하다는 결론을 지었다. 그래서 이들은 다른 여덟 교수들과 함께, 백과사전에 게재할 항목을 위해 전체사와 지역사, 경제적 저술, 그리고 사회・경제・역사적 주제에 관한 사전들을 검토하기 위한 계획을 세웠다. 1만 개 정도의 항목이 설정되었으나, 형편이 여의치 않아 작업이 중단되었다.

일본경제사연구소가 만들어지면서, 백과사전 집필계획이 연구소 계획사업으로 넘어왔다. 네 명의 연구소 책임자(혼조·고쿠쇼·간노·나카무라)는 백과사전 조항을 담당한 열두어 학자들의 감독관이었다. 원래 계획했던 1만 개 항목이 검토되고 새 항목이 추가되었다. 1935년 후반부에 집필작업이 상당히 진척되어 집필자들과 정기모임이 열리게 되었다. 10월 이후 매주마다 열린 이 회합에서 원고가 수정되고 새 주제가 보충되며, 도표와 그림이 채택되었다. 10개 분과 중 첫번째 것이 1936년에 인쇄되어

---

17) 연구소 책임자들은 교토대학 경제학부 혼조 에이지로, 교토대학 농학부 고쿠쇼 이와오, 교토대학 문학부 나카무라 나오가쓰, 오사카대학 상업부 가노 와타로이다. [『日本經濟史研究所史』, 11~62면]

나왔고, 마지막 것은 1939년에 완성되었다. 1940년에 이것이 영속적인 3권의 책으로 제본되어 『일본경제사사전日本經濟史事典』으로 발간되었다. 첫번째 두 권이 주제의 내용을 다루고 나머지는 색인이다.

항목을 위한 설명문은 선명한 문체로 씌어지고, 주제의 역사적 의미와 용어의 어원에 관한 설명 두 가지 모두를 포함한다. 그래서 맨兔(곡물세) 같은 용어를 설명할 때 "관청으로부터 면제·사면·구제받는다"는 이 말 자체의 의미가 기록된다. 동시에 이 말이 어떻게 더 많은 의무를 피하기 위해 사람이 지불한 세금을 가리키게 되었는지 하는 설명이 나온다. 이렇게 이 용어는 '세금'과 동의어가 되는 것이다.

지역적 용어와 일반적 용어 둘 다 사전에 기재된다. 그러니 '나누시名主'라는 항 아래 '촌장'이란 의미가 있고, 같은 뜻으로 일본 서쪽에서는 '쇼야庄屋'라는 말이 쓰인다. 끝으로 적절한 도해·책제목·연대기 등의 도표가 들어 있다. 온갖 중요한 기재사항이 기고자에 의해 표시된다. 항목을 발음에 따른[a·i·u·e…의 순서] 알파벳 순서로 나열하기 위해, 마지막 책은 색인만으로 되어 있다.

일본경제사연구소의 또 하나 길이 남을 공헌은 9명 작가들에 의해 연구총서의 일부분으로 10년 이상에 걸쳐 발간된 17권의 책이다. 대부분이 책들은 봉선엉지 사이의 전매제도와 같은 특수주제, 바쿠후의 새 정책, 그리고 새로운 향신을 위한 일거리를 찾으려는 노력에 관한 것, 또는 하나의 단일한 현縣·봉토의 중심지 혹은 도시 등에 관한 것이다.[18]

특수주제에 관한 가장 중요한 논문 가운데 하나는 전매제도에 관한 호리에 야스조堀江保藏 교수의 논문이다. '일본 근세의 전매제도[我國近世の

---

18) 이 책 가운데 세 권이 서구 여러 나라의 경제사이다.[미국·프랑스·독일] 그 중 두 권 즉 혼조 에이지로,『經濟史槪論』과 堀江保藏,『近世日本の經濟政策』은 개설서이다. 저자와 저서명에 관해서는『日本經濟史硏究所史』, 40면 참조.

專賣制度'라는 제목의 이 논문은 연속간행물의 제1권으로 학문수준이 높다. 지방은 물론 전국의 사료를 바탕으로 하여 이 책의 첫부분은 이 문제의 주요특징을 분석하고 있다. 저자의 생각에 따르면 여러 봉토에 있었던 이런 전매제도는 부족한 재정을 메우기 위해 발달된 것인데, 재정의 근대적 발달에서 가장 중요한 모습이라고 한다. 봉건적 형태의 통제경제는 여러 봉건지배의 반#독립경제를 국가경제로 변화시키는 주요요소 가운데 하나이다.[19] 예를 들면 가문전매로 팔 상품을 얻기 위해서는 가문·정부는 먼저 자신의 상업 대행업체부터 발달시키고, 그 다음 적극적으로 산물의 생산을 장려하였다. 판로는 영지 안에서 통제되고, 오사카와 다른 지역으로의 '수출'이 장려되었다. 야마구치山口에서는 일찍이 1780년에 봉건영주의 감독 아래 소금이 '수출'되었고, 미노美濃의 고리야마郡山는 1860년 이후 비단을 배로 수출하였고, 가고시마鹿兒島는 설탕 산지였다.

이 논문이 말하고자 하는 것은 이런 세밀한 활동으로 오사카 같은 주요 상업중심지들 사이의 영지 내 화폐유통, 전매[會所]와 지역산물 생산의 장려를 위한 전담관청[國產會所]의 설치가 필요했다는 점이다. 특별한 가문 백화점과 상관商館이 오사카와 다른 주요중심지에 설치되었다. 이 논문에 인용되는 동시대 저술가들의 의견에 따르면, 이런 제도에 대한 일반적인 지지가 있었다고 한다. 그러나 센다이仙台의 하야시 시헤이 같은 불평분자는 이런 상거래에서 생기는 이익은 그것을 후원하는 다이묘만 살찌웠다는 점을 지적하면서 1781년 자신의 봉건귀족에게 상소문을 냈다.[20]

---

19) 堀江保藏,「我國近世の專賣制度」(『日本經濟史研究所研究叢書』i, 3ff(東京:日本評論社, 1933). 호리에 교수는 여러 면에서 혼조 교수의 후계자이다. 그는 현 교토대학 경제학부 학장이며, 1945년 이래 그 곳의 교수로 있다.
20) 위의 책, 126면.

호리에의 논문 두번째 부분은, 관련사료를 탐색해내기 위해 여러 지역을 돌아다닌 결과인데, 돗토리鳥取・우와지마宇和島・야마구치山口에서 전매가 이루어진 과정 혹은 마쓰에松江의 인삼판매나 철鐵수공 같은 특수주제에 관한 것이다. 인삼에 대한 것은 나가사키를 통하여 중국으로 수출되었으므로 특히 중요하다. 1873년에, '산업'은 메이지정부에 팔려넘어갔다. 그래서 이 중요한 지면에서 저자는 과거 2세기 동안 지역과 국가 양쪽 모두의 경제의 작용에 관한 우리의 지식을 증가시키고 있다. 그는 또 가문-관할의 판매・분배・생산방법에 관해서도 윤곽을 그리고 있는데 이런 것들은 메이지유신 이후 쉽고도 자연스럽게 옛 봉토지배지에서 이런 것들을 잘 알고 있었던 가문출신 소수지배자들에 의해 국가적 규모로 전이되었던 것이다.

또다른 연구는 일본 경제제도가 중앙집권적・독점적 통제로 향해 가는 경향을 강조한 것으로, 미야모토 마다치宮本又次(1907년생)가 상업조합과 회사에 대해 쓴 것이 있다. 이런 것이 만들어지게 된 선구적 맹아와 과정을 묘사한 뒤 미야모토는 그 조직과 운영방법을 설명한다. 같은 사업체 내 구성원들의 이익을 보호하기 위해 만들어진 것으로, 이들은 명백하게 독점적 성격을 띠고 있다. 그 성원의 자격은 폐쇄적이었고, 대외・대내적으로 경쟁은 금지되었으며, 시장을 통제하였다. 이들 집단은 비상한 힘을 가지고 성원들의 이익을 보호하였다. 이 연구는 이런 집단을 폐지하려는 바쿠후의 노력과 그에 따른 경제적 혼란, 그리고 1871년에서 1872년 메이지정부가 전사, 그리고 농민들에게까지 상업에 종사할 수 있도록 허락함으로써 마침내 그들이 붕괴되는 내용으로 끝난다.

제도의 특수연구시리즈에 속하는 몇 권 책에 나오는, 이런 조금은 산만하고 어색한 설명이 일본 근대경제사에 관한 우리의 지식에 도움을 준다. 이 시리즈의 다른 대부분 책들처럼 이들은 일반적 성격의 것이거나 한 지역에 집중된 것이다. 후자의 범주[한 지역관련]에는 마쓰에松江봉토, 고야산高野山이란 유명한 불교중심지의 면세영지, 근대 오사카大阪·오미近江 상인들 등의 경제관련 논문들이 있다.21) 또다른 책으로 혼조가 편집한 한 심포지엄은 지역문제와 특수주제에 관하여 교토집단의 이해관계를 전형적으로 그린 것이다. 이런 식으로, 그 내용은 다카시마高島섬 일본-영국탄광 운영에서부터 도쿠가와 말기 곡물세와 징용에까지 이른다.22)

7) 연구소의 해체와 전후의 연구

연구시리즈 가운데 6권을 채 넘어서기도 전에, 재정궁핍으로 연구소 존립 자체가 위기에 처하였다. 책임자들은 새로운 집단들로부터 도움을

---

21) 이들 작품의 저자와 제목에 관해서는 『日本經濟史硏究所史』, 40~41면.
22) 에가시라 츠네하루(1900년생)는 교토대학 경제사 분야의 초기 대학원생 집단에 속하며, 시가대학 경제학부 학장을 지냈고, 다카시마 석탄광산, 그리고 사가와 코지 영지의 산업화에 관한 부분을 준비하였다. 미야모토·호리에·오야마·간노 등 교토사단의 친한 사람들도 기고하였다. 本庄榮治郞, 『幕府末期經濟史硏)』(硏究叢書 vol.6, 東京:有斐閣, 1935) 참조. 이 연구에 기반한 영어자료는 Thomas C. Smith, "The Introduction of Western Industry to Japan during the Last Years of the Tokugawa Period", *Harvard Journal of Asiatic Studies* xi(1948), pp.130~152, 그리고 Hugh Borton, *Japan's Mothern Century*(N.Y.: Ronald Press, 1955), pp.22~66 참조.
영어로 나온 혼조의 두 권의 작품도 언급되어야 한다. *Social and Economic History of Japan*(Kyoto : Institute for Research in Japanese Economic History, 1935)과 *Economic Theory and History of Japan in the Tokugawa Period*(Tokyo:Maruzen Co., 1943)은 『경제사연구』에 나오는 논문들, 또는 『日本經濟思想史』·『日本經濟解說』·『幕府末期の新政策』 같은 여러 개설서의 장들의 英譯이다. 일본에서는 원래 내용의 주제가 많이 중첩되므로, 독자는 조직적이지 못하고 또 영역본 내용이 조금 혼돈스럽다는 인상을 받을 수도 있다. 그러나 이것이 이 문제에 관한 최근의 연구들이다.

얻으려 했으나 허사였다. 위에서 말했듯이 일찍이 1936년에 이미 그 활동이 제한되었다. 그러나 월간잡지『경제사연구經濟史研究』와 연간 서지학 목록인『경제연감經濟年鑑』은 계속 간행되었다. 1942년 혼조 교수가 오사카상업대학 총장이 되어 사카이로 옮겨가자 연구소 경영은 오리에 교수에게 넘어갔다. 전쟁 후반기 동안 신문용지가 귀해지면서, 1945년 초에 잡지와 연감의 발행도 중단되었다. 연구소의 주요성원들이 뿔뿔이 흩어지고 일본의 항복 후 연합국에 의해 연구소건물이 징발되면서, 연구소는 폐기되었다. 고쿠쇼 교수는 1949년 오카야마岡山에서 갑자기 죽었다. 보존되기를 바랐던 도서들은 나누어졌으나, 그 주요부분이 고쿠쇼가 총장으로 있는 오사카경제대학으로 옮겨갔다. 그런 가운데서도 초창기 연구소 책임자들과 연구진이 받았던 훈련과 경험은 계속되어 후한 성과를 거두었다. 1954년 혼조의 지도 아래, 친한 여섯 사람이 협력하여, 1951~1953년 사이의『경제사연감』혹은 경제사에 관한 서지학을 집필하였다. 그들 가운데『오사카시사大阪市史』를 편집하고 있던 혼조 교수만 제외하고, 모두 주요대학에 교수직을 갖고 있었다.[23]

다른 한편 전후에는 반드시 경제사가가 아니라도, 많은 역사가들이 마르크스주의에 사로잡혀 일본사를 그런 틀에서 해석하게 됨으로써, 사실을 탐구하여 스스로 말하게 하기보다는, 오히려 신조의 증거를 찾으려 하였다. '역사학연구회'에서 가장 활동적인 사람들 가운데 다수가 강좌講座-노농勞農논쟁의 부활과 함께, 이런 문제에 휩쓸려 객관성 학문에 도움을 주지 못하였다. 다른 한편 그들 저술은 애매하고 독단적이며, 교토학파의 객관적이고 철저한 작업에는 비교할 수가 없다.

비교를 한다면 교토집단의 작품은 뛰어나다. 그들의 연구는 일본경

---

23) 기가와는 도시샤·에가시라는 시가대학, 호리에는 교토대학, 구로하는 나니와, 미야모토는 오사카에 있었다.

제 발달의 전체문제에 포괄적으로 접근하기 위해 사료를 이용하려 하는 학자들, 일본인이나 외국인 모두에게 무한한 가치가 있는 것으로 증명될 것이다. 고쿠쇼 교수가, 농민봉기에 대한 그 견해 때문에 '역사학연구회' 안의 마르크스주의적 경향의 사람들로부터 계몽되지 못한 '현학적' 집단의 두목으로 비난을 받는다고 해서 그 결론이 틀렸다는 뜻은 아니다.[24] 어디서나 어떤 정치적·경제적 철학을 증명하는 데 이용되는 단절된 사건들이 아니라 진실을 찾기 위해서 일본역사 및 아시아 민족의 역사의 사실들을 겉으로 드러나 보이는 것으로서가 아니라, 있는 그대로 제시하려고 하는 것은 객관적 학자들에 대한 하나의 도전이다.

---

24) 遠山茂樹,「明治維新研究の成果」,『日本史研究入門』(東京大學出版會, 1951), 201면 참조. 역사학연구회의 여러 대가들의 작품에 대한 비평의 글과 그에 대한 논평은 John W. Hall, "Review of Rekishi Gaku Kenkyukai, Nihon Shakei no Shiteki Kyumei(歷史學硏究會,日本左傾の史的究明)", *Far Eastern Quarterly*(November, 1951), pp.97ff. : George B. Sansom, "Notes on John W. Hall's Review…", *Far Eastern Quarterly*(August, 1952), pp.506~507 참조.

17.
1500~1800년간
극동에 대한 서방 역사서술의 몇 가지 특징

복서(C.R. Boxer)

[런던대학교 포르투갈학 까모엔(Camoens) 교수]

　이 논문이 다루는 대부분 시대에 있어서, 극동에 관한 서방의 역사서술은 편의상 두 종류로 구분할 수 있다. 제수이트(Jesuit)교단 선교사가 쓴 것과 그밖에 사람들이 쓴 것이다. 이렇게 하는 이유는 아주 명백하다. 중국에 관한 한 아주 드문 예를 제외하고는 제수이트 선교사들[만다린(청나라 고급관료)인도 있음]이 번영한 중세왕국 전체에 어느 정도 자유를 퍼뜨릴 수 있는 유일한 유럽인들이었다. 이들은 언어를 공부하였고, 중국서적과 학자들, 특히 북경궁정과 관계가 있는 사람들과 가깝게 지냈다. 이들만이 중국학문의 원천에 접근하였고, 유능한 중국인 협조자와 주석가들의 도움에 [대개의 경우] 의지할 수 있었다. 일본에서 제수이트 선교사들은 1550년에서 1614년 사이에서만 자유로이 활동할 수 있었고, 그 동안 일본서적 연구활동은 중국에서의 활동에 비길 수 있었다. 그러나 전국시대의 혼란은 1590년 도요토미 히데요시豊臣秀吉가 이 섬나라를 통합하기까지 역사연구에 거의 도움이 되지 못하였다. 2백 년의 쇄국시대 동안 데시마出島에 제한되어 있던 네덜란드 상인들로 하여금 일본역사와 문화를 배우도록 유인하는 자극제가 거의 없었다. 캠퍼(E. Kaempfer)·티칭(Isaac Titsingh)·지볼트(Von Siebold) 등이 그런 의욕이 있던 사람들이 할 수 있었던 것의 정도를 보여주고 있을 뿐이다.

넓게 말한다면 동방무역에 종사한 유럽상인들은 선교사들이 그런 면에서 누렸던 이점에 비하여 상대의 아시아 종족에 관해 연구하게끔 하는 유인제도, 그런 기회도 없었다. 상인은 동쪽으로 와서 될 수 있는 대로 빨리 돈을 벌어서는 집으로 돌아갔다. 아니면 목적을 달성한 뒤 [또는 실패한 뒤] 아마 마카오(Macao)·바타비아(Batabia)·캘커타(Calcutta)에 정착하기도 했을 것이다. 선교사는 영혼을 구하러 동방으로 갔으며, 그가 선택한 선교의 땅에서 남은 여생을 보낼 자세가 되어 있었다. 그들은 언어를 배우지 않을 수 없었고, 상인과는 달리 해안도시에만 머물러 있지는 않았다. 선교사는 내지의 온갖 종류의 사람들과 그들이 처한 갖가지 상황에 부딪혔다. 반면에 상인들의 접촉은 거의가 '거래상대'와 관리·품팔이꾼과 가끔 들르는 항구의 매춘부들로 한정되어 있었다. 그리고 선교사는 언제나 그런 것은 아니었지만, 가끔은 술·여자·노래가 있는 진부한 술집에서 위안을 찾는 상인보다 더 많이 교육을 받고 더 품위있는 사람이었다.

이탈리아 제수이트 선교사인 발리냐노(Valignano)는 16세기 말 마카오에 있던 포르투갈인의 지위에 관해 다음과 같이 썼다.

> 중국인들은 외국인과 절대 친하게 지내지 않는다. 그래서 포르투갈인은 자신이 접촉하는 다른 민족들과의 관계에서 그런 것처럼, 중국인들과 수년 동안 거래를 해도 서로 우정을 맺은 기록이 하나도 없고, 서신교환도 없었다.[1]

---

1) P.M. D'Elia, S.J.(Society of Jesus), Fonti Ricciane. *Documenti originali concernenti Matteo*

그 시대 일본에 있던 포르투갈인의 입장을 적으면서 발리냐노는 그들이 규슈항九州港보다 더 먼 내지로 거의 들어가지 못했다고 적고 있다.

그리고 언어 · 예절 · 관습이 아주 달랐으므로, 일본인들은 그들을 무시하였고, 그들은 일본인들을 더더욱 무시하였다.[2]

이 같은 언급은 동방의 다른 유럽상인들에게도 어느 정도 적용된다. 아이작 티칭(Isaac Titsingh)이 1781년에 나가사키長崎의 네덜란드 상인들이 용기를 내어 일본문화를 배워야 한다고 말했을 때, 바타비아의 행정의회는 느긋하게 다음과 같이 썼다.

이는 행하기보다 말이 더 쉽다. 여기서는 헤르메스(상인수호신)에게 제물을 드리는 것이 보통이며 절대 아테나(학문의 여신)에게 바치지 않기 때문이다.[3]

윌리엄 히키(W. Hickey)의 독창적 '비망록'을 읽은 사람들은 동방학이 존 회사(John Company)의 호쾌한 술고래들에게 얼마나 매력이 없었는지를 쉽게 알 수 있다. 물론 예외도 있지만(Bengal의 아시아학회는 윌리엄 히키 시절에 세워진 것이다), 일반적으로 16세기에서 18세기의 극동사람들에 관한 역사적 정보를 얻으려 할 때 우리가 돌아보아야 하는 것은 선교사들, 그것도 제수이트교단이다. 시암(Siam)에서의 타차르드(Tachard)와 제르베즈(Gervaise), 통킹(TongKing)에서의 로즈(De Rhodes), 필리핀에서의 라다(Rada) · 치리노(Chirino) · 델가도(Delgado), 중국에서의 마르티니(Martini) · 고빌(Gaubil) · 마이야(De Mailla),

---

Ricci d la storia delle prime relazioni tra l'Europa e la Cina, 1579~1615(1579년에서 1615년 사이의 마테오 리치에 관한 원전기록과 유럽-중국 간 주요관계사(Rome, 1942) i, 202n.
2) C.R. Boxer, *The Christian Century in Japan, 1549~1650*(California U.P., 1951), p.189.
3) C.R. Boxer, *Jan Compagnie in Japan, 1600~1850*(The Hague, 1950), p.141.

일본에서의 프루아(Frois)와 로드리게스(Rodriguez)다. 같은 맥락에서 실론 (Ceylon)·말라바르(Malabar)·인도네시아에 관한 그 같은 유의 정보를 얻기 위해 네덜란드 사서를 보아야 하는 것은 무엇보다 칼뱅교 목사인 발다에우스(Baldaeus)와 발렌타인(Valentyn) 때문이다. 선교사나 상인들이 함께 가졌던 서방적 편견의 하나는 기독교가 유일하게 진실한 계시종교이며 다른 형태의 신앙은 악마의 것이라는 믿음이다.

지금까지 도입과 해설로서 이렇게 많은 이야기를 하면서, 필자는 일반적 관례에 대한 한 예외로서 이 논문을 시작해야겠다. 중국서적을 모으고 오직 그것을 번역하기 위한 목적으로만 학식 있는 중국인 노예를 구했던 최초의 유럽인 역사가는, 선교사나 상인이 아니라, 포르투갈 왕의 관리이며 연대기 작가인 주앙 드 바후스(João de Barros; 1496~1570)였다. 바후스는 역사가로서의 몇 가지 뛰어난 장점을 갖고 있었다. 그는 자기편의 사상자 수를 줄이고 적의 수는 우스꽝스럽게 과장하는 행태를 강하게 비판하였다. 포르투갈인들이 광동 어린이들을 유괴하여 구워먹는다는 일반 중국인들의 욕을 들면서(『明史』에 여러 번 나옴) 그는 이런 생각은 이상할 것이 없다고 말한다. 포르투갈인은 중국에 온 유일한 이방인이며, 포르투갈인 자신도 똑같이 먼 지역의 이상한 사람들에 관한 어리석은 이야기를 믿는다는 것이다. 중국에 관한 그의 입장은 솔직하게 존경심을 담은 것이다. 그리고 중국인의 문화를 그리스 로마의 것보다 높게 [또는 더 높게] 평가하였다-포르투갈 연대기 작가가 그랬던 것처럼, 정말 한 르네상스 인문주의자로부터의 칭찬이었다.[4]

바후스가 그의 중국인 노예, 중국서적, 광동을 방문한 포르투갈인에

---

4) 선구적 동방학자요 초기 중국학자로서 주앙 드 바후스에 관한 더 상세한 정보는 C.R. Boxer, "Three historians of Portuguese Asia", *Boletim do Instituto Portugues de Hongkong*(홍콩의 포르투갈인 제도보고집)(Macal, 1948), i, pp.18~25 참고.

게서 얻은 많은 정보는, 그의 미간행『지리학(Geography)』에 들어 있었으며, 이것은 그의 사후 없어졌지만, 그와 그 당대인들에게 충격을 주었던 중국사의 몇 가지 사실을 그들이 발간한 책에서 건져낼 수 있다. 그것은 ① 만리장성의 축조와 유지, ② 중국행정제도의 안정성과 효율성, ③ 인쇄와 화약 발명에서 중국의 우월성, ④ 원말과 명초 인도양으로의 중국인 해상원정이다. 명대의 중국을 마르코 폴로의 카타이(Cathay)와 동일시한 것은 인정되지 않았다. 그것은『일 밀리오네(Il Milione)』가 만리장성・인쇄술・차 같은 유명한 중국산물에 대해 언급이 없기 때문이다. 16세기 포르투갈 연대기 작가들은 유럽 다른 지역에서는 독자층을 널리 갖지 못했다. 그러나 중국제국에 대한 그들의 찬양이 큰 영향을 미치지 못했다 하더라도, 다음 2세기 동안 제수이트교단의 친중국적 선전을 기꺼이 받아들이는 토양을 마련하는 데 어느 정도 기여하였다.

이렇게 중국의 과거에 대해 유럽 지식인이 접할 수 있던 지식의 총화는 곤잘레스 드 멘도자(Gonzalez de Mendoza)의『중국 대 왕조의 유명한 사건들과 관습의 역사(Historia de las cosas mas notables, ritos y costumbres del Gran Reyno de la China)』(Rome, 1585)가 발간되기까지 아주 제한적이었다. 이 유명한 책은 16세기 말 이전에 주요 유럽언어들로 30판을 거듭하였고, 그 내용은 유럽의 지식세계에 대한 하나의 계시였다. 이 책의 역사부분(나머지 부분에서도 많은 것이)은 [선구적 동방학자요, 초기 중국학자였던] 마르틴 드 라다(Fr. Martin de Rada)의『교류(Relación)』에서 따온 것인데, 이 사람은 1575년에 복건福建을 방문하고, 많은 중국저서를 마닐라로 옮겨왔는데, 그 중에는 역사책도 많았다. 지방 주석가들의 도움으로 라다는 아주 정확한 중국왕조사 요약본을 만들었다. 상왕조와 주왕조를 빠뜨리는 소홀함만 없더라면 완전한 내용이 될 만한 것이었다. 라다는 강한 과학적 취향을 띠었으며, 중국어 자료만을 바탕으로 하여 중국사 개요를 만든 최초의

유럽인일 뿐 아니라 중국을 카타이(Catay)와 동일시한 최초의 사람이다.5)

멘도자의 책은 인기가 있었지만, 16세기 마지막 4반세기와 17세기 초기 10년 동안 극동에 관해 발간된 대부분 유럽인의 작품들은 주로 일본에 관한 것이었으며, 여기서 제수이트 선교사들은 중국에서보다 더 볼 만한 성공을 거두고 있었다. 이와 같은 상황은 처음에는 1614년 이후에 도쿠가와 쇼군통치에 의해 강요된 기독교 금지와 박해 등에 의해 바뀌지 않았다. 수많은 순교자들은, 그들에 관해 그 수만큼 많은 소책자가 만들어지도록 했고, 이것은 일본이 16세기 40년대에 효과적으로 R.C.선교사들을 봉쇄해버렸을 때 점차 줄어들기 시작했다. 이런 작품은 모두 극동 자체의 역사보다 선교의 역사에 속한다고 하는 편이 더 적절하며, 트리골트(Trigault)의『중국에서의 기독교선교(De Christiana Expeditione apud Sinas)』(Augusburg, 1615)도 그러한 것이다. 이 책은 유명한 제수이트 선교사 마테오 리치의 보고에 근거한 것으로, 멘도자의『역사(Historia)』에 필적하는 인기6)를 누렸으나, 그 전 작품의 역사부분에 아무것도 더하지 않았다. 1575년 라다의 선구적인 노력 이래로, 중국사 연구에서 처음으로 굉장한 발전을 이룬 영예는, 리치가 아니라 또다른 이탈리아 제수이트 선교사 마르티노 마르티니(Padre Martino Martini; 1615~1661)에게 돌아간다.

마르티니는 만주야만인들의 중국정복을 그린 소책자『역사(History)』의 저자인데, 이 책은 놀라운 인기를 얻었으며, 당대 유럽에서 가장 널리 읽힌 책 가운데 하나였음에 틀림없다.7) 그는 또한 '광역도廣域圖'와 다른 중국어 자료를 근거로『중국제국의 지도(Atlas of the Chinese Empire)』를 만

---

5) *South China in the sixteenth century*, 1550~1575, Hakluyt Society, vol.cvi(1953), pp.260~310. 여기에 라다의 1575년「교류」전문이 번역되어 있다.
6) 1615년에서 1625년의 10년 동안 여러 언어로 11판이 나왔다.
7) Streit, *Bibliotheca Missionum*(선교총서)(1929), v, 796~797. 20년 동안의 21판을 싣고 있으나, 도해판(Utrecht, 1655)은 누락하였다.

들었는데, 이 책은 대번에 표준서가 되어 오래 남게 되었다. 그러나 더 오래 영향을 준 것은 그의 『10대 중국사(Sinicae Historiae Decas Prima)』로 1658년에 뮌헨에서 처음 발간되었는데, 라다가 시작했던 작업을 확대 부연한 것이었다. 이 책은 오직 중국어 연대기에만 근거하여 반고盤古에서 서한西漢까지의 중국왕조사를 아주 더 상세하게 다루었다.8) 마르티니는 중국 공식연대기의 권위를 받아들여[라다와 리치는 이 문제를 회피하였다], 중국인의 정통사는 기원전 2952년까지, 아니면 벌게이트(Vulgate)성경[역자주:- 405년경에 완역된 라틴어 성경]의 해석에 따른 '홍수'시대보다 약 600년 이전으로 거슬러 올라간다고 말하였다. 그는 노골적으로 이것이 '70인역 성경'[3c BC 그리스어 성경]내용의 권위를 증명한다고는 말하지 않았으나, 이것이 정확한 연대기이거나, 아니면 홍수가 동아시아까지 미치지 않았음을 분명하게 암시하였다. 어느 경우이건 그로 인해 성경의 권위가 위협받게 되었다. 벌게이트성경이 트렌트(Trent)종교회의의 카톨릭 정통노선을 받아들였고, 대부분 신교목사들이 이 점에서 카톨릭 연대기에 동의했기 때문이다.

초기 중국사회에 대한 마르티니의 설명은 유럽에서 엇갈린 반응을 보였다. 이삭 보시우스(Isaac Vossius) 같은 몇몇 학자들은 '70인 역 성경'을 지지하는 자신들의 입장을 지지하는 것으로 그 견해를 받아들였으나, 조지 혼(G. Horn) 같은 다른 사람들은 기독교 성경의 무 오류성을 훼손하는 이론이라고 격렬하게 비난하였다. 교황청은 벌게이트성경을 지지하는 트렌트종교회의의 규칙에 반해서, 제수이트 선교사들에게 중국에서 '70인 역 성경' 연대기를 따르도록 허용함으로써 타협하였다.9) 그러나

---

8) 두번째 라틴어판이 1659년에 암스테르담에서 발간되었고, 프랑스어 번역본은 1692년 파리에서 나왔다.
9) '통속적'이라 불리는 성경의 번안에 따르면, Fohi와 Yao가 태어나 홍수 이전시대를 다스렸다 한다. 그러니 우리는 이 나라[중국]에서는 '70인역 헬라어 성경'을 따르지 않을 수

마르티니의 책 때문에 많은 유럽학자들이 점차 분명하게 깨달은 것은, 중국이 그리스와 로마보다 더 오랜 문명국이며 아마 이집트와 바빌론보다 더 오래되었을 수도 있다는 사실이었으며, 그래서 성경의 땅인 중동보다 오히려 동부아시아를 인류문명의 요람으로 삼게 되었다.[10]

마르티니의 저술들이 지각있는 유럽학자들 사이에 상당한 반응을 불러일으켰지만, 그 영향을 과장해서는 안된다. 1681년 같은 늦은 후기에 보쉬에(J.B. Bossuet)가 유명한 『보편사론(Discours de l'histoire universelle)』을 발간했을 때도, 그는 오리엔트에 대해서는 아무 언급이 없었고, 서구 역사서술을 너무도 편파적으로 만든 '유럽중심적' 입장에 안주했다. 이런 마르티니는 중국선교사들한테까지도 비판을 받았다. 만일 성미가 고약한 스페인 도미니크 수도승인 도밍고 페르난데스 나바레테(Domingo Fernandez Navarrete)의 말을 믿는다면, 포르투갈의 제수이트 선교사 가브리엘 드 마걀랑이스(Gabriel de Magalhães)와 이탈리아의 루이스 불리오(Luis Buglio)는, 마르코 폴로나 마르티노 마르티니가 각각 중국에 관해 한 설명에서 가장 큰 실수는 했는지 하는 것은 증명가능하다고 말하였다 한다.[11]

나바레테는 제수이트에 대한 공평한 비판자라고 할 수는 없겠으나, 그의 『논설(Tratados)』은 통상 그러했던 것보다 더 많은 관심을 역사가로부터 받을 만하다. 그는 유교와 기독교 사이에 [일시적]타협점을 찾으려는

없다.[Magalhães, *A New History of China*(London, 1688), p.252]
10) 마르티니의 『10대 중국사』가 유럽 지식인 사회에 미친 영향에 대해서는 V. Pinot, *La Chine et la formation de l'esprit philosophique en France, 1640~1740*(중국, 그리고 프랑스철학정신의 형성, 1640~1740)(Pais, 1932), pp.200~205, 289~290 참조.
11) Fr. Domingo Fernandez Navarrete, O.P., *Tratados historicos, politicos, ethicos, y religiosos de la monarchia de China*(중국군주제의 역사적·정치적·윤리적·종교적 논설)(Madrid, 1676), p.24. James Cummins 씨는 이 스페인 탁발수도사에 관한 런던 박사논문을 완성하여 발간하였는데, 간행되지 않은 많은 자료를 포함하고 있으며, 『논설(Tratados)』의 친중국적 경향을 강조한다.

제수이트의 노력을 심하게 매도하였으나, 다른 면에서는, 여느 제수이트와 같은 정도로, 중국문명과 문화에 대한 한 신실한 숭배자였다. 또 중국사에 대해 아주 확실한 견해를 가지고 그의 『논설』에 표현하였다. 그는 중국인이 언젠가 실론·인디아·마다가스카르까지 항해한 적이 있다는 포르투갈 연대기 작가들의 주장을 비웃었다. 이런 '허약하고 겁 많고 평화로운 나라'가 멀리 순다(Sunda)해협과 싱가포르까지 원정했을 리가 없다는 것이다. 그는 많은 면에서 이교의 중국이 동시대 기독교국가보다 더 개화되고, 더 잘 통치되고, 더 예절바른 나라임을 흔쾌히 인정하였다. 그리고 이것을 증명하기 위해 몇 가지 재미있는 자신의 경험을 예로 들었다. 그는 전설의 오제五帝시대에서 모두 22왕조에 208명의 황제가 있었다는 중국연대기 작가들의 주장을 받아들이면서도, 벌게이트 연대기를 충실히 옹호하면서, 중국의 연대계산법을 거부하였다. 그는 수많은 중국의 역사야담을 적었는데, 이것은 뒷날 자일스(Giles)의 『중국전기사전(Chinese Biographical Dictionary)』에서 간행된 것과 비슷하다. 또한 그는 역사적·지리적 정보를 듬뿍 담은 주[행정구역]의 또는 지역의 관보를 인용하고 있다. 그는 제수이트교단이 중국고전의 어떤 문장들을 '지난 3·4천 년 동안 [중국에서] 받아들인 것과 반대되는 뜻으로' 재해석하려는 것을 신랄하게 비난하면서, 그 수제에 관한 30인 선교사의 견해보다 중국글자의 역사적 의미에 관해 한 중국학자가 말하는 것에 더 주의를 기울여야 한다고 논한다.[12]

중국 제수이트 선교사이건, 본토역사가들이건 간에, 유럽인 학자들이 가졌던 중국사에서의 해묵은 관심은 중국 공식연대기가 기독교 성경

---

[12] *Historicos*(역사논설), i, pp.3~8, 14, 17, 24, 28~29, 36, 49, 53, 65, 80~81, 91~128, 174~185, 250~254, 290. 『논설』 제2권은 1679년 마드리드에서 인쇄되었으나, 제수이트의 선교에 대한 거센 공격으로 위축되어 소刊되지는 않았다.

과 조화될 수 있는가 하는 민감한 문제에 관한 것이었다. 로마카톨릭·신교도·자유사상가들이 모두 이 논쟁에 관여하였는데, 이 논쟁은 처음에 마르티니의 『10대 중국사』가 간행되면서 촉발되어 당시 지나칠 정도로 첨예하게 가열되었다. 곧 이 문제는 더 큰 감정을 상하게 한 중국의 식에 관한 유명한 분쟁과 긴밀하게 연루되었으나, 중국에 관한 작품들을 유럽지식인 대중에게 알리는 데도 또한 크게 기여하였다. 훗날 유럽에서 상당한 관심을 불러일으킨 역사적 논쟁의 또다른 주제는 중국글자와 이집트의 신성문자가 같은 기원을 가지는가, 그리고 만일 그렇다면 거기서 어떤 연역이 가능할 것인가 하는 것이었다.

18세기 동안 중국사에 관여한 제수이트교단 내에서 세 가지 사상의 학파가 나타났다. 첫번째는 북경 제수이트교단에 의한 것으로, 하·상·주왕조를 역사적인 사실로 보고, 중국사의 시간길이를 '70인 역 성경'의 연대와 맞출 수 있다고 생각하였다. 레기스(Regis)·파렌닌(Parrenin)·고빌(Gaubil)·드 마이야 신부들은 이 집단의 가장 저명한 대표자이다. 두번째는 광동과 마카오 제수이트교단에 의한 것으로, 기원전 5세기 이전의 중국사는 사실이 아니라고 본다. 이들은 중국고전을 두고 구세주 출현을 예언하는 비전秘傳의 책이며, 처음 성경의 유태교 선지자에 의해 전해 내려왔으나, 중국인이 그런 핵심을 놓친 것이라 하였다. 이들 가운데 제일 대담했던 이는 페르 푸케(Pére Foucquet)였는데, 그는 마침내 이 때문에 '교단'을 떠나야만 하였다. 그는 복희伏羲가 선지자 에녹(Enoch), 그리스의 헤르메스(Hermes), 라틴의 머큐리(Mercury)와 같다고 믿었다. 세번째 학파는 파리 제수이트교단으로, 그 동료들이 중국에서 보내준 작품들을 발간하였다. 이 중 제일 뛰어난 사람은 유명한 페르 뒤 알드(Pére Du Halde)였다. 그는 가능한 한 북경과 광동동료들의 견해를 서로 융화하려고 노력하면서, 먼저 원고를 철저하게 편집한 뒤 『유익하고 신기한 문학(*Lettres*

Edifiantes et Curieuse)』(34 vols., 1702~1276)과 『중국제국의 지리・역사・연대기・정치・물질에 관한 서술(*Description geographlque, historique, politique et physique del'Empire de la Chine)*』(4 vols., Paris, 1735)로 발간・이용하였다.13)

뒤 알드는 벌게이트 연대를 지지하면서, 믿을 만한 중국사는 기원전 2357년 요임금에서 시작한다고 주장했다. 또 그는 유교의식이 원래 또는 실제로는 우상숭배적인 것이 아니며, 중국제국은 1735년에는 아직 사악한 미신으로부터 참으로 거리가 멀었다고 단호하게 주장하였다. 그래서 중국 제수이트교단이 원래 쓴 것으로 중국을 좋지 않게 말하는 온갖 내용을 억제하고 완화하였다. 그래서 그가 발간한 방대한 책들은 중국과 중국인의 비위에 맞았다. 이런 책들은, 콩트(Le Comte)의『현 중국에 관한 새로운 보고서(*Nauveaux Memoires sur l'etat present de la Chine)*』(Paris, 1696)와 함께, 18세기 중국에 관해 저술한 모든 유럽인을 위한 주요자료가 되었다. 라이프니츠(Leibniz)・볼테르(Voltaire)・기번(Gibbon) 등이 이 책들을 많이 이용하였으나, 뒤 알드가 중국을 미덕의 모범으로 규정한 것은 프랑스에서와 같은 정도로 영국에서 받아들여진 것은 아니었다.14) 엄격하게 역사적 시각에서 보아, 뒤 알드의 작품은 그 전의 멘도자・마르티니・쿠플레(Couplet)가 발간한 내용에 더한 것이 거의 없었다.15) 당시 한 프랑스 비평가가 말했듯이 뒤 알드의, 어떤 면에서 중국에 관한 백과전서식 설명이라 할 수 있는 것 속에서 "역사는 단순한 연대기적 기록의 재현이었다".

두말할 것 없이 그들 가운데서 가장 훌륭한 프랑스인 제수이트 중국

---

13) 이 주제에 관해 가장 확실한 증거의 개관은 주10)에서 인용한 피노(V. Pinot) 작품이다.
14) C.S. Ch'ien, "China in the English Literature of the eighteenth century", *Quarterly Bulletin of Chinese Bibliography*(New Series) vol.II, Nos.1-4(June-December 1941) 참조.
15) P. Couplet, S.J., *Tabula chronologica trium familiarum imperialium monarchiae sinicae*(중국 군주제의 세 황제가문의 연표)(Paris, 1686). 그리고 idem, *Confucius Sinarum Philosophus*(중국철학과 공자)(Paris, 1687). 쿠플레의『연표(*Tabula chronologica*)』는 黃帝(2697 BC)에서 시작하여 康熙에서 끝난다.

학자이며 가장 세련된 역사가는 고빌(Antoine Gaubil)이다. 그는 1733년에 북경으로 와서 1759년에 죽을 때까지 거기서 살았다. 훔볼트는 그를 "선교사 중에서 가장 박식한 사람"이라 하였는데 일리가 있다. 팅 자오징은 전반적으로 선교사들을 아주 형편없는 중국학자로 생각하였지만, 고빌에 대해서는 아낌없이 칭찬하였다.16) 그의 책 가운데 작은 일부만이 그의 생전에 발간되었는데,17) 그는 파리에 있는 그의 친구들이 그가 보내준 역사책을 잘 이용하지 못한다고 여러 번 불평하였다. 그는 독창적인 작가로 자처하지는 않았으나.18) 가장 믿을 만한 중국역사가들에 의한 정확하고 비판적인 개념의 중국을 유럽사람들에게 전하려 한다고 말하였다.19) 그는 『명사』가 간행되자 곧 완본을 파리로 보냈고, 북경 궁정관리 몇몇을 매수하여 『실록』(사본이라고 하는 편이 더 낫다)을 엿보려 하였다.

고빌은 자신이 고국으로 보낸 사료의 '무미건조하고 추상적인' 성격이, 자신의 박학하고 권위있는 논문의 발행이 늦어지게 된 일말의 원인

---

16) Ting Tchao-ts'ing, Les Descriptions de la Chine par les Francais, 1650~1750(프랑스인의 중국에 관한 묘사, 1650~1750)(Paris, 1928), pp.33~34, pp.49~50, p.61. 그가 고빌에 관해 말한 것 가운데 많은 것을 Abel-Remusat의 전기적 서술인 Nouveaux Melanges Asiatiques(신아시아誌) ii(Paris, 1829), pp.277~290에서는 출처를 밝히지도 않은 채 그대로 적고 있다.
17) 고빌의 주요 역사저작은 다음과 같다. Histoires abregee de l'astronomie chinoise(중국천문학 약사)(Paris, 1729) : Histoires de Yen-tchis-can et de la dynastie des Mongou(엔지스칸과 몽골왕조의 역사)(1739) : Le Chou-king, un des libres sacres des Chinois(주공와 중국고전)(1770) : "Abrege de l'histoire Chinoise de la grande dynastie Tang(大唐왕조의 중국사 요약)"은 Memoires de Pekin, xv(1791)와 xvi(1814)에 연달아 실림. Traite de la chronologie Chinoise devise en 3 parties(삼분된 중국연대기의 특징)(1814). 상세한 목록은 L. Pfister, S.J., Notices biographiques et bibliographiques sur les Jesuites de l'ancienne mission de Chine, 1552~1773(제수이트교도의 중국 초기 선교사업에 관한 참고문헌 주해와 참고문헌) ii(Shanghai, 1934), pp.676~693에 나와 있다.
18) "우리는 여기서 저자가 되려하거나 중국사와 고대·근대 중국역사가들에 대한 비판을 하려는 것도 아니다."[letter of Gaubil d.28, viii(1752), Lettres Edifiantes et curieuses, ed. (1843), iv, 66]
19) "나는 고대와 근대의 중국사와 역사가들에 관한 정확하고 비판적 개념을 전하려 한다."[Lettres Edifiantes iv,61]

이라는 사실을 깨달았다. 18세기 유럽 특히 프랑스에서 중국선풍旋風 속에 많은 것이 쓰였지만, 고빌이 지적한 것처럼 독자들은 무엇보다 '일반적인 흥밋거리'를 원하였다. 뒤 알드는 이런 분위기를 잘 알고 있었다. 그가 북경의 박식한 동료들이 제공한 많은 것을 삭제·정정·생략한 것도 그 때문이었다. 어쨌든 그의 두툼한『중국에 관한 서술』은 당장에 중국에 관한 표준서가 되어 오래 생명을 유지했지만, 너무 산만하고 지루하며, 또 너무 비싼 것으로 널리 비판을 받았다.20) 당연히 이런 입장에 대해 더 학식있는 유럽학자들은 동의하지 않는다. 푸르몽(Fourmont)과 프레레(Fréret) 같은 프랑스 학자들은 북경의 제수이트교단과 적극 연락하였고, 이들이 제공하는 역사적 정보를 모두 욕심껏 읽었다.

프레레는 뒤 알드의 작품의 역사부분이 마르티니와 콩트가 이미 발간한 사료를 개작한 데 불과하다고 불평했지만, 그는 고빌의 작품을 발간해 줄 출판업자를 찾기가 어려웠다. 이윤을 추구하는 출판업자는 아주 제한된 구매력을 지닌 역사논문을 싫어했기 때문이다. 모이리약 드 마이야(Moyriac de Mailla)의『중국통사(Histoire Generale de la Chine)』의 발간이 늦어진 것도 주로 그러한 사정 때문이었는데, 이 책은 전적으로 중국역사책에 기반한 것으로, 1737년에 완성되었으나, 아베 그로시에(Abbe Grosier)의 노력으로 34년이 지난 뒤에야 겨우 출판업자를 구할 수 있었다.21) 동시에 제수이트교단의『교화와 기묘의 글(Lettres Edifiantes et Curieuses)』(34 vols., Paris, 1702~1736)은 점차 교화보다 기묘 쪽으로 더 기울어져, 16세기에서 17세기

---

20) Lettres Edifiantes(ed., 1843) iv, 75 : V. Pinot, La Chine et la formation de l'esprit philosophique en France(중국 그리고 프랑스 철학정신의 형성), pp.142~145, 159~167, 170~178.
21) Moyriac de Mailla, Historia generale de al Chine(중국통사) 12 vols.(Paris, 1777~1783). 원래 주희가 편집하였으나 명과 청초까지 전해 내려온 사마광의『통감강목』에 바탕하였다. O.B. van der Sprenkel 씨는 H. Cordier의『중국통사(Histoire generale de al Chine)』 4vol. (Paris, 1920)가 드 마이야의 작품을 출처도 밝히지 않은 채 그대로 베꼈음을 지적하였다.

대부분을 휩쓸었던 경향에 역행하였다. 제수이트교단의 가장 큰 업적은 중국선교의 학문적 노력에 상응하는 거창한 일련의 『보고서(Memoires)』이었다.22) 이 책은 『교화의 글(Lettres Edifintes)』보다 훨씬 높은 수준이며, 해외에서의 '계몽주의'적 새 분위기를 반영한다. 이 책은 믿음의 교화가 아니라 학자와 역사가들의 호기심을 만족시키는 것이었다.

제수이트교단에 관해 끝내기 전에 이들이 중국동료들과 주석가들의 도움을 어느 정도 받았는지 잠깐 살펴보자. 가브리엘 드 마갈랑이스(Padre Gabriel de Magalhães) 신부는 중국어가 그리스어나 라틴어보다 더 배우기 쉬우며, 그와 동료들이 많은 책을 도움없이 중국어로 썼다고 말하였다.23) 콩트(Père Louis Le Comte) 신부는 이런 주장에 대해 일리있게 의혹을 제기하면서 반대로 유럽인으로 중국어에 실제로 능통한 사람은 없었다고 말하였다.24) 도미니크 수도승 나바레테는 만개 이상의 중국글자를 알고 있다고 자랑하였다. 그러나 그는 자신이나 1669년 광동에 모여들었던 선교사 가운데 어느 누구도 그들을 위해 황제에게 올린 상소문의 의미를 이해할 수 없었음을 인정하였다.25) 선교사들은 그들이 가끔 인정하는 것보다 훨씬 더 많이 중국인 협조자에게 의지했다는 사실은 분명하다. 마르티니・쿠플레 등은 그들의 중국인 권위자를 언급할 때 의도적으로 얼버무리지만, 고빌과 드 마이야는 이 점에서 더 분명하며 더 솔직하게 어쩔 수 없이 원어민 해석자와 학자들로부터 받은 도움을 인정한다.26)

---

22) *Memoires concernant l'histoire, les sciences, les arts, les Moeurs, lesusagesetc., des Chinois, par les missionaires de Pekin*(북경 선교사들에 의한 중국의 역사・과학・예술・도덕・관습 등에 관한 비망록) 17 vols.(Paris, 1776~1814). 제수이트교단이 압박을 받은 뒤 간행되었으나, 무한한 가치가 있는 이 시리즈에 실린 대부분 논문들은 1760년 이전에 쓰였다.
23) G. Magalhães, S.J., *A New History of China*(London, 1688), pp.77~82.
24) L. Le Comte, S.J., *Memoires Historical*(역사비망록), ed.(London, 1688), pp.177~185.
25) D. Fernandez Navarrete, O.P., *Historicos*, i, III, 169(1676), pp.252~254.
26) 고빌은 그가 박학하고 유능한 보조수를 충분히 얻을 수 없었다고 가끔 불평한다. 이것

제수이트 선교사의 작업이 중국에 관한 유럽의 역사서술 발달에 어떠한 영향을 미쳤을까? 대답은 쉽다. 1681년 보쉬에는 중국사에 관해 일언반구도 없었으나, 1세기 후 기번(Gibbon)과 볼테르는 둘 다 그 중요성을 예리하게 알고 있었음을 보여준다. 치엔(C.S. Ch'ien)이 기번의 『로마제국의 쇠망과 몰락(Decline and Fall of the Roman Empire)』에 대해 말했듯이 "그가 가진 전반적인 역사지식의 비스가(Pisgah)산(역자주 :- 요르단 동쪽 산으로 모세가 약속의 땅을 바라보았다고 함. 미래를 내다보는 장소를 의미) 높은 곳에서부터 기번은 동과 서가 어떻게 서로 영향을 미치는가를 분명히 볼 수 있었고, 겉으로 보기에 무관한 것 같은 사건들 사이에 인과관계를 설정하였다."27) 볼테르의 『관습에 관한 시론(Essai sur les Moeurs)』이 1764년에 발간되면서, 중국은 프랑스인 사이에서 명예의 정상에 올랐으나, 다른 많은 볼테르의 작품은 중국사에 관한 꾸준한 그의 관심을 여실히 반영한다.28) 분명히, 그의 연구가 순수하게 객관적인 것은 아니었다. 중국사는 그가 구제도를 공격하는 많은 탄약을 제공하는 것이었기 때문이다. 제수이트교단이 중국의 역사연대를 성경의 것과 맞추려고 '70인 역 성경'과 벌게이트성경 사이에서 방황할 때, 볼테르는 맹랑하게도 권위있는 중국사의 시대 길이로 보아 성경이 잘못된 것이라고 주장하였다. 이것은 제수이트 선교사 역사가들의 선구적인 노력에 대한 반어적인 결말이었다. 이제 그들의 작업은 끝났으므로, 1773년 제수이트교단에 대한 탄압과 북경선교단 중 마지막 생존자들이 연이어 죽은 뒤 중국학 연구의 기치는 다른 사람

은 아마 일급 중국인 학자들이 명대와 청초에 그랬던 것만큼 제수이트교단과 매우 밀접한 연관관계를 더 이상 가지려 하지 않았기 때문일 것이다.[Lettres Edifiantes, iv, 59]
27) C.S. Ch'ien, "China in the English Literature of the 18th century", pp.37~38. Victor Purcell 씨는 박학하고 재미있는 '기번과 극동'이라는 글을 썼는데, 곧 출간될 것으로 필자는 기대한다.
28) P. Martino, L'Orient dans la litterature francaise au XVIIe et au XVIIIe siecle(18·19세기의 프랑스문학에 보이는 동방)(Paris, 1906), pp.141, 181.

의 손으로 넘어갔다. 그러나 어떠한 것도, 그 연구를 그렇게 오랫동안 외로이 계속했던 공로를 로욜라(Loyola)의 아들들에게서 빼앗아갈 수가 없다.

16·17·18세기 일본에 관한 서구의 역사저술은, 명백한 이유들로 인해 중국에 관한 것보다 훨씬 미미하였다. 일본문화는 중국에서 파생된 것임이 곧 알려졌다. 그래서 일본사는 유럽에서 상당한 관심을 일으켰던 중국과 성경의 연대학에 관한 격렬한 논쟁에 거의 끼이지 않았다. 자연히 제수이트교단이 1세기가 넘게 이 분야를 사실상 독점했다. 바후스(João de Barros)는 일본에 관한 자료를 모을 때, 유명한 여행가 페르나오 멘데스 핀토(Fernao Mendes Pinto)에게 자문을 구하였으나, 코임브라(Coimbra) 제수이트교단은 그 말을 듣고 그를 만류하였다. 자신의 선교사들의 편지가 더 믿을 만한 자료가 된다는 것이었다. 바후스의 후계자 디오고 도 쿠토(Diogo do Couto)도 같은 노선을 따랐다. 그는 현지에 살면서 원전으로 일본사를 연구하는 제수이트 선교사들에게 일본사를 맡겼다고 말한다.29) 루이 프루아(L. Frois; 1532~1597) 신부는 장황한 『일본사(Historia do Japan)』라는 책을 썼으나, 이것은 일본 안의 제수이트 선교사들의 활동의 역사이므로 제목이 잘못된 것이다. 이것은 성 프란시스 자비에르(St. Francis Xavier)가 1549년 이 곳에 도착하기 전, 이 섬 제국에 관한 역사를 앞에다 간단히 소개하고 있으나 안타깝게도 이 부분이 분실되었다.30)

---

29) "Letter of cipriano Soares S.J., 1569(1569년 키프리아노 소아레스, S.J.의 편지)", *Anais da Academia Portuguesa da Historia*(포르투갈역사학회 연보) II Serie, i, 140(Lisbon, 1946) : Diogo do Couto, *Decada* V(10년사)(Lisbon, 1612), 8권12절, fl.182 v.

30) G. Schurhammer, S.J. & E.A. Voretzsch, *Die Geschichte Japans, 1549~1578 von P. Luis Frois, S.J.*(루이 프루아 신부의 1549~1578년의 일본사), 이 편은 리스본에 있는 아쥬다도서관 필사본의 번역과 주석에 따른 것이다.[Leipzig, 1926] *Segunda Parte da Historia de Japan comecando pela conversao del Rey de Bungo, 1578~1582*(봉건영주의 개종으로 시작되는 일본사의 제2부), ed., J.A. Abranches Pinto and Y. Okamoto(Tokyo, 1938) : *La premiere amba-*

일본의 유명한 제수이트 역사가는 두말할 것 없이 주앙 로드리게스 (P.J. Rodriguez; 1561~1634) 신부로서 '해석자[통역재]'란 별명을 가진 사람인데, 맡은 일에 천부적 재능을 가지고 있었다. 그는 10대에 일본으로 와서, 제수이트에 입회하기 전에 분고豊後의 옛 오토모 소린大友宗麟과 함께 원정하였다. 그는 도요토미 히데요시와 도쿠가와 이에야스의 통역관(家臣 같기도 했음)이 되었고, 그 곳에서 고위직에 올랐으나 1612년 마카오로 추방되었다. 중국에 온 그는 중국어·고전·역사를 배우며 내륙을 두루 돌아다녔고, 만주의 타르타르를 치는 동북지방 원정에도 조금 가담하였다. 다작多作에다 논쟁을 좋아한 그는 유교의식의 문제에서 마테오리치와 그 대부분 동료들과 상반된 견해를 가졌으며, 죽을 때까지도 여전히 방대한 『일본사(Historia da Igreja do Japao)』를 집필하는 중이었다. 안타깝게도 이 가운데 일부만 발간되었지만, 이를 통해 로드리게스가 전체작품을 참으로 잘 만들었을 것이라는 점을 알 수 있다. 중국에 대한 지식으로 그는 19세기까지 다른 어느 유럽인도 효과적으로 할 수 없었을 정도로, 일본연대기를 점검하였다. 그래서 프루아나 캠퍼 어느 누구보다 더 넓고 깊은 일가견을 가지게 되었다.[31]

로드리게스도 우리 모두처럼 한계가 있었다. 언젠가 그는 일본인과

---

ssade du japon en Europe, 1582~1592 Le Traite du Pére Frois(1582~1592년 첫번째 주유럽 일본대사. 프루아 신부의 논문), ed., J.A. Abranches Pinto and Y. Okamoto, H. Bernard-Maitre, S.J.(Tokyo, 1942) ; J.F. Schutte, S.J. ed., Luis Frois, S.J. Kulturgegensatze Europa-Japan, 1585(유럽과 일본의 문화비교 1585)(Tokyo, 1955).
31) G. Schurnammer, S.J., "P. Johann Rodriguez Tçuzzu als Geschichtschreiber Japans(일본사가 로드리게 츠즈)", Archivum Historicum Societatis Iesu(예수회 역사문고)(Rome, 1932), i, 23~40 ; C.R. Boxer, "Padre João Rodriguez Tçuzzu, S.J., and his Japanese grammars of 1604 and 1602", Miscelanea de filologia, literatura e historia cultural a memoria de F. Adolfo Coelho (아돌프 코엘로를 기념하는 문헌학·문학·문화사잡록), ii(Lisbon, 1950), 338~363 ; J.L. Alvarez-Taladriz, "Perspectiva de la Historia de Japon segun el P. Juan Rodriguez, S.J.(요안 로드리게 S.J. 신부에 의한 일본사 개관)", 『天理大學學報』(1952), iv, 165~84.

중국인이 사라진 10개 이스라엘 부족들의 후손이라는 견해를 피력한 적이 있었으나, 뒷날 이 이론을 버렸다. 그런 다음 일본은 원래 대륙에서 두 차례 건너온 이주민들에 의해 식민되었다고 주장하였다. 하나는 절강浙江과 동해안의 [중국인 이전의] 원주민이며, 다른 하나는 한국으로부터이다.[혹은 이 곳을 통하여 왔다] 그는 또 아이누(Ainu)가 원래 타르타리(N.E. Tartary)와 시베리아에서 왔다고 하였다. 그는 타이라平와 미나모토源, 그리고 아시카가 타카우치足利高氏의 흥기의 중요성을 설명하면서, 덴노天皇와 쇼군將軍을 아주 분명히 구분하였다. 그는 1588년 이후 전반적으로 일본이 번영하게 된 데 대해 아주 재미있는 설명을 하였으나, 아주 인상적으로 설명한다. 그 가운에서 다이묘大名와 사무라이를 지지하기 위한 세금으로 농민들이 점점 압박을 받게 된 점을 강조하기도 하였다. 로드리게스의 미완성『일본사』를 자세히 읽어보면, 이 불굴의 포르투갈 제수이트 선교사가 지볼트(Siebold)·체임벌린(Chamberlain)·사토우(Satow)의 훌륭한 선구자임을 알게 된다.32)

1614년에서 1640년 동안 피의 박해로 제수이트교단이 소멸된 뒤 2세기가 넘도록 일본과 서방간 유일한 접촉의 창구는 데시마의 네덜란드인이었다. 네덜란드인은 도쿠가와시대 일본의 풍성한 문화의 전경全景에 무관심하였고 예술이나 문학보다 손익계산에 몰두한 것으로 간혹 비판을 받기도 한다. 그러나 의심 많고 거만한 관료들에 의해 빈틈없이 엄중

---

32) *Historia da Igreja do Japao pelo Padre João Rodriguez Tçuzzu S.J. 1620~1633*(1620~1633년 주앙 로드리게 S.J 신부에 의한 일본교회사). *Transcricão do Codice da Biblioteca do Palacio da Ajuda*(아쥬다궁전도서관 필사본) *49-IV-53*(fls.1-181) ed., J.A. Abranches Pinto, 2 vols. (Macal, 1954~1956). 이 중 일부는 J.L. Alvarez-Taladriz가 주를 달고 스페인어로 번역하여 "La Pintura japonesa vista par un europeo a principios del siglo XVII(17세기 초 한 유럽인이 본 일본회화)", *Mas y Menos*(더 좋은 것과 더 못한 것)(Osaka, 1953), XIV, 32~43으로 발간되었다: Idem, *Juan Rodriguez Tçuzzu, S.J., Arte del Cha*(후안 로드리게스 츠즈, 차의 예술)(Tokyo, 1954). 바로 앞 주 참조.

한 감시를 받던 상회사의 대리인들에게서 다른 어떤 것을 기대할 수 있었겠는가? '데시마 장부(Deshima Dagh-Registers)'에서 '가부키歌舞伎'나 일본사에 관한 설명을 찾는 것은 아르디느와 마테슨회사(Jardine, Matheson & Co)의 장부에서 북경오페라나 『서경書經』에 대한 감상을 찾는 것과 같다. 데시마의 '계몽된 상인'들 가운데 유능한 역사가들이 많지 않았던 것은 놀라운 일이 아니지만, 그 가운데 두 사람은 간단하게 언급할 만한 가치가 있다.

로드리게스 제수이트 신부가 '대일본'에서 보낸 20년에 비하면, 켐퍼 (Engelbert Kaempfer; 1651~1716) 박사가 일본에서 보낸 기간은 2년밖에 안된다. 그래서 로드리게스의 일본사 이해가 저 유명한 베스트팔리아 사람[즉 캠퍼]의 이해보다 더 나은 것은 당연하다. 그러나 켐퍼의 『일본사(History of Japan)』는 곧 발간되었으므로, [로드리게스 대신] 그가 일본에 대한 체계적 탐구자로 서방에 알려지게 되었다. 켐퍼가 저술했던 어려운 상황, 또 그가 직접 알고 있었던 지역이 나가사키長崎 · 교토 · 에도江戶 · 도카이도 東海道뿐이었음을 생각한다면, 그의 『일본사』 안에 귀중하고 정확한 정보의 양이 놀랍다. 맥클라치(McClatchie)는 에도성 안의 종잡을 수 없고 복잡한 설계도를 캠피가 놀라울 정도로 정확하게 그리고 있다고 평가한다.[33] 그리고 1804년 『도몬 쥬사쿠』에서 아오키 오키가츠는 한층 더 인상적인 칭찬의 말을 하였다.

[데시마에] 이런 네덜란드인 공장이 서는 바람에 캠퍼의 책 같은 것이 나오게 되었다. 이 책은 우리나라의 상황을 너무 잘 그리고 있어서, 나는 관동 關東에 한번도 간 적이 없는 데도, 이 홀란드인의 책을 읽었기 때문에 그

---

33) T.R.H. McClatchie, "The Castle of Yedo", *Transactions Asiatic Society of Japan*(1888), pp.119~154, 특히 p.138.

곳이 어떤지를 잘 알고 있으며, 유럽인들도 이와 같다. 이것은 놀라운 일이 아닌가?34)

캠퍼의 『일본사』 내의 순수역사 부분이 이 책에서 가장 가치있는 부분이 아니라는 점은 인정되어야 한다. 그러나 이것은 『일본어대기日本御代記』와 『일본어회도日本御會圖』를 바탕으로, 그 전에 간행된 것보다 훨씬 더 낫다.35) 중국에서 활동하던 그와 동시대 제수이트 선교사들처럼 캠퍼는 전통의 중국-일본연대기를 창세기와 조화시키려 하였다. 그는 일본인이 바빌로니아의 후예라고 믿으면서, 바벨탑에서 중앙아시아-중국-한국을 거쳐 일본으로 그들이 이주해 온 과정을 추적하였다. 그는 순진무구의 재치로 이렇게 덧붙인다.

지금 누구라도 만일 어떻게 그들을 동부 타르타리(Tartary)와 예조지방(Yezo : 미국이주민들이 아마 이 곳을 지나갔을 것이다)을 통하여 더 안전하게, 더 신속하게 데리고 갈 수 있는지를 안다면, 나는 그 사실을 믿을 것이다.36)

캠퍼의 『일본사』는 곧 일본에 관해 유럽인이 쓴 표준서가 되었으며, 이는 마치 중국에 대해 뒤 알드(Du Halde)가 쓴 『서술(Description)』과 같다. 그리고 그 명성은 페리(Commodore Perry)가 건너오고 지볼트(Von Siebold) 연구서가 발간될 때까지 계속되었다.

---

34) J. Reenstra Kuiper, "Some notes on the foreign relations of Japan in the early Napoleionic period." *Transactions Asiatic Society of Japan*, II Series(1924), I, p.77.
35) G.W. Robinson 씨는 캠퍼가 1684년에 간행된 『일본어대기』를 복사한 것이 '영국박물관도서관'에 있다고 내게 말하였다. 그러나 캠퍼가 서문에서 또다른 주요원전으로 언급하고 있는 『일본어회도』는 확인할 길이 없다.
36) E. Kaempfer, *The History of Japan, giving an account of the ancient and present state andgovernment of that empire*, 2 vols.(London, 1728), I, 91. 이런 제목은 좀 잘못된 것이다. 책 대부분이 캠퍼가 알고 있던 일본에 관한 설명으로 되어 있기 때문이다.

만일 캠퍼가 제목을 잘못 단 『일본사』가 1세기 이상 일본에 관한 표준 개설서로 남아 있었다면, 순수역사 부분은 티칭(Isaac. Titsingh; 1745~1812)의 작업으로 대치되어, 엄밀한 의미에서 일본사 연구만을 위하여 최초의 유럽인이 쓴 책이라는 명예는 이 사람에게 돌아간다. 대부분 데시마 상인들과 달리, 암스테르담 귀족가문 출신의 티칭은 의학과 법률 두 분야에서 모두 훌륭한 대학교육을 받았다.37) 자신에게 다행스럽게도, 일본에 머문 기간이 타누마田沼 독재시기와 일치하였다. 타누마는 극도로 부패하고 무능했지만, 해외교류에 관해서는 비교적 장기적인 안목과 열린 마음을 갖고 있었다.38) 캠퍼를 도왔던 일본인 조수들은 '뇌물과 술로 꾈 수 있는 견습 주석가와 좀스런 관리들'뿐이었지만, 티칭은 시마쯔 시게히데島津重豪와 구치키 사몬朽木左門 같은 다이묘와 어울릴 수 있었다. 그는 일본을 떠난 뒤에도 몇 해 동안이나 이들 귀족과 원로주석가 친구들과 편지까지 주고받았다. 그래서 그의 책은 거의 전적으로 일본어 사료에 바탕했다는 굉장한 장점을 갖게 되었다.

티칭은 자신이 역사연구의 주원칙으로 삼았던 것을 그의 친구 윌리엄 마르스던(William Marsden)에 보낸 편지에 다음과 같이 적고 있다.

나는 유럽이 거의 모르는 한 국가의 정신·개성·관습에 대한 정확한 개념을 잡기 위해서는, 그들 자신의 옷으로 그들을 표현하는 것이 좋다고 생각하오. 이를 위해 나는 일본에 머무는 동안 학식이 있고 온갖 민족의 편견에서 자유롭다는 사람들과 사귀었지요. 이 친구들이 여러 주제에 관한 최고수준의 책들을 내게 구해 주었다오. 이를 손에 넣자, 번역하는 일이 목

---

37) 티칭의 전기-서지학적 개요에 대해서, C.R. Boxer, *Jan Compagnie in Japan*, ed.(1950), pp.135~172. W.J. Van Hoboken 박사가 내게 말하기를 티칭은 1764년 12월 법학도로 Leiden 대학으로 들어갔다고 한다.
38) 최근에 J. Whitney Hall이 *Tanuma Okitsugu*(田沼意次), *1719~1788*(Harvard U.P., 1955)에서 타누마들을 복원시키려고 노력하였다.

적에 더 부합한 것 같았고, 또 그것은, 몇 해 동안 중국인에 대해 지나치게 관심을 쏟아오면서 충분히 주의를 기울일 만한데도 거의 모르고 있는 사람들에 관한 더 정확한 개념을 얻는 데 필요한 일인 것 같았소.39)

1807년 자신의 일본과 중국연대기의 수고手稿를 구치키 사몬朽木左門에게 바치면서 티칭은 후쿠치야마福知山의 다이묘에게 이렇게 회고했다.

> 당신은 내 엄숙한 약속을 기억할 것이오. 적어도 당신이 가장 높이 평가하는 책에서 인용한 것, 또는 부인할 수 없는 권위와 믿을 수 있는 사람의 말에 근거한 것 이외에는 아무것도 따르지 않는다는 것, 그래서 내 자신의 것은 아무것도 원문에 보태지 않는다는 약속 말이오.40)

오직 가장 훌륭한 원어사료와 주석가에만 의지하는 이런 방법은 북경에서 역사를 연구한 고빌의 방법과 비슷하다.

티칭이 발간한 책도 고빌의 경우같이 설명이 '무미건조하고 추상적'이라는 비판을 받는다. 그러나 분명한 것은 둘 다 중국과 일본역사가들의 책을 서방동료들에게 '전하려는' 노력에서 바른 길을 택했다는 점이다. 일본을 떠난 뒤 몇 해 동안 티칭은 시작했던 일을 계속하려 하였다. 그는 두 명의 중국인 통역자를 벵갈로 함께 데리고 갔으나, 이들은 학자가 아니었고 또 곧 죽었다. 1795년에 그는 네덜란드 동인도회사의 마지막 사자로 북경을 방문하였고, 자바에서 중국어를 배우기 시작했다. 또 나가사키에 있는 중국인 상인들을 통하여 유럽의 도서관에 넣을 일본역사책을 구할 수 있는 길을 모색하였으나 이 계획도 무산되었다.41) 그가

---

39) C.R. Boxer, Jan Compagnie in Japan, ed.(1950), p.170.
40) op. cit., p.183.
41) Asiatic Review viii(May-August, 1832), 17~30. 티칭의 주요역사책은 사후에 발간되었다. Memoires et Anecdotes sur la dynastie regnante des Djogouns(쇼군 지배왕조에 관한 비망록

모은 대부분 자료는 그의 사후에 흩어져버렸으나, 사후에 발간된 책은 아직도 제임스 머도크의 표준적 『일본사(History of Japan)』에서 유용하게 쓰이고 있다. 머도크에 따르면 티칭은 원사료에만 의존했음에도 켐퍼나 지볼트나 라인(Rein) 등 어느 누구보다 전통 일본연대기에 대해 더 완전하고 더 비판적인 평가를 내리고 있다고 한다.

이 기간 동안 극동에 관한 서방측 역사저서의 한 가지 특징에 대해 할 말이 남아 있다. 이런 저서는 모두 실제로 비전문가의 작품이다. 왕의 찬조를 받아 『10인전(Decadas)』을 썼던 바후스까지도, 리스본의 인디아 상사의 관리인으로서 공직을 수행하면서 간간이 생기는 여가를 틈타서 그 위대한 작품을 만들었다. 고빌(Antoine Gaubil) 제수이트 신부는 이교異教의 나라 중국에 선교하는 일보다, 더 많은 시간을 북경에서 역사연구에 투자하였던 것 같다. 그러나 사실은 그의 첫번째 목적이 영혼의 개종이었으며 중국역사 연구 자체가 아니었다. 캠퍼와 티칭은 둘 다, 처음으로 역사연구에 손을 댈 때, 대大상업무역회사의 직원들이었다.

18세기가 끝날 무렵 접근방법에서 굉장한 변화가 일었다. 한층 젊은 드 기네스(De Guignes) · 아벨 레무사트(Avel-Remusat) · 클라프로트(Kla proth) 등 새로운 세대의 학자들이 나타났는데, 이들 모두가 전문적인 동방학자들이라고 할 수 있다. 이들은 더 이상 자료를 얻기 위해 선교사 · 상인 또는 여행가 등 다른 사람의 작업에 의존하지 않고, 직접 원전을 찾아나설 수 있었다. 부득이 과거의 질서가 변하여 새로운 것에 자리를 내주게 되는데, 이런 과정은 프랑스혁명과 나폴레옹전쟁 시대에 유행한 사상덕분에 촉진되었다. 따라서 이들 노력의 결실은 19세기에 발간되었으므로,

---

과 일화) ed., A. Remusat, Paris, 1820[영어판, *Illustrations of Japan*(London, 1822) : *Nipon o Dai Itsi ran, ou Annales des Empéreurs du Japon*(일본황제연보), ed.(Klaproth, Paris, 1834). 이 마지막 책은 '대영제국과 아일랜드의 동방서적 번역기금(Oriental Translation Fund of Great Britain and Ireland)'을 위해 발간되었다.

작품에 관한 이야기는 이 논문의 범위를 벗어나는 것이다. 그러나 그들이 비전문가 선구자들의 책, 특히 북경의 박학한 제수이트 선교사들에게 고도의 경의를 표했던 사실은 주목할 만하다.

18.
영국의 일본역사 서술

허드슨(G.F. Hudson)
[옥스퍼드 성聖안토니대학 극동학 책임자]

    1854년까지 영국의 일본에 대한 접촉은 17세기 초 히라도平戶에서 이루어진 짧은 기간의 무역, 또는 영국 배들이 가끔 와서 이 은둔의 나라 해안과 항구를 훔쳐보는 정도에 한한 것이었다. 그밖에 일본에 관한 정보는 네덜란드인의 자료에서 나왔으며, 이것은 '기독교 세기'를 위해 포르투갈·스페인·라틴어 기록들에 의해 보충되었다. 일본과의 상업교역 재개의 필요성에 관한 영국 내의 토론은 당시 이용가능한 풍부한 지식에 근거했는데, 이런 지식은 한 데 모아져 1822년에 프라트(Pratt)의 『일본사(History of Japan)』 같은 것으로 발간되었다. 그러나 지식의 분량은 다 합쳐도 그다지 많지 않았으며, 18세기 50년대에 일본의 지리나 역사에 관한 지식은 거의 모두가 극히 모호한 상태였다. 1858년 조약체결을 위해 일본으로 오는 엘긴경(Lord Elgin)을 실은 영국전함이 규슈九州 남쪽 끝에서 폭풍에 파선했지만, 해안에 대한 정보가 전혀 없었기 때문에 가고시마鹿兒島만으로 피신을 할 수가 없었다. 그 선장은 여행객의 흥분을 담아 "토착의 육로를 통해 나가사키長崎에서 에도江戶로 갔던 네덜란드인

사신과 그밖에 사람들의 여행기"에서만이 정보를 모을 수가 있는 곳, 신비의 수오-나다(Suwo-nada)바다를 향한, 알려진 세계의 저 끝부분에 관해 그의 항해일지에서 언급하고 있다. 엘긴의 생각에 쇼군은 일본의 '세속적 천황'이나 교토는 '정신적 수도'로 단순히 종교적 권위를 가진 곳이었다. 이런 생각은 중세 유럽의 교황과 황제 사이의 관계에 대한 기억을 반영하며, 역사적 발전에 관한 조그만 지식을 서로 어울리지 않는 범주에 적용시키려 한 데서 오는 위험성의 한 현저한 예이다. 황가와 바쿠후 幕府 사이의 관계를 세속과 정신적 힘 사이의 관계로 본 잘못된 일본사 해석은 현실정책에 중요한 결과를 미쳤다. 서구열강은 쇼군을 조약체결의 완전한 권위자로 생각하였으므로, 일본에서 천황이 불허하면 조약의 효력이 없는 것으로 간주되는 것을 보고 매우 놀랐다.

일본이 외국인에게 무역과 거주를 허용한 뒤 직업외교관·영사·사업가·선생·언론인·선교사 등의 많은 사람을 포함하는 영국인 집단이 일본에서 커갔다. 이들은 일본어 읽는 것을 배우고 일본학의 몇 분야에 각별한 관심을 키워갔다. '일본아시아회(The Asiatic Society of Japan)'는 이들 연구를 장려하였고 그 결과물을 발간하였는데, 이것은 다음 세대 일본의 정치적·문화적인 역사를 쓰려는 열정을 불러일으켰다. 애스턴(W.G. Aston)은 도쿄의 '영국공사관'에서 근무했는데, 1899년 발간된 『일본문학사(A History of Japanese Literature)』 서문에서 "40년 전에는 영국사람 아무도 일본책 한 쪽도 읽지 못하였다"고 썼으며, 그가 저술할 당시만 해도 "일본책에 대한 비판의 견해가 유럽언어로 적혀진 것은 없었다"고 한다. 그래서 "그들 일본문학을 다루는 역사가는 주로 자신이 가진 자료에 전력투구하여, 후대인이 참으로 가치있는 것으로 평가한 작품을 직접 조사함으로써 그 성격과 문학에서의 위치를 확인하고, 가능한 한 그 안에 들어 있는 사상을 파악하는 데 최선을 다해야만 한다"고 하였다.

정치적 면에서 여행기와 당대 일본에 관한 해석적 논평에 관해 홍수같이 나온 책들은 서구와의 접촉에서의 일본의 적응력, 그리고 동방인들 가운데 유일하게 서구적 형태의 강한 민족국가로서 나타난 사실 등에 초점을 맞추었다. 1902년 영일동맹은 영국의 일본에 대한 관심을 크게 촉진하였을 뿐 아니라, 일본의 제도와 그 발전에 대해 전반적으로 호의적 시각을 초래하였다. 일본인 자신들이 이 당시 서구적 역사연구 방법의 영향을 받아 자기 나라의 역사를 재서술하는 데 바빴고, 위 주제에 관해 서구학자들이 말하는 것에 그들도 또한 관심을 가졌다. 그러나 그들은 그 전에 이 분야에서 이루어진 서구인들의 노력에 대해서는 크게 관심이 없었다. 이는 1912년 기구치菊池 남작이 자신도 일조한 브링클리(Brinkley)의 『일본민족사(A History of the Japanese People)』에 붙여쓴 서문을 통해 엿볼 수 있다. "일본국이 보잘것없는 위치에서 국제적으로 최상의 서열로 갑작스레 성장함으로써 세계가 놀랐다"라고 한 다음 "우리는 서구문명을 동화하거나 채택할 능력이 없이, 그저 모방하려는 야만의 수준을 넘어서지 못하는 민족"이라는 생각을 비난한 뒤 이어서 다음과 같이 말했다. "많은 책이 있지만, 내가 알기로는 일본역사에 관한 책은 지금까지 없었다. 역사연구는 일본민족에 관한 많은 문제를 올바르게 이해하는 데 가장 중요한 것인데도 말이다." 이 말은 사실 머도크(Murdoch)를 조금 무시한 말이다. 1651년까지의 일본사에 대해 그가 쓴 두 권의 책이 이미 1903·1910년에 각각 나타났기 때문이다. 그러나 일본의 과거에 대한 머도크의 처우는 일본 전통문화 가치에 대해 완고한 편견, 격렬한 논쟁, 인색한 태도를 지닌 것으로 기구치 남작의 눈에 그의 작품은 국가사의 권위있는 해석으로는 부적합한 것으로 보였을 가능성이 있다. 그러나 온갖 결점에도 불구하고 머도크는 대규모의 일본사를 영어로 쓴 주요한 개척자로 간주되어야 하며, 그가 쓴 방대한 책들은 사람과 사건에 대한 그 저자의 의견과 함께 그런 것에 대한 가치있는 연구로 인해 아직도 읽을 만하다.

머도크는 일본학자 야마가타 이소오山縣五十雄의 협조를 받았으며, 사실의 기록 중 얼마만큼을 후자가 쓴 것인지 알기는 쉽지 않다. 그러나 전체 시각과 주석은 머도크의 독특하고 날카로운 개성이 분명하게 각인된 것이다. 그는 정치적으로 급진주의자였으며, 진보에 대한 전통적인 신봉자였으므로, 메이지시대는 그에게 민족의 역사에서 완전히 빛나고 탐스러운 절정으로 보였다. 그는 다음과 같이 말한다.

> 근대 일본사는 이제, 국제사회에 그냥 입문하는 것이 아니라, 독보적이고 뛰어난 입지를 확보하는 놀라운 성공의 길로 접어들었으며, 이것을 도쿠가와 시대의 기록과 비교한다면 겉으로 삭막하고 단조로운 동면의 얼어붙는 겨울에 비해 비옥하게 개화하는 봄풍경과 같다.

이런 시각은 머도크로 하여금 전체 일본사를 불행히도 가끔 지지부진할 때도 있지만, 이 행복의 절정을 향해 가는 과정으로 보게끔 했고, 그것을 향한 움직임을 역사에서 유일한 가치의 기준으로 삼도록 하였다. 그는 심미적 감각 같은 것은 전혀 없어서 고대와 중세 일본문화의 중요성을 거의 도외시하는 입장에 섰다. 그래서 16세기 말의 일본을 '박력있고 정력적이고 활발한 생활'에 가득 찬 것으로 파악했으나, 아시카가 요시마사足利義政에 대해서는 좋은 평가를 하지 않았다. 그는 요시마사의 예술후원을 그저 쓸데없는 시간 낭비로 보았기 때문이다. 이런 그의 판단은 또한 불교와 유교에 대한 강한 거부감에 의해 크게 영향을 받았다. 그 거부감은 그보다 더 강한 기독교에 대한 반감보다는 덜하였지만 말이다. 그러나 이런 일반적인 반反종교적인 편견은 일본의 '기독교 세기'시대에 그로 하여금 적어도 양쪽을 완전히 공평하게 저주하는 이점을 낳았다.

　브링클리(Brinkley)는 머도크보다는 일본의 과거에 대해 훨씬 더 동정적이었고, 일본문화를 더 민감하게 이해하였다. 그러나 역사가인 그는 오히려 편집자였으며, 사실을 분석하거나 설명하기보다 그저 나열하였다. 일본생활 전반에 대해 광범한 호기심을 가진 직업언론인으로 그는 언제나 역사가이기보다 역사보고자였다. 머도크에 비하여 그가 가진 큰 장점은 일본역사의 정치와 문화면을 함께 연결하는 데 있었다. 문화사는 한동안 다양한 분야의 일본예술에 관심을 가지면서, 각각의 분야에서 시기와 형식에 순서를 정하려고 함으로써 다소간에 일본사가가 되어 버린 사람들에 의해 발전되었다. 이런 예술사에서 가장 뛰어난 영국인이 비논(Lawrence Binyon)이다. 그의 극동회화에 관한 역사는 중국과 일본을 다 포함하는 것으로, 고전의 대열에 오른다. 물론 그가 내린 몇몇 일반화는 학자라기보다 감정인의 수준으로, 그 후 더 상세한 연구에 의해 수정되어야 하는 것이었지만 말이다. 일본문화사 이해에 또한 가장 큰 가치를 갖는 것은 월리(Arthur Waley)의 작품인데, 그는 비논처럼 중국과 일본 양국의 문학과 예술에 관심을 쏟았다. 그러나 바로 이 때문에 '일본문화의 기원'에 관한 그의 명석한 논문에서는, 너무 편협하게 일본적인 것에 정통했던 학자는 절대 바람직하게 다룰 수 없던 문제를 效과적으로 다룰 수 있었다.

　1931년에 일본사 서술에 괄목할 만한 영국 측의 기여로 간주될 수 있는 책이 발간되었다. 이는 '크레세트(Cresset)역사총서'에서 나온 샌섬(George Sansom)의 작품으로 '문화소사(Short Cutural History)'라는 소제목을 달고 있다. 샌섬(Sansom)은 일본사를 광범하게 기술하는 데 아주 탁월하였으며, 정치적·경제적·문화적 요소들을 적절하게 연결하였다. 일본에 오래 머무는 동안 그는 한때, 당시 경제상황에 대해 탁월한 지식을 갖고 있는 영국대사관의 상무관이었으며 일본예술의 감정가이며 수집가였다. 이 책에는 각 시대 사회의 경제적 기초가 철저하게 다루어지고 있는데, 이것은 머도크나 브링클리는 접근하지 못했던 것이다. 또한 이것은 경제사에서 그들이 연구했던 시기 이후의 특히 일본인 자신들에 의해 이루어진 발달, 그리고 마르크스주의적이든 비마르크스주의적이든 간에, 양차 세계대전 사이 역사적 사고에 관한 경제적 역사해석 이론의 영향, 이 두 가지 모두를 반영하였다. 샌섬의 업적으로 일본사는 경제적 관점에서 그 전보다 훨씬 더 명료하고 중요해졌다. 동시에 일본의 문학과 예술이, 간신히 이어지는 역사적 구조물 안의 개별적 발전이 아니라 각 시대의 상징적인 현현顯現으로서 제시된다.

일본에 관한 영국인 역사저술의 개척자들이 크게 관심을 가졌던 문제, 즉 메이지시대 일본의 급속한 자발적 근대화에 대한 설명과 관련하여 샌섬의 책은 도쿠가와 후기의 변화를 가져온 힘을 과장하고 서구열강의 강제에 의한 개항의 영향을 축소하려 했던, 일본인 자신들의 경향과도 일치하였다. 그 전의 견해는 이런 변화를 너무 급하게 준비되지 않은 상태에서 일어난 거의 기적에 가까운 것으로 표현하였던 것이다. 다른 한편 그 후의 더 상세한 연구는 페리(Perry)의 방문 이전시기를 완전히 정체적이고 케케묵은 사회로 보는 시각을 수정하고, 난학자蘭學者의 활동, 봉건적 구조 안에서 화폐경제의 확산, 그리고 재정과 산업에서 대규모 사업의 시작 조짐의 중요성을 부각시켰다. 그러나 이제는 지나치게 추錐가 반대방향으로 움직였으므로 "문을 연 것은 바깥으로부터의 요구가 아니라 안에서부터의 폭발이었다"라는 샌섬의 말에서 표현되는 일본의 발전에 대한 극단적인 '내부주의자' 견해에 수정이 필요하게 되었다. 이런 해석은 크게 환영을 받았는데, 이유는 입장마다 다르다. 일본 국수주의자들에게는 일본역사의 흐름을 바꾸는 데 서구의 영향을 축소하는 것으로, 마르크스주의자들에게는 봉건제도에서 자본주의로의 일반적 변화와 지역적 시차의 비중요성을 증명하는 것이었다. 또 서구인들에게는, 엘리엇(Elliotts)과 페리의 활동이 더 이상 50년 전처럼 아주 은혜롭거나 정당한 것으로는 보이지 않게 된 그런 시대에, 은둔의 나라를 강요한 책임을 축소시켜 주기 때문이다. 그러나 중국이나 일본이 진짜 자본주의 경제를 발달시켰다든지, 또는 서구의 힘이 행사되지 않았더라면 19세기 동안 대규모 국제무역에 종사하였을 것이라고 믿을 만한 타당한 근거는 없다. 지금 시점에서는 일본뿐 아니라 또한-그리고 비교적 차원에서-중국·한국·월남에서도 한 사회-정치적 체제로서의 쇄국주의에 대한 더욱 철저하고 광범한 연구가 필요하다.

샌섬의 대규모 작품이 속하는 그 같은 시대를 다룬 또 하나의 더 전문적인 일본문화사 연구로서 이 분야에서 중요한 기여로 평가되는 저술은 찰스 엘리엇(Charles Eliot)의 일본불교에 관한 저술이다. 엘리엇은 샌섬처럼 외교가로서 일본에 대하여 알고 있었다. 다른 작가들에 의해 '반半일본주의 강령'이라 불리는 종교에 관한 그의 저술은 공직에서 물러난 뒤 나라에서 쓴 것이다. 그러나 엘리엇은 일본불교를 더 넓게 '문화사(Kulturgeschichte)'적 맥락에서 파악하였다. 일본에 관한 내용은 힌두와 불교에 관한 대규모 작품의 넷째 권에만 있으며, 그 앞 세 권은 인도 자체와 동남아시아·티베트·중국에서의 인도종교의 발달에 관한 것이다. 불교는 일본의 사회적·문화적 그리고 정치적인 면에서까지 매우 중요하지만, 아시아 대륙으로부터 완전히 개화된 채로 들어왔으며, 인도와 중국에 있던 내력에 대한 상세한 언급없이는 올바르게 이해할 수가 없기 때문에, 엘리엇의 문화적 관심시계視界는 이 주제 관련 일본부분을 다루는 데 성공의 열쇠가 된다. 종교발달은 인도·중국·일본의 문화사에 다 관련되므로 그 연구는 아주 어려운데, 엘리엇의 작품은 종교적 발달을 서구사람들에게 설명하여 주려고 노력한 아네사키姉崎와 스즈키鈴木, 그밖에 다른 일본학자들의 작품을 서구적 시각에서 정교하게 보완한 것이다.

일본사 연구에 대해 매우 더 편협하지만 더욱 낯익은 분야에서, 당시 명성을 떨친 또다른 영국인이 페인(Ponsoby Fane)이다. 그의 독특하고 낭만적인 논문은 중국 딴채(Backhouse)의 아마추어 문화와 많은 공통점을 가진다. 페인은 도시 교토를 사랑하였고, 과거의 일본에 대한 강한 애착으로 정기선(N.Y. K. liner)에서 일본옷을 입은 유일한 사람이 될 정도였다. 그의 일본 귀족가문의 역사와 족보에 대한 지식은 널리 알려졌으며, 교토에 대한 그의 역사지식은, 순전한 역사서가 아니라면, 적어도 영국인이 일본인화하는 것이 어느 정도로 가능한지를 보여주는 예가 되었다.

일본전통에 감정적으로 아주 밀착했던 페인의 입장과 아주 판이하게 일본에 관한 새로운 종류의 영국측 저술-대부분 최근사에 관한 것인데-이 있었다. 그것은 19세기 30년대에 나온 것으로, 영일동맹 종료 후 일본 제국주의의 성장이 자유주의 이상을 짓밟고 극동에서 영국의 이익을 침해하게 되는 시기에, 일본에 대한 영국 측 감정의 악화를 반영한다. 이 '적대적' 학파의 전형은, 일본에 대한 적대감을 감정적으로 과장한 모르간 영(Morgan Young)의 『다이쇼大正천황 치하의 일본(Japan under Taisho Tenno)』이다. 메이지시대의 근대화된 사회·정치 질서에 대해, 그 전의 약간 겸손한 듯 정감적이었던 영국의 호의적 관심은 이제 부패하고 압제적 행정, 독재적인 경찰력, 무책임한 군국주의의 암울한 모습에 의해 대체되었다. 그것은 전세대의 감상주의에서 벗어나려는 당연한 반동을 실은 모습이었다. 그리고 그것은 1931년에서 1945년 사이 일본인의 행위에서 여러 번 그 정당성을 확인하게 되었지만, 일본역사에 대한 공정한 해석을 유도 한 것은 아니었다. 태평양전쟁 동안의 반反일본선전의 필요성이 당시에는 일본에 관한 역사적 진실의 탐구에 더욱 부정적인 영향을 미쳤다.

　태평양전쟁이 끝난 다음에 나타난 것으로 일본에 대한 영국 측 역사작품 가운데 아주 중요한 것으로 세 가지를 꼽을 수 있다. 첫번째 것이 샌섬의 『서구와 일본(The Western World and Japan)』인데, 이는 그 전 작품의 속편으로 처음 아시아로부터 그 다음은 유럽으로부터 일본으로 문화가 확산되는 과정을 추적함으로써, 일본사를 세계사적 관점에서 조명한 것이다. 서구에 대한 일본의 반응 같은 낡은 문제들은 모두 검토되고, 언제나 자극적이고 적절한 대답이 제시되었다. 샌섬이 다루는 중심주제 가운데 하나인 포르투갈인의 일본상륙과 마지막 쇄국 사이의 시기에 일본인과 유럽인 접촉에 관하여 그의 책이 나온 다음 곧 복서(C.R. Boxer) 교수의 『일본의 기독교 세기(The Christian Century in Japan)』가 잇달아 나왔다. 이는 일본과 포르투갈 사료를 연결하는 저자의 독특한 능력으로 인해 이 주제에 대해 영어로 쓴 그 전의 작품들을 모두 능가하였다.

　세번째 책은 알렌(Allen) 교수의 『근대일본의 경제약사(A Short Economic History of Modern Japan)』이다. 이는 전쟁 전에 시작한 것이나 일본패망과 항복 이후 새로운 상황들을 참고하여 완성된 것이다. 일본에 관한 전문지식을 가진 영국 일류 경제학자의 작품으로, 이것은 도쿠가와시대 이후 일본의 경제진보에 관한 명쾌하고 간결한 서술로 독보적인 것이다. 그러나 그 중요성은 순수하게 일본적인 상황을 훨씬 초월한 것이다. 아시아·아프리카 국가들의 산업화가 세계정세의 중심주제가 되어 있는 오늘날, 저자가 말하는 것처럼, '서구국가들의 사회와는 판이하게 다른 구성의 한 사회 안에서 근대 산업체제의 진보과정을 추적하려는 약간의 일반적인 관심'이 존재한다.

19.
몽골 유목생활의 사회사

라티모어(O. Lattimore)
[존스 홉킨스대학교 역사학 강사]

　기번(E. Gibbon)이 『로마제국의 쇠망과 몰락(Decline and Fall of the Roman Empire)』을 썼던 18세기 말에 그는 로마문명을 침입한 이민족 문제를 당시 새로운 합리주의에 입각하여 검토하였다. 그가 가지고 있었던 사료는 헤로도토스 이후의 그리스-로마 작가들, 카르피니(Plano de Carpini)·아스켈린(Ascelin)·루브룩(William Rubruck)[이 가운데 카르피니와 루브룩은 매우 사실적인 관찰자로서, 마르코 폴로보다 더 넓게 이동유목민의 초원 본거지를 여행하였다] 등에 의한 13세기 서술들, 그리고 처음으로 중국의 역사기록을 서구에 소개하기 시작한 프랑스의 많은 성직자와 속인 개척자들의 작품이 있는데, 그 중 일부는 중국어에서 만주어로 번역한 것을 다시 번역한 것이다. 그는 또 번역된 페르시아와 아랍자료들에 접할 수가 있었다.
　이런 아주 다양한 자료를 이용하면서 기번은 일련의 사건을 재구성하는 것으로 만족하지 않았다. 그는 인과관계에도 주의를 기울였다. 고트족(Goths)이 로마 서부지방을 공격한 것은, 그보다 40년 전 훈족(Huns)이 다뉴브강을 따라 고트족을 침입했기 때문이라고 설명하는 대목에서 그는 이것을 '고유의 이동원칙'의 예로 삼았고, 유목민사이의 '잠재적 원인'을 찾으려고 시도하였다. 그 다음 쪽에서는 환경, 사회적 구조와 기능에 관련하여, 기번의 시대를 앞서갔던 합리적·본질적으로 과학적인 사고와, 그와 반대로 그 시대에 유행한 억설臆說의 영향으로 적절하게 과학적인 것이 아닌 그런 사고가 재미있게 복합되어 있다.

기번은 세 가지 주제-음식·주거·군사훈련-로 문제를 탐구하였으며, 그가 이런 주제들을 다루었다는 것은 시사적이다. 오늘날에는 유목사회와 그것이 환경과 가지는 관계에 관한 개념이 상투적이고 참신하지 못하다. 이에 비하면 기번은 참신하고 독창적이다.

'음식'에 관해 기번은 훌륭하게도 유목민에 대한 '육식성과 잔인함이라는 상식적인 연상'을 액면 그대로 받아들이지 않았다. 그는 유목민이 저장된 곡물과는 달리 이동적·자기증식적인 음식의 보고(寶庫)를 가지고 있어서 특히 군사활동에 유리하다는 점을 강조했다.

'거주'에 관하여 기번은 유목민이 영구히 정착가정을 가지고 시골에 흩어져 있는 농부들보다 더 빨리 움직일 수 있다는 점, 그리고 정착된 문명에서는 사회가 도시와 시골로 나뉜다는 점을 지적했다. 그에 따르면 도시민은 군사적 면에서 더 열등하다. 다른 한편 유목민은 주거를 가지고 다닐 수 있어, 움직이는 음식의 보고와 어울리며, 유목민이 집을 헐고 새 초원으로 나아갈 때는 자연히 '분대를 지어 질서를 지키고, 군대식 기술의 맹아로 야영지에 보초'를 두었다. 사실 "사람과 그들 영토 사이의 관련은 아주 부질없는 것이라, 가장 미미한 사건에 의해서도 깨져 버린다. 땅이 아니라 야영막사가 순수한 타르타르족(Tartar)의 고향이다." [기번은 타르타르와 스키타이(Scythian) 등의 종족이름을 구분없이 썼다. 그는 종족의 역사에 관심을 갖는 것이 아니라 한 종류의 사회에 관한 그의 개념을 일반화하려고 했다]

'군사훈련'에 관하여 그는 유목생활이 여가를 많이 생성해낸다는 점을 지적했다. 그는 이런 여가는 대부분 포로를 목동으로 부리는 데에서 대부분 나온다고 생각하였다. 만일 그가 직접 유목민을 접했더라면 평화시에도 그들이 많은 여가를 가졌다는 점을 덧붙였을 것이다. 야영막사의 주변 일은 여자들이 하고, 목축은 대개 어린이들 몫이었기 때문이다. 기번에 따르면, 여가는 "공격적이고 유혈적인 수렵훈련에 유용하게 쓰이며", 이런 수렵훈련은 "많은 그들의 기병을 위한 교육적 군사훈련"이었다.

기번은 게르만 종족과 내륙 아시아 종족을 구분했다. 게르만족은 물론 유목민이 아니며 그 사회는 독립전사의 자발적 연대의 모양을 갖춘다고 그는 말한다. 반면 내륙아시아 종족은 '다수의 확대된 가족'의 형태를 지닌다. 그는 이들 사이의 족보의 중요성에 주목했다. 그 결과 "유목재산의 불평등한 분배로 말미암아 어떤 서열의 차등이 생기더라도, 이들 유목민은 서로 자신과 다른 각 사람을 부족 최초 창시자의 후손으로 간주한다"고 했다. 그런 다음 기번은 영리한 의견을 제시하여 "포로 가운데 가장 용감하고 가장 신실한 자를 양자로 취하는… 관습은 동족확대가 상당한 정도로 합법직이고 의제적擬制的이라는 아주 개연성있는 추측을 지지하는 것이다"고 말했다.

여기서 양자제養子制나 또다른 보조혈족의 장치는 사실 내륙아시아 종족이나 게르만 종족 사이에 차이가 없다는 점이 언급되어야겠다. 이런 제도는 유라시아의 이쪽 끝에서 저 끝까지 알려진 것이지만, 변화하는 사회사의 시기에 따라 빈도가 다르다. 기번은 자신이 게르만적이라고 생각한 것이 얼마만큼 몽골과 터키 종족의 사회사에도 같이 나타나는지를 몰랐고, 또 그 생존당시에는 알 수도 없었다. 타키투스(Tacitus)를 좇아 그는 게르만족의 '독립전사의 자발적 연대'를 언급했다. 그러나 [게르만족의 경우뿐 아니라 칭기즈칸도 자발적인 독립전사인 누쿠드(nukud, 단수는 nukur)가 없었다면, 아무 일도 못했을 것이다. 몽골의 누쿠르(nukur), 슬라브의 드루진닉(druzhinnik), 프랑스의 '가신(antrustion)'은 모두 다 같은 사회적 현상이다.

기번은 앞서 이 종족들의 기동성을 강조하였지만 "그들 고유영토의 경계가 더 강한 힘이나 상호협약에 의해 점차 고정되어 갔다"고 말을 이었다. 종족은 약자는 후원을 얻으려 하고 강자는 지배욕을 가지기 때문에, 다른 종족과 결합한다. 그래서 최고 군대수장에 의한 정치적 상부구조가 형성되었다. 그 관직은 가문에서 세습하지만, 반드시 장자상속은 아니었다. 호전적인 신하들을 전장으로 인도하는 것이 타르타르 군주의 필수적인 임무였으므로, 어린 후계자의 세습권은 가끔 무시되고, 나이가 적당하고 무용이 뛰어난 왕족이 군사력과 왕위를 물려받았다. 칸(Khan)은 일상재산과 전리품 양쪽에서 공물을 거두었고, 여기서 나오는 것과 자신의 가축에서 나오는 부로 "가장 공이 크고 가장 총애하는 부하들을 포상할 수 있고, 마음을 사는 뇌물로써, 가끔 엄한 권위적 명령으로는 얻기 어려운 복종을 받아낼 수 있었다."

기번은 맺음말에서 이렇게 말했다. "칸이 직접 행사하는 사법권은 자신의 부족에 한정되고", 쿠룰타이(Couroultai; khuruldan) 또는 주군과 족장이 모두 모인 민회에 의해 제한받는다. 이들 주군과 족장들은 말을 타고 그 군대와 수많은 수행원들을 데리고 모이며, 무장한 사람들의 힘을 사열하는 야심에 찬 군주는 그들의 기분에 신경을 써야 한다. 기번의 결론은 이러하다.

봉건정부의 맹아는 스키타이나 타르타르 민족의 제도에서 발견될 수 있다. 그러나 이 적의에 찬 민족들의 지속적 갈등은 간혹 강력하고 절대제국의 형성으로 끝을 맺는다. 공물과 수하 왕들의 무력으로 강해진 승리자는 유럽이나 아시아를 휩쓸고 다닌다. 북부의 성공적인 유목민은 예술·법·도시의 틀 속에 승복하였다. 그리고, 민중의 자유를 말살한 뒤 사치에 물들어 왕권의 기반을 침해시켰다.

여기서 기번의 말을 좀더 상세하게 살펴볼 필요가 있다. 그가 많은 사실들을 설명하고 많은 문제점들을 제기하고 있는데, 이것은 몽골인 같은 민족을 다루는 사회사가들이 여전히 짚고 넘어가야 할 것들이기 때문이다. 문제들은 다음과 같다.

1. 재산·음식 자원·주거의 이동성.
2. 전쟁시를 대비하여 평시에 훈련하는 생활형태.
3. 노예와 다른 예속적인 개인 혹은 집단을 포함하지만, 양자제 또는, 선출된 우두머리들에 대한 전사들의 자유의사에 따른 복종에 의해, 개인이 예속집단에서 지배집단으로 상승하는 것이 가능한 복합사회.
4. 종족과 영토의 문제. 기번은 종족이 우선이고, '토지가 아닌 야영막사가 고향'이며, 그에 따라 고유영토의 한계가 점차 고정되어 갔다고 믿은 것이 분명하다.
5. 사람들이 무장을 갖추고 있을 때에는 자의적 권력은 제한된다. 기번은 여기에 이 봉건제도의 '맹아'가 있다고 보았으나, 순수 봉건제도가 발달되었다고 믿은 것 같지는 않다. 그 대신 일어난 것은, 간헐적인 문명의 정복이었고, 그 결과는 유목사회를 내부로부터 잠식하였다. 필자의 생각에 기번은 그런 다음에는 같은 현상이 다시 반복되었다고 믿은 것 같다.

그러나 기번의 생각과 오늘날 역사학파들 사이에 약간의 더한 발전이 있었다. 기번은 합리주의 전통의 기점 또는 그 가까이에 있었다. 19세기 동안 이런 전통에서 사회와 환경 사이의 관계에 관한 두 가지 다른 유물론적 접근이 나왔다. 비非마르크스주의적 유물론은 특히 지리학자

[유명한 사람은 독일의 Ratzel이다]에 의해 발달되었는데, 자연이 정신을 갖고 있고 그것도 목적의식이 있는 것으로 간주하려 하였다. 흥미롭게도 자주 쓰이는 표현은 '환경에 따라', '그에 반하여' 또는 '그 도움으로' 등이다.[필자 자신도 이런 식의 서술을 알지도 못하는 사이에 너무나 자주 쓰게 된다는 사실을 인정해야겠다] 이런 경향은 요약하여 중간에 개재된 사람들의 이름들을 생략해버린다면, 50년 전 헌팅턴(Ellsworth Huntington)의 '기후맥동'이론에서 극에 이르렀다. 이 이론은 기후의 변화를, 정복으로 귀결되는 유목민 이동의 원인으로 한다. 건조주기가 닥치고 초원이 마르면 유목민은 새 초원을 찾아서 다른 유목민이나 정착민들과 충돌하여, 일련의 군사적·정치적 사건을 야기한다. 사람은 결국 거친 자연의 힘에 좌우된다. 헌팅턴은 환경이론을 인종이론으로 접합하기까지 한다. 어떤 류의 기후가 우수한 종족을 낳는다는 것이다.

헌팅턴의 기후에 따른 설명은 토인비(A. Toynbee)의 『역사의 연구(Study of History)』에 크게 이용된다. 토인비는 허드슨(Geoffrey Hudson)이 쓴 기다란 글을 인용하면서 다음과 같은 예를 든다. 몽골에 '건조'로 초원이 마른다면, 같은 건조현상이 북쪽으로 시베리아 강우량을 낮추게 된다. 그러면 나무는 자라지 못하겠지만 그래도 풀이 자랄 수는 있다. 그런 경우 몽골인들은 북쪽으로만 이동을 할 것이고, 서쪽으로 나아가 세계를 괴롭히는 일은 없게 될 것이다.

마르크스의 유물론은 이와 다르다.[이 분야에 필자의 지식이 얕음을 스스로 알기 때문에 주저하면서 이 글을 쓴다] 마르크스의 유물론은 '사람은 동물이며, 다른 동물처럼 자연에서 필요한 것을 얻으면서 살아간다'는 점에서 출발한다. 그러나 사람은 또한 사회적 동물이다. 그래서 진보로 인해 다른 동물과 구별되면서, 사람은 개인으로서뿐 아니라 사회성원으로서 자연을 이용한다.

여기까지는 내가 말하고자 하는 것을 완전히 엉뚱한 것으로 만들어 버리는 그런 실수는 하지 않았다고 생각하고, 필자는 '생산양식'의 마르크스주의적 개념을 바꾸어서 다음과 같이 비非마르크스주의적인 견해를 제안한다. 사람은 개인으로서 동시에 집단의 성원으로 살기 때문에, 개인으로서의 능력이 집단의 한 성원으로서의 지위와 상호 관계하는 복잡한 과정을 거치면서, 자연에서 생필품을 얻는다. 이런 결합은 어떤 주어진 역사단계에서, 지배적 생산양식[前산업·산업]에 의해 강해지며, 거기서 생산수단[누가 그것을 갖는가?]과 생산관계[누가 더 많이 갖고 누가 더 적게 갖는가?]에 관한 더 복잡한 문제가 발생한다. 기술이 진보하면 할수록 노련한 기술과 사회조직의 결합이 더 복잡해지고, 개인으로서의 인간과 인간이 삶에 필요한 것을 도출해내는, 오직 사회의 성원으로서만이 도출해낼 수 있는, 원시 자연환경 사이의 '맞물림' 또는 상호작용이라 이름할 수 있는 제도가 더 복잡해진다.

산업생산 양식이 이루어졌을 때, 사회는 개인과 환경 사이에 1차적인 것과 2차적인 것의 일련의 전체 상호과정을 수립하였다. 사회는 현저하게, 거대한 노동의 분화와 전문화를 수반한 복잡한 조직을 통하여 이런 상호과정을 이루어간다. 이런 산업생산 양식은 인간이 이렇듯 성취해 놓은 환경에 대한 고도의 통제를 가능하게 하였다. 그 결과의 하나로, 산업인은 북극으로 날아갈 수 있고, 거기서 공장에서 만든 옷을 입고, 공장에서 만든 통조림 음식을 먹으며 살 수 있게 되었다. 주거조차도 공장에서 만들어지고 수입되었다. 이런 현상을 설명하기 위해 "북극이 백인들로 하여금 에스키모를 대신하게 하도록 했다"는 말은 "북극이 에스키모 생활방식을 장려하였다"는 이상의 것이 아니다. 그것을 표현하는 단 하나 상식적인 방법은 '산업시대가 되기까지 북극에서 아주 안전하고 편안하게 살아가기 위해 발달시킨 가장 좋은 방법은 에스키모의 것'이라는 말이다.

이와 같이 유목사회와 그 역사를 논할 때도, 가장 좋은 결과를 낳는 접근방법은 초원의 어떤 기후나 식물·동물군이 '허용'·'장려' 또는 '방해' 했는가에 대해 생각하는 것을 피하고, 그 대신 어떤 경제제도와 사회조직의 결합이 사람들로 하여금 초원의 유목민으로서 성공적으로 살아갔는지, 그리고 초원사람들과 농경 및 도시사람들 사이의 관계에는 어떤 결과가 나타나게 되었는지를 분석하는 것이다.

역사가들에게는 내륙아시아 유목인들의 생활과 사회가 실제로 어떠했던가, 그리고 몽골인들의 경우와 같은 그런 정복의 과정에서, 기번이 말하는 이러한 사회 '이동의 원리'의 의미가 과연 무엇인가 하는 것은 중요하다. 현재로서는, 또 아마 앞으로도 한동안 이런 유목생활과 사회에 관한 현장연구는 러시아나 중국공산당에 의해 통제받고 지배받는 지역에서만이 이루어질 수 있다. 이 때문에 비 마르크스주의적 사회사가들은 마르크스주의적 저서를 통해서만 알 수 있는 자료들을 그들 자신의 이해 방식에 준해 사용할 수 있는 방법을 고안해내는 것이 필요하다.

다른 한편 중근동의 유목민에 관한 현장연구는 아직 주로 비 마르크스주의자들에 의해 이루어질 수 있다. 이런 기회는 놓쳐서는 안될 것이다. 필자는 2년 전 발간된 한 논문("The frontier in history(역사의 변경)", *Relazioni*, X Congresso internazionale di Scienze Storiche(제10회 국제역사학대회 자료집) (Roma:Firenze, 1955), i, pp.105~138)에서 내륙아시아 유목민이 만리장성 같은 변경요새로 인해 중국과 같은 문명권에서 '배제'되어 있었음을 지적하였다. 중국의 농업을 기반으로 한 도시중심의 문화가 발달하자, 그것은 중국인의 농경에 가장 잘 이용될 수 있는 모든 땅을 차지하였다. 이런 땅끝 불모의 북쪽 변경에서는 농경사회의 번영에 필요한 충분한 비도 없고 관개수도 없어, 옛날에는 원시농경이 원시목축과 결합되어 있었다. 목축이 더 세련되고 유리해지자 이들 집단은 농지를 버리고 완전히 초원에서 생계를 이어가게 되었다. 흑해와 중국 사이 유라시아 초원사회의 또다른 집단은 남쪽의 내륙 아시아 오아시스에서, 그리고 북쪽의 숲에서부터 [숲 속 수렵에서 초원의 유목으로 바뀌며] 나온다.

그러나 "이란-메소포타미아-아랍세계에서는 지리적·사회적 형태가 한층 더 복잡하다.… 그 한 가지 주요현상은 유목민들이 북쪽에서 배제되었을 뿐만 아니라, 일반 문명지대 내에 있는 사막·반사막·초원·고산의 구획 속에 갇혀 있기도 했다는 점이다." 이들 '갇힌' 유목민 틀의 문명과의 접촉과 갈등의 양상은 '배제된' 유목민의 경우와는 다르다. 영원한 내부적 '만리장성'의 변경은 유지될 수 없으므로 정치적 상호작용은 더 친근해지고 경제적 공생은 더욱 복잡해졌다. '배제된' 유목민과 '갇힌' 유목민을 비교하여 그 차이점을 알며, 그 공통점을 분석함으로써 '순수' 유목생활의 모형을 만들어내는 것이 가능해졌다. 이런 모형은 물론 역사적으로 실재하는 것은 아닐지라도 사회이론의 문제점 규명에 도움이 될 것이다.

필자의 생각에는 또한 유목사회와 그 역사에 관한 구소련의 견해에서 보이는 몇 가지 혼선을 해결해 줄 수 있을 것이다. 1930년대 소련학자들 가운데 유목사회에 관한 토론이 있었다. 내가 구할 수 있었던 이 시기로부터의 유일한 저서는 코즈민(N.N. Koz'min)의 『투르크-몽골인 봉건주의에 관한 문제(On the question of Turco-Mongol feudalism)』(모스크바·이르쿠츠크, 1934)이다. 이 책은 당시 정통의 견해를 담고 있는 듯하다. 주로 퓌스텔 드 쿨랑주(Fustel de Coulanges) 같은 비마르크스주의적 전거를 따르고 있다. 주요논점은 영역의 지배권이 사회를 지배한다는 것이다-"지배자 없는 땅은 없다(nulle terre sans seigneur)." 이 책의 약점은 이런 봉건이론을 따라 이것이 유목민을 단순히 농노로서만 취급한다는 것이다. 실로 이러한 약점은 유목민에 관한 많은 마르크스주의적 견해에도 들어 있다. 초기저서들 속에는 '소농'이라는 용어가 실제로 쓰였다. 최근 수년 동안에 유목민 언어[몽골의 arad, 즉 '常民'과 같은]에서 용어를 따옴으로써 문제의 초점을 교묘히 피하는 경향이 있다. 그러나 이런 용어는 그것을 빌려쓰는 언어 안에서도 의미가 참으로 막연하여, 용어에 관한 당면문제를 해결할 수가 없다.

중국측 자료는 영토에 중점을 두는 러시아 마르크스주의자들의 견해에 강한 뒷받침을 제공하지 못한다. 모든 문명인들처럼 중국인은 유목민에 관한 나름대로의 상투적 개념을 가지고 있다. 그 중에서 아마 가장 자주 되풀이되는 것은 대충 '일정한 거주지 없이 물과 풀을 따라 옮겨다니는' 사람들이라는 표현일 것이다. 중국인들이 이 책에서 저 책으로 베끼는 용어목록을 작성하여, 그 가운데서 관찰자에 의한 직접묘사를 우리에게 더 잘 전해 주는 용어들을 뽑아내는 것이 좋겠다.

실제 옛 중국원전에서 영토의 중요성을 강하게 지지하는 문장은 『사기』 권110의 「흉노匈奴」 또는 훈족(Huns)에 관한 장에 나온다. 이 문장은 필자가 상당히 여러 해 전에 제안했듯이[『내륙아시아 중국의 변경(Inner Asian frontiers of China)』(N.Y., 1940), p.463], 흉노족 자신의 중요한 서사시를 반영하는 이야기의 부분이다. 여기에는 묵특冒頓이 어떻게 그 아버지를 죽이고 스스로 지배자가 되었는지를 묘사한다. 흉노의 이웃인 동호東胡는 묵특에게 공물로 먼저 유명한 말을, 그 다음엔 사랑하는 여자들 가운데 하나를 요구하였다. 묵특은 부하들의 충고를 무시하고, 이 두 가지 공물을 다 차례로 주었다. 그러자 동호는 흉노와 동호 사이에 놓인 버려진 불모의 땅을 달라고 요구하였다. 그 때 몇몇 부하가 '그까짓 버려진 땅이니 주어버리자'고 충고하였더니 묵특은 벌컥 화를 내었다. '땅은 민족의 뿌리'라는 것이었다. 그는 땅을 주자고 말한 부하들의 목을 베고는 동호와 개전開戰하였다.

이 이야기와 중국기록에 나오는 많은 다른 내용들을 몽골자료와 중세 여행객들의 이야기에 나오는 것들과 대조하는 것은 유용한 작업이 될 것이다. 사실 코즈민(Koz'min) 같은 사람은 "땅은 사람의 뿌리이다"라는 것을 "주인없는 땅은 없다"는 것과 동일시되며, 그것으로 끝이다. 그러나 아주 분명하게 그것이 모두가 아니다. 이동사회에서 때로는 이동을 위한 가장 최선의 방법은 땅을 버리는 것이라는 주장을 뒷받침하는 많은 다른 글들이 있다. 그렇게 하면서도 그 추종자들을 잡아둘 수만 있다면, 지배자는 땅을 버리는 것이 더 좋다는 것을 알게 된다. 그래서 묵특의 아버지요, 흉노 황가의 창시자인 두만頭曼은 종속을 피하기 위해 오르도스를 '떠나' 만리장성의 진시황제가 장악한 변경으로 들어왔다.(『사기』 IId)-영토를 온전하게 갖느냐, 종족을 온전하게 갖느냐 하는-두 가지 선택의 기로에서 다음과 같은 가설을 세울 수 있다. 유목민의 역사에서 어떤 위기시에는 사람을 조금 잃더라도 영토를 방어하는 것이 좋을 때가 있다. 또다른 위기시에는 영토를 버리더라도 사람을 온전하게 붙들어두기도 한다는 것이다.

최근에 소련에서 논쟁이 부활하였다. 포타포프(L. Potapov)는 「중부아시아와 카자흐스탄 유목민의 가부장-봉건적 관계의 성격에 관해(On the nature of patriarchal-feudal relations among the nomadic peoples of Central Asia and Kazakhstan)」 (『문제사(Voprosy Istorii)』, 1954.6)에서 영토를 중시하는 옛 견해를 반복하였다. 톨리베코프(S.E. Tolybekov : 그 자신이 카자흐 사람으로 보임)는 「유목민들의 가부장-봉건적 관계에 관하여(On the patriarchal-feudal relations among the nomadic people)」(Voprosy Istorii, 1955, I)에서 가축의 소유가 힘의 원천이며 계급분화의 준거가 된다고 주장하였다. 그밖에도 많은 논문이 있는데, 그 가운데 얼마는 입수하기가 쉽지 않은 잡지에 실려 있어서 논쟁 전체를 다 읽을 수가 없었으나 다행히도 『문제사』(1956, 1)에 편집인들에 의한 요약본 논문이 있다.

많은 논점이 제기된다. 몇몇 논점들은 가치가 있으며 논의를 진전시킨다. 반면 다른 것들은 이 분야에서 소련적 사고의 고질적 한계를 드러낸다. 존경을 받는 블라디미르초프(Vladimirtsov)는 러시아제국과 구소련시대를 연결한 위대한 학자로, 그의 중요한 저서 『몽골의 사회구조(The Social structure of the Mongols)』(레닌그라드, 1934)는 지금 프랑스어로도 번역되어 있다. 그러나 구소련 역사가들은 '유목적 봉건주의'에 관한 그의 견해에 찬성하지 않는다고 한다. 내가 보기에 블라디미르초프의 저서는 신중하게 이용되어야 한다. 그는 몽골어의 대가요, 용어를 훌륭하게 설명해내며, 다양한 용어가 쓰이게 되는 역사적 시기를 설정하였지만, 사회적·정치적 제도에 대한 이해는 그만큼 깊지 않기 때문이다.

1930년에 이루어진 논쟁에 관해 한 마디 하겠다. 분명히 최근의 논쟁은 1930년대의 저술들에 대한 논평으로 시작되었다. 이 논평은 1954년 타슈켄트에서 '중앙아시아와 카자흐스탄공화국들의 과학연구소'의 합동회합에서 이루어진 것이다. 그 무렵에 유행하던 포타포프와 톨리베코프의 견해가 채택되었는데, 그 서문에는 유목민의 사회-경제사는 세부적으로 충분히 연구되지 못했으며, 한 민족의 자료를 다른 민족에게, 또는 한 시대의 것을 다른 시대에 그대로 적용해서는 안된다고 경고하고 있다. 나는 이것을 건전한 경고로서 받아들이지만 절대적인 금지사항은 아니라고 생각한다. 그렇게 한다면 다른 어떤 방법으로 역사의 과정을 연구할 것인가?

『문제사』의 편집인들의 의견에 따르면, 땅은 지배적인 '생산수단'이다. 그리고 톨리베코프 등은 유목의 경우 땅은 많다는 것, 그리고 땅은 아주 적은 노동력으로도 생산적으로 이용될 수 있어서 "생산수단으로서의 성격을 갖지 못한다"고 생각한 데서 틀렸다는 것이다. 아마 톨리베코프 등은 실제로 유목의 역사를 가지고 유목의 전통을 가진 카자흐족(Kazakhs)이나 다른 민족의 견해를 반영하지만, 포타포프학파는 유럽적 기원의 러시아식 마르크스주의를 대표하며, 그 이론을 내륙아시아 민족의 자료에 적용하고 있다는 단서가 여기에 있다. 이런 종류의 상황이 존재하는 것은 불가피하며, 또한 실로 내륙아시아인들이 다음에서 언급하는 그런 형태와 관련되어 있음도 불가피하다. "당신 러시아인들은 모든 것을 다 알고 있다고 생각한다. 그러나 왜 당신네 이론이 근거하는 사료와는 다른 것이 우리 역사에 있으며, 새롭고 독자적인 사고를 필요로 한다는 사실을 깨닫지 못하는가?" 하는 것이다. 반면 러시아인들은 "당신네가 갖는 이 같은 차이점이 마르크스이론의 세계적 가치를 옹호하는 것으로, 세계사에서 수집되어 잘 정리된 자료의 단순한 변종이 아니라, 실제의 차이점이라고 생각할 정도로 그렇게 편협하고 부르주아적인 성향을 갖지 마시오"라고 대답한다. '개별주의자들(particularists)'은 때로 너무 편협하고 제한적인 것은 사실이지만, 불행히도 과거의 '부르주아 국수주의'에 대한 비난이 불행히도 가혹한 탄압, 빈껍데기뿐인 정통성, 참신한 사상의 마비를 초래한 것도 사실이다.

아무튼 1930년대의 정통의 주요논점은 재확립되었다. 몽골·카자흐, 그리고 또다른 사람들 가운데서 봉건귀족이 된 사람들은 땅의 사용권을 분배하는 권한을 장악함으로써 그랬다는 것이다. 반복적으로 사용된 표현은 땅은 '실제로' 혹은 '사실상' 귀족의 재산이라는 것이다.

톨리베코프(Tolybekov)는 가부장적 봉건주의의 특징이 토지는 공동의 재산으로 남아 있는 반면, 봉건적 재산은 가축인 점에 있다고 생각하였다. [이런 주장은 1930년대에 도달한 발전단계에서, 필자의 견해에 오히려 가깝다는 점을 이야기해도 좋을 것이다] 편집인들은 이 견해를 거부하였다. 그들에 따르면 만일 그렇다면 봉건영주는 단순히 가축을 더 많이 갖고 평민은 더 적게 가지는 것이 될 것이며, 대립은 착취자·피착취자 사이의 것이 되지 못한다는 것이다. 봉건귀족이 실제로 땅과 많은 가축을 함께 소유하였다는 것은 사실이다.

편집인들은 가축을 많이 소유한 자가 일부 가축을 가난한 사람들에게 일시적으로 빌려줌으로써 이들을 종속시키고, '봉건주의'와 '농노'를 만들어냈다는 생각은 잘못이라고 말한다. 그런 생각은 가축이 없기 때문에 종속의 지위로 떨어지지 않은 사람은 봉건사회 질서 외부에 존재하게 됨을 뜻하는 것이 된다. 그러나 실제 봉건적 유목생활은 가축없는 종속인에 관련한 것이 아니다. 봉건주군은 빈자가 아니라 스스로 생계를 꾸릴 수 있는 가장 많은 수의 가구를 착취하는 데 관심을 갖는다. 마르크스도 이런 입장을 지지한다. 논쟁을 끝맺기 위해 편집인들은 다음과 같은 공식을 세운다. 경제적 관련없이 사람의 종속을 생각할 수는 없으며, 근원적인 인적 종속은 목초지의 실제소유자인 봉건귀족에 대한 노동자의 종속이라는 것이다.

이 같은 결론은 근거가 약하다. '사실상의' 혹은 '실제의' 토지소유 등의 표현은 목초지 소유나 사용의 제도와 제재규정에 대해 아무런 설명도 하지 못하며, 분석은 더더욱 불가능하다. 『문제사』의 편집인들은 간접적으로 많은 것을 인정한다. 그들은 말하기를 논쟁과정에서 제기된 몇 가지 문제만 다룬다고 한다. 몽골이 만주지배 아래에 있을 때와 카자흐인이 제정 러시아의 지배를 받을 때와 같이, 유목민이 비유목민의 지배 아래 들어갈 때, 그리고 상업·화폐·자본주의적 관계가 유목민 경제 안으로 들어왔을 때의 봉건적 토지재산의 변천은 다루지 않는다. 편집인들은 이런 문제에 대한 연구, 그리고 '공동체(obshchina)', 귀족에 대한 훗날의 저항의 핵으로서 공동체 잔존의 의미, 토지종속과 봉건지대의 형태 등에 대한 연구를 적극 장려한다.〔여기서 상세히 다루지 않지만, 필자가 보기에, 여기서 '공동체'가 뜻하는 것은 서구학자들이 '종족'이라고 부르는 것과 같다〕

　이런 '더 깊이있는 연구' 중에서 몇 가지는 사실상 이미 이루어졌다. 바르톨드(V.V. Bartol'd 또는 W.W. Barthold)는 『몽골침략까지의 투르크(*Turkestan down to the Mongol invation*)』와 같은 약간의 저서가 번역되어 잘 알려져 있으며, 블라디미르초프와 같이 제정러시아와 구소련시대를 연결했는데, 약간의 몽골귀족들 특히 황족가계의 귀족들은 중동지역 정복에서 유목생활을 선호하였다고 적고 있다. 이들은 정복된 정착민들 사이에 살면서도, 자신을 영원한 전사로 생각하였다. 정복당한 민족은 무자비하게 착취당하여, 정착생활이 파괴되어 사라질 정도였다. 아직 정복되지 않은 민족은 기회가 있을 때마다 침략을 받아 약탈당하였다. 몽골 지배계층은 그와 반대로 정복당한 나라의 행정·관료·지주 계층과 결합하여, 그 전부터 내려온 행정과 수세收稅방법을 계속 답습하였다. 바르톨드의 작업은 그 뒤 구소련의 후계자들에 의해 새로운 자료의 첨가와 마르크스주의적 입장에서의 세부작업을 통해 계속되었다. 그 가운데 뛰어난 사람들이 야크보프스키(A. Yu. Yakubovskii)와 톨스토프(S.P. Tolstov)이다. 이 분야의 러시아 역사서서에 대한 간단하면서도 중요한 소개가 라시드 애드딘(Rashid-ad-Din)의 책 I 권(모스크바·레닌그라드, 1952)(Ⅱ·Ⅲ권은 그 전에 나왔음)에 대해 페트르셰프스키(I. Petrushevskii)가 쓴 총 서문에 나와 있다.

　최고수준의 이 같은 작품으로 내몽골, 주로 오르도스 지역에 관한 것은 모스타에르트(Antonine Mostaert) 신부가 쓴 것으로, 그의 가장 최근작품은 「몽골 오르도스에 관한 민족학 자료(*Materiaux ethnographiques relatifs aux Mongols ordos*)」(*Central Asiatic Journal*, ii, 5, 1957)이다. 문헌학자로서 모스타에르트 신부는 블라디미르초프·람스테트(Ramstedt)·펠리오(Pelliot) 같은 거장들과 어깨를 겨룬다. 그러나 이들 가운데 아무도 그처럼 몽골인 사회에서 그렇게 여러 해 동안 살지는 않았다. 루이 슈람(Louis M.J. Schram) 신부는 가장 적게 알려진 변경지역 가운데 하나에 관한 자료를 광범하게 수집했다. I권 「깐수-티베트 변경의 몽골인 : 기원·역사·사회조직(*The Monguors of the Kansu-Tibetan frontier : their origin, history, and social organization*)」이 『미국문헌학회 논문(*Transactions of the American Philosophical Society*)』(xliv, I, Philadelphia, 1954)에 실려 있다. 제II권은 「그들의 교회생활(*Their religious life*)」(xlvii, I, 1957)이다. 제III권은 그들 가운데 한 귀족의 가문연대기를 번역하고 주를 단 것이다. 사실 우리는 유목사회의 성격과 역사에 관한 더 오래된 개념을 전체적으로 개관할 수 있는 많은 새 자료를 얻는 과정에 있다. 독일에서는 하이시크(W. Heissig)가 몽골의 자료를 바탕으로 전체 몽골사를 저술하고 있다.

여기서 몇 가지 시안試案을 제시해도 좋을 것 같다.

1. 기번(Gibbon)은 분명히 아직도 굉장한 존경을 받을 만하다. 그는 사회적·정치적 제도의 기본적 성격과 그것이 경제적·지리적 요소들과 가지는 상호관계에 대한 근본적인 통찰력을 갖고 있었다. 그 당시에는 사회·경제 등의 개별'분야들'이 아직 고유의 '방법론'으로 확립되지 않았다. 이런 것은 나름대로 장점이 된다. 왜냐하면 이것은 기번이 그 이후 나타난 많은 편견으로부터, 그리고 지금도 개관을 더 필수적인 것으로 더 어려운 것으로 만드는 타성적인 사고로부터, 자유로웠다는 것을 뜻하기 때문이다.

2. 비 마르크스주의적 유물론이 잠재의식적으로 자연을, 물질적으로 규정된 환경 안에서 그것[자연]을 생존의 조건으로 환원함으로써, 사회에 대해 한계를 '설정'하는 하나의 능동적·준목적적인 힘으로서 다룰 때, 그것[비 마르크스적 유물론] 그 자체로써 쉽게 어리석은 것으로 전환한다. 사회를 공부하는 사람은 물질적 조건을 가장 큰 관심으로 다루어야 하지만, 그 연구방법은 한 사회를 하나의 복합체 즉 사람의 집단·지식·기

술, 관례의 조직, 전체의 작용을 조율하는 제도의 조직으로 다루어야 한다. 또 그는 이런 복합체를 다루어지는 역사적 시기 안에서 환경통제를 위해 사회가 달성한 지배력의 정도를 나타내는 것으로 다루어야 한다.

3. 마르크스주의적 유물론은 필자가 언급한 구소련의 유물론에서 나타나듯이 너무 편협하고 너무 독선적이다. 생산수단·생산양식·계급투쟁과 같이 그 개념들 가운데 약간은 유용한 작업도구이지만, 이런 도구들을 정통학설의 단순한 시약으로 사용하는 경향이 있다. 사회학도들은 정말로 한 복합체의 요소들을 분석하고 구별해내는 데 엄격해야 하지만, 분류가 너무 경직되어 하나의 전체로서의 복합체의 작용을 가리게 해서는 안될 것이다.

이런 예비설명에서 출발하면서, 필자는 몽골인 같은 민족들의 역사에서 무엇이 왜 일어났는가를 더욱 잘 이해할 수 있도록, 유목민의 생활과 사회의 모형을 만드는 것이 가능하다고 믿는다.

1. **이동성**: 가축은 이동적이다. 이것으로 유목민은 농경민과 구분된다. 이동성의 정도는 가축의 종류, 지리적 지역, 역사적 시기에 따라 크게 다르지만 유목민에게 중요한 것은 '움직인다'는 사실이 아니라 '움직일 수 있다'는 사실이다.[Lattimore, 「몽골사에서 지리적 요소(The geographical facter in Mongol history)」(Geog. Journ., xci, 1938)] 이동성 주거와 운송수단의 소유는 보조활동으로 가축을 먹이는 농부들과 유목민을 구별하는 것이다. 이런 차이점이 전시나 자연의 재해 때에 가지는 의미는 크다.

2. **토지의 소유**: 과거의 언젠가에는 토지가 집단적으로 소유되었고 사용을 위해서만 분배되었던 것으로 생각되었다. 또다른 한 시대에는 그것이 영원히 나뉘어져 배타적인 소유되었다. 때로는 점유보다 통행권이 더 중요할 수도 있다.

흉노와 동호東胡 사이의 '버려진' 땅에 대해 이미 언급하였다. 그런 땅은 계절에 따라 목초지 사이를 평화롭게 돌아다니도록 조절하는데, 그리고 정복전쟁과는 대조적인 것으로, 급작스럽고 산발적인 전쟁의 관습을 제도화하는데 참 중요하다. 역사적 예를 넓게 살펴보면 급습의 산발적 전쟁까지도 제도화될 수 있다. 아마도 이 '버려진' 땅(이 말은 중국인과 다른 이방인들이 사용하는데, 실제로 '사람이 없는' 땅이다)에 대해 잔존하는 마지막 묘사는 현재 있거나 최근까지 있었던, 넓은 변두리 목초지를 일컫는다. 이 땅은 자체가 비옥하지만 사용되지 않은 것으로, 골로크스(Ngoloks) 즉 북동티베트의 유목민 도적종족의 영토를 핵으로 둔 그 주변지역을 말한다. 그에 관한 가장 최근내용은 앙드레 미고(André Migot)의 『티베트인의 노정(Tibetan marches)』(N.Y., 1955)에 있는데, 안타깝게도 너무나 간단하다.

3. **땅과 사람의 통제** : 최근의 마르크스주의자들은, 땅과 가축 가운데 어느 것을 갖는 것이 더 중요했었는지를 알기 위해 시도하다가 스스로 막다른 골목으로 치달았다. 이 문제는 한 역사적 시대에 관한 것이다. 저 먼 초원에서, 유목민들이 문명된 제국의 사정권 안에 포함되거나 제국의 야만인 정복자의 가신으로 따라다니지도 않았던 시대에 "사람과 그들의 영토간의 관계는 너무 덧없어서, 사소한 사건에도 깨어져버린다"고 한 기번의 말은 옳다.

『몽골비사(Secret history of the Mongols)』에서 언제인지 알 수 없는 전설시대에 관한 내용에서, 몇몇 몽골영웅들은 주인없는 땅으로 들어가 사냥을 하며 살았다. 그러던 어느 날 그들은 작은 수의 이민집단을 보았다. 그래서 그들은 이들을 잡았으며, 여기서 땅의 지배권을 주장하는 한 부족이 생기게 되었다.

반대로 패배한 경우에는, 도주하는 한 무리 사람들을 함께 규합하는 것이 한 뼘 땅을 지키려는 것보다 더 나을 수 있었다. 아주 작은 집단의 사람이라도, 조만간에 힘을 회복하여, 다른 사람을 종속시키고 원시의 땅을 차지할 수가 있다. 『몽골비사』는, 칭기즈칸의 아버지가 죽고 가문의 운명이 극도로 악화되었을 때, 곤경에 처한 칭기즈칸의 어린 시절을 설명하는 데서, 이런 사정을 완벽하게 보여준다.[대부분 가문수행원들의 변절을 포함하여]

유목민이 제국과 관계를 가지게 되면서 중심이 변화한다. 상황은 두 가지 변수를 가진다. 하나는 문명제국이 그 변경을 유목민 영토로 확대해 가는 것이고, 다른 하나는 유목민들이 약간의 변방지역이나 전체제국을 차지한 그들 자신 종족 가운데 한 야만인의 종사들인 경우이다. 이 둘 중 어느 경우라도 강력한 제국은 사람들이 어디 있는지, 누가 변경의 어떤 지역을 방어하도록 책임을 맡아야 할 것, 각 지역에서 소집가능한 군대 크기가 얼마만한지를 알고 싶어하였다. 그래서 제국은 영토를 할당하고, 그 안에 권위·권리·의무를 제도화한다. 여기 기번의 두 번째 예가 있다. "그들 영토의 경계는 힘의 우세나 상호 동의에 의해 점차 정해진다." 또는 13세기에 윌리엄 루브룩(Willam Rubriquis)이 몽골인에 대해 말한 것으로 "각 추장은 수하에 더 많은 사람들을 거느리고 있는가 아니면 더 적은가에 따라 목초지의 경계, 그리고 겨울·봄·여름·가을에 어디서 가축을 먹이는가를 판단한다."[쉽게 구할 수 있는 현대판이지만 註가 빈약한 것으로 Christopher Dawson, ed., *The Mongol mission*(1955)가 있다]

여기서 봉건제 혹은 봉건제의 발단에 관해 말힐 수 있게 되었다. 아주 상칭적相稱的 예가 루이 슈람 신부가 쓴 것으로, 이미 소개한 '몽골인'에 관한 책에 나온다. 이들은 몽골이 중국을 장악했을 때, 변경의 봉건집단으로 자리잡았다. 정복왕조가 붕괴되었을 때 몽골인들은 새로운 중국인 왕조인 명明에게로 충성을 바꾸었다. 명조가 붕괴하자 그들은 만주 혹은 청조 아래에서 같은 지위를 누렸다.

위에서 말한 소련의 논쟁에서 포타포프는 카자흐의 브케에브 호로드(Bukeev Horde)의 자료에서 카자흐봉건제의 토지재산의 비중을 증명하였다. 이제 막 제시된 사료를 바탕으로 하여, 나는 톨리베코프가 다음과 같은 근거로 포타포프를 비판한 점에서 분명히 옳다고 믿는다. 그 근거는 이것[토지재산의 비중]이 카자흐 사회 자체 내의 '봉건화' 경향에서가 아니라 "내부 호르드(Horde) 땅 전체가 [러시아 황제] 바울(Paul) I세에 의해 술탄(Sultan) 부케이(Bukei)에게 주어진 사실에서 나온다." 결국 브케에브 호로드에 있는 부케이와 그 후계자들은 이들 땅에 대한 권한을 얻었는데, 그것은 유목사회의 전통관습이 아니라, 러시아국가법에 의한 것이었다.
[톨리베코프, 앞의 인용, 83]

4. **종속** : 수장들과 부하들의 계층화는 앞부분에서 언급된 시대들 사이에 차이가 있고, 또 추종자를 거느림에 기반한 힘, 영토의 할당에 의한 지위 및 힘 사이에도 이와 같은 차이가 있다. 여기서 유동성의 요소를 고려해야만 하며, 이것은 이미 강조한 것이다. 농노는 자신에게 어떤 득이 된다 해도 주인을 바꿀 수 없다. 도망을 치자면 농사하던 땅을 버려야 한다. 주군에게 가서 그는 어떤 다른 신변보호와 연관하여, 봉사할 수 있도록 해줄 것을 부탁할 수가 없다. 그 자신의 부족 안에서 종속적이었던 유목민, 혹은 다른 부족에게 사로잡힌 유목민은 말을 훔쳐서 다른 부족으로 달아날 수 있는 이점이 있다. 그래서 말을 가진 전사로서 봉사하도록 해줄 것을 부탁할 수가 있다. 물론 그가 의탁하려는 두목이 한칼에 그를 죽이거나 노예로 삼고 말을 빼앗아버릴 수도 있다. 그러나 만일 그 두목이 막하세력을 키우고 모병募兵을 하는 중이라면, 그렇게는 못할 것이다. 그런 짓을 한다면 다른 사람도 그 수하에 들어오려 하지 않을 것이기 때문이다.

윌리엄 루브룩이 전하는 내용은 유목민이나 도망친 유목민 포로들이 얼마나 만만찮은 것이었는지를 보여준다. 루테니아(Ruthenian)·헝가리(Hungarian)·알라니아(Alanian) 노예들의 아주 많은 수가… "20명에서 30명으로 무리를 지어 밤에 달아나버린다. 그들은 활을 가지고, 밤중에 누구라도 만나면 죽여버린다. 낮에는 숨어서 기다리는데, 말이 지치면 밤중에 초원에 말이 많은 곳으로 와서 자신의 말과 바꾸어버린다. 또 필요할 때에 잡아먹을 수 있도록 그 중 한두 마리를 훔친다." 여기서 더욱 놀라운 것은 몽골제국의 권위와 그 규제강제력이 가장 강했을 때부터 이런 일이 있었다는 것이다.

유목사회 안에서는 ― 제한은 있지만 ― 집단연대책임제에 의해서, 탈주는 통제될 수 있었다. 『몽골비사』에 그 예가 나온다. 칭기즈칸은 젊은 시절 숙적에 의해 체포되었다. 그런데 달아나 숨었다가 우유를 버터제조기 속에 넣어 젓는 소리가 나는 천막으로 기어들어 갔다. 그 곳은 숙적의 하인 집으로 그 일은 그들에게 배당된 것이었다. 그 가장은 칭기즈칸을 숨겨주었고, 칭기즈칸은 결국 도망쳐 나왔다. 훗날 칭기즈칸이 세상에 두각을 나타내자 이 사람은 칭기즈칸을 찾아와 함께 하였다. 그는 좀더 일찍 오고 싶었으나 가족 때문에 그럴 수가 없었다고 말하였다. 다시 말하면 그는 연좌제 때문에 집단 전체가 도망칠 수 있을 때까지는 빠져나올 수가 없었다.

필자는 여기서 '종속'이란 말을 써왔다. '노예'나 '농노' 같은 말이 다양한 경우를 다 포괄하는 데 적합하지 않기 때문이다. 이런 다양성이 한 시대나 지역에서 모두 나타나지는 않지만 다음과 같은 경우가 그에 속한다: 개인의 노예, 통치자나 두목에게 딸린 '가신'이라고 부를 수 있는 가문들,(이런 가문은 재산을 소유할 수 있고 상속할 수 있다) 상급종족에게 봉사하고 한편으로는 그 보호를 받는 종속적인 종족이나 부족들, 이런 더 큰 집단은 자신의 전통의 두목을 가질 수 있고, 개인과 가문은 그 재산을 소유하고 물려줄 수 있다. 이것은 집단적으로 현물과 부역으로 공세를 바치는 집단이다. 이런 종속의 형태 가운데 약간은 에버하르트(Wolfram

Eberhard)의 『정복자와 지배자-중세 중국의 사회세력(Conquerors and rulers-social forces in medieval China)』(Leiden, 1952)에서 다루어지고 있다. 이미 위에서 언급하였듯이, 슈람도 이를 다룬다. 또 라티모어의 『슈람입문서(Introduction to Schram)』 등도 있다. 계층화과정은 "약자는 도움을 원하고, 강자는 지배욕을 가진다"라는 기번의 날카로운 관찰력을 증명한다. 왜냐하면 보호를 구하는 것은 보통 생각하는 것보다 더 중요한 비중을 가지며, 모든 종속이 체포나 정복에 의한 것은 아니기 때문이다.

이 같은 류의 종속과 하부종속은 대개 오랜 기간 동안 진행된 만성적인 전쟁에서 생겨나게 된다. 이것은 예를 들어 『몽골비사』에 칭기즈칸이 정착민 땅을 정복하기 전의 부족사를 다루는 곳에서 나타나 있다. 이것은 새 종속형태를 제도화하는 것은 물론 실제 또는 의제적 혈족에 의해 연결된 부족이 해체되는 것을 포함한다. 구소련의 문학에서 이 분야에 관한 논쟁에서 내가 본 가장 독창적인 공헌은 유쉬코프(S. Yushkov)의 『전前봉건기 ['이민족'] 국가의 문제에 관하여(On the question of the pre-feudal ['barbarian'] state)』(Voprosy Istorii, vii, 1946)이다. 이 논문이 러시아 역사가들 사이에 아무런 진지한 논쟁을 이끌어내지 못한 것은 유감이다.

부족의 영토가 중심적 제국의 주변지역으로 흡수되면서 상황은 더욱 봉건적이 되었으며, 그 당연한 결과로 종속형태가 수정되었다. 몽골인 사이에서는 일상적으로 일반봉사를 수행하는 보통 '평민' 외에도, 귀족가문은 사적으로 봉사받기 위해 자신에게 소속된 종속가문을 계속 거느리고 있었다. 러시아 문학에서 모든 평민은 흔히 무차별하게 '농노'로 언급된다. 모스타에르트(Mostaert) 신부도 가끔 이 말을 쓰지만, 나는 그가 그것을 잘못 쓰고 있는 것이라 생각한다.

만주제국 아래에서 몽골인은 많은 수의 영역 혹은 '기치旗幟'들로 나뉘어져 있었다고 말하는 것이 더 정확할 것이다. 그 과정은 위에서 소개한 모스타에르트 신부의 마지막 논문에 간명하게 나와 있다. 또 라티모어의 『만주의 몽골인(The Mongols of Manchuria)』(N.Y., 1934)도 있다. '기치'에서는 군복무 적령기의 모든 남자가 전통전사의 지위를 갖는다. 그러나 오랜 평화 끝에 그들의 상황은 여러가지로 농노화한 것이 사실이다. 이런 경향의 한 가지 현상은 귀족을 제외하고는 씨족명칭이 사라져버린 것이다. 개인들은 아무개 씨족이나 아무개 부족이 아니라 어느 아무개 '기치'의 소속으로 알려진다. 이런 내용이 모스타에르트의 최근논문과 그보다 이른 그의 「몽골인 성무안내서에 보이는 씨족명(Ordosica)」(rep. Bulletin, ix, Catholic University of Peking, 1934)에 나와 있다. 이러한 현상은 유럽의 농노에게 가문이름이 없었던 사실과 같다.

이제 마지막 문제, 즉 진화와 퇴화의 문제에 오게 되었다. 몽골인 같은 민족의 사회사에서는 다음과 같은 현상이 있었음을 충분히 증명한 셈이다. ① 사회 자체의 내부발전이 있었다는 점, ② 사회가 제국의 변경으로 부수되고 제도가 그에 맞게 바뀌어야 했을 때 복합적 진화가 있었다는 점, ③ 제국이 해체되고 유목민이—또는 그 가운데 일부가—변경에서 떨어져 나와 초원으로 되돌아갔을 때는 퇴화가 일어났다는 점이다.

중국과 같은 거대한 제국에서는 역사의 순환이 집권과 분권의 교체로 나타난다. 역사적으로 분권이 집권에 선행하기 때문에 집권의 양상을 '진보적'이라 부르고, 분권으로의 환원을 '퇴보적'이라고 말할 수 있다. 퇴보적 상황에서도 중국인은 여전히 같은 종류의 사회에 속한다. 그들은 그저 그 이전 사회의 상황으로 돌아가는 것이었고, 거기서 다시 그들 사회 자체의 고유한 형태를 따라 [외부로부터 정복에 의한 통일의 경우를 제외하고는] 통일단계로 진보할 수 있었다.

다른 한편 몽골인들이 정착된 제국의 변경에 소속되었을 때, 이들의 사회는 반드시 그 사회에 내재한 고유한 형태를 따라 진보하지는 않았다. 이들은 변경에서 분리되자 그들의 혼합사회의 전단계가 아니라 그들 자체의 그 이전의, 아주 다른 류의 사회로 퇴보하였다. 적당한 용어가 없으므로 나는 전자를 변경-봉건사회라 하고, 후자는 초원-부족사회라고 부를 것이다. 초원-부족사회 안에서 전쟁과 정복에 의한 중앙집권은 부족들이 변경-봉건의 단계에서 제국에 부속되는 제국의 집권화 과정과는 아주 다른 과정의 산물이다.

예를 들어 우리는 칭기즈칸 집안이 한때 진나라 또는 북중국을 지배했던 이민족인 쥬르키드(Jurchid)제국의 변경가신이었다는 사실을 안다. 그들은 변경에서 떨어져 나와 초원으로 돌아갔고, 초원에서 유목사회의 정치와 전쟁에 골몰하였다. 그러던 중 칭기즈칸은 처음에 초원부족의 통합자, 그 다음에는 정착지역의 정복제국 창시자로 등장하였다. 불행히도 권리 상전相傳의 부분에 관한 기록은 단편적인 것뿐이나 비슷한 경우는 많이 있다. 그 중 하나가 만주왕조를 창건한 씨족의 역사이다. 이것은 몽골과 그밖에 유목민들의 사회사적 국면으로 거의 새로운 연구를 필요로 한다.

역자후기

역자가 이 책의 번역에 관심을 가지게 된 것은 상당히 오래 전의 일이었다. 그러나 그 작업을 실천에 옮기는 것은 쉬운 일이 아니었다. 이 책에는 편자들의 서론을 제외하고도 모두 18편의 논문이 수록되어 있는데, 중국관련 논문 10편, 일본관련 논문 6편, 기타지역 관련 2편으로 구성되어 있다. 대부분이 영어로 쓰인 글이지만 불어로 작성된 글도 한 편 포함되어 있다. 따라서 관련 외국어 지식이 없으면 번역이 불가능할 뿐 아니라 또 그 주제가 광범위하고 내용 또한 전문적인 사학사 문제를 다루고 있어서 사학사에 대한 일정한 지식이 없어도 안되는 일이었다. 때문에 혼자서 이 작업을 감당해낸다는 것은 누구에게나 매우 벅찬 일이므로 관련분야 종사자 사이의 협업이 불가피하였다.

어려운 작업이 될 것임을 예상하면서도 역자는 책 내용의 중요성과 학계의 필요성 등을 생각하여 수고할 만한 가치가 충분하다고 판단하여 협조자를 찾던 가운데 서양사를 전공하는 최자영 선생의 도움을 얻게 되었다. 역자의 사학사 관련지식과 최자영 선생의 외국어 지식이 이 책을 번역할 수 있는 기반이 되었던 셈이다. 그리고 두 사람의 3년여에 걸친 공동작업으로 번역본이 이렇게 모습을 드러내게 되었다.

번역에 따르는 어려움은 여러가지였는데, 특히 인용된 문장을 원문의 내용과 비교하는 일, 영문으로 표기된 각국의 인명·서명·관명 등은 물론 까다롭고 전문적인 용어들을 우리말로 옮기는 작업은 참으로 인내를 필요로 하는 것이었다. 가능한 한 번역상의 오류를 최소화하고자 노력하였지만, 그래도 아직 미진한 곳이 적지 않으리라 여겨진다. 예컨대 인명의 경우 원래의 이름을 확인할 방법이 없는 경우 할 수 없이 우리말 발음으로 표기한 경우가 한두 군데 있고, 서명 또한 마찬가지다. 특히 일본과 몽골의 경우에는 전문적인 용어를 잘못 이해한 부분이 적지 않을 것으로 염려된다. 독자들의 양해를 구할 뿐이다.

이 책에 수록된 개별논문이 지닌 내용과 특징에 대하여는 비슬리(W.G. Beasley)와 풀리블랭크(E.G. Pulleyblank) 교수가 '서론'에서 간략하게 잘 정리하고 있기 때문에 다시 부연설명을 할 필요를 느끼지 않는다. 아울러 이 책에 수록된 논문들과 관련한 중국과 일본 그리고 서구의 연구성과들을 이제는 쉽게 구해 볼 수 있기 때문에 독자들이 이 책의 내용과 수준을 가늠하는 일이 그리 어렵지는 않을 것이다. 그러나 우리 학계의 경우 특히 중국사학과 관련한 연구는 사마천司馬遷과 유지기劉知幾·장학성章學誠 등과 관련한 몇 편의 뛰어난 개별적 연구성과를 제외하고는 아직 미숙한 단계를 면하지 못하고 있다. 역자가 조사한 바에 따르면 최근 몇 년 전만 하더라도 우리나라의 중국사학사 관련 저작은 번역서를 포함하여 아직 10권이 채 안되고, 지난 반세기 발표된 논문 역시 전체 150여 편 가운데 약 반수에 해당하는 논문이 앞에서 언급한 사가들과 사마광司馬光·이지李贄 등 몇몇 특정사가에게 집중되어 있는 실정이다. 연구 내용과 범위 또한 대체로 특정한 사가가 지닌 역사인식을 개괄적으로 파악하는 데 그치고 있다. 이 같은 현상은 거의 모든 4년제 대학의 사학과마다 중국사학사 강좌가 개설되어 있음에도 최근까지 학생들이 직접 참고할 수 있는 마땅한 관련 교재나 참고서가 없었던 것을 보더라도 짐작이 간다. 일본사학사와 관련하여서는 문제가 더욱 심각하다.

그나마 그 공백을 민두기閔斗基 편,『중국의 역사인식』상·하(창작과비평사, 1985)와 탁용국卓用國 저,『중국사학사대요』(탐구당, 1986), 사카모토 타로우坂本太浪 저, 박인호·임상선 역,『일본사학사』(첨성대, 1991)가 메워준 것만 해도 다행이었다. 최근에 와서 신승하辛勝夏 저, 『중국사학사』(고려대출판부, 2000), 이계명 저, 『중국사학사강요中國史學史綱要』(전남대출판부, 2003), 고국항高國抗 저, 오상훈·이개석·조병한 옮김, 『중국사학사』 상·하(도서출판 풀빛, 1998), 유절劉節 저, 신태갑 옮김, 『중국사학사강의』(신서원, 2000), 이윤화 옮김, 『전목 선생의 사학명저강의』(원제:中國史學名著, 신서원, 2006) 등 저서와 번역서가 출간되고 있다. 물론 우리 학계의 성과를 반영한 관련 연구서의 출현이 아직은 시간을 요하는 일이겠지만, 그래도 다행히 전과 비교하여 중국 및 일본에 대한 사학사적 관심이 커지고 있고 또한 활발한 개별연구가 계속 진행되고 있기 때문에 머지않아 수준 높은 저작의 출현을 기대할 수 있게 되었다. 이 번역서가 그 같은 저작의 출현에 조금이라도 도움이 되기를 바랄 뿐이다.

끝으로 이 책의 번역에 가장 애를 많이 쓴 최자영 선생에게 깊은 감사를 드린다. 평소 연구하던 분야와 거리가 먼 글을 번역하느라 정말 고생이 많았을 터인데도 항상 즐거운 마음으로 작업에 임해 준 점을 두고두고 잊지 않을 것이다. 최자영 선생이 함께 하지 않았더라면 이 번역서의 출판은 근본적으로 불가능한 일이었다. 그밖에 특히 일본어 번역에 도움을 주신 임대희 교수, 김미영 선생, 가나자와 요시키金澤良樹 교수, 나카무라 카즈요中村和代 양 등에게 감사를 드린다. 아울러 어려운 여건 속에서도 돈 안되는 이 책의 출판을 선뜻 맡아준 도서출판 신서원 측과 편집·교정 등을 도와준 직원 여러분에게도 진심으로 감사드린다.

2007. 4. 이윤화

19. 몽골 유목생활의 사회사   509

510 중국과 일본의 역사가들